【札幌学院大学選書】

韓国政治
김대중と노무현
市民社会

金大中・盧武鉉の10年

清水敏行●著

北海道大学出版会

目　次

図表目次

韓国の行政区分図

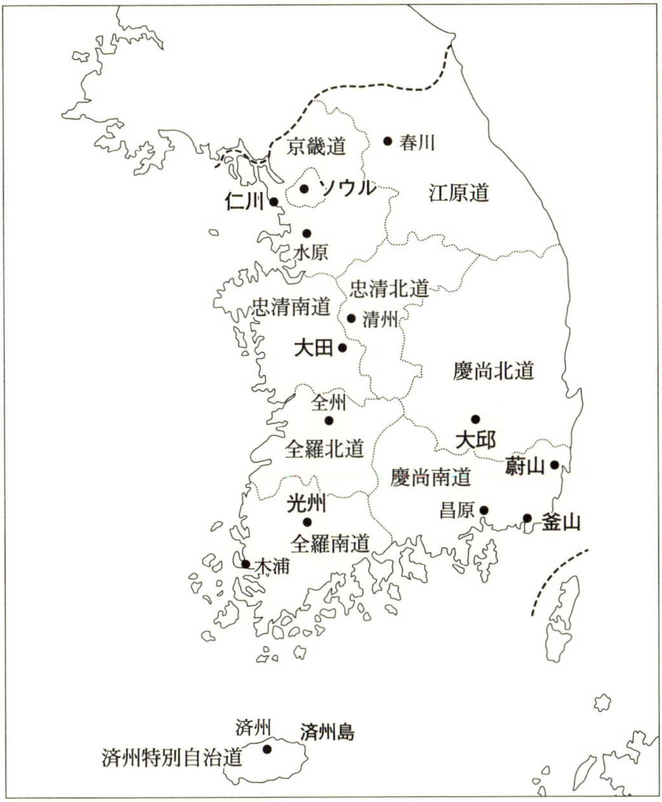

特別市　ソウル
広域市　釜山，大邱，仁川，光州，大田，蔚山

関 連 年 表

時期区分	政　権	社会の出来事	政治の出来事
第一共和国	李承晩大統領 (1948～60)	1960 年 4 月 4.19 学生革命で李承晩政権崩壊	1948 年 8 月 大韓民国樹立 1950 年 6 月 朝鮮戦争勃発(～53 年休戦)
第二共和国	張勉国務総理 (1960～61)		
	軍　政		1961 年 5 月 5.16 軍事クーデター
第三共和国	朴正煕大統領 (1963～72)	1964 年 学生による日韓国交正常化反対デモが広がる	1965 年 6 月 日韓基本条約調印
第四共和国 (維新体制)	朴正煕大統領 (1972～79)	1974 年 12 月 民主回復国民会議結成など民主化運動が広がる	1974 年 1 月 緊急措置第 1 号宣布 1979 年 10 月 朴正煕大統領の殺害
第五共和国	全斗煥大統領 (1981～88)	1980 年 5 月 光州民主化抗争 1985 年 3 月 民主統一民衆運動連合(民統連)の結成 1987 年 5 月 民主憲法争取国民運動本部の結成 1987 年 10 月 民統連，金大中に対する批判的支持表明	1985 年 1 月 新韓民主党の結成 1987 年 6 月 盧泰愚民主正義党代表委員「6.29 宣言」(大統領直接選挙制を受け入れる) 1987 年 12 月 第 13 代大統領選挙(盧泰愚候補当選)
第六共和国	盧泰愚大統領 (1988～93)	1989 年 1 月 全国民族民主運動連合(全民連)の結成 1989 年 7 月 経済正義実践市民連合(経実連)の結成	1988 年 4 月 第 13 代国会議員選挙 1990 年 2 月 民主自由党の結成 1992 年 3 月 第 14 代国会議員選挙 1992 年 12 月 第 14 代大統領選挙(金泳三候補当選)
	金泳三大統領 (1993～98)	1994 年 9 月 参与民主社会と人権のための市民連帯(後の参与連帯)の結成	1996 年 4 月 第 15 代国会議員選挙 1996 年 8 月 全斗煥に死刑，盧泰愚に懲役 22 年 6 ヶ月が宣告される(後に減刑，赦免・復権) 1997 年 12 月 第 15 代大統領選挙(金大中候補当選)
	金大中大統領 (1998～2003)	2000 年 1 月 落薦・落選運動始まる(～4 月) 2000 年 6 月 盧武鉉を愛する会(ノサモ)の創立総会 2001 年 2 月 市民社会団体連帯会議の結成 2002 年 12 月 米国政府に抗議する蠟燭デモが最高潮に	1998 年 8 月 金大中大統領，第二の建国運動を表明 1999 年 9 月 国民基礎生活保障法の制定 2000 年 1 月 非営利民間団体支援法の制定 2000 年 1 月 新千年民主党の結成 2000 年 4 月 第 16 代国会議員選挙 2002 年 6 月 米軍装甲車による女子中学生轢死事件の発生 2002 年 12 月 第 16 代大統領選挙(盧武鉉候補当選)
	盧武鉉大統領 (2003～08)	2004 年 3 月 盧武鉉大統領弾劾反対運動	2003 年 11 月 開かれたウリ党の結成 2004 年 3 月 国会，盧武鉉大統領弾劾決議 2004 年 4 月 第 17 代国会議員選挙 2007 年 8 月 大統合民主新党の結成 2007 年 12 月 第 17 代大統領選挙(李明博候補当選)
	李明博大統領 (2008～　)	2008 年 5 月 反李明博政権の狂牛病デモ(～8 月) 2008 年 6 月 警察，狂牛病デモに関連して参与連帯を捜査	2008 年 4 月 第 18 代国会議員選挙

主な政党の変遷（民主化以降）

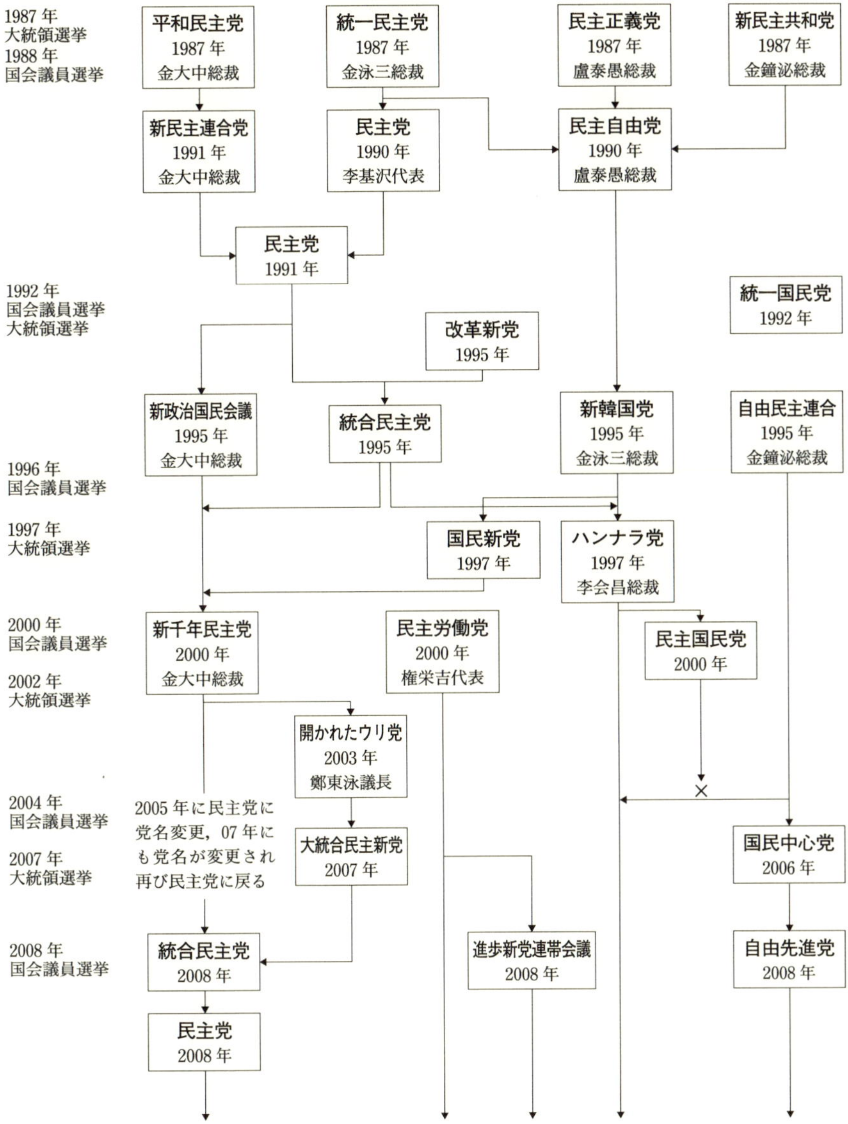

注）年数は結党時点を示し，総裁・代表等の人名はそのときのものである。また政党の離合集散を矢印で示しているが，実際の人の動きはそれ以上に複雑である。
×は政党の登録取り消しを意味する。

凡　例

1　大韓民国は韓国，朝鮮民主主義人民共和国は北朝鮮とそれぞれ略記する。

2　参加を意味する韓国語の「参与」については引用や固有名詞では原文のままとする。また国会議員選挙を意味する韓国語の「総選」についても同様である。

3　落薦運動と落選運動については両者を総称して落選運動と表記する。ただし両者の区別が必要な場合には落薦運動，落薦・落選運動とも表記する(このときの落選運動は，落選運動のみの意味である)。

4　人名・団体名等の漢字表記は，一部を除き，常用漢字など通行の字体に改めた。

5　引用における〔　〕内は筆者による注記・補記である。

第1章　概念的枠組み

本書は，韓国における政治と市民社会の相互作用について，金大中(キム・デジュン)政権(1998〜2003年)と盧武鉉(ノ・ムヒョン)政権(2003〜08年)の10年間を中心に論じようとするものである。韓国の市民運動は1987年の民主化以降に本格的に始まり，2000年の国会議員選挙での落選運動，2002年の大統領選挙での反米蠟燭デモ，2004年の国会議員選挙での大統領弾劾反対運動，さらに2008年5月以降の米国産牛肉輸入反対デモなどで注目されてきた。世論調査では市民団体は政党に並ぶか上回るほどに影響力があると評価されたことがあるように[1)]，政治の中で「大きな」存在であり続けてきた。市民団体は，なぜ，どのようにして「大きな」存在になりえたのか。この問いに取り組むためには，政治と市民社会の相互作用を，民主化以降に強まった地域主義に交差させることが必要である。地域主義を交差させて論じる必要性を作り出したのは金大中大統領であり，その延長線上にいるのが盧武鉉大統領である。

全羅道を主要な支持基盤とする，この二つの政権にとって支持基盤の拡大は政治的指導力を確保するために，またハンナラ党との権力闘争に勝つためにも必要であった。だが地域主義的な政党のままでは支持層の拡大には限界があり，新たな道を模索せざるをえない。これが政権側の必要性であり，市民運動への対応に影響を及ぼした。一方，民主化勢力の中には1987年以降の民主化のねじれにわだかまりがあった。1987年の大統領選挙で野党が政権獲得に失敗し，軍主導の権威主義体制(全斗煥(チョン・ドゥファン)政権)の後継者が政権獲得に成功することで，民主化運動の勝利(大統領直接選挙制の実現)の歴史的意義は曖昧になり，民主化のねじれが生じた。ねじれを解消する好機は「野党政権」と言われる金大中政権の発足とともに到来することになった。

かくして政治と市民社会の相互作用は，それまでとは異なる新たな局面に突き進むことになる。政治は国会において完結することなく，市民運動を巻き込み街頭に広がり熾烈な権力闘争となって現れるようになった。2000年の落選運動がその始まりであり，2004年の大統領弾劾反対運動はその絶頂であったと言える。

このような大きな枠組みを構成する数多くの出来事に対する考察は，第2章から第5章までで行うことにする。本論に進む前に，本章の第1節では市民社会や社会運動は概念的にどのようにとらえることができるのか，第2節では政治と市民社会の相互作用を考察する上で，どのような概念的枠組みがあるのかを論じ，さらに第3節では第2章からの各章の概略を示すことにする。

本書は政治と市民社会の接触面を考察の対象にしている。そのような焦点の設定によって韓国の市民社会が有する特殊性，さらには金大中政権と盧武鉉政権における政治の動態を明らかにすることができると考える。このような相互作用に着目することは，この二つの政権の10年間を含めて，民主化以降の韓国政治を理解する上での一つの視点を提供するものであると考える。

第1節　市民社会と社会運動をめぐる議論

政府と社会からなる全体像の中に，市民運動を含む社会運動一般を位置づけるのであれば，市民社会がその組織化と活動が作り出す空間となる。本節では市民社会が，政府や社会との関係で，どのように特徴づけられるのかを見ることにする。

ステパン（Alfred Stepan）は国家，政治社会，市民社会の三つの領域からなる「政治的共同体」（polity）を論じている[2)]。1970年代，80年代のラテンアメリカや東欧において独裁や権威主義体制を揺るがす民主化運動のうねりの中で復活し再創造されてきたのが市民社会の概念である。そのような民主化の途上にある政治的共同体をステパンは論じている。リンス（Juan J. Linz）との共著では三つの領域に経済社会が加えられているが[3)]，政治と市民社会の相互作用を論じる本書では，経済社会にまで議論を広げないことにする。

ステパンは，国家を政治社会や市民社会にも統治を及ぼそうとする「持続的な行政的，法律的，官僚的，強制的なシステム」であり「政府以上の何ものか」であるとしている[4)]。政治社会については，国家権力をめぐる競争の領域であるとして，政党，選挙，政治的指導力，政党間の同盟，議会を政治社会の核心的な制度であるとしている。市民社会については「自己組織化する集団や運動，諸個人が国家から相対的に自律的であり，価値を表出し団体とともに連帯を作り出し自らの利益を増進しようとする領域である」[5)]として，具体的には女性団体，近隣組織，宗教団体，知識人組織のほかに，労働組合，企業家団体，ジャーナリスト，法律家など様々な社会階層を含む市民組織をあげている。市民社会とは，国家に対して自律的に自己組織化する社会運動の空間であると言える。このように組織化される能動的な市民社会とは区別される，組織化されていない普通の市民にも言及している。ただ権威主義体制からの移行では，能動的な市民社会に比べ，普通の市民の役割は二次的なものとされている[6)]。

リンスとステパンの議論をもとに作成したのが図１である。ただし図１では国家を政府に変えている。ステパンは社会的諸勢力に対する国家の相対的自律性を強調する国家論を踏まえているが[7)]，ここでは行政組織とそれを治める政権の核心部分を含む言葉として政府を用いることで十分としたい。また組織化される市民社会とは区別される普通の市民を描いている。権威主義体制の民主化過程では普通の市民の役割は限られたものになるが，民主体制では選挙制度の整備によって普通の市民も政治的影響力をもつようになる。また民主体制では普通の市民が社会運動に参加したり支援したりすることも容易になることから，市民社会と普通の市民を分ける境界線はさほど明確なものではなくなろう。

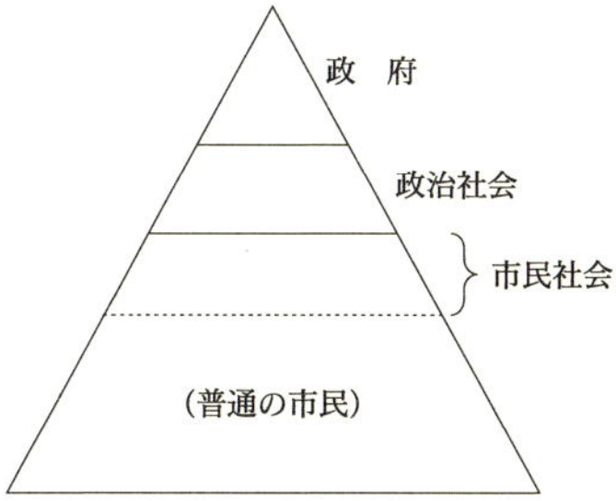

図１　政府，政治社会，市民社会の三つの領域

ステパンは国家，政治社会，市民社会の相互関係について，次のように説明している[8]。どの政治的共同体でも三つの領域は異なる割合で拡張したり収縮したりし，また相互に浸透し他の領域を支配することもある。これは経験的なレベルの説明になるが，政治社会と市民社会の間では相互補完性が必要であるとの規範的な指摘もしている。権威主義体制からの移行期や民主主義の定着期においては，政治社会と市民社会は相互に対立的に論じられる傾向があり，政治社会による市民社会の動員解除や市民活動家による政治社会への懐疑が起きるとされる。ステパンは，政治社会と市民社会の対立的な関係ではなく，相互補完的な関係が民主主義の定着には望ましいと論じる。生き生きとした市民社会は，民主主義の発展に貢献するからである。このような規範的な命題は検証されなければならないが，ステパンは三つの領域の相互関係では対立や支配が見られるとしながらも，政治社会と市民社会については相互補完的な関係を期待している。

ステパンの市民社会概念は，民主化の途上にある国を対象にしたものである。次のカルドー(Mary Kaldor)は先進国の民主主義国も対象に含めるだけでなく，グローバルなレベルにも市民社会を見出そうとする[9]。

カルドーは市民社会には五つのバージョンがあるとする。それは啓蒙主義的な「市民社会」(societas civilis)，産業社会のブルジョア的な「市民社会」(bürgerliche Gesellschaft)，民主化運動によって再創造された「アクティビスト(活動家)」の市民社会，「新自由主義」の市民社会，そして「ポストモダン」の市民社会である。

アクティビストの市民社会は，1970年代から80年代の民主化のうねりの中で再創造されてきたため，ステパンが論じる市民社会と重なるところがある。カルドーはアクティビストの市民社会について，次のように説明している。「市民社会は活動的な市民としての行動のことであり，公式的な政治圏の外にあって成長する自己組織のことであり，さらに個々の市民が自己組織化と政治的圧力で直接，自らの生活の諸条件に影響を及ぼすことができるように拡張された空間」[10] である。「この概念は西欧の急進派たちによって取り上げられた。彼らは市民社会を，現代国家の権力とその恣意性に対する抑制であると同時に，拘束なき資本主義の権力に対する抑制として」[11] とらえているとする。

カルドーはアクティビストの市民社会を支持し，新自由主義の市民社会を批判する。カルドーは新自由主義の市民社会を，「国家と市場と家族の間にある領域であるが，闘争よりも安定の領域であり，アドボカシー〔一般市民の要求を代弁し政策提言を行うこと〕よりもサービス提供の領域であり，解放よりも委託と責任の領域である」[12]として，新自由主義の「市民社会は〔個人が〕相互に組織を作る生活，すなわち非営利で自発的な「サードセクター」からなるものであり，それは国家権力に制約を課すだけでなく，国家によってなされる機能の多くに取って代わるものを実際に提供するものである。慈善団体やボランティア団体は，国家がもはや遂行しえなくなった福祉分野の機能を担っている」[13]と論じる。要するに，国家や市場の機能を補完するNGOからなる領域が新自由主義の市民社会である。

カルドーは，新自由主義の市民社会を構成するNGOを，国家権力と資本によって「飼い慣ら」(tamed)されていると批判する。つまり1970年代，80年代に高揚した新社会運動に「政府がアクセスを開き，いくつかの要求を受け入れさえして，運動が制度化され職業化されるような過程」が生じ，それは新社会運動がNGOに変質する過程であったとする[14]。

カルドーがアクティビストの市民社会を支持する一方で，コッカ(Jürgen Kocka)は，次のように市民社会を論じる[15]。彼は市民社会を，社会的自己組織の高度な展開が特徴となる空間であるとして，国家や市場から市民社会を区別する。このような区別に立ちながらも，国家や市場に対して市民社会を対立的にとらえることには修正が必要であるとする[16]。

要するに，コッカは市民社会と国家，市場との関係を敵対的・対立的な関係ではなく，親近性もある複雑で両義的な関係であると論じるのである。なぜなら「批判的理念と反対派勢力として，市民社会は，絶対主義の時代に生まれた。20世紀の独裁制との闘いの中で，それは新たな魅力を獲得した。それに対して，議会制民主主義的諸条件下の国家に対する市民社会の関係は，異なってつまり批判的協力と相互強化の関係として規定されなければならない」[17]からである。さらに慎重にすべきとしながらも，福祉国家における国家の役割の見直しを市民社会との関係で行う必要性も説いている。この点は，カルドーが批判する新自由主義の市民社会概念に接近しており，さらにはガバナンス論にもつながって行くところである。

ステパン，カルドー，コッカの市民社会概念を概観した。ステパンは民主主義の定着過程では政治社会(政党)と市民社会の間に対立が起きやすいが，相互補完的な関係が望ましいと論じる。カルドーとコッカは先進国の市民社会や地球市民社会へと視野を広げ，政府や市場と市民社会との相互関係を論じる。カルドーはアクティビストの市民社会概念に立って，政府や市場に対して補完的な役割をするNGOを飼い慣らされたものとして批判する。それに対して，コッカはそのような対立的な見方をとらず，政府と市民社会の間では相互補完的な関係がありうるとする。

これら3人の議論から，政府，政治社会，市民社会の三つの領域の相互関係では対抗的な関係と相互補完的な関係が多様にありうること，また市民社会はそのような相互関係の中にあって他の領域に影響を与えるだけでなく，他の領域から影響を受けるということも理解しておく必要がある。この影響をどのように見るのかが，カルドーとコッカの違いでもあった。このように多様な展開が論じられてきたことを踏まえながらも，政府・政治社会と市民社会の相互関係がどのように展開したのかを民主化以降の韓国について，規範的な議論には距離をおきつつ実証的に検討することが本書の目指すところである。

市民社会と他の領域との相互関係の理解を異にするとしても，市民社会を自己組織化と能動的な活動からなる領域として理解しようとする点では，ステパン，カルドー，コッカは共通している。市民社会を構成する自己組織化と能動的な活動を担うものの中に，社会運動がある。この社会運動はどのように定義されるのか。社会学の社会運動論では組織も含むネットワークに基づき，運動の意味や状況の定義を提供するフレームを共有し，政府やエリート，さらに支配的な規範に対して持続的に挑戦することであるとされる。このように社会運動は，争いや闘争，挑戦によって特徴づけられる[18]。

ここでは，クリーシー(Hanspeter Kriesi)の運動関連組織の類型を手掛かりにして社会運動組織の特徴を見ておくことにする。彼はインフォーマルなネットワークまでも含めることはせずに，フォーマルな組織だけに注目し，社会運動組織とその周囲にある運動関連組織の類型を広く提示している[19]。

クリーシーは，社会運動組織を二つの基準をもって他の運動関連組織から区

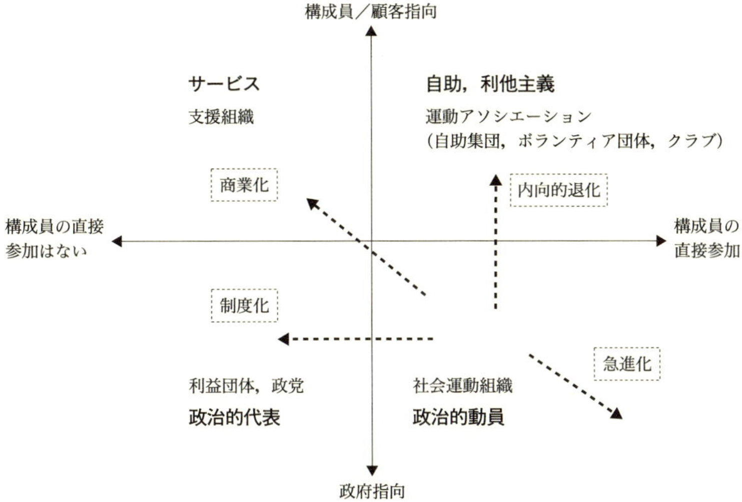

図 2　クリーシーの運動関連組織の類型

出典）Hanspeter Kriesi, "The Organizational Structure of New Social Movement in a Political Context," in Doug McAdam, John D. McCarthy and Mayer N. Zald eds., *Comparative Perspectives on Social Movements: Political Opportunities, Mobilizing Structures, and Cultural Framings* (Cambridge, Cambridge University Press, 1996), pp. 153, 157 の二つの図をもとに作成。

別できると論じている。その基準の一つは構成員や支持者を集合行為に動員するのか，もう一つは政府に向けて集団的利益の獲得という目標を実現しようとするのかである。これによって図 2 に見られるように，社会運動組織を含む四つの組織類型が作られることになる。図 2 の座標軸では，横軸は構成員や支持者の動員（直接参加）の有無によって区別される。縦軸は，運動関連組織の政治的指向の有無であり，政府に向けた活動（政府指向）なのか構成員に向けた活動（構成員／顧客指向）なのかによって区別される。

構成員／顧客指向と直接参加の組み合わせである第一象限は「自助，利他主義」（運動アソシエーション）とされ，会員や顧客のニーズに応える自助組織やボランティア団体が位置づけられる。構成員の参加がなされても，それは政府に向けられるのではなく，構成員／顧客という内部に向けてなされる。ただし，その参加は第四象限の社会運動への直接参加までは行かずとも，社会運動への同意形成につながる可能性があるとされる。

第二象限は，構成員／顧客指向と直接参加がないことの組み合わせとなる「サービス」(支援組織)である。サービスを提供するメディア，キリスト教会，教育施設などがあげられており，社会運動に好意的であり組織化に貢献するとされている。その下の第三象限は，政府指向と構成員の直接参加がないことの組み合わせである「政治的代表」である。利益団体と政党は政治的目標をもち，それを実現する手段として政府に対する制度的なアクセスを有している[20]。そのため構成員の直接参加は必要ない。ここでの利益団体には公共的な利益を指向する公共的利益団体も含まれている。

第四象限は，政府指向と構成員や支持者の直接参加が重なる「政治的動員」であり，社会運動組織があげられている。市民社会との関連性を言えば，市民社会を構成する組織は第四象限とともに第一象限を中心にして，座標軸の左側である第二象限と第三象限にも部分的に広がっていると言えよう。

図２に描かれた矢印は，社会運動組織が闘争を「急進化」させることのほか，残りの三つの運動関連組織に変化，移行しうることを示している。第一象限に向けての矢印は，政府に挑戦する社会運動組織からボランティア団体や自助組織に変わる「内向的退化」(involution)を示す。第二象限に向けての矢印はサービス提供の企業など支援組織に変わる「商業化」であり，第三象限に向けての矢印は利益団体や政党に変わる「制度化」である。この制度化については，クリーシーは資源の調達の安定化，組織の内部構造の発展，組織目標の穏健化，運動レパートリー(形態)の通常化，そして既存の利益媒介システムへの編入をあげている[21]。

クリーシーの図２に関連して，韓国の市民運動を論じるために，次の３点を指摘しておく。

第一に，政治と市民運動の相互作用を論じるのであれば，政府指向の組織が考察の主要な対象となる。韓国では女性団体や環境団体が民主化以降に成長したが，それらは第一象限の自助団体やボランティア団体という面をもちながらも，それに劣らず政府指向性を強くもっている。韓国の市民運動と市民団体は，概括的に記すのであれば座標軸の下半分である政府指向に大きく傾いていると言える。

第二に，金大中政権と盧武鉉政権の時期には市民団体は政府への制度的アクセスが多く与えられるようになることから，第四象限の政治的動員だけではなく，第三象限の政治的代表も含めて考察することが必要になる。

この点に関連して，図2に考察対象を位置づけるには，次のような問題がある。クリーシーは，政府への制度的アクセスを得た社会運動組織が利益団体や政党に一層類似したものになるとしている。利益団体や政党は構成員や支持者の政治的動員（直接参加）に資源を使用せずとも，制度的アクセスを通じて政府から成果を得ることが可能である。それゆえに利益団体や政党が政治的動員を行うのであれば，それは組織にとっては「本質的なものではなく……たいていはお決まりの手順に従ってとり行われるほど」[22] のものに過ぎなくなる。政府に対して政治的動員で争うほかない社会運動組織と明確に区別するためには，政治的代表に位置づけられる利益団体や政党による政治的動員を矮小化して理解しなければならないのである。このような分類に縛られ制度的アクセスのある政治的代表と社会運動組織の政治的動員を引き離すのではなく，制度化と社会運動の関係を柔軟にとらえ，韓国の政治と市民運動の相互作用を検討する必要がある。それは社会運動概念が想定する社会運動の範囲を超えることにもなろう。

第三に，クリーシーが社会運動組織だけではなく，それに関連する組織を見出したように，韓国の市民運動を論じるときにも同様の視点が必要となる。たとえば社会運動に友好的な宗教団体（キリスト教会）やメディア（ハンギョレ新聞社やインターネット新聞のオーマイニュース，さらにはテレビ放送局）もあれば，盧武鉉のファンクラブであるノサモ（盧武鉉を愛する会の略称）もある。キリスト教会やノサモのように市民社会に含められるものもあれば，政府や市場に属するメディアもある。韓国で繰り返された蠟燭デモは社会運動組織によって動員される面だけではなく，これらの運動関連組織も貢献するところが大きかったことに留意する必要がある。

クリーシーの議論を参考に韓国の市民運動の特徴をあげるのであれば，第一に政府指向性が強いこと，第二に政府への制度的アクセスを広げながらも政治的動員を積極的にはかってきたこと，第三に市民団体とその周囲の関連組織との相互作用にも注目する必要があることである。

第2節　相互作用への理論的アプローチ

前節では市民社会と，その中の社会運動組織について概念的な整理を行った。本節では，図1で示された政府，政治社会，市民社会，普通の市民の相互作用を照らし出すための理論的アプローチを検討することにしたい。政府，政治社会，市民社会，普通の市民の相互作用を見るために，それらを各頂点とするひし形を作成する。図3の全体像に示されるように，四つの頂点を結ぶA・B・C・D・Eの五つの相互作用を描くことができる。

いずれの相互作用にも等しく考察されるだけの価値はあるが，政治と市民社会の相互作用を主題とするのであれば取り扱いに違いが出てこざるをえない。本書の切り口は，政治とのかかわりが生じる接続面である。接続面を構成する政府と市民社会のBについては第3章と第4章で論じ，政治社会と市民社会のC，政治社会と普通の市民のDについては第5章で論じることになる。これらの相互作用と関連する政府と政治社会のAについては，第4章と第5章で適宜言及される。市民社会と普通の市民のEは，市民の参加など市民運動の内的な動態にかかわるところであり，その本格的な考察は本書では行わないことにする。ただしDを論じる第5章では政党支持と有権者の政治意識を論じることから，その限りでEにも考察が及ぶことになる。

これらの相互作用を論じるのに必要となる理論的・概念的枠組みとして，以下，社会運動論，ガバナンス論，政党論を順次紹介することにする。それは，第3章以下の韓国における政府・政党と市民社会の相互作用を考察するための

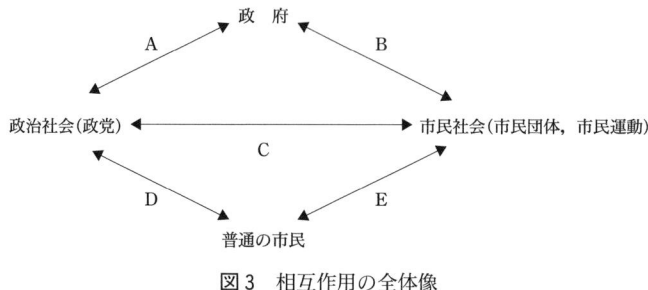

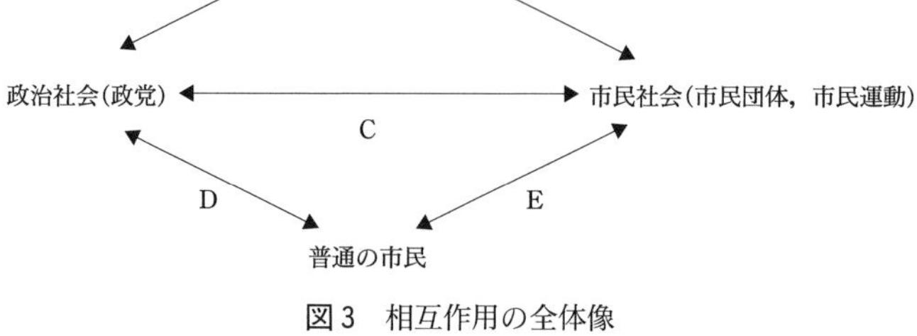

図3　相互作用の全体像

理論や概念を整える作業であって，その本格的な紹介を行うものではないことを断っておく。

1．社会運動論

ここでは社会運動論の中でも，政府と社会運動の相互作用にかかわるものを取り上げる。具体的には，社会運動論において争いや挑戦，抗議などの運動の面だけではなく，政治の制度的領域への参加の面についても，どのような議論がなされているのかを見ることにする。

ジェンキンスとクランダーマンス(J. Craig Jenkins and Bert Klandermans)は，1995年に編集した『社会的抗議の政治』で「驚くことに社会運動と国家の相互作用にはほとんど注意が払われてこなかった」[23]と記している。長谷川公一と町村敬志は社会運動論が挑戦や抗議といった幻影を追い求め続けるあまり，1990年代以降にNGOの政治やNPO的な政策指向によって社会運動が制度化されてきたことを十分に論じることなく，1960年代的な問題設定に引きずられているのではないかと述べている[24]。このような問題を克服するために社会運動論では，社会運動の制度化をとらえようとする取り組みがどのようになされてきたのかを見ることにする。それによって韓国の市民運動を論じるための手掛かりを得ることにしたい。

すでに論じたように，クリーシーは社会運動組織が，利益媒介システムへのアクセスを得ることの制度化によって利益団体や政党(特に比例代表制度のある西欧諸国)に変じることを類型論(図2)で示していた。メイヤー(David S. Meyer)もまた社会運動組織の制度化について1980年代の米国の反核平和運動を事例に論じている[25]。メイヤーは，社会運動が議会への制度的アクセスを獲得し利益団体化して，議会内という狭い政治領域のプレイヤーになることは米国の民主的な政治制度の構造的な結果であり，運動の分裂と利益団体化というパターンは過去にも見られてきたものであるとする。メイヤーは，社会運動組織が議会に吸収され利益団体化することを社会運動の衰退パターンであるとする。社会運動の衰退パターンとしては，このほかにも政治的メッセージのないイベント中心の脱政治化，非合法闘争で孤立する周辺化をあげている。彼は制度化については，制度が機先を制し運動を穏健化させる「包摂」(co-optation)と互換的に用いており，このような制度化の解釈はカルドーが言う国家によるNGOの飼い慣らしに通じる。

タロー(Sidney Tarrow)もまた社会運動の未来を論じ，カルドーの指摘と同様に脱国家的(トランスナショナル)なアドボカシー・ネットワークに「馴致」(domestication)の危険を見出している[26]。そのような自称「運動」は，政府や国際機関，財団から資金援助を受け緊密に協働するなど制度の価値と論理に染まっているとする。だがタローの議論はここで終わらない。彼は社会運動の展望として馴致とは異なる「より騒がしい社会」[27] についても論じている。

社会運動組織が利益団体政治に進む方向で議論をさらに進めることは，社会運動の従来の定義を維持する限り，社会運動論の枠内では容易ではないと言える。しかしながらメイヤーとタローは社会運動組織の制度化の傾向を認めながらも，社会運動の枠内にとどめようとする議論を展開している。それは社会運動の言葉を転倒させた「運動社会」(movement society)の概念である[28]。

運動社会が意味するのは，抗議行動が社会運動組織だけのものでなくなり，利益団体や政党によっても取り組まれる一方，その行動は普通の市民にも受け入れやすい形態になり，抗議行動が社会に広まり増えるということである。そこでの抗議行動は，警察との衝突を招く暴力的な違法行為のない請願やデモなど「通常的」(conventional)な形態のものとなる。

運動社会で進む社会運動の制度化について，彼らは三つの要因からなるとして，それらが相互補完的な関係にあるとする。第一に抗議行動が主催者側だけではなく政府(警察)の側でも予測可能な進行となる「ルーティン化」(routinization)であり[29]，第二に政府との政治的交換を可能にする制度的アクセスが政府によって与えられる「包含」(inclusion)であり，第三に抗議行動の要求や戦術を政治の通常のやり方に反することのないように変える「包摂」(co-optation)である[30]。クリーシーの図2では，制度化は第四象限の社会運動組織が第三象限の利益団体に変化することであったが，運動社会は社会運動の制度化にもかかわらず穏健な抗議行動が社会に広まり増えることであり，第三象限の政治的代表と第四象限の政治的動員との違いが弱まり相互に混交する状態であると言えよう。

このように「社会運動が……利益集団と政党に，以前よりも類似した何ものかになっているのかもしれない」[31] 運動社会が，果たして「より騒がしい社会」であると言えるのかは，どのような社会と比べてなのかということになる。社会運動論は運動社会の概念に至ることで，社会運動とは何であるのかが曖昧になる地点にまで来てしまった。

それではメイヤーとタローの運動社会概念を，韓国に適用する際に，どのような問題があるのか。彼らの制度化概念では，政府の政策過程に対する制度的アクセスは，社会運動の進行に影響を及ぼす「政治的機会構造」(political opportunity structures)として位置づけられている[32]。つまり制度的アクセスが挑戦者に利用可能になれば，挑戦者は過激な行動をするよりも合法的な抗議行動に制度的アクセスを組み合わせるようになり，また要求や戦術を政府との関係を考慮し穏健化させるようにもなる。三つの要因が相互補完的であるとされるのは，このような一連の合理的な過程になる可能性が大きいということを意味する。

果たして，制度的アクセスが政府に挑戦的な社会運動を軟化させる政治的機会構造になるとする想定をもって，韓国の政治と市民社会の相互作用を十分に理解できるのか。社会運動論では社会運動は政府当局などに対する挑戦であるとされるが[33]，そのような定義がどれほどの一般性をもつのか。もし社会運動が政府に対して挑戦者や敵対者であるよりも同盟者や協力者であるならば，政府の制度的領域に活動を広げることは受け入れやすいものとなり，社会運動の党派性や政治的役割も十分にありうることになる。従って韓国の市民運動を論じるには，制度的アクセスの機会構造が市民団体の指導者の選択に影響を及ぼす面もあろうが，それ以上に市民団体の指導者が政治についてどのような認識や党派性をもっているのか，すなわち政治的アイデンティティについて考慮する必要がある[34]。

政治的アイデンティティは，金大中政権と盧武鉉政権における政府と市民団体の相互関係に重要な影響を及ぼした要因である。それは韓国の民主化の歴史にかかわっている。

アイデンティティの形成は，1970年代，80年代の権威主義体制のもとでの民主化運動に遡る。権威主義体制の抑圧によって野党の中の抵抗勢力は「制度圏」(制度化された政治領域)外に押し出され，彼らは在野勢力と連携して民主化運動を進めるようになった。その結果，野党政治家である金大中に対する共感や支持が形成され，それは民主化以降にも市民社会の中で持続することになった。金大中支持には，金大中の個人的な属性（全羅道出身）による支持と民主化を理由とする支持が交錯しており，この二つのいずれが大きく作用するのか，また支持の強弱などは様々である。このような政治的アイデンティティを認識しておくことは，金大中政権と盧武鉉政権の10年間における政府と市民運動の「親和力」[35]のある相互関係を，つまりは市民運動の制度化を理解する上では必要なことである。

2．ガバナンス論

政治学・行政学分野における「ガバナンス」(governance)研究は1990年代以降に数多く現れ，政府を意味するガバメントからガバナンスへの変化が注目されるようになった。ガバナンスの定義は様々であり，そのことが概念としての有用性を疑わせるほどである。政治学・行政学分野では，政府と多様な社会的アクター（企業，NPO，ボランティア団体）との相互作用が織りなすネットワークを中心にガバナンスが論じられており，具体的な対象としては国内の公共サービスの供給体系であることが多い[36]。

ガバナンス論では，公共サービスの民営化とその拡大によって政府が供給体系のネットワークに依存するようになることを踏まえ，政府の能力や役割の変化が論点になるとともに，ネットワークに生じる問題とその解決方法も論点となってきた。

ガバナンスとは政府以上の何ものかとされるが，政府の能力をどのように見るのかについては二つのアプローチがある。古いガバナンス論は，政府が従来のような圧倒的な能力をもち続け社会を統治することが難しくなっているとしながらも変化に順応し，社会に対する一定の操縦能力を維持しているとする[37]。これに対して，新しいガバナンス論は，ガバナンスを自己組織化する自己統治的なネットワークであるとして，政府は社会的アクターと同じくネットワークの一部となり，ネットワークを操縦する能力を弱めるとしている[38]。

ガバナンス論では，市場原理の導入後に公共サービスの供給者が社会的アクターにまで広がることで，政府はその全体を見渡し操縦する能力を弱め説明責

表1　市場，ヒエラルキー，ネットワークの比較

	市　場	ヒエラルキー	ネットワーク
関係の基礎	契約と私有財産権	雇用関係	資源交換
依存の程度	独　立	従　属	相互依存
交換の媒介	価　格	権　威	信　頼
紛争の調整・解決の手段	値引きと訴訟	ルールと命令	外　交
文　化	競　争	服　従	相互性

出典）R. A. W. Rhodes, "Foreword: Governance and Networks," in Gerry Stoker ed., *The New Management of British Local Governance* (New York, Palgrave Macmillan, 1999), p. xviii.

任の所在が曖昧になると論じられている。新しいガバナンス論もこの点は認識しており，公共サービスの民営化がもたらす弊害を是正するためには，ネットワークの内部を相互調整するネットワーク・マネージメントを生かすことが解決の鍵になるとしている[39]。ガバナンスの失敗への対処については，ケーア(Anne Mette Kjær)が，このようなネットワーク・マネージメントを狭い意味のガバナンスであるとして，これと対比して，公共政策の形成から執行までを含むゲームのルールをマネージすることを，広い意味のガバナンスであるとしている[40]。つまりケーアは，ネットワークだけではなく政府や市場を含む全体的な調整，言いかえればガバナンスのガバナンスを論じているのである。

後者は「メタガバナンス」(meta-governance)と呼ばれるガバナンスの失敗に対する解決方法である。ケーアは，ローズ(R. A. W. Rhodes)が資源の配分と調整の手段(統治構造)として提示している市場，ヒエラルキー，ネットワークの三つの概念を用いて，メタガバナンスを論じている。表1に示されているように，ヒエラルキーはルールに基づく命令と服従で垂直的に構成されており，官僚制が典型例となるが，ここでは代表民主制を基盤とする政府組織を指すものとされる。これに対してネットワークは，相互依存的な資源交換，共有された価値や目的に基づく信頼とそれによる調整の可能性，それを実現する外交術，交換における互恵的な関係(相互性)が特徴であるとされる。これは水平的な相互関係であるが，ネットワークの利益がひたすら追求される閉鎖性や排他性も伴うものとされている[41]。

メタガバナンスが論じられるのは，ガバナンス論が公共サービス供給の効率性を強調するあまり説明責任と正当性をおろそかにしてしまったからであり，

それゆえにメタガバナンス論では公共サービスに対する民主的コントロールを取り戻すことが重要であるとされる。メタガバナンスとは市場，ヒエラルキー，ネットワークの三つの思慮深い混合であるとされ[42]，公共サービスの供給体系のネットワークの問題を解決するために，ネットワークをヒエラルキー(政府)に相互補完的に接合することが論じられている。ケーアはネットワークが権力のある少数の特定利益によって捻じ曲げられている状況では，政府による調整が重要になるとしている[43]。しかしながら政府の担当部局もまたネットワークに組み込まれ，ネットワークに対する政府の操縦能力は低下している。それだけに政府の権威と正当性の源泉である民主主義の活性化の戦略へと議論が進まざるをえない。それは過去のように選挙や議会という入力過程に関する伝統的な民主主義論ではなく，公共サービスの供給という出力過程にも視野が及ぶものになる。たとえば，ハースト(Paul Hirst)の「アソシエーティブ・デモクラシー」(associative democracy)のように民主主義の新たな制度や運営を求めるものであり[44]，代表民主制とともに直接的な参加の手法も注目されることになる。

ガバナンス論がメタガバナンス論となり，ネットワークにおける利害当事者だけの内々の調整の議論から外部の視点や働きかけを含む全体的な調整の議論へと広がりを見せてきた。ガバナンス論の主要な関心は公共サービスの供給体系にあるが，そのネットワークに生じる問題を解決するために，政府の能力や役割とともに民主主義制度にまで議論が広げられてきている。ガバナンスとは政府が社会的アクターとのネットワークを維持せざるをえない状況の中で，「国家が社会におけるその役割を再定義するために現れてきた政治戦略である」[45]と見ることができる。国家は衰退するのではなく，社会との新たな関係を作り出しながら新たな可能性を切り開くのである。ネットワークとヒエラルキーの並存と衝突，さらに共存への調整をもって，政府と社会的アクターの相互作用のテーマであるとするのがガバナンス論である。

金大中政権の市民社会への政治戦略を考察するとき，ガバナンス論はどのような示唆を与えてくれるのか。個別的な政策過程における政府と社会的アクターの相互関係と，それを含みながらも全体を構築するメタガバナンスの二つを分けて考察する必要があるということである。

これまで紹介してきたガバナンス論では，政府と社会的アクターとのパートナーシップは政府の政策過程(公共サービスの供給など)で見られるものである。韓国でも政策過程レベルにおける政府と社会的アクターの相互関係に関する研究がなされてきている。ただしこのような事例研究には，政策過程の出力面ではなく入力面に限定して論じようとするものが少なくない。公共サービスの供給に社会的アクターが政府のパートナーとして協働することよりも，政府内部の政策決定過程に参加することをもってガバナンスとして論じる傾向が見られる[46]。そのような研究では，政府と社会的アクターの相互関係の変化をもたらす要因として，先進国で論じられている政府の役割の限界や見直しが十分に論じられないままに，規範的な観点から社会的アクターの参加が論じられる傾向がある。従って政策決定過程での社会的アクターの参加が見られるのであれば，それをもってガバナンスとして論じる前に，まずは参加を可能にする政治力学を明らかにしなければならない。

この政治力学にかかわるのが，個別的な政策過程レベルよりも上位にあって，政府と社会的アクターの全体的な相互関係を調整し構築するメタガバナンスの作動ということになる。このメタガバナンスでは，政府の中でも金大中大統領のリーダーシップに注目する。それは政策過程レベルにおけるガバナンスの失敗への個別的な修復処理ではなく，政策過程も含め政府と社会的アクターの相互関係を全体的に構築しようとするメタガバナンスのリーダーシップであると言うことができよう。金大中大統領のリーダーシップは与野党の権力闘争を重要な軸として展開しており，個別的な政策過程における社会的アクターの参加はその影響を受けることになる。韓国における政府と社会的アクターの相互関係を理解するには，個別的な政策過程レベルで形成される相互関係だけではなく，権力闘争レベルでも形成される相互関係を把握して，さらにそれらを含む全体を構築するメタガバナンスの作動を描き出すことが重要になろう[47]。ガバナンス論からこのような論点を得ることによって，社会運動論の観点からでは見ることのできなかった政府と社会的アクター(市民団体)との相互作用を視野の中に取り込むことができよう。

3．政　党　論

代表民主制では，政党は社会の様々な利益を集約し政府の政策に反映させる利益媒介の機能をもつとされる。この利益媒介によって，政党は選挙で政権を掌握するために必要となる社会的基盤を形成しようとする。また政党が政府と社会を媒介する機能を発揮するのであれば，それに応じて利益団体や社会運動組織は政党との関係を築こうとするであろう。政党の利益媒介が十分に機能するのであれば，そのように言えるが，その機能に支障が生じるならば政党の社会的基盤は流動化する一方で，社会運動は独自の活動空間を広げ，利益団体は政党を迂回して政府内部の政策過程に直接進入するようになる。ここでは政党の社会的基盤の流動化を論じる政党研究を紹介し，そこで政党と社会運動の相互関係がどのように論じられているのかを見ることにする。

ダルトン，ベック，フラナガン(Russell J. Dalton, Paul Allen Beck and Scott C. Flanagan)は，欧米などの先進国では1960年代後半からの経済的な豊かさの中で育った若い世代や教育水準の高い新中間層において政党支持の流動化が進んできたことを論じる[48)]。これは半世紀にわたって持続してきた「政党編成」(party alignment)の解体の始まりである。1920年代に階級亀裂に沿って形成され，その後長く凍結されてきた左翼政党や保守政党の編成が「再編成」(realignment)あるいは「脱編成」(dealignment)に向かって解体し始めたのである。政党編成は政党に対する支持者の連合的な構成であり，平易に言えば支持基盤の有りようである。従って政党編成の解体とは，政党に対する支持者の忠誠が弱まり政党から離脱することである。その結果として，政党よりも争点や候補者を重視する無党派層の増大，脱産業主義的な価値をめぐる新しい紛争と新党の登場，さらに政党を避ける直接的な市民参加などが現れるようになる。

政党の再編成では，政党間で支持層が移動して新たな編成が現れて再び安定することになるが，脱編成では政党からの有権者の離脱が進み政党が衰退することになる[49)]。実際には再編成と脱編成の区別は難しく，一定の時間が経過することで違いが見えてくる。再編成が鋭い変化をもって現れる「決定的な再編成」(critical realignment)であるならば判別もできよう。だが明らかな分岐点をもって再編成が始まる「決定的選挙」(critical election)が起きるのはまれなことであり，再編成はいくつもの選挙を経て徐々に進行する「漸進的な再編成」(secular realignment)であるのが一般的である[50]。さらに決定的選挙に見えたものは，実は一時的な変化に終わる「逸脱選挙」(deviating election)に過ぎないことさえある。新党の劇的な登場は政党支持の変化のうねりを予感させ新しい時代の到来を告げるものと歓迎されるが，短命に終わる「閃光政党」(flash party)の輝きであることもある[51]。再編成と脱編成の区別は，逸脱選挙の可能性も加わることで一層難しくなることから，選挙結果に変化の方向性を読み取るには慎重さが必要となる。

政党支持の再編成と脱編成について，ダルトンらは変化の動態や将来のシナリオを論じるために「社会的亀裂モデル」と「機能モデル」の二つを提示している[52]。社会的亀裂モデルは再編成に，機能モデルは脱編成にそれぞれ対応している。

社会的亀裂モデルは，産業社会から脱産業社会に移行することで階級亀裂が弱まり脱物質主義的な価値亀裂に沿って政党の再編成がなされるというものである。再編成が可能になるには，次のような条件が充足される必要がある。一つは新たな価値観と争点を提起する社会運動の側に課せられるハードルであり，もう一つは社会運動に対する既成政党の反応である。これらの条件の充足の結果次第では，再編成は起こらずに既存の編成が持続することもあれば，再編成が起きてもその後の編成に違いが生じたりもする。

社会運動が越えるべきハードルとしては，メンバーや財政などの組織的基盤，指導者の魅力，提起する争点が「合意争点」(valence issue)ではなく「対立争点」(position issue)であることがあげられている。合意争点とは賛成と反対のいずれかに世論が大きく集中する争点(たとえば政治腐敗)のことであり，対立争点とは賛成と反対の両極化が見られる争点(たとえば税負担)のことである。社会運動が提起する争点が合意争点であれば，社会に広範な合意があるだけに，それを受けて特定の政党の支持が急上昇しても長続きせずに一時的なものに終わる可能性が高い[53]。どの政党も合意に収斂するからである。従って政党支持の再編成をもたらすためには，争点は対立争点であることが望ましい。

社会運動がこれらの条件を充足して大衆の圧力を政党に向かわせても，政党がどのように対応(受容または拒否)するのかによって，大衆の圧力が党派的にどのように方向づけられるのかが決まってくる面もある。政党の選択を左右するものとしては，選挙での損益計算，政党のイデオロギー，政党組織の規模や構造があげられている。政党が諸事情を勘案して選択するように，社会運動組織も政党とどのような関係を成立させるべきなのか思案し選択することになる。

この点にかかわって，ダルトンは西欧諸国における政党に対する環境運動組織の態度を調査している。彼によれば，環境運動組織はたとえ環境争点に対して受容的な政党であってもフォーマルな提携関係をもつことには消極的であり，その党派性は表立たない「曖昧で潜在的」(ambiguous and latent)なものになると言う[54]。つまり同盟関係が可能であっても，環境運動組織はそれがもたらす否定的な結果，すなわち社会的信頼の喪失を懸念するからである[55]。政党とのフォーマルな関係設定に慎重になるのは，環境運動組織が公共的な利益を代表しようとするからであり，この点は部分的な特殊利益を追求する利益団体，たとえば左翼政党との同盟関係に積極的な労働組合とは異なるところである。

脱編成については，ダルトンら３人によって機能モデルが提示されている。機能モデルでは，政党の機能が不要になり政党から有権者が離脱することで無党派層が増大し，政党が衰退することが予測されている。市民は政党の指示を受けることなく，政治に直接的に参加するようになる。これが「脱編成の政治」(dealigned politics)である。脱編成の政治では，政党の衰退とともに社会運動が，その独自の政治的空間を広げ政党に代わる重要な政治アクターになる。

表２は，ダルトンら３人の編成解体論とダルトンの環境運動論に基づき[56]，政党と社会運動組織がどのような相互関係の選択をして，どのような結果が政党編成に生じる可能性があるのかを示したものである。

Ａの組み合わせは，政党が社会運動の新しい争点を受け入れ，社会運動は新党を結成せずに政党とフォーマルな同盟関係を結ぶ場合であり，政党の支持基盤を広げる再編成が起きる可能性がある。Ｂの組み合わせは，政党が社会運動組織によって提起される新しい争点を拒否し，社会運動も既存の政党との同盟を選ばずに新党の結成に向かう場合である。新党が既成政党の社会的基盤を掘り崩すのであれば，再編成が起きることになる。Ｃの組み合わせは，政党が

表 2 政党と社会運動の選択と政党編成の解体の組み合わせ

	政党の選択	社会運動の選択	政党編成の解体方向
A	受　容	フォーマルな同盟	再編成
B	拒　否	新党の結成	再編成
C	拒　否	非党派	脱編成

出典）Russell J. Dalton, Scott C. Flanagan and Paul Allen Beck, "Political Forces and Partisan Change," in Russell J. Dalton, Scott C. Flanagan and Paul Allen Beck eds., *Electoral Change in Advanced Industrial Democracies: Realignment or Dealignment?* (Princeton, N.J., Princeton University Press, 1984), pp. 451-476, Russell J. Dalton, "Strategies of Partisan Influence: West European Environmental Groups," in J. Craig Jenkins and Bert Klandermans eds., *The Politics of Social Protest: Comparative Perspectives on States and Social Movements* (Minneapolis, University of Minnesota Press, 1995), pp. 302-307 に依拠して作成。

社会運動によって提起される争点に否定的であり，社会運動は政党と同盟もせず新党も結成しない場合である。社会運動は，政党政治の外にとどまる非党派の選択をする。その結果として，現状の維持もありうるが，政党から支持者の離脱が進む脱編成が起きるかもしれない。

これら三つの組み合わせは類型化したものであり，現実はこれらが示すよりも複雑なものとなる。たとえば社会運動組織がフォーマルな同盟を左翼政党と結んでも，左翼政党が野党である場合が多く，政権獲得後には同盟が意味を失うこともある。また非党派の選択をしても，社会運動組織は政党との間にインフォーマルな協力関係をもっており，それを通じて影響力を得ようとすることもある。

ダルトンらの政党論を見てきた。韓国を論じる上で留意するべき点を指摘しておく。第一に，彼らの議論は，欧米諸国で階級亀裂に沿って凍結された政党編成がポスト産業社会になることで解体し始めたというものであるが，階級亀裂の凍結と解体の議論を韓国にそのまま適用することは難しい。彼らの編成解体論を批判するメア(Peter Mair)は，政党の順応力を強調し，幹部政党，大衆政党，包括政党，カルテル政党という一連の政党発展を論じている。大衆政党からカルテル政党に変化するに従って，政党は資源を社会にではなく，政府に求めるようになるとする[57]。メアの政党論もまた韓国に適用することは難しい。民主化以降の韓国では，政党は権威主義体制時代に引き続き政府の資源（国庫補助金支給，与党では大統領の政治的任命権）に依存しており，むしろ盧武鉉政権では大衆政党に向けた政党改革が試みられたりもした。メアの議論とは逆方向の展開である。欧米諸国とは歴史的諸条件が異なるだけに，欧米諸国で成長した政党論を韓国に適用する際には，何が示唆を与えるのかを慎重に判断しなければならない。

第二に，これと関連して韓国政治と政党については，慶尚道と全羅道の地域対立や全羅道に対する他地域からの差別や偏見を抜きにして論じることはできない。韓国の地域主義を理解するには，アルフォード（Robert R. Alford）が提案した階級亀裂の測定方法を使うのも一つの方法である。彼が提案した階級投票の指数は，「筋肉職種」（manual occupations）で左翼政党に投票した有権者の比率から，非筋肉職種で左翼政党に投票した有権者の比率を差し引いた数値である[58]。欧米諸国の階級亀裂の程度を，左派的な政党を基準に測ると1940年代，50年代が高く40%台で，その後は減少し1990年代には20%台から数%になっている[59]。

韓国における地域主義のアルフォード指数を全羅道系の政党及び候補者に見るのであれば，全羅道での得票率から慶尚道での得票率を差し引くことによって算出することができる。全羅道系の政党及び候補者のアルフォード指数は大統領選挙では1987年83.4%，1992年81.8%，2002年67.4%，2007年69.7%であり，国会議員選挙では1988年67.9%，1992年50.3%，2000年53.7%，2008年52.8%となる[60]。

簡単には比較できないが，韓国の指数は欧米諸国で見られたピーク時の階級亀裂の指数を上回る水準にある。アルフォードが80%の指数を階級対立が「革命的状況」になっても当然であるとしている点を考慮するならば[61]，大統領選挙で70%前後を示す韓国の地域亀裂は高い水準にあると言えよう。地域主義によって狭められた支持基盤をどのように拡大するのか，金大中政権と盧武鉉政権にとって政党再編成は重要な政治課題となる[62]。

第三に，金大中政権と盧武鉉政権による政党再編成の政治については市民運動を含めて理解しなければならない。民主化以降の韓国でも，表2に示されるAのフォーマルな同盟やBの新党結成の試みがなされたが，この二つの政権のもとでの再編成の政治については，次のような組み合わせを想定してみる必要がある。政党(政権も含む)が狭隘な地域主義的な支持基盤を克服するために市民運動との協力関係を指向する一方で，市民運動は政党に対しては好意的であってもフォーマルな同盟は避けようとする中で生じる相互関係である。表2で言えば，Aのフォーマルな同盟とCの非党派の中間的なところでの組み合わせであり，フォーマルな同盟でも非党派でもなく，党派性を表立たせない曖昧で「潜在的」(latent)な同盟であると言うことができる[63)]。

潜在的同盟では，第一に政党(政権も含む)が政策や組織の革新によって再編成の政治に取り組む一方で，社会運動組織は政党からの指示に従い一体化するのではなく，独自の政治的な活動空間を作り出し市民に参加を促す。第二に，これらの再編成と脱編成の二つの政治はもともと相反する方向に進むものであるが，潜在的な同盟では同時進行しながらも相互に連動する可能性がある。社会運動が作り出す政治的な空間に集まる市民が，特定の政党にとって新たな支持者となる可能性があるならば，政党は支持の再編成の可能性を見出し，社会運動に期待を寄せ好意的な対応をとることになる。このように党派的な同盟関係を表立たせることのない協調的な相互関係が現れるのは国政選挙に向けた選挙政治においてであり，とりわけ市民の圧倒的な支持や参加を引き出す社会運動が登場したときである。そのとき政党には再編成のチャンスが到来する。第三に，社会運動組織が特定の政党との関係を強めるのであれば，党派性の曖昧さが消え，党派性に対する疑念が生じて社会的信頼を失う恐れがある。これは公共的利益を掲げる市民運動などの社会運動に言えるジレンマである。従って，再編成と脱編成の二つの政治を同時進行させる潜在的同盟は，社会運動組織にとってはフォーマルな同盟に劣らず危険な選択になる。

ここで紹介した政党再編成に関連する概念は，政党支持に影響を及ぼす地域主義と理念対立を検討するときに用いることにし，潜在的同盟の概念は金大中政権と盧武鉉政権における政府・政党と市民団体との相互関係を論じるときに用いることにする。

第3節　本書の概略

本章では，市民社会と社会運動について概念的に整理するとともに，政治と市民社会の相互作用を見るための理論的アプローチについても紹介してきた。社会運動論，ガバナンス論，政党論の三つであり，それぞれについて韓国の事例を検討する際の留意点を示しておいた。第2章以降では実証的な作業に進むことになるが，その概略を，以下に示しておくことにする。

第2章の「市民社会の組織的分布と「市民運動」の誕生」では，政治的指向性のある市民社会の団体を選び出しグループ化して比較することで，市民団体の運動面や組織面における特徴を明らかにする。その際に経済正義実践市民連合(経実連)と参与連帯という市民団体を中心に見て行くことになる。また韓国における市民運動の先駆け的な指導者の市民運動観と行動に，韓国の市民運動の特徴を見出すことにする。

第2章で収集した市民団体のデータを踏まえて，第3章からは政府・政党と市民団体の相互作用に関する考察に進むことになる。その際に，本章で紹介した社会運動の制度化は主として第3章で，ガバナンスは第4章で，潜在的同盟は第3章と第4章の考察結果を再構成するために役立てることにして，政党再編成に関連する概念は第5章で用いることにしたい。

第3章の「市民社会と制度化」では，メイヤーとタローの議論に依拠して政府と市民団体の相互作用を検討する。彼らの社会運動論は抗議行動が広まり増えながらも，抗議行動はそれ以前の社会運動とは質的には異なること，つまり制度化していることを論じるものであった。その制度化概念を2000年の落選運動にも適用することについては，参加者の自発性や非組織性を強調する見方もあろうが，政府と市民団体の相互作用という切り口においては，その適用は可能であると考える。この章では制度化について，政府に対する制度的アクセスと抗議行動の要求の二つを取り上げ論じることにする。

制度的アクセスについては経実連と参与連帯を対象にして，その役員経歴を有する者たちが就任した政府組織の役職を集計し，その変化を明らかにする。要求の穏健化については，市民運動の代表的な事例である2回の落選運動を取り上げる。その作業は難しいが，具体的には落薦・落選対象者の選定基準と選定結果とともに，それをめぐる様々な主張を検討することにする。制度化概念にかかわって，違法性が弱まり市民や政府にも予測可能な抗議行動がなされるようになるルーティン化については，第4章で取り上げることにする。

第4章の「金大中政権の市民社会戦略」では，金大中政権が市民社会にどのように接近しようとしたのかを明らかにする。具体的には，金大中大統領が第二の建国運動の構想によって市民団体を動員しようとしたこと，2000年の落選運動に対しては迅速な法改正，政府の情報提供，さらに警察の取り締まりの抑制によって柔軟に対処したことを論じる。さらに社会保障の政策過程では市民団体の参加が一定程度見られるようになったことを，労働組合や職能団体と比較しながら論じることにする。これらの考察を通じて，権力闘争レベルと政策過程レベルにおいて政府と市民団体の相互関係がどのように展開し，またその二つがどのように関連していたのかを論じることにする。

第5章の「政党と市民社会」では，盧武鉉政権の時期を中心に政党と市民社会との相互作用を検討する。盧武鉉政権が市民社会にどのように接近したのかを明らかにするため，国会議員候補者と党員の充員(リクルートメント)を取り上げることにする。作業としては，1988年から2008年までの6回の国会議員選挙における候補者の社会運動の経歴を調べるとともに，与党の開かれたウリ党(ウリ党)における大衆政党化の試みを考察する。いずれも政党と市民社会との接点であり，盧武鉉政権の対市民社会戦略を見出せるところである。

第5章では，金大中政権と盧武鉉政権に深くかかわる政党支持の地域亀裂についても検討する。理念対立によって地域主義の政党支持に再編成が起きたのかは，金大中政権と盧武鉉政権の再編成の政治の成果を問うことになる。

要するに，全羅道を主要な支持基盤とする政治勢力が政権の座につき，その権力と資源を活用して市民運動を引き寄せ支持基盤を広げようとしたことを論じるのが本書の主題である。地域主義に取って代わるか，それをしのぐ新たな対立や亀裂を形成するには，政府と政党の力だけでは及ばず，街頭の市民運動に結集する市民の支持が必要であった。これは市民社会を巻き込んだ与野党の権力闘争であった。本書は，金大中政権と盧武鉉政権の10年間に政治と市民社会の相互作用によって何が起きたのか，それが韓国政治にどのような意味をもち，そして韓国政治に何を残したのかを論じようとするものである。

1）「韓国を動かす最も影響力のある勢力または集団は？」(大統領は除く)に対する専門家1万141人の回答として，「市民団体などの非政府機構」が2003年には4位に，2004年には与野党を上回り1位になっている。「専門家集団『ハンギョレ』最も選好　時事ジャーナル調査26.8%で1位」『ハンギョレ』2004年10月21日。記事は韓国言論振興財団(旧韓国言論財団)の新聞記事(韓国語)のデータベースであるKINDSのホームページ http://www.kinds.or.kr/ より取得。KINDSからの取得については，以下，URLを省きKINDSとのみ記す。

2）Alfred Stepan, *Rethinking Military Politics: Brazil and the Southern Cone* (Princeton, N.J., Princeton University Press, 1988), pp. 3-12.　翻訳は，A. ステパン，堀坂浩太郎訳『ポスト権威主義――ラテンアメリカ・スペインの民主化と軍部』同文舘，1989年。

3）Juan J. Linz and Alfred Stepan, *Problems of Democratic Transition and Consolidation: Southern Europe, South America, and Post-Communist Europe* (Baltimore, Johns Hopkins University Press, 1996), pp. 7-15.　翻訳は，J. リンス・A. ステパン，荒井祐介他訳『民主化の理論――民主主義への移行と定着の課題』一藝社，2005年。

4）Alfred Stepan, *op. cit*., p. 4.

5）Juan J. Linz and Alfred Stepan, *op. cit*., p. 7.

6）*Ibid*., p. 8.

7）Alfred Stepan, *The State and Society: Peru in Comparative Perspective* (Princeton, N.J., Princeton University Press, 1978), pp. xi-xv.

8）Alfred Stepan, *Rethinking Military Politics*, p. 7. Juan J. Linz and Alfred Stepan, *op. cit*., pp. 8-10.

9）Mary Kaldor, *Global Civil Society: An Answer to War* (Cambridge, Polity Press, 2003).　翻訳は，M. カルドー，山本武彦他訳『グローバル市民社会論――戦争へのひとつの回答』法政大学出版局，2007年。

10）*Ibid*., p. 8.

11）*Ibid*., p. 21.

12）*Ibid*., p. 22.

13）*Ibid*., p. 9.

14）*Ibid*., p. 145.

15）ユルゲン・コッカ，松葉正文訳「市民社会の歴史的展望」『立命館産業社会論集』立命館大学産業社会学会，第39巻第4号，2004年3月，223～233頁。

16）同上，227～228頁。

17）同上，228頁。

18）社会運動の定義については，以下の文献を参考にした。Sidney Tarrow, *Power in Movement: Social Movement and Contentious Politics*, second edition (Cambridge,

Cambridge University Press, 1998), p. 2.　翻訳は，S. タロー，大畑裕嗣監訳『社会運動の力――集合行為の比較社会学』彩流社，2006年。ジョン・マッカーシー，メイヤー・ゾールド「社会運動の合理的理論」塩原勉編『資源動員と組織戦略――運動論の新パラダイム』新曜社，1989年，28頁。片桐新自は「社会運動とは公的な状況の一部ないし全体を変革しようとする非制度的な組織的活動である」として，社会運動の類型の一つに「体制変革運動」を含めている。片桐新自『社会運動の中範囲理論――資源動員論からの展開』東京大学出版会，1995年，72〜74頁。

19) Hanspeter Kriesi, "The Organizational Structure of New Social Movement in a Political Context," in Doug McAdam, John D. McCarthy and Mayer N. Zald eds., *Comparative Perspectives on Social Movements: Political Opportunities, Mobilizing Structures, and Cultural Framings* (Cambridge, Cambridge University Press, 1996), pp. 152-184.

20) クリーシーの「政治的代表」はティリー(Charles Tilly)の「成員」概念に依拠していると見られる。成員は「政府が制御する資源に対して低コストの接近手段をもつ権力志向者」である。ティリーは成員と政府からなる「政治体」を「おなじみの利益集団政治」としている。チャールズ・ティリー，堀江湛監訳『政治変動論』芦書房，1984年，71〜73頁。

21) Hanspeter Kriesi, *op. cit.*, p. 156.

22) *Ibid.*, p. 153.

23) ジェンキンスらもまた国家，政治的代表システム，社会運動，市民の相互作用を図で示している。本文の図3は彼らの図を参考にして作成したものである。J. Craig Jenkins and Bert Klandermans, "The Politics of Social Protest," in J. Craig Jenkins and Bert Klandermans eds., *The Politics of Social Protest: Comparative Perspectives on States and Social Movements* (Minneapolis, University of Minnesota Press, 1995), pp. 3-13.

24) 長谷川公一・町村敬志「社会運動と社会運動論の現在」曽良中清司他編著『社会運動という公共空間――理論と方法のフロンティア』成文堂，2004年，1〜24頁。

25) David S. Meyer, "Institutionalizing Dissent: The United States Structure of Political Opportunity and the End of the Nuclear Freeze Movement," *Sociological Forum*, Vol. 8, No. 2, 1993, pp. 157-179.

26) Sidney Tarrow, *op. cit.*, pp. 208-209.

27) *Ibid.*, p. 209.

28) 運動社会の概念を提示したのは，メイヤーとタローの共著論文である。メイヤーは注25の論文では制度化を社会運動の衰退と見ており，メイヤーがタローと提示した運動社会概念との整合性がどのようにはかられるのか検討の余地がある。運動社会論は，社会運動論の限界地点に来ているのではないか。David S. Meyer and Sidney Tarrow, "A Movement Society: Contentious Politics for a New Century," in David S. Meyer and Sidney Tarrow eds., *The Social Movement Society: Contentious Politics for a New Century* (Lanham, Rowman & Littlefield Publishers, Inc., 1998), pp. 1-28.

29) メイヤーとタローはルーティン化に関連して，「西欧先進国でのほとんどの争いの行為は法を犯すことなく，空間を侵すことのない平和的で秩序を守るルーティンの形態をとるようになる」と記している。ルーティン化とは，合法的で秩序だった(つまり予測可能な)行動に向かうことである。それゆえに抗議行動のシナリオは警察当局によって理解されうるものとなり，時にはシナリオを抗議行動の主催者側が警察と協議し，ともに作ることもあるとしている。デモ参加者の違法行為の取り締まりさえも，警察と作るシナリオの一部にあらかじめ含まれることさえある。それは違法行為が引き起こすコストを双方にとって低くするためである。David S. Meyer and Sidney Tarrow, *op. cit*., pp. 20-24.

30) メイヤーとタローは「包摂」について，挑戦者が運動の政治的目標を放棄することとする狭い定義を退けて，セルズニック(Philip Selznick)の包摂概念に依拠するとしている。*Ibid*., p. 21, p. 28.　しかしセルズニックの包摂概念は，彼らの制度化概念に含められている包含と包摂の両方を含むものであり，また要求や戦術の変更が「放棄」になるのか否かまで問うてはいない。セルズニックと彼らとの包摂概念が違うため混乱をきたさないように，これ以降は，メイヤーとタローが言わんとする包摂についてはクリーシーの制度化に準拠して「穏健化」と記すことにする(本章8頁参照)。セルズニックの包摂概念については，本書第3章第2節で紹介する。

31) *Ibid*., p. 4.

32) メイヤーは反核運動の制度化について政治的機会構造論に依拠して考察し，社会運動はアメリカの民主政治の政治的機会構造に制約されて同じライフサイクルをたどると論じている。要するに，社会運動は政治的機会構造の従属変数になる。David S. Meyer, *op. cit*., pp. 157-179.

33) タローは社会運動について「破壊的(disruptive)な直接行動によって，エリート，政府当局，他の集団，文化的規範に対して争いを挑む」ことであるとしている。Sidney Tarrow, *op. cit*., p. 5.　注18も参照。

34) ダルトン(Russell J. Dalton)は，政治的機会構造論では社会運動が機会構造に合理的に反応するものと想定されていると批判して，社会運動のアイデンティティを強調している。社会運動が政治的機会構造に同じように反応するよりも，アイデンティティによって大きく異なった反応をすることを示し，その結果，政党と社会運動の相互関係は複雑で多様なものになると論じる。Russell J. Dalton, "Strategies of Partisan Influence: West European Environmental Groups," in J. Craig Jenkins and Bert Klandermans eds., *op. cit*., pp. 296-323.

35) 趙大燁(高麗大学校教授)は，市民運動を主導する核心的構成員が権威主義体制時代の民主化運動の経験を金大中政権の権力構成員と共有しており，その結果，相互に「親和力」が働き，市民運動をして金大中政権の政策や不正腐敗に積極的な対応をとりにくくさせる要因になるのではないかと論じている。趙大燁の議論に，政府と市民運動の関係に影響を及ぼす政治的アイデンティティを見出すことができる。この「親和力」が消え政府と市民運動(参与連帯とそれに近い市民団体)が敵対的な関係へと大きく逆転するのが，現在のハンナラ党の李明博政権のもとであることは言うまでもない。趙大燁は金大中大統領について論じているが，「親和力」は盧武鉉大統領にも言えることである。趙大燁『韓国の市民運動——抵抗と参与の動学』ソウル，ナナム出版，1999年，286～287頁，298頁。

36) ガバナンス論については，R. A. W. Rhodes, “The New Governance: Governing without Government,” *Political Studies*, XLIV, 1996, pp. 652-667. Anne Mette Kjær, *Governance* (Cambridge, Polity Press, 2004). ほかに中邨章「行政，行政学と「ガバナンス」の三形態」日本行政学会編『ガバナンス論と行政学』ぎょうせい，2004年，2～25頁。

37) 古いガバナンス論については，Jon Pierre and B. Guy Peters, *Governance, Politics and the State* (Basingstoke, Macmillan Press, Ltd., 2000), pp. 12-13.

38) 新しいガバナンスを論じるローズ論文の副題は「政府なくして統治すること」である。R. A. W. Rhodes, *op. cit*., pp. 660-663.

39) *Ibid*., pp. 663-665.

40) Anne Mette Kjær, *op. cit*., p. 191.

41) ローズの三つの統治構造については，R. A. W. Rhodes, “Foreword: Governance and Networks,” in Gerry Stoker ed., *The New Management of British Local Governance* (New York, Palgrave Macmillan, 1999), pp. xii-xxvi.

42) Bob Jessop, “Governance and Meta-governance in the Face of Complexity: On the Roles of Requisite Variety, Reflexive Observation, and Romantic Irony in Participatory Governance,” in Hubert Heinelt *et al*. eds., *Participatory Governance in Multi-Level Context: Concepts and Experience* (Opladen, Laske＋Budrich, 2002), p. 49. メタガバナンスについては，新川達郎「パートナーシップの失敗――ガバナンス論の展開可能性」前掲『ガバナンス論と行政学』26～47頁。

43) Anne Mette Kjær, *op. cit*., p. 48, p. 204.

44) ハーストのアソシエーティブ・デモクラシーは，政府の機能を市民社会のアソシエーションにできる限り譲る一方で，市民社会の民主化も行うというものである。ここには公共サービスを供給する政府の負担を軽くすることで代表民主制の機能を活性化させることも含まれ，民主主義の視野が入力過程から出力過程までも包括するものになっている。これがガバナンス論の特徴である。ハーストの議論は，福祉国家からポスト福祉国家のガバナンスへの変化にあわせ民主主義のバージョンアップをはかろうとするものと言えよう。Paul Hirst, “Democracy and Governance,” in Jon Pierre ed., *Debating Governance* (Oxford, Oxford University Press, 2000), pp. 13-35.

45) Guy Peters, “Governance and Comparative Politics,” in Jon Pierre ed., *op. cit*., p. 2.

46) 筆者の知る限りでは，韓国側のガバナンス研究としては，次のようなものがある。欧米のNGO研究が政策執行過程に重きをおいているとしながらも，政策決定過程における市民団体の参加を論じたのが李鉉出（イ・ヒョンチュル）(国会立法情報研究官)である。彼は金大中政権前半期における医薬分業の政策決定過程における市民団体の役割と問題を論じている。そのために使うガバナンス論は，発展途上国を対象とする「よいガバナンス」(good governance)論である。そこでは市民社会の監視と参加のもとで責任と「正統性」(legitimacy)，透明性のある政府の確立が強調されており，欧米におけるガバナンスの議論とは関心の方向が一致していないのは当然ではある。これは李鉉出が依拠する朱聖秀（チュ・ソンス）(漢陽大学校教授)のガバナンス論にも当てはまる。またイ・ドンス(慶熙大学校教授)は，ガバナンスには政府と市民社会の間に「牽制と批判」「公共サービスの提供」に加え「公論の場」が必要であるとする。政策決定過程では市民団体が参加し討議を経る「公論の場」が十分ではないためガバナンスには至らないが，最近の市民団体の発展によってガバナンス成立の可能性はかなり高いと論じる。さらに金錫俊（キム・ソクジュン）(梨花女子大学校教授)は，政府と市民団体のニューガバナンスの事例として，個人資格であるため厳格な意味でのネットワークではないとしながらも金泳三（キム・ヨンサム）政権や金大中政権での政府組織への市民団体役員の参加をあげ，さらに2000年の国会議員選挙で落選運動が政治改革を政府に代わって行ったことをあげている。これら上記の研究は，政府の政策決定過程や入力過程としての選挙にガバナンスを見出すものである。これに対して，ユ・ジェウォン(漢陽大学校教授)らは河川浄化に住民が自発的に取り組んだ事例を取り上げ，入力と出力の全過程における中央政府・地方政府と住民団体の協力的な関係の形成を論じている。彼らの事例研究はガバナンス論における官民協働のパートナーシップに見事に適合している。問題点をあげるとするならば，「政府パラダイムが政策過程を規定する支配的なパターン」である韓国で，このようなガバナンス事例が例外にならず，彼らが予測するように分権化，民主化，市場化が進むことで「頻繁に現れるのは明らかである」のかである。この点について，李年鎬（イ・ヨンホ）(延世大学校教授)は楽観的な展望をとらない。金大中政権のもとでの政府と市民団体の相互関係には水平的なネットワーク関係とするガバナンス論を適用することはできないとして，「今後もそのようになるであろうと期待するのも多少無理がある」と論じる。その根拠は政府の社会保障費支出の低さであり，これが非営利組織の活動領域を狭いものとしていること，政府の補助金に依存するなど非営利組織には財政的な脆弱性があること，さらに金大中政権が市民団体を支持勢力として引き入れようとしてきたことをあげている。つまり政府と非営利組織(市民団体)の相互関係は水平的に見えても，実質的にはヒエラルキー的なものであるとする。このような「二重性」が現れたのは，市民社会の復興現象が市民社会の自律的な登場の結果であるよりも，「執権者の政治的必要性によって促進されたため」であるからであるとする。個別的な政策過程レベルに「二重性」を見出し，「執権者の政治的必要性」をその原因とする見解を示しているが，この点については筆者も同意見である。これに関連して，福祉NGOを取り上げた興味深い調査研究がある。福祉サービスの供給主体が政府に限られなくなる「福祉多元主義」の可能性を韓国に見出そうとするムン・ビョンジュ(成均館大学校教授)の研究である。福祉NGO(40団体)に対する設問調査の結果を素直に見る限りでは，福祉NGOは具体的な事業活動で政府との協力関係を望むよりも，政府内部の政策決定過程への参加(30団体で75%)を第一希望の協力分野として選択している。具体的には諮問委員会などへの参加を希望している。財政基盤が弱いことからも，政府との関係で協働的なサービス供給に取り組むことが容易ではなく，むしろ政府の諮問委員会委員になることに積極的になる姿が浮かび上がる。なぜ韓国側のガバナンス研究が政策決定過程の考察に傾斜するのか，示唆的な調査結果である。NGOがそれを強く望んでおり，現に起きているからということになろうか。このような筆者の議論に対して，福祉サービスの供給体系を担うNGOを具体的に示すことはできようが，やはり議論としては李年鎬が指摘する政府の社会保障費支出の問題に突き当たると考える。筆者の限られた見聞では，財政的自律性が十分のように見える宗教法人や大学法人が社会福祉事業の委託先になるような場合でも，政府の補助金や施設の便宜提供が委託を順調に，かつ成功裏に成し遂げるためには相当に必要であるというのが現状ではないかということである。それだけ韓国では政府の役割は大きいし，まだまだ民間側から期待されていると言えよう。李鉉出「ガバナンスと NGO――医薬分業事例を中心に」金永来他，韓国政治学会編『NGO と韓国政治』ソウル，アルケ，2004 年，205〜245 頁。朱聖秀『市民社会と NGO 論争――主要概念・モデル及び理論』ソウル，漢陽大学校出版部，2001 年，200〜210 頁。イ・ドンス「韓国の政府と市民社会――ガバナンスを中心に」『NGO 研究』ソウル，韓国 NGO 学会，第 3 巻第 1 号，2005 年 6 月，191〜218 頁。金錫俊「ガバナンスの分析枠組み―― 21 世紀韓国社会と政治のニューガバナンスの模索」金錫俊他『ガバナンスの政治学』ソウル，法文社，2002 年，35〜72 頁。ユ・ジェウォン，ホン・ソンマン「政府の時代で花開いた Multi-level Governance ――大浦川水質改善事例を中心に」『韓国政治学会報』ソウル，韓国政治学会，第 39 輯第 2 号，2005 年 6 月，171〜194 頁。李年鎬「金大中政府と非政府組織間の関係に関する研究」『韓国政治学会報』第 35 輯第 4 号，2002 年 3 月，147〜164 頁。ムン・ビョンジュ「福祉 NGO の構造的特性と対政府関係認識に対する経験的研究」『韓国政治学会報』第 38 輯第 5 号，2004 年 12 月，55〜83 頁。「よいガバナンス」については，中村研一「南北問題の解決のために―― NGO 台頭の政治的文脈」深瀬忠一他編著『恒久平和のために――日本国憲法からの提言』勁草書房，1998 年，392〜421 頁。

47）メタガバナンスについては，民主化論におけるガバナンスとしてケーアが紹介しているハイデン(Goran Hyden)の議論を参考にした。それは「体制」(regime)の営みをガバナンスとする議論であり，ガバナンスはルール形成のルールを創設する「メタ政策形成」(meta-policy-making)であるとされる。Anne Mette Kjær, *op. cit.*, pp. 48-49, pp. 163-166. ハイデンは個別的な政策形成の上位にメタレベルとなる体制を想定し，体制を国家とも政権とも異なるものとして，権力運用にかかわり社会的アクターまでも含む相互作用からなるゲームの根本的なルールであると論じる。権力運用のルールがメタレベルのガバナンスにとって重要になるというハイデンの指摘は，政治秩序を再構築するような民主化の定着過程にある国に妥当なものであろうし，金大中政権と盧武鉉政権のもとでの政府と市民社会の相互作用を見るに当たっても役立つものである。要するに，個別的な政策レベルだけでなく，それ以上に体制レベルに注目しなければならない。Goran Hyden, "Governance and the Reconstitution of Political Order," in Richard Joseph ed., *State, Conflict, and Democracy in Africa* (Boulder, Col., Lynne Rienner, 1999), p. 185.

48）Russell J. Dalton, Paul Allen Beck and Scott C. Flanagan, "Electoral Change in Advanced Industrial Democracies," in Russell J. Dalton, Scott C. Flanagan and Paul Allen Beck eds., *Electoral Change in Advanced Industrial Democracies: Realignment or Dealignment?* (Princeton, N.J., Princeton University Press, 1984), pp. 3-22. この文献を，以下では *ECAID* と略することにする。

49）*Ibid.*, pp. 11-15.

50）Scott C. Flanagan in *ECAID*, p. 95.

51）逸脱選挙と閃光政党については，Geoffrey Evans and Pippa Norris, "Introduction: Understanding Electoral Change," in Geoffrey Evans and Pippa Norris eds., *Critical*

Elections: British Parties and Voters in Long-term Perspective (London, Sage Publications, 1999), pp. xix–xl.　ここでは逸脱選挙は脱編成のサブタイプの一つとして，漸進的な脱編成とともに並べられている。脱編成は政党支持の弱化とされ，逸脱選挙ではその弱化が急激に現れるが，次の選挙では再び前の状態に戻るものとされている。

52）Russell J. Dalton, Scott C. Flanagan and Paul Allen Beck, "Political Forces and Partisan Change," in *ECAID*, pp. 451–476.

53）合意争点では再編成を導くことはできずとも，少数派の政党は多数派の政党を合意争点の論争で不人気な側に追いやることで逆転勝利することもある。結果的には一時的な現象に終わっても，合意争点は選挙戦略上で役立つことがある。この点については，Walter Dean Burnham, "American Politics in the 1980s," *Dissent*, Vol. 27, 1980, pp. 149–150. ダルトンらは，合意争点でも大不況や原発の大災害の場合には再編成が起きうるとしているが，同時に，そのようなことは起きにくいともしている。Russell J. Dalton, Scott C. Flanagan and Paul Allen Beck, "Political Forces and Partisan Change," in *ECAID*, pp. 458–459.

54）ダルトンは環境運動組織に曖昧で潜在的な党派的傾向を見出す。一部の環境運動組織は利益を共有する政党を見出してはいるが，それでも友好的な関係はインフォーマルなものにとどまり，党派的な態度を極力隠そうとする。そこにダルトンは「潜在的」(latent)な党派的傾向を見出すのである。Russell J. Dalton, *op. cit*., p. 321.

55）この点の指摘は，社会運動とは何かという理念にかかわる。社会運動にとって友好的な政党の存在が社会運動にとっては好ましい政治的機会構造になっても，そのことが直ちに社会運動の選択を決定するものではないことをダルトンは論じている。*Ibid*., pp. 296–323.

56）フォーマルな同盟，新党結成，非党派の三つの選択モデルに関するダルトンの議論は，*Ibid*., pp. 302–307.

57）Peter Mair, "Party Organization, Party Democracy, and the Emergence of the Cartel Party," (with Richard S. Katz) in Peter Mair, *Party System Change: Approaches and Interpretations* (Oxford, Oxford University Press, 1999), pp. 93–119. Peter Mair, "Continuities, Changes, and the Vulnerability of Party," in Peter Mair, *op. cit*., pp. 19–44.

58）使用する得票率は相対得票率である。アルフォード指数については，Robert R. Alford, *Party and Society: The Anglo-American Democracies* (London, Rand McNally, 1963), pp. 73–93.

59）ダルトンは米国，イギリス，ドイツ，フランスの 4 ヶ国における階級投票の指数の変化を示している。この数値は労働者階級と中間層における左派的な政党の得票率の差であり，ほとんどが議会選挙のものである。Russell J. Dalton, *Citizen Politics: Public Opinion and Political Parties in Advanced Industrial Democracies*, fourth edition (Washington, D.C., CQ Press, 2006), p. 153.　アルフォードも，1940 年代から 60 年代初頭までのイギリスの階級指数(労働党)が 23%から 44%の範囲内で増減したことを示している。イングルハート(Ronald Inglehart)もアルフォード指数を用いている。彼は中産階級と労働者階級，さらに農民に分けて，中産階級と労働者階級の差でアルフォード指数を算出している。Robert R. Alford, *op. cit.*, pp. 348-349.　R. イングルハート，三宅一郎他訳『静かなる革命――政治意識と行動様式の変化』東洋経済新報社，1978年，194頁。

60) 李甲允（イ・カピュン）(西江大学校教授)もアルフォード指数で韓国の地域主義を測定している。彼の場合，全羅道と全羅道以外，慶尚道と慶尚道以外，忠清道と忠清道以外での政党及び候補者の得票率の差をもってアルフォード指数を求めている。この方法によっても，「西欧国家で現れる最も強い亀裂の大きさよりもさらに大きいと言える」と判断している。たとえば，1992年の大統領選挙での全羅道系候補者(金大中)の指数は66.0%，慶尚道系候補者のそれは37.8%であり，30%近くの差が開いている。本書では李甲允とは違い，全羅道と慶尚道での得票率の差を用いた。李甲允の方法には，韓国内での全羅道の孤立が示される利点もあるが，次のような問題もある。ソウル，仁川，京畿道には全羅道からの移住者が少なくなく，それらを含め計算するのであれば，これらの地域における全羅道出身者の全羅道系政党及び候補者に対する投票までも含むことになり，結果的に全羅道の得票率との差が弱まることになり，亀裂を示すには不十分となる。全羅道出身者のソウルへの移動については，本書第5章第3節を参照。李甲允『韓国の選挙と地域主義』ソウル，オルム，1998年，38～40頁。

61) Robert R. Alford, *op. cit.*, p. 84.　パウエル(G. Bingham Powell, Jr.)もアルフォード指数を用いて階級亀裂と宗教亀裂を測定しているが，60%を上回るのはオランダの宗教亀裂だけである。G. Bingham Powell, Jr., *Contemporary Democracies: Participation, Stability, and Violence* (Cambridge, Mass., Harvard University Press, 1982), pp. 88-92.

62) 階級と政党支持の関係は，どうであろうか。韓国でも労働運動が盛んで民主労働党(民労党)が当選者1人(2004年国会議員選挙)を出している慶尚南道の蔚山市における政党支持を見るならば，次のようになる。ブルーカラー労働者では民労党支持21.7%，ハンナラ党支持44.0%，ウリ党支持19.3%であり，ブルーカラー労働者は民労党支持で結集しておらず，むしろ地域主義の影響から免れていないと見ることができる。このような状況であるため，階級について本書で特に論じることはしない。世論調査は東亜日報社のホームページ(http://www.donga.com/)にある「世論調査資料室」より2007年5月4日に取得。調査は2006年5月1日に実施されたものである。

63) 筆者はダルトンが論じた市民団体の曖昧で潜在的な党派的傾向を，韓国の選挙政治の中に見出そうとしている。ダルトンについては，注54を参照のこと。鄭相鎬（チョン・サンホ）(漢陽大学校教授)はダルトンの議論を用い，韓国では政党と市民団体の関係が非政治的であり，相互に信頼も協力関係もない「非政治モデル」が見られたとする。労働運動を別にすれば，韓国の市民団体は政治的中立を戦略として国家権力に対する批判に邁進しており，政治とのかかわりは間歇的に起きる新党結成と個人的な政治充員がなされるだけであると論じる。鄭相鎬については，本書第3章の注96も参照のこと。鄭相鎬「市民社会運動と政党の関係及び類型に関する研究」『韓国政治学会報』ソウル，韓国政治学会，第41輯第2号，2007年6月，161～184頁。これは，韓国でよく見られる政治と市民運動の相互関係に関する議論である。彼の議論に対しては，フォーマルな同盟だけをもって協力的な相互関係の有無を論じてよいのか，また政治的充員については個人を超えた集合的な全体に意味を見出せないのかということが指摘できる。本書は，これらの点について落選運動と包摂を取り上げ論じることにしている。

第２章　市民社会の組織的分布と「市民運動」の誕生

民主化以降における政治と市民社会の相互作用を検討するには，それに先立ち市民運動にかかわる市民団体として具体的にどのような団体があるのかを見ておく必要がある。そこで第１節では，市民団体も含め広く市民社会の中から政治的指向性のある団体を選び出し，それらを二つの市民運動グループと一つの民衆運動グループに分類することにする。この三つのグループ相互間の比較を手掛かりに，市民団体が理念的に政治的に，さらに組織的にどのような特徴をもつのかを明らかにする。さらに第２節では，「市民運動」が韓国ではどのように始まったのか，その「市民運動」像の特徴を経済正義実践市民連合(経実連)結成の中心的指導者であった徐京錫(ソ・ギョンソク)の考えと行動を中心に見て行くことにする。つまり第１節では比較の視点から市民団体の特徴を描き，第２節では指導者の思考と行動への内在的な視点から市民団体の特徴を描くことにする。

第１節　市民社会の組織的分布

１．連帯型運動組織による選定

政治と市民社会の相互作用に登場する団体を選定するときの基準は政治的指向性である。政治的指向性は政府に政策的要求を行うだけではなく，社会的権力や国家を変革しようとするものである。このような政治的指向性をもつ団体を広範囲に選ぶために，政治的指向性のある「連帯型運動組織」における参加団体・会員団体のリストを利用することにする。

表 3　12 の連帯型運動組織

記号	連帯型運動組織(略称)	参加団体等	設立年	活動の趣旨
A	2000 年総選市民連帯(2000 総選連帯)	1,083	2000. 1	地域感情に立脚した保守中心の腐敗政治を審判，除去・清算して，政治改革・社会改革を進める。
B	2004 総選市民連帯(2004 総選連帯)	354	2004. 2	腐敗・非理行為，選挙法違反行為などの落選対象者基準に加え，3. 12 弾劾訴追案を支持した国会議員全員を落選対象者とする。
C	弾劾無効・腐敗政治清算汎国民行動(弾劾無効国民行動)	950	2004. 3	盧武鉉大統領に対する野党の弾劾訴追決議案可決を議会クーデターの暴挙として，弾劾訴追撤回と国民への謝罪を要求する。
D	米軍装甲車故申孝順・沈美善殺人事件汎国民対策委員会(米軍国民対策委員会)	52	2002. 6	2002 年 6 月京畿道で女子中学生 2 人が米軍装甲車で轢死。事件の真相究明，米軍の刑事裁判管轄権放棄，責任者の厳重処罰，駐韓米軍地位協定の改正，米国大統領の韓国国民への直接謝罪などを要求する。
E	韓国市民団体協議会(市民協)	56	1994. 9	経実連などの団体が集まり結成した連帯機構。市民参与を極大化・活性化して，社会の民主改革と真正な発展の牽引車の役割を果たす。
F	市民社会団体連帯会議(市民連帯会議)	217	2001. 2	2000 年総選市民連帯の経験を土台に，国家社会改革に向けた全国の市民運動の改革的力量を一つに結集しようとする常設協議機構。
G	国家保安法廃止国民連帯(国保法廃止連帯)	230	2000. 7	祖国統一と民主主義に進む道をふさぐ国家保安法の廃止を目指す。
H	言論改革市民連帯	44	1998. 8	言論改革のための市民団体の連帯機構。新聞市場の正常化，言論独寡占の弊害の是正，新聞社の税務調査，新聞社の経営透明性を目指す。
I	朝鮮日報反対市民連帯	65	2002. 9	朝鮮日報の極右的・守旧的・ファッショ的本質を大衆に知らしめて，朝鮮日報の影響力を縮小することを目指す。朝鮮日報の絶読運動〔不買運動のこと〕を展開する。
J	朴正熙記念館建立反対国民連帯(朴正熙反対連帯)	112	2000. 9	反民族・反民主の象徴である朴正熙元大統領を賞賛する記念館建立を金大中政権が主導していることに反対する。記念館建立を阻止し，反民主的・反民族的な歴史歪曲を是正することを目標とする。
K	全国民衆連帯(民衆連帯)	44	2003. 5	民族民主民衆運動勢力の統一団結をはかり，共同の連帯闘争を通じて，新自由主義撤廃，民衆生存権争取，民主主義争取，民族自主・平和・統一争取などを目的とする。
L	民主主義民族統一全国連合(全国連合)	29	1991. 12	自主民主統一の旗のもと，労働者・農民など基層民衆を中心にした愛国的民主勢力が団結する常設的な連合体。反米自主化闘争，民衆生存権闘争，祖国統一運動を結合させた民衆闘争を展開する。
合　計(延べ数のため重複がある)		3,236		

注）当該団体のホームページ掲載の情報(2004 年 5 月に取得)，さらに『韓国民間団体総覧』(ソウル，市民の新聞，1997 年，2000 年，2003 年)より作成したものであり，活動の趣旨については原文を要約するなど大幅な字句修正を行っている。「参加団体等」の数はホームページでは更新されており，本表と異なることがあることを断っておく。

この連帯型運動組織は，市民団体や労働組合，宗教団体，学生運動組織など多種多様な団体が結成し，また加入する組織のことである。市民団体を調べる際には，韓国で発行されている『韓国民間団体総覧』(ソウル，市民の新聞，1997年版，2000年版，2003年版)を利用するのが一般的な方法である。これらの資料集には，政治的指向性のない民間団体も多数含まれている。また資料集に含まれない団体もあり十分であるとは言えない。

ここで取り上げる連帯型運動組織は12であり，その内訳は表3に示されている。収集されたデータは2004年5月現在のものである。以下，作業を進める上での手順や留意点について，三つ述べておくことにする。

第一に，表3の12の連帯型運動組織は，国政選挙とのかかわりで重要になった組織，団体間の連携や協議のための常設的な連合組織，特定の争点にかかわる組織の三つに分けることができる。

国会議員選挙にかかわっては，2000年に落選運動を主導した「2000年総選市民連帯」(A)，2004年に落選運動を主導した「2004総選市民連帯」(B)と盧武鉉大統領に対する弾劾訴追に反対した「弾劾無効・腐敗政治清算汎国民行動」(C)があり，大統領選挙にかかわっては2002年に大規模な反米デモを行った「米軍装甲車故申孝順(シン・ヒョスン)・沈美善(シム・ミソン)殺人事件汎国民対策委員会」(D)がある。いずれも国政選挙の結果に影響を及ぼそうとしたり，その結果に影響を及ぼしたりしたものである。

常設的な連合組織としての連帯型運動組織は，いずれも組織目標に政治的指向性を含んでいる(表3の「活動の趣旨」を参照)。市民運動ではEの「韓国市民団体協議会」とFの「市民社会団体連帯会議」，民衆運動ではKの「全国民衆連帯」とLの「民主主義民族統一全国連合」がある。ここではこの四つをもとに，市民運動のグループと民衆運動のグループに分けることにする。

連合組織としての連帯型運動組織が多様な争点を取り扱うのに対して，三番目の連帯型運動組織は特定の争点に取り組むものである。たとえば，反国家的活動を処罰するものでありながら政敵弾圧にも悪用された国家保安法の廃止を目指す「国家保安法廃止国民連帯」(G)，保守的な言論市場の改革を目指す「言論改革市民連帯」(H)，朝鮮日報を廃刊に追い込もうとする「朝鮮日報反対市民連帯」(I)，さらに朴正煕(パク・チョンヒ)元大統領の記念館建立に反対する「朴正煕記念館建立反対国民連帯」(J)がある。金大中政権や盧武鉉政権の時期では，市民運動によって国家保安法廃止や言論改革は主要な争点として取り組まれており，G・H・Iの連帯型運動組織を取り上げるのは妥当である。他方，Jの朴正熙記念館建立反対国民連帯は参加団体の多さという便宜的な理由から含めている。

表3の12の連帯型運動組織は，Eの市民協とLの全国連合を除けば，すべて1998年の金大中政権の発足後に結成されたものである。それ以前の金泳三（キム・ヨンサム）政権，盧泰愚（ノ・テウ）政権にまで遡るならば，参加団体のリストの入手は難しくなる。そのような事情もあるが，2000年の落選運動に見られるように，金大中政権の発足後に市民運動が活性化し，連帯型運動組織が増えてきたということも影響していよう。

第二に，連帯型運動組織の参加団体を絞り込むことにした。参加団体数は合計で3236になる。これは参加団体の重複もあり延べ数である。そこで，次の作業によって団体数を絞り込むことにする。

① 参加団体の重複をなくす。

② 地域組織等については，全国組織に一本化して処理する。

③ 全国民主労働組合総連盟(民主労総)の名称がない労働組合は便宜上「労働組合」に分類する。全国教職員労働組合(全教組)は民主労総傘下組織であるが，ここでは「労働組合」に含め，民主労働組合総連盟大邱支部といった民主労総の名称がつく組織だけを「民主労総」に含めることにする。

④ 韓国大学総学生会連合(韓総連)の名称以外の学生組織(各大学の自治会である総学生会等)はすべて「大学生」に分類する。

これらの作業の結果得られた団体のうち，さらに二つ以上の連帯型運動組織に参加している団体だけを考察対象にした。その理由としては，第一に単純に対象数を絞り込むためであり，第二に落選運動など規模の大きい連帯型運動組織に一つのみ加入するような団体は，政治的に活発なほうではなく政治と市民運動の相互作用では周辺的な団体である可能性が十分にあるためである。

その結果，得られた団体数は367である。3236の10分の1程度まで圧縮することができた。367団体のリストは付録1として掲載した。第3章以下で実証的な考察の対象となる市民団体の主たるものは，このリストに含まれている。

絞り込みの作業で注意しておくべき点は，上述の②の地域組織等の扱いにおいて，たとえば，経実連傘下の地域組織だけでなく，経実連の特別機構である統一協会を別の団体として扱わず，経実連に一本化していることである。誤解を招くこともあろうが，経実連の中央組織が加入していない連帯型運動組織に，地域組織や特別機構が参加している場合でも，経実連として集計し表記している。この点は，他の団体についても同様であり，注意を要するときにはその都度言及することにする。

参加団体リストにかかわる問題点を指摘しておく。釜山参与自治市民連帯はAの2000総選連帯とFの市民連帯会議に加入している。二つ以上の参加ということでカウントされ付録1(341番)にあげられている。しかし釜山参与自治市民連帯のスタッフによれば，2004年のBの2004総選連帯にもCの弾劾無効国民行動にも参加しているという。釜山地域の他の市民団体とともに2004釜山有権者運動連帯を結成して，ソウルの組織にも幹部を派遣して重要な役割を担ったという[1)]。しかしBやCのいずれの参加団体リストにも2004釜山有権者運動連帯の名称はない。

ここから二つの点が指摘できる。一つは釜山参与自治市民連帯のように地域の連合組織を結成して，それを通じて落選運動や弾劾反対運動に参加する場合，それらの連帯型運動組織には釜山参与自治市民連帯という団体名称が記されないということである。もう一つは地域で結成された連合組織である2004釜山有権者運動連帯が落選運動や弾劾反対運動に参加したにもかかわらず，それらの参加団体リストにはその団体名称がないということである。これはホームページ上の参加団体リストが十分に更新されていない可能性を示唆している[2)]。

第三に，連帯型運動組織の参加団体リストを用いることへの疑問である。連帯型運動組織には名義貸しの趣旨で参加団体リストへの掲載を承諾しているのであって，それをもって参加団体を政治的指向性のある団体と見なすことへの批判である。確かに，相互に団体間で名義貸しをすることは十分にありうるが，理念や党派の違いから関与を嫌う団体に対して，名義貸しであっても参加団体リストに名を連ねるような協力を受け入れることは考えにくい。要するに，参加団体としての関与には濃淡の差はあるとしても，連帯型運動組織の参加団体リストは政治的指向性のある社会運動組織を選び出し分類する上で役立つものと考えてよい。

2．市民社会の組織的な分布と特徴

ここでは市民社会の組織的な分布と特徴について，市民運動と民衆運動に分類することで描くことにする。市民運動については，連帯型運動組織であるEの市民協とFの市民連帯会議を分類の基準として，それぞれを中心とする異なる二つのグループを設ける。さらにそれらとは異なる民衆運動のグループを設けることにする。

これらのグループに対しては，次の二つの観点から検討する。一つは，12の連帯型運動組織への加入状況を手掛かりとしてグループの理念的特徴を明らかにすることである。民衆運動グループの左翼民族主義を，一つのイデオロギー(政治的・経済的な理念)の極として想定して，その極からの距離を測ることにする。具体的には，民衆運動グループと重複する団体がどれほどあり，どれほどの共同行動がなされているのかを，二つの市民運動グループの理念的傾向を測る指標とする。

もう一つは，二つの市民運動グループの間で，どのような違いから対立が起きるようになったのかを明らかにすることである。それには理念的な違いも作用したが，政治へのかかわり方の違いもまた作用している。この点を論じるためには，グループ・レベルから個別的な団体レベルにまで降りて行く必要がある。それによって市民運動の内部対立については，「進歩」「保守」の理念対立だけでは十分に説明できないことが明らかにされる。理念対立の問題に関連しては，盧武鉉政権後半期における新たな動きとしてニューライト運動にも言及しなければならない。

(1) 二つの市民運動グループ

連帯型運動組織の市民協Eと市民連帯会議Fについて説明した上で，この二つを分類の基準として用いて，市民協・経実連グループと市民連帯会議・参与連帯グループという二つの市民運動グループを設けることにする。

市民協Eは，1989年7月に結成された経実連の主導のもとで1994年9月に結成されている。その市民協の前身は，1993年5月に結成された「正義の社会のための市民運動協議会」(正社協)である[3]。正社協の参加団体は，経実連(付録1の78番。以下同様)，韓国労働組合総連盟(韓国労総，60番)，興士団(194番)，韓国婦人会(51番)，韓国女性有権者連盟(45番)，全国農民団体協議会，韓国基督教総連合会など36団体である[4]。権威主義体制時代に体制内的な労働運動を担った韓国労総が参加しており，その委員長が正社協の常任共同代表の一人に選出されている。このことは正社協が合法的で穏健な運動を指向することを示すものである。

事実，正社協は自らを金泳三大統領の「新政府の改革作業を国民意識次元で発展・拡大させ，政府に対する監視を強化するためのもの」であるとしており，それを受けて金泳三政権の公報処次官は「改革の成功のためには国民の意識が変わらなければならない」「市民団体が先頭に立って国民意識改革次元に発展させて行くことは望ましい」と正社協の結成に肯定的な反応を示している[5]。

正社協の結成を主導した経実連もまた，金融実名制の導入や公務員の綱紀粛正といった金泳三政権の改革に協力的な姿勢を見せていた[6]。また，経実連は運動の主体を「民衆」ではなく「市民」に求め，「非暴力的で平和的な市民運動」を標榜して[7]，民主化運動の一翼を担った在野運動圏(その説明は本書第3章83頁参照)の非合法的な闘争とは一線を画そうとした。正社協が，在野運動圏の団体に「実定法を遵守する意思」があるのであれば連帯の可能性もあるとしたのは[8]，経実連の姿勢が正社協にそのまま反映していたことを示す。

市民協は，正社協よりも参加団体を広げ再編されたものであるが，その構成団体を見る限り在野運動圏の団体を除外する点では変わりがなかった[9]。市民協の執行委員長である徐京錫(経実連事務総長)は市民協結成の狙いについて「市民運動の活性化をはかり法的・制度的な改善を要求する団結した声を出すであろう」[10]とし，市民団体に対する支援策を政府に要求するなど政策提言を行うとした。その後，市民運動の全国的な連合組織の中心はFの市民連帯会議(2001年2月結成)に移ることになり[11]，その結果，市民協は形骸化して2003年10月に民間非営利団体としての登録が抹消されている[12]。

「参与民主社会と人権のための市民連帯」(その後，略称であった参与連帯に名称変更)は，市民協発足の2日前に結成されている。参与連帯は市民協には参加することはなく，2000年の落選運動を主導した後に，市民協とは異なる連合組織である市民連帯会議Fの結成を主導している。参与連帯は，それまで市民運動を主導してきた経実連とは異なる，もう一つの市民運動の中心を形成したことになる。

参与連帯発足における指導者の一人である曺喜昖（チョ・ヒヨン）(聖公会大学校教授)は，市民協に結集した市民団体に対して「全般的に非民衆運動的アイデンティティを強くもって」いるとする一方で，1990年代を通じ「親労働的，あるいは親民衆運動的な市民運動も出現するようになった」[13] としている。経実連が主導した市民協は保守的であるのに対して，参与連帯は民衆運動寄りの「進歩的な性格」をもつとしている。なぜ参与連帯が市民協に加入しなかったのか，その理由がうかがわれる記述である。「進歩的」とされる参与連帯ではあるが，左翼民族主義的な民衆連帯Kや全国連合Lには加入していない。

参与連帯は2000年の落選運動を主導し，その成果を継承・発展させるという趣旨をもって他の市民団体とともに市民連帯会議Fを設立した。落選運動の参加団体の新たな連合組織という性格づけはあるが，市民協の会員団体も合流することで市民連帯会議が設立されている。付録1の367団体のうち市民協に加入した団体で市民連帯会議に加入しなかった団体は一つだけであり，経実連も市民連帯会議に加入している。従って市民連帯会議をもって「韓国市民社会陣営の結集体」(曺喜昖)と言うこともできようが[14]，経実連が市民連帯会議に加入したことをもって，経実連と参与連帯の対立関係が解消することはなかった。市民連帯会議が発足して1年足らずの2002年3月の役員名簿には，経実連の徐京錫の名前を見出せるが，2004年7月の役員名簿には経実連が付された役員名は経実連の地方組織の2人だけである。経実連の参加は実体のないものとなっている[15]。

市民協と市民連帯会議の間には参加団体の連続性が見られるが，参与連帯が市民協に加入しなかったことに見られるように，二つの連合組織の参加団体は必ずしも一致しない。この不連続の部分を利用して，市民運動の中に二つのグループを見出す作業を行うことにする。ここでは，次のような手順で行う。

まず市民協・経実連グループであるが，それに含まれる団体は，市民協には加入したが市民連帯会議に加入しなかった団体と，市民協に加入し市民連帯会議にも加入した団体である。本来ならば前者の団体だけに絞るべきであるが，そのような団体は付録1の367団体の中で一つしか見出せない。そのため事実上，市民協・経実連グループの団体は後者の団体であると言って差し支えない。このように基準が緩やかなものになった結果，市民協・経実連グループの独自性を十分に引き出せなかったことを断っておく。この基準によって，51団体が市民協・経実連グループの団体として選ばれる。そのリストは付録2にある。

次に市民連帯会議・参与連帯グループであるが，それに含める団体を，市民協には加入せずに市民連帯会議だけに加入した団体とする。ここでは市民協の加入団体を排除しても分類が可能であるため，グループとしての独自性を示すことができる。この基準によって，69団体が市民連帯会議・参与連帯グループの団体として選ばれる。そのリストは付録3に収録されている。

ここで付言しておくべき点は，市民連帯会議・参与連帯グループとして分類される69団体のうち，設立年次が判明した63団体で市民連帯会議が発足した2001年2月以降に結成された団体は一つもないことである。2001年2月以降には市民協は形骸化するが，市民連帯会議を除く62団体は市民協に加入することもできたが加入しなかったことから，市民連帯会議・参与連帯グループを市民協・経実連グループと差別化することは可能であると言える。

このように市民運動を二つのグループに分けることができる。適切であるのかは，実際に分類をしてみて，二つのグループに数値上の違いが出てくるのかによる。それを見る前に，民衆運動グループについて見ておくことにする。

（2）民衆運動グループ

民衆運動グループを設けるには，Kの民衆連帯とLの全国連合を用いる。民衆運動グループには，民衆連帯，全国連合のいずれか，もしくは両方に加入している団体を含めることにする。その結果，民衆運動グループには40団体が含まれることになる。40団体のリストは付録4になる。

全国連合は1987年の民主化から4年後の1991年に結成され，それから十数年経過した2003年に民衆連帯が結成されている。このような経過から，全国連合は1980年代に民主化運動を担った在野運動圏が再結集した組織であるのに対して，民衆連帯は金泳三政権と金大中政権のもとで急速に組織を発展させた民主労総を中心に，民衆運動の諸団体が結集した組織であると言えよう。

全国連合と民衆連帯の規約文における理念的な内容を見るならば，特に異なるところはない。全国連合は綱領前文で，「全国連合は，時代の課題である自主民主統一の旗のもと，労働者・農民など基層民衆を中心に各界各層の愛国的民主勢力を団結させるため惜しむことなく努力を傾けようと思う。これを基礎にして，民主主義民族統一全国連合は反米自主化闘争を基本に民衆生存権闘争と祖国統一運動を結合させる広範囲な民衆闘争を展開して行くであろう」[16]としている。他方，民衆連帯は規約第2条(目的)で，「全国民衆連帯は，民族民主民衆運動勢力の統一団結をはかり，共同の連帯闘争を通じて，新自由主義撤廃，民衆生存権争取，民主主義争取，民族自主・平和・統一争取を目的とする」[17]としている。

労働者・農民を中心とする「民衆」の生存権が保障される体制に転換しようとする左翼的な理念に加えて，南北朝鮮の統一を望む反米的な民族主義が唱えられている。要するに，社会経済体制の左翼的変革と反米民族主義を結びつけた左翼民族主義が，全国連合と民衆連帯の理念的な基調となっている。

全国連合と民衆連帯の違いは理念的によるものではなく，上述したように大衆組織としての労働運動の発展にある。全国連合が結成された1991年当時，新しい急進的な労働運動は盧泰愚政権によって「不法団体」として弾圧されていたため，在野運動圏の団体とともに政治闘争に取り組む余裕はなかった。その後，1995年11月に民主労総が結成されることとなり，金大中政権のもとで合法性を取得し，さらに2000年1月に民主労働党(民労党)が結成された後の2003年に民衆連帯は結成されている。

(3) グループ別の連帯型運動組織の加入状況

これまで(1)(2)で示した基準を用いて，367団体をさらに絞り込み分類することで市民社会を組織的に構成する三つのグループを示すことができる。市民協・経実連グループには51団体，市民連帯会議・参与連帯グループには69団体，民衆運動グループには40団体が含まれ，その合計は160団体になる。三つのグループごとに，それに属する団体が12の連帯型運動組織にどのように加入しているのか，その加入状況を示したのが表4である。

加入状況について三つの点を論じることにするが，表4の「合算比率」という用語をあらかじめ説明しておく。たとえば，各グループにおけるA・B・

表4　三つのグループにおける連帯型運動組織への加入状況

(単位 %)

		A	B	C	D	E	F	G	H	I	J	K	L
加入率	市民協・経実連グループ	54.9	31.4	47.1	5.9	100.0	98.0	13.7	7.8	0.0	5.9	0.0	0.0
	市民連帯会議･参与連帯グループ	73.9	44.9	71.0	10.1	0.0	100.0	53.6	23.2	17.4	11.6	7.2	5.8
	民衆運動グループ	35.0	25.0	75.0	47.5	0.0	17.5	62.5	17.5	40.0	32.5	77.5	42.5
合算比率	市民協・経実連グループ	25.2						9.5				0.0	
	市民連帯会議･参与連帯グループ	48.9						49.3				15.8	
	民衆運動グループ	25.9						41.2				84.2	

注）合算比率とは，該当する複数の連帯型運動組織への3グループの加入団体総数に対する，それらの連帯型運動組織への各グループの加入団体数の比率を指す。

C・Dの四つをまとめた加入率を算出するときに，単純に四つの加入率をもとに平均値を求めるのであれば，A・B・C・Dそれぞれの参加団体数に大きな差があるために不正確なものとなる。そこで，三つのグループでA・B・C・Dの連帯型運動組織に加入している団体数をすべて合算した総数に対する，グループごとのA・B・C・D加入団体数の比率を求めることにする。加入は重複するので，いずれの合計も延べ数となる。このように計算された比率を，ここでは合算比率と呼ぶことにする。G・H・I・JとK・Lの合算比率も，同様に算出する。

加入状況についての第一の点は，三つのグループ間のイデオロギー的な距離である。民衆連帯Kと全国連合Lにおける民衆運動グループの団体の加入率(合算比率)は当然であるが84.2%という高い数値となる。このような民衆運動グループを一つの極と見立て，市民運動の二つのグループとの距離を見ることにする。市民協・経実連グループと市民連帯会議・参与連帯グループのK・Lへの加入率(合算比率)は低い。前者は0%であり，後者は15.8%である。市民協・経実連グループの団体が，民衆運動グループの連帯型運動組織である民衆連帯Kと全国連合Lに加入することはなく，それらを冷ややかな視線で見ていたと言えよう。他方，市民連帯会議・参与連帯グループと民衆運動グループでは7団体が重複している。この重複する団体を通じて，市民連帯会議・参与連帯グループの中に民衆運動グループの左翼民族主義的な理念が，ある程度浸透していると見ることができよう。

重複している団体は，付録4の2番の基督教社会宣教連帯会議(付録3の1番。

以下同様)，4 番の民主言論運動市民連合(4 番)，8 番の民主化のための全国教授協議会(8 番)，9 番の韓国民族芸術人総連合(14 番)，14 番の健康社会のための薬師会(18 番)，22 番の民主労総(21 番)，30 番の文化改革のための市民連帯(31 番)の 7 団体である。民主労総が市民連帯会議・参与連帯グループの団体となっているが，大田忠南民主労総という地域組織が市民連帯会議の会員団体になっているに過ぎない。

理念的な位置関係をさらに見定めるために，第二の点として特定の争点を扱う G・H・I・J について見ることにする。まず G の国保法廃止連帯であるが，国家保安法廃止の主張には二つの面がある。自由主義的な人権保障の面では市民団体が共鳴し，北朝鮮との友好関係を強化しようとする親北(北朝鮮)的な民族主義の面では左翼的な民衆団体が共鳴する。このように両面性のある G には，市民協・経実連グループ，市民連帯会議・参与連帯グループ，民衆運動グループの三つから団体が加入している。市民協・経実連グループの 13.7% に比べて，市民連帯会議・参与連帯グループと民衆運動グループがそれぞれ 53.6%，62.5% と高いのが特徴である。G では，市民連帯会議・参与連帯グループと民衆運動グループの共同行動が目立つと言えよう。

これに対して，I の朝鮮日報反対市民連帯は，民衆運動グループが主導していると言えよう。I の加入率は市民協・経実連グループが 0%，市民連帯会議・参与連帯グループが 17.4% と低く，民衆運動グループは 40.0% になる。保守的でファッショ的とされる朝鮮日報には言論の自由を認めず，廃刊に追い込もうとする攻撃的な活動は，民衆運動によく見られるものである。市民運動グループの中でも，市民協・経実連グループの団体の参加が 0% であるのは，このような攻撃的な活動には距離をおこうとする穏健な指向性の表れであると見ることができよう。

言論改革という大きな目標では同じ言論改革市民連帯 H であるが，上記の朝鮮日報反対市民連帯 I とは違う結果が出ている。H では，民衆運動グループの加入率は 17.5% にとどまり，市民連帯会議・参与連帯グループは 23.2% となっている。市民協・経実連グループは 7.8% である。詳しく見ると，民衆運動グループで H に加入しているのは 7 団体であり，そのうち 5 団体が市民連帯会議・参与連帯グループと重複する団体である。民衆運動グループは，朝鮮日報反対市民連帯に比べて，言論改革市民連帯には距離をおいている。他方，経実連と参与連帯はともに言論改革市民連帯の参加団体となっているが，朝鮮日報反対市民連帯には加入してない。

Jの朴正熙反対連帯であるが，これには経実連が参加団体になってはいるが，市民運動の二つのグループの加入率はいずれも低く，民衆運動グループの加入率がそれを上回っており，民衆運動グループのほうが積極的である。

このようにG・H・I・Jの四つの連帯型運動組織では，市民運動と民衆運動のいずれかの面が強かったり，両方の面が見られたりするので，G・H・I・Jの合算比率を使うことには慎重になるべきである。それを断った上で合算比率を見るのであれば，市民協・経実連グループは9.5%であり，市民連帯会議・参与連帯グループと民衆運動グループが49.3%と41.2%で同じような数値となる。この点を踏まえるならば，G・H・I・Jの争点では，市民連帯会議・参与連帯グループと民衆運動グループの共同行動は，市民協・経実連グループと民衆運動グループのそれよりも頻繁であると言えよう。

第三点として，国政選挙とのかかわりで重要になった連帯型運動組織A・B・C・Dに対する各グループの加入率を見ることにする。落選運動を主導したAの2000総選連帯とBの2004総選連帯，盧武鉉大統領の弾劾訴追に反対したCの弾劾無効国民行動が国会議員選挙にかかわり，2002年に大規模な反米デモを主導したDの米軍国民対策委員会が大統領選挙にかかわる[18)]。

まず各グループにおけるA・B・C・Dの合算比率を見ることにする。市民協・経実連グループは25.2%，市民連帯会議・参与連帯グループは48.9%，民衆運動グループは25.9%である。市民連帯会議・参与連帯グループは，その数値が他の二つのグループの2倍近くあり，主導的な存在であったことがわかる。参与連帯が2000年と2004年に落選運動の中心的な団体であったことと矛盾しない結果である。

市民連帯会議・参与連帯グループの団体のA，Bの加入率を見ると，Aの2000総選連帯の73.9%というかなり高い比率からBの2004総選連帯の44.9%へと大きく減少している。この減少は，落選運動に対する市民団体の関心と支持が弱まったことを示している。2004年には，市民連帯会議・参与連帯グループの有力な市民団体や活動家の中から落選運動よりも当選運動に方向転換する動きが見られた。市民協・経実連グループ，民衆運動グループでも加入率が減少している。その結果，参加団体数はAの1083からBの354へと大きく減っている(表3参照)。

ところが2004年の落選運動と同時になされた弾劾無効国民行動Cでは，2000総選連帯Aに匹敵する団体数である950の参加がなされている。民衆運動グループでは民労党を支持するために落選運動に参加できなかった団体もあり[19]，2000総選連帯Aの加入率は35.0%と他のグループに比べて低い。弾劾無効国民行動Cでは民労党の支持団体も支障なく加入できたことから，民衆運動グループの加入率は高まり75.0%になっている。

民衆運動グループの高い加入率を，どのように理解するべきか。一つの見方は，国会議員選挙において弾劾反対運動を民労党の追い風にしようとしたというものである。民労党とその支持団体は「腐敗した保守政治をこの国から完全に剔抉するための汎国民的闘争に突入」するために，弾劾反対運動への参加を訴えた[20]。つまりハンナラ党と新千年民主党(民主党)による弾劾訴追案可決を暴挙と非難しながらも，このような事態に至った責任は盧武鉉大統領とウリ党にもあるとして，弾劾政局を「保守政党間の主導権争いが激化し醜悪なもの」と見ようとする。要するに，国会議員選挙を腐敗した保守政治に対決する進歩勢力(民労党)という対立構図にしようとしていた。

民衆運動の内部には，これとは違う見方もあった。弾劾反対運動が盧武鉉大統領を支持する運動となることへの警戒感である。その根拠は，労働運動に残り続ける金大中やウリ党に対する支持である。教員労働組合である「全教組は十数年前には金大中支持者の巣窟だった」し，民労党の顧問でさえ選挙になれば本心を現し，「金大中／ウリ党支持」宣言を騒々しく発表することも珍しくないという[21]。民衆運動は理念的には市民運動とは異なる面が大きいが，政治とのかかわりでは民衆運動内には金大中支持やウリ党支持が残り，市民運動との違いが曖昧となる。その結果，民衆運動は理念的な極としての独自性を弱めることにもなる。

次に，弾劾無効国民行動Cに対する市民運動グループの対応を見ることにする。市民協・経実連グループの加入率は47.1%で，他の二つのグループがともに70%台であることに比べるならば低く，参加にそれほど積極的ではなかったと言えよう。付録2の21番の経実連はCの参加団体になってはいるが，これは経実連の地域団体(地域経実連)と特別機構の統一協会が加入しているものであり，経実連本体が加入しているのではない[22]。経実連の中でも判断が分かれたのであろう。それでは経実連は，弾劾反対運動にどのような態度をとったのか。

経実連は大統領弾劾訴追案可決を「国民を排除したまま党利党略的な次元でなされた野党の不当な行為」[23]として，弾劾訴追案を撤回することを求める一方で，「国民主権を徹底して排除し，国民を人質にした大統領，与野党の極端な政争が破局へと至ったものである」[24]としている。基本的には弾劾訴追案を可決させたハンナラ党と民主党を非難しながらも，構図的には与野党の政争の帰結であると論じている。国民には「弾劾に対する判断は究極的には憲法裁判所にまかせ，1ヶ月後に近づいた17代総選で冷静に自分の政治的意思表示をすることを」[25]訴えている。街頭における大規模な蠟燭集会に対しては異議を唱えることはせずに，選挙という異なる解決方法もあるとするにとどまった。

これに対して，参与連帯などの市民団体は弾劾訴追案可決をハンナラ党と民主党による「議会クーデター」と見なして，政治状況を「与野党の政争を超えて，87年の民主化抗争で花開いた私たちの社会の民主主義を覆すための古い政治勢力の正面からの挑戦……民主主義の転覆を狙ったクーデター状況」であると断じている。国民には「民主主義を守護するための汎国民運動に突入し，民主主義に挑戦する守旧既得権勢力の清算のための運動」を呼びかけている[26]。つまり選挙の投票ではなく，ハンナラ党や民主党を圧迫するための街頭での直接行動を訴えたのである。

経実連も参与連帯も野党の弾劾訴追案可決に対して非難する点では同じであるが，その責任を誰に求めるのか，また国民はどのように行動するべきなのかで大きく異なっていた。両団体のこのような違いが市民協・経実連グループの47.1%，市民連帯会議・参与連帯グループの71.0%という加入率の違いになって現れたと言える。

米軍装甲車による女子中学生轢死事件にかかわるDの米軍国民対策委員会では，民衆運動グループが47.5%と高い数値となっている。これに比べるならば，二つの市民運動グループの加入率はかなり低い。米軍国民対策委員会では，在韓米軍撤収など反米的な民族主義の主張を広げる好機と見る民衆運動の団体が参加に熱心になることは十分に考えられることである[27]。だが参加団体数は 52 であり（表 3 参照），落選運動の A・B や弾劾反対運動の C の参加団体数と比べてかなり少なく，米軍国民対策委員会の加入率をもってグループ間の違いを論じるには問題がある。

12 の連帯型運動組織の加入状況について，二つの市民運動グループと一つの民衆運動グループの特徴を見てきた。左翼民族主義の民衆運動グループを理念的な極として描くならば，次のように整理されよう。民衆運動グループから離れた位置に市民運動の二つのグループがあるが，市民協・経実連グループは市民連帯会議・参与連帯グループよりも民衆運動グループから離れたところに位置する。市民連帯会議・参与連帯グループは民衆運動グループに比較的近くに位置し，民衆運動グループとの間には重複する団体があり，また両グループによって共同行動も一定程度なされてきている。つまり両グループの間では裾野で重なり合う部分があることになる。この重なり合いについては，市民連帯会議・参与連帯グループに民衆運動の左翼民族主義的な理念が浸透しているものと見ることもできるが，党派的選択において民衆運動グループが理念的な極としての独自性を弱め金大中・盧武鉉支持で市民運動に同調することの結果でもあると見ることができよう。

要するに，理念的傾向では市民連帯会議・参与連帯グループは民衆運動グループと市民協・経実連グループの二つの間にあって，いずれとも重なりをもつ中間的な位置にある。さらに党派的選択によって，市民連帯会議・参与連帯グループと民衆運動グループの間の距離は縮まる可能性があることになる。

（4）経実連と参与連帯の対立とその後の展開

市民協・経実連グループでは一つの団体を除き市民連帯会議に加入していることから，市民協・経実連グループは市民連帯会議・参与連帯グループとは重なり合う裾野があるだけに相互に排他的であるとは言えない。だがグループ・レベルから経実連と参与連帯という団体レベルに降りて行くならば，両者の違いは大きくなり対立的になる。

前述したように，曺喜昖は参与連帯を「進歩的な性格」の団体であるとし，保守的な経実連との理念的な違いを強調した。その上で彼は「参与連帯が，労働運動や民衆運動と保守的な市民運動の間で，適当にいずれもだめだと対応しているのではないかという批判」があるとして，「個別の事案への対処では，このような批判の根拠が存在するのも事実である」と述べている[28]。事実，参与連帯がとる中間的な位置の曖昧さに対しては，民衆運動グループの活動家から「反民衆的な志向をもつ中産層の運動」といった批判がなされている[29]。経実連と参与連帯の対立には理念的な違いがある程度作用したであろうが，参与連帯の「進歩的な性格」によって対立関係を説明するのは，参与連帯の理念的な曖昧さの点からも，また対立が進む事実経過の点からしても十分なものとは言えない。

それでは，経実連と参与連帯は何を契機に対立するようになったのか。すでに述べた2004年の弾劾反対運動でも対応に大きな違いが見られたが，その始まりは2000年の落選運動への対応にあった。

経実連と参与連帯は，公薦反対名簿(韓国では政党の公認を公薦と言う)の発表が違法な事前運動になる問題や選挙運動期間中の落選運動が選挙法違反になる問題に対して異なる立場をとった。選挙法を遵守するのか，それとも改革を優先し違法行為も辞さないのか。前者を選び違法にならないと解釈する範囲で公薦不適格な候補者の情報公開を行ったのが経実連であり[30]，後者を選択したのが2000総選連帯の指導者となる参与連帯の事務処長，朴元淳(パク・ウォンスン)(弁護士)である。国会議員選挙の直前に出版された朴元淳の著書の題名は『悪法は法ではない』である。他方，経実連の事務総長(1999年11月〜2001年11月)であった李石淵(イ・ソクヨン)(弁護士)が落選運動後に出版した著書の題名は法の遵守を説く『憲法の灯台守』であった。二人の著書の題名の違いは，市民運動における法律遵守に対する考え方の違いを示している[31]。

落選運動から1年ほど経て開催された討論会で[32]，李石淵は「市民運動が権力との緊張関係ではなく協調関係におかれるのであれば，その機能を果たしえない」と「特定政派・政党と連携」する有りようを批判し，さらに超法規的な市民運動に対して「改革が遅くなっても，法と手続きを守らなければならない」「適法手続きと法秩序の原則を超えては，市民運動はありえない」とした。李石淵の発言に対して，朴元淳は「数千名の市民運動家に対する深刻な名誉毀損」であり，「現存する法秩序を無条件に守らなければならないという公安検事の論理ではなく，正当な法秩序を守って制度改革を成し遂げることが真正の市民運動の道」であると反論した。

李石淵は市民連帯会議にも言及している。「現在の市民運動の陣営は「超法規的傾向，官僚化，権力機関化，連帯を通じたセンセーショナリズムと画一化傾向，無誤謬性の幻想に浸っている」という批判に耳を傾けなければならない」とする彼の批判に対して，朴元淳は「市民社会団体連帯会議の共同運営委員長の職にある李石淵総長が会議にただの一度も出席しないで，連帯運動のセンセーショナリズムを話すのはナンセンスだ」「提起された問題を一緒に解決しようというのが連帯会議の趣旨であるのに，李総長はこのことを無視したまま一人で問題発言を続ける理由が何であるのかわからない」と非難している。これに対して，李石淵は「人身攻撃発言だ。私に対する噂が誰の口から出てきたのかわかった」と反論する。この論争から見えてくることは，市民運動のあるべき姿をめぐる対立が，指導者間の感情的な反目も絡むことで激しくなったということである[33]。

感情的な対立ではなく，論争から読み取れる市民運動の原則にかかわる対立点は，一つは法律遵守と市民的不服従の問題であり，もう一つは市民運動と政治権力の関係である。法律遵守の論争は，経実連と参与連帯の指導者がともに法律の専門家(弁護士)であったことから過熱した面もあろう。実際には，経実連による公薦不適格候補者名簿の発表は中央選挙管理委員会によって違法とされ，それに対して李石淵事務総長は，経実連内部の反論を押し切り「現行選挙法に対する市民不服従運動を繰り広げる」[34] と語ったこともある。しかし経実連はその後も参与連帯と共同歩調をとることはなく，またそれ以上に落選運動を進めることもなかった。特定の候補名をあげて落選させようとする落選運動は，選挙運動期間前なら違法な事前運動に，選挙期間中なら違法な選挙運動になるからである[35]。経実連と参与連帯の法律遵守の対立には実際の違いを上回って進行した面がなくはないが，合法性を重んじる点において経実連と参与連帯には違いがあり，それが対立の原因となっていたと言える。

市民運動と政治権力の関係に関連しては，その後も経実連やその指導者から「市民運動が権力ないし特定政派と力を合わせる」(李石淵) ことの問題が繰り返し批判的に論じられている[36]。経実連は盧武鉉政権の発足に先立ち，それまでの金大中政権に市民運動が「相当に友好的」であったため「権力に対する牽制機能を十分に発揮することがなかった」として，盧武鉉大統領の新政権に対しては「批判的協力と監視」の機能を回復すべきとの声明文を発表している[37]。さらに盧武鉉政権の末期に経実連の朴炳玉(パク・ピョンオク)事務総長は，2000年と04年に参与連帯が主導した落選運動を批判して「特定政党の支持を宣言すればよい。それで市民運動ではなく政治運動であると見ればよい。しかしそれを隠して(中立を偽装して)活動するならば明白な堕落である」として，政治運動をする市民団体はその党派性を明らかにして「カミングアウト」すべきだと主張している[38]。経実連の指導者の目には，参与連帯が主導した落選運動はもはや市民運動ではなく「政治運動」として映っていたのである。

経実連と参与連帯の関係を悪化させた原因としては，理念的な違いも無視はできないが，法律遵守や政権との関係設定における違いが大きかった。参与連帯は発足当初より経実連とは理念的に差別化をはかってきたが，そのことが直ちに両者の対立的な関係をもたらしたのではない[39]。事実経過を見るのならば，2000年の落選運動における法律遵守に対する考え方の違いが発端となり，経実連と参与連帯は対立するようになった。また参与連帯が主導する市民運動(落選運動)に対して，経実連の指導者の中には党派的な「政治運動」と見る批判的な眼差しが現れるようにもなっていた。

(5) ニューライト運動と理念対立

2004年の国会議員選挙後から2007年の大統領選挙に向けて与野党の勢力争いが激しくなり，市民社会もまた理念対立の様相を呈するようになってきた。この理念対立では，一方には盧武鉉政権を批判しながらも支持する参与連帯などの「進歩的」な団体があり，もう一方にはすでに沈滞気味の経実連ではなく新たに登場してきた「ニューライト運動」があった[40]。経実連を「保守」とする見方はあるが，経実連をニューライト運動に含めることには無理がある。だがニューライト運動の指導者を見るならば，経実連の指導者と重なる部分があることも事実である。

その重なりに位置する一人が2001年まで経実連の事務総長であった李石淵

(ニューライト全国連合常任共同代表)である。彼は参与連帯の創立会員の一人であり，参与連帯の公益訴訟センター副所長(1994〜98 年)や運営委員(1995〜2000 年)の経歴をもっている[41]。2000 年の落選運動をきっかけに始まる経実連と参与連帯の対立は，李石淵に参与連帯との離別をもたらすだけではなく，やがて彼を参与連帯と真っ向から対立する新しい運動に向かわせることになる。

李石淵は「既に社会の多数を占めている穏健で合理的な保守性向の市民と彼らが抱いている改革意志を代弁する新しい市民運動が必要」[42] であると主張する。それが目指す価値は，彼によれば「自由民主主義原理，自由市場経済原理，遵法手続きを中核とする法治主義，市民個々人の人間としての尊厳性と幸福追求の最大限の保障という憲法の基本理念」[43] である。この憲法理念を軽んじる盧武鉉政権などの「左派勢力」に対抗するために，「沈黙している多数の中道保守勢力」[44] を結集しようとする。具体的な主張では，国家保安法の廃止そのものには否定的であるが，一部改正や代替立法も検討可能であるとし，反共主義については反共主義の濫用が過去にあったことを認め，憲法理念である自由民主主義体制の守護という意味で理解すべきであると論じる[45]。それゆえに南北朝鮮の統一も自由民主主義原理に立脚しなければならないとする。彼が盧武鉉政権に挑戦したのは大韓民国の根幹を揺るがすと見た首都移転問題であり，国民の諸権利を侵害するなどとしてなされた憲法裁判所への訴願では首都移転を推進する法律の全面違憲決定を勝ち取っている。

1990 年代前半に経実連の統一協会(国際部長)に属していた申志鎬(シン・ジホ)(自由主義連帯代表)もニューライト運動の指導者の一人である。彼は 1980 年代に延世大学校に入学して地下の労働運動に身を投じ社会主義政党の結成にもかかわった民主化世代であり[46]，ニューライト運動によく見られる左翼からの「転向右派」の代表的存在である。申志鎬は，独裁政権時代の国家主義や社会主義をいずれも過去のものとして，思想の多元主義と自由主義市場経済を内容とするニューライトを主張する。反共主義はもはや不要なもので葬りさるべきとして，国家保安法についても既存の法律で十分に対応可能であるとする。思想や理念は政府の統制によるのではなく，思想の自由市場にまかせるべきとする主張である。盧武鉉政権に対しては，解放後の歴史に対する左派的な歴史見直し，北朝鮮の独裁や人権問題を無視する包容政策，大きな政府をもたらす増税や公務員増員などを批判している[47]。

2人の主張を見る限りにおいてであるが，ニューライト運動は反共主義や国家主義から自由主義に政治理念を移そうとしている点で，過去の軍事独裁時代から生き残る反共オールドライトとの違いがある。旧来の保守や右派に新しい要素が加わることで，人と理念の幅がある程度は広がったと言える。その新たな広がりの部分には市民運動(経実連)の役員経験者が含まれており，転向右派の申志鎬のように国家保安法問題では進歩的・改革的な団体の主張に通じる面もある。

このようにニューライト運動は，反共主義や国家主義から抜けきれず沈滞する保守や右派を自由主義の理念で刷新しようとする思想運動である。だが首都移転問題に対する李石淵の取り組みに見られたように，反盧武鉉政権の政治的な運動でもある。ニューライト運動は，盧武鉉政権を含む「左派勢力」に対抗するという点において，思想運動と政治運動の二つの面が絡み合いながら進行してきた。

「左派勢力」に対抗しようとするニューライト運動が現れたことで，韓国社会における保守と進歩の理念葛藤がますます論じられるようになった。この点については，2007年の大統領選挙に向けた与野党の勢力争いが，市民社会を巻き込むことで理念対立の様相をより一層強めたと見るのが適切であろう。つまりニューライト運動は反盧武鉉勢力として与野党の権力闘争に結びつくことによって注目され，理念対立を増幅することができたのである[48]。進歩か保守かの理念対立の喧伝には，与野党の勢力を拡張する手段という面があった。要するに，ニューライト運動は，すでに盧武鉉政権を支える市民社会勢力が存在していたことから，大統領選挙が近づく中で，その政治的な対抗勢力として登場し活動を展開することになったと言えよう。

2007年12月の大統領選挙では，李石淵も申志鎬もハンナラ党の李明博(イ・ミョンバク)候補を支持した[49]。李明博政権の発足とともに李石淵は国務総理所属の法制処処長に就任し，申志鎬は翌年4月の国会議員選挙でハンナラ党から地域区で立候補し当選している。このような政界への進出は市民社会一般に見られるものであり，ニューライト運動だけの特殊な現象ではないが，始まったばかりのニューライト運動を先細りにさせる恐れもなくはない[50]。はやくも保守内部からニューライト運動は理念闘争のための思想運動であったのか，それとも権力闘争のための政治運動であったのか，厳しく問う声があがり始めているからである[51]。

（6）市民社会の組織的特徴

連帯型運動組織の参加団体を三つのグループに分けてきたが，ここではグループごとの参加団体の組織的な特徴を見ることにする。

廉載鎬（ヨム・ジェホ）（高麗大学校教授）は，韓国の市民団体の急速な成長に言及しながらも，「政治過程における影響力の程度に比較して人的資源，財政資源，組織構造等は極めて貧弱な水準にある」とし，「一般の市民は会員として参与し市民運動を行っているのではなく，エリート中心のリーダーが市民団体を指導している」とした上で，「少数エリート中心の市民団体活動」という組織的特徴を論じている[52]。廉載鎬らによる1997年の調査では，306の「市民団体」のうち会員500人以下の団体は54.6％であり，1000人以上は33％にとどまる。これとは別に『韓国民間団体総覧2000』の1999年の調査結果もあり，それを利用して集計した曺喜昖によれば，4023の「民間団体」の会員規模は，500人以下が56.9％，1000人以上が32.8％である[53]。調査対象が一致するのではないが，廉載鎬が示す数値と大きな違いはない。

ここでは連帯型運動組織を用い3236の参加団体を367の団体に絞り込み，さらに三つのグループに該当する160団体を選び出している（付録2，3，4）。表5は，この160団体についてグループ別に会員規模を調べたものである。会員数が確認できない42団体を除き，118団体について見たものである。42の不明のほとんどは市民連帯会議・参与連帯グループと民衆運動グループの団体であり，その名称を見る限りでは小規模であると見られる団体が多い。たとえそうであっても，不明団体が多いため会員規模ごとの団体数も一つの参考に過ぎないことを断っておく。

表5を見ると，市民協・経実連グループには他の二つのグループと比べ，会員規模の大きい団体が多い。市民連帯会議・参与連帯グループには100人以下，101～500人の規模の団体が多く合わせて29団体にもなり，合計数53の半数以上になる。不明な団体の会員数が判明すれば，そのような小規模な団体はさ

表5 三つのグループにおける団体の会員規模

	100人以下	101〜500人	501〜1,000人	1001〜10,000人	10,001人以上	合　計	不　明
市民協・経実連グループ	0	4	5	17	17	43	8
市民連帯会議・参与連帯グループ	4	25	10	10	4	53	16
民衆運動グループ	3	5	5	5	4	22	18
合　計	7	34	20	32	25	118	42

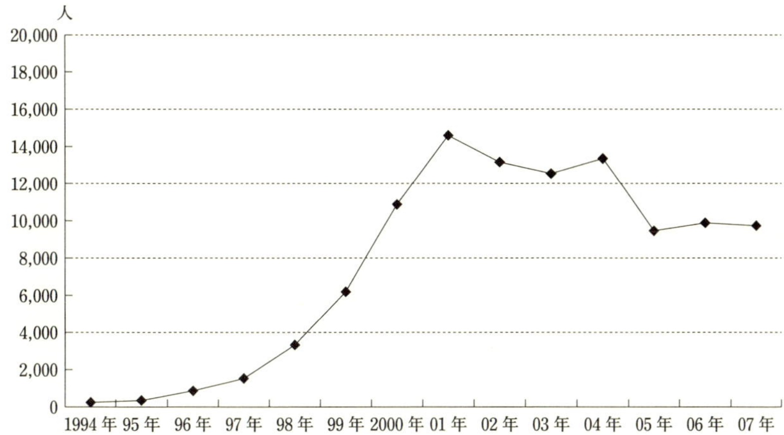

図4 参与連帯の会員数の変化

出典）参与連帯のホームページ http://www.peoplepower21.org/ より2008年3月7日に取得。

らに多くなるであろう。民衆運動グループには，一見すると会員規模に片寄りはほとんど見られないが，不明な団体も多いために慎重に判断すべきである。廉載鎬や『韓国民間団体総覧2000』が示している500人以下の小規模団体の多さという点は，市民協・経実連グループよりも市民連帯会議・参与連帯グループに当てはまる。

ここで市民連帯会議・参与連帯グループの中心的な団体である参与連帯の会員数の動向について見ておくことにする。表5では，参与連帯は会員数5000人ということで1001人〜1万人に含められているが，これは1999年現在の会員数である[54]。図4のグラフは，1994年から2007年までの14年間における会員数の変化を示している。ここから読み取れることは，急速な成長と後退である。

結成年の 1994 年から会員数は緩やかに増加するが，1999 年と 2000 年に急増して 1 万 879 人になる。特に 2000 年の急増については，参与連帯が落選運動を主導したことの成果である。2002 年に減少したのは，6 ヶ月以上の会費未納者を会員数に含めなかったためでもあるが[55]，2001 年から 04 年が，参与連帯の会員数のピークであったことがわかる。2005 年には 4000 人近く減少し，2007 年には 9738 人になり 2000 年のときの会員数を割ることになった。李明博政権の発足直後に参与連帯も深くかかわった大規模な狂牛病デモが起きたが，参与連帯の会員数は 2010 年 2 月現在 1 万 594 人で低迷している[56]。会員の減少は会費の減少となって組織運営に支障をもたらす。参与連帯は財政を会費で充当するなど自律的な財政運営をしてきただけに，会員の減少は収入に大きな影響を及ぼすことになろう。それだけに会員の確保が重要な課題になる[57]。今後の推移を見守る必要もあるが，参与連帯の会員数の減少と低迷は，参与連帯が市民運動の主導的な役割をしてきただけに，市民社会全体の現状を象徴するものであろう。

会員数に関連して，参与連帯の会員の居住地域と職業構成について言及しておく[58]。ソウル，京畿道，仁川の首都圏で 78%に達する(2004 年現在)。他の市・道はいずれも 0〜3%に過ぎない。首都圏に会員が圧倒的に集中し，地方に分散していない。このような首都圏への片寄りは経実連(1992 年現在で 74%)についても言えることである[59]。職業構成では，1999 年 6 月現在で事務職 23.6%，学界 19.7%，専門職 9.8%，事業家 5.3%，自営業 5.3%，言論界 5.1%，法曹界 4.9%，社会運動 4.8%，主婦 4.0%などとなっている[60]。経済的には中産階層以上と見られる会員が多いことがわかる。主婦層が少ないことも特徴である[61]。

次に，160 の参加団体の設立年を見ることにする。市民団体の設立については，権威主義体制の時期に比べ，1987 年の民主化以降に急増したことが指摘されている。たとえば 1990 年代以降に「市民社会運動団体」の 63.3%が設立されたとされている[62]。ここでは表 6 に示された三つのグループごとの団体の設立年次を見ることにする。

表6 三つのグループにおける団体の設立年

	1979年以前	1980～86年	1987～92年	1993～97年	1998～03年	合　計	不　明
市民協・経実連グループ	10	5	12	21	0	48	3
市民連帯会議・参与連帯グループ	3	3	23	14	20	63	6
民衆運動グループ	2	5	10	9	14	40	0
合　計	15	13	45	44	34	151	9

次の点が指摘できる。第一に，市民協・経実連グループは他のグループに比べ1979年以前に設立された団体が多く，組織としての安定性や持続性で優れている団体が含まれている。たとえば，民族主義的な興士団，キリスト教のYMCAやYWCA，米国のNGOの支部であるワールドビジョン，さらに大韓主婦クラブ連合などである。これらの団体は会員数が数千人から数万人であり規模も大きい。つまり市民団体の中でも歴史のあるエスタブリッシュメントであると言える(社団等の法人格を取得している団体が多いのも，このグループの特徴である)。経実連は在野運動圏と一線を画して，法律遵守の市民運動を唱えたが，エスタブリッシュメントと言える市民団体にとっては，そのような主張は受け入れやすいものであったろう。

第二に，1987年の民主化以降には，市民団体や民衆団体が続々と結成されるようになる。1987年から92年までに市民連帯会議・参与連帯グループ，民衆運動グループの団体設立が急増するのは，そのことを示している。スタッフの人的構成などで民主化運動と連続性が強い団体が数多く現れるようになった。

第三に，金大中政権の時期に該当する1998年から2003年までに民衆運動グループでは設立数が14団体を数え，他の時期に比べても設立が活発になっている。またこの時期に市民連帯会議・参与連帯グループでも設立数が増えている。

1998年から2003年の時期の特徴として，民衆運動グループの14団体のすべてが2003年5月に結成された民衆連帯Kの参加団体になっていること，そのうちの10団体が米軍国民対策委員会Dの参加団体になっていることがあげられる。反米的，親北的，左翼的な傾向が強い団体が設立されるようになってきており，違法性のある団体も誕生している。民衆運動グループの14団体には，次のような団体がある。

付録 4 の 29 番の「労働者の力」は 1999 年の結成である。理念としては「根本的な政治・社会変革」のための「労働者階級政党の建設」を掲げ，「階級的左派陣営の力量の結集」をはかるとしている[63]。32 番の「ターハムケ」(みな一緒の意味)もまた「労働者自身の大衆闘争で」「資本主義は廃棄されなければならない」とし，「労働者階級には完全に異なる種類の国家が必要である」と主張している[64]。

33 番の「南北共同宣言実践連帯」は，外勢排撃と民族自主権を確立するための「反米反戦反核」活動を掲げる。1998 年の大法院判決で国家保安法上の「利敵団体」とされた韓総連の議長が常任共同代表である[65]。この団体は，北朝鮮の指令を直接受けて在韓米軍撤収運動を進めるなど利敵活動をしてきたとして，李明博政権発足後の 2008 年 9 月に国家保安法違反容疑で幹部 4 人が逮捕されている[66]。

35 番の「統一広場」も興味深い。ホームページのトップページでは，瞬間であるが朝鮮半島の絵の中に，南北首脳会談のときと思われる微笑む金正日(キム・ジョンイル)総書記の画像や「社会主義の祖国」の文字が掲げられた画像などが交互に出てくるようになっている。活動紹介の文章には「祖国統一のためにパルチザン活動をした愛国者と南側に下り統一事業をした「工作員」たちを殺人的転向工作の方法で弾圧した」と韓国政府を非難する記述がある[67]。

39 番の「反米女性会」は「反米」を名称につけた珍しい団体である。会長の挨拶文「祖国に見事な革命の花を咲かせましょう」には，「いま私たちの涙を民衆の中に，そして祖国と民族の前に捧げようと思います。……私たちの抑圧と矛盾の根源である米国の奴らを追っ払う反米自主化闘争に私たちは立っています。自主的民主政府の樹立，連邦統一祖国の建設，その道のそばに私たちはいつもいます」[68] との記述がある。

このように反米・親北的な民族主義と社会主義の理念を掲げる急進的な団体が現れるようになったのも，この時期の市民社会の特徴である。その背景としては，1997 年末の経済危機によって社会不安が増したことや，南北首脳会談によって韓国内の対北朝鮮意識が大きく変化してきたことなどがあげられよう。

2002 年の女子中学生装甲車轢死事件での大規模な反米デモにもターハムケ

や反米女性会は参加しているが，そのときでさえも彼ら彼女らの在韓米軍撤収の要求が広く支持されたというわけではない。民主労総など民衆団体には組織的な動員力があるが，同時にその左翼民族主義には大衆的支持の広がりで限界があることにも留意しておく必要がある。

本節は，第 3 章以下で政治と市民運動の相互作用で対象となりうる組織を具体的に絞り込んで行く作業を行い，その特徴を明らかにし，組織の分布状況を描くことを目的としている。第 1 章では，社会運動組織とその関連組織を分類するクリーシーの議論を紹介した。クリーシーの分類を描いた図 2 の座標軸では，第三象限と第四象限を政府指向としていたが，ここでは政治的指向にまで広げ，社会運動にかかわる組織として 367 団体を選び出した。さらに市民協・経実連グループ，市民連帯会議・参与連帯グループ，民衆運動グループに該当する 160 団体に絞り込んでいる。

民衆運動グループは，図 2 の社会運動組織の急進化に重ねることができる。市民協・経実連グループと市民連帯会議・参与連帯グループの二つのグループは，第三象限への制度化の方向を含みながらも，政治的代表と政治的動員の二つの領域に広がっている。市民運動における制度化と運動の交錯に関する実証的な考察は，次の第 3 章と第 4 章で行うこととする。それに進む前に，民主化以降の韓国において，どのような意味をもって「市民運動」が始まったのかを確認しておくことにしたい。

第 2 節　「市民運動」の誕生とその後

この節では，民主化以降の韓国で「市民運動」がどのようなものとして始まったのか，経実連の創立者である徐京錫（初代事務総長）の思考と行動を中心に見ることにする。また「市民運動」の誕生による変化の波は，民主化運動の一翼を担った在野運動圏にも及び，その中から「市民運動」に方向転換する団体が現れるようになったことも，あわせて見ておくことにする。

1．徐京錫と「市民運動」の誕生

徐京錫は 1948 年生まれで，朴正熙大統領の維新体制のもとで 20 代を過ごし，

1974年の民青学連事件[69]で投獄された経験をもつ。当時の学生運動の多くの活動家と同じように社会主義思想に心酔し，「キリスト教運動圏」の最前線で1970年代の民主化運動を担った一人である[70]。その後，全斗煥政権のときに米国に渡り神学を学び，帰国後に経実連の結成を主導して，1990年代前半には市民運動の代表的な指導者となる。

徐京錫が経実連に取り組んだのは，市民の力で「分配の奇跡」を起こし「経済正義」を実現するためであった。徐京錫は，「私はこの文章〔経実連発起人大会での発表文〕で私たちが経実連を作った最も大きな理由を，「不動産投機，政経癒着，脱税，激甚な所得格差，不公正な労使関係，農村と中小企業の疲弊など韓国社会の経済的不正義，その中でも特に不動産投機による途方もない不労所得を是正することを，政府や政治人にまかせてはならず，市民自身の組織された力で巨大な圧力を形成しない限り不可能であると考えるため」であると書いた」(163頁)としている。

徐京錫は経実連を手段として「経済正義」の実現に，どのように取り組もうとしたのか。この点は，経実連に始まる「市民運動」とは一体何であるのかという問いに答えることにもなる。徐京錫は在野運動圏と差別化することで，さらに国会，政党，選挙などからなる「制度圏政治」から引き離すことで，「市民運動」の存在理由を作ろうとした。この二つの方向の設定は徐京錫という個性によって可能になったが，それを受容するのであれ克服するのであれ，その後の韓国の「市民運動」に多大なる影響を及ぼしたと言える。

経実連が結成された当時の政治状況について，徐京錫はどのように見ていたのか。かつての軍部独裁時代の民主化運動では非合法活動にも国民は声援を送ったが，民主化以降には国民は合法的な運動を求めるようになった。国民の心は変わったのである。改革しなければならない課題が山積しているのに，社会の雰囲気は保守化のほうに流れている。社会の保守化には在野運動圏の「過激で革命的な方法」(173頁)にも一因がある。中産層の支持を取り戻し，社会に「進歩と改革の風」(172頁)を吹き込むためには，在野運動圏のような「過去の方式では運動を熱心にすればするほど，我が国の社会はさらに保守反動に行くほかな」(172頁)く，「急激な革命を目指す在野運動方式」[71]に対して差別化される運動が切実なものとなる。そこで徐京錫は「平和的に合法的に合理的な代案を模索して国民的合意によって動く運動」(162頁)を目指そうとした。在野運動圏とは異なる新しい運動によってこそ，社会に「進歩と改革の風」を取り戻せると考えたのである。

差別化は在野運動圏からの激しい反発を呼び起こした。経実連が結成されてからの3,4年は，経実連に対して「保守」「改良主義」「体制内運動」「機会主義勢力」との批判が繰り返しなされた[72)]。むしろ徐京錫は，自分が在野運動圏から追い出されたことを熱心に語り，経実連が在野運動圏の亜流に過ぎないと思われないようにしたという。在野運動圏にいて追い出されたからこそ，在野運動圏からの非難を意に介さず，逆に断ち切って差別化することができたのである[73)]。

このような意図的な差別化と対立は，在野運動圏と「市民運動」の間には人的構成で重複していることを表立たせなくさせ，「市民運動」が新しい現象であるイメージを際立たせることになった。

この人的構成の重複について，経実連の指導者の一人は，「経実連の若い幹事〔常勤スタッフのこと〕たちを見ると，経実連に入って来ても，昔いたところの進歩運動，労働運動という根に対して相当な同志意識をもっている。……それで少し不便な関係でもあるが，何と言ったらいいかね，遠ざけるべきでもなく，近づけるべきでもない関係に似たものがあって，これが我が国の市民運動の特殊性だと見る」[74)] と述べている。経実連の若い常勤スタッフには，民主化運動を経て経実連に加わった者が少なくない。経実連が結成されたときの常勤スタッフの80%が在野運動圏の出身であったという[75)]。このような人的な重複があるにもかかわらず，差別化と対立によって新しい現象であるというイメージを広めることができ，「市民運動」の存在理由を示すことに成功したと言える。

徐京錫は「市民運動」の法律遵守を強調し実践することで在野運動圏との差別化をはかるとともに，制度圏政治からも「市民運動」を引き離すことで在野運動圏との差別化をはかろうとした。「市民運動」も在野運動圏も，政府に政治的・経済的な改革を要求する政治的指向性の点では同じであるが[76)]，党派性を強めるのか非党派性を強めるのかで異なり，それによって「市民運動」の差別化がなされたのである。

徐京錫は1996年頃に「経実連の活動をする中で「政治をしよう」という考えを一度もしたことがない」(17頁)と，それまでの過去を振り返っている。また「これまで市民運動は，たとえば経実連だけをとっても，発足初期から政党人は経実連の幹部になりえないことを明白にしてきた。その理由は市民運動が，ややもすれば政党の下部構造に転落しないように，新たに登場してくる市民運動を保護するためであった。私自身も市民社会と政治圏の間に厚い遮断壁を設置することの先頭に立った」[77]と語っている。制度圏政治との間に「遮断壁」を設け，党派的な関与を自制することを経実連の原則とした。それは経実連の規約に反映されている。第20条2項では「政党に加入した者は，この連合の役員になることができず，任期中の役員が政党に加入したときには資格を失う」とされている[78]。

非党派の原則のもとで，経実連は選挙監視の運動を展開した。1991年に実施される地方議会選挙に向けて公明選挙実践市民運動協議会(公選協)が，経実連，ソウルYMCA，興士団，韓国労総，韓国女性有権者連盟などの9団体によって結成された。この公選協は，地方議会選挙だけではなく翌92年に実施される国会議員選挙と大統領選挙での公正な選挙の実現を目指し発足したものである。1991年から92年にかけて公選協は加入団体が500以上に膨れ上がり，公選協活動を通じて経実連は「大きな社会的信頼を受ける代表的な市民団体に成長した」[79]とされる。公選協に集まった市民団体が中心になり，その後，正社協を結成し，さらに市民協(表3のE)へと発展した。徐京錫は，公選協が「市民運動家たちのネットワーク」(246頁)を作る重要な契機となったと評価している。

公選協は「中立性，公正性，道徳性」(243頁)の3大原則を定め選挙監視を行うとした。これによって在野運動圏の全国連合(表3のL)が取り組んだ，党派的な選挙監視活動と差別化されることになった。「当時，在野運動陣営でも公明選挙の運動に取り組んでいたが，候補支持運動の性格が強かった。……在野運動は，公明選挙の雰囲気を広げることからさらに一歩進み，改革的な候補者を多く当選させようとする少し積極的な運動方法をとったが，現行法上，法律違反となる素地が多かった。これに対して，公選協は公明選挙をしなければならないというキャンペーンを熱心にすることを目標としていた」(242〜243頁)。

1992年の国会議員選挙では，全国連合は野党候補者の当選運動と与党候補者の落選運動を行い[80]，同年12月の大統領選挙では野党の金大中と「政治連合」をするに至っている[81]。民主化以降に国政選挙が進む中で党派性を強める全国連合に対して，経実連とその周囲にある市民団体は非党派的で純粋な「市民運動」をアピールすることで世論の支持を得ようとし，それに成功した。

徐京錫は「市民運動」の存在理由を，在野運動圏との差別化と制度圏政治からの分離によって求めようとしてきた。ところが彼は1995年2月に経実連事務総長の職を辞し，新党の結成に取り組み始めたのである。徐京錫はその唐突な行動を，どのように説明しているのか。

徐京錫は，経実連を発足させたときから「市民社会と政治圏の間に厚い遮断壁を設置することの先頭に立った」とする文章に続いて，次のように記している。新党を結成し国会議員選挙に立候補しようとする「今になって振り返って見るならば，市民運動は定着するのに成功したが，その反面にこの遮断壁は逆に「市民社会は純粋で政治は汚い」という固定観念をさらに固着させるのに寄与し，政治改革のための市民運動圏の責任と役割を放棄するようにさせたことは事実である」とし，「今は，むしろ市民社会と政治圏の間の厚い遮断壁を撤去して，市民運動圏が政治を改革することに出て行くことで，今後は人々が市民運動圏と政治圏の間を大きな困難もなく超えることができる社会を作らなければならないであろう」[82]と，制度圏政治と市民運動圏の境界線を超えることの必要性を説いている。

新党結成に向かった徐京錫は，「市民運動」を政治圏から守るために設けたはずであった「遮断壁」を自ら「撤去」しようとする。「統治の代替勢力を指向する形態の市民運動も結果的に見て存在したと考える」[83]というほどに，「市民運動」と政党との違いを曖昧にしている。「ある人は，経実連運動が政派運動であると話している。私はその話に対しては，いつも「そうだ」と心の中では思っている」[84]と述べている。

彼の言葉には自己弁明も含まれていようが，次のように彼の思考と行動を解釈できよう。経実連は政府に改革を要求する「政治的性格」をもつ運動でなければならず[85]，それゆえに「政派運動」の面が潜在的には含まれてくるものである。だが経実連の発足間もない段階では「市民運動」を定着させるために

「政派運動」としての面を表に出してこなかったが，今こそ「遮断壁」を取り払い「政派運動」に進むべき時期にきたというものである。

制度圏政治と市民運動の間の「遮断壁」は，徐京錫にとっては，戦術的に設けたものに過ぎなかったと言える。「遮断壁」を設けて壊す態度は自己矛盾そのものであるが，矛盾は彼の中では戦術上の必要性という論理によって解消されたのであろう。

徐京錫は語る。「政治圏と市民社会の間に遮断壁を設置して(遮断壁を設置しなければ市民運動が政党運動の下部構造となるために)自分の主体性を育て上げた。ある程度主体性が大きくなるときまでは遮断壁の設置をしなければならないと見る。しかし今度の改革新党の創立過程の中で，結局，市民運動圏が遮断壁を貫き，そちら側に輸血する段階である。政治圏に対して遮断壁を設置して主体性を維持する時代は過ぎ去ったのだ」[86]。さらに彼は，自分の行動が市民運動に否定的な結果をもたらすとしても，なさなければならないとまで説く。「今までの市民運動に対する信頼は，政治圏に対する市民の不信がもたらしてくれた反射的利益という側面が大きい。そうした反射的利益は，政治圏の健康性回復を通じて，なくすことが社会全体のために望ましい。市民運動に一時的な萎縮が起きても，現在としては政治改革に出て行くことが正しい」[87]。

徐京錫が「政派運動」を唱えるようになる理由は，政府や政党に改革を要求する政治的指向性が強いことから，党派的活動とは一線を画しても，必要とあれば政治の権力闘争にまでかかわろうとすることにある。たとえ非党派性と党派性に境界線を設けても，政治的指向性の強さが境界線を超えさせ権力闘争のアクターにしてしまうのである。これは特殊な思考と行動ではなく，韓国の「市民運動」で繰り返し現れてきたものである。韓国の市民団体については「政治圏の外からアドボカシーを行う社会団体」[88]とする見解が一般的であった。経実連や参与連帯も含め，韓国の市民団体が政府に政策立案を要求する活動をよく行うことから，そのような面を指摘することは妥当である。だがそれだけでは「市民運動」の「政派運動」の面をとらえることはできず，韓国における政治と市民運動の相互作用の全体像を見通すことはできない。

徐京錫が立ち上げた「市民運動」の変化の波は，直ちに在野運動圏に及び，方向転換をする団体が現れるようにもなる。その方向転換は「市民運動」を意識して，それまでの急進的な理念と活動に軌道修正を行うというものである。次に，そのような変化の様子を具体的に見ることにする。

2．誕生後の変化の広がり

経実連が主導する「市民運動」が在野運動圏に及ぼした影響を見るために，環境運動の中心的な団体である環境運動連合(付録2の31番)と，女性運動の中心的な連合組織である韓国女性団体連合(女性団体連合。付録3の7番)を取り上げる。

1980年代の権威主義体制のもとで二つの反公害団体が結成され，それらは1988年9月に公害追放運動連合(公追連)を結成する。この公追連が，後の環境運動連合の前身となる。環境運動連合の初代事務総長となる崔冽(チェ・ヨル)は，1980年代に「反公害運動を民主化運動の一部門として認識して参加してきた青年・学生」[89]の一人であり，公追連の議長であった。

公追連は創立宣言文で，環境汚染の原因として「金儲けに血眼になっている独占財閥とその庇護者である軍事独裁，韓半島〔朝鮮半島のこと〕を植民地のごみ捨て場と思い君臨している米国」であると規定して，その主要活動・事業として「公害追放反核住民運動の支援，公害問題と核武器の社会的矛盾構造の指摘，民族民主運動の全体的課題に忠実に服務すること」[90]をあげ，その運動主体としては巨大な変革の力を有する「民衆」をあげている[91]。公追連は，1980年代の民主化運動に見られた反米民族主義と左翼的な民衆運動を受け継ぐ「左派環境主義」[92]の団体である。

崔冽は1970年代の学生運動で繰り返し投獄された経験をもち，1987年の大統領選挙では民衆運動候補である白基玩(ペク・キワン)の選対事務総長をしたほどの活動家である[93]。

公追連は，金泳三政権の発足直後の1993年4月に環境運動連合に再編されている。環境運動連合の創立宣言文では，環境破壊の原因として「貪欲な企業活動」「成長政策を最優先にした政府」に加え「我々市民個々人」が批判されている[94]。公追連の創立宣言文に比べて，表現がかなり穏やかになっただけではなく，批判される対象に「市民」が加えられる一方で，米国を非難する左翼民族主義的な言葉が消えている。また環境運動の主体としての「民衆」という言葉もなくなっている。このように原因と運動主体に関する表現が大きく変わり，環境運動は「民族民主運動」ではなく「市民運動」であると語られるようになった。「新しい環境意識と実践で，自ら自分の生活の場を健康に育てて行く市民運動を展開しようと思う」と宣言している。

環境運動連合は在野運動圏とは一線を画して，経実連が主導する市民協に加わることになった。また崔冽は徐京錫とともに「市民運動」の指導者として登場し，徐京錫が1990年代後半に市民運動の第一線から退くのに対して，崔冽はその後も落選運動や弾劾反対運動などを経て代表的な市民運動家として知られるようになる。在野運動圏の「左派環境主義」から「市民運動」への見事な転身である。

次に，「市民運動」のほうに位置を少しだけ動かした在野運動圏の団体を取り上げる。明瞭な転身ではないが，在野運動圏の民族民主運動から「一歩分ほど距離をあける」[95] ようになった韓国女性団体連合である。

女性団体連合は会員団体で構成される連合組織として，民主化運動が高揚する中1987年2月に結成されている。創立宣言文を見るならば，女性運動を「民族の自主化を成し遂げるための反外勢闘争，政治的な抑圧から民主主義と男女平等を争取するための民主化闘争，生存権確保闘争」と規定しており，女性運動が取り組むべき課題の第一に「大衆的な実践活動は，女性一般の問題であるだけではなく，民衆の生存権確保と民主化達成のため闘争を重点的に行わなければならない」[96] としている。軍部独裁政権に抵抗する民主化運動であるにとどまらず，民衆運動としての性格をもつことがわかる。

民主化以降の1989年1月に在野運動圏の結集体である全国民族民主運動連合(全民連)が結成されると，女性団体連合は内部の意見が分かれたが加入することにし，全民連の決定に従い政治闘争を行っている。しかし1991年になると，全民連との協力関係を再検討すべきとの意見が強まり，全民連に代わり同年11月に結成された民衆運動の全国連合(表3のL)には加入するには至らず，事案ごとに連帯活動をするにとどめている。女性団体連合は在野運動圏に「一歩分ほど距離をあける」関係になり，民衆論的な女性運動の視点が以前に比べ弱まったとされる[97]。

その後，経実連が主導して結成された市民協から加入提案がなされたが，女性団体連合には「市民運動」に共鳴する会員団体もあれば，民衆運動を支持する会員団体もあり，市民協に加入する決定はなされなかった。女性団体連合としては市民協には加入しないが，事案ごとの連帯活動をすることにとどめ，また市民協への加入は会員団体の意思決定にまかせることにした。その結果，韓国女性の電話連合(付録2の13番)が市民協に加入している[98]。

経実連が主導する「市民運動」が引き起こした変化の波が，環境運動連合や女性団体連合にも及んだと見ることができる。しかし民主化以降の政治状況の大きな変化が経実連の結成と展開に，さらには在野運動圏にも影響を及ぼしたと考えるならば，経実連が主導する「市民運動」をもって環境運動連合や女性団体連合に変化をもたらした原因のすべてであるとするのは誇張になろう。ソ連・東欧圏の社会主義体制の崩壊もまた左翼の活動家に精神的な衝撃を与えたと言われている。それでも在野運動圏との差別化を強調する「市民運動」が現れなければ，在野運動圏にとどまるのか「市民運動」に向かうのかで揺れる団体も現れることはなかったと言える。その意味で「市民運動」の出現は，在野運動圏の戦線からの離脱を促進する要因の中でも，重要な一つとして作用したと論じることはできよう。

本章は，政治的指向性のある社会運動組織を選定して，1990年代以降における社会運動組織の分布状況を描くとともに，「市民運動」がどのような戦略をもって始められたのかを論じてきた。

この分布図では，経実連と参与連帯が市民団体の中心にあって，それぞれが市民団体のグループを形成している。2000年以降には経実連は中心としての役割を弱め，参与連帯が市民運動の中心としての役割を強めることになる。市民運動とは別に民衆運動もある。民衆運動は理念的には左翼民族主義であり反米・親北の傾向が強く，この点が市民運動との違いとなる。理念的には参与連帯を中心とする市民運動グループは，経実連を中心とする市民運動グループと民衆運動グループの間にあって，それぞれに似た面と違う面を併せもっている。つまり参与連帯を中心とするグループには，左翼民族主義的な民衆運動と連携し共同行動に取り組む面があるとともに，「保守」と批判される経実連を中心とする市民運動グループとも共同行動をする面がある。他方で，経実連を中心とする市民運動グループと民衆運動グループの間では共同行動はかなり限られている。

経実連と参与連帯はもともと競合的な関係にあったが，それが対立的な関係になるのは2000年の落選運動をきっかけにしてのことである。理念的な違いもあるとは言えるが，関係悪化は法律遵守や政権に対する態度の違いに直接的な原因があった。特に盧武鉉政権のもとでの落選運動や弾劾反対運動などを見てきた経実連の指導者は，参与連帯などの市民運動に対して，政治的中立を偽装した「政治運動」であると批判するまでになった。

ニューライト運動が現れるようになり，盧武鉉政権を支持する市民運動との対立が表面化するようになるのは，このような状況とかかわっている。つまり市民社会レベルにおいて改革的・進歩的な「政治運動」に対抗するように，保守的な「政治運動」が現れるべくして現れたと言える。2007年の大統領選挙に向けた与野党の権力闘争に市民社会が巻き込まれ，動員されることで理念対立が一層増幅したと見ることができよう。もちろん金大中政権以降に急進的な左翼民族主義の団体が新たに現れるようになったことも，理念対立の一因である。だが民衆運動は，韓国社会を理念的に両極化させるほどの影響力をもつようにはなっていない。2004年から07年までの過熱した理念対立は，市民社会に内在する理念対立がもたらした面よりも，むしろ大統領選挙に向けた与野党の勢力争いが巻き起こした面のほうが大きいと言えよう。理念対立については，第5章第3節の選挙分析のところで詳しく論じることにする。

市民社会の分布図に社会運動組織(市民団体)を位置づける作業は，まだ終わらない。平面上に社会運動組織を位置づけるだけでは不十分であり，政府や政党との相互関係が明らかになるように立体的なものにする必要がある。次の第3章から第5章までの考察を経ることで，この分布図はより立体的なものになるであろう。

1）釜山参与自治市民連帯については，スタッフに2004年8月にインタビューで直接確認している。

2）この点は参与連帯にも言えるかもしれない。参与連帯はDの米軍国民対策委員会の参加団体に含められていないが，これはホームページ上の参加団体リストが十分に更新されなかったことによるかもしれない。参与連帯は米軍国民対策委員会が結成されたときには参加していなかったが，米軍人に対する無罪判決が出た2002年11月以降には相当に積極的に参加し始め，実務的な責任も果たすようになったとのことである。この点は2004年6月に参与連帯の関係者に確認している。

3）「「韓国市民団体協議会」 国内最大の市民団体連帯機構として発足」『世界日報』1994年8月29日。KINDSより取得。

4）「改革「民間意識運動」拡散　経実連など36団体27日「正社協」発足」『ソウル新聞』1993年5月23日。KINDSより取得。

5）同上。

6）金泳三政権と経実連の関係にパートナーシップを見出す議論がある。金善美「NGOの政策的影響力――金融実名制実施の事例分析」『韓国政治学会報』ソウル，韓国政治学会，第37輯第5号，2003年12月，99～125頁。

7）経実連の「発起宣言文」(1989年7月8日)より引用。経実連のホームページhttp://www.ccej.or.kr/より2004年7月28日に取得。

8）「文民改革　官主導から民主導に 「正社協」発足の背景と運動方向」『ソウル新聞』1993年5月23日。KINDSより取得。

9）注3に同じ。付録1にある市民協参加団体51の中には，在野運動圏を構成する民衆連帯Kや全国連合Lに属する団体は一つもない。本章44～45頁も参照のこと。

10）注3に同じ。

11）市民協は市民連帯会議に合流することについて，総会を開催し賛成の決議をしている。「市民団体の連帯会議の公式発足」『文化日報』2001年2月26日。KINDSより取得。

12）「行政自治部，11の不実非営利団体の登録取り消し」『ネイル新聞』2003年10月30日。KINDSより取得。

13）曺喜昖「総合的市民運動の構造的性格と変化の展望に対する研究――「参与連帯」を中心に」兪八武，キム・ジョンフン編『市民社会と市民運動2　新たな地平の探索』ソウル，ハヌル，2001年，238～241頁。曺喜昖は聖公会大学校の教授(社会学)であるとともに，市民運動の理論的指導者の一人でもある。

14）「「改革連帯」出帆拍車　市民運動の「熱い力」もう一度見せてくれる」『ハンギョレ』2001年2月13日。KINDSより取得。

15）2008年10月現在の役員名簿には，共同代表に参与連帯の名前はあるが，どの役員欄にも経実連の名前はない。市民連帯会議のホームページhttp://www.civilnet.net/より2008年10月26日に取得。

16）全国連合の綱領前文は，全国連合のホームページhttp://www.nadrk.org/intro/rule.htmlより2002年11月25日に取得。

17）民衆連帯の規約は，民衆連帯のホームページhttp://www.minjung.or.kr/main.phpより2004年6月14日に取得。

18）Dの女子中学生装甲車轢死をめぐる蠟燭デモについては，金万欽(キム・マンフム)(韓国政治アカデミー院長)は反米的な面があったと指摘している。「女子中学生死亡の追慕デモには反米的な要素が含まれるほかなく，一部では米軍撤収の主張もあった。……蠟燭デモは，犠牲者に対する追慕と不道徳な暴力に対する抗議を超えて，次第に国家内部の勢力対決の道具に使用されるようになる」。金万欽『民主化以後の韓国政治と盧武鉉政権』ソウル，ハヌル，2006年，89頁。

19）落選運動では，特定政党を支持する民主労総のような団体の加入は，その理念にそぐわないとして加入が認められなかった。「総選連帯常任共同代表団インタビュー「落選運動辞さない」」『東亜日報』2000年1月13日。KINDSより取得。

20）「憲政史上初の弾劾政局に対する民主労総，全農〔全国農民会総連盟の略称〕，民主労働党代表者の共同時局声明書」2004年3月13日。この文書は，チャン・サンファン「4.15総選と民主労働党の展望」(2004年4月3日)から再引用した。民労党のホームページ http://www.kdlp.org/ より2004年6月19日に取得。

21）投稿者不明「〈ターハムケ〉の同志達に苦い意見を」2004年3月28日。「平等な世の中」のホームページ http://pdss.net/sub/report_content.asp?r_num=359 より2004年6月20日に取得。この投稿者は全教組の活動家であると推測される。注20のチャン・サンファン(慶尚大学校教授)も「民主労総と全農は民主労働党を構成する2大主軸として，一部構成員に残っている開かれたウリ党に対する批判的支持の亡霊をきっぱりと整理し，多数の組合員と農民会員たちを党員に大挙加入させなければならない」としている。本書第3章の注9にある孫浩哲（ソン・ホチョル）(西江大学校教授)の指摘も参照のこと。

22）A・B・Dの三つにも経実連の中央組織は加入していない。Aは釜山経済正義実践市民連合，Bは光州と蔚山の経済正義実践市民連合の2団体，Dは経実連傘下の統一協会の加入である。

23）経実連「記者会見　大統領弾劾に対する経実連の立場」2004年3月18日。経実連のホームページ http://www.ccej.or.kr/ より2004年6月17日に取得。

24）経実連「論評　盧武鉉大統領弾劾案可決に対する経実連の立場」2004年3月12日。経実連のホームページ http://www.ccej.or.kr/ より2004年6月17日に取得。

25）経実連，前掲「記者会見　大統領弾劾に対する経実連の立場」。

26）246の市民団体の緊急記者会見文の「民主主義に対する正面からの挑戦は決して座視しない」2004年3月12日。参与連帯のホームページ http://www.peoplepower21.org/ より2004年8月1日に取得。

27）参与連帯は，民衆運動の諸団体による在韓米軍撤収の主張に公式的には同調していない。「女子中学生死亡事件　どのように解かねばならないのか(2)　SOFA　平等に正そう」『ハンギョレ』2002年11月30日。KINDSより取得。SOFAは駐韓米軍地位協定のことである。米軍国民対策委員会の中には米軍撤収を主張する者もいたが，その主張を不適切とする団体もあり，米軍国民対策委員会は公式的には駐韓米軍撤収を要求したことはないという。参与連帯にも米軍撤収を主張する者がいたが，公式的には撤収要求をしていないという。この点は2004年6月に参与連帯の関係者に確認している。

28）曺喜昖，前掲論文，248頁。

29）民衆運動グループの社会進歩連帯(付録4の27番)の幹部は，参与連帯を含む市民運動が新自由主義を目指しているとし，曺喜昖が「進歩」を唱えるのは自己矛盾であると批判している。丁鐘権「市民運動に対する批判的評価」前掲『市民社会と市民運動2　新たな地平の探索』259〜274頁。左派勢力は自分たちを「進歩」と呼ぶが，金大中政権や盧武鉉政権を「進歩」勢力に含めず，それらを「改革」勢力であるとして自分たちとの違いを強調する。その際に「改革」には新自由主義，保守などの修飾語が付けられることもある。京郷新聞特別取材チーム『民主化20年の熱望と絶望――進歩・改革の危機を語る』ソウル，フマニタス，2007年，21～23頁。

30）経実連によれば，公薦不適格候補の名簿発表は有権者への情報公開であって，政党に対して公薦反対を要求するものではないために違法ではないという。だがその主張は詭弁に過ぎない。後述するように，経実連の名簿発表は中央選挙管理委員会によって選挙法違反であると認定されたのである。

31）朴元淳『悪法は法ではない――朴元淳弁護士の改革構想』ソウル，プレス21，2000年。李石淵『憲法の灯台守――李石淵弁護士の生と哲学の話』ソウル，蛍雪出版社，2001年。

32）討論会は2001年9月17日に開催された「2001フォーラム　市民社会・市民運動発展のための大討論会」である。この場面の記述は，異なる観点で報道されている二つの新聞記事を独自に再構成したものである。「市民運動の評価「正面衝突」」『朝鮮日報』2001年9月18日，及び「朴元淳－李石淵氏の正面衝突」『ハンギョレ』2001年9月18日。いずれもKINDSより取得。

33）経実連と参与連帯の対立には法律遵守の問題があるが，2000年総選市民連帯発足の2日前に経実連(李石淵事務総長)が機先を制するかのように公薦不適格者の名簿発表を行ったことが感情的な対立を煽ったものと思われる。要するに，対立には市民運動をめぐる両団体の主導権争いの面があったと言えなくはない。

34）「経実連の不服従運動の背景　誤った違法より抵抗の選択」『国民日報』2000年1月19日。KINDSより取得。落選運動の合法性をめぐる中央選挙管理委員会と市民団体の動きについては，本書第4章第2節を参照。

35）落選運動を選挙運動であるとして違法とする現行法は違憲であると主張する総選連帯に対して，憲法裁判所は，総選連帯側の落選運動が特定候補者による相手候補に対する落選運動と方法等が同じであり，総選連帯側の落選運動は不適格候補者と競争する候補者の当選に影響を及ぼしうるものであり，さらに落選運動の主観的な理由をもって差別的な法規制を行うならば権力の恣意的な選挙介入を招くなどとして，落選運動を選挙運動として扱う現行法は正当であり違憲ではないと結論づけている。憲法裁判所の審判決定は，「公職選挙及び選挙不正防止法第58条等違憲確認」(2001年8月30日)，憲法裁判所のホームページ http://www.ccourt.go.kr/ より2003年1月7日に取得。

36）李石淵「韓国市民運動の現況，課題及び方向性に関する経験論的考察――憲法合致的市民運動の提唱」小此木政夫編『韓国における市民意識の動態』慶應義塾大学出版会，2005年，114頁。

37）経実連「声明　新政府との関係設定に対する経実連の立場」2003年1月17日。経実連のホームページ http://www.ccej.or.kr/ より2004年12月30日に取得。

38）「月曜インタビュー「市民団体が政治運動をしようとするならばカミングアウトからせよ」」『中央日報』(インターネット版)2007年3月25日。中央日報社のホームページ http://www.joins.com/ より2007年3月27日に取得。

39）李石淵の後を継いだ事務総長は労働運動出身であり，経実連に入る前は民衆運動の陣営にいた人物(申澈永(シン・チョルヨン)。付録5の140番)である。それでも「良心的な保守と合理的な進歩の声を盛り込む既存の経実連の路線には変化はないであろう」ということである。経実連のスタッフには民衆運動の経歴をもつ者がいる。経実連と民衆運動の冷たい関係も内側を見ると意外に複雑である。「[ニュースの人物]「良心的保守・合理的進歩とともに進む」」『週刊朝鮮』ソウル，朝鮮日報社，第1678号，2001年11月15日(ファイルに頁数の記載なし)。朝鮮日報社の『chosun.com マガジン』のホームページ http://weekly.chosun.com/ より2008年12月2日に取得。また後述する李石淵の参与連帯での役員歴にも留意しておきたい。

40) ニューライト運動については，ミン・ビョンホ，ナ・ギファン『ニューライトが世の中を変える』ソウル，イエアルムメディア，2007年。

41) 李石淵の経歴については，朝鮮日報社のホームページ http://www.chosun.com/ にある人物データベースのほか，参与連帯希望とビジョン委員会『参与連帯10年の記録 1994〜2004——世の中を変える市民の力』ソウル，2004年。

42) 李石淵，前掲論文，112頁。

43) 同上。

44) 李石淵『沈黙する保守では国を守れない——首都移転を防いだ李石淵弁護士の申聞鼓』ソウル，智評，2006年，11〜12頁。

45) 李石淵，カン・ギョングン『憲法と反憲法』ソウル，キパラン，2006年，33〜40頁，285〜289頁。

46) 申志鎬『ニューライトの世相読み』ソウル，キパラン，2006年。申志鎬の経歴については，朝鮮日報社のホームページ http://www.chosun.com/ にある人物データベースを利用した。

47) 申志鎬「ニューライト運動の展開と思想的特質」小此木政夫・西野純也編『韓国における市民意識の動態 II』慶應義塾大学出版会，2008年，53〜73頁。

48) 韓国の大統領中心の権力構造と地域対立が作り出す与野党の勢力争いは，理念的な対立によって変わることなく，理念的要素をも内包して激しく展開してきたという，金万欽の指摘が参考になる。金万欽，前掲書，191〜248頁，特に205頁。

49)「ニューライト，大選真っただ中に」『朝鮮日報』2007年11月29日。朝鮮日報社のホームページにある記事データベース http://srchdb1.chosun.com/pdf/i_service/ より取得。

50)「[社説] ニューライト，いま考えと行動を変えるときだ」『朝鮮日報』(インターネット版)2008年11月30日。朝鮮日報社のホームページ http://www.chosun.com/ より2008年12月2日に取得。

51)「保守陣営「もうニューライトは終わった」」『アップコリア・ネット』2008年11月28日。アップコリア・ネットのホームページ http://www.upkorea.net/ より2008年12月12日に取得。

52) 廉載鎬「韓国の市民社会とニューガバナンス——民主化以後の市民団体の政治化」『レヴァイアサン』木鐸社，第13号，2002年10月，90〜120頁。韓国における中間層の機会主義的で保守的な性格を常々批判してきた崔章集(チェ・ジャンジプ)(高麗大学校教授)は韓国の市民運動について，知的エリート主導の弊害を指摘している。「私が我が国の市民運動に対して肯定的に見ないのは，庶民生活に無関心であるだけでなく，知識人エリートのグループであり，あらゆるイシューを扱っているということだ。経実連と参与連帯の場合，すべての問題を全部扱っている。これは市民運動が韓国で発展しえない制約の一つだ。市民なき市民運動，市民参与なき市民運動，社会に根が下りていない活動家中心の市民運動，言論に依存し，ヘゲモニーの一部である市民運動になった。その限界はあまりに明らかである」。崔章集「政治体制の根本的な変革が始まった」2004年4月22日の崔章集教授との対談。民労党の国会議員選挙総括のホームページ http://www.pangari.net/zboard/view.php?id=2004_article&page=1&sn1=&divpage=1&hid=&rid=&sn=off&ss=on&sc=on&select_arrange=headnum&desc=asc&no=460 より2004年5月15日に取得。

53) 曺喜昖「韓国市民社会団体(NGO)の歴史，現況と展望」金東椿他『NGOとは何か』ソウル，アルケ，2000年，146頁。

54)『韓国民間団体総覧2000　(上)』ソウル，市民の新聞，1999年。

55) 会員数に関する情報は，参与連帯のホームページ http://info.peoplepower21.org/ より2008年3月7日に取得。また，参与連帯希望とビジョン委員会，前掲『参与連帯10年の記録　1994～2004――世の中を変える市民の力』345頁。

56) 会員数は，参与連帯のホームページ http://www.peoplepower21.org/ より2010年5月12日に取得。

57) 参与連帯では収入における会費の比率は80%を占めるが，そのほかの市民団体の財政状況は芳しくはない。市民団体の収入で会費が占める比率は平均で40%程度であるとされ，零細な団体の中には会費を支払う会員がほとんどいないという場合もあるという。経実連は収入の40%から50%を会費で充当しているという。「NGO　有料会員を増やし多様なイベント……市民団体「体質を変える」」『朝鮮日報』2003年5月6日。朝鮮日報社のホームページにある記事データベース http://srchdb1.chosun.com/pdf/i_service/ より取得。

58) 参与連帯希望とビジョン委員会，前掲『参与連帯10年の記録　1994～2004――世の中を変える市民の力』346頁。

59) 経済正義実践市民連合『経実連出帆3周年記念資料集』ソウル，1993年，435頁。羅一慶(ラ・イルキョン)は「韓国の市民社会は中央政府に対して強い影響力を及ぼす市民団体は活性化されているものの，地域を基盤とする小規模の市民団体の活動は貧弱である」としている。事例として全羅北道扶安郡での放射性廃棄物処分場の候補地選定に対する住民の反対運動を取り上げ，「韓国における地域での住民運動の成功は，中央の市民社会の資源を動員することに左右される可能性が高い」と論じる。論文では，このようなマクロな展開だけではなく，住民団体の協力と軋轢，分裂というミクロな展開もまた描かれており興味深い。筆者は，地域レベルの市民社会がソウル首都圏の市民社会とは別のパラダイムを作り上げるには至っていないという印象を受ける。羅一慶「住民投票と地方選挙との否定的な相互作用のメカニズムについて――扶安郡における住民投票の事例研究」日本公共選択学会，2007年7月7日，1～30頁。公共選択学会第11回全国大会公式ホームページ http://www.jpcs2007.u-tokai.ac.jp/ より2009年8月28日に取得。

60）朴元淳「韓国市民団体の財政事業の経験——参与連帯を中心に」市民運動支援基金，2001年(ファイルに頁数の記載なし)。聖公会大学校のサイバーNGO資料館のホームページ http://demos.skhu.ac.kr/index.html より2007年10月8日に取得。

61）経実連(1992年12月現在)でも会員に事務職や専門職が多く，主婦が少ないことは同じである。事務職27.9%，学生20.5%，学界10.5%，中小企業及び自営業9.2%，宗教界7.5%，法曹界及び専門家4.8%，言論界3.5%，政党人・軍人・主婦7.5%などである。経済正義実践市民連合，前掲『経実連出帆3周年記念資料集』437頁。

62）金永来「韓国市民社会運動の現況と発展課題」『NGO研究』ソウル，韓国NGO学会，第1巻第1号，2003年8月，20頁。

63）労働者の力のホームページ http://www.pwc.or.kr/main/info.php より2004年5月14日に取得。

64）ターハムケのホームページ http://www.alltogether.or.kr/new/2_aboutus/1_wherewestand.jsp より2008年11月9日に取得。

65）南北共同宣言実践連帯のホームページ http://www.615.or.kr/ より2004年5月14日に取得。

66）「「実践連帯幹部，北朝鮮の指令文献受け」検察」『朝鮮日報』2008年9月30日。朝鮮日報社のホームページにある記事データベース http://srchdb1.chosun.com/pdf/i_service/ より取得。

67）統一広場のホームページ http://www.tongilplaza.org/front/index_tongil.html より2004年5月14日に取得。

68）反米女性会のホームページ http://www.banmiwoman.org/ より2004年8月13日に取得。

69）民青学連事件とは，1974年に全国民主青年学生総連盟を中心に180人が逮捕・起訴されたもので，その中には死刑宣告され後に無期に減刑された金芝河(キム・ジハ)や李哲(イ・チョル)がいる。

70）徐京錫『夢見る者のみが世の中を変えることができる』ソウル，ウンジン出版，1996年，159頁。以下，引用の際には本文中に頁数のみを記す。また，徐京錫「私のストーリー　夢見る者のみが世の中を変えることができる(修正増補版)」『東北亜新聞』2007年3月16日。東北亜新聞のホームページ http://www.dbanews.com/ より2009年2月4日に取得。以下，徐京錫，修正増補版とする。

71）徐京錫，修正増補版，2007年7月2日。

72）「巻頭座談　転換期の韓国社会と市民運動の座標」姜汶奎『市民参与の時代』ソウル，ハヌル，1996年，14～15頁。

73）徐京錫，修正増補版，2007年7月2日。

74）前掲「巻頭座談　転換期の韓国社会と市民運動の座標」27頁。

75）徐京錫，修正増補版，2007年7月2日。

76）キム・グヒョン「韓国における市民運動団体の成長と衰退——経済正義実践市民連合の事例」ソウル大学校大学院政治学科博士論文，1999年，195～196頁。徐京錫の政党活動への参加とその帰結を知る上で参考になるところが多い。

77）徐京錫「主よ，私が「地獄門」を越えます」『新東亜』ソウル，東亜日報社，1995年11

月号，212～223頁。
78）経済正義実践市民連合，前掲『経実連出帆3周年記念資料集』446頁。
79）キム・グヒョン，前掲論文，106～107頁。
80）「来年の総選に参与宣言　在野全国連合」『東亜日報』1991年12月22日。KINDSより取得。
81）「利害相通の「昔の友人の邂逅」　民主‐全国連合「大選連帯」の背景」『朝鮮日報』1992年11月26日。KINDSより取得。詳しくは，本書第3章を参照。
82）徐京錫，前掲「主よ，私が「地獄門」を越えます」218～219頁。
83）前掲「巻頭座談　転換期の韓国社会と市民運動の座標」36頁。
84）同上，43頁。
85）徐京錫は市民運動の「政治的性格」を強く主張する。徐京錫は「市民運動は，社会運動として制度政治圏の政党運動とは違わなければならないが，政治的性格をもつ社会運動でなければならないと見る。そして市民が日常的な生活上の問題を解決するために行う脱理念的・脱政治的な市民運動は周辺的な市民運動であって，中心的な市民運動にはなりえないと見る」としている。キム・グヒョン，前掲論文，63頁より再引用。経実連の事務総長であった李石淵も政治的性格の必要性を述べている。政治勢力化することには慎重でなければならないとするが，「韓国の市民運動が過度に政治問題に関与したり，または政治団体化したりしているという批判が一部にある。しかしいまだに改革しなければならない社会システムが多くの部分に存在している中で政治がすべてのことを左右するように，権力の人格化現象が強く残っている韓国的風土では政治過程が公正に進行するのかが，経済社会改革，さらには市民意識改革の鍵となっている」として，「政治」及び「政治過程」の重要性を説いている。李石淵，前掲『沈黙する保守では国を守れない――首都移転を防いだ李石淵弁護士の申聞鼓』200～202頁。「政治的性格」に対する彼らの強調は，結局は政党結成や政党選択という党派的運動に行き着くのである。羅一慶は日韓の市民運動の戦略の違いについて，韓国の市民社会が「政治を変えて社会を変える」戦略であるのに対して，日本の市民運動は「社会を変えて政治を変えていく」戦略を優先する傾向があると，それぞれの違いを巧みに表現している。羅一慶，前掲論文，2頁。
86）前掲「巻頭座談　転換期の韓国社会と市民運動の座標」38～39頁。
87）「市民運動圏揺るがす政治勢力化論争」『ハンギョレ』1995年9月25日。KINDSより取得。
88）磯崎典世「韓国／アドボカシー中心の民主化団体」『アジ研ワールド・トレンド』アジア経済研究所，第59号，2000年8月，21～25頁。また磯崎典世「体制変動と市民社会のネットワーク」辻中豊・廉載鎬編著『現代韓国の市民社会・利益団体』木鐸社，2004年，51～83頁。
89）具度完，石坂浩一他訳『韓国環境運動の社会学――正義に基づく持続可能な社会のために』法政大学出版局，2001年，103～173頁。
90）兪八武「非政府社会運動団体(NGO)の歴史と社会的役割――市民運動と政府との関係を中心に」兪八武，キム・ジョンフン編，前掲書，202頁。
91）具度完，前掲書，136頁。

92）同上，145 頁。

93）林卿敏「集中解剖　在野指導者 36 人の身上明細」『新東亜』ソウル，東亜日報社，1989 年 6 月号，228 頁。

94）環境運動連合の創立宣言文の全文は，イ・ヒョンヒ「科学技術と市民団体」(政策研究 98-03) 122〜123 頁。科学技術政策管理研究所のホームページ http://www.stepi.re.kr/ より 2008 年 11 月 22 日に取得。

95）兪八武，前掲論文，195 頁。以下，韓国女性団体連合に関する記述は，兪八武によるところが多い。

96）韓国女性団体連合の歩みと創立宣言文は，韓国女性団体連合のホームページ http://www.kgwomen21.or.kr/ より 2008 年 11 月 22 日に取得。

97）兪八武，前掲論文，206 頁。

98）市民協に加入した頃の韓国女性の電話連合の会長は，経実連を率いる徐京錫の夫人申蕙秀（シン・ヘス）(付録 5 の 72 番) である。

第3章　市民社会と制度化

本章は民主化以降に市民社会が政府に対して，どのような関係にあったのかを明らかにすることを目的とする。ここでは考察対象を市民団体に設定することにして，市民社会を構成するもう一つの社会運動である民衆団体については副次的・限定的に取り上げるにとどめる。その理由は政治的指向性が強くとも，論じるほどの制度化の兆候を民衆団体には見出し難いからである。民衆団体は図2の政治的動員(社会運動組織)にとどまり，制度化とは逆の急進化の方向に進む傾向が強い。それに対して，一般的に市民団体では政府への制度的アクセスの利用を含め政治的指向性が強い。それだけ制度的領域における党派的な政治にかかわる可能性も生じる。前章で見たように，市民団体では党派と非党派を分けるハードルは高くはなく，党派と非党派の交錯が政府との相互関係の展開にどのように作用したのかが，本章も含め今後の考察で大事な視点となる。

第1章でメイヤーとタローの運動社会論を紹介した。運動社会は，社会運動が政府や議会などの制度的領域に活動の場を求めながらも，違法行為に至らない抗議行動が見慣れた形態で頻繁に起きるようになることを意味している。つまり運動社会では社会運動が制度化されるようになり，政治の制度的領域と社会運動が重なることで二つを分ける境界線が曖昧になる。制度化は，三つの要因からなるとされている。①挑戦者の抗議行動のルーティン化，②挑戦者に制度的アクセスが付与される包含，③挑戦者の要求や戦術の穏健化である[1)]。本章では制度化概念に依拠して，金大中政権と盧武鉉政権のもとで市民運動が政府との関係において，どのような相互関係が見られたのかを検討することにしたい。

制度化は三つの要因からなるが，本章では②の制度的アクセスの付与と③の要求や戦術の穏健化の二つを取り上げる。制度的アクセスについては，経実連と参与連帯を対象にして役員経歴保有者における政府組織の役職就任状況を見ることにする。これによって政府と市民団体の相互関係が，金大中政権と盧武鉉政権の10年間に緊密化してきたことを明らかにする。挑戦者の要求や戦術の穏健化とは，政府にとって社会運動が軟化して受容されやすいものになることである[2)]。本章で事例として扱う落選運動では要求や戦術の穏健化については，運動の党派性をもって示すことにする。落選運動の場合，落薦・落選対象者の名簿を作成するが，それが政府・与党にとって有利なものか不利なものかが，落選運動への政府の対応に影響を及ぼしうる。落選運動は，政府・与党にも野党にも打撃を与えようとするのか，それとも政府・与党には有利に作用する運動なのか。もし後者のほうであれば，政府が落選運動を受け入れ相互関係を調整することを容易にする点で，制度化における要求や戦術の穏健化を示すものと見なすことができる。

残された①の，合法的で予測可能な抗議行動となるルーティン化については，第4章で取り上げる。この要因には市民の抗議行動それ自体だけではなく，それを規制する法律がどのようなものかも関連してくる。たとえば，違法な市民の抗議行動を合法化するように法律が改正されたり，そもそも違法行為の取り締まりなどの法の執行がなされなかったりすることもある。そこで，この点については，金大中政権が落選運動にどのように対応したのかを論じる第4章で取り上げることにしたい。結論を先取りするのであれば，選挙法改正を含む金大中大統領の積極的な対応によって，また落選運動側の自制された行動によって，デモ現場での物理的衝突や警察による逮捕・連行といった混乱は回避された。双方ともこのような事態を望んではいなかったからである。

本論に入る前に，韓国における代表的な市民運動の研究者である曺喜昖の市民運動論を取り上げることにする[3)]。彼は1987年以降の民主化について，保守勢力による上からの民主化であることから市民社会の改革要求が制度政治に反映されず，また地域対立の政党構図であることから市民運動勢力の制度政治への進出が難しい状況にあったとする。その結果，制度政治と市民社会の間に乖離が生じる「政治遅滞」や「代議の遅滞」となり，このような乖離を埋めようと経実連や参与連帯などの「総合的市民運動」が現れることになった。「総合的市民運動」は，十分に機能しない政党に代わって「準政党」的な役割を果たすことで「代議の代行」を行ってきたとする。

2000年の落選運動もまた政党の誤った公薦の取り消しを求める「代議の代行」現象であったとする。曺喜昖は「野党政府〔金大中政権〕の出現以後に拡張された政治的・市民的活動空間のおかげで市民社会の活性化が現れる」[4] ようになったとして，2000年の落選運動を「遅滞した制度政治に対する市民社会の反乱の頂点」[5] であったと論じる。彼は，落選運動をもって韓国の市民社会の成長とパワーを示すものと論じる代表的な研究者の一人である。

落選運動を「市民社会の反乱」とする一方で，曺喜昖は金大中政権のもとでの市民運動の変化についても論じている。それはメイヤーとタローの制度化概念に依拠してなされている[6]。つまり金大中政権のもとで市民団体には制度的アクセスが付与されるようになり，さらに市民団体の要求が政府の政策議題に設定されるなど，政府との関係が制度化されてきた。それによって「市民社会の不満は革命的な方向よりも制度化された通路を通じて穏健な形態で表出されるようになることで」，市民社会の「受動化」が進んだとする[7]。さらに彼は，盧武鉉政権のもとで市民運動の制度化が一層進むことを予想して，「政治遅滞」の反射的利益をもって成長してきた市民運動の克服と新しい課題設定（マイノリティの人権や生活の質にかかわる争点）を説いている。

曺喜昖の議論では「政治遅滞」の結果として市民運動による「代議の代行」がなされるという市民社会の活力の強調と，金大中政権や盧武鉉政権の改革性や開放性によって市民社会が「受動化」して制度的領域内に取り込まれて行くという制度化の指摘が並置されるにとどまっている。つまり市民社会の反乱と制度化の二つを，どのように交差させ整合的に論じ理解すべきなのかという，金大中政権以降の市民運動に関する重要な論点は残されたままである。

この点については，本章を中心に落選運動もまた受動化や制度化の枠外ではなく，むしろその枠内に及ぶものとして特徴づけて落選運動と政府との関係を論じることにする。もちろん市民運動のすべての面が制度化の枠内で論じることができるというのではない。法律からの逸脱など予測不可能な部分は社会運動には多かれ少なかれ存在するものである。また参加者の自発性や非組織性から制度化に対する反論もなされよう。しかしながら政府と市民運動の相互関係を切り口にして，そこから市民運動を論じる方向をとるのであれば制度化をもって論じることは可能である。このことは本章で詳しく検討する2000年と2004年の落選運動だけではなく，2004年の大統領弾劾反対運動はもちろんのこととして，大統領選挙の投票直前までなされ選挙結果に影響を及ぼした2002年の反米蠟燭デモにも当てはまるところがある。

要するに，金大中政権と盧武鉉政権の時期における市民運動は文字通りの「市民社会の反乱」であるよりも，両政権との制度化される相互関係の中で起きた「反乱」であると理解すべきである。この点は，李明博政権になって政府と市民運動の関係から同じ民主化勢力としての「親和力」(趙大燁(チョ・デヨプ))[8] が失われ，米国産牛肉輸入反対運動に参加する多数の市民が李明博大統領の辞任を求め警察との間で激しい衝突が繰り広げられたことと対照をなしている。

第1節　市民社会の政治的アイデンティティ

第1章第2節では社会運動の制度化を論じるに際しては，政治的アイデンティティが無視できないことを指摘しておいた。制度的アクセスという政治的機会構造が社会運動の選択に影響を及ぼすという合理的な側面だけではなく，それ以上に社会運動の政治的アイデンティティが党派性となって政府・政党との関係に影響を及ぼすことに注目して，政治と市民社会の相互作用を解き明かす必要がある。

この節では，韓国の市民社会における政治的アイデンティティを明らかにするため，その歴史的な展開に沿って三つの面を切り出すことにする。一つ目は1987年の大統領選挙であり，そこで初めて金大中支持が市民社会から公然と表明されるようになる。もちろん当時，民主化勢力が一つになって金大中を支持したのではなく，金大中支持をめぐって分裂した。民主化勢力もまた地域主義的な対立とは無関係ではなく，慶尚道出身者に金大中支持を求めるのは難しい。それでも民主化運動の過去の経験を共有したことから，金大中支持を表明した民主化運動の活動家たちが立ち止まることはなかった。二つ目は1992年の国会議員選挙と大統領選挙であり，在野運動圏の主要団体が金大中の率いる政党との間にフォーマルな同盟関係を形成しようとした。これは金大中に対する心情的な支持からだけでなく，権威主義体制の残存勢力と対抗する野党政治家として金大中を選択して支持したものである。三つ目に取り上げるのは，1998年の政権交代以降における市民団体の中での金大中と盧武鉉に対する支持の広がりである。いわゆる保守既得権勢力に対抗する民主化勢力であることを理由に彼らを支持する面とともに，盧武鉉に対して典型的に現れるが個人的な特性から情緒的に支持する面も含まれていた。

このように切り出された三つの面をもって，市民社会の中にある政治的アイデンティティを構成することにしたい。これをもって市民社会にある政治的アイデンティティの全体像を描いたというのではない。あくまでも部分像である。市民社会の中には金大中支持をめぐる対立もあれば，市民運動内部の対立，民衆運動と市民運動の対立，さらにはニューライト運動と盧武鉉支持勢力との理念対立などもある。そのような違いや対立が市民社会にはあるが，以下で論じる政治的アイデンティティは，金大中政権と盧武鉉政権と市民社会との相互関係に影響を及ぼした重要なアイデンティティの一つであると言える[9)]。

1．1987年の大統領選挙と在野運動圏

ここでは，1987年12月の大統領選挙で金大中支持をめぐり在野運動圏の団体や活動家たちが，どのように動いたのかを見ることにする。

在野運動圏は，韓国の民主化運動を語るときに必ず出てくる言葉である。1960年に李承晩（イ・スンマン）政権を倒した4.19学生革命後に，政府に対する政治的反対派が国会という制度内にとどまることなく，その外に広がることで在野が形成されるようになった。特に1970年代の維新体制では国会，政党，選挙などの政治社会が実質的に閉鎖状態におかれたことから，名望家的な「在野人士」(宗教人，大学教授，言論人，野党政治家など)が政治社会の役割を代行するようになった。1980年代の全斗煥政権(1980～88年)のときには反政府運動は，名望家的な在野人士よりも「運動圏」の学生運動や活動家によって主導されるようになり，在野だけではなく「在野運動圏」という言葉も使われるようになった。

1980年代の民主化運動では，学生運動が反米的な民衆革命論を唱え急進化するようになり，野党との間で民主化運動の進め方をめぐる葛藤が生じたりもしたが，最終的な局面では民主憲法争取(直接選挙制への改憲)を目標とするこ

表7　1987年大統領選挙における在野運動圏の対応

	金大中先生単一候補 汎国民推進委員会	軍政終息単一化争取 国民協議会	民衆代表大統領候補 全国推戴委員会
主要構成員	民統連中心，全大協(民民闘とは別団体)	学界，法曹界中心，民統連の一部，ソウル大学生会	民民闘系列大学生，文化運動家の一部，仁川地域の労働運動家の一部
指導級の人士	咸錫憲，文益煥，洪南淳，趙容述，安炳茂，李敦明，李康勲，金知吉，李兌栄，趙南基，姜希南，朴世径(以上，顧問)，文東煥，李愚貞，成来運，朴英淑，朴容吉，李小仙，金炳傑，琴栄均，李文永，韓勝憲(以上，共同委員長)	姜昔珠，金廷漢，金観錫(以上，顧問)，朴炯圭，桂勲梯，朴燦鍾，趙舜衡，金晋均，芮春浩，兪仁浩，李効再，金奎東，林在慶，鄭鎬庚，徐敬元(以上，共同代表)，洪性宇(実行委員長)	李愛珠(委員長)，金度淵，宋雲鶴，金勇基
論　理	軍部独裁清算，光州事態真相究明，民衆民族経済実現，民族統一のためには， ・軍部独裁の最大の被害者 ・光州事態の被害当事者 ・大衆経済論の提唱者 ・3段階統一論の提唱者 である金大中氏が汎民主勢力の単一候補に最も適合	軍部独裁の合法的な再執権を防ぐためには，特定候補に対する選好ではなく，金泳三・金大中の両氏に対する継続的な候補単一化圧力が必要	金泳三・金大中の両氏が単一化に失敗，選挙革命を難しくさせたことから，民衆勢力は今度の選挙を通じて自分たちの要求を広く宣伝し政治的力量を結集させるために民衆候補を推戴

注）全大協(全国大学生代表者協議会)と民民闘(反帝・反ファッショ・民族民主闘争委員会)はともに左翼系の学生運動の組織であるが，反米で北朝鮮寄りの民族主義的な主張と国内の階級矛盾を強調する主張のうち，全大協は前者を，民民闘は後者を重視するという路線的な違いがある。

出典）「野圏の新変数　在野運動圏の版図」『東亜日報』(日本版)1987年11月26日より作成。

とでまとまった[10]。このような大同団結も1987年6月の民主化抗争後に崩れ始める。民主化の成果である12月の大統領選挙に誰が立候補すべきかをめぐり野党(統一民主党)が分裂し対立すると，在野運動圏も分裂状況を呈するようになった。表7に見られるように，在野運動圏は金大中支持派，候補単一化要求派(金泳三支持派も含まれる)，民衆候補擁立派の三つに分裂したのである。

金大中に対する「批判的支持」という言葉が使われるようになるのは，大統領選挙をめぐる分裂と対立の渦中においてである。在野運動圏で金大中を支持する人々は，その支持を批判的支持であると説明した。批判的支持派として，民主化運動を担った民主統一民衆運動連合(民統連)と活動家の金槿泰(キム・グンテ)を取り上げ，彼らの声明文等の中で金大中への支持がどのように語られたのかを見ることにする。

民統連は，表7で「金大中先生単一候補汎国民推進委員会」の主要構成員とされている団体である。民統連は1985年3月に結成された在野運動圏の連合組織である。顧問には咸錫憲（ハム・ソクホン），池学淳（チ・ハクスン），議長には文益煥（ムン・イクファン）など民主化運動の名望家たちが名を連ねている。民統連は1987年10月12日の中央委員会決議を声明文で明らかにした[11]。「民統連は金大中顧問が民主化のための構想，軍事独裁終息の決意，民生問題解決策，平和的民族統一の政策，5月光州抗争の継承とその傷口の治癒策などにおいて相対的に積極的な姿勢を見せているという判断を根拠に，金顧問を汎国民的候補に推薦するのが現段階で選びうる望ましい方策であるということに合意した」「民統連は，金大中顧問が自主的民主化と民族統一に関する民衆の念願を完璧に実現できるとか民統連の綱領を全的に受容しているとかの判断よりは，彼の前進的姿勢と相対的進歩性，そして最近確認された国民の支持を尺度にして金顧問を推薦することとなった」。続いて，11月17日には，先の決議を確認し，「これを積極実践することに決定した」と明らかにしている。そこでは「相対的進歩性が確認された金大中候補に対する支持活動を積極的に展開」すると記されている[12]。

金大中支持の理由は，彼の「相対的進歩性」にある。「相対的進歩性に立脚した支持は「批判的支持」であると説明されていた」[13]とあるように，民統連は「相対的進歩性」の言葉をもって批判的支持を表明した。「相対的」という言葉が付けられてはいるが，「金大中候補に対する支持活動を積極的に展開」すると記されているように，民統連の活動家たちは金大中の立候補を熱烈に支持した。大統領候補をめぐる野党内の激しい争いの中では「相対的」「批判的」の言葉は単なる修辞に過ぎなくなる。

民統連の支持表明は，金泳三と金大中が大統領選挙への立候補を公式表明する時点でなされている。金大中にとっては，金泳三とともに率いた統一民主党を分裂させ立候補するという負担感があっただけに，金大中は民統連の支持表明にタイミングを合わせ立候補を表明しようとしていた。「民統連など在野団体などの候補推戴決議は金大中顧問が，いかなる選択をするのであれ，その名分と体裁を補強してくれるであろう」[14]からである。民統連を始めとする在野団体の支持表明は，金大中にとっては野党候補の単一化決裂，さらに野党分裂の非難をかわす論拠を提供してくれるものであった。この点で，民統連を中心とする在野団体の支持表明は金大中の立候補に向けた地ならしとして，単なる支持表明以上の政治的な意味があった。

大統領選挙を前にしての支持表明は，在野運動圏が政治家の権力闘争に関与する始まりであった。金大中を野党の単一候補として支持表明した在野団体には，1990 年代に「市民団体」と呼ばれるようになる韓国女性団体連合(付録 3 の 7 番)と加盟団体である韓国女性の電話連合(付録 2 の 13 番)，韓国女性民友会(付録 3 の 9 番)が含まれている[15]。これらの女性団体は 2000 年の落選運動の主要な参加団体でもある。そのような団体が 1987 年の大統領選挙で金大中支持という明確な党派的選択を行っていたことは，金大中政権以降における市民団体の党派性を理解する上で見落とせない点である。

金大中に対する批判的支持には在野運動圏の中でも批判があった。その後も独自の道を歩むことになる活動家の張琪杓(チャン・ギピョ)は，金大中に対する「相対的進歩論は，たとえそれが批判的支持という名前で民衆民主勢力の主体性を放棄しなかったことを強調しようとしたにもかかわらず，結果的に民衆民主勢力の独自性(主体性)を破壊することに決定的に寄与していることを看破しなければならないであろう」[16] と論じている。

民統連が金大中支持を表明した頃に，慶州の獄中から民主化運動の活動家である金槿泰もまた金大中支持の表明を行っている。彼は金大中を支持する理由として四つあげている[17]。

第一に民主化が民主化運動によって争取されたことへの理解があること，第二に軍部ら支配勢力の反撃を粉砕できる用意周到さをもっていること，第三に民主革命を大衆の参加を通じて成し遂げようとしていること，そして第四に「金大中氏本人がこれまでの間，投獄などを通じ民衆の情緒と恨みを一緒に分かち合っており，良心囚〔政治犯のこと〕と手配者，及びその家族の痛みを理解している」ことをあげている。

金槿泰の獄中メッセージには，金大中の指導力への信頼もさりながら，彼自身の投獄経験などに根差す同志としての心情的な一体感を読み取ることができる。金槿泰の支持表明は，金大中に対する人間的な信頼感を率直に示すものとなっている。金大中支持を公にした金槿泰は，独自の道を歩もうとする張琪杓とは異なり，金大中との連携を深める方向に進むことになる。

民統連など在野の諸団体も金槿泰も，大統領選挙の野党候補単一化をめぐって金大中支持を表明するという選択をした。彼らの選択は，民統連内部でさえも葛藤を引き起こすなど在野運動圏を分裂させることになる。そのような点はあるにせよ，ここで確認すべきことは，民主化運動を通じて金大中支持が在野運動圏には一定の広がりをもって根づいていたことであり，また在野運動圏が政治社会(政党)にかかわろうとするとき，金大中の存在は受容にせよ拒否にせよ考慮し判断しなければならない要因になっていたということである。

2．1992年の国政選挙と在野運動圏

在野運動圏と権威主義体制は切り離せない関係にあった。国政選挙が実施され政治社会が復元されるのであれば，在野運動圏の立地はおのずと狭まってくる。権威主義体制のもとでは在野運動圏が反政府的な野党政治家を迎え入れ政治社会の役割を代行してきたが，民主体制の定着が進むことで，在野運動圏の活動家は市民社会にとどまるのか，それとも政党が主役となる政治社会に新たな活路を見出すのかの岐路に立つことになる。そこで在野運動圏が1992年の国会議員選挙と大統領選挙で，どのような選択をしたのかを，金大中支持とかかわらせて見ることにする。

在野運動圏の複雑な内部事情のために正確な記述は難しいが，1987年の大統領選後も在野運動圏では，表7で示された三つのグループが維持されていた。民衆勢力の新党結成を目指すグループ，野党(金泳三，金大中)の統合とともに在野運動圏が連合し新党を結成しようとするグループ，さらに金大中支持派を含む，上記の二つの新党結成には批判的なグループである。金泳三が与野党の3党統合で野党から与党の民主自由党(民自党)(1990年2月結成)に移ったことから，三番目の金大中と連携しようとするグループが在野運動圏では多数を占め，残りの二つのグループは少数派になった[18)]。このような在野運動圏の内部状況を踏まえ，具体的な経過を見ることにする。

1987年の大統領選挙で分裂した在野運動圏が再結集したのが全民連である[19)]。全民連も政府の弾圧と内部分裂から弱まったことから，在野運動圏は1992年の国会議員選挙と大統領選挙に向けて連帯組織を再結成することにな

る。それが1991年12月に結成された全国連合(表3のL。構成団体は付録4を参照)である。全国連合は「87年以後の飛躍的に発展した基層大衆組織の連帯と政治的進出を強化し，92年から93年の権力再編期を統一・団結した姿で対応するため」[20] 結成された。当面の目標とされたのが「民衆主導の民主連合推進と民主政府の樹立」[21] である。国政選挙への参加を通じて民衆主導の「民主政府」を目指すという点で，実質的には政党に近づいた組織であったと言える。

全国連合にも路線上の対立があった。国会議員選挙では金大中が率いる民主党(1991年9月に金大中の新民主連合党と金泳三離脱後の民主党が一緒になった統合野党の民主党)と連携するのか，民衆勢力として独自候補を擁立するのかの対立である。全国連合は異なる路線を折衷して，独自候補を擁立する一方で，民主党に対して選挙区の一定数を譲ってもらうことと候補者を共同で公認する「連合公薦」を提案した。しかし民主党は全国連合との「連合公薦」が選挙で有利に働くとは判断せず，全国連合の提案を退けた[22]。

この失敗を受けて，1992年12月の大統領選挙に向け全国連合は民主党との提携の交渉に本格的に取り組むことになる。「政権交代の実現という共同目標」のもとで全国連合と民主党との交渉は同年11月に妥結し「政治連合」の合意がなされた[23]。

全国連合と民主党の合意事項は，次のようなものである。デモ規制の「集会及び示威に関する法律」の改正，特定犯罪者に対する予防措置を定めた保安観察法の廃止，地方自治の全面実施，非合法労働組合(全国労働組合協議会等)の合法化，公務員労働組合の結成，労働組合の政治活動の保障，良心囚の釈放・赦免復権，軍の効率化を通じた軍縮，核脅威のない朝鮮半島の実現，外国との不平等条約の改正・廃止，金融実名制と土地公概念の実施，対外隷属を深化させる市場開放の反対，立法府・行政府の女性参加割り当て制導入など54項目になる[24]。

両者の主張を調整できなかったのは，次の5項目である。国家保安法の廃止，国家安全企画部及び国軍機務司令部の廃止，在韓米軍の撤収，独占財閥の解体，公務員労働三権の保障である。たとえば国家保安法では民主党が代替立法を主張するのに対して，全国連合は完全廃止を主張する。在韓米軍では民主党が段階的撤収を主張するのに対して，全国連合は早期撤収を主張する。この5項目は，どれもが在野運動圏の核心的な主張であり，合意した54項目とは相当に質的な差がある。全国連合は自分たちの従前の主張よりも，金大中との連合と政権交代を最優先させたことになる。

民主化によって政治社会が復元することで在野運動圏の立地が狭まる中で，全国連合に結集した勢力は市民社会にとどまり続けるのではなく，政権交代を実現するために選挙政治のアクターとなり金大中を支持することを選択したと言える[25)]。

このとき金槿泰は，全国連合が野党と在野運動圏を包括することを目指して結成した「民主大改革と民主政府樹立のための国民会議」の執行委員会委員長であった。彼は，在野の独自候補擁立論を自滅の選択であると厳しく批判し，大統領選挙の勝利は「絶対的な課題である。統一した在野勢力と制度野圏勢力〔金大中と彼の民主党〕の民主連合が立派になされるならば，我々は勝利することができる。このとき民衆主導の民主大連合が在野の原則ではあるが，現在の勢力関係で制度野圏勢力の主導を在野運動圏は承認する」と論じている[26)]。金槿泰は，金大中主導の「政治連合」を在野運動圏が受け入れるほかに進む道はないと説いている。これは民主化勢力である在野運動圏が内部の葛藤や分裂を経て到達した最後の選択であった。

このような団体レベルの動きとは別に，個人レベルで在野運動圏を離れて政党に入る動きが1988年の国会議員選挙から始まっている。金大中に対する批判的支持を表明した「在野人士」98人が金大中率いる平和民主党(平民党)に入党している[27)]。国会議員選挙では平民党から12人が当選し，金泳三率いる統一民主党からは3人(うち2人は盧武鉉と李仁済(イ・インジェ)。いずれも全羅道以外の出身)が当選している[28)]。金泳三政権の発足後には在野運動圏から政府内部に入る者も出てくるが，在野運動圏の出身者は金大中率いる野党のほうで「比較しえないほどに多い」[29)]と言われている。

「在野人士」の政党加入はその後も続く。在野にとどまっていた金槿泰も1995年には金大中率いる新政治国民会議に入ることとなり，その翌年4月には国会議員となっている。彼は2004年6月に盧武鉉政権の保健福祉部長官に，2006年にはウリ党の党議長に就任するまでの政治家に成長している。

これまで在野運動圏の活動家たちが，金大中とどのような関係をとりながら復元する政治社会に参入しようとしたのかを見てきた。1987年の大統領選挙では在野運動圏は金大中への支持をめぐって分裂し，1992年の大統領選挙では全国連合は金大中との「政治連合」を成立させ選挙政治に参加する道を選んだ。1987年では金大中に対する心情的な一体感をうかがわせる支持が見出せる一方で，1992年には民主化勢力への政権交代を最優先にする政治的判断からの支持もまた見られた。そのような違いがあっても，いずれも民主化運動の経験を金大中と共有するゆえの「親和力」(趙大燁)が働いていたからであると言えよう。

3．市民団体の「改革の同伴者」論

1998年2月に金大中政権が発足して，市民団体の側で金大中大統領との関係について，どのような認識があったのか。それについて，金大中政権が取り組んだ第二の建国運動に対するハンギョレ新聞の社説と参与連帯事務処長の朴元淳の反応を手掛かりに見ることにする[30]。

ハンギョレ新聞社は会社の設立資金を募金で集め，1988年5月に「民族・民主・民生」を理念として創刊号を発行している[31]。民主化運動の流れの中で誕生した新聞社であるだけに，既存の大手新聞社である朝鮮日報，中央日報，東亜日報とは主張に大きな違いがある。この違いは，ハンギョレの「進歩」に対する「朝中東」(大手3社の社名を合わせた呼称で批判的な言葉)の「保守」の違いであるとされる。2000年頃からはオーマイニュース，プレシアンなどのインターネット新聞が脚光を浴び始め，「進歩」的なメディアはハンギョレに限られなくなっている。

ここで紹介する社説「改革推進と市民団体」は1998年8月20日付のものである[32]。その主張は，金大中政権が進めようとする第二の建国運動を支持した上で，推進方法に誤解があるので，政府は誤解を解き市民団体と協力し合えるようにするべきであるというものである。

> 「変化を拒否する既得権益層の抵抗がはなはだしく，計画が遅々として進まないでいるという批判を受けるこのときに，改革の同伴者として力をともにしなければならない市民団体と政府の不調和・不協和はあちこちで改革の力を削ぎ落としている。一緒になって推し進めても不足であるのに，

戦列が散ってはならない。……このような状況を冷静に認識し，政府と市民団体は改革運動の方向と推進方法に対して深みのある討議を行うことを望む。積もった誤解の素地をなくす努力が必要だ。改革が成功を収めようとするならば，政府が徹底した計画をもって果敢に推進し，市民団体は改革の同伴者の位相を確実に守りながら，改革に力を合わせなければならないだろう。また政府は改革の援軍となる健全な市民団体が独立的に活発に活動することができるように，後ろから実質的に支援しなければならない。外国のように会費納付者に税制上の恵沢を与えるとかする様々な方案があるだろう」(傍点は筆者)

社説は第二の建国運動の推進方法に問題や不十分な点があることを指摘しながらも，「改革の援軍」であるはずの市民団体の非協力的な態度を問いただしている。金大中政権と市民団体は改革の「戦列」を作る「改革の同伴者」でありながらも，「既得権益層の抵抗」を前にして無用な「不調和・不協和」を繰り広げていることに焦燥感が感じられる内容である。

この論調はハンギョレが市民団体に近い存在であることを踏まえて理解されるべきである。たとえば，このとき参与連帯の事務処長であった朴元淳は，ハンギョレの論説委員を経て1999年には同社の社外理事となっている[33]。その後，朴元淳は2000総選連帯(表3のA)の常任共同執行委員長となり，落選運動の象徴的な存在となる。

類似の経歴は，ハンギョレ新聞社の創設と経営に深くかかわった成裕普(ソン・ユボ)(初代編集局長，及び論説委員，1991年理事)と金重培(キム・ジュンベ)(1992年理事，1993〜94年社長)の2人にも見出せる。成裕普は言論改革市民連帯(共同代表。付録3の26)や落選運動の2000総選連帯(常任共同代表)に参加している。金重培も言論改革市民連帯(常任代表)，参与連帯(1999〜2001年共同代表)，そして2000総選連帯(常任共同代表)に参加している。

このような人的ネットワークの中にあるハンギョレは単なる報道機関ではなく，市民団体の「支援組織」(クリーシー)と見ることができる[34]。金大中政権にとって市民団体が「改革の同伴者」であるべきとする主張は，市民運動の外からよりも人的にも重なる「支援組織」からの助言と見るべきである。

それではハンギョレの「改革の同伴者」論に，市民団体はどのように応えたのか。上記の社説が出た時期とほぼ同じ1998年9月に新聞紙上の対談で，参与連帯の朴元淳事務処長は第二の建国運動と市民団体の関係について，次のように述べている[35)]。

第二の建国運動には「政治的意図が敷かれているのではないかという疑惑がある。具体的方法が提示されていないためだ。市民社会運動に関する総合的な理解と設計がないのではないかという疑問も浮かぶ。それでなければ政府から市民社会団体をネットワーキングするなどという発想が出てくるわけがない。市民社会団体には改革と関連のない官辺団体もあるが，**公益的な団体の大部分は，政府が要求しなくても改革の同伴者として考えている**。無理に引き込もうとすれば，国民の誤解を買いかねないし副作用も生じるようになる」。

朴元淳は政府の強引さを批判するだけではなく，政府との協力関係の可能性にも言及する。文中の「官辺団体」とは，権威主義体制のもとで法的・財政的な庇護を受けてきた団体であり，セマウル運動中央協議会(2000年にセマウル運動中央会に名称変更)などのことである。このような官辺団体とともに市民団体を「ネットワーキング」して国民運動を進める発想が政府からどうして出てくるのか理解し難い，一体何を考えているのかという批判である。

しかしハンギョレの社説と同じ「改革の同伴者」という言葉が，ここでも使われている。朴元淳は「公益的な団体の大部分は，政府が要求しなくても改革の同伴者として考えている」と語っている。「大部分」の市民団体は，金大中政権が推し進める改革に自発的に協力する「改革の同伴者」であり，「政府と市民社会団体の正しい役割分担」を作り出せるとする。

対談の相手であり，第二の建国運動の推進にかかわった韓相震（ハン・サンジン）(ソウル大学校教授。1993年経実連常任執行委員，1998年大統領諮問政策企画委員会委員)は，「最初から最後まで政府中心の改革は我々の現実では難しいために，社会の改革集団がどのように結集するのかが重要な課題である」として，「市民団体も個別利益など狭小な問題に執着せずに，第二の建国運動という大きな枠組みに合わせることが何よりも重要だ」と述べ，続けて「制度内に入って行く数限りない運動は多くの支援を受けなければならない。金大中大統領もこのようなモデルを通じて地平を開きなさいということだ」と，市民団体に対する支援策にも言及している。

朴元淳と韓相震では，市民団体の役割に関してすれ違いの面があるとは言え，ハンギョレの社説と同じように金大中政権と市民団体が「改革の同伴者」の関係であるべきとする点では違いがない。また両者は政府に対する制度的アクセスを充実する点でも一致している。

このように市民団体の指導者が「改革の同伴者」という言葉を公に語ることはまれなことであり，むしろ「政治的中立性」を語るのが普通である。朴元淳も政府や政党に対する「政治的中立性」を語っている。たとえば「もし市民団体が特定候補を支持したり政府と連帯する姿を見せたりするのであれば，政治的見解を異にする人たちはその市民団体を信頼せず白眼視するだろう」と「政治的中立性」からの逸脱に伴う危険を論じている[36]。市民団体の「政治的中立性」論が放棄されたのではないが，金大中政権の発足に伴い従前の「政治的中立性」論に「改革の同伴者」論が交錯するようになってきたと見ることができよう。このような党派と非党派の交錯の中に，市民団体の政治的アイデンティティを見出さなければならない。

「政治的中立性」については，金大中政権末期の頃から市民団体の指導者や活動家の間ではジレンマとして語られるようになる[37]。そのきっかけは，進歩的とされる盧武鉉が金大中政権の後継者として大統領選挙に登場したこと，それに加えノサモ（盧武鉉を愛する会）が党内の競選（予備選挙）で盧武鉉の勝利に貢献したことである。

2002年の大統領選挙では市民団体の中から，特定の候補支持（つまり盧武鉉支持）を鮮明にすべきであるとの主張が出てくるようになった。たとえば，李鐘昨（イ・ジョンオ）（啓明大学校教授。大邱参与連帯共同代表）は「政治的中立という問題のために外で監視するだけでは，韓国政治はもうこれ以上発展しえない。市民運動陣営でも自分たちの政治的指向性をはっきりと明らかにして積極的に参加しなければならない」[38]と訴えている。また，盧武鉉候補が当選した後に，鄭大和（チョン・デファ）（尚志大学校教授。1996〜2002年参与連帯議政監視センター執行委員，2000総選連帯代弁人）は盧武鉉大統領が改革性の面で「市民社会の主張と多くの共通点」があり，政治的基盤が脆弱であるために市民団体を中心とする「市民社会の支持を極大化しようとするであろう」と論じる。そこで「市民運動の性格上，原則的に政府と一定の距離を維持するのは必要であるが，「人為的な距離をおく」ことこそれ自体を強調するのは正しい態度ではない。むしろ監視と牽制，協力と批判を弾力的に適用するのが正しい態度ではないかと思う」と，盧武鉉政権に対する「協力」に言及している[39]。このように盧武鉉に協力すべきとの声が市民団体の指導者からあがってきた。これらの声が大きくなり市民運動が「政治的中立性」のジレンマを乗り越えるのは，2004 年の国会議員選挙に向けて吹き荒れた盧武鉉大統領弾劾反対運動の熱風の中においてであった。

この節では，政治と市民社会の相互関係を論じる上で，相互の党派的距離に影響を及ぼす政治的アイデンティティとして，市民社会(民主化勢力や市民団体)における金大中支持を取り上げてきた。具体的には，1970 年代と 80 年代の民主化勢力に連なる在野運動圏における金大中支持の強さと広がりを確認し，さらには市民団体の指導者に金大中政権と盧武鉉政権に対する「改革の同伴者」の認識を見出した。このような政治的アイデンティティが，制度的アクセスという政治的機会構造の広がりに劣らず，金大中政権と盧武鉉政権の 10 年間，政府と市民団体の相互関係の緊密化に貢献してきたと考えられる。

最後に，女性運動の活動家である池銀姫(チ・ウンヒ)の経歴(表 8)を見ることにする。池銀姫は大学を卒業後，民間会社に就職し，劣悪な労働環境のもとにある女性労働者と接したことをきっかけに退職して，女性運動の道に進んでいる[40]。

彼女のその後の経歴を見るならば，女性運動，政党，政府の公職の三つを見出すことができる。民主化運動の時代に女性運動に参加し，女性平友会の創設時の共同代表となっている。女性平友会は 1987 年の大統領選挙のときに金大中の支持表明に加わった女性民友会の前身の組織である。その後は，在野運動圏の新党である民衆党の女性委員長に，さらに 1995 年に金大中が結成した新政治国民会議の政治改革特別委員会の委員となっている[41]。この期間には，在野団体・市民団体と野党の経歴が交互に繰り返されている。さらに政府の公職では金泳三政権のときに労使関係改革委員会の委員となり，金大中政権になってからはその数も増え，落選運動の直後には準公営放送局の MBC(文化放送)を管理監督する放送文化振興会理事に任命(2000 年 5 月)され[42]，盧武鉉政権では政権発足とともに女性部長官に就任している。市民団体では金大中政権以降に韓国女性団体連合常任代表，2000 年総選市民連帯共同代表，市民社会団体連帯会議(仮称)準備委員会委員長などに就任している。

表8　女性運動の活動家(池銀姫)の経歴

時　期	経　歴　事　項
1965年	梨花女子高等学校卒業
1969年2月	梨花女子大学校社会学科卒業
1969年～73年	東洋セメント工業秘書課長
～78年	梨花女子大学校大学院修士課程
1979年～80年	梨花女子大学校女性学研究助教
1983年～85年	女性平友会共同代表(1983年結成)
1990年～92年	民衆党女性委員長，同党政治研修院院長
1994年～95年	韓国女性団体連合政策専門委員長
1994年～95年	韓国女性民友会付設の家族と性相談所運営委員長
1996年～99年	韓国女性団体連合常任代表 韓国女性民友会監査
1996年5月	大統領直属の労使関係改革委員会委員
1998年	我々の放送文化を守る市民共同対策委員会共同代表
1998年	女性社会教育院院長
1998年	韓国挺身隊問題対策協議会企画委員長
1998年4月	大統領直属の女性特別委員会民間委員
1998年8月	言論改革市民連帯共同代表
1999年1月	韓国女性団体連合常任代表
1999年	韓国挺身隊問題対策協議会共同代表
1999年	民族和解協力汎国民協議会共同議長
1999年7月	大統領直属の民主平和統一諮問会議諮問委員
2000年1月	2000年総選市民連帯共同代表
2000年5月	放送文化振興会理事
2000年11月	市民社会団体連帯会議(仮称)準備委員会委員長
2002年1月	尚志大学校理事
2003年2月～04年1月	女性部長官
2006年	徳成女子大学校総長

注）網掛けの経歴事項は政府，もしくは政府系組織の役職であることを示す。
出典）池銀姫の経歴情報は，朝鮮日報社のホームページ http://www.chosun.com/ にある人物データベースより取得，一部情報を追加。

池銀姫の経歴に，政府と市民団体の役職が交互に繰り返されながら上昇的に進行して，最終的には女性部長官，さらには大学総長へと登りつめる過程を見出せる。このような上昇気流に乗ることができ，またそれを拒まなかったのは，彼女が民主化運動や女性運動を経験し，その中で培ってきた政治と自己とを結びつけるアイデンティティがあったからである。池銀姫の経歴は，政府・政党と市民団体の相互作用が作り出す象徴的な事例である。このように相互作用する二つを切り離し難いのが民主化以降の韓国の特徴である。

第2節　市民団体と包摂

本節では，政府への制度的アクセスが市民団体の指導層にどのように付与されてきたのかを明らかにする。その点を全体的な構図の中で見るために，寄り道になるが視野を広げておくことにしたい。つまり1987年の民主化以降に，政府の主要役職への政治的任用にどのような変化が起きたのかを見ることにする。政府による市民団体への制度的アクセスの付与も，このような大きな変化と連動しているからである。

政治は参加と権力の二つの要素から成り立ち，政府と社会運動の接点はこの両極を結ぶ直線上のどこかに位置することになる[43]。参加の極のほうの地点には，たとえば政府との交渉を拒否して反対運動に徹する行為があるが，参加の極から権力の極のほうに移動するならば権力との接点は増え，やがて政府組織内において参加が制度化される地点にまで至る。この地点は運動側からの参加の作用と政府側からの権力の作用が交錯するところである。このような地点は，政府の意思決定過程への参加(参画とも表現される)と見ることもできるし，政府が制度的アクセスを与える「包摂」(co-optation)と見ることもできるところである。

包摂の英語“co-optation”は辞書では「すでにメンバーである人々の投票によって(人もしくは人々を)集団に加える」ことであり，加えられることがメンバーの利益を本当に共有するのか，ただ利用されるだけなのかまでは示すものではない。だが現在は否定的なニュアンスをもって使われる傾向が強い[44]。もともと包摂の概念は，セルズニック(Philip Selznick)が1949年の論文で提示したものであり[45]，彼によって用いられたときの意味を確認しておく。彼の関心は組織とその環境の相互作用にあり，包摂の概念は環境に対する組織の対応を考察するために作り出されたものであった。包摂は組織が安定性や存続に対する脅威を防ぐ手段であり，外的要因を組織の指導層や政策決定構造の中に吸収することであるとされる。つまりセルズニックは組織の権力作用の観点から包摂をとらえていた。

セルズニックは，包摂を公式的包摂と非公式的包摂の二つに分ける。公式的という言葉が意味するのは，包摂が大衆の目に見えるようになされるということである。公式的包摂を組織が行う理由は，一つに組織支配にかかわる権威や正当性が疑わしいために再確立が必要なこと，もう一つは行政的な必要性から運営に関与させることである。公式的包摂では，参加は強調されるが権限の実質的な付与が伴わず，結果的には責任や負担の共有に終わってしまう。もう一つの非公式的包摂は，組織に対して圧力を加える人物や利益集団に対する対応であり，組織の決定権限の共有にまで至る。そのような包摂が公然となされるならば，特定利益への屈服と見られ組織の正当性を削ぐことになる。それゆえ非公式で目に見えないところでなされる。公式的包摂と非公式的包摂の違いによって，実質的な権限の付与も異なってくるとされるが，この二つの区分に対しては，他の研究者によって疑問が提示されている[46]。

セルズニックの議論に深く立ち入ることはせず，ここでは包摂を組織が政治的・行政的な必要性から，外部環境の要因を組織内に吸収することであるとする。前述の参加と権力の両極で言えば，参加と権力の両方からの作用が交錯しながらも，権力の作用によって可能になり現れる制度的形態の参加を包摂と見ることにする。

本節では政府による包摂として，政府組織(行政・立法・司法の三権)と政府外郭団体の役職への任命・委嘱を対象にして調べることにする。政府組織の役職は大統領秘書室の秘書官・行政官，国務総理や行政部処(日本の中央省庁に該当する)の長官・処長(処は国務総理の下にある法制処等)，大統領直属委員会や行政部処所属委員会の委員などであり，政府外郭団体の役職は公社・公団等の理事長や社長ということになる。民主化運動の活動家や市民団体の役員歴をもつ者が行政部処の長官・処長に就任したり，大統領秘書室の首席秘書官に抜擢されたりすることがある。だが数的には権力の中枢近くに位置する国務総理や部処の長官や処長，大統領秘書室の首席秘書官よりも，それらよりも下位のレベルに広がる裾野において数多く包摂されている。以下，これらの点について実証的に確認することにする。

1．民主化と公職の政治的任用

まず公職の政治的任用という用語について説明しておく。政治的任用という法律用語はないが，政治的任用の「任用」は公務員任用令で言う任用であり，公務員としての新規採用や昇任などを意味する。公務員の身分は，国家公務員で言えば，経歴職公務員と特殊経歴職公務員に大きく分かれる(国家公務員法第2条1項)。前者の経歴職公務員は「実績と資格によって任用され身分が保障され，公務員として生涯勤務することが予想される公務員」(同第2条2項)であり，一般職公務員などからなる。後者の特殊経歴職公務員は，経歴職公務員以外の公務員を指しており，政務職，別定職，契約職，雇用職からなる(同第2条3項)。特殊経歴職の条文は2002年1月の法改正で簡素化されているので改正前の条文を参考にするのがよい。

詳しい条文の紹介は省き，具体的に政務職をあげれば，大統領，国務総理，国務委員(部の長官が国務委員)，国会議員，各部の次官，処長，監査院院長及び事務総長，国家情報院院長及び次長，さらに大統領秘書室の秘書室長と首席秘書官などになる。別定職としては，大統領秘書室の秘書官や行政官があるが，具体的に国家公務員法で列挙されている以外は法令で指定することになっている。

この政務職や別定職の中に政治的任用の人事が含まれる。政治的任用には，一般的な公開競争試験ではない特別な手続きによって「特別採用」(特採と呼ばれる)される者がいる。たとえば大統領秘書室の秘書官や行政官には，部処から人事異動で青瓦台(大統領官邸)に移ってくる一般職公務員もいれば，公開競争試験によることなく特別採用される別定職公務員もいる。政治的任用は長官・次官・首席秘書官など限られた数の政務職よりも，別定職のほうで大規模になされるために，官職を戦利品として獲得しようとする「猟官制」(spoils system)の現象は別定職において顕著に現れることになる。

政治的任用がなされる政務職では，どのような経歴の人物が任用されてきたのか。ここではその手掛かりとして行政エリートの前職(出身)を明らかにした表9を見ることにする。行政エリートとは，行政各部の長官・次官級の「高位官僚」，ソウル市長，広域市長，道知事のことである。また前職の「政治人」は政党で働いてきた者とされている。表9から，次のようなことが言える。

軍事クーデターで成立した権威主義体制(朴正煕政権，全斗煥政権)では軍人が行政エリートの任用で幅を利かせていたが，民主化以降の盧泰愚政権と金泳

表9　歴代政権における行政エリートの前職

（単位 %）

	李承晩政権	朴正熙政権（維新体制前）	朴正熙政権（維新体制）	全斗煥政権	盧泰愚政権	金泳三政権
独立運動	7	0	0	−	−	−
学　者	18	19	10	11	9	12
官　僚	43	36	62	59	64	58
政治人	2	3	0	0	1	6
軍　人	5	33	16	21	13	7
言論人	2	2	2	3	6	9
法曹人	15	6	9	5	5	3
経済人	5	3	0	1	1	2
その他	4	0	1	0	1	3
合　計	101	102	100	100	100	100

注）合計も含め数値は原文のままである。
出典）安秉万『韓国政府論　第4版』ソウル，茶山出版社，1999年，214〜239頁より作成。

三政権では軍人の任用が減るようになった。全斗煥政権の21%から金泳三政権の7%に大きく減少している。軍人の減少は民主化の結果であるが，その減少分をどの前職が埋めたのかという点になると，顕著な変化が起きたとは言い難い。前職官僚は増減を繰り返しながらも，傾向的には高いレベルでの横ばいである。他方，比率的には小さいが，政治人，言論人であった行政エリートが増えてきている。

行政エリートとして大きく括ることによって見えなくなることもある。金泳三政権発足時の長官職には「文民政府」(金泳三が軍出身でないことを強調して使われた言葉)の特徴を押し出すため「教授など学者出身を重用し，現場感覚のある議員など党関係者を大挙入閣させた反面，官僚出身を原則的に排除した」と評されている[47]。政権発足時の国務総理及び長官23人のうち，公務員出身は5人(企業転出者も含めれば6人)，学者4人，政治人7人である。公務員身分の研究者を除けば公務員出身は5人よりも少なくなるので「官僚出身を原則的に排除した」ことになるであろう。さらに副総理兼統一院長官，外務部長官，国家安全企画部長，大統領秘書室の外交安保首席秘書官という対外政策に関与する要職に学者が任用されたことは人事の変化を象徴的に示すものとなった。

1998年2月発足時の金大中政権では17人の長官のうち，学者は1人に過ぎず，11人が政治人であった。長官では政治経歴を重視しつつも，次官では政治人を排除して職業官僚出身者で埋めた。新鮮さや驚きを狙った人事よりも，経済難局の打開や少数与党の現状を乗り越えるために，実務や政治的必要性を重視した人事であったと言われている[48]。市民社会との関係に限るならば，民主化運動，市民運動の経歴を有する長官は金泳三政権が 3 人，金大中政権が 4 人である。この二つの政権に比べ盧武鉉政権の長官人事は際立っている。長官の 20 人のうち 9 人までが，民主化運動や進歩的な社会運動の経歴を有しているからである[49]。

長官等の人事で指摘される変化は，特に政権発足時の新閣僚人事であれば象徴的な演出であることも十分に考えられる。そこで大統領秘書室にまで視野を広げ，民主化以降に猟官制がどのように現れたのか，その全体像に近づくことにしたい。

大統領秘書室は大統領のスタッフ組織であるが，権威主義体制時代では「小内閣」「背後内閣」と言われ，長官の上に君臨する，もう一つの内閣の様相を呈していた[50]。大統領秘書室職制によれば，秘書室長と首席秘書官は政務職であり，首席秘書官のもとで働く秘書官と行政官は一般職もしくは別定職で充てられるとされている。秘書官と行政官には，中央部処や地方自治体などから人事異動で動いてくる有能な一般職公務員とともに，特採で採用される別定職公務員が交じり合っている。一般職公務員の通常の人事異動を除いて，政務職の秘書室長・首席秘書官や特採で採用された別定職の秘書官・行政官は政治的任用と見なすことができる。

表 10 は，全斗煥政権以降の大統領秘書室の職員数の変化を示している。政務職は室長・首席秘書官であり，秘書官は高位公務員，行政官は 3 級から 5 級になる[51]。その下には秘書官・行政官を補助する 6 級から 9 級の事務員がおり，さらに運転手や清掃員などの技能職がいる。

大統領秘書室の定員・現員数の合計は，全斗煥政権 334 人，盧泰愚政権 384 人，金泳三政権 375 人，金大中政権 405 人，盧武鉉政権(2006 年 1 月以前)499 人，盧武鉉政権(2006 年 1 月以降)531 人となっている。職員の合計数は総じて増加傾向にあると言える[52]。その傾向の中でも，金大中政権と盧武鉉政権の 10 年間に著しい増加があったことがうかがわれる。盧武鉉政権発足後の大統領秘書室の職員増に対しては，「青瓦台が恐竜化した」とまで野党に批判され

表 10　全斗煥政権以降の大統領秘書室の定員・現員数の内訳(2006 年 9 月末現在)

	政務職	秘書官	先任行政官	行政官	6～9 級	技能職	雇用職	合　計
全斗煥政権	13	34	－	78	13	119	77	334
盧泰愚政権	12	50	－	90	31	201	－	384
金泳三政権	12	50	－	90	31	192	－	375
金大中政権	9	41	－	150	28	177	－	405
盧武鉉政権(06 年 1 月以前)	13	49	－	195	64	178	－	499
〃　(06 年 1 月以降)	13	53	31	182	67	185	－	531

出典)「2006 年度国政監査国会提出資料」大統領府(盧武鉉大統領)のホームページ http://www.president.go.kr/ より 2006 年 12 月 23 日に取得。

たほどである[53)]。

詳しく見ると，秘書室長・首席秘書官の政務職はほぼ一定数を維持しており，また秘書官も盧泰愚政権のときに増えた後には，ほぼ一定数にとどまっている。大きく増加したのは行政官である。特に金大中政権と盧武鉉政権のいずれにおいても大幅な増員が見られる。金大中政権では 150 人に，盧武鉉政権では 195 人から 213 人(3 級の一般職公務員の先任行政官 31 人が加わる)に増えている。金泳三政権から比べると倍増である。行政官の中でも 4 級は課長クラスであり，高等考試(日本の国家公務員上級試験)の合格後，十数年を経て 4 級になり 40 歳を過ぎて 3 級になるというものである[54)]。金大中政権と盧武鉉政権の間に，このあたりの職級(3～5 級)が大統領秘書室で著しく増えて猟官制の受け皿になったと見られる。

次に，大統領秘書室の職員数の変化から進んで，秘書官の前職などの特徴の変化を見ることにする。大統領秘書室の権力を強大化させたのは朴正熙大統領である。当時の首席秘書官の構成を見るならば[55)]，軍人と官僚でほとんど充員されており，1970 年代の維新体制になって軍人は減り官僚が優位を占めるようになる(政権末期の 1979 年では 8 人中軍人は 1 人，官僚は 4 人)。その後は，どのように変化したのか。金泳三，金大中，盧武鉉の三つの政権発足時点における大統領秘書室の秘書官の構成を示したのが表 11 である。

表 11 に見られるように，金泳三政権の首席秘書官には軍出身者は一人もいない。「文民政府」の性格を特徴づけるものとされている[56)]。公務員に並ぶ出身職業として党職員・政治人が登場してきた。秘書室長に初めて政治人(国会議員の朴寛用《パク・クァンヨン》)が就任したことも大きな変化であった。公務員 16 人に対して

表 11　大統領秘書室の初代秘書官の構成

	金泳三政府(37 人)	金大中政府(32 人)	盧武鉉政府(37 人中 31 人)
平均年齢	46.7 歳	47.8 歳	44.5 歳
出身地	釜山・慶尚南道 12 人，大邱・慶尚北道 8 人，ソウル 4 人，光州・全羅南道 3 人，全羅北道 2 人，忠清道 5 人，江原道 1 人，以北 2 人	ソウル 10 人，光州・全羅南道 5 人，全羅北道 3 人，大邱・慶尚北道 5 人，京畿道 4 人，釜山・慶尚南道 2 人，大田・忠清道，江原道，以北各 1 人	光州・全羅南道 6 人，全羅北道 5 人，忠清道 4 人，大邱・慶尚北道 4 人，ソウル 3 人，釜山・慶尚南道 3 人，江原道 3 人，京畿道 2 人，済州道 1 人
前　職	公務員 16 人 学界 2 人 法曹 2 人 党職員・政治人 10 人 言論 4 人 在野などその他 3 人	公務員 22 人 学界 1 人 法曹 2 人 党職員 5 人 言論 2 人	公務員(別定職)2 人 学界 2 人 法曹 4 人 党職員・政治人 23 人

注）盧武鉉政権の「37 人中 31 人」は，人選が確定した 31 人を対象にしたという意味である。これらの秘書官は 1～2 級の職級であると見られる。
出典）「官僚出身のいない青瓦台　部処公務員たち非常」『東亜日報』2003 年 2 月 19 日，東亜日報社のホームページにある記事データベース http://www.donga.com/news/dongadb/ より取得。

党職員・政治人 10 人が秘書官に進出してきたことは，実際の数以上に，当時の官僚には「大挙」押し寄せてきたように見えたであろう。金泳三の大統領選挙運動員が戦利品として秘書官や行政官に就任し，任期半ばの官僚が押し出される事態が起きたとされている。官僚の出世コースである大統領秘書室に，国家公務員試験の難関を乗り越えることもなく政党活動をしてきた者たちが課長クラスかそれ以上の地位に入り込んできたのである。当然に「青瓦台秘書室のスポイルズシステム」化が言われるようになった[57)]。

金大中大統領は，秘書官には実務的で能力のある者を優先したため官僚を多く登用した。地域的なバランスも配慮されている。だが猟官制的な人事もなされている。秘書室人事を前にして，与党の新政治国民会議では部長以上の党職者全員に履歴書と希望ポストを書くよう指示が出されている[58)]。4 級から 5 級の行政官に金大中直系や党職員を起用するとのことである[59)]。

盧武鉉政権の発足時の大統領秘書室では，「一言で言えば無血クーデターだ」[60)] と言われる人事がなされた。表 11 では公務員とされている 2 人は別定職であって一般職公務員ではない。秘書官を含む大統領秘書室の人事から官僚が排除されている。ある官僚は「DJ〔金大中の略称〕政府のときも青瓦台秘書陣を「占領軍」だと言ったが，官僚出身者が40%は残っていた」「今は部処出身が一人もいないので，利害関係が絡んだ複雑な懸案をどこに説明しなければならないのかわからない」と述べ，また別の官僚は「秘書官31人のうち知っているのは一人もいない。これからどのように青瓦台と業務協調をしなければならないのか難問だ」と当惑した心境を漏らしている[61]。排除された官僚の代わりに，新たに秘書官になった者たちの10人には投獄経験がある[62]。彼らは権威主義体制時代に学生運動の経験をもち，大統領選挙運動を支えてきた者たちである。

秘書官に加え，行政官でも同様の人事がなされている。行政官では，別定職採用者の五十数人が1980年代に大学の総学生会幹部として活動している[63]。行政官の定員を195人とするならば(表10参照)，その4分の1が学生運動出身者ということになる。「青瓦台の実務担当者の中に分厚い運動圏ベルトが形成されている」[64] と言われるゆえんである。

市民運動との関連では，2003年4月現在の盧武鉉大統領の秘書室では3人が市民運動の経歴をもっている。具体的には，国民参与首席秘書官の朴珠賢（パク・ジュヒョン）(韓国女性団体連合，経実連。付録5の63番)，国民提案秘書官の崔銀純（チェ・ウンスン）(参与連帯。付録6の99番)，公職紀綱秘書官の李錫兌（イ・ソクテ）(環境運動連合)であり，いずれも弁護士である。

ここで大統領秘書室に絞って，政治的任用について整理しておく。第一に，金泳三政権以降に大統領秘書室において政治的任用が拡大する傾向にある。特に行政官の職員数の増加が著しいのは金大中政権と盧武鉉政権の10年間であり，この時期には民主化運動や学生運動の活動家で投獄経験をもつ者も秘書官や行政官に任用されるようになった。行政官ポストの戦利品化は金大中政権と盧武鉉政権で著しかった。

第二に，盧武鉉政権が発足して間もない時期の秘書官の構成では，選挙運動に貢献した大統領側近や政党職員，さらに学生運動や民主化運動の出身者が多数であり，市民運動出身者は若干名にとどまっている。これは次のように説明できよう。1970年代，80年代に民主化運動に従事し投獄され生活の糧を政治に求めてきた人にとっては，秘書官や行政官のポストは，それまでの苦労の代償になるものである。大統領秘書室勤務をステップにして国会議員を目指す者もいよう[65]。秘書官や行政官のポストをめぐる競争は熾烈なものになる。その中で結果的に大統領秘書室に市民団体の役員経歴保有者が少ないのは(後掲の表13，14参照)，大統領秘書室への就職を積極的に望む者が少なかったためかもしれない。市民団体の役員は弁護士や大学教授などの裕福な社会的エリートがほとんどであり，生活のために猟官運動に奔走するほどの必要がないからである。しかしながら市民団体の常勤スタッフには民主化運動や学生運動の出身者が少なくなく，薄給に甘んじる彼らが秘書官や行政官を望み任用される場合もあろう。この点について，秘書官と行政官の名簿を入手できない現状では調査することは相当に難しい。

それであれば，市民団体の役員は，政府組織の一体どこに包摂されるのであろうか。この点を，次に詳細に検討することにしたい。

2．市民団体の指導者の包摂

(1) 調 査 方 法

市民団体の役員たちの包摂に対する調査方法を説明することにする。第一に，市民団体としては経実連と参与連帯の二つを取り上げる。経実連については1993年2月発行の『経実連出帆3周年記念資料集』[66]に掲載された役員名簿，さらに独自に入手した1998年と2001年の役員名簿を使う。1993年と98年の役員名簿には全役員が収録されているが，2001年は主要役員のみである。参与連帯については『参与連帯10年の記録　1994～2004 ――世の中を変える市民の力』に掲載されている1994年から2004年までの役員名簿が利用可能である[67]。ここでは1994年，2001年，04年の三つの名簿を用いることにする。これらの役員名簿をもとに，朝鮮日報社，中央日報社のホームページにある人物データベースを利用して役員に関する経歴を調べる。いずれのデータベースも一般の履歴書に匹敵するほどの詳細な経歴を載せている。それでも不十分な場合には，その他のインターネット情報や『東亜年鑑別冊　韓国・外国人名録』で補うことにする。

これらの経歴情報を見る限り，政府組織の役職に就任するような人物であれば，新聞社の人物データベースに収録されている可能性が高い。しかし市民団体の役員歴を自己申告してデータベースに掲載させるのかという点では，掲載をはばかる人もいるため本人確認が難しい場合もある。もちろん経歴情報から市民団体の役員とは別の人物である可能性が高い場合は除外しているが，本人であることが確実に推測される場合は，＊の印を付けた上で経実連の付録5，参与連帯の付録6に含めている。市民団体の役員であることが確認でき，公職の経歴もまた確認できたとしても，そもそも上記のデータベースの経歴が完全であるとは限らない。就任した公職数が少なければ完全である可能性も高いが，かなりの数の公職に就任している場合，すべてが掲載されているというわけではない。個人や職場(大学等)のホームページを利用して補うことになるが難しい作業になる。このように市民団体の役員名簿から公職の経歴を調べるのは容易ではないが，経実連については地方組織の役員を除いた248人の役員の経歴を確認した。そのうち公職の経歴のある160人を付録5に掲載している。参与連帯については181人の役員の経歴を確認し，公職の経歴のある109人を付録6に掲載している[68]。

第二に，市民団体の役員の範囲であるが，役員名簿に掲載されていることを踏まえ，確認の難しい地方組織の役員を除く全役員を調査対象とすることにした。このような手法には反論がある。すでに筆者は2004年に経実連，参与連帯の役員に関する調査結果を発表している[69]。その後，筆者とほぼ同一の調査方法を用いて，参与連帯を調査したのが柳錫春(ユ・ソクチュン)(延世大学校教授)とワン・ヘスクであり，彼らは2006年に『参与連帯報告書』を出版している[70]。柳錫春らの調査に対しては，参与連帯から反論がなされている[71]。反論の一つは市民団体の役員の範囲に関するものである。参与連帯では顧問，諮問委員，選出職運営委員は実質的な役員ではないために，公職の就任を調査するときには除外すべきという主張である。人数的には2004年8月現在の役員名簿上の実人数158人中の107人の役員が「外部提言者」となり，「本質的に「参与連帯の人たち」」とは見なし難いということである。彼らの公職についても，それは「参与連帯の役員の参与として解釈する余地は希薄である」[72]と論じる。このように役員範囲を縮小するのであれば，政府の役職についた役員数は大幅に減ることになる。

参与連帯が主張する役員範囲の縮小論については，二つの点が指摘できる。

一つは単純であるが役員は役員であって，それ以下の者として扱うことはできないということである。たとえ参与連帯の常勤スタッフの目には「外部提言者」に見えるとしても，外から見てその区別はわかりにくいし，そのような区別が当事者にとって意味があるものかも定かではない。政府が諮問委員会の委員に委嘱するときに，顧問や諮問委員を「参与連帯の人たち」と見てはいないと言い切れるのかにも疑問が残る。もう一つは，たとえば顧問となった者の中には共同代表や執行委員などの役員を経験している者も少なくないということである。現時点では顧問であるが過去に執行委員であった場合，顧問である現在は「参与連帯の人たち」ではないとして調査対象から除外するのか。またその人物が現時点で公職に就任したとしても除外してしまうのか。これでは「参与連帯の人たち」とは結局，常勤スタッフが見て組織運営に熱心に参加し続ける役員であるということにならないのか危惧される。

要するに，ここでは「参与連帯の人たち」を本質論的に狭く解釈することなく，参与連帯の中核的な少数の役員に加えて周囲を広くおおう周辺的な多数の役員も調査対象にすることで，政府と参与連帯の相互関係を描くことにする。

参与連帯が組織内部の論理を主張することは理解できるが，ここでは参与連帯論を展開することが目的ではない。参与連帯の役員名簿は，参与連帯も含む市民団体と政府の関係を見るための出発点である。経実連と参与連帯の役員名簿を用いているが，データベースなどの経歴情報に他の市民団体の役員歴があれば，その役員歴も考慮することにしている。たとえば，参与連帯ではお飾りとされる顧問であっても，他の市民団体では代表であることも珍しくはない(後掲の表 16 参照)。また参与連帯の役員歴を過去にもつが，公職についた時期は他の市民団体の役員在任期間と重なっている場合もある。このように市民団体の指導者は一つの市民団体だけではなく複数の市民団体の役員職を経験している場合が少なくない。参与連帯の役員名簿は，政府と市民団体の相互関係を見るための出発点に過ぎないのである。

第三に，対象となる政府組織についてである。すでに述べたように，市民団体の役員たちが包摂される組織としては，行政・立法(国会議員については第 5 章で扱う)・司法の政府組織と政府外郭団体がある。便宜的に政府の外郭団体も含め政府組織と呼ぶことにする。

韓国は大統領制のもとで大統領の権力が強く，大統領個人や青瓦台への制度的アクセスが影響力の点でも名声や権威の点でも重要になる。大統領や青瓦台へのアクセスを可能にする公職としては，大統領秘書室の秘書室長・首席秘書官，国務総理・行政部長官，大統領直属委員会の委員などがある。これらと行政部に設置された委員会は区別されなければならない。行政部に設置される委員会は各行政分野の実務的な諮問や審議にかかわる面が強い。それに対して，大統領直属の委員会は，国家的なプロジェクトや重大な争点にかかわって設置されることがしばしばである。市民団体の役員の多くは大統領直属委員会か行政部内の委員会の委員に委嘱されることになる。

集計に関連して大統領直属で留意しておくべき点は，大統領への諮問委員会などを含めるだけではなく，大統領直属の監査院が設置する監査院院長の諮問機構である不正防止対策委員会も大統領直属の中に含めていることである。また包摂の主体となる組織は，政府の三権と外郭団体で大きく分かれるが，法令上いずれにも属さない，あるいは一定程度の自律性が認められている「独立委員会」もある。その独立性には疑問符も付くが，国家人権委員会や放送委員会がこれに当たる。

第四に，政府組織の役職の集計方法についてである。一つの方法は，実人数で集計する方法である。たとえば金大中政権の時期に，市民団体の役員が大統領直属の第二の建国汎国民推進委員会と政策企画委員会の両方の委員であるならば，それを１人として数えることになる。それとは違い延べ人数で集計する方法をとるならば，この場合，２人として数えることになる。実人数よりも延べ人数のほうが，公職数の増減を的確に把握できるために，ここでは延べ人数を採用する。

また政府組織の役職をカウントする際には，在任期間のすべてを見るのではなく，その役職の就任時点を見てカウントすることにする。これはどの政権がその地位につかせたのかが重要になるからである。ただし，ある委員会の委員に就任した後に委員長になるという場合があり，この場合では，委員と委員長の就任を別個に扱い集計することにする。

（2）市民団体の役員経歴保有者の包摂状況

まず経実連と参与連帯の役員経歴保有者の出生年を確認しておく。表12は経実連と参与連帯の役員名簿を用い，出生年の分布状況を見たものである。1940年代と50年代生まれが多数であることでは大きな違いはない。ただし参与連帯の場合，1960年代生まれが経実連のそれに比べて多いことがわかる。いわゆる386世代である。1960年代生まれで，民主化運動時代の1980年代に学生生活を送った世代のことである。この言葉が流行したときは年齢的に30代であったことから386世代の3が付いた。たとえば，386世代の最年長になる1960年生まれならば金大中政権が発足した1998年では38歳であったことになる。経実連と参与連帯では386世代の構成比で違いがあり，これが両団体の政府組織への参入に何がしかの影響を及ぼした可能性がある。

表13は，経実連の役員経歴保有者の包摂について見たものである。経実連の役員経歴保有者が，それぞれの経歴の中で，どのような政府組織の役職に迎え入れられたのかを，権威主義体制(朴正熙政権，全斗煥政権)から現在の李明博政権に至るまで調べたものである。ここでは政府組織の役職についた時点で，経実連の役員であったか否かは問わないでいる。経実連の役員就任前にすでに任期が終わっている公職も，また経実連の役員終了後に就任した公職も合わせて集計している。要するに，現役の経実連役員の公職に限定することなく，経実連の役員経歴を保有する者たちの包摂を見ることになる。

そこで集計上問題になりうるのは，経実連の役員就任前に公職の任期が終わり，経実連の役員就任後にも公職についていない事例である。そのような事例は7人(160人の4.4%)になる。経実連だけではなく，その他の市民団体の役

表12　経実連と参与連帯の役員の出生年

(単位 %)

	経実連	参与連帯
1920年代	4.4	4.6
1930年代	15.0	13.8
1940年代	35.0	29.4
1950年代	38.0	36.6
1960年代	6.3	15.6
不　明	1.3	0.0
合　計	100.0	100.0

表13　政府組織における経実連の役員経歴保有者の包摂

（単位　人）

中央政府と外郭団体			朴正熙政権 全斗煥政権 1961～88年	盧泰愚政権 1988～93年	金泳三政権 1993～98年	金大中政権 1998～03年	盧武鉉政権 2003～08年	李明博政権 2008年～	小計	合計	比率(%)
長官・大統領秘書室		国務総理・長官・処長など	1	0	4	5	3	2	15	34	5.3
		秘書室長・秘書官など	0	0	3	6	9	1	19		
大統領	大統領直属	政策企画委員会	0	0	5	9	14	0	28	209	32.7
		監査院	0	0	8	9	3	0	20		
		世界化推進委員会	0	0	7	0	0	0	7		
		労使関係改革委員会	0	0	7	0	0	0	7		
		労使政委員会	0	0	0	9	1	0	10		
		腐敗防止委員会	0	0	0	4	3	0	7		
		第二の建国汎国民推進委員会	0	0	0	26	0	0	26		
		民主平和統一諮問会議	2	0	3	3	1	0	9		
		その他の大統領直属委員会	1	4	21	26	39	4	95		
		大統領直属の小計	3	4	51	86	61	4			
	独立委員会	国家人権委員会	0	0	0	0	2	0	2	14	2.2
		放送委員会	0	5	2	1	1	0	9		
		その他	0	0	0	3	0	0	3		
国務総理及び関連機関			5	7	31	39	26	8	116	334	52.4
行政部			19	16	51	85	46	1	218		
国　会			0	0	2	0	2	0	4	11	1.7
法院・憲法裁判所・選挙管理委員会			0	1	4	1	1	0	7		
政府外郭団体	公社・公団等の理事など		0	6	7	12	4	0	29	31	4.9
	セマウル運動中央協議会		0	0	0	1	1	0	2		
不　明			1	1	1	1	1	0	5	5	0.8
合　計			29	40	156	240	157	16	638		100.0
比　率(%)			4.6	6.3	24.4	37.6	24.6	2.5	100.0		

員歴を含めても数値は変わらない。彼らは，経実連やその他の市民団体の役員歴が公職就任に何ら影響していない事例である。ここでは，これらの極端な事例も経実連の役員となる点で市民団体に比較的近い人に含められると見て，そのような人々を政府がどのように包摂しようとしたのかを見ることにする。従って表13は，市民団体に比較的近い人を包括的に把握して，包摂の傾向を明らかにしようとするものである。

表13から，次の四つの点が指摘できる。第一に，全体(延べ638人。以下同様)としては経実連の役員経歴保有者が政府組織の役職に多く就任するようになったのは金泳三政権のときからであり，さらに金泳三政権の156人から金大中政権の240人に大きく増えていることである。経実連の発足は民主化以降の1989年7月であることから，1961〜88年の29人は経実連の発足以前のものになる。また盧泰愚政権では40人にとどまり，それ以前の権威主義体制の時期と大差ない。経実連の役員になるような市民団体に比較的近い人は，権威主義体制やその残存勢力の盧泰愚政権のもとでは政府の役職就任に消極的であったのか，当時の政府が，このような人を政治的・行政的に包摂することに消極的であったのか，そのいずれかであろう。

金泳三政権での変化は，次のエピソードにも見ることができる。金泳三政権が発足して新年の業務報告で金徳龍(キム・ドクリョン)政務第一長官は，大統領に「在野と健全な市民団体の参与機会を大幅に増やします。市民運動団体を関係部処に登録するように勧めるなど支援根拠を整え，行政刷新委員会，不正腐敗防止委員会〔1993年4月設置の不正防止対策委員会のことか〕などに在野，市民運動団体が参与するように誘導します」[73]と報告している。政府のこのような姿勢が，表13の数値の変化になって現れたと見ることができる。

それでは金泳三政権のもとで政府と市民団体の相互関係が順調に発展したのかと言えば，そうではない。経実連の徐京錫は「韓国の市民運動は，金泳三政権初期から政府に向けて大統領が個人の人気だけを信じるのではなく，市民運動勢力を改革のパートナーと見なし強力な改革主体勢力を形成することで，既得権勢力の包囲から抜け出ることを求めてきたことがある。しかし当時の金泳三大統領はこの点をかなり油断して，結局は3党統合という〔民自党〕誕生に由来する限界から抜け出ることができず，失敗した大統領に終わってしまった」[74] と述べている。金泳三政権で包摂数がこの程度にとどまったのは，「改革主体勢力」の構築をおろそかにした金泳三大統領の「油断」にも一因があったのであろうが，前述したように在野運動圏が金泳三大統領よりも金大中に対してより好意的であったことにも留意しておく必要がある。この点は，在野運動圏とは人的に重複する市民団体にも言えることである。

金大中政権で金泳三政権よりもさらに増加したのは，政府と市民団体の相互関係に「改革の同伴者」としての面があったからである。1998年4月から1年間，大統領諮問の政策企画委員会委員長であった崔章集（チェ・ジャンジプ）（高麗大学校教授）は，次のように述べている。「金泳三政権が市民社会の保守的部分と冷戦反共主義を共有することでヘゲモニー的基盤をもつ政府であったとするならば，金大中政権はヘゲモニーのない政府であると言える。ヘゲモニーをもちえない政府で，どのようなことが起きたのか。**まず大統領を中心にした国家権力の核心が市民社会の運動部分と連帯・協力する様相が現れた**。金大中政権は民主的改革の指向性をもつだけで，国家領域内でこれを成し遂げるための理念，プログラム，リーダーシップ，支持基盤を十分にもちえなかった。それゆえ国家領域の外にある市民社会からの支援と支持の確保が必要であった」（傍点は筆者）[75]。金大中政権と市民社会の「運動部分」との「連携・協力」に関する崔章集の指摘は，金大中政権で包摂数がさらに増加したことの理由を示している。

盧武鉉政権では，金大中政権の240人から157人に減少し，金泳三政権と同じ程度になっている。この点については，盧武鉉政権に対して距離をおこうとした経実連の表13だけをもって結論を出すことは難しく，参与連帯の表14もあわせて論じる必要がある。

第二に，「長官・大統領秘書室」では金泳三政権，金大中政権，盧武鉉政権にかけて人数が増えてはいるが，「大統領直属」や「行政部」でより大きな変化が起きていることがわかる。大統領直属の小計と行政部の変化を見ると，この二つは金泳三政権から金大中政権にほぼ同じ数値で変化していることがわかる。大統領直属は51人から86人，行政部は51人から85人へと増えている。そのため金大中政権では，行政部よりも大統領直属でより多く増えたと言うことはできない[76]。しかしながら行政部は15以上の部からなり，それぞれの部に委員会が分散するのに対して，大統領直属の委員会は大統領の下にあることを踏まえるのであれば，大統領直属の包摂数を一箇所への集中と見ることもできなくはない。行政部の委員会は各行政分野の必要に応じて設置されるもので実務的な面が強いのに対して，大統領直属の委員会は国家プロジェクトや重大な争点にかかわるものが多く，政治的な必要性によって設置される面が強い。このような違いにも留意しながら，大統領直属委員会での包摂数の増加を見る必要もあろう。

大統領直属の小計を見ると，金泳三政権，金大中政権，盧武鉉政権の期間(1993～2008年)では増減している。そこで第三点として，大統領直属の内訳を詳しく見ることで，増減の理由を確認しておくことにする。政策企画委員会は大統領に中長期的国家目標や懸案政策の研究・評価などを建議・諮問する役割をもつもので，その前身は1989年に設置されている。この期間では政策企画委員会の人数は増加傾向にあるが，ほかの数多くの大統領直属委員会で増えたり減ったりしている。その理由は，新政権が改革に取り組む姿勢を国民にアピールするために大統領直属委員会を新たに設置したり，政権交代がなされると再編・廃止されたりするためである。

金泳三政権では，大統領直属としては監査院院長の諮問機構である不正防止対策委員会(1993年設置)，世界化推進委員会(1995年)，労使関係改革委員会(1996年)がある。不正防止対策委員会は金泳三政権の改革性アピールのためのものであり，世界化推進委員会は国政の中心目標として「世界化」(グローバリゼーションの韓国語訳)を設定するためのものであった。

金大中政権では，労使政委員会(1998年)，第二の建国汎国民推進委員会(1998年)，疑問死真相究明委員会(2000年)，腐敗防止委員会(2002年)がある。労使政委員会は1997年の経済危機に対処するために，金大中が大統領就任前に直属機関として設けたものである。第二の建国汎国民推進委員会は金泳三政権の世界化推進委員会と同種の改革性アピールのための国策推進機構である。第二の建国汎国民推進委員会には26人が含まれており突出して多い。この26人が大統領直属で金泳三政権よりも増えた分であると言える。腐敗防止委員会は市民団体の腐敗防止法制定運動の成果として2002年に設置されたものである[77)]。

盧武鉉政権では大統領直属の小計は61人であり，金大中政権のそれより25

人減少している。第二の建国汎国民推進委員会の26人が0人になったことが影響している。それでは盧武鉉政権の大統領直属委員会はどうであろうか。盧武鉉政権に入り，金大中政権に比べ大統領直属委員会が3倍に増えたと言われ[78]，そのため「委員会共和国」と皮肉られたりもした。たとえば，大統領直属委員会としては，新行政首都建設推進委員会(2004年)，親日反民族行為真相究明委員会(2005年)，国家情報院の過去事件真相究明を通じた発展委員会(2004年)などがある。大韓航空機爆破事件を扱った国家情報院過去事件真相究明委員会は，設立過程から政府側が市民団体代表と協議して委員の推薦を受けるなど市民団体との密接な関係のもとで立ち上げられている[79]。これらの委員会は「その他の大統領直属委員会」に含まれている。その人数も金大中政権の26人に比べ39人に増えている。

第四に，李明博政権についてであるが，発足して1年後の調査のためデータ不足である。現時点で言えることは，盧武鉉政権が作り上げた「委員会共和国」が解体されようとしていることである。李明博の大統領職引継委員会によれば，政府委員会は416あり，そのうち215を廃止するという。また重点事業推進のために設置された大統領直属委員会は31あり，そのうち22を廃止するということである[80]。金泳三政権から金大中政権，金大中政権から盧武鉉政権への政権交代で大統領直属委員会が増減したのとは異なる展開になる可能性もある。李明博政権が参与連帯など蠟燭デモを行う市民社会勢力と厳しい敵対的な関係にあることから，彼らを包摂する器となる政府委員会数が大幅に減らされるという面があるからである。金大中政権と盧武鉉政権において市民団体の拠点となっていた政府内部の「砦」(たとえば腐敗防止委員会や国家人権委員会)が一つずつ潰されていく光景が現れている[81]。

以上の点をまとめると経実連の役員経歴保有者の包摂は金泳三政権のときから増加し始め，金大中政権で最も多い240人となり，盧武鉉政権を経て李明博政権では急激に委縮する兆候を見せるようになった。増加したときの包摂は行政部の特定の部処に集中するよりも，大統領の下に集中する傾向が見られたことから，包摂は実務的な諮問であるだけではなく，政権と市民団体の協力関係を政治的に象徴する面を伴うものでもあったと言えよう。

参与連帯について表14を見ることにする。表13と重なる部分も多いため，重複する説明は省き三つの点を指摘しておく。

第一に，全体(延べ人数 403 人)としては，金泳三政権 62 人から金大中政権 143 人へと倍以上に増加し，盧武鉉政権でも 161 人にさらに増え，金泳三政権から盧武鉉政権まで増加傾向を持続している。表 13 の経実連の増減する変化とは異なる。それは経実連と参与連帯における政府への対応の違いを反映している。参与連帯は金泳三政権に批判的であったが経実連は金泳三政権に近く，盧武鉉政権には経実連は距離をおいたが参与連帯はかなり近かった。また参与連帯の役員には民主化運動世代と言える 386 世代が多く，そのことが「保守的」な金泳三政権よりも「進歩的」な盧武鉉政権による包摂に好意的・協力的なものにしたと見ることもできよう。

盧武鉉政権と市民団体の関係について三つを指摘しておく。一つ目はエピソードである。2000 年の落選運動を主導した参与連帯などの市民団体が 2001 年に市民連帯会議(表 3 の F)を結成している。2003 年 1 月の市民連帯会議主催の新年会に，盧武鉉当選者は出席し，「市民社会と市民運動が我が国の社会を率いて行く中心であると考えてきた」「皆さんがしてきた市民運動の蓄積がなかったならば，今回当選することは不可能であったろう」[82] と大統領選挙を振り返っている。誇張もあろうが，政権発足に際して市民運動勢力への感謝と期待が盧武鉉当選者にあったことをうかがわせる。

二つ目は，そのような盧武鉉大統領と市民団体の関係を，どのように理解するのかである。宋虎根(ソン・ホグン)(ソウル大学校教授)は，盧武鉉政権の政治家集団と市民団体の活動家の間に「活発な親交作用」が起きたとする[83]。宋虎根によれば，両者の間には民主化運動という「起源の類似性」と「理念の親和性」があるため「活発な親交作用」が起き，「市民団体が盧武鉉政権の外郭と内部に広範囲に布陣」するようになったという。この指摘は，趙大燁が金大中政権と市民団体の間に「親和力」が働くことを懸念していたことを想起させる[84]。要するに，市民団体の中の政治的アイデンティティが盧武鉉政権との「活発な親交作用」を可能にしたということである。そのような相互作用は「市民団体の政治化ないし政治的包摂」をもたらす一方で，政府内に理念的に同質的で閉鎖的な政策過程をもたらした。盧武鉉政権は政府内部に委員会を大量に作り「委員会共和国」と皮肉られたが，委員会は盧武鉉政権と市民団体との「活発な親交作

表 14　政府組織における参与連帯の役員経歴保有者の包摂

（単位 人）

中央政府と外郭団体			朴正熙政権 全斗煥政権 1961～88 年	盧泰愚政権 1988～93 年	金泳三政権 1993～98 年	金大中政権 1998～03 年	盧武鉉政権 2003～08 年	李明博政権 2008 年～	小計	合計	比率(%)
長官・大統領秘書室		国務総理・長官・処長など	0	0	0	2	4	0	6	14	3.5
		秘書室長・秘書官など	0	0	1	2	5	0	8		
大統領	大統領直属	政策企画委員会	0	0	3	8	15	0	26	126	31.3
		監査院	1	0	5	4	0	0	10		
		世界化推進委員会	0	0	1	0	0	0	1		
		労使関係改革委員会	0	0	4	0	0	0	4		
		労使政委員会	0	0	0	5	2	0	7		
		腐敗防止委員会	0	0	0	2	0	0	2		
		第二の建国汎国民推進委員会	0	0	0	7	0	0	7		
		民主平和統一諮問会議	0	1	1	2	2	0	6		
		その他の大統領直属委員会	0	1	7	24	28	3	63		
		大統領直属の小計	1	2	21	52	47	3			
	独立委員会	国家人権委員会	0	0	0	3	8	0	11	32	7.9
		放送委員会	1	3	2	6	8	0	20		
		その他	0	0	0	0	1	0	1		
国務総理及び関連機関			2	0	16	24	19	2	63	180	44.7
行政部			8	8	14	38	49	0	117		
国　会			0	0	1	1	1	1	4	13	3.2
法院・憲法裁判所・選挙管理委員会			0	1	4	1	3	0	9		
政府外郭団体		公社・公団等の理事など	0	5	3	13	16	0	37	37	9.2
		セマウル運動中央協議会	0	0	0	0	0	0	0		
不　明			0	0	0	1	0	0	1	1	0.2
合　計			12	19	62	143	161	6	403		100.0
比　率(%)			3.0	4.7	15.4	35.5	39.9	1.5	100.0		

用」の舞台であったと見ることができる[85]。

三つ目は，参与連帯自身が「活発な親交作用」をどのように見ているのかである。参与連帯は役員範囲をかなり狭めた上で，役員がついた公職数を金泳三政権 4，金大中政権 34，盧武鉉政権 63 の合計 101(人数は 40 人)であるとしている[86]。この間，公職数は増加傾向にあり，盧武鉉政権でも増えている。このような事実を示して，参与連帯は次のように説明している。盧武鉉政権になって委嘱される公職数が増えたのは，政府の委員会数が増えたことに比例したに過ぎず，また参与連帯は政府への参加が消極的であるとする批判が少なくなかったために「政策代案競争をより積極化した」結果，「委員会の参与頻度が多くなった」としている[87]。最初の理由は，表 13 の経実連では盧武鉉政権になって包摂数が減っている事実とは整合しない。委員会数が増えることに比例して包摂数も必ず増えるというものではなく，団体によって違いが出てくるようである。やはりもう一つの理由である参与連帯の「積極化」に求めるのが妥当であろう。この点については，参与連帯は盧武鉉政権との関係を「癒着」(柳錫春他)[88] と批判されることを警戒しており，受け身的な経緯の説明以上のものを期待するのは難しい。

表 14 に戻り第二に，大統領直属と行政部の包摂数を比べると，大統領直属の 126 人が行政部の 117 人よりも若干多いが違いはないと言える。これは経実連でも見られたことであり，行政部所属の委員会は各行政部ごとに分散している点を考慮するならば，包摂は大統領直属の委員会に集中する傾向があったと読むこともできよう。

第三に，大統領直属の委員会では，政策企画委員会を除くと目立った包摂数の委員会は見当たらない。金大中政権の第二の建国汎国民推進委員会も 7 人に過ぎず，表 13 の経実連の 26 人に比べてかなり少ない。

大統領直属委員会の一つと見なした監査院の不正防止対策委員会について言及しておく。参与連帯の事務処長である朴元淳が，金大中政権によって 1998 年 8 月に委員に委嘱されている。このとき同時に委嘱された委員は，経実連事務総長の柳鍾星(ユ・ジョンソン)(付録 5 の 73 番)，環境運動連合事務総長の崔冽(付録 7 の 9 番)，天主教正義具現全国司祭団の咸世雄(ハム・セウン)神父，参与連帯と経実連の役員経験のある金聖在(キム・ソンジェ)牧師(付録 6 の 4 番)である。金大中政権が発足して数ヶ月後に，参与連

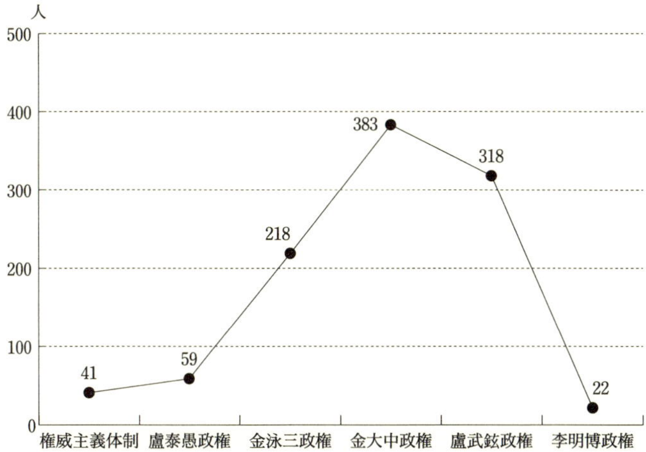

図5　市民団体(経実連，参与連帯)の役員経歴保有者の包摂数の推移

帯，経実連，環境運動連合の指導者が揃って委員に委嘱されていることは注目に値する。また金聖在牧師はその1年後に，市民団体とのパイプ役として大統領秘書室の民情首席秘書官に任命されている[89]。不正防止対策委員会に主だった市民団体の指導者が任命されたことは，「大統領を中心にした国家権力の核心が市民社会の運動部分と連帯・協力する様相が現れた」(崔章集)という指摘と重ね合わせて見ることができよう。

参与連帯について見てきたが，表13の経実連と重複する部分が多い。経実連との違いを指摘するのであれば，盧武鉉政権のときに経実連の包摂数が減少しているのに対して，参与連帯のそれが増えたことである。これは，経実連と参与連帯の盧武鉉政権に対する対応の違いが現れたものと見ることができる。

表13の経実連と表14の参与連帯の数値を合算して変化を見たのが図5である。総計は1041人であり，その内訳は権威主義体制41人，盧泰愚政権59人，金泳三政権218人，金大中政権383人，盧武鉉政権318人，李明博政権22人である。図5の変化に明瞭に現れているように，市民団体の経歴保有者に対する包摂は金泳三政権によって積極化し始め，金大中政権と盧武鉉政権の10年間に大きく展開したということである。盧武鉉政権で減少するのは，上述したように経実連の減少によるものであり，他の市民団体も含めて調査するのであ

れば，減少とは違った結果が得られるかもしれない。また李明博政権については数年経過した後に再度調査しなければならないが，図 5 の 22 人という数値はともかく，盧武鉉政権からの急激な減少という変化が確認されるものと予想される。

（3）市民団体と政府組織の経歴の交差

経実連と参与連帯の役員経歴保有者を対象に，両団体の役員在任期間中の公職に限定せず，役員在任期間の前後の公職も含めて集計を行ってきた。従って市民団体の役員歴と公職の相互関連性という点では，かなり緩やかなとらえ方をしている。表 13 と表 14 からは，公職就任(包摂)の理由が，市民団体の役員歴と関連するのか，あるいは役員自身の職業的専門能力と関連するのかは判断できない。そのような関連性を明らかにすることよりも，市民団体の役員経歴保有者が政府の公職につくことが，さらに公職にあったことが両者の相互関係の緊密化に貢献する可能性があるとの想定のもとで，まずは役員経歴保有者の公職就任が政権ごとにどのように変化してきたのかを明らかにしようとした。

ここでは，その次の作業として公職就任が市民団体の活動と関連性があるのかを検討する。市民団体の役員歴を有することが影響した公職就任なのか，職業的専門能力が決め手となった公職就任なのか，それぞれが傾向的にどのような変化を見せてきたのかを，調査可能な範囲で検討する。

市民団体の役員歴と公職就任を関連づけることは難しい作業である。たとえば，参与連帯の執行委員以上の役員が内規に従って公職についた場合，市民団体の役員職と公職就任の関連性は強いことになるが，それでも役員がなぜ公職につけたのかは明らかではない。市民団体の役員であるために公職に就任できたのか，それとも専門家としての能力のために委嘱されたのかは事例ごとに確認しなければならない。まして市民団体の役員任期を終えた専門家が公職に就任した場合，政府が市民団体の役員歴を何ほど考慮したのか，それとも一切考慮せずに専門能力をもって委嘱したのか，それを判別することは極めて難しい。

ここでは作業を単純化することで，このような調査の難しさを回避することにする。作業の基準としては，市民団体の役員就任時点と公職就任時点との前後関係のみとする。市民団体の役員歴が一切ない状態で公職につく場合を「公職先行の職業人」，市民団体の役員歴がある状態で公職につく場合を「市民運動先行の職業人」とする。前者は市民団体の役員になる前であるので本人の職業的専門能力をもって公職についたと見ることができる。それに対して，後者の場合，市民団体の役員歴がすでにある状態(役員の任期終了者も含む)のために，そのことが公職就任と関連している可能性を排除できない場合であると考えることができる。さらに「民主化運動先行の職業人」と「活動家」を設ける。この二つは「公職先行の職業人」とは異なる。「民主化運動先行の職業人」は，権威主義体制に対する民主化運動の経歴が公職就任に先行している場合であり，社会運動組織の専従的な「活動家」はこの四つの中でも市民団体の役員歴が公職就任に強く作用している場合である。これら四つの範疇による経実連と参与連帯の役員の分類については，付録5，付録6に示されている。

経実連と参与連帯の役員経験者の職業構成を見るならば，経実連の役員経験者160人(付録5)の内訳は大学教授・研究者112人，弁護士19人であり全体の81.9%を占める。参与連帯の役員経験者109人(付録6)の内訳は大学教授・研究者67人，弁護士17人であり全体の77.1%を占める。残りは組織専従者，宗教家，言論人，医師，企業家などである。要するに，ここでの「職業人」とは，具体的には大学教授と弁護士などの専門的職業人であり社会的エリートであると見てよい。

集計作業は，次のように行う。たとえば，盧泰愚政権時代に市民団体の役員となった経験のある大学教授が，金泳三政権のもとで二つの政府委員会に，金大中政権のもとで三つの政府委員会に委員として委嘱されたのであれば，「市民運動先行の職業人」が金泳三政権で1人公職につき，金大中政権で1人公職についたものとする。ここでは公職数が問題なのではなく，どのような経歴をもつ者がどの政権で公職についたのか人数のほうが問題となるからである。

もう一つ重要な点であるが，経実連と参与連帯の役員名簿を用いるが，市民団体の役員歴に，この二つ以外の市民団体の役員経歴があるならば，それも考慮して集計することにする。つまり市民団体は経実連と参与連帯に限定しないということである[90]。従って表15は経実連と参与連帯を含む市民団体の役員経歴保有者を対象にしていることになる。最後に些少な点にも言及しておく。経歴の前後関係で判断するのが原則であるが，いったん公職を離れて10年以

表 15　市民団体の役員経歴保有者の分類と公職就任時期

（単位 人）

	権威主義体制	盧泰愚政権	金泳三政権	金大中政権	盧武鉉政権	李明博政権	合　計
民主化運動先行の職業人	0	3	7	15	7	0	32
市民運動先行の職業人	5	10	51	86	100	13	265
活動家	1	3	7	12	6	2	31
公職先行の職業人	21	22	42	39	24	5	153
不　明	0	0	2	11	7	0	20
合　計	27	38	109	163	144	20	501

上の時間が経過した後に再び公職についている場合で，再度公職につく前に市民団体の役員を経験しているのであれば例外的に「市民運動先行の職業人」に含めることにする。その人数は経実連と参与連帯を合わせても 4 人に過ぎない。

表 15 を見ると，「公職先行の職業人」は金泳三政権の 42 人(109 人の 38.5%)，金大中政権の 39 人(163 人の 23.9%)から盧武鉉政権の 24 人(144 人の 16.7%)になり，減ってきている。「市民運動先行の職業人」は金泳三政権の 51 人(46.8%)から金大中政権の 86 人(52.8%)に増え，盧武鉉政権では 100 人(69.4%)になっている。傾向的には金泳三政権から始まった変化が盧武鉉政権でピークに達していると言えよう。これに加え，「活動家」は金大中政権のときに 12 人と，それまでと比べて多くなるが数的には限られている。

要するに，金泳三政権から盧武鉉政権までに，政府組織の役職につくのに市民団体の役員経歴保有が有利に作用する傾向が強まってきたことを読み取ることができる。市民団体の役員には大学教授や弁護士が多く，専門能力が政府にアクセスする資源となりうることからも，表 15 をもって確定的なことは言い難いとしても，この期間に市民団体の役員歴が公職就任への有力な資源になってきたと言えるであろう。

ある新聞は「経実連・参与連帯出身の公職社会への大移動」を報じる中で，知識人(大学教授)が経実連の役員になろうとして列を作る様を描いている。「経実連の会員でもないのに政策委員に名前をあげる人も多かったが，ある年には政策委員が数百人にもなったこともある」という経実連出身の市民運動家の話を受けて，「市民団体は名望家を必要とし，知識人個人は名誉が必要であったために「大量参加」が可能になったのである。人気のある市民団体に押

表 16　市民団体役員に見る公職の経歴

	氏名	出生年	職業	経実連または参与連帯の役員／他の市民団体等の役員	政府組織の役職／政党・議員などの政治的経歴	公職就任時の政権
経実連 付録 5 の 96 番	李正典	1943	大学教授	93 年中央委員，96 年環境開発センター研究委員，98 年常任執行委員，環境開発センター代表，99 年 9 月環境正義市民連帯共同代表／96 年緑色消費者連帯共同代表	82 年保健社会部政策諮問委員，90 年 12 月環境部中央環境保全諮問委員会委員，93 年 5 月建設交通部国土利用審議委員会委員，95 年 3 月建設交通部首都圏整備委員会委員，00 年 5 月～01 年 8 月大統領諮問持続可能発展委員会水資源分科委員長／なし	全斗煥・盧泰愚・金泳三・金大中
参与連帯 付録 6 の 29 番	李相禧	1929	大学教授	01 年顧問，02～03 年共同代表／92 年民主化のための全国教授協議会共同委員長，94 年正しい言論のための市民連合共同代表	87～88 年放送委員会委員，93 年 8 月放送文化振興会理事，99 年 12 月選挙放送審議委員会委員長，00 年 5 月韓国放送公社非常任理事，03 年 6 月～06 年 8 月放送文化振興会理事長，06 年放送委員会委員長（大統領推薦），放送通信融合推進委員会政府委員／なし	全斗煥・金泳三・金大中・盧武鉉

し寄せる現象も現れる。1990 年代初めの経実連，2000 年代の参与連帯，最近は〝ニューライト運動〟など名のある団体に知識人が押し寄せている」[91] としている。これは，専門能力のある大学教授にとってさえ，有力市民団体の役員の肩書が政府に入るための，国会議員になるための有力な資源になっていることを物語っている。

表 15 に関連して最後に述べておくべき点は，「市民運動先行の職業人」と「公職先行の職業人」の区分に従うと「公職先行の職業人」を数的に大きく見てしまう問題があることである。

表 16 には，経実連と参与連帯の役員で「公職先行の職業人」に分類された 2 人をあげている。李正典（イ・ジョンチョン）と李相禧（イ・サンヒ）はともに大学教授であり，彼らの公職の経歴は全斗煥政権のもとで始まるもので，当然に市民団体の役員就任以前になる。李正典は 1993 年に経実連中央委員となり，96 年に緑色消費者連帯（付録 2 の 43 番）共同代表，98 年に経実連の環境開発センター代表，99 年に環境正義市民連帯（付録 3 の 30 番）共同代表となっている。複数の市民団体の役員になる過程で，複数の政府組織の役職に就任している。つまり市民団体の役員と公職が

交互に入り組んでいる。この点は李相禧も同じである。彼は1992年に民主化のための全国教授協議会(付録3の8番)共同委員長，94年に正しい言論のための市民連合(付録2の37番)共同代表，2001年に参与連帯顧問，02年に参与連帯共同代表となる一方で，放送関係の公職に数多く就任している。盧武鉉政権の2006年には大統領推薦で独立委員会の放送委員会委員長についている。放送委員会は，テレビ等の放送内容の政治的偏向などを審議し制裁を科する権限を有し，韓国の政治にとっては重要な意味をもつ機関である。

表16の2人に見られるように，「公職先行の職業人」とされる場合であっても，市民団体の役員と政府組織の役職が交互に入り組んでいる場合がある。たとえ公職が先行していても，この2人のように入り組み始めると，公職就任の背景は専門能力なのか，市民団体の役員歴なのかの選り分けは難しくなる。「公職先行の職業人」は金大中政権と盧武鉉政権の間に減ってきているが，それには「市民運動先行の職業人」と実質的には変わらないケースも少なからず含まれていると見てよい。このような事実は細かいようにも見えるが，韓国の市民団体について，さらに政府と市民団体の相互関係を理解するには必要なことである。

第2節では，民主化以降における政治的任用の広がりを大統領秘書室の人事に見出し，さらに権力の中枢部から裾野にまで視野を広げ，市民団体の役員の包摂を実証的に検討してきた。具体的には，経実連と参与連帯の役員名簿をもとに，役員経歴保有者に対する政府の包摂が金大中政権と盧武鉉政権の10年間に活発化してきたことを示すことができた。市民団体にとっては，大統領秘書室はもちろんのこと大統領直属や行政部の委員会に，現役役員や役員経験者が数多く入ることは，政策過程への参加に向けた制度的アクセスの機会を増やすことになるであろう。さらに市民団体の役員歴と公職就任の関連性を明らかにするために，両者を交差させ就任時点の前後関係を見た。市民団体の役員就任後に公職に就任する事例が大半を占めるようになってきたことを確認した。要するに，金大中政権と盧武鉉政権の10年間に政府は市民団体との相互関係を強化しようとする一方で，市民団体の指導者たちもまた政府との相互関係を積極的に受け入れてきたと言えよう。

包摂について解放後の権威主義体制に，さらには近代以前にまで遡ってとらえるのであれば，ヘンダーソン(Gregory Henderson)の「渦巻き」(vortex)論が見えてこよう[92]。彼は李氏朝鮮や解放後の韓国に，社会のあらゆる活動的分子を中央権力の中心へと吹き上げてしまう強力な渦巻きを中央集権的な権力構造の中に見出し，その渦巻きを遮断する中間集団が欠けていることを論じた。彼は多元的な社会を作り出す中間集団として近代化で成長する企業に期待したが，民主化以降に登場した市民団体も中間集団として期待することができるはずである。しかしながら市民団体が，活動的分子を中央権力の中心へと吹き上げる渦巻きを抑制して多元的な社会を作り出す拠点となるのか，それともその渦巻きに新たなエネルギーを補給することになるのか，これは古くて新しい問題である。これまで見てきたように，金大中政権と盧武鉉政権での包摂の膨張は，渦巻きが市民社会から新しい活力を得ることを示していると言えよう[93]。

第3節　市民運動の党派性

この節では2000年と2004年の二つの落選運動について論じる。メイヤーとタローは社会運動の制度化を構成する要因には三つあるとして，制度的アクセスが付与されることに続けて，要求や戦術を政府にとって受容可能なものへと穏健化することをあげている。本節では穏健化について，落選運動の党派性をもって検討する。落選運動の党派性は，第1節で論じた市民運動の政治的アイデンティティが具体的な政治状況の中で現れたものであり，政府との関係を左右する重要なものである。

落選運動の党派性に関する議論は新しいものではない。2000年の落選運動当時から陰謀論を始め，金大中政権と落選運動指導者の密接な関係がハンナラ党や自由民主連合(自民連)から非難される一方で，落選運動側は政治的中立性や純粋性をもって反論してきた。それだけに取り扱うのは難しいが，避けることもできない論点である。従って陰謀論や純粋論といった主張には距離をおき，客観的・実証的に論じることにする。

落選運動を論じるに先立ち，第3節では何が論じられ，何が論じられないのかをあらかじめ確認しておきたい。社会運動を論じるには，次の四つのアプローチがある[94]。一つ目は，個人や集団の社会心理状況を集合行動の原因に求める大衆社会論的アプローチである。二つ目は，不満や不安などの心理的要因にではなく，社会経済の長期的な変化に起因する価値観の変化に社会運動が起きる理由を求める新社会運動論である。三つ目は，組織がどのように資金や人員などの資源を集積し，目標達成に向け社会運動を作り出すのかを明らかにしようとする資源動員論である。四つ目は，外部環境である政治的諸条件が社会運動を左右する重要な変数であるとする政治過程論もしくは政治的機会構造論である。

そこで，政治と社会の相互作用を描いた第1章の図3を振り返ることにする。大衆社会論と資源動員論では非合理的な大衆か合理的な市民(特に活動家)かで違いはあるが，いずれも「市民社会」と「普通の市民」を結ぶEの相互作用を議論の中心にしている。新社会運動論も社会経済的な変化を重視する点で，この二つとともに括ることができよう。これらとは違い，政治的機会構造論は「政府」「政治社会」と「市民社会」を結ぶBとCの相互作用を論じるものである。社会内部の要因よりも政治的環境の変化を重視するアプローチである。もし市民社会を視点の中心にすえるならば，B・C・Eのそれぞれを論じることが求められることになる。これに対して，本書は政治と市民社会の接触面であるB・Cを論じることを主題としており，社会内部の相互作用であるEについては正面から取り上げていない。Eについては，第5章第3節で有権者の政治意識を扱う際に間接的に論じられるにとどまる。

このような前提のもと，以下ではEの相互作用における社会運動の諸側面について，既存研究の紹介も含め若干論じておく。2000年から04年の間に起きた市民運動(2000年の落選運動，2002年の反米蠟燭デモ，2004年の大統領弾劾反対運動)にかかわって，なぜ市民の参加や支持がなされたのか，どのように市民の参加がなされたのかという，二つの論点を取り上げる。

なぜという原因については，まず新社会運動論に依拠した研究があげられる。1960年代以降に生まれた世代(386世代と後続世代)の価値観の変化が論じられている。韓国政治の新たな動因として物質主義的価値から脱物質主義的価値への世代的な変化があげられ，それに伴い新しい亀裂が形成されてきたとされる[95]。価値観の世代的変化の可能性を否定するのは難しいが，そのようなアプローチをもって韓国政治をどれほど説明できるのかは慎重に論じる必要がある。世代的な価値観の議論ともかかわるが，1990年代後半からのインターネットの普及によって，双方向的な情報交換が可能になり，能動的な市民や賢い有権者が現れるようになったとする議論も数多くある[96]。これらは情報社会の否定的な面に言及してはいるが，全体的には楽観的な評価と展望になっている。要するに，豊かな社会の到来とともに市民の参加能力が向上し，民主政治にも変化が起きるとする新社会運動論に沿った議論である。

なぜにかかわる議論で特徴的なことは，社会運動論が大衆社会論的アプローチから合理性を強調する資源動員論や政治的機会構造論に移ってきたことを反映してか，大衆社会論に見られた不満や焦燥感などの社会心理的な要因を強調する議論がほとんど見られないことである。その中で例外的な研究としては，キム・ウォン(聖公会大学校教授)のそれがある。彼は2002年の反米蠟燭デモに，情緒的な反米感情のナショナリズムを見出し，新社会運動とはそのイデオロギーが異なることを集会のスローガンや発言の分析を通じて明らかにしている[97]。彼は争点とそれを形成するイデオロギー(社会運動論的な言葉ではフレーミング)に新社会運動とは異なるものを見出しているのであって，決して大衆社会論的な視点に立っているわけではない。ともあれ1997年末からの経済危機と「IMF体制」(国際通貨基金の緊急支援と構造調整を指して使われる)によってもたらされた社会心理を考慮しなくては，2000年の落選運動や2002年の反米蠟燭デモが国民から広範な支持を得た理由を理解できないのではないかと考える。だが知りうる限りでは，このような研究成果は出ていない。

どのようにという過程の面については，資源動員論が理論的なツールとなる。資源動員論の視点からは，社会運動組織と動員可能な資源が論点になる。これは「動員構造」(mobilizing structures)と呼ばれるものと重なる。動員構造とは，社会運動組織だけではなく非組織的な部分も含め，運動の形態や進め方などに合意をもって運動に加わる人々の全体を意味する[98]。図2で社会運動の関連組織を見ているが，その四つの類型は動員構造における公式的な組織を示すにとどまる。労働運動は大衆組織としての労働組合を動員することで展開されるが，市民団体には十分な動員組織がないことが通常であり，市民運動として成功するためには，労働運動などとの連携にとどまらず，独自に家族，友人，知り合い，さらに不特定多数の人々(群衆)を非公式的なネットワークやメディアを通じて動員することが必要になる。

韓国の研究では，動員構造で論じられるのがやはりインターネットであり携帯電話である。インターネットの双方向的なネットワークがオンライン上で形成され，それが街頭での参加となって現れるということから，組織的な指示による動員ではない自発的な参加が強調される。その主人公は，インターネットを駆使する「ネチズン」(network と citizen の合成語) と言われる 20 代，30 代の若い世代である。そのような新しい文化が出現したのは 2002 年のサッカーのワールドカップの街頭応援であり，それに続く同年 11 月，12 月の反米蠟燭デモ，さらに大統領選挙投票日の携帯電話による投票勧誘であったとされる。

インターネットの出現が市民集会やデモの様相を変えるという点は，韓国に限らない一般的な現象である。その上でインターネットと動員構造の関連において指摘すべき点は，三つある。第一に，韓国のインターネットでは閲覧者が書き込む機会が多く(新聞社のサイトやポータルサイトでは記事ごとに掲示板が設けられるのが普通である)，解放感をもって書き込まれていることである。儒教的な社会規範が根強く残る韓国では，年齢や社会的な地位を離れて面と向かい合い討論することは難しいが，インターネット上では匿名であることから伝統的な規範から解放される空間となる。それだけに韓国ではインターネットの影響力が強く現れるという面がある[99)]。インターネットの急速な普及は必要条件に過ぎず，このような事情が十分条件としてあることで，インターネットが動員力を発揮しえたと言える。第二に，韓国ではインターネットの役割や意義が過度に大きく論じられる傾向がある。2004 年の盧武鉉大統領の弾劾決議では，弾劾決議の場面を繰り返し放送するテレビが世論に影響を及ぼしたとされる[100)]。これは 2008 年にテレビの報道番組以降に狂牛病と抗議集会に対する関心が急速に高まったことでも再現されている。韓国では準公営放送局の政治的中立性に問題があるだけに，国政選挙など重要局面でのテレビの影響力は無視できない。インターネット上で流布している情報の内容もテレビの影響を受けることになる。要するに，蠟燭デモへの市民の参加がインターネットのネットワークによるものなのか，テレビの絶大な影響力によるものなのか，さらには「自律的な参加」なのか「動員された参加」なのか判別することは容易ではない[101)]。これはインターネットの掲示板が熟慮民主主義を可能にするという展望は楽観的であるということを意味してもいる[102]。第三に，インターネットというツールがあっても，世論の支持が得られるように争点が形成(フレーミング)されているのかも重要である。この点で，たとえばナショナリズムが韓国社会で動員力をもつことは確かであるが，対米ナショナリズムを在韓米軍の早期撤収のような争点をもってフレーミングするならば世論の支持を得ることができずに終わる可能性が十分にある。インターネットは万能ではない。

社会運動の動員構造には，公式的な組織だけではなく非公式のネットワーク，さらには不特定多数の人々(群衆)も含まれる。社会運動組織と社会運動は一致しないし，社会運動組織に資源動員のノウハウにたけた職業的活動家がいても市民の参加には不確実性がつきまとうし，参加した市民をコントロールするのも難しい。その結果，社会運動が動員構造の内部的な結びつきを形成できないのであれば，一時的に大きな動員力を示したとしても持続しえないことになる。このような社会運動の強みと弱みは，もともと組織的基盤が弱く，インターネットやテレビなどの動員に依存する面が大きい韓国の市民運動に当てはまる。韓国の市民運動の動員構造を具体的に検討することは，今後の研究課題である[103]。

政治と市民運動の相互作用を論じるのが本書の目的であることから，動員構造の裾野を構成するミクロなネットワークやメディアの影響力にまで立ち入ることはせずに，市民団体を含む動員構造である市民運動が政治にどのように作用しようとしたのかを論点として考察を進めることにしたい。

1．落選運動と世論

総選連帯が主導する落選運動は2000年と2004年の国会議員選挙を前にして行われている。落選運動に対する市民団体と国民世論の反応を，その党派性の議論に入る前に確認しておくことにする。

2000年の落選運動は，経実連と総選連帯の落薦名簿発表(落薦とは政党の公薦から落とすことを意味する)から始まった。経実連は公薦不適格者名簿を発表してからは落選運動の前面に出ることはなくなり，落選運動は総選連帯によってもっぱら主導されることになった。2000総選連帯は参与連帯，韓国女性団体連合，環境運動連合，緑色連合(付録2の38番)が主要構成団体であり，全体の参加団体数は1083である(表3参照)。ただその数には同一団体の支部などが含まれている。2000総選連帯は多くの市民団体の支持を得て，国会議員選挙前における市民運動の中心的な役割を担った。

2000総選連帯は多くの市民団体の支持と協力を得て資源動員が可能になったと言われているが，次のような指摘も考慮しておく必要がある。総選連帯は，大衆的な組織基盤のある民主労総，全国農民会総連盟(付録4の15番)に対して民労党支持を理由に加入を拒み[104]，また参加団体の多くが名義貸し水準の協力にとどまったことから，総選連帯は実際の活動では資源不足に悩まされた。総選連帯の実務者によれば，「結局は，いくつかの主軸となる参与団体の核心活動家20〜30人を動員して，記者会見などメディアの照明を受ける事業を進めるほかなかった」という[105]。総選連帯は落薦名簿発表によって国民の圧倒的な支持を得たにもかかわらず，「人員動員の低調」に悩み，「国民運動を展開することのできる国民的基盤を組織する課題」を説き続けた[106]。

2000総選連帯の動員構造には脆弱性があったにせよ1000ほどの参加団体を得ている。だが2004総選連帯では参加団体は354にとどまり，市民団体に対する求心力さえも弱まっている[107]。2000年との違いは落選運動に取り組む団体が一つでもなく，また当選運動というポジティブな運動に取り組む団体も複数現れたことである。

2000総選連帯では主要団体であった韓国女性団体連合は，2004総選連帯には地方組織のみに参加を認め自身は参加せずに総選女性連帯を結成している。三百数団体からなる総選女性連帯は10人の落選対象者を発表している。このほかにも環境運動連合，緑色連合など57団体からなる総選環境連帯は6人の不適格議員を発表している。またイラク派兵反対非常国民行動は，派兵同意案に賛成した129人の現役議員を含む131人(ハンナラ党78人，ウリ党24人，新千年民主党(民主党)11人，自民連8人，無所属10人)を落選対象者としている。当選運動には2004総選ムルガリ国民連帯(ムルガリは水田の水の入れ替えを意味する)が取り組み，支持候補者として54人(ウリ党36人，民労党12人，民主党3人，ハンナラ党2人，無所属1人)，落選候補者として135人(盧武鉉大統領の弾劾訴追案に賛成した議員全員)を公表している。

2000年と2004年では市民運動勢力内での総選連帯の位置は変化している。

表 17　国会と公務員に対する国民の信頼度 (単位 %)

制　度	信 頼 度	1990 年	1996 年	2001 年
国　会	非常に信頼する	7.4	3.3	1.3
	やや信頼する	26.5	27.7	8.9
	あまり信頼しない	42.8	51.6	47.2
	まったく信頼しない	22.2	16.9	37.2
	全　体	100.0	100.0	100.0
公務員	非常に信頼する	11.7	14.7	6.6
	やや信頼する	48.5	62.9	57.2
	あまり信頼しない	31.5	19.1	26.0
	まったく信頼しない	7.0	2.9	6.0
	全　体	100.0	100.0	100.0

注）無回答などを除く。
出典）「世界価値観調査」(World Values Survey) より作成。
同ホームページ http://www.worldvaluessurvey.org/ より 2009 年 3 月 22 日に取得。

総選連帯は唯一の運動組織から有力ではあるが数多くある運動組織の一つに変わった。総選連帯の参加団体数が大幅に減ったことは単に量だけではなく，質的な変化も意味していた。この変化には，市民団体が落選運動というネガティブな運動に飽き足らなくなったことや，盧武鉉政権になって市民団体が政治的指向性を強めてきたことなどが関連している。後者の点は，盧武鉉大統領に対する弾劾訴追反対運動という事実上，盧武鉉大統領の支持運動が国会議員選挙前の最大の市民運動となって現れたことに見てとることができる。

次に，国民世論の反応を見ることにする。2000 年は 1997 年の経済危機から 2 年ほどしか経ておらず，金泳三政権の経済失政に対する怒りがおさまらない状況が続いていた。国民の政治不信の高まりを示す調査結果として，国会に対する信頼度の変化を見ることにする。表 17 では国会に対する信頼度の低下を確認するために，公務員の信頼度の変化もあわせて見ている。国会の信頼度は，1990 年と 1996 年の二つの調査時点では低いとは言え，「非常に信頼する」「やや信頼する」と「あまり信頼しない」「まったく信頼しない」のそれぞれの合計に目立った変化はない。「まったく信頼しない」も 20%前後である。それが 2001 年の調査時点では「まったく信頼しない」が 37.2%と急増し，「あまり信頼しない」「まったく信頼しない」の合計は 84.4%にまで増えている。これと

表 18　2000 年と 2004 年の落選運動に対する支持率

（単位 %）

	2000 年	2004 年
積極的に賛成	40.0	35.7
賛成するほうだ（多少賛成）	39.8	31.1
賛成の合計	79.8	66.8
積極的に反対	1.8	10.9
反対するほうだ（多少反対）	13.7	16.3
反対の合計	15.5	27.2
わからない	4.7	6.0
合　計	100.0	100.0

出典）2000 年の世論調査資料については，「2000 年総選市民連帯発起記者会見資料」2000 年 1 月 12 日，総選連帯受任委員会『有権者革命 100 日間の記録　総選連帯白書（上）』ソウル，2001 年，16～20 頁。2004 年については，「落薦落選〔対象の〕第 1 位は腐敗政治人　国民の 3 人中 2 人（66.8%）落選運動支持」2004 年 1 月 20 日。参与連帯のホームページ http://www.peoplepower21.org/ より 2007 年 12 月 7 日に取得。

比べて，公務員の信頼度も 1996 年から 2001 年にやや悪化しているが，1990 年も含めた全体から見れば大きな変化であったとは言えない。

金泳三政権の経済失政によって政治不信は相当に強まり，それを受けて落選運動は国民から高い支持を得ることができた。表 18 は二つの落選運動に対する支持率を示したものである。2000 年の落選運動の支持率（積極的賛成と多少賛成の合計）は 79.8%になる。これは 2000 年 1 月 8 日，9 日に電話調査でなされた結果である。経実連が公薦不適格者名簿を発表したのが 1 月 10 日であり，2000 総選連帯が公薦反対名簿を発表したのが 24 日である。これらの名簿発表の前になされた世論調査であることに留意しておく必要がある。総選連帯が落薦名簿を発表した日の同月 24 日の調査では，87.5%が落選運動は政治発展の「助けとなるであろう」と回答している[108]。落薦名簿の発表で世論の支持はますます高まったようである。これらの数値を見る限り，「古い政治が IMF を呼び入れ，党利党略に熱中する国会が全国民を不幸にしたのだ」として「選挙革命」「有権者革命」を唱える総選連帯は，国民から圧倒的な支持を得たと言える[109]。落選運動は国民の政治的不満を吸収するのに成功したのである。

それでは 2004 年には落選運動に対する支持はどうであったか。落薦名簿発表前の調査(1月17日，18日調査)ではあるが，表18では66.8%の支持率(積極的賛成と多少賛成の合計)となっている。2004総選連帯共同執行委員長の金起式は選挙後に振り返って，「弾劾に賛成した議員たちを落選対象に含めたことに無理があるという批判は多かったが，60%を超える支持が見られた」としている[110]。この支持率のデータは落薦名簿発表(2月5日)前のものであり，弾劾訴追可決後に落選対象者の名簿を発表(4月6日)してからは，彼が言うように総選連帯に対する批判が多く出てきたことを考慮しなければならない。すでに2004総選連帯の落薦名簿発表後の調査(2月14日)では，その名簿の選定基準が「公正」であるとするのが48.1%であり，「不公正」とするのが37.3%であった。2000年には90%以上が落選運動に肯定的であった20代でさえも，2004年には54.2%が「公正」とするにとどまった[111]。

要するに，落選運動が66.8%の支持率であったと言っても，弾劾訴追可決以前においてさえ落選運動に対する支持には2000年のときのような勢いはなかった。弾劾訴追可決後には国民の関心は落選運動ではなく，盧武鉉大統領を支持しハンナラ党を非難する弾劾反対運動に集中する一方で，総選連帯は選定基準の党派性に対する批判を受けるようになったのである[112]。

2．対象者の選定基準と選定結果

2000年と2004年の落選運動における落薦・落選の対象選定基準と，それに基づく対象者選定の党派別構成を見ることにする。2000年の公薦反対の選定基準は，①腐敗行為，②選挙法違反，③民主憲政秩序の破壊及び反人権の前歴，④議会活動の誠実性，⑤法案及び政策に対する態度，⑥政治人としての基本資質を疑わせるだけの反議会的・反有権者的行為，⑦その他基礎的な公開事項(兵役，財産登録など)からなる[113]。⑤の法案及び政策は，市民団体が要求する「改革」に関連するものであるが，国会議員の態度については国会での票決が公開されていないことを理由に，程度がはなはだしい場合にだけにするとしている。実質的に①②③が重要な基準となる。

しかし当初の案には「地域感情の扇動」が含まれていたという[114]。地域感情は「韓国政治の最大の病弊であるとともに固執的な悪習」であるとされるが，結局「長い議論の果てに総選市民連帯は，地域感情発言をした代表的な地域感情扇動者の中で，他の不適格理由も一緒に発見される場合に限り，落薦対象者に選定することに」したという[115)]。その理由としては，地域感情の扇動者は主にハンナラ党議員に集中しているため，その発言のみをもって選定するならば党派的な片寄りが出てしまうこと，全羅道では地域感情の扇動を必要としないほどの政治的態度が共有されていることがあげられている。また「地域感情の扇動」を選定基準にすると「名簿の範囲があまりに大きくなる」という事情も考慮されたという[116)]。このような過程を経て落薦対象者として 73 人が選定されることになり，地域主義的な投票動員をはかった候補者は，それだけを理由にして対象者名簿に掲載されることはなくなった。

総選連帯は「地域感情の扇動」などの「古い政治」「古い政党」を打破して「新政治」を目指すとしていたことからすると[117)]，このような対象者選定は自ら「新政治」の理念を曖昧にするものであった。選定基準に地域感情の論点を含めないことは，ハンナラ党だけではなく，地域主義的な投票の受益者である金大中大統領と彼の政党も益するものであった。これは，地域主義の政党対立を前にしての落選運動の限界を示すことになったと言えよう。

2004 年に落選運動を主導した総選連帯は，2000 年の選定基準を受け継いで落薦対象者を選定している。だがその後，3 月 12 日に国会で盧武鉉大統領に対する弾劾訴追案が可決されると，総選連帯は賛成票を投じた国会議員全員を落選対象者にすることを決定した。

この点について，総選連帯は次のように語っている。「…… 3. 12 大統領弾劾に加担した政治人たちは例外なく落選対象者として選定した。民意に反し憲政秩序を紊乱させた彼らは，これ以上，政治現場にいてはならないと判断した。国民の意思に正面から挑戦して民主主義を蹂躙した彼らを政治現場から追放しなければならない」[118)]。ここで用いられる「憲政秩序を紊乱」「民主主義を蹂躙」という言葉は，国会での野党(ハンナラ党と民主党)による弾劾訴追案可決の手続きに法的瑕疵があるということを示そうとするものであり，それゆえ弾劾訴追可決を「議会クーデター」(弾劾無効・腐敗政治清算汎国民行動。表 3 の C)と主張することになる。さらに弾劾反対運動の声明文では，必要な法的手続きが野党によって遵守されたのかという問題だけではなく，ハンナラ党を含意する「守旧既得権勢力の清算」など手続きの問題に還元できない党派的な問題まで

表 19　2000 年総選市民連帯の落薦対象者の党派別人数

	民主党	ハンナラ党	自民連	無所属	合　計
落薦対象者数	18	34	16	5	73
党派別の比率(%)	24.7	46.6	21.9	6.8	100.0

出典)「2000 年総選　15 代国会議員公薦反対名簿」2000 年 1 月 24 日，及び「総選連帯公薦反対二次名簿発表記者会見資料」2000 年 2 月 2 日，前掲『有権者革命 100 日間の記録　総選連帯白書(上)』25〜199 頁。

が唱えられている[119)]。総選連帯の主要構成団体は弾劾訴追以降には弾劾反対運動の構成団体となり，弾劾反対運動は盧武鉉大統領を支持する側に立って，与野党の権力闘争の中へ突き進むことになった。

以上の選定基準をもって，二つの総選連帯によって，実際にどのような選定がなされたのかを見ることにする。表 19 は 2000 総選連帯の落薦対象者を政党別に見たものである。落薦対象者は 1 月 24 日の一次発表分 67 人とその追加分 6 人の合計である(政党所属が明確ではない二次発表分の院外の 42 人は除く)。その合計の 73 人は 2000 年 5 月に任期が切れる第 15 代国会の現役議員であり，前議員を含む院外の候補予定者は含まれない。

党派別に見ると，金大中大統領の与党である民主党は 18 人の 24.7%，野党のハンナラ党は 34 人の 46.6%，金大中政権の与党ではあるが保守勢力として批判される金鐘泌(キム・ジョンピル)率いる自民連は 16 人の 21.9%となっている。落薦対象者の発表後，各党で公薦を取りやめるなどして候補者の公薦が決まり，それを受けて 4 月 3 日に発表された最終的な落選対象者は 86 人である。民主党 16 人，ハンナラ党 28 人，自民連 18 人，民主国民党(民国党)8 人，韓国新党 3 人，無所属 13 人である[120)]。ただし民国党の対象者のうち 7 人はもともと民自党，新韓国党，ハンナラ党などを経て民国党から立候補しているため，ハンナラ党と系譜的に同じである。

次に 2004 年の落薦・落選候補の選定状況を見る。まず落薦であるが，2 月 5 日に総選連帯は落薦対象者として 66 人を公開した。その内訳はウリ党 7 人，ハンナラ党 32 人，民主党 20 人，自民連 3 人，その他 4 人である[121)]。これは国会で弾劾訴追案が可決される前のものである。その時点においても，ハンナラ党は 32 人の 48.5%で半数近くを占めるのに対して，ウリ党は 7 人の 10.6%

表 20　2004 総選市民連帯の落選対象者の党派別人数

	ウリ党	ハンナラ党	民主党	自民連	民労党	その他	無所属	合計
落選対象者数	10	100	57	24	1	1	23	216
落選対象者の党派別比率(%)	4.6	46.3	26.4	11.1	0.5	0.5	10.6	100.0
選挙直前議席数(交渉団体)	47	138	62	−	0	−	22	269

注）交渉団体の議席数のうち，非交渉団体の議席数は無所属に示した。
出典）落選対象者数は「2004 年総選　落選対象者名簿発表記者会見」2004 年 4 月 6 日，12 頁。2004 総選市民連帯のホームページ http://www.redcard2004.net/ より 2004 年 6 月 15 日に取得。交渉団体別の議席数は国会のホームページ http://www.assembly.go.kr/ より 2004 年 3 月 27 日に取得。

に過ぎない。ウリ党は民主党を割って出た国会議員たちが中心に結成した政党であり，盧武鉉大統領とウリ党にとって民主党はその進路を妨げる障害物になっていた。民主党の落薦対象者は 20 人とされている。

弾劾訴追案可決後に発表された落選対象者は党派的にさらに片寄ったものになる。表 20 に見られるように，ウリ党は 10 人の 4.6%，ハンナラ党は 100 人の 46.3%，民主党は 57 人の 26.4%である。落薦対象者 66 人から落選対象者 216 人に大幅に増えたにもかかわらず，ウリ党は 3 人増えたに過ぎない。ハンナラ党では 32 人から 100 人に 68 人増えている。弾劾訴追案可決に賛成した議員を全員，落選対象者にする原則をたてたことから，ハンナラ党の候補者が集中的に落選対象者とされたのである。

2000 総選連帯は「選定結果がいかなるものであれ，与野党の公薦反対対象の数に多少の不均衡がありうるが，これは客観的な基準によるものであって，これに対する一切の政治的考慮を排除したものであることを明らかにする」[122]としている。しかし落薦対象者は与党の民主党が 18 人であるのに対してハンナラ党は 34 人であり，倍近い開きのある数値であった。その後の落選対象者も実質的には倍の開きであった。この差が「多少の不均衡」とされる程度であるのかは，市民団体の立場から見るのか，ハンナラ党の立場から見るのかで異なりうる。それだけ党派的と評価される可能性が対象者の選定結果にはあったと言える。また落薦対象者をハンナラ党が公薦しなかったことに対して，「公薦改革の世論を派閥政治の完成に悪用しようとした野党は結局，分裂状態を迎えるようになった」[123]とする総選連帯の非難は，ハンナラ党にとっては受け入れ難いものであろう。要するに，2000 総選連帯の対象者選定基準には明らかな党派性を見出し難いとは言え，選定結果や声明文を見る限りでは，一定の党派性を見出すことができる。

2004年の落選運動では，2000年に見られた党派性の曖昧さが消えた。落薦対象者の選定にせよ，弾劾訴追案可決後の落選対象者の選定にせよ，ウリ党の対象者は10人以下にとどまっている。ウリ党の選挙前の議席は47に過ぎず新人候補などを多く立てることになることから，そもそも落選運動は他党の問題であったとも言えようか。それに対して，ハンナラ党は弾劾訴追案可決前に32人で落薦対象者の半数を占めており，弾劾訴追案可決後には100人に大幅に増えている。ハンナラ党の100人という数は，選挙前の議席数138から見ても，その大きさがわかる。同じことは民主党の落選対象者57人にも言える。民主党は選挙前が62議席である。このように2004年にはハンナラ党と民主党が落選運動の標的とされ，落選運動は党派的な性格を著しく強めたと言える。

だが落選運動における落薦・落選対象者の党派的な片寄りが，総選連帯にとっては意図せざる結果であったのか，あるいは意図したものであったのかという問題は残る。この点を，次に取り上げることにする。

3．落選運動の党派性に関する議論

政治的中立性を主張する総選連帯が党派的立場を自ら表明することはない。そこで党派性を検証するために総選連帯による対象者選定を取り上げた。ここでは落選運動がどのように論じられ評価されたのか，とりわけその党派性にかかわる部分に焦点を絞って紹介する。具体的には，新聞記者，知識人，政党，メディア，一般市民(ネチズン)の落選運動論を取り上げることにする。

(1) 沈黙と「両翼論」

2000年の落選運動の内側を深く取材した新聞記者と落選運動を主導した知識人の落選運動論を見ることにする。最初は中央日報の新聞記者として2000総選連帯を密着取材した文敬蘭(ムン・ギョンラン)である。彼女は落選運動の取材価値について中央日報の編集幹部たちに，次のように説いている[124]。

「……市民団体の落選運動に対する国民的な関心はまさに爆発的です。落選運動に対する不法是非，政治的是非などにもかかわらず，その運動はすでにその流れに逆らうことのできない大勢となりました。この状況では落選運動の報道は歴史の岐路であると考えます。そうであれば中央日報が，これを積極的に報道するのは当然なことです。無視することはできないのです。ただし何が問題であって，批判する点はないのかなどを取材して評価することが言論として本来あるべき役割だと考えます。私は特に市民団体と執権与党の間にある種の陰謀やシナリオがあるとは考えません。この点は，市民団体の取材を通じて得るに至った判断です。しかし落選運動がもたらす結果に対しては，問い詰めてみる必要があります。落選運動は政治人の入れ替えを要求しています。そうであれば，執権与党ゆえに相対的に豊富な選挙資金と組織力を備えている国民会議〔新政治国民会議。2000 年 1 月に新千年民主党に変わる〕は新しい血を迎え入れることが，はるかに容易でしょう。しかしいくつかの面で不利な野党〔ハンナラ党〕の場合，現職議員を公薦せずに新しい政治人を受け入れることは現実的に不可能な面が多いと見ます。そうであれば，各党に下される有権者の審判結果が，どの政党に有利に作用するのかということは計算できると見ます。総選連帯関係者に，このような事実を指摘すると，自分たちは政治的に何の私心もなく運動をするだけであって，そのような党派性や陰謀はないと主張します。しかし結果に対しては，彼らは一切何も言及しないのです」

新聞記者としての彼女は，ハンナラ党や自民連が主張する陰謀論や紅衛兵論に立つことはないが，落選運動が引き起こす結果の予測や期待も含め，市民運動と政治との関係を見ようとしている。落選運動が国政選挙という与野党の争いに対してどのような影響を及ぼすかの予想や見込みが，総選連帯によってなされなかったとするのは難しいのではないか。文敬蘭は総選連帯を取材し好意的に記事にしながらも，この点に関する関係者の沈黙を見逃さなかった。

総選連帯は，保守野党が提起する陰謀論や紅衛兵論に巻き込まれ自らの影響力を削ぎ落とすことがないように政治的中立性と純粋性を主張してきた。それだけに総選連帯を主導する市民活動家たちが，政治との党派的な関係について語るのを見出すのは極めて難しい。

2000 総選連帯の執行委員であり大学教授でもある曺喜昖は，2000 年の落選運動について，次のように記している。「筆者は「巨視的な」側面では執権党の民主党が，落薦・落選運動が標榜する改革性に積極的に応じる対応様式をとることで，少数野党から「過半数に若干及ばない」巨大与党に，つま先立ちすることに大きな貢献をしたと考える。しかし党内の力学関係で見るならば，〔ハンナラ党の〕李会昌（イ・フェチャン）総裁が最大の受益者であったと考える。李総裁は，落薦・落選運動の改革要求を迂回的に活用して自分の党内の競争者（その後，民国党を結成）を，公薦から排除することで党の掌握力を確固としたものにすることができた。外的な監視運動とは，運動の現実的な結果まで責任を負う運動ではなく，その運動に既成政党がどのように対応するのかに応じて，その結果が異なってくる運動であると言える」[125]。

曺喜昖は，落選運動が金大中大統領の与党民主党に有利に作用したことを認めながらも，その結果に落選運動が責任を負うものではないと主張している。なぜなら結果は政党の対応次第で異なるからである。彼は意図せざる結果論に立っていた。

2004年の落選運動を経た後に，彼はこのような意図せざる結果論から踏み込み，次のように述べている。「私は2000年の落選運動の当時「両翼論」を提起した。落選運動のように，保守的な覇権政党に国民的不信を触発する運動が起きるようになれば，中道自由主義勢力の政治的空間も拡張されるが，同時に進歩勢力あるいは急進進歩勢力の政治的空間も拡張されると私は見ていた。2004年の場合にも弾劾反対闘争は開かれたウリ党にのみ恵沢が回ってくるのではなく，民主労働党の大躍進にも決定的な契機となった。私は正しい一般民主主義の闘争は階級的闘争の空間も拡張させると考える」[126]。

ここで曺喜昖は2000年の落選運動が「保守的な覇権政党」（ハンナラ党）に対する国民の不信を広く喚起する運動であり，それによって「両翼」である「中道自由主義勢力」（金大中政権と与党民主党）と「進歩勢力あるいは急進進歩勢力」（民労党と民衆運動）の政治的空間が広がるものと論じたと述べている。彼の認識では，闘争における敵（「保守的な覇権政党」）と味方（「両翼」）が分けられている。「両翼論」は「正しい一般民主主義の闘争」が中道自由主義勢力だけではなく進歩勢力にも有利に働くことを論じるものであり，彼の議論に「正しい一般民主主義の闘争」である落選運動の党派的な効果が意図されたものであることを読み取ることができよう。しかしながら2000年当時に「両翼論」が提起されていたことを，筆者は総選連帯の公刊資料や新聞・雑誌等において確認できなかった。おそらくは非公式な「提起」であったのではないか。

曺喜昖は参与連帯を中心とする市民運動の代表的な理論家ではあるが，その一人に過ぎず，また彼の文章は総選連帯の公式的立場を表明するものではない。それでも落選運動の指導層の一人がどのように落選運動の党派性を認識していたのかを確認することは，落選運動を理解する重要な手掛かりになると考える。

（2）2000 年と 2004 年の違い

次に，落選運動を主導した総選連帯に対する，外からの批判を見ることにする。2000 年の落選運動に対してハンナラ党は「総選連帯に参加している一部の人士たちが与党に奥深く介入した前歴があり，参加主要団体もまた政府から支援金を受けてきた疑惑がある」として市民団体と金大中政権や与党との「癒着」を批判した[127]。また自民連は市民団体と「与圏中心勢力との陰謀論」を掲げ，落選運動を中国文化大革命の「紅衛兵」に喩えるなどして非難した[128]。2000 年には金大中政権を支える与党であったが，盧武鉉政権のもとでは野党になった民主党は 2004 年の総選連帯の落薦名簿に対して，「恣意的で公平性を失っている。党籍移動を問題視するというのであれば，開かれたウリ党の議員全員と盧武鉉大統領の懐に移ったハンナラ党の脱党派 5 人はどのような理由で含まれていないのかを解明しなければならない」[129] と反発している。

総選連帯から見るならば，彼らに敵対する保守的な政党が落選運動に対して，政権癒着説や陰謀論を提起しても織り込み済みの反発であったと言える。陰謀論の根拠が具体的に示されるのであれば落選運動に与えるダメージは大きくなろうが，証拠が示されない以上，その種の非難が国民に受け入れられるかは状況次第になろう。金泳三政権末期の経済危機から国民の政治不信が著しく高まった 2000 年の状況では，ハンナラ党による非難は説得力をもちえなかった。ところが 2004 年には野党からだけではなく進歩的なメディアや民労党からも，落選運動の党派性について批判がなされるようになった。

プレシアンは市民運動に近いインターネット新聞である。プレシアンは 2004 年の落選運動の選定基準について，次のように伝えている。「一部では今度の落選運動対象者の選定過程において，それまで市民社会団体が主張してきたイラク派兵賛成者に対して落選運動をするとの主張が含められていない点に対する批判も結構強い。〔批判する側は〕特に総選連帯に参与した大多数の市民社会団体がイラク派兵に反対し，国会でイラク追加派兵案の通過直後，賛成議員に対する落選運動を警告した点を取り上げている。今後，市民社会団体のアイデンティティをめぐり少なくない議論が不可避となる見通しである」[130]。

総選連帯に参加している市民団体は韓国軍のイラク派兵案に対する賛成議員を対象に落選運動を行うと主張していたにもかかわらず，結局，総選連帯は落選対象者の基準には含めなかった。プレシアンは，この点を取り上げて，市民団体の一貫性に問題があると論じている。

たとえば参与連帯は，イラク派兵同意案の可決に際して「国会が民主的手続きを無視して派兵同意案を強行処理する場合，国会議長を始めとして与野党指導部など，これに責任のある議員全員に厳重な責任を問うであろうし，来年の総選で落選運動も辞さないであろう」との声明文を発表している[131]。総選連帯の中心的な市民団体である参与連帯が，イラク派兵問題で落選運動も辞さないと表明していた。このような経緯があっての2004年の総選連帯による落選運動であった[132]。

従ってイラク派兵問題では，市民社会の中で総選連帯の一貫しない態度に不満がつのったという。プレシアンによれば，「市民社会の一部では「派兵に賛成した国会議員も落選対象者に含めろ」という要求が堰を切ったようになされたが，総選連帯とムルガリ〔国民〕連帯は，このような要求にはぐずぐずしているだけであった」[133]。そして総選連帯が作成した落選対象者名簿では「「派兵賛成議員」問題は無視された。その結果，落選対象者の名簿を受け取った有権者が見せた反応は「彼らが落選対象なのは受け入れるが，派兵に賛成した議員に，なぜ免罪符を与えるのかわからない」というものであった。これに対して，総選連帯の指導級の人士は「派兵賛成の議員まで含めるならば，生き残ることができる議員は一体全体何名になるのか」と抗弁したが説得力は乏しい。有権者が総選連帯に要求したのは，こうした「数字遊び」ではなく正確な価値判断基準の提示であるためだ」[134]。

総選連帯の声明文には，イラク派兵問題への言及を見出すことはできない。イラク派兵問題を選定基準に含める場合，ウリ党のほとんどの議員が落選対象者になる。従って「派兵賛成の議員まで含めるならば，生き残ることができる議員は一体全体何名になるのか」ということになる。このような判断で選定基準からイラク派兵問題をはずしたのであれば，党派性を伴う政治的な判断を行ったと批判されることになろう。

プレシアンの「数字遊び」との批判に続き，民労党とその支持者も批判するようになった。総選連帯が落選名簿を発表した翌日，民労党のホームページには，次のような記事がアップされた。見出しは「おかしな市民団体，喜ぶ開かれたウリ党」(2004年4月7日登録)[135] である。この記事もまた，イラク派兵に反対し落選運動を公言したのにもかかわらず落選基準からイラク派兵問題をはずした市民団体の矛盾した態度を批判するものであり，プレシアンと異なるところはない。この記事によれば，民労党のスポークスマンは「弾劾賛成も落選理由となるが，イラク戦争派兵などの問題が除外されたことは理解し難い」と総選連帯の落選名簿を批判している。

この記事に付いた掲示板には，読者(ネチズン)の意見が多数アップされている。たとえば，次のようなものである。

① チョ・ソンボン「親米事大外交を克明に見せた人〔盧武鉉大統領のこと〕が派兵の主役である。最小限，市民団体であれば，それに対する評価がなければならないということでしょう。政権で押す人と市民団体で押す人が同じではありえないでしょうが，視角が同じなら問題があるという話。市民団体の御用化は嬉しくない現実ですよね」。4月7日15時3分

② チョンマリジ「市民団体が「市民」と「国民」の名前を汚しているね。そのまま政府傘下団体に名前を変えることが……」。4月7日15時8分

③ ハルコルム「ムルガリ〔国民〕連帯の支持候補も発表されたよね。予想通り，開かれたウリ党所属候補が圧倒的に多くて，民主労働党が二番目に多いな。しかし慎重にだけど，民主労働党はムルガリ〔国民〕連帯の支持を「拒否」するのがいいんじゃないかなと思う。イラク派兵賛成やチリとのFTA〔自由貿易協定〕賛成など政策部分に対する判断もせずに，単に人物中心の支持や落選を宣言する市民団体の行動に対して唾をかける必要があると考えるからだ。イラク派兵に賛成した開かれたウリ党，FTAに賛成した開かれたウリ党と，民主労働党とが同類に扱われるのは気分が悪い。

〔ムルガリ国民連帯は〕反市民団体であって，市民団体などではない。一言で言ってウリ党の第二中隊であることが白日の下にさらされた」。4月7日18時8分

ネチズンの書き込みには，盧武鉉政権の与党ウリ党を除外した落選名簿を作る市民団体に対する不信感が現れている。市民団体に対して「御用化」「政府傘下団体」「ウリ党の第二中隊」(第二中隊は蔑みが込められた別働隊の意味)という言葉が使われている。市民団体を非難するこのような言葉は，もともと保守的な政党(ハンナラ党など)によって用いられていた言葉であったが，それが民労党の支持者からもなされている。

2004年の落選運動では党派的な対象者選別に対して，進歩的な陣営内部からも批判がなされるようになった。だからと言って，この種の批判のために落選運動が失速し墜落したのではない。落選運動は国民の支持を得た大統領弾劾反対運動の一部分になることで，国会議員選挙を無事に乗り越えることができた。弾劾訴追案の可決という事態が起きなければ，落選運動は厳しい批判にさらされ続け失速したことであろう。

最後に，韓国政治の研究者である金万欽(キム・マンフム)(韓国政治アカデミー院長)による市民運動に関する記述を引用しておくことにする。金万欽は参与連帯の諮問委員の経歴を有し，金大中政権に近い位置にもいた。「民主化運動勢力の普遍的な基盤が，政派的な利害関係として認識されるようになる転換点は2000年の総選連帯の活動であった。民主化勢力の政治的な力が絶頂に至ると同時に，下落し始めた分岐点でもあった。韓国の市民運動の性格が普遍的な公益の性格よりは，政派的な権力闘争にあると見る傾向が大きくなった。2004年の17代総選を前にして市民運動勢力が再び2000年の総選連帯方式の運動を試みたが，市民の呼応が以前のようなものではありえなかった。そのうち弾劾局面が起きるや，彼らは弾劾反対運動の活動に集結したのである」[136]。2000年の落選運動は国民の支持を受けたが，市民運動が「政派的な利害関係」をもつものと認識される契機にもなった。その後2004年の弾劾反対運動も含め市民運動は「政派的な権力闘争」のアクターとして見られるようにもなった。そのことが市民運動を担った民主化勢力の弱化を招いたという。2000年から04年までの市民運動の軌跡を的確に描いている。

4．落選運動後

落選運動が選挙結果にどのような影響を及ぼしたのか，また落選運動の指導者たちが政府とどのような関係をもつようになったのか。これらがここで確認する点である。落選運動は2004年では大統領弾劾反対運動と同時に進行しており，落選運動だけを取り出して国会議員選挙への影響を論じることはできない。実際のところ，世論への影響では落選運動よりも弾劾反対運動のほうが大きかったと言えよう。従って，以下では2000年の国会議員選挙の結果だけを見ることにする。

2000年の最終的な落選対象者は86人であり，そのうち59人が落選している。落選率は68.6％になる。実際に何が候補者の落選に影響したのか原因を判別することは難しい。表21は落選対象者86人の当落を地域別に整理したものである。これを見て一目瞭然なことは地域的な偏差である。ソウル，仁川・京畿道を合わせた首都圏では落選率が90％を超えるのに対して，大邱・慶尚北道，釜山・慶尚南道を合わせた慶尚道全体では50％を下回る。

首都圏ではハンナラ党，民主党，自民連にかかわることなく落選対象者が1人を除き落選している。その1人は民主党の候補者であるが，対立候補のハンナラ党の候補者もまた落選対象者であり，いずれかの候補者が当選する可能性を考えれば，首都圏では事実上100％の落選率であったと言えよう。落選運動を80％の国民が賛成するという状況(表18参照)は，首都圏でストレートに現れたということになる。

他方，落選対象者が数多く当選した地域では，落選運動の影響力の限界を指摘することができる。そのような地域は慶尚道である。慶尚道全体では落選率は50％を下回るが，これはハンナラ党の落選率が0％であるからである。ハンナラ党の落選対象者18人は全員当選を果たしている。落選している落選対象者は他党や無所属の候補である。ハンナラ党の落選対象者の全員当選は慶尚道がハンナラ党の堅固な支持基盤であることによるものであり，ハンナラ党以外の落選対象者の落選もそのような地域主義的投票によるところが大きく，彼らの落選が落選運動による結果であるとは言い難い。落薦名簿発表後の慶尚道民の反応について，当時，民主党に所属していた盧武鉉は「市民団体の趣旨には

表21　2000年総選市民連帯の落選対象者の選挙結果

(単位 人)

	ハンナラ党	民主党	自民連	民国党	韓国新党	無所属	全　体
ソウル	3(3)	3(2)	5(5)	0	0	0	11(10)
仁川・京畿道	1(1)	3(3)	4(4)	0	0	1(1)	9(9)
江原道	2(2)	1(0)	0	1(0)	0	1(1)	5(3)
大田・忠清道	4(3)	1(1)	7(6)	1(1)	3(2)	2(2)	18(15)
光州・全羅道	0	4(2)	0	0	0	4(4)	8(6)
大邱・慶尚北道	4(0)	2(2)	1(1)	3(3)	0	1(1)	11(7)
釜山・慶尚南道	14(0)	2(2)	1(1)	3(3)	0	4(3)	24(9)
全　体	28(9)	16(12)	18(17)	8(7)	3(2)	13(12)	86(59)

注)(　)内は，実際の落選者数を示す。
出典)「2000年4.13総選　落選対象者名簿発表記者会見」前掲『有権者革命100日間の記録総選連帯白書(上)』216〜220頁。韓国ギャラップ『第16代国会議員選挙投票行態』ソウル，2000年，163〜164頁。

共感するが，投票は別にする」というものであることを伝えている[137)]。これはハンナラ党を支持する慶尚道民の地域主義的な投票性向によるものである。落選運動の影響力は慶尚道の地域主義によって遮られたと言える。それは，落選運動には党派的な偏向性があるとの見方が慶尚道民に浸透していたからであろう[138)]。

国会議員選挙の結果について，もう一つ指摘しておく。選挙結果は，ハンナラ党が国会の総議席の半数に近い133議席を獲得する一方，民主党は115議席にとどまり「ハンナラ勝利」[139)]に終わった。ハンナラ党は慶尚道で議席を増やし，全体として選挙前の議席を守ることに成功した。だがソウル，仁川・京畿道の首都圏に限定するならば，金大中政権の与党民主党が得票数とともに議席数を増やしている。1996年の国会議員選挙では金大中率いる新政治国民会議は首都圏で30議席であったが，2000年には民主党は首都圏の選挙区で数多くの接戦を制することで26議席増やし倍近い56議席となっている。ハンナラ党は54議席から40議席に減らしている。2000年の選挙では全国的に投票率が低下し，首都圏でも投票率は低下している[140)]。国民は政治への不満から落選運動を圧倒的に支持したが投票率が上昇することはなく，低下傾向に歯止めをかけることはできなかった。このような落選運動の限界を考慮するならば，落選運動の政治的影響を評価するには慎重でなければならない。それでも既述したように曺喜昖が「少数野党から「過半数に若干及ばない」巨大与党に，つま先立ちすることに大きな貢献をした」と論じるのも理解できることである。首都圏に限って言うならば[141]，落選運動が民主党の議席倍増に貢献したと見ることができよう。落選対象者がほぼ全員落選した首都圏では，落選運動の熱気は民主党の数名の落選対象者を落とすことにとどまらず，民主党への期待や支持を十分に高めたということになる。

それでは次に，落選運動後における総選連帯の役員の包摂について見ることにする。表22は，2000年と2004年の二つの総選連帯の役員が，どの政権で政府組織の公職に就任したのかを調べたものである。調査対象者は2000総選連帯の役員名簿に掲載された56人，2004総選連帯の役員紹介に掲載された20人である[142]。二つの総選連帯の役員76人のうち，経歴が判明したのは40人であり，公職に就任したのは25人である。表22は，この25人の公職就任状況を示したものである。経歴が判明した40人については，付録7で市民団体・政党の経歴と政府組織の役職の経歴を紹介している。

役員名簿で確認した役員総数76人のうち25人が政府の公職に就任しており，それは32.9%になる。表22に掲載された2000総選連帯の役員は24人であり，それとの重複も含め2004年の役員は3人に過ぎない。2000総選連帯の名簿掲載役員は56人であるので，2000年に限定すれば，その役員の42.9%が公職に就任していることになる。その公職就任時の政権は，延べ人数で盧泰愚政権1人，金泳三政権4人，金大中政権15人，盧武鉉政権20人となっている。金大中政権と盧武鉉政権は，それ以前の政権に比べ総選連帯の役員につくような市民団体の指導者の包摂に積極的であったことがわかる。

また表22では，公職就任時の政権を表記する際に，特に金大中政権(1998年2月～2003年2月)のときの公職については落選運動との前後関係を示している。落選運動以前であれば（前)，落選運動後であれば（後)，落選運動の前後ともに公職に就任していれば（前後）と表記することにした。金大中政権のときに就任した16人について見ると，（前）は6人，（後）は8人，（前後）は2人になる。落選運動後に公職に就任した役員は（後）と（前後）を合わせて10人になる。さらに（前）の6人のうち4人は盧武鉉政権になって公職にあらためて就任している。

総選連帯役員の公職就任時期を三つに分け，人名と公職名を交えると次のよ

表 22　総選市民連帯役員の公職就任時の政権

名　前	総選市民連帯		公職就任時の政権
	2000 年	2004 年	
金正憲	常任共同代表	－	盧武鉉
金重培	常任共同代表	－	金大中(後)
成裕普	常任共同代表	－	金大中(後)・盧武鉉
宋基淑	常任共同代表	－	盧武鉉
呉忠一	常任共同代表	－	盧武鉉
李南周	常任共同代表	－	金大中(前)・盧武鉉
池銀姫	常任共同代表	－	金泳三・金大中(前)・盧武鉉
崔　冽	常任共同代表	－	金泳三・金大中(前)・盧武鉉
朴巨用	共同代表	－	盧武鉉
申蕙秀	共同代表	－	金泳三・金大中(後)・盧武鉉
鄭康子	共同代表	－	金大中(前後)・盧武鉉
金光式	常任執行委員長	－	盧武鉉
金宰範	常任執行委員長	－	盧泰愚・金泳三
南仁順	常任執行委員長	－	金大中(後)・盧武鉉
朴元淳	常任執行委員長	－	金大中(前)・盧武鉉
朴在律	常任執行委員長	－	盧武鉉
法　眼	常任執行委員長	－	金大中(後)
金起式	執行委員	共同執行委員長	盧武鉉
朴珠賢	執行委員	－	金大中(前後)・盧武鉉
辛鍾元	執行委員	－	金大中(前)・盧武鉉
尹智熙	執行委員	－	金大中(後)・盧武鉉
鄭大和	執行委員	－	金大中(後)
河勝彰	執行委員	－	盧武鉉
白承憲	執行委員	執行委員	金大中(後)・盧武鉉
徐注源	－	共同執行委員長	金大中(前)

注）金大中の（前）は公職就任時点が落選運動以前を，（後）は落選運動後を，（前後）は落選運動以前とその後の両方を意味する。徐注源は 2004 年の落選運動の前後となる。
出典）本書付録 7 より。

うに整理できる。第一に，落選運動よりも前に金大中政権の公職に就任した場合である。総選連帯の役員は 8 人になる。常任共同代表の池銀姫(付録 7 の 8 番。以下同様)は，落選運動以前に金大中政権のもとで大統領直属女性特別委員会の民間委員についている。また環境運動連合と参与連帯の指導者である崔冽(9 番)と朴元淳(17 番)も，1998 年 8 月に監査院の不正防止対策委員会委員に委嘱されている。

第二に，落選運動が終わった後に金大中政権のもとで公職に就任した場合である。2000 総選連帯の役員は 10 人になる。金重培(2 番)は 2001 年 3 月に準公営放送のテレビ局 MBC の社長に，池銀姫は 2000 年 5 月に MBC の大株主である放送文化振興会の理事に，鄭康子(12 番)は 2001 年 10 月に国家人権委員会の非常任委員に，鄭大和(28 番)は 2000 年 9 月に大統領直属疑問死真相究明委員会の諮問委員に，白承憲(33 番)は 2000 年 10 月に大統領直属疑問死真相究明委員会の非常任理事にそれぞれ就任している。このような動きは，総選連帯の役員が金大中政権による包摂の対象者になっていたことを示すものと見ることができよう。

第三に，盧武鉉政権で公職に就任した場合である。2000 総選連帯の役員であった呉忠一(6 番)は 2004 年 11 月に大韓航空機爆破事件を扱った国家情報院過去事件真相究明を通じた発展委員会の委員長に，池銀姫は盧武鉉政権発足とともに女性部長官に，朴珠賢(25 番)は大統領秘書室の国民参与首席秘書官に就任している。崔冽も公職に就任している。このように盧武鉉政権では 20 人が公職に就任しており，金大中政権よりも総選連帯の役員に対する包摂が活発になっている。ただし 2000 総選連帯の役員に比べて，2004 総選連帯の役員が公職につく事例は少なく，落選対象者選定における党派性の現れ方と対照的であり興味深い。

これまで見てきたように，金大中政権と市民団体の「親和力」(趙大燁)ある関係のもとで，市民団体の役員に対する政府の包摂が積極的に展開されてきた。落選運動は金大中政権と市民団体との人的な相互関係が強まる中で起きたものである。落選運動の党派性は，このような相互関係を踏まえるのであれば理解できるものであり，落選運動後において指導者たちが包摂されたことも不思議なことではない。

メイヤーとタローの運動社会論では，社会運動の制度化は社会運動が消滅することを意味しない。制度化と抗議行動が両立しうるのが運動社会である。確かに 2004 年の大統領弾劾反対運動では 10 万を超える市民がソウルの中心街で蠟燭デモに参加している。それは政権の打倒を叫び警察と激しく衝突するデモではなかった。夜間のデモは違法であるにもかかわらず，警察は取り締まることはなかった[143]。それによって市民が蠟燭の灯りをもって盧武鉉大統領の支持を訴え，ハンナラ党や民主党を非難しながら街頭を行進することが可能になった。

ここにメイヤーとタローが唱える運動社会の姿を見出すこともできよう。だがそれだけではなく，弾劾反対運動には市民運動が選挙政治の重要なアクターとなった姿も見出せる。それは国政選挙という「政派的な権力闘争」(金万欽)において，大統領の支持勢力となった市民運動の姿である。このような位置にまで市民運動が移動し始めるようになったのは，2000年の落選運動からのことである。落選運動は，市民運動が政治権力(政府)に挑戦するのではなく，与野党の権力闘争の中で自己の位置を定める政治的なアクターになる始まりであったと見ることができる。このような党派性に至るまでの制度化を，メイヤーとタローは想定していなかったであろう。彼らが想定する社会運動の制度化の終着点は，彼らが望まないものではあるが，制度的領域内の政策過程に参加する利益団体の姿である。これに対して，韓国の市民運動を考察するのに必要となるのは，権力闘争に参加する政治的アクター(擬似政党)という視点なのである[144)]。

メイヤーとタローの制度化の概念を用いて，韓国における政府と市民団体，市民運動との相互作用の諸相を描くことはできたが，すでに彼らの概念の射程を超えるところにまで来てしまった。ここから先を論じるには，この超える部分に照準を合わせ政府や政党による市民社会への対応戦略がどのようなものかを検討する必要がある。第4章では金大中政権が市民団体，市民運動にどのように接近したのか，第5章では盧武鉉政権の与党ウリ党がそれらにどのように接近したのかを，それぞれ論じることにする。それによって市民社会と与野党の権力闘争との関連性がより明らかになろう。

1）本書第1章12〜13頁を参照。

2）David S. Meyer and Sidney Tarrow, *op. cit.*, pp. 21.　穏健化については，本書第1章の注30を参照。

3）曺喜昖の市民運動論については，以下の文献がある。曺喜昖，前掲「総合的市民運動の構造的性格と変化の展望に対する研究——「参与連帯」を中心に」。曺喜昖「市民社会の政治改革運動と落薦・落選運動」翰林大学校社会科学科編『韓国社会学評論』ソウル，第6号，2001年2月，10〜59頁。曺喜昖「韓国の国家・制度政治の変化と社会運動——民主化，世界化の中での国家と社会運動の変化」『社会フォーラム2003　連帯と前進』2003年2月，9〜67頁。民主言論運動市民連合のホームページ http://www.ccdm.or.kr/ より

2003年2月24日に取得。チョ・ヒョンヨン，曺喜昖「韓国民主主義の移行の性格」曺喜昖編『韓国民主主義と社会運動の動学』ソウル，ナヌムの家，2001年，279〜298頁。曺喜昖，チョン・テソク「韓国民主主義の変動に対する理論的理解と分析枠組み」曺喜昖編，前掲『韓国民主主義と社会運動の動学』19〜68頁。

4）曺喜昖，前掲「韓国の国家・制度政治の変化と社会運動――民主化，世界化の中での国家と社会運動の変化」44頁。

5）同上，35頁。

6）同上，42〜44頁。

7）同上，43頁。

8）本書第1章の注35を参照のこと。趙大燁，前掲『韓国の市民運動――抵抗と参与の動学』286〜287頁。

9）左派の政治学者である孫浩哲は資本主義的な階級対立を中心に韓国政治を論じ，市民運動には批判的である。その彼は「DJ〔金大中の略称〕の歴史的進歩性（87年以前）による批判的支持の雰囲気が民衆運動内にまであり，強力な反自由主義戦線の形成に障害となっている」と論じている。金大中支持が市民運動だけではなく民衆運動内部にまで広がっていることを批判している。彼の指摘は，市民社会の政治的アイデンティティを理解する上で留意しておく必要がある。孫浩哲「国家‐市民社会論――韓国政治の新たな代案なのか？」前掲『市民社会と市民運動2　新たな地平の探索』17〜49頁。孫浩哲「新自由主義的世界化攻勢と韓国の従属的新自由主義」『連帯と省察――社会フォーラム2002』2002年3月，33〜35頁。民主化のための全国教授協議会のホームページ http://www.professor-net.org/ より2004年7月8日に取得。

10）拙稿「韓国における民主化と第14代総選挙に関する考察（3）」『人文論究』函館人文学会，第55号，1993年2月，11〜30頁。韓国の社会運動に関する邦語文献の本格的研究としては，金栄鎬『現代韓国の社会運動――民主化後・冷戦後の展開』社会評論社，2001年。

11）「汎国民的大統領候補に金大中顧問を推薦する――民主勢力の候補単一化に対する民統連の決議」『民統連　民主統一民衆運動連合評価書（I）――資料編』ソウル，民族民主運動連合研究所，1989年，182〜183頁。

12）「軍部独裁打倒共同闘争委員会を結成して汎国民候補を積極支援しよう！」同上，184〜185頁。

13）張琪杓『80年代の状況と実践』ソウル，ハンギル社，1991年，258頁。

14）民統連の支持表明の政治的意味については，金忠根・李洛淵「両金氏，なぜ単一化できないか」『新東亜』ソウル，東亜日報社，1987年11月号，272〜273頁を参考にした。

15）「共同声明書――汎国民的単一候補は金大中先生と決定された」『'87韓国政治事情　別冊・声明書集』ソウル，民衆社，1988年，226〜227頁。1987年12月11日の声明書。

16）張琪杓，前掲書，258頁。張琪杓も，後述の金槿泰と同じように学生時代から民主化運動をしてきた活動家である。彼は1992年の国会議員選挙に向けて民衆党を結成しており，その後も金大中や盧武鉉の政党に入ることはなく，この2人の大統領に仕えた金槿泰とは異なる人生を歩むことになる。

17)「金權泰メッセージ――民衆運動の発展と選挙を通じた民族自主化と民主革命に関する私の見解」前掲『'87 韓国政治事情　別冊・声明書集』208～209頁。この文書の作成日付は1987年10月16日である。

18) チョ・ヒョンヨン「在野運動と政党政治の相互連関性」安禧洙編著『韓国政党政治論』ソウル，ナナム出版，1995年，451～480頁。

19) 全民連と1989年の政局については，拙稿「1990年前後における韓国の民主化について」『訪韓学術研究者論文集　第1巻(1992年8月～2000年3月)』財団法人日韓文化交流基金，2001年，501～548頁。

20)「在野統合「全国連」出帆――今日延世大学校で創立大会」『ハンギョレ』1991年12月1日。KINDSより取得。

21)「「分裂した在野」ついに一つに復活　全国連合出帆の意味と展望」『ハンギョレ』1991年12月1日。KINDSより取得。

22)「展望暗い「民主陣営」の連合公薦」『ハンギョレ』1992年1月24日。KINDSより取得。全国連合は独自候補として6人立候補させ，民主党や民衆党の候補者も合わせ32人を「民主候補」として支援する当選運動を行ったが，結果は「民主候補」の6人が当選し，独自候補は全員落選した。

23)「利害相通の「昔の友人の邂逅」 民主－全国連合「大選連帯」の背景」『朝鮮日報』1992年11月26日。KINDSより取得。

24)「民主党－在野の連帯公式化」『朝鮮日報』1992年12月3日。KINDSより取得。

25) 1987年の民主化から1992年頃までには「在野」という言葉は在野運動圏にとっても陳腐なものになってきており，全国連合も自ら「在野」と呼ぶことはなくなり，在野運動圏では自らを「民衆陣営」「進歩陣営」「民族民主運動(民民運)」などと呼ぶようになっていた。金道鐘「第14代総選過程に現れた在野運動圏の選挙戦術及び限界」韓国政治学会編集委員会編『選挙と韓国政治』ソウル，韓国政治学会，1992年，345～371頁。

26) 金權泰「在野の反省，在野の選択」『新東亜』ソウル，東亜日報社，1992年11月号，321～322頁。

27) 経歴にかかわる人数は把握しにくい面がある。この98人については，チョ・ヒョンヨン，前掲論文，465頁。また『東亜日報』(日本版，1988年2月3日)は91人として名簿を掲載している。

28)「第13代国会に進出した在野人士たち」『東亜日報』(日本版)1988年5月3日。平民党からの「在野人士」の立候補者数になると把握は難しいため既存の調査結果はない。筆者の独自調査では，民主化運動(市民運動を含む)の経歴保有者は平民党が27人，民主党が16人である。詳しくは，本書第5章及び付録8(1)を参照のこと。

29) 宋文弘「制度圏「在野」，改革勢力なのか左派勢力なのか」『新東亜』ソウル，東亜日報社，1993年10月号，188頁。

30) 第二の建国運動については，詳しくは本書第4章で論じる。

31) 伊藤千尋『たたかう新聞――「ハンギョレ」の12年』岩波書店，2001年。

32)「社説　改革推進と市民団体」『ハンギョレ』1998年8月20日。KINDSより取得。

33) 1998年に政府は社外理事制度を株式上場企業に導入した。その狙いは外部専門家を理事にすることで企業経営の透明化をはかることである。

34) クリーシーの「支援組織」については，本書第1章6〜9頁を参照。

35)「第二の建国国民運動特別対談」『大韓毎日』1998年9月21日。KINDSより取得。「大韓毎日」は1998年11月に「ソウル新聞」に名称変更している。この新聞は政府系の新聞である。

36) ファン・イルド「「盧政権連帯」か中立か——市民団体の「政治的」苦悩」『新東亜』ソウル，東亜日報社，2003年2月号，268〜279頁。東亜日報社のホームページ http://shindonga.donga.com/ より2009年2月14日に取得。盧武鉉政権発足に際しての「政治的中立性」をめぐる市民運動内部の論争については，次の文献も参照のこと。金永来，前掲「韓国市民社会運動の現況と発展課題」23〜26頁。

37) 2004年の大統領弾劾反対運動が起きる前になるが，筆者が会った参与連帯の関係者は，市民団体の内でも外でも，市民運動と政治を切り離すべきだとする意見と切り離すべきではないとする意見が対立しており，いずれが正しく望ましいのか悩みがあると語っていた。

38)「政治的中立，市民運動の保身主義か？ 激突対談　孫鳳鎬 vs 李鐘旿」2002年12月30日。参与連帯のホームページ http://blog.peoplepower21.org/ より2009年2月14日に取得。盧武鉉支持を鮮明にした李鐘旿は大邱参与連帯の共同代表に加え参与連帯の運営委員，諮問委員もまた歴任している。他方，政治的中立性を説く孫鳳鎬（ソン・ボンホ）は公選協や経実連の役員を歴任したソウル大学校教授である。大統領選挙中に盧武鉉支持を提起した李鐘旿は，盧武鉉当選者の大統領職引継委員会国民参与センター本部長を経て，大統領諮問政策企画委員会委員長(長官級)に就任している。これは，盧武鉉政権の市民団体へのメッセージが込められた人事と読むことができるかもしれない。

39) 鄭大和「16代大選と市民社会の課題」前掲『社会フォーラム2003　連帯と前進』79頁。鄭大和は，尚志大学校教授の市民運動家である。参与連帯とのかかわりが長く，また2000年の落選運動，2004年の当選運動にも役員としてかかわっている。

40) 池銀姫の活動家としての歩みについては，「[女性運動をする人々(1)] 池銀姫韓国女性団体連合常任代表」『女性新聞』1998年11月16日。この記事は，進歩ネットワークセンターの ホーム ページ http://go.jinbo.net/commune/view.php?board＝womdb-12&id＝47 より2009年10月25日に取得。韓国の女性運動については，春木育美『現代韓国と女性』新幹社，2006年，99頁。

41) 新政治国民会議での経歴は，春木育美「韓国における政治改革運動の資源動員構造——2000年総選市民連帯の落選運動を事例として」『地域社会学年報第13集　市民と地域』(地域社会学会)ハーベスト社，2001年，187〜204頁。春木は，落選運動の指導者が民主化運動を経験していることから金大中政権や与党の内部に「人的ネットワーク」があったことを的確に指摘している。

42) 当時，放送文化振興会理事の任命は放送委員会(現在は放送通信委員会)の権限であり，放送委員会委員の任命権者は大統領であった。ただし大統領は，放送委員会の9人の委員中6人については国会の推薦者を任命するものとされていた。池銀姫が放送文化振興会理事にどのような経緯で任命されたのかは不明であるが，大統領や与党の意向を反映した結果であると見るのが妥当であろう。

43) 参加と権力については，篠原一『市民参加』岩波書店，1977年，1～9頁。
44)「包摂」については，Jack H. Nagel, *Participation* (New Jersey, Prentice-Hall, Inc., 1987), pp. 145-159.
45) Philip Selznick, *TVA and the Grass Roots: A Study in the Sociology of Formal Organization* (Berkeley and Los Angeles, University of California Press, 1949). すでに言及したように，メイヤーとタローはセルズニックの研究に依拠して，戦術や要求の穏健化を意味するものとして包摂概念を使用している。だがセルズニックの包摂は，メイヤーらが言う「包含」(inclusion)と，その結果として起きる包摂(つまり穏健化)も含むものであるため異なる使用方法であると言える。混乱が生じないように，本書ではメイヤーらの包摂については穏健化と表記することにする。本書第1章の注30を参照。
46) 公式的包摂と非公式的包摂の区分に対する批判は，Jack H. Nagel, *op. cit.*, p. 152. ナーゲル(Jack H. Nagel)は，包摂が日常の政治的レトリックに変じたとする。だがナーゲル自身が包摂概念を用いて参加を論じているように，包摂は現実主義的に参加を論じるときには必要な概念であると考える。
47)「破格な人事」『韓国日報』1993年2月27日。KINDSより取得。
48)「金大統領就任1ヶ月　DJ人事の特徴」『東亜日報』1998年3月25日。KINDSより取得。また，毎日経済新聞政治部編『DJ時代パワーエリート』ソウル，毎日経済新聞社，1998年，101～105頁を参照。
49) ホ・マンソップ「青瓦台秘書官37%が運動圏……改革の「尖兵」の役割」『新東亜』ソウル，東亜日報社，2003年5月号，112～126頁。東亜日報社のホームページ http://shindonga.donga.com/ より取得。
50) 大統領秘書室については，拙稿「経済企画院――その組織と運営について」小此木政夫他『韓国の行政制度等に関する調査研究報告書(平成2年度)』総務庁長官官房企画課，1992年，66～103頁。
51) 大統領秘書室の職級は大統領秘書室職制で定められているが，職級の関連条文が数度改正されている。過去，秘書官は1級から3級，行政官は3級から5級とされている時期もある。
52) 大統領秘書室の定員数は，朴正煕政権の1964年の秘書室設立間もない頃は544人であり，そのうち行政官が191人で極度に多く，その後は定員数が急速に減少し，1970年代には227人で推移している。この定員数の変化を見る限りでは，盧武鉉政権の定員数531人は大統領秘書室創設当時の500人を超える定員数と同水準ということになる。朴正煕政権当時の大統領秘書室については，咸成得『大統領秘書室長論』ソウル，ナナム出版，2002年，76頁。
53)「青瓦台の肥大化実態及び解明　長官級2人を含め93人に増える」『国民日報』2003年4月8日。KINDSより取得。
54) 尹昶重，平井久志訳『金泳三大統領と青瓦台の人々――韓国政治の構造』中央公論社，1995年，58～68頁。
55) 裵明亀「大統領秘書室の構造と役割に関する研究(経済秘書官を中心に)」ソウル大学校行政学大学院碩士(修士)論文，1988年，42頁。

56)「権府ではない「働く青瓦台」」『国民日報』1993年2月17日。KINDSより取得。

57) 尹昶重，前掲書，58頁。

58)「青瓦台秘書官人事，予定日を越えて「陣痛」中」『ハンギョレ』1998年2月19日。KINDSより取得。

59)「青瓦台1～3級秘書陣人選の内外」『世界日報』1998年2月25日。KINDSより取得。

60)「官僚出身のいない青瓦台　部処公務員たち非常」『東亜日報』2003年2月19日。東亜日報社のホームページにある記事データベース http://www.donga.com/news/dongadb/ より取得。盧武鉉政権発足間もない時期の大統領秘書室の構成については，毎日経済新聞政治部『盧武鉉時代パワーエリート』ソウル，毎日経済新聞社，2003年。

61) 前掲「官僚出身のいない青瓦台　部処公務員たち非常」『東亜日報』2003年2月19日。

62)「社説　「理念型青瓦台」適切か」『朝鮮日報』2003年2月19日。KINDSより取得。

63) ホ・マンソップ，前掲論文，112～126頁。

64) 同上。当時，このような学生運動や民主化運動の知り合いを含め価値観を同じくする者を積極的に公職採用する盧武鉉政権に対しては，「コード人事」との批判がなされた。

65) 2007年12月の大統領選挙直後に，大統領秘書室の市民社会首席室(秘書官室)の行政官に会いインタビューした。彼は全羅道の市民団体の出身であり，翌年2月の大統領の交代とともに失職することになるので，故郷に戻り国会議員選挙の立候補に備えるとのことであった。ちなみに彼の在任期間は2年ほどに過ぎない。一般的に任期は1年から2年と短い。彼のような経歴の事例は珍しくはない。金大中政権のときであるが「ある環境団体の人士は青瓦台行政官として入った後に，〔2000年の〕16代総選で公薦を受けることに失敗するや，再び市民団体の高位職をまかされてもいる」という。「[市民運動](1)名望家中心の運動，もう終わりに」『ハンギョレ』2000年6月1日。KINDSより取得。市民団体の専従の活動家が，政権与党から立候補し落選して，大統領秘書室の秘書官になる事例もある。これは釜山参与自治市民連帯事務処長の朴在律(パク・ジェユル)(付録7の18番)である。彼は2004年の国会議員選挙にウリ党から立候補して落選し，2007年に大統領秘書室の秘書官に就任している。当然ながら，このような幹部の政治家指向に嫌気をさし離れて行った一般会員もいるということである(2004年8月に釜山で関係者にインタビュー)。

66) 経済正義実践市民連合，前掲『経実連出帆3周年記念資料集』438～442頁。

67) 参与連帯希望とビジョン委員会，前掲『参与連帯10年の記録　1994～2004――世の中を変える市民の力』264～276頁。

68) 付録5及び付録6には公職経歴のない役員は収録されていない。それも含む経実連248人，参与連帯181人の経歴については，拙稿「韓国における政府と市民団体の人的関係に関する調査(1)(2)――柳錫春教授の『参与連帯報告書』と参与連帯の反論を受けて」『札幌学院法学』札幌学院大学法学会，第25巻第2号，2009年3月，61～142頁，第26巻第2号，2010年3月，1～44頁。

69) 拙稿「民主体制定着期の韓国における政治と市民社会(1)」『札幌学院法学』札幌学院大学法学会，第20巻第2号，2004年3月，221～315頁。これをもとにデータを整理し直したのが，拙稿「韓国の政治と市民運動」小此木政夫編，前掲『韓国における市民意識の動態』77～106頁。

70）柳錫春，ワン・ヘスク『参与連帯報告書』ソウル，自由企業院，2006年。

71）参与連帯「自由企業院発行，『参与連帯報告書』に対して」2008年2月。参与連帯のホームページ http://blog.peoplepower21.org/ より2008年2月17日に取得。柳錫春らの報告書と参与連帯の反論について論じたのは，拙稿，前掲「韓国における政府と市民団体の人的関係に関する調査(1)――柳錫春教授の『参与連帯報告書』と参与連帯の反論を受けて」61〜142頁。柳錫春らは，彼らよりも以前に発表した筆者の2本の論文を参考文献にあげてはいないが，市民団体の役員経歴保有者に対する調査方法がほぼ同一であると判断できるため，参与連帯の反論には筆者も応えなければならないと考える。筆者の2本の論文とは，注69にあげた拙稿，前掲「民主体制定着期の韓国における政治と市民社会(1)」，拙稿，前掲「韓国の政治と市民運動」。

72）参与連帯，前掲「自由企業院発行，『参与連帯報告書』に対して」6頁。それでは，どのような役員であれば，参与連帯が公式的に認める公職就任になるのか。内規では，①参与連帯が常任執行委員会の決議を経て執行委員(代表，運営委員長団，執行委員長団，主要活動機構の長，事務処長団)以上の役員を推薦した場合，②執行委員以上の役員が専門家個人の資格で政府委員会に参与した後，これを常任執行委員会に報告して追認された場合，③参与連帯の執行委員ではなくとも，常任執行委員会で適任者と判断して政府の委員などに特定専門家を推薦した場合とある。つまり③の例外を除けば，代表，運営委員長団，執行委員長団，主要活動機構の長，事務処長団という執行委員以上の役員が常任執行委員会による事前の推薦，事後の承認を受けた場合，参与連帯役員の公職就任として公式的に計算されることになる。同上，7頁。これらの役職からなる参与連帯の運営については，経実連も含め次の文献が参考になる。梁現謨他『NGO意思決定過程――経実連と参与連帯の事例』ソウル，韓国行政研究院，2000年，55〜79頁。会員主体の民主的な運営よりも少数の執行部主導の運営が紹介されている。

73）宋文弘「文民衝撃，「大混乱」に陥った在野」『新東亜』ソウル，東亜日報社，1993年5月号，495頁。金泳三政権と経実連の関係を語るとき朴世逸(付録5の70番)の存在は欠かせない。朴世逸と徐京錫(経実連事務総長)は学生時代から親友であり，ソウル大学校教授の朴は経実連発足からの政策ブレーンでもあった。朴は1994年12月に大統領秘書室に政策企画首席秘書官として入るが，金泳三は当時の青瓦台を振り返り，朴世逸を指して「あの人たちと秘書官の中ではいちばんたくさん会いました，時間的にね」と語っている。金泳三大統領と朴に信頼関係があることで，経実連は政府への制度的アクセスで有利な位置にあったと見ることができる。金泳三大統領の回顧については，佐道明広・小針進『金泳三(元大韓民国大統領)オーラルヒストリー記録』(文部科学省科学研究費補助金「口述記録と文書記録を基礎とした現代日韓関係史研究の再構築」)2008年，134〜135頁。朴世逸と徐京錫の関係については，徐京錫，前掲「私のストーリー　夢見る者のみが世の中を変えることができる(修正増補版)」『東北亜新聞』2007年3月20日，6月2日。

74）徐京錫「第二の建国国民運動と市民運動」漢陽大学校第三セクター研究所，1998年。聖公会大学校のサイバーNGO資料館のホームページ http://demos.skhu.ac.kr/index.html より2008年4月19日に取得。

75）崔章集『民主化以後の民主主義――韓国民主主義の保守的起源と危機』ソウル，フマニタス，2002 年，194 頁。崔章集は金泳三政権についても，次のように論じている。「市民社会の在野勢力からの部分的な充員もあったが，それは下からの政治的に組織化された社会部門，階層，階級，機能的な社会利益を代弁する形態としてではなく，どこまでも外からの権力による選別的な包摂(co-optation)の形態でなされただけである」(傍点は筆者)。崔章集「イデオロギーとしての地域感情」同『韓国民主主義の条件と展望』ソウル，ナナム出版，1996 年，391 頁。制度的形態の参加でも，権力作用の面が強くなるのが包摂である。これは金大中政権，盧武鉉政権でも同じことである。崔章集が金泳三政権による包摂を「部分的」とする点に留意しておきたい。

76) 2004 年に筆者が調査した結果は，拙稿，前掲「民主体制定着期の韓国における政治と市民社会(1)」に掲載されている。その調査で対象となった経実連の役員数(重複を除く)は 433 人であったが，今回は新たな役員リストを入手した結果，785 人に大幅に増えた。それに伴って経歴が判明した役員数も倍増した。2004 年調査では，行政部よりも大統領直属でより多く増えたことが金大中政権の特徴とされたが，今回の調査結果では大統領直属で増えているが，同じように行政部でも増えていることが明らかになり，2004 年の結論は維持できなくなった。調査対象者数が増えた結果，部分的であるが修正が必要になった。推測になるが，調査対象者数が増えると実務的な行政部所属の委員会の委員就任数が相対的に増えるのではないか。

77) 市民運動の成果にふさわしく，腐敗防止委員会の委員長には市民団体の経歴のある人物が就任してきた。その後，腐敗防止委員会は盧武鉉政権によって国家清廉委員会(大統領直属)に改編され，李明博政権では腐敗防止法が廃止され新法によって新設された国務総理所属の国民権益委員会の機能の中に吸収された。国民権益委員会の初代委員長は梁建(ヤンゴン)(付録 5 の 101 番)，副委員長の一人は朴仁済(パク・インジェ)(同 64 番)である。李明博政権のもとで統廃合されてしまい，さらに大統領直属から国務総理所属に格下げされたが，人事では市民団体の経歴が考慮されているようでもある。両名ともに経実連の役員歴がある。だが 2009 年 9 月に委員長は民主化運動を経て新韓国党，ハンナラ党の国会議員であった李明博派の李在五(イ・ジェオ)に交代している。この委員長職の人事は，大統領派の落選議員への政治的配慮でなされた印象を強く受ける。李明博政権での変化は現在も進行している。

78)「社説　大統領所属委員会，ばっさり減らさなければならない」『東亜日報』(インターネット版)2004 年 9 月 15 日。東亜日報社のホームページ http://www.donga.com/ より取得。

79)「国情院過去事件委員会，来週初めに発足」『韓国日報』2004 年 10 月 28 日。KINDS より取得。委員長は参与連帯の顧問や諮問委員であった呉忠一(オ・チュンイル)牧師(付録 6 の 10 番)である。

80)「「委員会共和国」これからはない」『韓国日報』(インターネット版)2008 年 1 月 18 日。韓国日報社のホームページ http://news.hankooki.com より取得。

81) 国家人権委員会の職員を 21％削減する国家人権委員会職制改正令案が 2009 年 3 月に国務会議で可決された。国家人権委員会は，金大中大統領の〝作品〟として 2002 年に発足した独立委員会である。2008 年の狂牛病デモに対する警察の取り締まりを「人権侵害」と決定するなど，今回の職員の大量削減には李明博政権との対立が背景にあるともされる。この点については，「「人権委員は運命的に社会的弱者の側」［インタビュー］金七俊国家人権委員会事務総長」『オーマイニュース』2009 年 4 月 5 日。オーマイニュースのホームページ http://www.ohmynews.com/ より取得。金七俊（キム・チルジュン）事務総長(2009 年 4 月現在)は盧武鉉政権末期の 2007 年 1 月に就任した。弁護士の彼は 1998 年から参与連帯の小さな権利回復運動本部執行委員長，1999 年に同本部長であり(付録 6 の 46 番)，国家人権委員会と参与連帯のかかわりは浅くはない。また 2008 年の狂牛病デモでは参与連帯が主導的な団体であったことも見落とせない。ハンナラ党への政権交代は大統領官邸の主人が交代するだけではなく，国家権力からの参与連帯などの市民社会勢力の排除でもあった。

82)「盧当選者「市民運動が我が社会を率いる中心」」『東亜日報』2003 年 1 月 7 日。KINDS より取得。

83) 宋虎根「宋虎根教授の盧武鉉政権の立体大分析」『新東亜』ソウル，東亜日報社，2007 年 2 月号，82〜123 頁。東亜日報社のホームページ http://shindonga.donga.com/ より取得。

84) 本書第 1 章の注 35 を参照のこと。

85) 宋虎根は，盧武鉉政権では政府部処が運営する委員会には大統領官邸の青瓦台と与党のウリ党に理念的親和性のある市民団体の代表が任命され(いわゆるコード人事)，彼らは市民の支持を得るための政策作成作業に当たったとしている。宋虎根，前掲論文，82〜123 頁。

86) 参与連帯，前掲「自由企業院発行，『参与連帯報告書』に対して」6 頁。包摂された公職数が金泳三政権から盧武鉉政権まで増加傾向であった点については，参与連帯も筆者や柳錫春らと同じである。違いは，その人数の規模である。

87) 同上，10〜11 頁。

88) 柳錫春他，前掲『参与連帯報告書』82 頁。参与連帯の「癒着」との評価とその問題点については，拙稿，前掲「韓国における政府と市民団体の人的関係に関する調査(1)――柳錫春教授の『参与連帯報告書』と参与連帯の反論を受けて」を参照のこと。

89) 詳しくは，本書第 4 章第 1 節を参照のこと。

90) 市民団体の役員歴を経実連と参与連帯に限定しない方法は，柳錫春らの『参与連帯報告書』の調査方法とは異なる点である。柳錫春らは参与連帯に焦点を絞り参与連帯論を行っているが，本書は経実連論も参与連帯論も目指していない。この集計方法において本書と柳錫春らの方法は違っているが，参与連帯の役員経歴保有者の公職数を統計化する方法は同一のものである。この同じ方法によって得られた表 14 の公職数は参与連帯を幾重にも包装した結果と言えるようなものであり，参与連帯そのものとは言えないことから，柳錫春らのように参与連帯論を展開することは不可能ではないが慎重でなければならない。この点については，拙稿，前掲「韓国における政府と市民団体の人的関係に関する調査(1)――柳錫春教授の『参与連帯報告書』と参与連帯の反論を受けて」を参照。

91) 京郷新聞特別取材チーム『民主化 20 年，知識人の死――知識人，彼らはどこにいるのか』ソウル，フマニタス，2008 年，161〜165 頁。もとは『京郷新聞』に連載されたものである。ちなみに経実連の中央組織の 1993 年の役員数は延べ 575 人であり，参与連帯の中央組織の 2004 年の役員は延べ 284 人になる。このように数多くの役員を市民団体が設ける理由に，市民団体自身が大学教授などの権威ある知識人を必要とする一方，知識人も権力(公職)を得るため市民団体の役職を欲したことがあるのではないかと考えられる。役員数は，経実連，前掲『経実連出帆3周年記念資料集』438〜442頁。参与連帯希望とビジョン委員会，前掲『参与連帯10年の記録　1994〜2004——世の中を変える市民の力』264〜267頁。

92) グレゴリー・ヘンダーソン，鈴木沙雄・大塚喬重訳『朝鮮の政治社会——朝鮮現代史を比較政治学的に初解明　渦巻型構造の分析』サイマル出版会，1973年。この本は，韓国では2000年に出版社のハヌルが翻訳，出版している。1967年以降に関するヘンダーソンの記述が追加されている。同，朴幸雄他訳『渦巻きの韓国政治』ソウル，ハヌル，2000年。

93) 1970年代の維新体制のときに朴正熙政権は，農村地域でセマウル運動を始めた。1975年から84年までにセマウル運動の地域指導者823人が，地方行政の末端組織である邑面洞の長に特別採用(特採)されている。官製国民運動と市民運動を一緒に扱うことには反論もあろうが，ヘンダーソンの「渦巻き」の視点から見るならば，市民団体役員の包摂はこれと類似する現象であると言えよう。権威主義体制と民主体制という点で異なるが，政府と社会を貫く「渦巻き」が形を変えて再現しているということになる。セマウル運動指導者の特採については「セマウル指導者823人の公職採用」『東亜日報』(日本版)1985年11月8日。

94) 社会運動論の学説を整理したものとしては，Doug McAdam, John D. McCarthy and Mayer N. Zald, “Social Movements,” in Neil J. Smelser ed., *Handbook of Sociology* (Newbury Park, Calif., Sage Publications, 1988), pp. 695–737.

95) 若い世代の脱物質主義的価値を論じる研究は，馬仁燮「政党と社会亀裂構造」沈之淵編著『改訂増補版　現代政党政治の理解』ソウル，白山書堂，2004年，345〜377頁。鄭鎮民「民主化以後の韓国政党体系の変化——政党体系の再編成の可能性を中心に」『議政研究』ソウル，韓国議会発展研究会，第7巻第2号，2001年12月(ファイルに頁数の記載なし)。韓国議会発展研究会のホームページ http://www.assembly.re.kr/ より取得。脱物質主義の政治変動にかかわる議論は，2008年の米国産牛肉輸入反対の蠟燭デモ(いわゆる狂牛病デモ)のときにも見られるようになる。これまでの蠟燭デモが対米抗議や大統領弾劾反対など政治的性格が強かったのに対して，2008年には争点が食と健康にかかわるものであっただけに，そのような方向からの議論が可能になったと言える。その可能性を認めた上で，やはり対米感情を刺激する米国産牛肉であること(デモで見られた「屈辱(朝貢)外交」「ブッシュの犬」という表現)と李明博大統領の失策(性急に見える月齢30ヶ月以上の牛肉輸入合意)という二つの点がなくとも，国民の関心を引きつける争点として成り立ったのか疑問は残る。脱物質主義と蠟燭デモを結びつける議論は，たとえば，高源「蠟燭集会と政党政治改革の模索」『韓国政治研究』ソウル，ソウル大学校韓国政治研究所，第17輯第2号，2008年，95〜119頁。蠟燭デモへの参加動機には，李明博大統領の失策の中でも，彼に期待していた経済政策への失望，不満があったとする議論もある。それゆえに脱物質主義的価値を動機とする議論を飛躍と論じるのは，ユン・ソンイ「蠟燭デモと世代，そして市民社会」『(討論会)2008年蠟燭デモと韓国政治の進路』2008年10月17日，21〜36頁。よい政策フォーラムのホームページ http://www.goodforum.org/ より2010

年2月5日に取得。2008年の蠟燭デモの参加者の動機やそれを取り巻く社会状況については，後述するテレビやインターネットの影響も含め，今後も議論が続くであろう。本章の注100と102も参照のこと。

96) たとえば，孫赫載「インターネットと市民運動」『季刊　思想』ソウル，ナナム出版，2003年春季号，49～67頁，チョ・ソクチャン『インターネットが政治を変える――韓国のeポリティクス』ソウル，ヒャンヨン，2004年など。盧武鉉政権発足前に鄭大和は，インターネットには問題点もあるが，市民社会にはインターネットを使いこなす能力があり，盧武鉉政権はそのような市民社会が作り出したものであり，盧武鉉大統領は市民社会と一体となって改革を進めるものと展望している。「対論　盧武鉉時代1」『読売新聞』2003年2月19日。盧武鉉大統領の引継委員会に加わり大統領諮問政策企画委員会委員となった大学教授の鄭相鎬は，盧武鉉の政治手法がポピュリズムと批判されることに対して，市民社会の成長を論じ，盧武鉉の支持層を自発性と力動性のある「新しい進歩の流れ」であるとして，韓国の国民は動員される大衆ではないと反論している。これらの議論に見られるように，市民社会やインターネットに対する肯定的な評価は盧武鉉政権の始まりとともに熱を帯びるようになった。鄭相鎬「盧武鉉政権，「反改革」攻勢にどのように対応するのか――「ポピュリズム論争」と「政治改革」を中心に」『人物と思想』ソウル，人物と思想社，2003年4月号，99～130頁。次の文献も，このような潮流の中の一つである。玄武岩『韓国のデジタル・デモクラシー』集英社，2005年。

97) キム・ウォン「社会運動の新たな構成方式に対する研究――2002年の蠟燭デモを中心に」韓国社会歴史学会『談論201』ソウル，談論社，第8巻第2号，2005年，131～158頁。キム・ウォンは2008年の狂牛病デモにも反米ナショナリズムを見出し，「民族的自尊心に基づくメンタリティーの再生」と論じている。「まだ進歩政党を実験するのか　[蠟燭論争――街頭政治か政党政治か？⑥]〈女工1970……〉の著者キム・ウォン博士」『オーマイニュース』2008年7月14日。オーマイニュースのホームページhttp://www.ohmynews.com/より取得。彼は2002年に蠟燭をもった若者が2007年の大統領選挙では保守の李明博候補を支持したことをあげ，「若者の蠟燭を見て，過度に恥じたり歓呼したりしてはならない」とする。このような議論がオーマイニュースに掲載されるのは不思議かもしれないが，彼の議論の残りの半分，つまり蠟燭デモに見る「街頭の政治」の力動性をもって進歩政党を批判し路線変更を求めている部分にオーマイニュースの記者が共鳴したのであろうか。議論の前半と後半の整合性がどのようにはかられるのかという問題があろう。この点は大事なポイントでもある。

98) 動員構造については，John D. McCarthy, "Constraints and Opportunities in Adopting, Adapting, and Inventing," in Doug McAdam, John D. McCarthy and Mayer N. Zald eds., *op. cit.*, p. 141.

99) 許燻（ホ・フン）（大真大学校教授）は，儒教文化ゆえの韓国社会における活発なインターネット状況を「儒教文化のパラドックス」と呼んでいる。許燻「韓国におけるeガバナンスと市民社会の課題」清水敏行・魚住弘久『韓国政治の同時代的分析――韓国政治学者による韓国政治論』2007年，41～52頁。文部科学省科学研究費学術創成研究(2)「グローバリゼーション時代におけるガバナンスの変容に関する比較研究」(研究代表者山口二郎北海道大学大学院法学研究科教授）のホームページ http://www.global-g.jp/opendata.html より取得可能。

100） 金万欽は，弾劾決議後の蠟燭デモに関連して「インターネット文化の特徴でもある危険要素が蠟燭デモを通じて，そのまま現れ拡大再生産された。この過程でテレビ媒体は特定集団の活動と意識を拡大再生産するのに寄与し，その特定集団の意識を普遍的な世論とすることに決定的な役割をしたと見る」と論じている。金万欽，前掲『民主化以後の韓国政治と盧武鉉政権』88 頁。言うなれば，斬新なインターネットの「デジタル・デモクラシー」には，テレビ（準公営放送局は MBC と KBS（韓国放送公社）の二つ）によるアナログ・デモクラシーが，さらにテレビに影響力を及ぼす権力（政府及び労働組合）が絡みついていると言えよう。この点は，2008 年の狂牛病デモにおいても同様である。これらの多面性や複雑性を軽んじて，インターネットを媒介とする自発的参加を過度に強調するならば，ある種の美化に行きつくことになろう。韓国政治とインターネットについては，参照，金万欽「民主化 20 年の韓国政治――遅滞した改革と転換期の混沌」『議政研究』ソウル，韓国議会発展研究会，第 15 巻第 2 号，2009 年，131～158 頁。韓国議会発展研究会のホームページ http://www.assembly.re.kr/ より 2010 年 2 月 6 日に取得。参考までに記しておくならば，準公営放送局であり狂牛病デモの発生に決定的な影響を及ぼした MBC を管理監督する放送文化振興会では，盧武鉉政権のもとで選出された女性市民団体出身の李玉卿（イ・オクキョン）理事長（妹はウリ党，統合民主党の国会議員の李美卿（イ・ミギョン））からニューライト運動出身の金寓龍（キム・ウリョン）理事長に 2009 年 8 月に交代している。理事長の交代を経た放送文化振興会主導のもとで数ヶ月後に MBC の経営陣の入れ替えがなされている。政権交代に伴う李明博政権による MBC の掌握作業である。これは単に猟官制による人事ではなく，MBC の世論を形成する力を恐れたためであろう。本章の注 42 も参照のこと。

101） 韓国では参加と動員の区別に敏感である。それは権威主義体制のもとで官製国民運動や組織的な学生運動を経験したためである。それらと蠟燭デモとの違いを強調しようとすることから，動員と参加を明確に区別する二分法的な思考が出てくる。実際は参加と動員の区別は容易ではなくグレーゾーンが広がっていて，二分法的な区別は恣意的で政治的なものとなりうる。韓国ではインターネットを，動員と区別される参加の空間であると理解し，それがオフライン（たとえば街頭）に出現したときも同様に理解する傾向が強い。それは 2002 年に脚光を浴びたノサモ（盧武鉉を愛する会）や 2008 年の狂牛病デモの評価に現れている。特にノサモのその後については，本書第 5 章第 2 節で論じることにする。参加と動員の区別の議論に関しては，Samuel P. Huntington and Joan M. Nelson, *No Easy Choice: Political Participation in Developing Countries* (Cambridge, Mass., Harvard University Press, 1976), pp. 7-9.

102） 韓国ではインターネットの掲示板が解放的な空間であること，またインターネット新聞が朝鮮日報など「朝中東」の保守的とされる新聞に飽き足らない「進歩」的な読者を引きつけてきたことから，サイバー民主主義やデジタル・デモクラシーが論じられてきた。その中にインターネットの掲示板と熟慮民主主義を結びつける主張も出てくる。これについて 2008 年の狂牛病デモでのインターネット掲示板（最も関心を集めたポータルサイトのダウムの「アゴラ」）を分析したチョ・ファスン（延世大学校教授）は「蠟燭デモで見せた市民のインターネット活用と参与民主主義の爆発が熟議民主主義の条件を充足しているのかに対しては明確な結論を下すのは時期尚早でありうる」としながらも，アゴラのような「公論場の登場の可能性とサイバーアクティビズムの拡大が集団的な政治行為に肯定的な影響を及ぼしたと評価するのは難しい」と論じている。チョ・ファスン「サイバーアクティビズムと熟議民主主義の可能性？——韓国の蠟燭デモ関連の掲示板討論の分析」第9回情報文化フォーラム，2008年9月30日，7〜32頁。情報文化フォーラムのホームページ http://icforum.or.kr/index.asp より2009年6月27日に取得。実際に2008年の蠟燭デモをめぐるインターネットの掲示板やブログでは，狂牛病に関する虚偽情報(「輸入された米国産牛肉はすべて狂牛病にかかった肉」「韓国の農夫が狂牛病で死んだ」等々)，警察官によるデモ参加者の殺害デマ，蠟燭デモを批判する芸能人や一般人への集中的な非難などが見られた。インターネットと政治行動の結びつきは，2008年にはこれまでにない大規模な市民の参加と結集を成功させた反面，冷静さを失う面もあった。その後の大規模な蠟燭デモの始まりとなった2002年の蠟燭デモにおいても，事実と異なるか，事実として確定していない情報がインターネットを通じて広がっている。主導した米軍国民対策委員会(表3のD)の団体名称に「殺人」があるように，同団体は単なる過失の事故ではなく，米軍装甲車が繰り返し意図的に轢いた殺人であるとの情報を発信しており，それがインターネットを通じてさらに誇張され流布されたという。また女子中学生の凄惨な轢死体の写真が地下鉄駅などでポスター展示され，さらにインターネットを通じて流布されたことも若い世代を中心に情緒的な反応を刺激した。2002年の蠟燭デモについては，沈良燮『韓国の反米——原因・事例・対応』ソウル，ハヌル，2008年，185〜186頁。

103) 2000年の落選運動について，資源動員論のアプローチを用いて分析したものとして，春木育美，前掲「韓国における政治改革運動の資源動員構造——2000年総選市民連帯の落選運動を事例として」がある。春木論文は総選連帯がいかに資源を動員したのかに力点があり，資源の動員については市民団体相互の連帯に重きがおかれている。やはり大衆レベルまで含む動員構造の全体像を論じるのは難しい。一方，キム・ウォンは，2002年の蠟燭デモにおける公式的組織の活動家と非公式的ネットワークの参加者の間で起きた葛藤について論じている。キム・ウォン，前掲「社会運動の新たな構成方式に対する研究——2002年の蠟燭デモを中心に」を参照。動員構造について印象的に述べるのであれば，テレビ，インターネット，市民団体や民衆団体の三者が相互作用しながら2002年以降の大規模な蠟燭デモが実現するようになった。その三者の相互作用を見るならば，2002年と2004年に比べて2008年では蠟燭集会が始まる時点においてはテレビとインターネットの影響力が市民団体や民衆団体のそれよりも大きかったと言える。それはメディアの情報に刺激された女子中高校生が参加者の多数を占めた点に見て取れる。だが市民団体や民衆団体が合流するようになって，2002年や2004年の蠟燭デモと同じような蠟燭デモとなり，反李明博政権に向けた争点の広がりや党派色を見せるようになった。このことから，2008年の政権交代が与野党にとどまらず，市民社会さらには普通の市民をも巻き込んで権力闘争を街頭にまで広げることになったと見ることもできよう。つまり蠟燭デモを論じるには，基本的にはテレビ，インターネット，市民社会の三者の相互作用を与野党の権力闘争と関連づける視点が必要になる。この点にかかわり付言しておくべき点は，韓国ではハートとネグリ(M. Hardt and A. Negri)の，グローバルな帝国に抵抗する革命主体としてのマルチチュード(韓国では「多衆」と訳される)を，2008年の蠟燭デモに適用する議論が見られることである。中心や指導部のないウエッブ状の相互関係が特徴のマルチチュードを蠟燭デモに見出すのであるが，蠟燭デモの様相を印象的に見るのであれば，そのような議論も可能であろう。しかしそのような意味づけが認識象徴としてよりもデモを鼓舞するための組織象徴としてのマルチチュード概念の使用に傾斜してはいないかという点とともに，上記で論じた三者の相互作用を権力闘争と関連づけるよりも，従来のデジタル・デモクラシー論と同様にインターネットの役割を過度に強調する傾向が見られるだけに，客観的な考察にどれほど貢献するのかという点もまた慎重に論じなければならない。以上の論点も含め，2000年以降の市民運動の動員構造に関する研究が，今後も深められることを期待したい。マルチチュードについては，アントニオ・ネグリ，マイケル・ハート，幾島幸子訳，水嶋一憲・市田良彦監修『マルチチュード――〈帝国〉時代の戦争と民主主義　(上)(下)』日本放送出版協会，2005年。韓国側の関連研究としては，たとえば，社会と哲学研究会編『蠟燭の火，どのように見るのか』ソウル，ウルリョク，2009年。

104) これに関連して付録4について補足しておく。2000総選連帯に参加している全国農民会総連盟(全農)は居昌農民会のことであり，民主労総(22番)は大邱本部のことであり，いずれも全国組織の本部ではなく地域組織である。

105) シン・スングン「有権者運動に有権者がいなかった――落薦・落選運動の光と影……汝矣島の政治独占打破の大きな足跡」『ハンギョレ21』ソウル，ハンギョレ新聞社，第304号，2000年4月20日，32～35頁。

106)「2000年総選市民連帯第3次全国代表者会議」2000年3月5日，総選連帯受任委員会『有権者革命100日間の記録　総選連帯白書(下)』ソウル，2001年，1145頁。ほかに「2000年総選市民連帯第4次執行委員会」2000年2月22日，同上，1111頁。投票前日に繁華街の明洞で蠟燭集会とデモが行われたが，参加者は1000人ほどであった。2002年以降の大規模な蠟燭デモとの違いが際立つが，これは2002年のソウル市庁舎前広場でのワールドカップの応援イベントが，蠟燭デモに参加する市民にも，主催する団体にも大きな経験と実現可能性を与えたからであると言える。また2002年と2004年の大規模な蠟燭デモには，動員力のある民衆運動の団体が参加していたことも見落とせない。2000年の投票日前の蠟燭デモについては，「総選連帯の活動最後の日――落選対象者を今度は票で審判しよう」『ハンギョレ』2000年4月13日。KINDSより取得。

107)「「2000年総選連帯」との比較」『ハンギョレ』2004年2月4日。「現役議員16人落選運動対象　環境・女性団体各々選定」『ハンギョレ』2004年2月5日。いずれもKINDSより取得。

108)『第16代国会議員選挙投票行態』ソウル，韓国ギャラップ，2000年，170頁。

109)「2000年4.13総選　落選対象者名簿発表記者会見」2000年4月3日，総選連帯受任委員会『有権者革命100日間の記録　総選連帯白書(上)』ソウル，2001年，205～208頁。1997年末の経済危機によって韓国はIMFの支援と引き換えに構造調整を行うことになる。これをもって韓国の国家主権が奪われたとする非難も込めて「IMF管理体制」などと呼んだ。

110) 「選択4.15　党・落選運動評価　市民団体の選挙影響力減った」『国民日報』2004年

4 月 16 日。KINDS より取得。筆者は，弾劾訴追案可決前の 3 月初旬に参与連帯の関係者に落選運動の状況についてインタビューしたが，国民の支持が十分ではないという印象を受けた。その頃に韓国の政治学者からも，そのような趣旨のことを聞いている。

111）東亜日報社による世論調査(2004 年 2 月 14 日実施)から引用。東亜日報社のホームページ http://www.donga.com/ より 2004 年 3 月 22 日に取得。

112）2004 年の国会議員選挙後に，国民日報は落選運動について「市民団体の選挙影響力減った」との見出しで「2000 年の 16 代総選に比べて，規模も小さくなり「弾劾風」に埋もれて影響力をかなり失ったというのが全般的な評価だ」「弾劾問題が候補評価の基準に浮上して大規模な名簿が発表され，公平性の是非に巻き込まれて落選運動の影響力が縮小した」としている。的確な記述である。前掲「選択 4.15　党・落選運動評価　市民団体の選挙影響力減った」『国民日報』2004 年 4 月 16 日。

113）「2000 年総選　15 代国会議員公薦反対名簿」総選連帯受任委員会，前掲『有権者革命 100 日間の記録　総選連帯白書(上)』39 頁。

114）文敬蘭『総選連帯，有権者革命の 100 日のドラマ――私たちには夢がある』ソウル，ナナム出版，2000 年，57～60 頁。

115）前掲「2000 年総選　15 代国会議員公薦反対名簿」42～43 頁。

116）文敬蘭，前掲書，140 頁。落薦対象者数が多くなるというのは副次的な問題であろう。地域感情扇動の基準がハンナラ党に不利に働くとか，地域感情の逆風を吹かせることになるといった総選連帯の文書の記述は，総選連帯がハンナラ党とその支持基盤の慶尚道からの反発とその広がりに神経質になっていたことをうかがわせる。総選連帯の文書は，前掲「2000 年総選　15 代国会議員公薦反対名簿」42～43 頁。

117）「2000 年総選市民連帯発足記者会見資料」総選連帯受任委員会，前掲『有権者革命 100 日間の記録　総選連帯白書(上)』10～11 頁。

118）「2004 年総選　落選対象者名簿発表記者会見」2004 年 4 月 6 日，3～4 頁。2004 総選連帯のホームページ http://www.redcard2004.net/ より 2004 年 6 月 15 日に取得。

119）弾劾無効・腐敗政治清算汎国民行動「〈弾劾無効民主主義 100 万人大会〉に臨んでの対国民アピール文」2004 年 3 月 19 日。弾劾無効・腐敗政治清算汎国民行動の資料は，同団体のホームページ http://www.anti312.net/ より 2004 年 6 月 16 日に取得。

120）前掲「2000 年 4.13 総選　落選対象者名簿発表記者会見」216～220 頁。

121）「野党「反盧武鉉人士だけ選び集めた」……公薦反対名簿の公開波紋」『東亜日報』2004 年 2 月 6 日。KINDS より取得。

122）前掲「2000 年総選　15 代国会議員公薦反対名簿」39 頁。

123）「落薦対象者名簿を発表して」という題目の声明文からの引用であるが，声明文は政党に対しては与野党の両方をあげて公平性をはかろうとする一方で，名指しはしないがハンナラ党であることが自明な「野党」批判が盛り込まれている。引用箇所の「派閥政治の完成に悪用」は，ハンナラ党総裁の李会昌を批判していることはすぐにわかる。だが与党の民主党と金大中大統領を批判するような文言はない。その点で声明文は与野党を公平に批判しているとは言えない。前掲「2000 年 4.13 総選　落選対象者名簿発表記者会見」205～208 頁。

124) 文敬蘭，前掲書，94～96頁。

125) 曺喜昖「市民・社会運動と政治——韓国政治とNGOの政治改革運動」市民社会フォーラム・中央日報市民社会研究所編『参与民主主義の実現のための市民社会と市民運動』ソウル，アルケ，2002年，267～297頁。

126) 曺喜昖「新保守，進歩勢力に良い条件となるのか？」『レディアン』レディアンメディア，2007年2月5日。レディアンメディアのホームページ http://www.redian.org/ より2007年3月1日に取得。

127)「ハンナラ党の市民団体認識に問題がある　ハンナラ党の御用市民団体是非に関連して参与連帯声明書」2000年2月3日。参与連帯のホームページ http://www.peoplepower21.org/ より2004年2月23日に取得。

128)「自民連，市民団体への総攻勢検討」『東亜日報』2000年2月10日。KINDSより取得。「与圏」は，政府(中心は大統領府)・与党，さらに市民社会などの支持勢力を含む言葉であるが，文脈によって政府・与党だけを指すのか市民社会も含むのかは違ってくる。野党と支持勢力を意味する「野圏」も同様の使われ方をされる。

129)「「公薦反対」波紋　当事者たちの解明」『文化日報』2004年2月5日。KINDSより取得。

130)「弾劾賛成議員135人落選，派兵賛成議員は除外　総選市民連帯による落選者名簿発表の「明と暗」」『プレシアン』2004年4月6日。プレシアンのホームページ http://www.pressian.com/ より取得。

131)「[声明] 民主的手続きを無視して派兵同意案を処理するのであれば落選運動は不可避」2003年3月27日。参与連帯のホームページ http://www.peoplepower21.org/ より2004年7月18日に取得。

132) すでに言及しているが，2004年には総選連帯だけが落選運動に取り組んだのではない。イラク派兵反対非常国民行動も結成され落選運動を行っている。この団体には参与連帯も加わっていることから，参与連帯としては主張に一貫性があると主張できようが，それでも落選運動の象徴的存在である総選連帯がなぜイラク派兵問題を選定基準に含めなかったのかという問題は残る。

133)「総選有権者運動「半分の成功と失敗」」『プレシアン』2004年4月7日。プレシアンのホームページ http://www.pressian.com/ より取得。

134) 同上。

135) 掲示板の投稿文も含め，民労党の国会議員選挙総括のホームページ http://www.pangari.net/zboard/view.php?id=2004_article&page=1&sn1=&divpage=1&hid=&rid=&sn=off&ss=on&sc=on&select_arrange=headnum&desc=asc&no=242 より2004年6月8日に取得。

136) 金万欽「弾劾反対運動と群衆動員の政治」同『新しいリーダーシップ，分裂から疎通へ——金万欽の政治評論』ソウル，ハヌル，2007年，114～117頁。

137)「帰郷の風呂敷包みを開けた3党「心配半分，希望半分」」『朝鮮日報』2000年2月7日。KINDSより取得。

138) ハンナラ党や自民連は落選運動に対して政権癒着説や陰謀論を唱えたが，「陰謀論も特定地域または特定地域出身者にたやすく受け入れられた」という。文敬蘭，前掲書，140頁。筆者は慶尚道の研究者から落選運動に対する強い批判を聞いたことがあり，落選運動と金大中政権が一緒になって慶尚道と対立しているという怒りが，その批判には含まれていた。

139）「ハンナラ勝利　過半数に肉薄」『朝鮮日報』2000年4月14日。朝鮮日報社のホームページにある記事データベース http://srchdb1.chosun.com/pdf/i_service/ より取得。

140）選挙関連のデータについては，中央選挙管理委員会のホームページの「歴代選挙情報システム」を利用した。URL は http://www.nec.go.kr/sinfo/index.html である。

141）2000年の選挙で民主党が躍進した地域は首都圏だけではなかった。大田・忠清道でも0議席から8議席に伸ばしている。これには落選運動の影響も無視できないが，もともと忠清道は保守的な地域であること，またそこを支持基盤とする金鐘泌の政治的指導力の弱化など落選運動とは異なる要因を考えなければならない。そのためここではこの地域には言及しなかった。

142）2000総選連帯の役員名簿は，総選連帯受任委員会，前掲『有権者革命100日間の記録 総選連帯白書(下)』965頁。2004総選連帯の役員紹介は，2004総選連帯のホームページ http://www.redcard2004.net/ より2004年5月15日に取得。

143）警察は，集会・デモが夜間に開催されることに加えて，事前申告がなされなければ違法とするとの方針をすでに3月15日に表明していた。だが3月20日の土曜にはソウルで14万人の夜間蠟燭デモが行われた。警察は違法なデモの取り締まりを放棄した。事実上の合法化である。また中央選挙管理委員会も法的判断をなかなか行えないでいた。デモの主催者側の弾劾無効汎国民会議は，弾劾決議反対の蠟燭デモは非政治的な「文化行事」であるとして，集会及び示威に関する法律による夜間開催禁止規定は適用除外であると警察に反論している。「蠟燭集会不法規定　警察司法処理方針」『朝鮮日報』2004年3月16日。「社説　弾劾賛否は選挙法をかわして行くのか」『朝鮮日報』2004年3月22日。いずれも朝鮮日報社のホームページにある記事データベース http://srchdb1.chosun.com/pdf/i_service/ より取得。警察は盧武鉉政権の視線を見ながらデモに対処したのであろう。その結果，法執行停止状態となり，蠟燭デモは取り締まりを受けず，警察との衝突もなく行われた。このような警察行政の委縮は2000年の落選運動から始まったことであり，2004年はそのピークであったと言える。そのような委縮が解消され警察の取り締まりが復活したのは，言うまでもなく2008年の李明博政権からのことである。

144）擬似政党は筆者の命名である。これに類似するのは曺喜昖の「準政党」である。曺喜昖の説明は，原文の語彙を尊重しまとめるならば，次のようになる。制度政治と市民社会が乖離することによって市民社会の要求が制度政治に伝えられなくなる結果，市民社会の反乱や総合的市民運動が現れるようになる。総合的市民運動は政治，経済，社会の全般を民主化しようとするもので，政党に代わって政策提案(アドボカシー)などの代議の代行を行う準政党としての役割を担うようになる。政治遅滞が，経実連や参与連帯に代表される準政党的な総合的市民運動を生み出したという議論である。曺喜昖，前掲「総合的市民運動の構造的性格と変化の展望に対する研究──「参与連帯」を中心に」。曺喜昖の準政党論では，総合的市民運動を可能にする内在的力学の源泉は市民社会の改革要求にもっぱら求められている。市民社会中心主義が彼の議論の特徴であるが，市民社会内部(特に市民団体)の政治的指向性や政治的アイデンティティ，さらに政権側の市民社会戦略という二つの相互作用を抜きにしては，市民団体の政策過程への参加も準政党化も理解することはできないというのが本書の立場である。遅滞論の議論に準じるのであれば，民主化勢力であるため遅滞の解消が期待される金大中政権と盧武鉉政権のもとで，あたかも逆説的に落選運動や蠟燭デモが見られるようになったことについて，本当に説明できるのか疑問である。結局は，与野党の権力闘争の中で，あるときはぼんやりと，またあるときはくっきりとその輪郭が見えてくる擬似政党としての市民運動という視点が必要になると考える。

第4章　金大中政権の市民社会戦略

本章は金大中政権が市民社会(市民団体，市民運動)に対して，どのような関係を設定しようとしたのかを明らかにすることを目的とする。政治と市民社会の相互作用を明らかにするには，両方向からの作用をそれぞれ論じなければならない。参加と運動の視点だけではなく，権力と統治の視点も合わせて複眼的に相互作用を見る必要がある。本章は後者の視点から相互作用を明らかにしようとするものである。

第1節では金大中政権が発足して間もなく立ち上げられた第二の建国運動を，第2節では2000年の落選運動への金大中大統領の対応を取り上げる。この二つの考察を通じて，政府と市民団体との相互関係を組み立てようとする金大中大統領の政治的リーダーシップを見出すことになる。第3節では，個別政策レベルとして社会保障政策を取り上げ，市民団体を含む社会的アクターの参加の実績を検討する。社会保障の政策過程における市民団体の影響力は政府の意向に依存する面があったことが示されよう。要するに，権力闘争レベルと政策過程レベルにおいて政府と市民団体の相互関係がそれぞれどのように展開し，その二つがどのように関連していたのか，またそれらの相互関係を作り上げた金大中大統領が何を目指していたのかを描くことにしたい。

これと同様の考察を盧武鉉政権についても行うことが望ましいが，金大中政権のもとで形成された市民団体や市民運動との相互関係が盧武鉉政権のもとでも持続したのであれば特に必要がないと言えよう[1)]。たとえば，第3章で明らかにした市民団体の役員経歴保有者の包摂に見られるように，この二つの政権の間には連続性がある。また，本章で取り上げる2000年の落選運動で現れた政府と市民運動の協調的な相互関係は，党派性を強めながらも2004年の落選運動と大統領弾劾反対運動でも繰り返されていた。次の第5章では，このような連続面にとどまらず政党改革を取り上げることによって，盧武鉉政権のもとでの新たな展開を明らかにする。第4章の金大中政権から第5章の盧武鉉政権へと進むことで，視点が政府から政党に移るのは，相互関係における新たな動きを探し出すためである。

本論に入る前に，金大中大統領にとっての市民運動の意義が強調され過ぎないように，政権初期の彼の政治戦略について述べておきたい。金大中大統領の政治戦略を描き出すことは筆者の能力を超えるものがあるが，その重要な選択肢として新党による政界再編があったことを述べておかなければならない。

金大中政権が発足した1998年2月当時の国会の議席状況は，与党の新政治国民会議(国民会議)78，連立のパートナーである自民連43，野党のハンナラ党161であり，299議席のうち，国民会議と自民連を合わせても過半数に遠く及ばない状況であった。その結果が，過半数を制するハンナラ党による国務総理任命同意案の度重なる国会通過阻止であった。少数与党のもとでは国政運営は困難である。金大中大統領が「政権再創出よりも，来年〔2000年〕の選挙で安定議席を確保して残りの任期には安定をはかって改革をしなければならない」[2)]と語るように，まずは「与小野大」の国会を変えなければならない。これは金大中大統領が取り組まざるをえない最優先の政治課題であった。この課題を具体的に読み替えるならば，全羅道政党の色合いが極めて強い地域主義政党の国民会議を，いかにして支持基盤の広い「改革的国民政党」[3)]に作り変えるのかということになる。

もちろん国会の議席数を増やすためには，時には手段を選ばず強引に他党の議員を引き抜く方法もある[4)]。事実，ハンナラ党所属の議員の切り崩しや少数政党である国民新党(1997年の大統領選挙の李仁済候補を含む)の吸収によって1998年9月には国民会議は101議席，自民連は52議席にまで増やすことに成功し，連立与党が国会の過半数議席を占めるようになった。しかし国民会議はハンナラ党に次ぐ第二党であり，単独では過半数には達しない議席数にとどまり自民連を頼りにせざるをえない状況である。それに加え，政治家の離合集散の結果としての議席増は選挙で減るかもしれない。それゆえに「安定議席の確保」は，2000年の国会議員選挙まで金大中大統領にとっては重要な課題であり続けたのである。

寄せ集めの対症療法ではなく，本格的な解決は支持基盤を広げることのできる新党を作ることである[5]。その取り組みは政権が発足して 2 年目となる 1999 年に本格化する。その戦略は「2＋アルファ」と言われる。具体的には，全羅道を基盤とする国民会議と忠清道を基盤とする自民連を合併させ 2 として，それに改革的な集団のアルファの部分を加えることである。全羅道と忠清道の地域連合によって地域主義を克服する道を切り開くと同時に，アルファの部分で改革性を補強することによって「改革的国民政党」を実現するという構想である。理念的には「民主的改革勢力」(国民会議）と「健全な革新勢力」(アルファ）に，「民主的(改革的)保守勢力」(自民連）を加えるという「中道」的な「第三の道」を描いていた[6]。

このような新党構想によって全国政党が実現できるのかと言えば，慶尚道の地域主義の壁を考えれば疑問符が付こう。慶尚南道あるいは慶尚北道を切り崩して，そこに新党のパートナーを作り出せないのであるから，金大中大統領が描く新党の戦略はこのような構想に落ち着かざるをえない。容易ではない全国政党化を実現する方法としては新党の立ち上げに加えて，新党が慶尚道でも議席を得られるように選挙制度を大きく変えることも考慮されていた[7]。それは中選挙区制と政党名簿式比例代表制を並立させる 1 人 2 票の選挙制度である。金大中大統領の牙城である全羅道において議席獲得の可能性が皆無に等しいハンナラ党が，金大中大統領が望む選挙制度の改革に応じるというのも非現実的な見込みであり，事実ハンナラ党はそのような制度改革には応じなかった。

1999 年に自民連との合併交渉が本格化した。しかし交渉は容易ではなかった。国民会議に事実上吸収される自民連の議員が反発した。さらに国民会議と自民連の合併に先立っては，1997 年の大統領選挙に向けての金大中と金鐘泌の合意事項である内閣制憲法への改正問題を決着させなければならなかった[8]。この憲法改正問題で合意を達成することが，そもそも難しかった。金鐘泌と制度上の権限を分かち合うには，金大中自身の権力への執着も最後の障害となっていた[9]。

その結果「2＋アルファ」の新党構想は「1＋アルファ」にとどまった。それは「半分の成功」[10] であった。このような中での 2000 年 1 月の新千年民主党

(民主党)の誕生であり，4月の国会議員選挙で新党の民主党が過半数議席を制して「国民政党」になりうるのか厳しい状況であった。このときのアルファが国会議員選挙において，どれほど役立つのかも未知数でしかない。

このアルファの部分であるが，新党発起人のうち半数の19人が国民会議の外部から選ばれている。その中に民主化勢力や市民団体の指導者も含まれていた。たとえば，金大中に極めて近い市民団体の民主改革国民連合(付録1の206番)の共同代表でもある聖公会大学校前総長の李在禎(イ・ジェジョン)，韓国女性団体連合の共同代表でもあった参与連帯共同代表(指名段階)の韓明淑(ハン・ミョンスク)(付録6の36番)，在野運動圏の民統連副議長，全民連常任議長，全国連合(表3のL)常任議長を経て言論改革市民連帯(表3のH，付録3の26番)共同代表にある李昌馥(イ・チャンボク)，全国大学生代表者協議会(全大協)議長を経て市民連帯会議(表3のF)参加の韓国青年連合会(付録3の29番)の準備委員長であった李仁栄(イ・インヨン)の4人である[11)]。この4人はキリスト教，市民運動，在野運動圏，学生運動という市民社会の主要な構成分野から選ばれている。彼らは民主党に加わり2000年の国会議員選挙に立候補したことから，落選運動を率いた2000総選連帯の指導部に入ることはできない。だが彼らは人脈的には落選運動を主導した市民団体の役員であるか，またはそれに近い位置にいた。

要するに，金大中大統領の政治戦略は新党結成と選挙制度改革であったが，選挙制度改革は実現せず，新党も「1＋アルファ」にとどまった状況で，国会議員選挙を迎えざるをえなかった。結局，地域主義を克服する取り組みを国民に示すことができず，自民連を支持するような保守性向の有権者を取り込むことも難しい。市民社会との接点となる人物が新党に迎え入れられはしたが，それは新党が単に看板を掛け替えたに過ぎないとの批判をかわすため，新党らしさや改革性を演出するものであったとも言える。このような苦しい状況の中，2000年1月の新千年民主党の結成と時を同じくして落選運動が起き始める。金大中大統領は機敏に落選運動に対処することになる。

第１節　金大中政権と第二の建国運動

１．第二の建国運動

1998年２月に発足した金大中政権は，改革に向けて国民を組織的に動員しようと第二の建国運動に取り組むことになる。第二の建国運動は同年８月15日の光復節(日本からの解放記念日)に金大中大統領が慶祝辞で提唱することで始まり，2003年２月に発足した盧武鉉政権のもとで解体されることになる[12)]。４年６ヶ月も存続したことになるが，立ち上げからつまずき，実態としては名ばかりの組織が存続していたに過ぎない。しかしながら第二の建国運動は金大中政権が市民団体を改革に向け結集しようとした試みであり，それゆえに政府と市民団体の相互関係を論じる上では重要なものである。

以下，第二の建国運動については，次の三つの点を中心に論じることにする。第二の建国運動の目的は改革であるが，その抽象的な改革理念はどのように構成されていたのか，その目的を実現するために第二の建国運動の組織はどのように編成されようとしたのか，また市民団体を第二の建国運動に誘導するために，どのような施策が行われたのかである。

(１) 目的と必要性

金大中政権が第二の建国運動に取り組むに至った理由は，政権発足から経済危機への対応に追われるあまりに改革への取り組みが一貫せず不十分なものにとどまったことから，任期中に取り組むべき改革の総合的なビジョンを示す必要があったからであるとされている[13)]。そのようにせざるをえなくなった面もあろうが，次のような面もあった。第二の建国運動は金大中大統領の発案であり，彼は熱意をもって推し進めようとした。金大中は1992年の大統領選挙で落選し政界引退を宣言してイギリスに滞在していたが，すでに当時から彼は韓国社会を大規模に改造することを語っていた[14)]。彼が大統領になることで，それが第二の建国運動となって具体化されることになる。金大中大統領は改革を唱える開明的な「啓蒙君主」であるかのように，第二の建国運動によって

「社会改造」に取り組もうとしたのである[15)]。

第二の建国運動は国政の総体的改革を目指すことから，次のような論理構成をもって改革のビジョンが提示された[16)]。「国政哲学」の下に「実践原理」があり，さらにその下に「国政運営の6大課題」(分野別の改革課題)があり，これらを一括する概念もしくはスローガンとして「第二の建国」があるとされる。基本となる「国政哲学」とは，金大中が大統領就任演説で述べた「民主主義と市場経済の併行発展」[17)] のことである。このような「国政哲学」を基礎とし，その「実践原理」は自由，正義，効率の三つの原理であるとされる。このような言葉はいずれも抽象度が高く，また大統領就任以来繰り返し唱えられている「民主主義と市場経済の併行発展」の語句には新味はなく，あらためて「第二の建国」というスローガンがかぶせられたことに新しさがある。それだけに具体的に，「国政運営の6大課題」として，どのような課題が提示されるのかが大事になる。「国政運営の6大課題」は，次の通りである[18)]。

① 権威主義から参与民主主義への大転換
② 官治経済から市場経済への構造改革推進
③ 独善的な民族主義から普遍的な世界主義への転換
④ 物質主義の工業国家から知識基盤国家への転換
⑤ 新労使文化の創出
⑥ 南北間の交流・協力時代の開幕

これらの「国政運営の6大課題」には，それぞれの課題ごとに政策項目が列挙されている。それらの政策項目には，半年前に大統領職引継委員会によって作成された「国政100大課題」[19)] ですでに取り上げられていたものも少なくない。ここで注目すべきは，第一の課題としてあげられた「権威主義から参与民主主義への大転換」である。

その課題では「亡国的な地域対立を必ず清算するであろう」として，それに必要な制度として政党名簿式比例代表制が言及され，導入の意思が表明されている。選挙制度に言及することは，光復節における大統領の慶祝辞では「相当に異例なこと」[20)] である。

すでに述べたように，全国区を1人2票の政党名簿式比例代表制に変える選挙制度改正は金大中大統領の「改革的国民政党」構想と密接にかかわるだけに，野党を刺激するには十分であった。しかも金大中大統領はハンナラ党の国会議員を引き抜くなどして国民会議の議席を増やそうとしていた，まさにそのときである。それゆえ第二の建国運動は一体何をしようとするのか，ハンナラ党によっていぶかしがられ非難されることになる。

第二の建国運動がいぶかしがられたのは「第二の建国」という言葉が大韓民国との歴史的な断絶をはかるものと受け取られたからでもあるが，それだけではなく必要性や目的を説くところに党派性を読み取ることができたからでもある。大統領諮問政策企画委員会の『第二の建国　大転換と改革の方向』(1998 年 10 月)では，現在の危機の原因と改革の障害として「過去の権威主義体制で既得利益の保障を受けていた勢力」に対して「改革主体勢力」の力が劣っていることが指摘され，「市民社会の役割」として「下からの改革」の必要性が説かれている[21]。この政府文書には「改革主体勢力」という言葉は一度しか出てこない。しかし政策企画委員会の委員であり，第二の建国運動の企画に深くかかわった韓相震(ソウル大学校教授)は，彼の発表文では「既得権に安住しようとする集団」が金大中政権の改革の障害物であり，「既得権」に対抗する勢力としての「市民社会」に繰り返し言及している[22]。韓相震は「既得権の構造」を織りなすものとして，官僚，財界，地域主義，イデオロギー，新聞社などをあげている。これらの中に，かつての権威主義体制を支え，そこに安住してきた既得権勢力を見出すのは容易である。政府文書とともに韓相震の発言に，既得権勢力であると批判されてきたハンナラ党が金大中大統領の政治戦略を読み取ったとしても的外れとは言えないであろう。

この点に関連して，ハンギョレはコラムで第二の建国運動に対するハンナラ党の反発を批判している。「ハンナラ党の代弁人は「いわゆる改革主体勢力を形成して，〔政権の〕支持勢力を拡張しようとするためのもの」と主張した。彼の主張は事実に近いであろう。しかし彼が，この主張で政府を非難しようとしたのであれば，意地を張ったようなもの。改革主体勢力の形成と支持勢力の拡張は改革の成功のための必要条件であるためだ」[23]。国政の総体的改革に取り組む「改革主体勢力」の拡張が，果たして政権と与党の支持勢力の拡張にはならないのかという疑念は，このコラムでは解消できないであろう。

金大中大統領の慶祝辞では自らが取り組む国政課題には言及しながらも，国民運動として展開するに当たり国民がなすべきことについては特に明示していない。第二の建国運動では，そもそも政府の「国政運営の6大課題」と並んで，国民の「意識・生活改革」の課題が設定されていた。これらの課題の内容については政府文書の作成時期で若干の違いがあるが[24]，政策企画委員会の上記文書に従うのであれば，「意識・生活改革」の「3大方向」は，国民の参加のもとに権威主義体制時代の惰性を清算した民主化，地域主義や集団利己主義を克服した普遍化，中央集権的官僚統制を打破して市場経済原理による合理化を推し進めることであるとされている。これに関連して，政府は「積極的な有権者運動」を支援するように，国会議員の議会活動に関する情報を有権者に提供するとか，市民団体が支持する候補に対しては支持表明ができるよう選挙法改正運動がなされなければならないとしている[25]。ここで落選運動や当選運動にかかわるような政府の支援策が言及されていたことは興味深い。

「意識・生活改革」を実現するために，政府は「市民団体の積極的な役割を期待し，これに対する各種支援を惜しまないであろう」としている[26]。この点は，国政運営の課題の一番目である「参与主主義の発展」にもかかわってくる。政策企画委員会の文書では，そのために「公共性に基盤をもつ市民社会運動の成長を積極支援する」として，その具体的な方法として，「市民の積極的な政治・社会参与のチャネルを拡大することで，民主主義原理が国家権力の運営のみではなく市民社会の日常生活の中でまで実現される参与民主主義を実現する」[27] ことをあげている。この「政治・社会参与のチャネル」に関連して，韓相震は市民運動が第二の建国運動にどのように参加するのかを述べる中で「市民社会の専門家が政府部処の諮問委員会に出席して官僚と接して助言をすることも参与的対話の方法である」[28] としている。市民団体への支援策として，政府の政策過程への制度的アクセスを積極的に市民団体に開放することが説かれている。この点は，第3章で述べた金大中政権のもとで包摂数が大きく増えてきた点と重なっていることは言うまでもない。

（2）組織の構想と挫折

このように第二の建国運動の目的に曖昧なものがあるために，隠された意図があるのではないかと受け取られた。それは，その手段としての組織にも言えることであった。作り上げられようとする組織があまりに巨大であるために，第二の建国運動に対する疑念を高めることになった。組織作りは，当初の構想通りには進まなかった。官民共同の国民運動として進めることからも，組織編成上，司令塔と実働部隊の両方が整備されることが必要であった。しかし結果的には政府主導の司令塔ができあがっただけで，民間主導の実働部隊のほうは極めて不振な状態であった。

第二の建国運動の全体組織がどのように構想され，その実現がなぜ失敗したのかを順次見て行くことにする。まずは，金大中大統領とその側近たちがどのような組織体系を作ろうとしたのかである。

第二の建国運動は，政府，政党，民間団体の三つに柱をおく形となっている。政府には大統領直属の諮問委員会である第二の建国汎国民推進委員会，政党には実質的に与党(国民会議と自民連)だけからなる改革推進委員会，民間団体には第二の建国国民運動本部をそれぞれ設けて，これら三つの組織が相互に連携しながら，全体として総体的な改革に向けて国民運動を起こして行くものと構想されていた[29)]。

図 6 は，大統領直属の第二の建国汎国民推進委員会が発足してから数ヶ月を経た組織現況を示したものである。この図には推進委員会だけが描かれており，政党や民間団体の部分が描かれていない。特に民間団体については，後述するように推進委員会との関係を定めることができず，国民運動本部の設立も棚上げにされてしまったこともあり，書き込むにも書き込めない事情があったものと推測される。

第二の建国汎国民推進委員会は，地方自治体に設置された推進委員会の委員も含めるならば，1998 年 12 月現在で 1 万人を超える大規模な組織になる[30)]。大統領直属の推進委員会は，代表共同委員長，顧問，共同委員長の主要役職を始めとする民間人と中央部処の公務員である委員を合わせて 400 人を超える組織(図 6 では 429 人)であり，その下に置かれた常任委員会(58 人)とそれを支える政府中心の企画団(29 人)が実質的な運営を担うものとされている。

中央政府レベルの推進委員会だけでも委員は 400 人を超える大きな組織であるが，その象徴的な顔になる委員は，どのような人たちなのか。推進委員会の主要役職である代表共同委員長 1 人，顧問 5 人，共同委員長 16 人の計 22 人の

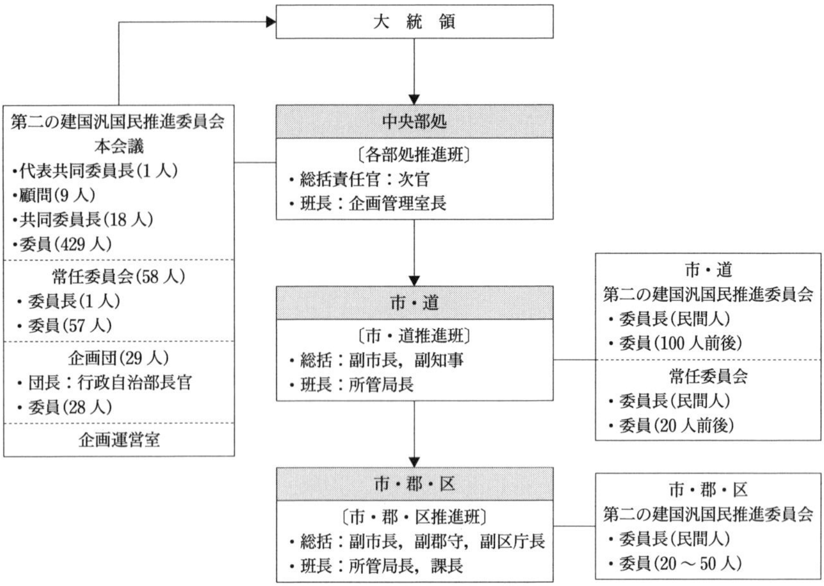

図6　第二の建国運動推進体系図

出典）許容範「深層取材　ミステリー巨大組織第二の建国委員会――国家のための国民運動なのか，政権のための官製運動なのか」『月刊朝鮮』ソウル，朝鮮日報社，1999年1月号，147頁より作成。

経歴を見るならば，「進歩と保守，旧与圏と現野圏人士を等しく配置して財界，学界，消費者，大型市民・職能団体の代表を含めた」[31]ものであるとされる。

表23に示された推進委員会の主要役職者(1998年10月発足時)の経歴を見ると，22人のうちの10人(45%)が民主化運動，市民運動にかかわった経験を有しており，しかも在野の重鎮，市民運動の「元老」的な存在と言える人たちである。その中でも，代表共同委員長の辺衡尹（ピョン・ヒョンユン）(付録5の159番)，顧問の宋月珠（ソン・ウォルジュ）(同47番)，共同委員長の姜汶奎（カン・ムンギュ）(同153番)は，市民団体である経実連の共同代表，顧問という名誉職的な地位についた経歴がある。市民運動の第一線の指導者とは言えないが，市民運動や民主化運動の役員歴が長い高齢の「元老」が含まれていた。

推進委員会の企画団団長は行政自治部長官である。図6には示されていないが，企画団の副団長は国務調整室長と大統領秘書室の政務首席秘書官である。

表23　第二の建国汎国民推進委員会の主要役職者

名　前	第二の建国汎国民推進委員会役職	経　　歴	在野運動圏，市民運動の経歴
辺衡尹	代表共同委員長	ソウル大教授，経実連共同代表，ハンギョレ新聞社非常任理事，国民政治研究会顧問	有
姜英勲	顧　問	中将予備役編入，第13代国会議員(民正党)，国務総理	
姜元龍	顧　問	宗教人(キリスト教)，韓国基督教教会協議会会長	有
金寿煥	顧　問	宗教人(枢機卿)，天主教(カトリック)宗教会議長	有
宋月珠	顧　問	宗教人(仏教)，経実連共同代表，公選協常任共同代表，市民協代表，興士団統一運動本部顧問	有
趙永植	顧　問	慶熙大総長	
姜汶奎	共同委員長	韓国YMCA全国連盟事務総長，経実連顧問，公選協共同代表，消費者保護団体協議会会長，市民協共同代表，セマウル運動中央協議会会長	有
金玟河	共同委員長	中央大総長，韓国有権者運動連合常任共同代表，韓国教育団体総連合会会長	有
金相廈	共同委員長	三養社社長，大韓商工会議所会長	
金容雲	共同委員長	漢陽大教授	
徐英勲	共同委員長	興士団公議会会長，正社協常任共同代表，公選協顧問，市民協共同代表	有
楊淳稙	共同委員長	国会議員(第6代，第7代，第14代)，民主化推進協議会常任運営委員，自民連常任顧問	
李慶淑	共同委員長	国会議員(第11代)，淑明女子大総長	
李文永	共同委員長	高麗大教授，基督者教授協議会会長，YH貿易事件で投獄，国民政治研究会顧問	有
李寿成	共同委員長	ソウル大総長，国務総理，新韓国党常任顧問	
李愚貞	共同委員長	韓国教会女性連合会会長，ソウル女子大教授，韓国女性団体連合会長，国会議員(第14代)，新政治国民会議顧問，国民政治研究会顧問	有
鄭光謨	共同委員長	韓国消費者連盟会長，消費者保護団体協議会会長，ソウルYMCA会長，市民協共同代表	有
鄭明勲	共同委員長	音楽家	
鄭元植	共同委員長	ソウル大教授，文教部長官，国務総理	
鄭義淑	共同委員長	梨花女子大総長	
趙完圭	共同委員長	ソウル大総長，教育部長官	
韓錫龍	共同委員長	内務部(江原道知事)，新政治国民会議入党	

出典）名簿は「改革人士総網羅「運動本部」と両軸　輪郭現れた第二の建国推進委員会」『ハンギョレ』1998年9月21日より作成。KINDSより取得。経歴は朝鮮日報社のホームページ http://www.chosun.com/ にある人物データベースなどを利用した。

政務首席秘書官は李康来（イ・ガンレ）である。李康来政務首席は，翌年の1999年2月に辞任するまで第二の建国運動の企画と推進に深く関与した人物である[32]。企画団には，政府高官のみならず大統領直属の政策企画委員会に所属する学者の委員も多数含まれている。第二の建国運動の中心的役割を李康来政務首席とともに担った韓相震は，政策企画委員会委員であり企画団の企画委員でもある。ちなみに政策企画委員会の委員長は高名な政治学者である崔章集(高麗大学校教授)である。崔章集と韓相震の2人が金大中大統領とともに第二の建国運動の草案を作成したとも言われている[33]。

推進委員会の政府主導性は，市民団体や新聞によって繰り返し批判されてきた。その結果，国民運動を直接担う役割をもたされた第二の建国国民運動本部を立ち上げることはできなかった。政府主導の司令塔はできあがったが，その下で動く実働部隊はうやむやになったのである。

当初の構想では，実務的な企画団を中心に推進委員会が改革課題を設定し，国民運動本部が改革に向けて国民意識の変化を促す運動を展開するものとされた。国民運動本部には全国的に大規模な組織網を有するセマウル運動中央協議会，韓国自由総連盟，正しく生きる運動協議会などの官辺団体とともに市民団体や職能団体も加わるものとされた。そこで大きな期待が寄せられ，国民運動本部の立ち上げを左右したのが市民団体である。

しかし第二の建国運動は政府が市民団体を国民運動に組織化するものであると受け止められてしまい，市民団体は強く反発した。そこで政府は国民運動本部を推進委員会の下部機構にするのではなく，組織のない曖昧な「市民運動団体ネットワーク」や「連結線」にトーンダウンさせたが[34]，経実連や参与連帯などの協力を得ることはできなかった。

失敗の原因としては市民団体と十分な事前調整を経ることもなく，構想発表の光復節に至ってしまったことにも一因はあろう。しかし単に話し合いの時間が不足したのではなく，市民団体が批判した二つの問題点，すなわち政府主導の国民運動に動員されるという問題，さらに官辺団体とともに国民運動を担わされるという問題を解消することは容易なことではなかったことが失敗の原因である。金大中大統領が「官民が心を合わせなければならない」[35]と語りながらも政府主導で進行している点，権威主義体制のもとで地位や利益を得てきた官辺団体が含まれている点などは，市民団体からすれば改革の後退とも映り，市民団体の理念や活動家の心情からも容易には受け入れ難いものであった。

第二の建国汎国民推進委員会と市民協の共同主催で開かれた「第二の建国・

国民討論会」では，各市民団体の代表と推進委員会企画委員の韓相震との間で議論がかわされた。徐京錫(市民協事務総長)は「第二の建国は徹底して純粋な民間主導の機構にならなければならない」と主張した。これに対して，韓相震は「政府が第二の建国運動から抜けて民間団体を支援しなければならないとする指摘に対しては疑問がある」として否定的な反応を見せ，「市民運動家の助けも受けなければならないが，一般市民の参加を引き出さなければならない」と論じ，市民団体にもっぱら頼ることの問題点を指摘している[36)]。彼は「専門家や市民団体のみでは力不足であるために，実際の改革過程では関連機関の参加が不可避である」と官民共同の運動方式を説いている[37)]。

李康来政務首席も同じような考えである。「李康来首席は，市民社会の発展程度がまだ不十分であるだけに，政府と市民運動団体が互いに協力して推進するのがよいと判断して，これらの間にネットワークを構築して第二の建国運動を推進することを構想した」[38)]という。政策企画委員会委員長の崔章集もまたインタビューで，政府が国民を動員するようなキャンペーンが必要なのか，そもそも成功するのかと問われて，「韓国的状況では，そのようにするほかない。このような方法を併行して行わなければ，政府が主導する改革政策が成功するのは難しいと考える」[39)]と答えている。

第二の建国運動の企画立案に深く関与した李康来，韓相震，崔章集の3人は，改革と国民運動の成功には市民団体の協力が必要であるとしながらも，それだけでは十分ではなく政府の主導性が欠かせないという認識を共有していた。それは市民団体が「力不足」で「発展程度がまだ不十分」であり，市民団体の組織基盤が弱いためである。これらの点も含めた「韓国的状況」では改革に対する国民の支持を喚起するために，国民運動を起こそうとする政府の主導性は必要であると考えられていた。

政府が官辺団体のセマウル運動中央協議会などを動員する理由も，そこにあった。韓相震は市民社会の潜在力を道徳性に求めながらも，「我が国で市民運動は大体に組織基盤が脆弱で」あり，「市民運動団体は中枢部的性格が強い反面，官辺団体は実行部の性格が強い」ことから，国民運動として「頭脳と組織がすべて一緒に発展した姿」にならなければならないとしている[40)]。市民運動ではなく，官辺団体も含む国民運動でなければ成功しないと見ている。第二の建国運動を「一般市民」にまで広げるには市民団体の力だけでは無理があり，セマウル運動(会員約230万)を始めとする官辺団体を組み入れなければならないということになる。もちろん権威主義体制によって作られ維持されてきた官辺団体をそのままで動員しようというのではなかった。第二の建国運動の構想発表前日に，市民運動の「元老」的存在の姜汶奎をセマウル運動中央協議会の会長に就任させて，組織改革に取り組ませている。だがこのような政府の論理に市民団体が納得することはなかった。

それでは，なぜ金大中大統領とその側近たちは，官民共同という建前を掲げながらも実質的には政府主導で，しかも市民団体の活動家の心情を害するような官辺団体の動員まで行って第二の建国運動を推し進めようとしたのか。その理由としては，彼らの時代錯誤的な社会認識や，また既得権勢力の反発に対する過剰な配慮に求められる部分もあるかもしれないが[41]，それ以上に政権の支持基盤の拡大に対する切迫した思いに求めることができよう。

韓相震は，参与連帯の朴元淳事務処長との対談の中で，政府が第二の建国運動に市民団体を無理に引き込もうとしているとする批判に対して，次のように論じている[42]。「下からの国民的な批判と監視など改革運動がなければ，時間が経つにつれ改革の力は消失し始める。……社会の改革集団がどのように結集するのかが重要な課題である」とし，「このような市民の力を第二の建国の運動力として育成しなければならない。市民団体も個別利益など狭小な問題に執着せずに，第二の建国という大きな枠に合わせることが何よりも重要だ。国民個々人や市民団体が，やはり発想の転換を急がなければならない状況だ」と語っている。第二の建国運動のもとで「改革集団」(改革主体勢力)が結集することが重要であると説き，協力を渋る市民運動の指導者には「発想の転換」をせかして同調を求めている。

金大中政権は，第二の建国運動を立ち上げるために市民団体を取り込もうとした。金大中大統領には国会議員選挙に向け支持基盤拡大への切迫した事情があったのであろうが，たとえそうであっても，韓相震が言うように「市民運動を扱う洗練された感受性と姿勢が要求される」[43]のである。第二の建国運動を企画・推進した者たちには「洗練された感受性」が乏しかったと言うこともできよう。その意味において，第二の建国運動の見事なまでの失敗は金大中大統領と彼の側近たちにとってはよい学習機会となった。この経験は2000年の落選運動への対応に生かされることになる。これに関連して見落とせない点は，第二の建国運動を立ち上げるに際して金大中政権が取り組んだ市民団体への支援策である。その支援策とは「政治・社会参与のチャネル」の拡大と補助金支給の法制化である。

（3）市民団体に対する支援策

第二の建国運動は市民団体の協力を得ることもできず急速に形骸化した。そのことをもって，金大中政権が市民団体とは相当に距離があり，協力や支持を得られる関係ではなかったということにはならない。すでに第3章で見ているが，市民団体の指導者が金大中大統領に対して「改革の同伴者」意識をもつことは決してまれではない。そして金大中政権もまた「改革の同伴者」意識を促進するような支援策を惜しまなかった。

第二の建国運動に関する政策企画委員会の文書には「市民社会運動の成長を積極支援する」として，「市民の積極的な政治・社会参与のチャネルを拡大すること」が述べられていた[44]。具体的には，韓相震は「政府部処の諮問委員会への参加」[45]をあげている。事実，すでに述べたように1998年8月12日に監査院の不正防止対策委員会の委員に，経実連の柳鍾星事務総長，参与連帯の朴元淳事務処長，環境運動連合の崔冽事務総長，さらに金聖在牧師らが委嘱されている。8月15日の光復節での第二の建国運動の発表と，ほぼ時を同じくして経実連，参与連帯，環境運動連合などの有力市民団体の指導者が揃って委員に委嘱されている点が注目される。しかも不正腐敗の剔抉は，第二の建国運動の「国政運営の6大課題」の一番目である「参与民主主義への大転換」に含まれている改革課題でもある[46]。市民団体の指導者からすれば，委員の委嘱は第二の建国運動とは関係がないと主張することができよう。だがこれほどの市民団体の指導者が揃って同じ委員会の委員に委嘱されることは，後にも先にもないことと言える。それだけに金大中政権が第二の建国運動に向けて，政府と市民団体の協力関係を象徴化させようとしたと見ることができる。

不正防止対策委員会の委員となった経実連の柳鍾星事務総長（付録5の73番）であるが，金大中大統領との関係での彼の経歴及び人間関係には特殊なものがあった。柳鍾星は1970年代，80年代に学生運動で数度投獄された経験をもっており，民主化以降には，金大中の平民党から国会議員となった文東煥(ムン・ドンファン)議員(表7参照)の補佐官(秘書)となる一方，経実連の結成に参加し草創期からスタッフとして活動している[47]。彼の出身は全羅北道井邑市であり，金大中の平民党と文東煥議員との結びつきも自然なものであろう。柳鍾星の妻，兪承姫(ユ・スンヒ)も市民運動の活動に従事し，金大中政権発足後の国民会議に女性局長として迎えられている[48]。さらに柳鍾星の実兄の柳鐘根(ユ・ジョングン)は1995年に全羅北道知事に当選した国民会議の幹部であり，構造調整に取り組む金大中政権の非常経済対策委員会の委員となっている[49]。このように柳鍾星と金大中大統領との関係には個人的なつながりで強いものがあった[50]。これらの点も作用して，「指導部〔柳鍾星を指す〕の政治的偏向性」に対する不信感が高じ，常勤スタッフ11人が経実連を去る分裂事態も生じている[51]。

柳鍾星は彼自身の剽窃事件によって1999年7月に辞任したが，その後任の事務総長である李石淵もまた前事務総長のときの「経実連の政治的偏向性」に言及している[52]。李石淵によって経実連の新たな方向設定として，金大中政権に対して一線を画すようになったのは，やはり前任者の「政治的偏向性」が作用したのではないかと推測される。経実連の事務総長交代は落選運動での経実連の対応となって現れ，経実連は参与連帯が主導する2000総選連帯とは距離をおくようになる。このような市民団体勢力内部での分化現象と見られることが起きるようになったのも，政府と市民団体が互いにあまりにも接近するようになったことの結果なのではないか。

次に，財政支援策を見ることにする。金大中政権は第二の建国運動への市民団体の参加に向けた誘引策として財政支援制度を導入し，ほとんどの市民団体はこれを歓迎し受け入れた。

1970年代にセマウル運動に対する政府の人的・財政的支援が始まり，その後の権威主義体制では，セマウル運動中央協議会など政府の統制下にある官辺団体に対する補助金が支給されるにとどまった。政府の統制下にはない民間団体には財政支援がなされなかった。これに加え，民間団体が寄付金を広く公募することも，法によって原則禁止されていた。寄付金募集の原則禁止では，根拠法である寄付金品の募集禁止法(1951年制定)が1995年に寄付金品の募集規

表24　官辺団体に対する政府の補助金支給額の推移　（単位 億ウォン）

団体名	1998年	1999年	2000年	2001年	2002年
セマウル運動中央協議会	26.5	17.5	7.34	3.65	3.05
正しく生きる運動協議会	8.5	5.2	1.8	1.8	1.02
韓国自由総連盟	12.7	8.1	3.0	2.85	2.1
合　計	47.7	30.8	12.14	8.3	6.17

出典）行政自治部「2002　民間団体支援事業審査結果発表」。行政自治部のホームページ http://mogaha.news.go.kr/ より2003年1月16日に取得。

制法に全文改正され，さらに金大中政権の1999年にも部分改正されているが，政府の許可制であることに変わりはなく，寄付金の公募が極めて難しい状況が2006年3月まで続いている[53]。

官辺団体だけの政府補助金支給が市民団体にもなされるようになるのは，金泳三政権の1994年からのことである。金泳三政権は上記の寄付金品の募集禁止法の全文改正に着手するほか，同年に「民間団体支援に関する法律案」を作成する一方で，一時的であれ官辺団体の設置・運営を定める根拠法の廃止，補助金支給の中止を検討するなど改革的な政策を打ち出そうとする姿勢を見せた[54]。同法案は，補助金支給が政府による市民団体の政治的利用につながることを危惧する市民団体や野党の反対で成立するには至らなかったが，政府の公報処による市民団体への補助金支給が始まっている。市民団体に対する事業費支援は，1994年に13団体に6億7000万ウォン，1996年には35団体に9億9000万ウォンとなっている[55]。表24に見られるように，主要な三つの官辺団体に対する補助金額(1998年47億7000万ウォン)に比べるならば，市民団体向けの補助金の規模はかなり限られた水準にとどまっていた。

金大中は1997年12月の大統領選挙で公約の一つとして，民間団体の事業費支援のための「民間運動支援に関する法律」制定を掲げていた[56]。当選後の大統領職引継委員会で作成した「国政100大課題」でも「民間運動の体系的推進」がその一つにあげられている[57]。光復節に第二の建国運動が宣言されたことで，市民団体に対する財政支援は，第二の建国運動を推進するための手段として，より積極的に位置づけられるようになる[58]。

李康来政務首席は，第二の建国運動の国民運動本部に向けた「市民運動団体ネットワーク」について問われ，市民団体に「強制は決して望ましくない。そのようになれば，過去〔全斗煥軍事政権を指す〕の社会浄化運動のように転落して運動の実効性が失われる。〔第二の建国運動の〕必要性に共感する団体にインセンティブを与え支援する方案がありうる」と述べている。続けて，どのような団体がネットワークに参加するのかを問われ，彼は「まだ具体的に話す段階ではない。ただセマウル運動組織が第二の建国運動の重要な役割をするであろう」としている[59]。インセンティブとは財政支援のことであり，財政支援を通じて市民団体の第二の建国運動への参加を誘導するが，官辺団体のセマウル運動にも期待するところが大きいということである。

金泳三政権の時期から政府による民間団体の財政支援をめぐっては，官辺団体に対する特権的な財政支援を削減・廃止して，市民団体に対する財政支援を本格化させることが争点になっていた。金大中政権も，この二つの点を踏まえ法案作成をしている。第二の建国運動が公にされた 1998 年 8 月 15 日に国民会議と行政自治部は「民間運動支援に関する法律案」を確定している。そこでは官辺団体を特別扱いにせず市民団体とともに「民間運動団体」として同等に取り扱うとして画期的な変化を予感させる一方で，従来から問題になっていた官辺団体の特別法(たとえばセマウル運動組織育成法など)を廃止するとしている[60]。

この法案は 2000 年 1 月に「非営利民間団体支援法」として制定された。非営利民間団体とは，受益者が不特定多数であること，利益分配をしないこと，特定政党や特定宗教のための活動をしないこと，常時構成員が 100 人以上であること，最近 1 年間の公益活動実績があること，法人でない場合は代表等がいることなどが法律上の定義とされている。法人の認可にかかわる法律ではないために，団体の組織や運営に関する詳細な規定がないことも特徴である。

この法制定の前後に市民団体と官辺団体に対する政府の財政支援は，どのようになされたのか，補助金額と補助事業の 2 点について述べておく。

第一に，官辺団体に対する補助金額が減り，市民団体に対する補助金額が増えてきたことである。1999 年から本格化した中央政府(行政自治部)の財政支援額は 150 億ウォン(当時の円換算で約 15 億円)であり，そのうち 75 億ウォンが二つ以上の市・道にわたる全国事業を対象に，残りが各市・道に限定された地域事業を対象に支給されている[61]。官辺団体には行政自治部が直接支給することになる。表 24 に見られるように，75 億ウォンのうち官辺団体は 1999 年には 30 億 8000 万ウォンであったが，2002 年には 6 億ウォンに減少している。官辺団体に対する補助金が急激に減少した理由としては，非営利民間団体支援法の施行のほかに，貢献が期待された第二の建国運動が 1999 年に入り急速に失速したこともあわせて考慮しておくべきかもしれない。

官辺団体に対する補助金の減少分は，民間団体に回ることになる。1999 年の補助金には経実連，環境運動連合，緑色連合，韓国女性団体連合，言論改革市民連帯，民主言論運動市民連合，韓国 YMCA 全国連盟，大韓 YWCA 連合会，興士団などが申請している。1999 年の補助金額(ウォン)は，経実連 1 億 3000 万，言論改革市民連帯 1 億，韓国女性団体連合 9000 万，韓国女性の電話連合 9000 万，緑色連合 9000 万，民主改革国民連合 1 億 1000 万，興士団 1 億，YMCA 2 億 1000 万となっている[62)]。伝統のある興士団や YMCA に比べ，1998 年に結成されたばかりの新参者である言論改革市民連帯や民主改革国民連合が 1 億ウォンというのは破格な待遇であろう[63)]。上記のいずれの団体も 2000 年と 2004 年の落選運動に加わり，また盧武鉉大統領の弾劾反対運動にも加わっている(経実連と民主改革国民連合が参加しているのは地方組織や付設機構である)。ただし参与連帯は，政府の補助金を受けることが市民団体の独立性を損なう恐れがあるなどの理由から申請しないでいる[64)]。

政府の補助金については，行政自治部だけではなく，他の政府部処，独立委員会，さらには地方自治体も含めるとなると全貌はつかみにくくなる。2003 年においても行政自治部の補助金予算額は全国と地方の 150 億ウォンであるが，他の中央政府の部処や独立委員会などを含めると 411 億ウォン(565 団体)になるともされる[65)]。別の資料によれば，1100 億ウォン(約 2000 団体)という推定計算もある[66)]。従って市民団体は非営利民間団体支援法に依拠した行政自治部からの補助金以外にも，様々な補助金をその他の部処，自治体などから受けていることになる。411 億ウォンとする資料によれば，たとえば民主言論運動市民連合(付録 3 の 4)は 2003 年には行政自治部，国政広報処，放送委員会，国家人権委員会，言論財団から総計 1 億 400 万ウォンの補助金を受け取り，環境運動連合は行政自治部と国家人権委員会から 6000 万ウォンを受け取っている[67)]。この補助金額には自治体の補助金が含まれていないことだけを見ても，実際の支給額はさらに膨れるのではなかろうか。

第二に，1999年から金大中政権が本格的に市民団体に予算配分を始めたが，それは常勤スタッフへの給与を含む経常費ではなく事業費への補助であり，あらかじめ政府によって支援事業がカテゴリー化されていることである。これらの点は2000年1月に制定された非営利民間団体支援法でも同様であり，公益事業の所要経費のうち事業費を支援するものとされている。

事業カテゴリーは，たとえば1999年には国民統合，市民参与の拡大，不正腐敗追放，経済回生，新知識人運動など七つに指定されている[68)]。支給対象団体の選定結果を見るならば，「選定された事業の大部分が第二の建国推進委員会の7大集中課題……を中心に配分された」[69)] という。このような審査基準に従って，自治体の補助金総額75億ウォンも別途配分されるため，総額の150億ウォンの相当部分が第二の建国運動の関連事業に配分されることになるという。第二の建国運動のインセンティブとして補助金が位置づけられていたことから，そのような配分になる。ただし第二の建国運動が形骸化してからは，そのためのインセンティブとしての意義は失われたことになる[70)]。

事業費への補助金交付にかかわり，非営利民間団体支援法では公正な使用を担保するための規定として，事業報告書を提出する義務とそれにかかわって罰則が設けられている。問題は，この規定によって政府が補助金の公正な使用をどれほど実効的に点検しているかである。なぜなら不正な使用が起きる素地があるからである。一般的に市民団体は会員の会費による財政運営が苦しく(本書第2章の注57参照)，それだけに市民団体は事業費への補助金よりも経常費への補助金を望んでいたという経緯がある。政府が支給を本格的に始めた1999年にはやくも，不正腐敗追放市民連合会(付録2の41番)が経常費や職員の海外出張費に補助金を不正流用するという事件が起きている。このときの政府の姿勢は消極的なものであり，「補助金の使用先をいちいち調査するのは民間団体の活動に干渉しているという誤解を買う憂慮がある」ために，他の団体にまで調査を広げることはしないというものであった[71)]。このような事件がすでに起きていたが，補助金の公正な使用を徹底する条文が，その後も非営利民間団体支援法に盛り込まれないできた。

この問題が再び社会的に大きな関心を呼んだのは，2008年秋に起きた環境運動連合の職員による横領事件である。横領事件が発生する背景として，外部補助金の30%はいったん管理費名目で差し引き残り70%を事業費に充て，偽造領収書を添付して報告する慣行があったとする職員の話をあげる見方もある[72]。この事件を契機に，李明博政権は非営利民間団体支援法による補助金支給を厳格化する方向に進もうとしている。具体的には，補助金使用の詳細な内訳をホームページで補助団体に公開させること，行政安全部(行政自治部から名称変更)が補助団体の事業報告を公開すること，さらには民間団体の補助事業を厳しく評価することなどである。このほかにも違法な集会やデモを行ったり暴力を行使したりするような団体を補助金の支援対象から除外するとともに，そのようなことを行った団体には補助金の返還を求める条文を加える法改正に取り組むとのことである[73]。李明博政権は，金大中政権の〝作品〟である非営利民間団体支援法を，その運用も含め作り変える方向に進むものと見られる。市民団体にとっては「冬の時代」が到来することになろうか。このような変化の意味は単に行政的な次元にとどまるものではなく政治的な次元にも及ぶものであり，まさに反李明博政権の狂牛病デモの後に起こるべくして起きたことと言えよう。

2．新たなアプローチの始まり

ここでは第二の建国運動の失敗から新党結成に至る過程において，金大中大統領が市民団体に対するアプローチを，どのように変えてきたのかを見ることにする。この点は2000年の落選運動への対応につながるところでもある。

これまで見てきたように，第二の建国運動は官民共同の国民運動として提唱されたが，実際には大統領秘書室を始めとする大統領側近の主導によって進められ，市民団体は彼らが作った枠組みに参加を求められた。第二の建国運動の進め方は市民運動に対する感受性に欠け，市民団体の指導者が官製国民運動に動員されると思っても不思議ではなかった。これでは金大中大統領の「改革の同伴者」であろうとする市民団体にしても呼応することはできない。

1999年2月には第二の建国運動を進めた李康来政務首席秘書官が国会議員選挙に立候補するため辞任し[74]，6月には政務首席室所属の第二の建国秘書官のポストが廃止され[75]，その機能は新設された民情首席室に移管された。この動きは，第二の建国運動を通じて市民団体との連携を目指す方法に変化が起きてきたことを示すものである。また翌年の国会議員選挙に向けて新党結成の作業を加速させなければならない時期でもあり，市民団体に向けた新たなアプローチが求められるようになった。

そこで金大中大統領が大統領秘書室の人事や改革理念の変更によって，市民団体との関係をどのように組み立て直そうとしたのか，次に論じることにする。

大統領秘書室人事の直接的な契機は，1999 年 5 月に高級衣装ロビー事件と呼ばれるスキャンダルが起きたことである。検察総長夫人に財閥会長夫人が高級ミンクコートを贈り夫に対する捜査に手心を加えてもらおうとする事件であった。世論は敏感に反応し，金大中政権に対する批判が高まった。政府が世論の動きに時宜を得た対応をできなかったことから，民心把握のために民情首席秘書官が新設されることになった[76]。政権発足とともに大統領秘書室長室内の秘書官に格下げされていた「民情」機能を，再び首席秘書官として復活させたのである。

1999 年 6 月 24 日に民情首席秘書官に任命されたのは金聖在牧師(韓国神学大学校教授。付録 6 の 4 番)である。彼の抜擢については「在野と市民団体の意見収斂を担当する秘書官を新設したのは金大統領が今後「改革支持勢力」の意見を傾聴するという政治的意思を示すものとして解釈される」のであり，また「第二の建国秘書官をなくし業務を民情首席室に移管することにしたのは，第二の建国運動に対する官主導の是非を遮断するための措置と見られる」とされている[77]。要するに，金大中大統領が上から見下ろすことなく，市民団体との関係を緊密にしようとする意思の現れであった。その点で，金聖在の起用は 1999 年 8 月 15 日の光復節で金大中大統領が明らかにする「改革的国民政党」の改革性(＋アルファの部分)につながるものとも見ることができよう。

金聖在は，維新体制の 1970 年代に民衆神学を唱え民主化運動に参加した聖職者の一人であり，金大中との関係もこの時期にまで遡る。金大中と親しい同志的な関係にある人物である。さらに貧民運動や障害者福祉にかかわりが深く，彼自身が障害者として 1998 年から 99 年まで韓国障碍者団体総連盟の初代会長であり，さらに経実連と参与連帯の役員でもあった。

民情首席秘書官の職務は，それまでは民心把握と公職者の不正剔抉(韓国では

「司正」とも言う）にあるとされ，検察出身者が起用されることが多かったことからすると[78]，司正機能が付与されないまま牧師の金聖在が任命されたことは異例なことであった。民情首席秘書官の新設について金聖在は，「大統領の判断だ。〔1999年6月〕19日に金大中大統領と市民社会団体の代表者たちの午餐の席で，代表たちが青瓦台と市民社会団体の間に対話することのできる秘書官のポストを一つ程度とは話したが，大統領が民情首席をおきましょうと話した」[79]と紹介している。民情首席の役割としては，公職非理などをただす本来の司正機能ではなく，市民団体との意思疎通をはかることが大統領と市民団体の双方から期待されていた。この点にかかわり，民情首席が市民団体の世論通路だけになるのではないかと記者に質問されたことを受けて，金聖在は民情首席の新設は市民団体の要求に応じたものではなく大統領自身の構想であるとし，彼自身の役割を市民団体との関係に局限されるものではないと答えている[80]。

市民団体との関係強化に向け，この人事では金聖在のもとに民情第二秘書官をおき，申弼均（クリスチャンアカデミー社会教育院（付録2の34番）院長）が任命されており，さらに民情第二秘書官のもとにおかれる行政官には386世代の学生運動圏出身者の任命が内定している[81]。この民情第二秘書官は後日，市民社会担当の秘書官になるものである[82]。市民運動や学生運動の経歴に傾斜した民情首席室の組織改編とともに確認しておくべき点は，申弼均はスウェーデンに留学し社会福祉分野の研究に従事しており[83]，上司の金聖在民情首席も障害者団体とのかかわりが深く社会福祉政策に強い関心をもっていたことである。さらに社会福祉分野では，民情首席の新設に先立つ3月に，従来は福祉と教育の両部門を担当していた社会福祉首席を，教育文化首席と福祉労働首席の二つに分け，福祉部門が重視される変化が見られるようになっていた。

このような大統領秘書室の人事は，民心把握という名目のもと市民団体との連携を強化しようとするものであり，また福祉分野の改革を新党の理念として位置づけようとする動きの現れでもあった。福祉分野では，金泳三政権のときから市民団体が，特に参与連帯が中心となって旧態依然たる生活保護制度の改革を求める請願や訴訟を続けてきていた。金大中政権になっても生活保護法に代わる国民基礎生活保障法の制定はなかなか実現しないでいたが，1999年6月21日になって金大中大統領がその制定を約束するに至った。この発言の3

日後に，市民団体の活動経歴が豊富な金聖在が民情首席秘書官に任命されたのである。金聖在と市民団体，そして福祉改革と新党の四つが絡み合いながら動き始めていた。

その変化は金大中大統領の演説にも見出せる。金大中大統領が就任後に繰り返し述べてきた「国政哲学」は「民主主義と市場経済の併行発展」であり，第二の建国運動でも掲げられていたものである。福祉分野については，第二の建国運動では「国政哲学」に基づく「国政運営の 6 大課題」の五番目である「新労使文化の創出」の 7 項目の一つとして「生産的福祉政策」が含められるにとどまっていた[84)]。「新労使文化の創出」の課題は金大中大統領自らが草案に含めさせたものと指摘されているが[85)]，「生産的福祉政策」の記述には生活保護制度への言及は見られない。もともと第二の建国運動では，福祉分野の改革は十分に盛り込まれないでいたと言える。それが変化するのは 1999 年になって事実上，第二の建国運動が失敗したことが明らかになってからのことである。

1999 年 6 月 6 日の演説で金大中大統領は第二の建国が「民主主義と市場経済，生産的福祉を三位一体で併行発展」させるものであることを述べた[86)]。ここで「生産的福祉」が「国政哲学」の一つに加えられることになった。まだ第二の建国が語られているが，政権発足時の「国政哲学」が第二の建国運動の失敗を経て，また新党結成が迫る中で，新たなものに作り変えられている。新たな改革理念が模索された。選ばれた理念は「生産的福祉」であり，それを実現する政策が国民基礎生活保障法の制定であった。「生産的福祉」は「国政哲学」の一つをなすだけではなく，1999 年に作業が本格化し始める新党結成とも密接につながって行く。

それを端的に示すのが 1999 年 8 月 15 日の光復節での金大中大統領の慶祝辞である。「新党は中産層と庶民中心の改革的国民政党として登場するでしょう。人権と福祉を重視する政党になるでしょう。地域構図を打破する政党になるでしょう。……中産層育成と庶民生活の向上を目標に人間開発中心の生産的福祉を積極的に繰り広げて行きます。「国民基礎生活保障法」が国会を通過しました。いま最低生計費以下のすべての困難な国民にも生計・教育・医療など基本生活を制度的に保障することができるようになりました」[87)]。金大中大統領は新党を作ることを国民に明らかにし，新党が福祉を重視するとして「生産的福祉」の理念とその成果である国民基礎生活保障法に言及している。さらに 2000 年 1 月 20 日の新千年民主党(民主党)の創党大会で金大中大統領は，「新千年民主党は，その理念として民主主義，市場経済，そして生産的福祉を志向する改革政党です。新千年民主党は，この国の唯一，中産層と庶民の利益を代弁する国民政党です。……唯一の改革政党であることを歴史の前に宣言します」[88] と語っている。民主主義，市場経済，生産的福祉を「三位一体」とする「国政哲学」は新党の理念とされるに至った。

政権の支持基盤を中産層，庶民に広げるための改革理念として「生産的福祉」を掲げ，改革遂行のために，それを望む市民団体と連携して行くという新たなアプローチが浮かび上がってくる。その文脈の中で，金聖在を民情首席秘書官として任命したことも理解できよう[89]。

金聖在民情首席は金大中大統領の市民団体に対する立場を問われ，金大中大統領の新年辞(2000 年 1 月 3 日)を引用しながら「大統領は市民社会を政府，市場とともに国政運営の 3 大軸と設定している。しかしこれは最近の政局の懸案のためではない。金大統領は就任直後から市民社会と協力して国政運営をすると語ってきた」[90] と答えている。彼が言う「最近の政局の懸案」とは，2000 年 1 月 10 日の経実連による公薦不適格者名簿の発表，さらに 12 日の 2000 総選連帯の発足で具体化してきた落選運動のことを指している。金大中大統領の市民社会に対するアプローチは大統領就任時から変わってはおらず，国会議員選挙での市民団体の動きと結びつけてはならないとしている。金聖在の説明の半分はその通りであろうが，もう半分は違うと言える。金聖在民情首席は同月 12 日には，大統領秘書室長に次ぐナンバーツーのポストである政策企画首席秘書官(次官級)に異動している。これに伴い，市民団体の要望を聴取するなど意思疎通を担当していた民情第二秘書官は市民社会秘書官に名称を変更して政策企画室に移されることになった。

1998 年には第二の建国運動という政府主導の国民運動に市民団体を取り込もうとするアプローチが見られた。その後 1999 年から 2000 年の新党創党に向けた過程では「第二の建国」理念は後退し，代わって「生産的福祉」が前面に出てくるようになり，市民団体の政策的要望を受け入れることで新党の改革性を際立たせるようになった。第二の建国運動では「政治・社会参与のチャネル」の拡大と補助金支給の法制化もなされはしたが，やはり市民団体を上から動員する対象と見る面が強かった。その後に続く新たなアプローチでは，市民団体を協力し合うパートナーとする面がより強まってきている。金聖在民情首席は「金大統領は就任直後から市民社会と協力して国政運営をすると語ってきた」と話すが，その「協力」の具体的なアプローチは必ずしも同じものではなく，変わってきた面があるのである。その変化を，青瓦台にいる金聖在自身が身をもって示していたと言えよう。

第2節　金大中政権と落選運動

落選運動は，第二の建国運動が取り組まれ始めた時点ではなく，それが失敗し，金大中政権が市民団体に向けて新たな取り組みを始めたときに起きたものである。金大中政権と市民団体の双方にそれぞれ新しい動きが起き始めていた。国会議員選挙が迫る中で，異なる二つの旋律を調和させ重ね合わせる対位法の政治的リーダーシップが見られるのかが，ここでの関心となる[91]。

この節では，金大中大統領がどのように落選運動に対処し，政府と市民運動の相互関係を調整したのかを，できる限り実証的に考察する。最初に，金大中大統領が落選運動に対してどのような発言を繰り返したのか，その次に，金大中大統領の発言や指示に対して政党や市民団体がどのように反応したのか，そして三つ目に金大中大統領と落選運動に対して中央選挙管理委員会(中央選管)と検察がどのように反応したのかを順次見て行くことにする。これらの考察によって，市民運動の制度化を論じた第3章では扱わなかった面，すなわち抗議行動が警察との物理的衝突を避けて法の枠内に収まるようになる面についても論じられることになる。

1．金大中大統領の発言

2000年の落薦・落選運動に関する金大中大統領の発言として，次の四つを紹介する[92]。一番目は政治改革関連法案に対する与野党合意案の再検討を与党の国民会議に指示した発言(1月17日)，二番目は法務部長官に落薦・落選運動の正当性を説いた発言(1月19日)，三番目は民主党の党職者に対して公薦反対名簿を尊重するように語った発言(1 月 24 日)，四番目は落薦・落選運動の活動家に対する身体的拘束について慎重な姿勢をあらためて示した年頭記者会見での発言(1 月 26 日)である。

最初に取り上げるのは，1 月 15 日に与野党合意がなされた政治改革関連法案の再検討を指示した発言である。政治改革関連法案はすでに 1 年ほど与野党間で協議されてきたものであり，具体的には公職選挙及び選挙不正防止法(選挙法)，国会法，政党法，政治資金法の改正案を指す。合意された改正案は国会議席の削減を行わずに，政党に対する補助金を引き上げるものであり，新聞や世論から与野党の「分け合って食べる〔ナヌォモッキ〕式の密室談合」として激しく非難された[93]。国民の怒りと非難は，国民が経済危機で苦痛を強いられ骨身を削って努力しているというのに，政治家は相変わらず既得権にしがみついているというものであった[94]。与野党への国民の非難は，1 月 10 日に公薦不適格者名簿を発表した経実連に対する支持と共感の広がりとなって現れた。

1 月 17 日に金大中大統領は国民会議の党三役を呼び強い遺憾を表明して，再交渉を強力に直接指示した[95]。大統領は「選挙法の改正交渉自体が国民の政治改革に対する期待と欲求を充足させられないでいる」と述べた上で，落薦運動に関連して，「世界のどの国でも選挙に対する市民・社会団体の自由な意思表示を妨げる国はない」「改革が成し遂げなければならないという次元で，市民・社会団体の意思表示が可能になるよう選挙法第 87 条を改正する問題を積極的に検討せよ」と，団体の選挙運動を禁止する第 87 条の改正を指示した[96]。大統領が第 87 条について検討を指示したことは確実であるが，朝鮮日報とハンギョレはともに「廃止」を指示したとしている[97]。いずれにせよ金大中大統領の発言は，これから公薦反対名簿を発表しようとしていた総選連帯によって歓迎される一方で，第 87 条の改正問題に消極的であった与野党の立場を大きく変えさせることになる。

二番目は，1 月 19 日に金正吉(キム・ジョンギル)法務部長官から業務報告を受ける席で，金大中大統領が落薦・落選運動を擁護する発言をしたことである。ハンギョレの記事に，まとまった形で発言が紹介されている。「民主主義は騒がしい。騒がしい中で選挙を通じて不満を昇華しなければならない。なぜ市民運動を縛るのか。4. 19〔1960 年 4 月の学生革命〕や 6 月抗争〔1987 年 6 月の民主化抗争〕も不法であったが，国民の意思に従い正当性が認められた。市民社会のこのような運動はかなり以前からもなされてきたが，5.16〔1961年の朴正煕の軍事クーデター〕以後の権威主義時代に禁止されたのだ。同窓会や宗親会〔祖先の出身地を同じくする同姓の親族の集まり〕でも選挙運動は事実上，誰もがしている。国民にまかせなさい。国民は侮れない。ただ暴力や金品授受などは犯罪行為であれば，別途措置すればよい。中央選管や法務部では現行法の枠組みの中でせよとするのは当然だ。しかし政策的には巨視的に見なければならない。市民団体の選挙活動の保障要求は国民の意思と見なければならず，これを法律で規制することはできない」[98]。

この19日の発言は，17日の発言によって与野党が選挙法改正論議に再び取り組み始めたときのものでもあるが，翌20日には新千年民主党の創党大会が控えており，また24日には総選連帯が公薦反対名簿発表を行うのを目前にしてのものでもある。直ちに野党のハンナラ党は激しく反発したことから，青瓦台は大統領の発言の真意が「不法選挙運動を容認するのではなく，時代の流れに見合った選挙法に修正しなければならないことを強調したもの」[99]であると弁明した。金大中大統領が落薦・落選運動の違法行為に対する取り締まりを自制するよう法務部長官に指示したと受け止められる恐れのある発言をしたことは，たとえ一回だけのものであっても，それがもたらす波紋は選挙現場で法の遵守を監視する中央選管と検察にとっては大きなものになる。

三番目の発言は，総選連帯の公薦反対名簿の発表を受けてのものである。内容的には民主党はそれを尊重せよというものである。民主党総裁でもある金大中大統領は1月24日，徐英勲（ソ・ヨンフン）代表（付録5の136番，表23参照）ら新任主要党職者に任命状を与える席で，次のように語った[100]。「市民団体の運動は短期的に見れば政治圏が問題を解決しえないことに，その原因が大きい」として，「政治が国民の信望を失って，その憤怒が国民をして市民団体の運動を支持させる結果となった」とする。総選連帯が公薦反対名簿を発表したことについては「大きく見れば，代議民主主義が参与，直接，電子民主主義に進む大きな流れの中で，この運動を理解することができる」ことから，「（民主党の議員たちは）この流れに歩調を合わせる政党と政治人にならなければならない」と語った。

四番目の発言は，1月26日の年頭記者会見でなされたものである。市民運動を支持する語調をやや弱めてはいる。大統領は「市民団体の公薦反対名簿は十分に検討して，その意思を重要視するものであるが，党としては当事者の釈明も聞いて，選挙区民の世論も聞いて最終的に反映の程度を決定するであろう。重鎮の公薦いかんも同じである」[101] と述べている。また19日の発言に関連して釈明をしている。「私は法務部長官に「法を破り告発がなされれば，それを取り扱え」と言ったのであり，ただ必ず拘束せよということではなかった」「実定法を破り告発されたものを，検察が取り扱わないことはありえない」[102]。これが「一歩後退した発言」であるのかはともかく，「必ず拘束せよということではなかった」とするように，市民活動家に対する身体的な拘束(逮捕，勾留)については慎重で抑制的な姿勢を示している[103]。

これまで取り上げた金大中大統領の発言は，いずれも落薦・落選運動の意義を積極的に認め支持する点で共通している。しかも総選連帯の公薦反対名簿の発表と前後して繰り返しなされている。それは落薦・落選運動が国民の支持を得たことの原因は政治家にあり，落薦・落選運動を国民の意思として尊重しなければならず，違法行為の取り締まりが度を超えないようにせよというものであった。法務部長官，党職者，国民に向けて，そのような趣旨の発言が繰り返された。それは波紋を引き起こすほどに影響力をもった発言である。そこで，次に金大中大統領の発言に対する政党・市民団体の反応，中央選管・検察の反応について見ることにする。

2．政党と市民団体の反応

金大中大統領の発言に対する政党・市民団体の反応であるが，ここでは1月17日の発言を中心に取り上げる。金大中大統領の国民会議三役に対する17日の指示によって，国民会議は選挙法第87条の改正に取り組むことになる。

15日の与野党の合意では選挙法第87条の改正を取り上げることに消極的であった。10日に経実連によって公薦不適格者名簿が発表された後にも，国民会議は「市民団体の趣旨は理解するが，違法な総選介入はありえない」としている[104]。第87条の改正については，国民会議はハンナラ党や自民連よりは肯定的であるとされるが，党としての公式見解を表明しておらず[105]，選挙後に改正すればよいという態度であったようにうかがえる[106]。

金大中大統領の改正の指示によって国民会議は態度を一変させる。国民会議は市民団体の公薦反対名簿の公表を理由に「選挙期間中の労働組合以外の団体の選挙運動を禁止した第87条は事実上死文化しただけに廃止するのが正しい」[107]としている。国民会議が第87条改正論に急旋回したことを受けて，ハンナラ党と自民連もまた世論の集中砲火を浴びないように改正論に急遽転換している。

選挙法の条文はどのように改正されたのか。もともと第87条の「団体の選挙運動禁止」は1994年に選挙法が制定されたときに新設されたもので，それまでの国会議員選挙法にはなかったものである。新設の趣旨は，セマウル運動中央協議会などの官辺団体の選挙介入を封鎖するためのものであったが，新設当時から市民団体は反発していた[108]。この条文は金大中政権発足後の1998年4月に改正されているが，その改正は，労使政委員会の合意事項として労働組合の政治活動を解禁するために，政治運動が禁止される団体から労働組合を除くための但し書きを加えるものであった。その第87条は，次のような規定である。

第87条【団体の選挙運動禁止】団体は社団・財団その他名称のいかんを問わず選挙期間中にその名義，又はその代表の名義で特定政党や候補者を支持・反対したり，支持・反対することを勧誘したりする行為をなすことはできない。但し，労働組合及び労働関係調整法第2条(定義)の規定による労働組合はその限りではない。(1998年4月30日改正)

この条文は金大中大統領の指示を受け改正されることとなり，改正案が2月8日に国会で可決され，2月16日に公布・施行されている。改正された条文の但し書きによって，選挙運動期間中の市民団体による選挙運動が合法化されている[109]。声明書の配布，電話・コンピューター通信を用いた選挙運動は許容されるが[110]，候補者を支持・反対する内容の法定外の印刷物の配布，署名運動，拡声器を使用する行為，戸別訪問，街頭を行進したりデモをしたりする行為，看板を設置する行為などは立候補者と同様に違法とされている。選挙運動に対する既存の細々とした法規制が，立候補者と同じように団体の選挙運動，たとえば当選運動や落選運動にも課せられたということになる。

もう一つ改正された点は，第58条の選挙運動の定義である。改正前の第58条では，中央選管の法解釈によれば，公薦不適格者名簿の発表も方法によっては選挙運動と見なされうるというものであり，中央選管は経実連の公薦不適格者名簿の発表を事前運動に該当するとして選挙法違反であると判断している[111)]。そのため改正第58条では，下記にあるように第1項の3を新たに設けて公薦にかかわる落薦運動を合法化するようにした。ただし許容されるのは「落薦」までであり「落選」にまで踏み込むのであれば，違法な事前運動として取り締まりの対象となる。選挙運動期間前では許容される方法としては，言論やコンピューター通信を通じた落薦運動であるとされている[112)]。

第58条【定義等】①この法で〝選挙運動〟というのは，当選するように，当選しないようにするための行為を言う。但し，次の各号の一つに該当する行為は選挙運動とは見なさない。

1．選挙に関する単純な意見の開陳及び意思の表示

2．立候補と選挙運動のための準備行為

3．政党の候補者推薦に関する単純な支持・反対の意見開陳及び意思表示

4．通常の政党活動

②〔省略〕

1月17日の金大中大統領の指示によって，4月13日の国会議員選挙を前にして選挙法は改正されることとなった。落薦・落選運動に対する法規制も緩和され合法化されることになり，さらに国会の議席数も減らされた。しかし落薦・落選運動に対しては，細々とした，それゆえに曖昧な部分も残る選挙運動に対する法規制が維持されており，その結果，市民団体の行為が違法行為とされることで公権力との衝突が起きる可能性も残された。

市民団体にとっては十分に満足できるものではないとは言え，法改正は歓迎された。総選連帯が17日の金大中大統領の指示をどのように受け止めたのか。新聞記者の文敬蘭は，次のように伝えている。

「金大中大統領が選挙法第87条廃止を始めとして，選挙法の再改正を指示したのである。市民団体の強い要望にもかかわらず，すでに川を渡ってしまったような雰囲気であった第87条改正問題が金大統領の指示で，たちどころに生き返った。国民会議は選挙法の再交渉を始め，選挙法第87条を削除すると明らかにした。……総選連帯は「有権者の強力な抗議が引き出した小さな勝利」であると自評した」[113)]

総選連帯を立ち上げた主導的な市民団体とその指導者たちは，落薦・落選運動が選挙法に違反する行為であっても実行するという強い意志をもって集まっていた[114)]。現行の選挙法のままであれば，選挙運動期間前に落薦対象者名簿を発表することも，選挙運動期間に特定の個人（落選対象者）に対する落選運動を行うことも違法な行為になる。だからこそ「監獄に行くことになっても落選運動をする」（朴元淳参与連帯事務処長）[115)] という覚悟をもつ指導者もいたし，その覚悟は悪法に対する不服従運動宣言となって現れた。

このような覚悟は誰にでもできるものではない。参加する市民団体や関係者にとっては，違法行為によって逮捕されることは心理的負担となる。「総選市民連帯を準備していた団体の内部でも落選運動が不法であるのかは悩みの種であった。実務者の間では論争が絶えなかった」[116)] という。このような緊張感と負担を大きく軽減したのが金大中大統領であった。彼の指示は，市民運動の力では成し遂げることができなかった第 87 条の改正を瞬時に実現の方向へと転換させた。さらに選挙法改正の国会審議中という新たな状況が作り出されたことも，中央選管の告発や検察の取り締まりの動きを封じ込める効果を発揮した[117)]。まさに金大中大統領の指示は，総選連帯にとっては「小さな勝利」ではなく大きな勝利であった。

選挙法の改正は実現したが，それでは改正された選挙法の細々とした規制を遵守するのかという問題が次に生じる。悪法には従わないという法の正義論に立てば，法改正で悪法の部分はすっかり解消されたのかが問われることになる。法改正で選挙運動期間中の落選運動は合法化されたが，許容される範囲は限られている。特定の個人名を記者会見やインターネットで公表することや，個人名を出さない腐敗政治批判の街頭キャンペーンをすることなど合法的な範囲にとどめるのか，あるいは違法行為であるために警察との衝突を招く可能性が高い，特定の個人名を出して有権者に直接訴える街頭キャンペーンに打って出るのか。もし悪法に対する不服従運動として落選運動を徹底すれば後者を選択することになるが，すでに第 87 条を含め選挙法が改正された状況では，ことさら法の正義を貫く選択は負担感が大きい。総選連帯の中では，選挙法を守り警察との衝突を避ける「合法的運動方針」[118)] に転換しようとする動きも出てきた。もちろん総選連帯内部では発足当初の不服従運動を貫徹するべきとの意見もあって「非生産的な論争が惹起され」,「総選連帯の活動を萎縮させる結果」を招来したとされている[119]。

そのような総選連帯に変化が現れたのは，選挙法改正後になる2月下旬のソウル鐘路での出来事からである。総選連帯は街頭に出た。ソウルの公薦反対の立候補者の7人の名前が書かれたプラカードをもって。直ちに中央選管は違法であるとしてプラカードの撤去を試みた。総選連帯の若い活動家たちはこれに応じようとはせず，プラカードを奪われまいとする総選連帯側と撤去しようとする中央選管と警察との間でもみ合う事態となった。警察部隊の本格的な出動が切迫してくると，総選連帯は自主的に撤収し始めた。この小競り合いによって，総選連帯の「合法旋回」に対する若い実務者たちの不満が鎮まったという[120]。このように一触即発の事態も起きたが，結局，警察と総選連帯との衝突は回避された。衝突の回避は総選連帯の自主的な撤収だけによるのではなく，警察が実力行使を急がなかったことにもよる。

その後の1ヶ月半ほどの間の総選連帯の活動では違法とされる集会やデモ行進がなされても，警察と衝突するような事態は起きなかった。総選連帯と政府当局との間では，法を逸脱してもある程度までのレベルにとどめ，またそのような違法行為を強制的に鎮圧せず不拘束で取り調べる程度にするという事実上の了解が形成されていたと見ることができる。

金大中大統領の指示によって選挙法の改正がなされるなど政府・与党側に迅速な対応が見られた。これを受けて，総選連帯側ではどのような変化が起きたのか。悪法の象徴と見なした選挙法第87条が改正されたことから，監獄に行く覚悟で不服従運動を続けることの意味が失われた。細々とした法の縛りが残る不十分な改正であったとは言え，落薦・落選運動の合法化は，総選連帯を合法的な活動空間のほうへと誘導させることになったと言える。

3．中央選挙管理委員会と検察の反応

前述したが金大中大統領は法務部長官に直接，次のような言葉を伝えている。「なぜ市民運動を縛るのか。……選管や法務部では現行法の枠組みの中でせよとするのは当然だ。しかし政策的には巨視的に見なければならない。市民団体の選挙活動の保障要求は国民の意思と見なければならず，これを法律で規制す

ることはできない」。このような彼の発言は，中央選管や検察の業務遂行に影響を及ぼしうるものである。ここでは大統領の発言を受けて，実際に中央選管と検察が経実連や総選連帯にどのように対応したのかを見ることにする。

まず選挙法と落薦・落選運動とのかかわりであるが，1月10日に経実連が公薦不適格者名簿を発表したことから，その行為の違法性有無について中央選管が有権解釈を行うことになった。同月17日に中央選管は，経実連の公薦不適格者名簿の発表は「団体」の選挙運動であるとともに事前運動にも該当するとして違法であると判断した[121)]。しかしながら経実連の名簿発表に対しては最初のことでもあり，経実連が落選運動をしないとしていることを考慮して，検察に告発はせずに警告措置(選挙管理委員会法第14条の2)にとどめるとした[122)]。

中央選管が有権解釈を公表した同じ17日に，金大中大統領は与党の国民会議に選挙法改正の指示をしている。市民団体の落薦・落選運動を可能にするよう第87条の改正も新たな交渉事項として，その指示に含められていた。野党のハンナラ党も大統領の発言後，再交渉に同意し，同日の午後には国会で再交渉に向けた与野党の話し合いを始め，翌日には李会昌ハンナラ党総裁も第87条の改正を表明した[123)]。

このように第87条の改正に向けた与野党の動きが急展開する中，中央選管は有権解釈をしてから3日後になる20日，国会に意見書を提出することを決定している。これは選挙管理委員会法の第17条2項に基づく法令に関する意思表示という中央選管の権限事項であり，選挙法の改正が必要であると判断したときには中央選管は国会に意思表示できるというものである。中央選管が国会に送付するとした意見書は，第58条と第87条を改正して選挙法の規制を緩和し市民団体の落薦・落選運動を合法化させる内容のものであった[124)]。翌月の8日に可決された改正選挙法第58条，第87条については既述しているが，改正された条文の中身は中央選管の意見書と同じものである。

ハンギョレは，中央選管の意見書提出について，落薦・落選運動を違法とした「17日の全体会議の決定を3日目に覆すもの」としている。さらに中央選管の変化については「市民団体の落選運動をもうこれ以上妨げる名分がないという判断によるものである」として市民運動の力が中央選管を動かしたと評価している[125)]。これに対して，東亜日報は「大統領の言葉一つで選管の話が変わる」との見出しの記事で，違法としたものを 3 日後に合法化するという中央選管の方針転換について「選管が政治圏と世論の視線を見ることに汲々としているという批判」を紹介している[126)]。東亜日報の批判的な記事に対して，中央選管は意見書作成について「選管の独自判断によるもので，時流に便乗したり，別の機関の影響を受けて決定したりしたものではない」と新聞紙上で反論している[127)]。

独自判断とする中央選管の反論よりも，ハンギョレが評価する市民団体の力によるものか，東亜日報が指摘する金大中大統領の発言によるものか，いずれにせよ状況の変化に動かされた中央選管の変化と見るほうが妥当であろう。この点は推測であるが，事実は中央選管がいったんは違法と判定した行為を合法化するための作業をすぐに行ったことである。このことが結果的に，自ら違法であると判断した行為を再び目撃しながらも検察に告発できないという苦しいジレンマに中央選管を追いやることとなる。

それでは，二点目として市民団体の選挙法違反行為を，中央選管と検察はどのように法的に対処したのかを見ることにする。

1 月 10 日の経実連の公薦不適格者名簿発表に対して，中央選管は直ちに告発などの法的手続きをとることなく市民団体に自制を要請することにとどめ[128)]，17 日になって違法行為と判断しても告発せずに警告措置で処理した。金大中大統領は市民団体の意思表示が可能になるよう第 87 条改正を与党に指示し，野党のハンナラ党も改正に同調するようになった。このような状況の中，検察は落薦名簿公表が繰り返されるならば法に従い厳重に処理するとしながらも，「公職選挙法第 87 条改正論議が進行する予定である点を勘案して市民団体の落薦・落選運動に対しては慎重に対処する方針」であるとした[129)]。経実連に続いて総選連帯もまた公薦反対名簿を公表するとしており，中央選管と検察は違法とする行為が繰り返されることを牽制しながらも，法改正作業が進行していることを理由にして取り締まりには消極的であったと言える。

24 日に総選連帯は公薦反対名簿を発表した。中央選管の事務室の所々で深いため息が出たという[130)]。これまで市民団体には自制を要請したり厳重な処分の姿勢を示し牽制したりはしてきたが，総選連帯は選挙法が改正され公布されるのを待つことなく，落薦運動を違法とする現行の選挙法を堂々と破ってきたのである。この違法行為に対して，中央選管は法改正が論議されている状況を理由にして告発を留保し，「遺憾の意を表明する」にとどめた。中央選管の関係者は「選管が告発しても検察が処理しないのではないか」と自嘲したように[131]，検察は法改正論議が終わるまでは中央選管の告発があっても慎重に処理する方針をすでに定めていた[132]。

2月8日に選挙法改正案が国会を通過することで改正論議は終了した。これを受けて，中央選管は市民団体も含む違法な選挙運動に対しては「警告措置及び刑事告発する計画」であるとし，1月30日の総選連帯のソウル駅前集会を事前運動として検察に告発した[133]。また検察も選挙法改正論議が終了したことを受けて，「継続して組織的に選挙運動をするなど罪質が悪く，事案が重要な場合には関連者を拘束捜査する」ことを明らかにするなど，市民団体の違法行為には拘束も含め厳しく対処する姿勢を示した[134]。このような方針変更によって，2月中旬より検察は落薦名簿を発表した経実連の李石淵事務総長，総選連帯の朴元淳常任委員会執行委員長，崔冽共同代表らを順次呼び出し調査することになった。

ところが検察に召喚され調査を受けた総選連帯の関係者は「検察から，あのようなもてなしを受け調査を受けるのは初めてのこと」で「検察も政治人に対する不信と不満は市民団体に劣らないように見えた」と語っている[135]。結局，総選連帯の主要役職者で拘束され取り調べを受けた者は一人もいなかったものと見られる[136]。これは総選連帯の側が，警察と正面衝突する事態を慎重に避けたことにもよる。だが検察が拘束も含め厳しく対処するといった方針は「空虚な強がり」[137]に過ぎないとの見方もなくはなかった。その見方によれば，厳重処分を掲げながらも検察が苦悩するのは，落薦・落選運動に対する国民の支持が高まった状況は「準革命的な状況」であり，そのような状況で検察が強硬に取り締まることは検察自身を傷つけることになるのではないかと憂慮したからであるという[138]。検察関係者が新聞記者に「総選連帯関係者を拘束するのか」と問われ，「彼らを政治的殉教者に仕立てるのか」「検察が火に油を注ぐ行為を自ら招くことはしない」[139]といった反論も，厳重処分の方針が「空虚な強がり」に過ぎないことを示すエピソードである。

検察は告発された総選連帯の役員を，不拘束起訴あるいは不起訴処分としている[140]。告発された総数は 208 人にのぼるが，役員 29 人を不拘束起訴とし，残る 179 人を不起訴処分(116 人)，起訴猶予(63 人)としている。その後，起訴された 29 人のうち朴元淳，崔冽，池銀姫などの中心的指導者 7 人だけが選挙法違反で 300 万ウォンの罰金を宣告された[141]。落薦・落選運動が特定候補者に対して名誉を毀損したとされる嫌疑については，検察は「落薦・落選運動の主たる動機が公明選挙を通じた政治改革であるという点で，名誉毀損とは認定し難いとして，有権者の候補者資格性の判断など公益に符合する内容であるため違法ではない」と不起訴処分としている[142]。この不起訴処分の理由に，金大中大統領と総選連帯に挟まれて，検察がどのような位置をとろうとしていたのかを読み取ることができよう。

中央選管と検察は，落薦・落選運動の違法行為を厳しく取り締まることをためらっただけではなく，積極的に落選運動を支援するようにもなった。それは，中央選管が国会議員選挙で候補登録したすべての候補者の納税実績，兵役(息子や孫も含む)，前科，財産をインターネット上で公開することを決定し[143]，それにかかわって法務部(検察)が中央選管に情報提供を行う一方で，検察が兵役免除で候補者に不正行為がなかったのか投票日の 6 日前に捜査を開始したことなどに見て取ることができる[144]。

兵役逃れの「兵役非理」については，すでに 1 月に反腐敗国民連帯(付録 1 の 177 番)が収集した資料を大統領府に渡しており[145]，総選連帯も関心をもつところであった。公薦反対基準の 7 番目の「その他基礎的な公開事項」に兵役と財産登録を含めていたからである。ただ総選連帯は十分な資料を持ち合わせないため，検察の捜査を見守るにとどめていた[146]。それだけにこれら個人情報の公開決定は，落選運動にとって追い風となるものであった。候補者本人とその家族の兵役状況，さらに納税状況に関する情報は，有権者を刺激するに十分な材料である[147]。

検察は兵役非理の捜査を本格的に始めることにしたとき，次のように説明している。捜査は反腐敗国民連帯の情報提供から始まったものであって「政治的意図」はなく，「落薦・落選運動が国民の支持を得ている中で，反腐敗国民連帯側が迅速に捜査してくれたことを公開的に追及する」に過ぎない[148]。あたかも市民団体が検察に，検察が市民団体になったかのような奇妙な説明であり，検察が落薦・落選運動に協力的になっていることを示すものである。

このような中央選管や検察の動きについて，「国家の公権力も国民の知る権利を重視して，候補者に対する情報を提供するようになったが，これは16代総選で総選連帯の活動に対する国家機関の暗黙の支持とも解釈してみることができる」(李甲允他)149) とする指摘は妥当である。ここでの「国家機関」とは「公権力」たる検察から始まり中央選管に，そして金大中大統領までも包み込むものと理解すべきである。

落薦・落選運動に対する中央選管と検察の対応を見てきた。国会議員選挙を前にして慌ただしく選挙法が改正されることとなり，法改正がなされるまで中央選管も検察も機能麻痺の状態となり，法改正後になっても違法な選挙運動に対する監視や摘発の機能が十分に回復されたわけではなかった。本来の機能を果たせないでいる彼らの視界には，市民運動と国民世論が作り出す，彼らを困惑させる「準革命的な状況」150) が広がっていたはずである。この状況を作り出すのに金大中大統領もまた大きく貢献してきた。金大中大統領は選挙法第87条を迅速に改正させて落薦・落選運動を合法化させるとともに，市民運動に好意的な発言を繰り返してきた。中央選管と検察の視界には「準革命的な状況」に重なるように，金大中大統領の姿が相当な存在感をもって入っていたことであろう。

第1節と第2節では，1998年の第二の建国運動と2000年の落薦・落選運動を取り上げ，金大中政権が市民社会に対してどのような関係を設定しようとしたのか，その変化を浮かび上がらせようとした。第二の建国運動では，政府主導の国民運動に市民団体を組み入れようとする強引なアプローチが見られた。そのような動員手法が市民団体の反発から協力を得られないことを経験することで，市民団体を協力し合うパートナーとするアプローチがなされるようになる。それは大統領秘書室の人事から始まり，落薦・落選運動への対応と個別政策分野において見られるようになる。

金大中政権は落薦・落選運動に対しては，法改正で合法的な活動空間を広げるだけでなく，違法行為が生じても厳しく取り締まることを抑制した。これを受けて総選連帯では違法行為も辞さないという不服従運動の決意は緩み，合法的な活動空間とほぼ重なるように落薦・落選運動を展開するようになる。このように落薦・落選運動にとっては政府の権力行使の抑制によって活動空間が広がる一方で，金大中政権にとっては国会議員選挙に及ぼす影響が見込まれるという互恵的な関係が形成されることになる。つまり権力闘争レベルでは，より水平的な相互関係が形成されたと言えよう。それではもう一つの政策過程レベルでは，市民団体をパートナーとするアプローチがどのように展開し，実際にどのような相互関係が見られるようになったのか，次節で検討することになる。

第3節　金大中政権の社会保障政策と市民団体

本節で取り上げる社会保障の政策過程の事例は，市民団体，労働組合，職能団体などの社会的アクターがどれほどの影響力を行使するようになったのか，政府が社会的アクターとの交渉や合意をどのようにとらえていたのかを実証的に論じることを目的にして選ばれている。事例の考察を通じて社会保障の政策過程に限られるが，政府と市民団体の相互関係における権力闘争と政策過程の二つのレベルの違いが，さらにその二つの交差も明らかになろう。

1．社会保障と市民運動

金大中政権にとって社会保障は，経済危機を克服するための構造調整と並ぶ改革の主要な分野であり，また2000年1月の新党結成に際しては「生産的福祉」が掲げられるほどに政治的にも重要な意味をもつものであった。また市民団体にとっても，経済危機から失業や貧困が深刻化することで，生活保護制度の改革など社会保障は重要な活動分野となっていた。このように社会保障政策は金大中政権のもとで政府と市民団体がともに関心を寄せる政策分野となり，市民団体の関係者が政策過程に参画することも珍しいことではなくなった。

社会保障政策に対する市民団体の活動が，他の政策分野に比べて活発であったこと[151]，しかも1999年から2000年にかけての1年ほどの間が社会保障分野での市民団体の活動のピークであったことについて確認することから作業を始めることにする。

図7は，ハンギョレの1998年1月1日から2003年2月28日までの5年間(ほぼ金大中大統領の5年の任期と重なる)の記事を，韓国言論振興財団

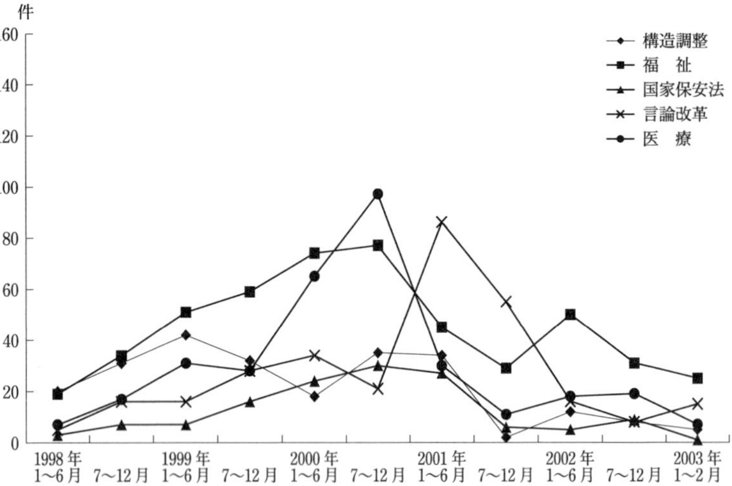

図7　市民団体と争点の変化

出典）ハンギョレの記事。KINDSより取得。

(KINDS)の新聞記事データベースを用いて，次のような手法で検索した結果を集計したものである。共通のキーワードとして「市民団体」を設定し，さらに争点となる「構造調整」「福祉」「国家保安法」「言論改革」「医療」の五つのキーワードを順次かけ合わせて，「市民団体」と各争点が同時に検索される記事数を6ヶ月単位で集計することにする。争点のキーワードとしては検索が十分に可能であり，しかも市民団体が積極的にかかわった争点を選んでいる。

比較のために，これと同じ方法で「労総」(労働組合総連盟の略称)をキーワードとして記事を検索したのが図8である。「労総」のキーワードには，穏健な韓国労総と急進的な民主労総の二つの「労総」が含まれている。新聞としてハンギョレを選択したのは，ハンギョレの報道が市民団体や労働組合に好意的であり，上記の争点に関する記事を積極的に掲載すると考えられるからである。

図7からわかることは，「市民団体」の言葉とともに記事化された争点は「福祉」「医療」と「言論改革」の三つで際立って多いということである。「構造調整」「国家保安法」は，それらに比べ記事数が少なく目立った変化もない。

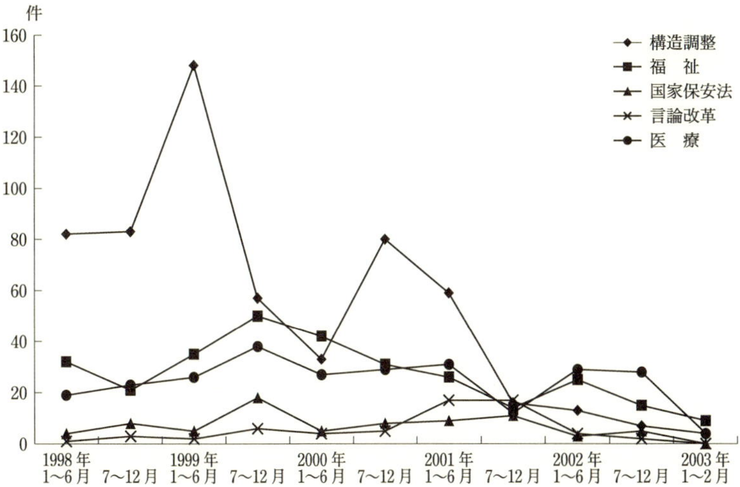

図8　労総と争点の変化

出典）ハンギョレの記事。KINDSより取得。

2000年4月の国会議員選挙を挟むその前後の変化を見るならば，「言論改革」を含む記事数は少なく，「福祉」「医療」が増加していることがわかる。この変化の理由としては，「福祉」「医療」に関する記事がこの時期に急増したために，それに引っ張られる格好で「市民団体」も含む記事が増えたことが考えられる。5年間の記事数では「福祉」のキーワードだけで6454件であるのに対して，「国家保安法」のキーワードだけでは1504件にとどまり，「福祉」関連の記事がいかに多く掲載されたのかがわかる。社会的な関心の高まりから記事数が急増する争点で，市民団体が記事で言及されることが増えてきているということであり，社会的に重要な争点での市民団体の活躍ぶりがうかがえる。従って「福祉」「医療」の社会保障政策は，特に1999年から2000年の時期であれば，政府と市民団体の関係を検討する上で適切な事例になると言える。

図8は「労総」と五つの争点を同時に含む記事数の変化を示している。経済危機にかかわる「構造調整」に関連する記事は，金大中政権が発足して2年間ほどは他の争点の記事に比べ多い。「構造調整」は労働者に解雇等の犠牲を強いる面があるだけに，労働組合のナショナルセンターである二つの「労総」と

「構造調整」の言葉を含む記事が増えるのは当然である。図7の市民団体の場合，「構造調整」の記事が多くないのは，労働組合と市民団体が向ける関心の違いによるものである。

図8の「労総」の場合，目立った増減の変化がある争点は「構造調整」だけと言ってもよい。「福祉」「医療」の記事数も「構造調整」のそれに比べてかなり少ないだけでなく，図7の市民団体の「福祉」「医療」の記事数に匹敵するような変化も見られない。このことは福祉国家の形成・発展への労働者勢力の貢献といった一般的な福祉国家論の文脈とは異なっているとの印象を与える。あくまでも図7における市民団体の変化と比較してであるが，「労総」に関連した「福祉」「医療」の記事の少なさは，生活保護行政の改革や医薬分業・医療保険統合といった政策過程を検討する上でも示唆するところがある。二つの「労総」が「構造調整」の争点には集中的に関心をもつが，社会保障分野はそれに比して関心が弱かったということになろう。この点は「言論改革」「国家保安法」についても言える。特に「言論改革」の争点は，市民団体の得意分野であったと言えよう。

図7と図8に，福祉と医療の社会保障分野に対する市民団体と労働組合の関心や対応の違いを読み取ることができた。社会保障の政策過程を考察するに際して，労働組合よりも市民団体に重点をおくことは，単に市民運動論だけではなく社会保障の政策過程論にとっても適切であるということになる。つまり韓国の福祉国家論を論じるときには，社会的アクターとしては労働組合に劣らず，それ以上に市民団体に注目する必要がある。

2．社会保障の歴史的変化

社会保障の政策過程を見る前に，韓国の社会保障の歴史的変化について若干説明しておく[152]。解放後の李承晩政権(1948〜60年)では，労働法は形式的に整備されたが社会保障法は手つかずであった。その後1961年に軍事クーデターで政権を掌握し，その後20年近く続いた朴正熙政権(1963〜79年)では「先成長・後配分」の開発優先が原則とされ，労働運動は厳しい統制を受ける一方，社会保障は法的整備がなされたが進展は極めて遅々としたものであった。ただし経済開発に向けた労働者動員のために，医療保険が1977年から大企業

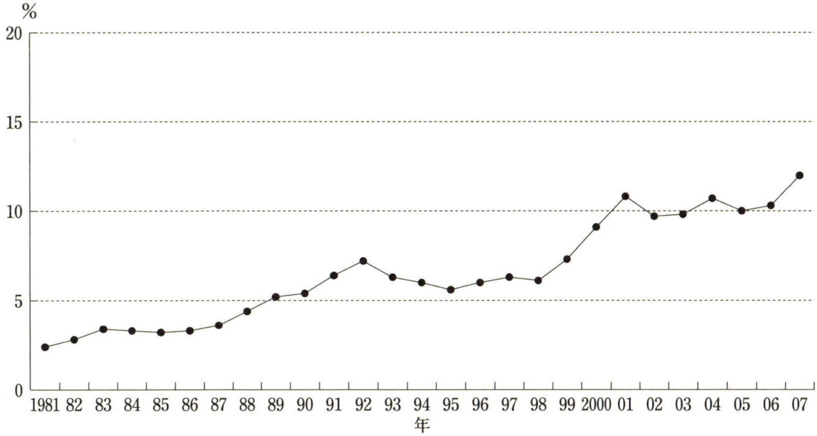

図 9　政府予算(一般会計)における社会保障費の推移

出典）統計庁『韓国の社会指標』ソウル，2001 年，2008 年より作成。2008 年版は統計庁のホームページ http://kostat.go.kr/nso2009/intro/smain1.html より取得。

を中心に始まったことは特記されよう。

1987 年 6 月の民主化以降，経済開発優先の資源配分はあらためられるようになった。その変化は，図 9 に示した 1981 年度から 2007 年度(会計年度は 1 月から 12 月)までの政府予算(一般会計であり，特別会計・基金を除く)における社会保障費の比率に読み取ることができる。一般的には社会保障は，社会保険，公的扶助(生活保護)，社会福祉(高齢者，障害者，児童，母子など)，公衆衛生及び医療からなるとされる。これらのほかに韓国の政府予算の社会保障費の項目には，軍人や独立運動家などの国家有功労者や遺族の生活を保障する報勲費が含められ，さらに金大中政権によって職業訓練・職業安定の予算も含められている。

図 9 の社会保障費の推移は三つの時期に分けられる。1980 年代後半までの 3%程度の権威主義体制の時期，次に 1987 年の民主化以降から 1990 年代後半までの 6%程度の時期，そして経済危機が発生した 1997 年後から急増して 10%台となる時期である。

民主化以降における変化の概略は，次のようになる。1987 年の民主的な大統領直接選挙を経て発足した盧泰愚政権のもとで社会保障費の対政府予算比は，

表 25　OECD 主要国の公的社会支出の対 GDP 比

(単位 %)

	韓　国	日　本	メキシコ	スペイン	アメリカ	スウェーデン
1996 年	3.9(5.29)	13.7	8.0	21.6	15.3	32.5
2001 年	6.1(8.70)	16.9	11.8	19.6	14.8	28.9
2003 年	5.7	17.7	6.8	20.3	16.2	31.3

注）韓国の（　）内は退職金を含めた数値。
出典）OECD, *Social Expenditure Database (SOCX), 1980-2001* 及び *Society at a Glance 2006: OECD Social Indicators* より作成。韓国の括弧内の数値は，高敬煥『社会福祉費推計と経済危機前後の支出水準分析』ソウル，韓国保健社会研究院，2003 年，58 頁。

それまでの 2 倍に増えた。民主化によって労働団体や農民団体などの利益団体の動きが活発になり，配分を後回しにする開発優先に変更が迫られるようになった。その最たるものは爆発的に増えた労働争議であり，それによって賃金など労働条件の改善がなされた。社会集団の多様な利益の政治的な活性化は，政府との激しい対立の局面を伴うこともあったが，盧泰愚政権による社会保障政策と予算増額に何ほどかの影響を及ぼしたと見ることができる。

しかし社会保障費の対政府予算比の増加傾向は続くことはなく，金泳三政権の 1993 年から 97 年までは低迷している。再び増加に転じるのは 1998 年に発足した金大中政権からである。金大中政権は経済危機で深刻化する失業問題に対応するため安全網(セーフティネット)を整備し社会保障費を急増させた。この変化は，公的扶助の分野で生活保護法に代わる国民基礎生活保障法を新たに制定したことによる。その後 2003 年に発足した盧武鉉政権では，一般会計を見る限りでは，この比率に目立った変化はなく 10%程度にとどまっていたが，任期末の 2007 年に入り 12%に上昇したことが目を引く。

表 25 は OECD 加盟国における公的社会支出の対 GDP 比である。韓国のそれは少し増えてきてはいるが，他の加盟国との比較ではかなりの低い水準にある[153)]。また 2003 年に韓国の対 GDP 比は 5.7%と低迷しており，図 9 の政府予算の推移と重なる。このように他の OECD 諸国に比べ財政的には社会保障の水準は低いが，社会保障の制度改革が積極的に進められ，法制度が整備されてきている。

それでは，福祉分野では国民基礎生活保障制度の政策過程について，また医療分野では医療保険統合と医薬分業の政策過程について，政府と社会的アクターの関係に着目しながら検討することにする。

3．国民基礎生活保障法の制定過程

1961 年に制定された生活保護法は，日本の植民地支配時代の朝鮮救護令の年齢制限を引き継ぎ[154]，「18 歳未満の児童」「65 歳以上の老衰者」などのうち生活水準が一定以下であり，労働能力のある扶養義務者がいない場合にのみ保護対象とされてきた。年齢で対象者を狭く限定し，さらに労働能力のある者を除外したのである。極めて制限された旧態依然たる生活保護法を改正するために，参与連帯は社会福祉委員会を中心に取り組んだ。参与連帯の改革運動に関連して，三つの点を指摘しておく。

第一に運動方式である。参与連帯の社会福祉委員会は「中産層出身の社会福祉政策専門家が主導する政策専門運動」であり，意図的に大衆運動を退け，大学教授や弁護士の専門家中心の政策要求運動として展開してきた[155]。韓国の市民団体に対しては「市民なき市民団体」という批判がなされてきたが，社会福祉委員会については大衆的組織がないために特定集団(障害者など)の利害にとらわれず，客観的で総合的な視角をもつことができたとする見方が内部にはあった[156]。

第二に国内世論である。1997 年末の経済危機以降に「社会安全網」という言葉が急速に広がりはしたが，それまでの韓国社会での社会保障に対する関心は高くはない。1996 年 10 月の世論調査では，国家の当面する課題を問う質問に対して「物価安定」51.5%，「経済成長」26.1%，「交通問題解決」16.3%が上位三つであり，「貧富格差解消」は 5.1%にとどまる[157]。当時の金泳三大統領の国政の過ちを問う質問でも，「物価／経済不安」が 44.5%であるのに比べ，「市民のための政治／福祉政策」は 2.5%である。経済発展とそれによる階層的上昇を優先する価値観は韓国社会では根強いものがある[158]。市民団体が貧困問題に対する社会の関心を高めることは容易ではない[159]。従って 1997 年末の経済危機に至るまでは，「生活保護法に対する数年間にわたる憲法訴願，立法請願を通じた改正要求は国家及び社会から注目されないでいた」(参与連帯)[160]という状況が続いた。

第三に社会保障の政策過程である。1996 年に参与連帯は生活保護法改正案を国会に請願している。野党議員によって国会の保健福祉常任委員会に提出されているが，これといった検討を受けることもなく保留されたままであった。野党議員提出の法案であったため与党議員が関心を示さなかったためであろう。その後，1997年7月に生活保護法は大幅に改正されるが，参与連帯の立法請願をもとにした野党案ではなく，また参与連帯などの非公式的な参加者の影響もほとんど受けることなく，保健福祉部が法案を作成し政府与党案として提出されたものが可決されており，実質的に保健福祉部の主導でなされたものである[161]。

要するに，金泳三政権のもとでは，市民団体による生活保護法の改革運動は少数者の運動にとどまっていたと言える。大衆運動よりも専門家中心の政策提案(アドボカシー)運動であり，国内世論の支持も広がることはなかった。

経済危機の中で発足した金大中政権は，どのような社会保障の構想をもっていたのか。経済危機を克服するための企業の統廃合は失業者の急増を伴う。それだけに失業者や貧困層のために，一時的な緊急対策も含め社会安全網の整備を急がなければならない。政権の発足後に保健福祉部が作成した『第1次社会保障長期発展計画(1999〜2003)』(1998年11月)によれば，まず「一次安全網」とされる社会保険によって中間層から下層への転落を防止し，失業の長期化から生活苦になった者も含め貧困層には「二次安全網」の生活保護法によって最低限の基礎生活を保障しながら，自活事業(社会福祉としての就労事業)，職業訓練，就業斡旋などによって労働市場に復帰させ，さらには中間層に引き上げるという構想である[162]。これが現実のものとなるためには「一次安全網」である社会保険(特に雇用保険)が適用拡大され，「二次安全網」の生活保護制度が貧困層を適切にカバーするなど十分に整備されなければならない。さらに職業能力開発や雇用創出によって失業者を社会復帰させる積極的労働市場政策も整えなければならない。これら三つの条件を満たしてこそ，上記の構想は実現可能になる。

特に「二次安全網」の生活保護制度について，金大中政権はどのような方針を立てていたのか。一時的な失業者の急増に緊急的な対応として生活保護の対象を広げることはしたが，生活保護制度の抜本的な改革を進めることまでは計画していなかった。上記の保健福祉部の計画文書では，勤労能力のある者については生活保護の対象に原則的には含めず，「年齢，性別など人口学的条件による選定基準を緩和し，実際の生計維持及び扶養能力の有無に応じて保護対象者の選定」を行うとしている。厳しい制限条件の撤廃ではなく「緩和」の水準にとどまるものであった[163]。金大中政権の「国政 100 大課題」でも，後述の医療保険統合は盛り込まれているが，生活保護法の改廃については記述がなかった[164]。医療保険統合とは違い，生活保護制度をあらためることは政府の大きな財政負担を伴うだけに，金大中政権の姿勢も曖昧で消極的なものにとどまっていた。

それでは，金大中政権のもとでの国民基礎生活保障法の政策過程は，どのようなものであったか。政策過程は，次の三つの局面によって再構成される[165]。

第一の局面は，政府の政策過程にいったんは上げることに成功したが政府内部の抵抗にあい停止を余儀なくされる局面である。金大中政権が発足したことを受けて，参与連帯は 1998 年 4 月と 7 月の 2 回にわたり国会に立法請願を行い，与党の国民会議が市民団体の提案との擦り合わせを行って法案を党論として確定し，同年 10 月には国会の保健福祉常任委員会にまで回付させるに至った。

参与連帯の請願の核心は「特に 18 歳以上 65 歳未満の者の長期失業による「絶対的貧困」に対して最小限の「失業扶助」の性格を含む生活保護制度が必要であると言える」[166] という主張にある。生活保護法第 3 条の保護対象者に対する年齢制限を撤廃し，貧困という理由だけで，つまり最低生計費以下の所得であれば保護対象者になれるという提案である。参与連帯の請願内容は，旧態依然とした生活保護法を大きく変えるものであり，それだけに政府の財政負担が大きく増えるものであった。

保健福祉部以上に，予算担当部処である予算庁が国民基礎生活保障法の制定に反対し，既存の生活保護法の維持を唱えてきた。1999 年 1 月初めには予算庁は与党に対して，政府の財政負担が急増することを理由に，国民基礎生活保障法案の審議保留を要請している。これを受けて国民会議内部でも慎重論が起き，国会審議はその後「小康状態」[167] に入ることとなった。

第二の局面では法案審議が迷路に入り込み，市民団体は政府や世論への働きかけを強化したが，それでも状況は改善されなかった。市民団体は法案審議が行き詰まった状態を，どのように打開しようとしたのか。参与連帯は「不利な局面」[168]を乗り越えるために，他の市民団体とともに同年3月に国民基礎生活保障法制定推進連帯会議(64団体)を結成した。これによって大衆運動を展開する一方で，青瓦台，国務総理室，政党などを対象とする「上層部運動」を併行して行おうとした。

しかし連帯会議の執行部の一人は，「冷静に評価すれば，〔地方自治体レベルの〕住民基礎生活保障条例制定案の全国同時立法請願，全国失業者街頭大行進，社会安全網構築要求のための人間の安全網の鎖作り，国民署名運動などの「大衆動員運動」は事業自体が霧散したり，あるいは失敗したりして，大衆を動員して政府を圧迫しようとする計画は修正が不可避になった」[169]としている。世論形成が芳しくないことから，執行部は「上層部運動」に集中する戦術を選択せざるをえなかった。新法制定への世論の関心も低調なままであり，そのような中では政府と与党の政策意思を鼓舞することもできなかった。局面転換は難しく「足踏み状態」[170]に陥ってしまった。市民団体における大衆的基盤の脆弱さが現れたと言える。

第三の局面は，1月からの「小康状態」が続く中で，金大中大統領が法案審議に推進力を与える局面である。それは6月21日の蔚山発言である。金大中大統領が「中上層と庶民が安心して暮らすことができるように国民基礎生活保障法を制定します」とした発言は，市民団体にとっては「千軍万馬」[171]の力を与えるものであった。比喩で表現するのであれば，まさに水門はあけられ，川の水が一気に流れ込んでくる状況であった。この時点で国民基礎生活保障法の制定が，政策決定に至る可能性の十分にある議題として設定されたと言える[172]。大統領の意思が明瞭に示されたことで，法案の取り扱いは大きく様変わりした。それから2ヶ月も経ない8月12日には生活保護法に代わる国民基礎生活保障法案が国会で可決され，翌2000年10月から施行されることになった。

金大中大統領の判断の理由を明らかにすることは難しいが，2000年4月の国会議員選挙に向けた取り組みの一環として見るのが妥当である[173]。前述したように，新党の結成を国民に明らかにするのは，6月の蔚山発言から2ヶ月も経たない光復節(8月15日)の慶祝辞であった。慶祝辞では新党は「改革的国民政党」であり，「生産的福祉」を推進する「中産層と庶民の利益を代弁する国民政党」であるとされた。蔚山発言の前にも，金大中大統領は「民主主義と市場経済，生産的福祉を三位一体で併行発展」というように，従来の「民主主義と市場経済の併行発展」の国政理念に「生産的福祉」を挿入した新たな国政理念を提示している[174]。新党結成を宣言する前に，新党の改革性を示す「生産的福祉」の具体的な成果が求められていたと言える。その成果は，慶祝辞で言及されている国民基礎生活保障法の制定であった。「生産的福祉」の言葉自体は，これまでも金大中政権の保健福祉部によって計画文書などで用いられてきたが[175]，この時期から「生産的福祉」は新党結成に向けた政治的な文脈に組み込まれた新しい言葉に変わったのである。

大統領秘書室の人事を振り返るならば，金聖在牧師が民情首席秘書官に任命されたのは，6月21日の蔚山発言の3日後である。民情首席に任命される以前に，金大中大統領の決定にどのような働きかけをしたのはわからないが，金聖在民情首席がその後の短期間の立法作業において市民団体と青瓦台，国会をつなぐ役割を果たしたことは想像に難くない。

国民基礎生活保障法について，市民団体が要望していたものとの相違点について記しておく。法律名称は市民団体が提案したものであり，植民地時代の遺物である年齢制限も取り払われ，さらに形式に過ぎなくとも受給の法的権利性までも盛り込まれた。しかし労働能力のある生計給与受給者に対する自活事業の参加義務づけと不履行時の支給中止は，市民団体が請願した法案にはなかったものである。財政当局などの官僚は生計給与受給者のモラルハザードについて懸念をもち，受給者に対する労働の義務づけを望んでいたのであり[176]，また扶養義務者(直系血族)の扶養義務を同居の有無に関係なく徹底することで受給対象範囲を絞り込み，また給与も過度にならないように望んでいた。自活事業の義務づけなど「ワークフェア」(workfare)的な側面が，積極的労働市場政策の観点からというよりも，むしろ官僚の財政的な配慮によるものであったことは，国民基礎生活保障制度とそれを象徴する「生産的福祉」を理解する上で留意すべき点である。このように大勢としては市民団体が望んだ通りになり，図9に見られるように政府の財政負担も急増したが，法制定後に政府との「とてつもない観点の差異(同床異夢)」[177]に市民団体は気づかされ，その改革に取り組み続けることになる。

4．医療改革の政策過程

ここでは医療改革として，医療保険統合と医薬分業の二つの政策過程を取り上げる。医療保険統合は金大中次期大統領の労使政委員会によって，医薬分業は金泳三政権の1994年の薬事法改正(付則では医薬分業を3年から5年後に実施するとしていた)によって，政府が取り組まなければならない課題とされた。二つの政策過程において政府と社会的アクター(労働組合，市民団体，職能団体)が，どのような相互関係を展開したのかを見ることにしたい。

(1) 医療保険統合と労使政委員会

金大中政権以前における，医療保険統合(医保統合)の動きとして，次の3点を指摘しておくことにする。第一に，医保統合の問題は1988年に農漁村地域にも医療保険制度が適用され，地域医療保険が実施されることで，農漁民が保険料の支払いに不満をもち始め納付拒否運動を展開したことが発端である[178)]。医保統合の主張は，職場，地域，公務員等に分立した組合方式をやめて医療保険の一元化をするのであれば，組合管理費の無駄を節減することで赤字財政の地域医療保険の保険料を引き下げることができ，さらには保険料を全国同一基準で徴収し地域間・階層間の不公平な格差の解消をはかるというものである。このような医保統合を要求し運動したのは労働組合と職能団体，さらに市民団体である。

第二に，民主労総は医保統合を1995年に始まる「社会改革闘争」で提起した[179)]。戦闘的に労働者の利益を追求する闘争方式に対しては「集団的利己主義」とする国民世論の批判があり，民主労総は社会問題に改革的な姿勢を示すことで国民の支持を得ようとした。具体的には，民主労総は，医保統合，国民年金の民主的な管理運用，税制及び財政改革，財閥の経済力集中排除などの社会問題を取り上げるようになった。だが単位労働組合の企業別交渉では，やはり賃金引き上げや雇用確保といった一般組合員の利害が優先されてしまい，社会改革闘争は「実際に企業別労働組合体制に基礎をおく労働組合組織がなしうる政治・社会的役割の可能性と限界を赤裸々に示すものであった。……生産職

〔ブルーカラー〕の場合，企業別交渉で，この問題を提起した場合はほとんどなく，大部分は横目で見過ごす程度の争点にとどまった」[180]という。

要するに，民主労総が医保統合に取り組み始めたのは，非合法組織として社会的に孤立することなく，合法的な労働組合として成長するためには国民の支持が必要であるとの政治的な判断からである。1987年6月の民主化抗争から始まった戦闘的な労働運動は政府の弾圧を受け非合法化されてきたが，融和的な姿勢を見せ始めた金泳三政権のもとで，既存の穏健な韓国労総に対抗する急進的な全国組織の結成が進められ，1994年11月の準備委員会結成に続き，95年11月には民主労総が結成されるに至った。新生の民主労総が戦術的に医保統合を取り上げ始めたのは，このような時期においてである。

第三に，医保統合に最初に取り組んだのは保健医療分野の専門家を中心とする職能団体であった[181]。その中でも民主化運動を経験した学生運動圏出身の医師らが作った人道主義実践医師協議会(付録3の6番)が中心的な存在である。彼らの主張は，市場中心の医療供給ではなく公共医療を拡大し，国家が積極的に介入する医療供給に変えようという社会民主主義的なものであった。医保統合はその一里塚であるとして，また医薬分業も政府の規制強化という点で公共性の拡大になるものとして期待していた[182]。

たとえば，1994年4月に労働団体・農民団体・市民団体など77団体によって「医療保険統合一元化と保険適用拡大のための汎国民連帯会議」(金容益(キム・ヨンイク)執行委員長。ソウル大学校教授)が結成されている。医療改革は専門性が強い分野であるため人道主義実践医師協議会のような専門職業人の職能団体や労働組合(地域医療保健医療労働組合，病院労連など)が主導している。経実連や参与連帯など一般の市民団体が積極的に関与するようになったのは，金大中政権以降のことである[183]。

金大中政権のもとで取り組まれた二つの医療改革では，単なる争点ではなく政府が取り組む政策として議題設定(アジェンダ・セッティング)がなされた後の政策過程に違いがある。医保統合では労使政委員会の合意で議題設定がなされた後は，政府内の抵抗をはねのけ迅速に医保統合の新法制定がなされている。これとは違い，医薬分業は1994年改正の薬事法によって定められた議題ではあったが[184]，医師協会の猛烈な反発にぶつかり，かろうじて医薬分業の実現にこぎつけている。従って焦点を当てるべきところは，医保統合では労使政委員会での議題設定の時点に，医薬分業では議題設定後の政策過程になる。

それでは医保統合の政策過程について見る。既述したように医保統合の社会運動は 1990 年前後から続いていたが，保健福祉部の官僚が組合方式を支持したことで実現するには至らなかった。しかし医保統合を大統領選挙の公約の一つに掲げた金大中が当選し[185]，経済危機を克服するための構造調整に取り組むことで状況は大きく変わり始めた。医保統合は，その大きな状況変化の中で合意された議題リストに潜り込んだ副次的・付随的な争点であったと言える。

次期大統領の金大中が 1998 年 1 月に作った労使政委員会は，経済破綻に対処するための危機管理の装置であった。外国資本の協力を得るためには大規模な労働争議の発生を抑えることが絶対的に必要であり，また騒乱状態を経ることなく IMF が望む労働市場の柔軟化(すなわち整理解雇制の即刻導入)を実現することが緊急の課題となっていた。従って労使政委員会では，労働組合に労働市場の柔軟化を飲ませる代償として，政府は集団的労使関係にかかわる労働組合の要求を大幅に受け入れるという交換をもって臨んだ。政府が労働組合に用意した風呂敷の中には，民主労総の合法化や労働組合の政治活動合法化などが包まれていた[186]。

労働市場の柔軟化は労働者に犠牲を強いるために交換による合意は極めて難しかったが，合意に成功した理由としては，金大中次期大統領の強い意思があったこと，また急進的な民主労総にしても，企業倒産によって労働運動の基盤が掘り崩される状況では，整理解雇制は拒否しえない現実になっていたことがあげられる。

民主労総は 1998 年 1 月の中央委員会の 98 年闘争方針の中で「97 年 1 月には全国民的支持のもとに総罷業を展開することができたが，98 年 1 月は周辺の与件が大きく異なり，少し間違えて対応すれば労働運動の没落さえも自ら招き入れる孤立無援の状態という点を勘案するならば，慎重に対応を探し求めなければならない」としている[187]。労使政委員会のテーブルを拒否して闘争に打って出ることは，当時の雰囲気では国内世論を敵に回すようなものであり，民主労総には大きな負担になる。この点は，穏健なナショナルセンターである韓国労総にしても同じであった。韓国労総は「当時の経済的状況と国民世論を反転させて，労使政の合意を労働界が拒否するには力不足であったということも考慮しなければならない」[188] と当時を振り返っている。

要するに，民主労総にせよ韓国労総にせよ政府との交渉と交換を拒否し，整理解雇制の導入阻止に向けて総罷業を断行しても得るものはなく，失うものが多いということである。労働組合としては政府との交換を受け入れ，得られる限りのものを得るほうが賢明な選択であった。

そうであっても労使政委員会の交渉は，合意前日まで「雇用調整法制」(勤労基準法の整理解雇関連条文のこと）と公務員・教員の労働基本権などの「核心的争点」をめぐる意見対立が続き難航した[189]。労使政委員会で合意された「一括処理原則」のもとで政府は労働組合の諸々の要求を受け入れる姿勢で臨み，2月6日に一括妥結の合意に到達した。医保統合も合意前日までに意見対立があり調整がつかないでいたが，この日の合意事項リストには含まれていた。

労使政委員会の合意文は10議題の90の合意事項からなり，その議題の一つである「社会保障制度の拡充」に「政府は医療保険の統合・一元化及び適用拡大のために98年中に関係法令改正を推進する」との合意事項が盛り込まれている[190]。医保統合が一括妥結のリストに含められたのは，大統領選挙の公約であった点も関連しようが，最優先の「核心的争点」である整理解雇制導入に比べるならば，政府にとって医保統合は交換の風呂敷包みに入れるのにやぶさかではない事項であったからであろう。

労使政委員会の合意後の2月12日には金大中次期大統領の大統領職引継委員会が，合意内容を反映させた「新政府100大推進課題(暫定案)」を公表し，その中に「医療保険一元化のための法改正を98年中に推進，医療保険統合推進企画団の設置」を盛り込んでいる[191]。大統領選挙のときに公約として掲げられた医保統合であるが，労使政委員会の合意を経て「新政府100大推進課題」に明記されることで，より実現性をもつようになった。金大中次期大統領が取り組む社会保障改革としては，この医保統合がアピールできる唯一のものと言ってよい。それだけに新政権発足後，保健福祉部の官僚が医保統合に抵抗し続けるのは不可能なことであった[192]。

新政権の発足後，直ちに保健福祉部長官のもとに医療保険統合推進企画団が設置された。参与連帯社会福祉委員会の金淵明（キム・ヨンミョン）(尚志大学校助教授。付録6の5

番）も委員の一人である。法案を実質的に作成したのは企画団であると言われているが[193]，労使政委員会において合意された事項であり，その後の立法過程における企画団の貢献であることに留意しておく必要がある。

その後の労使政委員会について述べておくことにする。労使政委員会は政労使三者の劇的な合意を作り出したが，この合意案を受け入れた民主労総の執行部は，その直後に代議員によって解任されてしまう。新たに選出された強硬派の執行部は合意の無効を宣言した。1999年2月には民主労総は労使政委員会への不参加を公式宣言している。もう一方のナショナルセンターである韓国労総の参加も不安定である。労使政委員会は1999年5月に大統領の諮問機構として法制化されたが，国家的な経済危機が終息する兆候を見せる中で，政府だけではなく二つの労総も労使政委員会には熱心ではなくなっていた[194]。労使政委員会の停滞した状況は盧武鉉政権でも変わらなかった。要するに，労使政委員会は政労使三者からなるコーポラティズム的な協議機構に進むことはなく，1997年末の経済危機に次期大統領が迅速に対処するための危機管理装置にとどまり機能的に発展しなかった。

（2）医薬分業と医師の反乱

医薬分業の政策過程は紆余曲折と大波乱を経ることになった。医薬分業では金大中政権の発足間もなく，医薬分業とのかかわりが深い人道主義実践医師協議会の金容益が国民会議の保健医療効率及び先進化政策企画団の副委員長になるなど党と政府の政策立案に深くかかわっている。ここで提起された政策理念は政府機能の強化と公平性の拡大であり，人道主義実践医師協議会が望む医療改革と方向性を同じくしている[195]。

医薬分業の政策過程は複雑な交渉と紆余曲折を経ており，直接関与した市民団体関係者も含め市民団体の役割を漏れなく描き出すことは難しい。市民団体と医薬分業との関係で留意すべき点は，政策過程への経実連や参与連帯の参加は金大中政権によって引き入れられた面が大きいということである。

1998年5月に保健福祉部内に医薬分業の具体的方法を検討する医薬分業推進委員会が設けられた。20人の委員構成を見ると，政府4人，医療界3人，薬界3人，学界7人，市民団体2人（経実連，韓国消費者連盟），言論1人となっている[196]。学界のうち金容益を含む2人は人道主義実践医師協議会，経実連，参与連帯などにもかかわりの深い学者であるため，市民団体関係者は4人と数えることもできる。このことから医薬分業推進委員会の「意思決定に市民団体の影響力は大きかった」[197]と評価されることにもなる。

市民団体の影響力を的確に理解するには，次の点に留意しておくことが必要である。市民団体の専門家は，医薬分業の政策過程への参加について「医薬分業の施行日までに1年ほどしか残されていなかったために，利害葛藤の仲裁次元で政府が参加を要請した」と語っている[198]。つまり市民団体は，政府によって交渉の場に招待された参加者であったということである。政策過程での市民団体の特別な地位は，政府・与党の斡旋によって医師協会と薬師会が国会に提出した建議書にも見ることができる。そこでは法改正を1年遅らせてもらう代わりに，2ヶ月以内に合意を達成するよう「〔医師協会・薬師会が〕国民を代表する市民・消費者団体とともに積極的に努力する」として，両団体の代表が署名している[199]。市民団体に対する政府・与党の後押しがあってこそ，政策過程で期待された「仲裁次元」の役割が可能になったと言える。

政策過程に市民団体が特別扱いで招待された理由としては，市民団体が政府と医師協会の間に入り，医薬分業に対する医師協会の合意を引き出す独自の役割を政府が期待していたことがあげられる。参与連帯は医薬分業推進への医師協会の反発に対抗して，医師が取得する不正な薬価マージン(実際の価格と保険上の薬価との差が大きく，その差額が医師の収入になっていた)を暴露して，医薬分業の必要性を国民に訴えている[200]。市民団体が国民世論を喚起し医師協会を圧迫して，医薬分業を進めることは政府が望む展開であった。「仲裁次元」以上の役割，つまり医薬分業を強く推進する役割を市民団体は期待されていたのである。このような政府と市民団体の関係を「意気あがる医薬分業同盟」[201]と呼ぶ研究者もいる。医師集団を社会正義に反する存在として追い込む「医療に対する大衆的統制」[202]が可能であると金大中政権は信じて疑わなかったという。

市民団体と国民世論を動員するなど政府の政策手法に対する医師の不満は根強く，薬事法改正が国会を通過(1999年12月)した後，医薬分業の2000年7月の実施を目前にして，開業医や勤務医，インターンが集団診療拒否などの抗議行動を繰り広げることになった。集団診療拒否は7月以降も，11月の最終合意に至るまで繰り返され，参加者は医大教授にも広がった。

繰り返される医師の反乱に直面して，政府は当初の強硬姿勢から，医薬分業の実施に医師の協力を得るために譲歩せざるをえなくなった。金大中大統領は保健福祉部長官を解任するとともに，医薬分業政策の準備不足を認め，「医師協会・薬師会・市民団体が合意し，問題がないと思ったために少し安易な判断が出てきたようだ」と反省を語った[203]。これから数ヶ月の間，市民団体は「政策論議から事実上排除」[204] され，政府は医師協会とのみ交渉して政策内容を変更した。医師の診療・処方権を強化する内容で最終合意に達し，医薬分業の紛争は終結したのである[205]。

医薬分業の政策過程では，市民団体は医薬分業を進めようとする政府に協力することで政策過程に参加したが，医師の反乱が起き政府が医師協会との直接交渉に乗り出すようになると，市民団体はその役割と影響力を瞬時に失った。政府によって招かれた客は，政府の応接態度によって，その位相は変わらざるをえなかった。

医薬分業を実現するために，また医師たちの反乱を慰撫するためにも，政府は無理な診療報酬の引き上げを繰り返した。医療保険の財政は急速に悪化し，医薬分業実施の翌年の2001年には，医療保険は財政破綻に陥った。当時の診療報酬の引き上げは5回にも及び，総計は42%の引き上げに達した[206]。医療保険の財政破綻の責任をとらされ，金大中大統領によって保健福祉部の新任長官が再び解任された。医保統合がそうであったように医薬分業もまた金大中大統領の改革性を象徴する政策とされていたが，医師の反乱と医療保険の財政破綻は，金大中政権から医療改革の推進力を失わせるのに十分であったと言える。

以上，社会保障分野の政策過程として国民基礎生活保障法，医療保険統合，医薬分業の三つの事例を取り上げてきた。市民団体，労働組合，職能団体などの社会的アクターが政策過程でどれほど影響力のある存在であったのか，また政府に対してどのような力学関係にあったのかを見てきた。

国民基礎生活保障法制定の決定に至る過程では，金大中大統領は市民団体にとって膠着状態を突破する「千軍万馬」であった。同様に，医保統合も，労使政委員会を立ち上げた金大中次期大統領が整理解雇制導入を最優先にして労働組合の代償要求に柔軟に対応したからこそ実現することになった。医薬分業では，市民団体は政府によって政策過程に招かれ，職能団体との交渉に支障となれば排除されてしまった。要するに，三つの事例では市民団体や労働組合が参加するなど，政策過程は多様なアクターが合意を形成する政治的な過程に変わろうとしているが，いまだ重要な局面では金大中大統領や政府が決定的な役割を果たしていると言えよう。

そのような政治的力学のもとに政策過程がある理由は，社会的アクターの側にも求めることができる。社会保障の政策過程で市民団体が大衆運動よりも諮問的な参加を重視したのには，戦術的な選択という面もあるが，組織的基盤の脆弱な「市民なき市民団体」としてはやむをえなかった面もあると言える。つまり社会保障に対する市民団体の関心は強いが，政府に対する影響力の資源では相当な制約があった。これに対して，労働組合では企業レベルの一般組合員は賃金と雇用には熱心であるが，社会保障への関心は必ずしも高くはなく，しかも国家的な経済危機状況ではストライキなどの実力行使も難しい。整理解雇制を実現するための労使政委員会への二つの労総の参加は，彼らが守勢に立たされていたことの現れにほかならない。労働組合は大衆組織という点で市民団体よりもはるかに優位にあり，それゆえに金大中次期大統領は労使政委員会を設けはしたが，国家的な経済危機では労働組合が組織的資源を政府に対する影響力に転化することは容易ではなかったのである。

金泰星（キム・テソン）(ソウル大学校教授)と成炅隆（ソン・ギョンリュン）(翰林大学校教授)は，金大中政権の福祉改革の成功の理由として，次の四つの要因が複合的に相互作用したことをあげている[207]。①経済危機ゆえの国家の自律性の増大，②労働組合と市民団体の組織的な努力，③金大中大統領の改革的性向，④ 2000 年の国会議員選挙への対応である。さらに②に言及して，労働組合以外に市民団体が大きな寄与をしたことを韓国的な特徴としている。労働組合・市民団体が①③④の要因に関連することには同意できるが，②の労働組合・市民団体の貢献を強調することには，これまでの考察を踏まえるならば慎重でなければならない。

韓国の福祉国家論では，社会保障政策に労働組合だけではなく市民団体が大きく貢献したとして，それが韓国的な特徴であるとする議論が少なくない[208]。金泰星と成炅隆らも含め，このような主張には，次のように言うことができる。

金大中政権のもとでは，社会保障政策を政府に押しつけるほどに市民社会勢力は十分に成長していない状況であったが，経済危機と金大中大統領の登場が重なり合うことで，市民団体や労働組合は政府内の政策過程に参加したり要求を実現したりする機会が生じたということである。つまり経済危機と金大中大統領の登場という新たな要因の出現が，市民団体や労働組合の影響力を大きく左右したのである。

もともと金大中の大統領選挙の公約には医保統合や医薬分業が掲げられていた。地域住民の負担軽減をはかる医保統合には，労働者を苦しめる構造調整だけの大統領ではないことを示す意義があった。しかし国民基礎生活保障法の制定は公約にもなければ，国政100大課題にもなかった。急増する失業者を救済するために，既存の生活保護法を緊急的に柔軟に運用するというのが金大中政権の当初の対応であったからである。それが変わったのは2000年の国会議員選挙が目前になってからのことである。新党結成の発表とともに，「国政哲学」に「生産的福祉」が盛り込まれ，国民基礎生活保障法の制定が急ピッチで進められたのは，国会議員選挙の政治日程への配慮からである。

社会保障改革は大統領選挙の公約実現という面もあるが，公約になかった国民基礎生活保障法制定のように国会議員選挙に向けて支持基盤を拡張する手段にもなりえた。このような政治的な考慮が，社会保障政策に対する金大中大統領の判断と対応に影響を及ぼしたと言える。金泰星・成炅隆が示した四つの要因は，労働組合や市民団体の市民社会勢力を中心にして相互作用したというよりも，金大中大統領の政治的リーダーシップを中心に相互作用したと理解すべきである[209)]。

要するに，三つの社会保障の政策過程を見る限りでは，労働組合，市民団体，職能団体などの社会的アクターの参加が見られるようになり政府とアクターの合意が重要になってきているが，特に市民団体について言えば，その参加と成果は金大中大統領に依存するところが大きい。さらに国民基礎生活保障法や医薬分業の政策過程が示すように，市民団体の位相は金大中大統領の政治戦略の観点から理解することが必要である。

最後に，本章の全体を整理しておくにする。金大中政権は全羅道を主たる支持基盤とする少数与党の政権として発足した。彼が率いる政党が地域政党から全国政党に脱却することは，金大中が政権の座についてからの最優先の政治課題であった。政権が発足して 2 年後になる 2000 年の国会議員選挙に向けて新党を結成しようとするが，この新党に先立ち金大中大統領が取り組んだのが自民連との合併交渉であり第二の建国運動であった。

金大中大統領は，第二の建国運動を市民団体の協力と参加を得て推進しようとしたが，政府主導であることに不満をもつ市民団体によって拒まれ失敗に終わった。そのことが金大中大統領をして，対市民社会戦略の軌道修正を行わせた。具体的には，大統領秘書室の人事や社会保障改革で市民団体の意向に沿う一方で，動き出し始めた落選運動に対しては柔軟かつ迅速に対処した。落選運動には合法的な活動範囲を広げるとともに警察の取り締まりを抑制する一方で，落選運動にとって追い風となる候補者の個人情報を公開することにも努めた。金大中大統領は市民運動との関係を対立の危険もある無関係な状態に放置するのでもなく，また垂直的なヒエラルキー（政府）に組み入れ動員しようとするのでもなく，より水平的で互恵的な関係の方向に進めようとしたと言える。それゆえに 2000 年の落選運動は警察と衝突し政府と対立することもなく，また国民からの支持を失うこともなく成功裏に展開できた。金大中大統領は落選運動を無理に引き寄せることもなく，遠ざけ過ぎることもない適度の距離のとり方で，双方が益する結果を導き出したのである。

社会保障の政策過程では市民団体の役割に一定の変化は見られたが，その役割や影響力は金大中大統領に依存するものであっただけに制約もあった。それは新党結成にかかわりのある国民基礎生活保障法によく現れており，与野党の権力闘争に対する政治的考慮が政策過程を決定づける重要な要因となっていた。これも含め三つの事例が示しているのは，社会保障の政策分野では政府が市民団体や労働組合との間で政策遂行上協力関係を形成せざるをえなくするような構造的な変化は起きていないということである。それゆえ依然として大統領の政治戦略が重要になる。

要するに，与野党の権力闘争では市民運動との間で互恵的で水平的な相互関係に近づく一方で，社会保障の政策過程では金大中大統領の決定に市民団体が依存する関係が見られたと言える。この二つのレベルで形成される相互関係のいずれにも深くかかわり，全体を構築したのが金大中大統領であり，彼を動かした要因は一つに限ることはできないが，その主たる要因は与野党の権力闘争への政治的考慮であったと言える。政府と社会的アクターの相互作用のルールも含め全体を新たに組みかえるのがメタガバナンスのリーダーシップであるが，それが政策過程ではなく，むしろ権力闘争を中心軸に展開したことが韓国の特徴である。

第3章では制度化の概念を用いて政府と市民運動の相互関係を論じ，制度化の射程に収まりきらない相互関係の展開に言及した。本章はそのような超える部分となる権力闘争レベルの相互関係を見るためにレンズ(概念的枠組み)を交換して，政策過程レベルも視野に取り込みながら，相互関係の全体像を明らかにしようとした。運動の視点よりも権力の視点から見ようとしたと言える。新たなレンズでとらえることのできた全体像を一つのまとまりあるものとして作り出したのは金大中大統領である。第二の建国運動の取り組みが教訓になったとは言え，その失敗を忘れさせる成功であったと言えよう。

第5章に進む前に，落選運動を通じて現れた政府と市民運動の相互関係を，第1章で示した「潜在的」(latent)同盟の概念でとらえ直しておく。政党と社会運動の相互関係には，フォーマルな同盟，新党結成，非党派の三つの相互関係(表2参照)に加えて潜在的同盟がありうる。社会運動が政党とのフォーマルな同盟関係を避け，政党との友好関係を明らかにすることなく非党派を維持する場合，フォーマルな同盟と非党派の中間に位置する，もう一つ別の同盟が現れることになる。潜在的同盟では，政党による再編成の政治と社会運動による脱編成の政治が同時進行し互いに連動することで，政党支持の変化が起きる可能性がある。その変化は，フォーマルな同盟のもとで起きるものと結果的に同じになることもあろうが，党派性を潜在化させている社会運動に結集する市民が特定の政党の支持層に変換される点で，より間接的で迂回的な再編成になる。このような政党支持の変化をとらえようとしたのが潜在的同盟の概念である。

2000年の落選運動における政府と市民運動の相互関係に，この潜在的同盟を見出すことができよう。2000年の国会議員選挙を前にして，金大中大統領が改革的国民政党を掲げた新党を結成したそのとき，落選運動が始まった。落選運動は党派的な立場を曖昧なものにして政党に対する国民の不満を動員することに成功する一方で，金大中大統領は落選運動に合法的な空間を広げるとともに違法な部分に対する権力発動を抑制するなどした。かくして選挙政治の舞台において，政党と対等な主役となることができた落選運動は，地域主義が相対的に弱いソウルなど首都圏において金大中大統領が率いる新党民主党を躍進させることに貢献した。2000 年の落選運動は潜在的同盟の成功事例であり，その後の政府と市民運動の相互関係にも影響を及ぼした。

そこで次に検討すべき問題は，一つは盧武鉉政権のもとで政府・政党と市民運動との相互関係がどのように展開して行ったのかということである。つまり金大中政権以降に緊密化した相互関係がいかに拡大発展したのかを，政党に焦点を当てて検討することにする。盧武鉉政権のもとでの政党と市民社会の相互作用については，第 5 章の第 1 節と第 2 節で論じることにする。相互関係が拡大発展することは潜在的な党派性を明瞭にすることになり，市民団体の社会的信頼に影響を及ぼすことになろう。もう一つの問題は，市民運動がアクターとなる選挙政治によって有権者の政党支持にどのような変化が起きたのか，政党支持の再編成は進んだのかということである。つまり潜在的同盟が政党支持にどのような変化を起こしたのか，そのパフォーマンスを問うことである。この点については，第 5 章の第 3 節で金大中政権末期の 2002 年の大統領選挙を事例として取り上げ，その後の蠟燭デモの出発点にもなった反米蠟燭デモが盧武鉉候補の当選にどのように関連していたのかを検討することにする。2002 年の大統領選挙と蠟燭デモは盧武鉉政権時代に理念対立の議論を巻き起こしただけに，事例としては最適であると言えよう。

1）本章で 2000 年の落選運動に関する考察が中心となるのは，金大中政権と盧武鉉政権における市民運動との協調的な相互関係の始まりであるからでもあるが，資料が比較的豊富にあるという条件も関係している。この両政権の 10 年間における大規模な蠟燭デモである 2002 年の反米蠟燭デモに関する内部資料は入手できず，2004 年の大統領弾劾反対運動も声明文などに限られている。ところが 2000 年の落選運動では幸運にも 2000 総選連帯の内部資料集が発行されている。また 2000 年の落選運動に刺激され，政策過程への参加に関する研究も含め盛んに市民運動研究がなされた。それから数年間が市民運動研究の最盛期であったと言える。それに対して盧武鉉政権の 2004 年の大統領弾劾反対運動以降には，大規模な蠟燭デモが見られたにもかかわらず，市民運動に関する研究や一般図書の発行が下火になった。退潮傾向にある中，2008 年の狂牛病デモが起きて関連図書が発行された。

李明博政権下での野党の著しい弱体化が市民の直接行動への期待を高めたこともあって蠟燭デモに関する図書が出版されたが，2000年頃の熱気と活況を取り戻したとは言えそうにはない。

2）「金大統領の「光陽」記者会見」『ハンギョレ』1999年7月23日。KINDSより取得。

3）金大中大統領の「改革的国民政党」への言及は，「光復節第54周年慶祝辞　希望と繁栄の新千年を開きましょう」(1999年8月15日）大統領秘書室『金大中大統領演説文集1999年2月1日～2000年1月31日』ソウル，第2巻，2000年，408頁。

4）税務調査やその脅しが，韓国では政権を取った政治勢力によって常套的な手段として使われてきた。このときにも使われたケースがあるという。ソン・ハンヨン『DJはなぜ地域葛藤解消に失敗したのか』ソウル，チュンシム，2001年，90～93頁。著者はハンギョレ新聞社の記者である。

5）新党構想は長期的な政権戦略の中に早くから入っていた。政権発足後1年間は経済改革と外交統一問題に取り組み基礎固めをして，2年目に政界再編を行い国会議員選挙に備えるという構想である。「与野党火のついた取り込み競争「2＋アルファ」から「アルファ＋2」に」『ハンギョレ』1999年7月24日。KINDSより取得。

6）「与圏新党，どんな姿か」『ハンギョレ』1999年7月24日。「明らかになった新党構想」『ハンギョレ』1999年8月16日。いずれもKINDSより取得。

7）ソン・ハンヨン，前掲書，129頁。金大中大統領が進めようとした選挙制度の改革は，小選挙区制から中選挙区制に変えること，また小選挙区の得票率に応じて議席配分する現行の比例代表制から1人2票の政党名簿式の比例代表制に変えることであった。同上，90～91頁。これは2000年の国会議員選挙では実現しなかったが，2001年7月に憲法裁判所が現行の比例代表制に対して違憲決定を下したことから，1人2票の政党名簿式の比例代表制に変更されることになる。2004年の国会議員選挙から，現行の小選挙区制と新たな比例代表制を並立させた1人2票の選挙制度が実施されている。

8）大統領選挙前にかわされた国民会議と自民連の合意文書では，内閣責任制改憲は1999年12月までに完了させるものとされている。「与・野間の政権交代のための新政治国民会議・自由民主連合の大統領候補単一化等に関する合意文」(1997年10月31日）李相煥編著『主要政治合意文書資料集(1989.1～2000.5)』ソウル，ハニャンエーディ，2000年，159～163頁。また改憲問題と政界再編に関する文献としては，倉田秀也「金大中政権の共同政府運営――内閣制改憲論と「政界再編論」の交錯」小此木政夫他『民主化以降の韓国』日本国際問題研究所，1999年，12～25頁。

9）自民連との合併交渉はほとんど合意寸前にまで行ったが，金大中大統領がおかしなことに新党の総裁職に固執した結果，破談となったというのが，金大中政権の核心的な人物の証言である。ソン・ハンヨン，前掲書，125頁。

10）同上，130頁。

11）同上，127頁。また「国民会議，発起人党内外38名発表」『ハンギョレ』1999年9月10日。KINDSより取得。

12）「第二の建国委員会4年6ヶ月目に解体」『朝鮮日報』2003年4月30日。KINDSより取得。

13)「新政府の改革理念「第二の建国」 金大統領8.15に発表」『ハンギョレ』1998年7月18日。KINDSより取得。

14) 第二の建国運動については，当時，李康来（イ・ガンレ）政務首席秘書官のもとで政務秘書官として第二の建国運動を担当した柳鐘珌（ユ・ジョンピル）(国会図書館館長)に，2009年5月28日にインタビューを行った。

15) 柳鐘珌インタビュー。「啓蒙君主」という彼の表現は，金大中大統領が政治や社会の改革を熱心に唱え続けてきた優れた政治家であることを踏まえたものである。ただそのような面から，市民社会に対して上から見下ろすようなアプローチが生じることにもなる。ちなみに第二の建国運動を金大中大統領自身が発案し推し進めたという点は，筆者が知りうる限りでは，韓国側の新聞記事や文献に見出すことのできない事実である。これまで第二の建国運動の発案・推進者が一体誰なのか曖昧であった。金大中大統領のリーダーシップについては，聖職者の説教のような啓蒙性，相手の意見には耳を傾けず自己主張を押しつける傾向に着目して「啓蒙的説教型」であると呼ぶ論者もいる。金浩鎮，小針進・羅京洙訳『韓国歴代大統領とリーダーシップ』つげ書房新社，2007年，317～318頁。

16)「第二の建国に共に参加しましょう」(1998年8月15日) 大統領秘書室『金大中大統領演説文集　1998年2月25日～1999年1月31日』ソウル，第1巻，1999年，427～432頁。

17)「国難克服と再跳躍の時代を開きましょう」(1998年2月25日) 同上，59～66頁。

18) 注16に同じ。

19)「細部推進事項　引継委員会選定の次期政府100大国政課題」『東亜日報』1998年2月13日。KINDSより取得。

20) ソン・ハンヨン，前掲書，90頁。柳鐘珌とのインタビューで，金大中が1992年の大統領選挙の敗北後から韓国社会の改造を構想していたということを知りえたが，1992年の大統領選挙の敗北は全羅道孤立の地域主義的な包囲網によるものであった。この点を考えるならば，全羅道出身の金大中は地域主義の韓国社会を変えることに強い執念をもって立ち向かったのではないかと考えることもできよう。

21) 大統領諮問政策企画委員会『第二の建国　大転換と改革の方向』ソウル，1998年，15～16頁。

22) 韓相震「第二の建国のための国民運動と市民運動の課題」ソウル，漢陽大学校第三セクター研究所，1998年(ファイルに頁数の記載なし)。聖公会大学校のサイバーNGO資料館のホームページ http://demos.skhu.ac.kr/index.html より2008年4月19日に取得。

23)「改革の同伴者　ソン・ハンピョ常務理事(朝の日差し)」『ハンギョレ』1998年8月22日。KINDSより取得。

24) 第二の建国汎国民推進委員会『第二の建国運動白書　第1輯』ソウル，2000年，46頁。これによれば国政課題は七つに増えており，国民による「意識・生活改革」の内容も，政策企画委員会のそれとは少しずつ異なる。

25) 大統領諮問政策企画委員会，前掲書，52～53頁。

26) 同上，50頁。

27) 同上，20頁。

28) 韓相震，前掲「第二の建国のための国民運動と市民運動の課題」。

29)「民間－党－大統領直属三つの翼で　輪郭現れた「第二の建国」推進機構」『ハンギョレ』1998年8月17日。KINDSより取得。
30)「第二の建国推進委員会常任委員会・企画団が核心」『朝鮮日報』1998年12月7日。KINDSより取得。
31)「民－官の合作　国民運動展開するよう」『朝鮮日報』1998年9月21日。KINDSより取得。
32) 李教観「第二の建国運動，明らかにされた誕生の秘密」『時事ジャーナル』ソウル，時事ジャーナル社，第477号，1998年12月17日，32～34頁。第二の建国運動に政務首席秘書官が深くかかわったことが，政治的な疑念を生じさせた面もある。大統領秘書室の政務首席秘書官は与野党の関係や選挙も含め国政全般にわたって政治的判断を必要とすることを職務内容とするものである。大統領秘書室については，崔進『大統領のリーダーシップ』ソウル，ナナム出版，2003年，243～245頁。李康来の経歴情報には，民主化運動や市民運動に関する記載がないことが目を引く。彼の経歴については，朝鮮日報社のホームページ http://www.chosun.com/ にある人物データベースを利用した。李康来は2009年9月現在，野党第一党民主党の院内代表である。
33)「慶祝辞が出るまで　草案段階から金大統領関与」『中央日報』1998年8月15日。この記事は次の文献に収録されている。公報室『金大中大統領第二の建国宣言関連言論報道』ソウル，1998年，14頁。崔章集は第二の建国運動には距離をおいていたとの見方もある。李教観，前掲「第二の建国運動，明らかにされた誕生の秘密」34頁。
34)「生煮えの第二の建国国民運動体　市民団体一緒にすることできしむ」『ハンギョレ』1998年8月20日。「市民団体支援金造成の検討」『ハンギョレ』1998年8月24日。いずれもKINDSより取得。
35)「金大統領・第二の建国汎国民推進委員会関係者　青瓦台懇談会」『朝鮮日報』1998年12月15日。KINDSより取得。
36)「第二の建国　国民大討論会中継」『ソウル新聞』1998年12月8日。KINDSより取得。
37)「「第二の建国」青瓦台政務首席室の関与論難」『ハンギョレ』1998年12月8日。KINDSより取得。この記事からの引用も国民大討論会での発言である。
38) 李教観，前掲「第二の建国運動，明らかにされた誕生の秘密」32～34頁。
39) 権栄基「韓国の理論家たち対称インタビュー　「金大中の理論家たち」の改革哲学」『月刊朝鮮』ソウル，朝鮮日報社，1998年10月号，80～89頁。
40) 韓相震，前掲「第二の建国のための国民運動と市民運動の課題」。
41) 曺喜昖は，第二の建国運動を進めるに当たり金大中大統領は保守勢力，既得権勢力の反発に対する配慮や憂慮を優先させてしまったことから第二の建国運動が曖昧で不透明なものになったとしている。要するに，反改革勢力に対する防御に神経を使い過ぎたということになろう。曺喜昖「「第二の建国」運動と市民社会，そして市民運動」学術団体協議会他主催『政治大討論会　金大中政府の政治「改革」，その批判と代案を求めて』(配布資料) 1998年10月21日，36～57頁。柳鐘珌は官辺団体の動員については，セマウル運動中央協議会の会長には市民団体の元老的な指導者を任命しており，金大中政権にとっても利用可能な組織になっていたことから，その利用について保守勢力への配慮であるとする見方には否定的であった。つまり使えるものであれば何でも使うということであった。柳鐘珌インタビュー。

42)「第二の建国国民運動　特別対談」『大韓毎日』1998 年 9 月 21 日。KINDS より取得。

43) 韓相震，前掲「第二の建国のための国民運動と市民運動の課題」。

44) 大統領諮問政策企画委員会，前掲書，20 頁。

45) 韓相震，前掲「第二の建国のための国民運動と市民運動の課題」。

46) 大統領諮問政策企画委員会，前掲書，20～24 頁。

47) 柳鍾星の経歴については，朝鮮日報社のホームページ http://www.chosun.com/ にある人物データベースのほか，毎日経済新聞政治部編，前掲『DJ 時代パワーエリート』554 頁。

48) 兪承姫の経歴については，同上人物データベースのほか，李東官他『17 代国会議員人物辞典』ソウル，東亜日報社，2004 年，300 頁。兪承姫は，その後新千年民主党の女性局局長を経て，2004 年にウリ党の国会議員となっている。

49) 柳鐘根の経歴については，同上人物データベースのほか，毎日経済新聞政治部編，前掲『DJ 時代パワーエリート』473 頁。

50) 1998 年 9 月に青瓦台の政務首席秘書官室に第二の建国秘書官(政務第三秘書官)が新設され，国民会議副代弁人の柳鐘珌が任命されている。経実連の柳鍾星とは親族関係にある。この点は，2008 年 12 月に当時の青瓦台関係者(行政官)にインタビューして確認したが，親族関係は単なる偶然に過ぎないのかもしれない。柳鐘珌とのインタビューでは，彼の就任はハンギョレ新聞社の記者としての職歴から市民団体に知人が多かったためではないかと，自分の記者としての職歴に言及していた。柳鐘珌インタビュー。いずれにせよ柳鐘珌の任命には，彼がもつ市民団体とのつながりが考慮されたということではある。

51) 経実連を去った河勝彰(ハ・スンチャン)前政策室長(付録 5 の 115 番)は「政治圏による取り込みの対象となった経実連の関係者が政治圏と明確な一線を引けないことがまさに今回の事態の原因として作用した」と述べている。「NGO・市民団体　問題点と改善方向」『東亜日報』1999 年 3 月 16 日。KINDS より取得。

52) 李石淵，前掲『憲法の灯台守――李石淵弁護士の生と哲学の話』390 頁。

53) 盧武鉉政権下の 2006 年 3 月に寄付金品の募集規制法は全文改正され，法名称も「寄付金品の募集及び使用に関する法律」となり，寄付金品の募集は許可制から登録制に変更されることとなった。

54)「社説　民間団体支援の原則」『京郷新聞』1994 年 12 月 3 日。KINDS より取得。

55) ユ・ビョンナム「政府予算と市民団体」キム・インヨン他編『市民運動を眺める』ソウル，ブック 21，2001 年，178～204 頁。

56) 兪八武，前掲論文，216 頁。

57) 注 19 に同じ。

58) 柳鐘珌によれば，第二の建国秘書官として非営利民間団体支援法の制定にかかわったとのことである。同法と第二の建国運動との関連性は確実である。柳鐘珌インタビュー。

59)「「改革に共感する団体にインセンティブ」李康来政務の一問一答」『文化日報』1998 年 8 月 15 日。KINDS より取得。責喜昑は，金大中政権の民間団体支援法について，第二の建国運動のための制度的装置との批判が可能であると論じている。曺喜昖，前掲「「第二の建国」運動と市民社会，そして市民運動」52 頁。

60)「市民運動活性化　国民の力量を集める「民間運動支援法」の意味　主要内容」『文化日報』1998 年 8 月 15 日。KINDS より取得。

61)「98 年末の国会議決に応じ民間団体に対象拡大」『東亜日報』2000 年 2 月 4 日。KINDS より取得。

62) 同上。補助金額は記事に掲載された一覧表に基づく。

63) あくまでも推測であるが，言論改革市民連帯(付録 3 の 26 番)が金大中と対立関係にある朝鮮日報社を非難・排斥する市民団体であり，民主改革国民連合(付録 1 の 206 番)が金大中大統領の支持団体であるという事情が関連しているかもしれない。

64)「民間団体，政府補助金に先を争う」『朝鮮日報』1999 年 4 月 27 日。KINDS より取得。他方，経実連は，落薦・落選運動に対してハンナラ党や自民連から政府との癒着説が唱えられたことから，2000 年の補助金申請書を撤回し，その後は補助金を受け取っていない。ユ・ビョンナム，前掲論文，180〜181 頁。

65)「政府，565 の市民団体(NGO)に昨年 411 億ウォン与えた」『朝鮮日報』2004 年 9 月 1 日。朝鮮日報社のホームページにある記事データベース http://srchdb1.chosun.com/pdf/i_service/ より取得。

66) 国務総理諮問市民社会発展委員会『韓国市民社会発展のための青写真』ソウル，2004 年，152〜153 頁。

67)「権力から遠ざからなければならない団体が政府のお金を受けて「落選運動」」『朝鮮日報』2004 年 9 月 1 日。朝鮮日報社のホームページにある記事データベース http://srchdb1.chosun.com/pdf/i_service/ より取得。

68)「「NGO 補助金」も競争体制」『ハンギョレ』1999 年 3 月 20 日。KINDS より取得。

69)「第二の建国推進委員会数百億ウォン支援」『ハンギョレ』1999 年 5 月 22 日。KINDS より取得。

70) 金大中政権では政府と NGO の協力関係は対北朝鮮支援でもなされているが，政府の NGO 支援策によって「NGO が政府に対して反応的(reactive)協力を行ってきた傾向が強い」ことが指摘されている。辛貞和「韓国政府と NGO による人道支援」小此木政夫・磯崎敦仁編『北朝鮮と人間の安全保障』慶應義塾大学出版会，2009 年，271 頁。やはり NGO への政府の支援策は，政府の政策への協力インセンティブが働くようである。

71) ユ・ビョンナム，前掲論文，193〜194 頁。

72)「社説　環境運動連合捜査，市民団体も「道徳再武装運動」のきっかけにするように」『朝鮮日報』(インターネット版)2008 年 9 月 9 日。朝鮮日報社のホームページ http://www.chosun.com/ より取得。朝鮮日報は反李明博政権の市民団体と対立しているため，社説の内容が厳しくなっている可能性はあろう。

73)「民間団体の政府補助金使用内訳の公開義務化」『アップコリア・ネット』2008 年 11 月 28 日。アップコリア・ネットのホームページ http://www.upkorea.net/ より 2008 年 12 月 18 日に取得。非営利民間団体支援法には非営利民間団体にデモや暴力などの違法行為があったとしても返還の義務の規定もなければ(補助事業の不正行為にかかわる返還義務規定はある），登録の取り消しの規定もない。登録取り消しの規定がないだけではなく，その種の違法行為を行った民間団体に補助金支給を行わないとする規定もない。だが2010年1月に行政安全部が公表した「2010非営利民間団体公益活動支援事業施行公告」では，新たに「補助金支援除外対象」として「不法示威を主催したり積極的に参与したりした団体，構成員が所属団体名義で不法示威に参与して集会及び示威に関する法律などで処罰を受けた団体」から提出された事業が明記された。また「事業評価の結果，支援金の横領・流用など重大な違反事例の摘発時には次年度の事業支援を制限」し，「選定された事業の場合，支援事業計画書及び推進実績，補助金執行内訳を行政安全部のホームページに掲載する予定であること」も追加されている。補助金の不正使用への対処が厳格になったことに加え，狂牛病デモに参加した団体への報復措置とも見られる「支援除外対象」が打ち出されている。同公告は，行政安全部のホームページ http://www.mopas.go.kr/gpms/ns/mogaha/user/nolayout/main/userMainDisplay.action より2010年2月9日に取得。

74）李康来政務首席は1999年2月に辞任して党務に戻り，その後，2000年の国会議員選挙では新党民主党の公認を得ることができないまま全羅南道で立候補している。

75）第二の建国秘書官のポストの廃止は，柳鐘珌秘書官の提案によるものであった。彼は第二の建国汎国民推進委員会が設立されたことから，政務首席室に担当ポストをおく必要がなくなったこと，また政務首席室にあることで余計な誤解を買うこともあったことから提案したとのことである。また彼は当時すでに第二の建国運動の難しさもわかっていたという。柳鐘珌インタビュー。

76）ソン・ハンヨン，前掲書，112～115頁。

77）「青瓦台民情首席新設の意味　世論収斂システムの強化」『ハンギョレ』1999年6月22日。KINDSより取得。金聖在の民情首席秘書官の任命が金大中大統領の市民団体への新しいアプローチと見ることができるのかという筆者の質問に，柳鐘珌は肯定的に答えている。柳鐘珌インタビュー。

78）民情首席秘書官については，崔進，前掲書，245～247頁。

79）「民心の隅々まで見て手加減することなく直言する　金聖在民情首席一問一答」『朝鮮日報』1999年6月29日。KINDSより取得。

80）「金聖在民情首席記者懇談」『ソウル新聞』1999年6月29日。KINDSより取得。

81）申弼均は1999年6月末に民情首席室民情第二秘書官に任命されているが，その下の行政官には運動圏出身の386世代の尹昊重（ユン・ホジュン）が内定した。従来は一般職公務員がつくポストである。尹はその後ウリ党の国会議員となっている。「青瓦台民情首席室　進歩－在野出身「補強」」『朝鮮日報』1999年7月5日。KINDSより取得。ちなみに1999年12月にはYMCA専従の活動家である尹錫奎（ユン・ソクキュ）が秘書室の市民社会秘書室行政官（NGO担当）についている（付録5の78番）。

82）柳鐘珌インタビュー。申弼均は2000年1月から02年2月まで大統領秘書室の政策企画首席室市民社会秘書官に在任しているが，民情第二秘書官が2000年1月に政策企画室の市民社会秘書官に再編されたためである。

83）申弼均の経歴については，朝鮮日報社のホームページ http://www.chosun.com/ にある人物データベースを参照。

84）大統領諮問政策企画委員会，前掲書，38～42 頁。

85）前掲「慶祝辞が出るまで　草案段階から金大統領関与」『中央日報』1998 年 8 月 15 日。

86）「第 44 回顕忠日記念追悼辞　護国英霊の加護で第二の建国実現」(1999 年 6 月 6 日）前掲『金大中大統領演説文集』第 2 巻，343 頁。

87）前掲「光復節第 54 周年慶祝辞　希望と繁栄の新千年を開きましょう」(1999 年 8 月 15 日）408～411 頁。

88）「新千年民主党創党大会謝辞　新千年に責任を負う国民の政党」(2000 年 1 月 20 日）前掲『金大中大統領演説文集』第 2 巻，744 頁。

89）金聖在の民情首席秘書官への任命が，国民基礎生活保障法とどのようにかかわってなされたのかは，青瓦台関係者のインタビューでも確認できなかった。それにかかわり，金聖在が金大中大統領から何らかの依頼や指示を受けていたのかは不明である。しかし彼が障害者として長年福祉活動にかかわってきたこと，また民情首席秘書官の下の秘書官に社会福祉を研究してきた申弼均が任命されたことからも，金聖在の任命には国民基礎生活保障法の制定をかかわらせてみることは十分に可能であろう。

90）「金聖在首席 - 李在禎政策委員長「自民連の陰謀論は根拠がない」」『東亜日報』2000 年 1 月 26 日。市民社会を 3 大軸の一つとする金大中大統領の新年辞について，青瓦台の関係者は「当時，誰もがこの部分を見過ごしてしまったが，大変意味のある題目であった」と語っている。「DJ 新戦略　市民団体をもう一つの友軍勢力に」『朝鮮日報』2000 年 1 月 21 日。いずれも KINDS より取得。

91）金栄鎬（キム・ヨンホ）は「総選連帯の成功は，総選連帯の下からの動きと，大統領の意向という上からの動きが響きあったためと見ることも可能なのである」と論じている。筆者は金栄鎬の指摘に同意する。ただし残念ながら金栄鎬は，それ以上詳しくは記していない。それを実証的に描き出すのが本節の課題である。金栄鎬，前掲『現代韓国の社会運動――民主化後・冷戦後の展開』214～215 頁。

92）金大中大統領の発言については，政府発行の『金大中大統領演説文集』に掲載された演説文など以外は新聞記事から引用せざるをえず，不正確な部分が残る可能性がある。ここでは複数の新聞を比較することで正確さを期した。

93）「選挙法第 87 条なくせ」『文化日報』2000 年 1 月 17 日。KINDS より取得。

94）「社説　選挙法，国民が納得しなければ」『ソウル新聞』2000 年 1 月 18 日。KINDS より取得。

95）注 93 に同じ。

96）同上。

97）「自民連，ハンナラも「選挙法第 87 条改正　内部討論着手」」『ハンギョレ』2000 年 1 月 19 日。「総選市民連帯「落選運動強行 20 日名簿発表」」『朝鮮日報』2000 年 1 月 18 日。いずれも KINDS より取得。

98）「金大統領 - ハンナラ党　発言要旨」『ハンギョレ』2000 年 1 月 21 日。KINDS より取得。

99）「青瓦台「市民団体規制不可発言，法改正趣旨を強調したもの」」『東亜日報』2000 年 1

月21日。KINDSより取得。

100)「金大統領「国民の信望を失った結果　大きな流れに歩調を合わせなくては」」『朝鮮日報』2000年1月25日。KINDSより取得。

101)「金大中大統領年頭記者会見　一問一答」『ソウル新聞』2000年1月27日。KINDSより取得。

102)「一歩退いたDJ「市民運動も告発されれば捜査対象」」『朝鮮日報』2000年1月27日。KINDSより取得。

103) 同上。

104)「市民団体 - 政治圏の正面対決」『朝鮮日報』2000年1月13日。KINDSより取得。

105)「選挙法第87条変わるのか　市民団体の介入許容可否」『ハンギョレ』2000年1月15日。KINDSより取得。

106)「市民社会団体の選挙運動禁止「選挙法第87条総選後改正」」『朝鮮日報』2000年1月15日。KINDSより取得。

107)「[選管解釈] 国民会議〝第87条廃止〟自民連・ハンナラ党〝当然〟」『韓国日報』2000年1月18日。KINDSより取得。

108)「選挙法第87条，官辺団体介入封鎖趣旨94年新設」『文化日報』2000年1月18日。KINDSより取得。

109) 改正された但し書きの全文は次のようなものである。「但し，労働組合及び労働関係調整法第2条(定義)の規定による労働組合と第81条(団体の候補者等の招請対談・討論会)第1項の規定によって候補者等の招請対談・討論会を開催することができる団体はその限りではない」。第81条1項の規定によって選挙運動が禁止される団体とは，国家，自治体，政府投資機関，郷民会，宗親会，同窓会，契の会などである。

110)「組織的落選運動のときは拘束」『朝鮮日報』2000年2月17日。KINDSより取得。

111)「「落選運動は違法」選管，落薦者名簿の政党への通報は許容」『朝鮮日報』2000年1月18日。KINDSより取得。

112)「市民団体の落選運動一切禁止　検察，改正選挙法厳格適用」『京郷新聞』2000年2月19日。KINDSより取得。選挙運動期間前の落選運動は一切禁止されたが，合法化された落薦名簿の公開が実質的には落選運動の効果をもつものと考えるならば法規制は実に曖昧である。選挙運動期間中の落選運動の合法化は，あくまでも選挙運動の一つとしての合法化であって，有権者運動であることを理由にして，選挙運動に対する法的規制をはねつけることはできない。そのため落選対象者の名前を連呼して街頭行進や署名活動に取り組みたい市民運動にとっては，落選運動は実質的に禁止されている状態が続いているということになろう。

113) 文敬蘭，前掲『総選連帯，有権者革命の100日のドラマ――私たちには夢がある』39頁。

114) 同上，24頁。

115) 同上，34～35頁。

116) 同上，32頁。

117)「「落選運動」検察捜査は　世論・政治圏の力比べを見物」『ハンギョレ』2000年1月

19日。KINDSより取得。

118）総選連帯には合法的運動と不服従運動との間で苦悩が生じており，もはや不服従運動に邁進することは難しくなったという変化が起きたことは読み取ることができる。「2000年総選市民連帯第3次全国代表者会議」(2000年3月5日）総選連帯受任委員会，前掲『有権者革命100日間の記録　総選連帯白書(下)』1146～1147頁。

119）同上。

120）文敬蘭，前掲書，111～112頁。文敬蘭によれば，総選連帯と警官のもみ合う光景がテレビで報道され，それを見た総選連帯の若い実務者たちが歓呼し「合法旋回」に対する不満が鎮まったという。彼らの意地を見せることでガス抜きになったということか。この小競り合いの1週間ほど前に総選連帯の代弁人は「市民的不服従運動の撤回を意味するのではなく，事案によって法を破る活動をなしうる」としながらも，「改正選挙法の枠組みから逸脱しない範囲内で落選運動を効果的に推進できる方法を検討する」と合法的空間を積極的に活用することを述べている。「総選連帯「合法闘争」」『文化日報』2000年2月15日。KINDSより取得。

121）「中央選管の会見」『朝鮮日報』2000年1月18日。KINDSより取得。

122）注111に同じ。

123）「野党，自民連「第87条改正」急旋回の背景」『韓国日報』2000年1月19日。KINDSより取得。

124）「選管の選挙法改正意見内容　PC通信選挙運動許容」『東亜日報』2000年1月21日。KINDSより取得。

125）「中央選管「選挙法改正建議」の意味」『ハンギョレ』2000年1月21日。KINDSより取得。

126）「大統領の言葉一つで選管の話が変わる」『東亜日報』2000年1月22日。KINDSより取得。

127）「東亜日報を読んで　選管の「落薦運動許容」意見は独自的」『東亜日報』2000年1月25日。KINDSより取得。

128）「選管，名簿公開の自制要請」『朝鮮日報』2000年1月12日。KINDSより取得。

129）「検察，落選運動司法処理の留保」『ソウル新聞』2000年1月21日。KINDSより取得。

130）「無力な選管」『朝鮮日報』2000年1月26日。KINDSより取得。

131）同上。

132）検察関係者は選挙法が改正されるまでは，違法行為があっても慎重に融通性をもって対処するとしていた。「告訴・告発が接受されたとしても，個別事案に応じて十分な検討を経て処理することが基本的な立場」であるとしている。「[公薦反対66名公開の波紋] 検察「融通性をもって対処」」『東亜日報』2000年1月25日。KINDSより取得。

133）「市民団体－選管の「戦雲」」『東亜日報』2000年2月10日。KINDSより取得。

134）「大検察庁不法選挙拘束方針の発表「組織的落選運動拘束」」『東亜日報』2000年2月17日。KINDSより取得。

135）文敬蘭，前掲書，50頁。政治学者の李甲允(西江大学校教授)らは，次のように述べている。「2月15日から検察の総選連帯幹部召喚がなされた。しかし検察の捜査意志は強くはなかった。結局，総選が終わるときまでに被疑者に対する調査は終わりもしなかった」。李甲允，イ・ヒョンウ「16代総選での総選連帯の落薦落選運動」『第16代総選と韓国民主主義』ソウル，国会事務処，2000年，46頁。

136）総選連帯の会員の中には落選対象の候補者運動員ともみ合ったり，選挙法に抵触するポスターを貼ったりして警察に連行される場合もあった。「総選連帯会員，所々で連行」『文化日報』2000年4月10日。KINDSより取得。

137）「記者の目　シン・ソクホ　落選運動と検察の苦悩」『東亜日報』2000年2月11日。KINDSより取得。

138）同上。

139）文敬蘭，前掲書，50頁。

140）大検察庁公安部「総選市民連帯の落薦・落選運動事件捜査結果」(2000年10月5日)総選連帯受任委員会，前掲『有権者革命100日間の記録　総選連帯白書(下)』1575頁。

141）「[社説]「落選運動」に過酷な判決」『ソウル新聞』2001年7月14日。KINDSより取得。この社説記事が「過酷」であるとする根拠は，選挙法違反の国会議員が80万ウォンの罰金であったことと比べてのことである。

142）「崔冽氏など総選連帯幹部29人起訴」『韓国日報』2000年10月5日。KINDSより取得。

143）「選管，総選候補の身上情報インターネット公開」『東亜日報』2000年3月17日。KINDSより取得。

144）「[社説] 検察の兵役非理捜査無理ではないか」『文化日報』2000年4月8日。KINDSより取得。

145）「「兵役非理」資料　今日移管」『ハンギョレ』2000年1月24日。KINDSより取得。

146）「2000年総選　15代国会議員公薦反対名簿」総選連帯受任委員会，前掲『有権者革命100日間の記録　総選連帯白書(上)』44頁。

147）韓国では兵役免除は羨望をもって見られるが，政治家とその家族に兵役免除を受けた者がいることは疑念をもって見られるだけに，政治的に極めてデリケートな問題になる。そのことは1997年と2002年の大統領選挙でハンナラ党の李会昌候補が息子の兵役逃れスキャンダルで苦戦し，いずれも僅差で落選したことにも見ることができる。李会昌候補の兵役疑惑は「虚偽報道」であるとして，大法院(日本の最高裁に相当)はそれを暴露した者と報道したオーマイニュース(インターネット新聞)に対してハンナラ党に損害賠償を支払うよう命ずる判決を下している。「大法「李会昌氏兵役非理隠蔽」虚偽報道確定判決」『東亜日報』2005年5月10日。KINDSより取得。ちなみにオーマイニュースは2002年の大統領選挙で盧武鉉候補が当選したことで，当選への貢献が高く評価されデジタル・デモクラシーの旗手として内外から脚光を浴びることになる。蠟燭デモが2004年，2008年に起きたときにもアクセスが集中するのが，このオーマイニュースやポータルサイトのダウムである。オーマイニュースは1999年12月に創刊され，「すべての市民が記者だ」との考えから，市民記者が記事を投稿する市民参加型のインターネット新聞である。

148）「[政治人の息子召喚の内外] 検察「原則的にするだけ」」『東亜日報』2000年3月21日。KINDSより取得。

149）李甲允，イ・ヒョンウ，前掲論文，47頁。また同様の指摘は，岡克彦「市民による参加型選挙活動の可能性と「落選運動」」『長崎県立大学論集』長崎県立大学，第38巻第1号，2004年6月，197～231頁。

150）注137に同じ。

151）本書では市民団体(特に参与連帯)の対企業(財閥)の活動については取り上げない。あくまでも政府と市民団体の相互関係を論じるためである。市民団体による財閥問題の取り組みについては，邦語の研究としては次の文献が参考になる。柳町功「韓国における財閥問題と市民団体――参与連帯の活動を中心に」田島英一・山本純一編著『協働体主義――中間組織が開くオルタナティブ』慶應義塾大学出版会，2009年，175～200頁。

152）韓国の社会保障については，拙稿「労働と福祉の政治」新川敏光・大西裕編著『世界政治叢書9　日本・韓国』ミネルヴァ書房，2008年，225～246頁。

153）韓国では民間企業等の退職金が公的社会支出の算出に含められている。勤労基準法第34条の法定退職金制度によって退職理由に関係なく退職金が支払われており，法定で強制的であるという点と失業者の生活保障という点をもって，整理解雇に限定した社会保険としてのOECDの退職手当に韓国の法定退職金が含まれると解釈している。高敬煥・桂勲邦『OECD基準に応じた我が国の社会保障費算出に関する研究』ソウル，韓国保健社会研究院，1998年，124～129頁。韓国保健社会研究院のホームページ http://www.kihasa.re.kr/html/jsp/main.jsp より2005年1月28日に取得。

154）朝鮮救護令(1944年3月22日公布)の第1条では対象者を列挙し，第1項で「65歳以上ノ老衰者」，第2項で「13歳以下ノ幼者」とする年齢上の制限を設け，さらに第4項で「労務ヲ行フニ故障アル者」とされ勤労能力のある者は除外された。訓令第12号，官報1944年3月22日。

155）金淵明「参与連帯「社会福祉委員会」10年の成果と省察」ホン・ソンテ編『参与連帯創設10周年記念論文集　参与と連帯で開いた民主主義の新地平』ソウル，アルケ，2004年，223～237頁。金淵明(キム・ヨンミョン)(付録6の5番)は社会福祉を専門とする大学教授であり，参与連帯社会福祉委員会の副委員長である。また金大中政権では保健福祉部の医療保険統合推進企画団専門委員，総理室の4大社会保険統合推進企画団専門委員などの役職にあり，医保統合にも携わっている。近年，金淵明を含め韓国側の社会保障研究が多数翻訳・紹介されている。たとえば，金淵明編，韓国社会保障研究会訳『韓国の福祉国家性格論争』流通経済大学出版会，2006年。

156）金淵明は専門家中心の運動のメリットを説いている。金淵明，前掲論文，特に226～228頁。

157）韓国ギャラップ『韓国ギャラップ世論調査総覧　1992-1997　(上)』ソウル，1997年，120～121頁。

158）同上。また「世界価値観調査」(World Values Survey)によれば，1990年から96年に「所得はもっと平等であるべき」をより選好する人(1，2，3，4)が半分近く減少し(24.5%)，「インセンティブとして所得のさらなる格差が必要だ」をより選好する人(7，8，9，10)が大きく増えている(61.4%)。2001年でも倍以上の開きに変化は見られない。この数値を見る限りでは，1997年末の経済危機によっても，所得格差に批判的な平等指向の人たちが増えたとは言えない。1990 年代のグローバリゼーションは韓国社会に競争的な価値観を広げ根づかせたようにも見える。「世界価値観調査」のホームページ http://www.worldvaluessurvey.org/ より 2009 年 4 月 25 日に取得。

159）朝鮮日報と韓国ギャラップの 1998 年 2 月の世論調査では，発足数日前に金大中政権の経済優先課題を問うている。物価安定 33.8%，外国為替危機対処 21.6%，失業問題解決 19.6%，財閥改革 7.9%，金利引き上げ 7.1%，中小企業支援 6.5%，貧富格差解消 3.0% となっている。経済回復への国民の期待が集中する中で，貧富格差解消は相変わらず関心の低い課題であるが，失業問題に対する関心は高い。「「経済危機最も急がなければ」80.5%」『朝鮮日報』1998 年 2 月 25 日。朝鮮日報社のホームページにある記事データベース http://srchdb1.chosun.com/pdf/i_service/ より取得。

160）ユン・チャンヨン「国民基礎生活保障法制定の意義と潜在的争点に関する研究」『状況と福祉』ソウル，人間と福祉，第 7 号，2000 年 4 月，86～111 頁。著者のユン・チャンヨンは参与連帯の社会福祉委員会の創立メンバーの一人である。

161）李洪允「社会福祉政策の決定過程参与者の役割に関する研究――「金泳三政府」と「金大中政府」の比較を中心に」成均館大学校大学院行政学科博士論文，2000 年，96～106 頁。李洪允（イ・ホンユン）は金泳三政権のもとで保健福祉部の社会福祉政策室長であった。

162）保健福祉部『第 1 次社会保障長期発展計画（1999～2003）』ソウル，1998 年，特に 9 頁。

163）この計画文書では勤労能力のある者には教育，職業訓練で自活・自立の基盤を形成するものとしている。同上，34 頁。1999 年 9 月の国民基礎生活保障法制定（施行は 2000 年 10 月より）後の保健福祉部・労働部の文書では「過去 40 年間の恩恵的な単純保護次元の生活保護施策から国家責任を強化する福祉施策への大転換」として国民基礎生活保障法制定を高く評価している。当然であるが，1 年前の保健福祉部の計画文書とは大きく違う。保健福祉部・労働部『中産層及び庶民生活安定のための社会安全網拡充対策』ソウル，1999 年，12 頁。

164）注 19 に同じ。

165）以下の記述は，李洪允の前掲博士論文のほか，次の文献を参考にしている。文振栄「国民基礎生活保障法の制定過程」韓国福祉研究院編『韓国社会福祉年鑑 2000 年版』ソウル，裕豊出版社，2000 年，17～41 頁。文振栄（ムン・ジンヨン）は社会福祉を専門とする大学教授であり，当時，参与連帯の社会福祉委員会執行委員，国民基礎生活保障法連帯会議の政策委員長であった。

166）「「国民基礎生活保障法」制定立法請願」（1998 年 7 月 23 日）参与連帯 10 年史編集委員会『世の中を変える市民の力――参与連帯 10 年の記録　1994～2004』ソウル，CD-ROM 収録。

167）李洪允，前掲論文，143 頁。日本国内における国民基礎生活保障法制定に関する先行研究としては，金早雪（キム・チョソル）の論文がある。国会の審議過程を詳細に明らかにする金早雪の論文でも，国会で目立った動きのなかった，この時期については特に言及がないのはやむをえないことである。金早雪「韓国型「福祉国家」の始動――国民基礎生活保障法（1999/2000 年）を中心に」宇佐見耕一編『新興福祉国家論――アジアとラテンアメリカの比較研究』アジア経済研究所，2003 年，85～134 頁。

168）文振栄，前掲論文，29 頁。

169）同上，30 頁。

170）同上，31 頁。

171）同上 30～32 頁。「足踏み状態」の局面転換については，市民運動の当事者である文振栄の研究を参考にしている。しかし李洪允は，金大中政権での国民基礎生活保障法制定では市民団体が主導的な参加者であり，その影響力を高く評価している。李洪允，前掲論文，149 頁，153 頁。いずれが妥当なのかは議論になりうるが，本書では「足踏み状態」の局面転換については市民運動当事者の回顧に依拠することにした。

172）「水門」の比喩は，大嶽秀夫『現代政治学叢書 11　政策過程』東京大学出版会，1990 年，107 頁。

173）金大中政権のときに大統領秘書室に勤務していた行政官によれば，国民基礎生活保障法の制定は 2000 年の国会議員選挙に向けて中間層を中心に支持基盤を広げることに目的があったという。2009 年 2 月にインタビュー。一つの傍証にはなろう。

174）注 86 に同じ。

175）保健福祉部，前掲『第 1 次社会保障長期発展計画(1999～2003)』3 頁，9 頁。実は，この行政文書(1998 年 11 月)と同時期の 1998 年 10 月にイギリスの社会学者ギデンズ(Anthony Giddens)が訪韓して金大中大統領と会っている。金大中が 1992 年の大統領選挙の落選後にイギリスを訪問中，ギデンズとしばしば会い議論をかわしたこともあり，大統領諮問の政策企画委員会委員の韓相震の強い求めに応じて訪韓したのである。金大統領は「第三の道」に関心があるとして，働ける老人や障害者には就業機会を提供し，それが無理な者には国家が保護を与えるという「生産的社会保障」の考えを紹介している。政府の文書では行政レベルの用語にとどまっていたときにも，「生産的福祉」に対するこだわりが金大中にあったものと見られる。そのように考えると「国政哲学」の「民主主義と市場経済の併行発展」にはすでに福祉的要素が含まれていたが，それをもっと強調する必要性を意識するようになり，「生産的福祉」を加え「三位一体」にしたと理解することもできよう。ギデンズの訪韓については，「DJ，ロンドン政経大学ギデンズ総長と会う　名誉教授授与証の伝達を受け」『朝鮮日報』1998 年 10 月 13 日。「「第三の道」理論の土台　ギデンズ訪韓に会談申請殺到」『ハンギョレ』1998 年 10 月 12 日。いずれも KINDS より取得。

176）労働能力のある受給者に自活事業参加の義務づけがなされたのは，国民基礎生活保障制度に消極的な財政当局の官僚によるものであった。この点は，韓国保健社会研究院のキム・ミゴン基礎保障研究室室長に確認した。キム・ミゴン室長は国民基礎生活保障法の制定に深くかかわった研究者である。2009 年 8 月にインタビュー。企画予算処の文書には，次のような記述がある。「働く能力のある者にまで公的扶助を支給することは勤労意欲を阻害するために，勤労能力のある者には作業訓練と職場の提供に力点をおかなければならず，公的扶助は必ず必要な者にのみ最低水準が支給されなければならない」。企画予算処は，公的扶助の金銭給付ではなく労働機会の提供に重点をおいていたことがわかる。李洪允，前掲論文，148 頁。保健福祉部の白書には次のような記述がある。「条件付き生計給与制度は，勤労能力があるにもかかわらず勤労しない受給者に自活事業参加を条件として生計給与を支給し，正当な理由もなく自活事業に参加しない場合，本人の生計給与を中止するようにした制度である。条件付き生計給与制度は，国民基礎生活保障制度の施行で最低生計費以下のすべての低所得層が勤労能力の有無に関係なく国家から基礎生活の保障を受けることによって，勤労能力のある受給者が国家の保護に安住する道徳的弛緩(Moral Hazard)発生を防止するための制度的補完装置である」。保健福祉部『保健福祉白書2003』ソウル，2004年，78～79頁。要するに，国民基礎生活保障法は受給資格から年齢制限を撤廃したことで失業者が救済される道を開く一方で，過重な財政負担や受給者のモラルハザードの懸念から労働を原則的に義務づけることにしている。いずれの面がより強く現れるのかが制度の方向性を決めることになる。キム・ミゴンによれば，李明博政権になり，この点が再び政府内部で論点になりつつあるとのことである。

177) ホ・ソン「公共扶助の改革運動の成果と課題」ソウル，批判と代案のための社会福祉学会，2004年秋季学術大会(ファイルに頁数の記載なし)。批判と代案のための社会福祉学会のホームページ http://bipan.new21.net/ より2005年1月25日に取得。

178) 李洪允，前掲論文，73～96頁。

179) 民主労総の医保統合の取り組みについては，崔栄起他『1987年以後の韓国の労働運動』ソウル，韓国労働研究院，2001年，429～430頁。

180) 民主労総の1996年3月の内部資料からの再引用。原文は，林栄一『韓国の労働運動と階級政治(1987-1995)――変化のための闘争，協商のための闘争』馬山，慶南大学校出版部，1998年，236～237頁。この種の指摘は，リュ・マンヒによってもなされている。リュ・マンヒによれば，1990年代後半の「社会改革闘争」は事業計画書の中の事業にとどまり進展も特になく，1997年の経済危機に直面して労働運動としては整理解雇を防ぐのに精一杯となり，民主労総は政労使三者協議機構を通じて社会保障の政策転換をはかるようになったという。またリュ・マンヒの論文で興味深いのは，2004年現在，労働運動の福祉政治は上からの展開であったという限界が見え始めたとしている点である。彼によれば，社会保障をめぐっては民主労総指導部と一般組合員との間で認識の乖離があり，これまでのような市民団体とともに声明書発表等を行う「連帯主義的福祉戦略」では，その乖離を埋められないどころか，一般組合員によって無視される状況に至っているのが現実であるという。リュ・マンヒ「韓国の労働運動と福祉政治(welfare politics)――1995-2003」ソウル，批判と代案のための社会福祉学会，2004年秋季学術大会，1～18頁。批判と代案のための社会福祉学会のホームページ http://bipan.new21.net/ より2005年1月25日に取得。

181) 金容益「保健医療運動の新たな主体とならなければならない社会運動」『福祉動向』第5号，1999年2月(ファイルに頁数の記載なし)。参与連帯のホームページ http://www.peoplepower21.org/ より2005年3月20日に取得。金容益(キム・ヨンイク)(付録5の130番)はソウル大学校医科大教授であり，医保統合・医薬分業の医療改革に取り組んだ人道主義実践医師協議会(付録3の6番)の幹部でもあり，金大中政権の保健福祉部の中にあって医薬分業を推し進めた人物である。

182) 趙炳姫「保健医療市民運動の成果と課題」ソウル，批判と代案のための社会福祉学会，2004年秋季学術大会，1～15頁。批判と代案のための社会福祉学会のホームページ http://bipan.new21.net/ より2005年1月25日に取得。

183) 金容益，前掲論文。

184) 1994年1月の薬事法改正で付則第1条に，薬師は医師又は歯科医師の処方箋に従い医薬品の調剤をしなければならないという規定を3年から5年以内に施行すると規定された。従って1997年から99年の間には法改正を実現しなければならない。金大中政権が発足した時点で，薬事法改正と施行までには1年ほどしか残されていなかった。

185) 1997年12月の金大中の大統領選挙公約のうち，新聞が選定した「10大看板公約」を見ると，社会保障にかかわる項目は二つである。一つが国民健康保険(医療保険統合及び適用拡大)であり，もう一つは老人年金月額5万ウォン引き上げである。すでに金泳三政権によって老人福祉法が改正され無拠出の老人年金制度が導入されていることから(受給対象は生活保護受給者を含む低所得高齢者に限定)，金大中候補にとっては社会保障の公約では医保統合が目新しく改革性をアピールできるものであったと言える。大統領選挙公約については，「3党大統領候補比較」『朝鮮日報』1997年11月26日。朝鮮日報社のホームページにある記事データベース http://srchdb1.chosun.com/pdf/i_service/ より取得。

186) 労使政委員会については，労使政委員会『労使政委員会の活動評価及び発展方案に関する研究』ソウル，韓国労働研究院，2002年。韓国労働研究院のホームページ http://www.kli.re.kr/ より2005年1月15日に取得。また労使政委員会の基礎委員会などの審議状況については概括的であるが，労使政委員会『労使政委員会5年白書――展開過程と活動成果』ソウル，労使政委員会，2003年。邦語文献としては，木宮正史「韓国における経済危機と労使関係レジームの「転換」――労・使・政委員会の活動を中心に」松本厚治・服部民夫編著『韓国経済の解剖――先進国移行論は正しかったのか』文眞堂，2001年，213～235頁。また，拙稿「金泳三政権末期における労働法政策――最近の労使政委員会を手がかりに」小此木政夫他『民主化以降の韓国』日本国際問題研究所，1998年，35～47頁。

187) 民主労総中央委員会の文書は，次の文献より再引用。ペク・スンホ「医療保険統合一元化の政策決定過程分析(権力資源理論の拡大適用を中心に)」『韓国社会科学』ソウル，ソウル大学校社会科学研究院，第23巻第2号，2001年12月(ファイルに頁数の記載なし)。学術研究情報誌サービス(RISS)のホームページ http://www.riss4u.net/index.jsp より2005年3月21日に取得。

188) 韓国労働組合総連盟『韓国労総50年史』ソウル，2002年，857頁。

189) この過程については，以下の文献を利用した。労使政委員会，前掲『労使政委員会5年白書――展開過程と活動成果』19～23頁。李洪允，前掲論文，119～137頁。

190) 労使政委員会，前掲『労使政委員会5年白書――展開過程と活動成果』684～698頁。

191)「DJ大選公約基本趣旨反映　新政府「100大課題」引継委員会の暫定案確定」『東亜日報』1998年2月9日。東亜日報社のホームページにある記事データベース http://www.donga.com/news/dongadb/ より取得。

192) 保健福祉部企画管理室長の金鍾大(キム・ジョンデ)は最後まで頑強に医保統合に反対したが，1999年6月に金大中大統領によって解任されている。この経緯については以下の文献が詳しい。イ・ジョンフン「韓国版「文化大革命」医療改悪白書」『新東亜』ソウル，東亜日報社，2001年5月号，244～261頁。東亜日報社のホームページ http://www.donga.com/ より

2005年1月27日に取得。

193）李洪允，前掲論文，125頁。

194）ユ・ボムサン「労使政委員会の展開過程」労使政委員会，前掲『労使政委員会の活動評価及び発展方案に関する研究』40〜42頁。

195）医薬分業の政策過程については，キム・ミの博士論文が実証的で参考になる点が多い。キム・ミ「医薬分業政策の決定過程に関する研究——政策ネットワーク模型による分析を中心に」全南大学校大学院行政学科博士論文，2003年。キム・ミ論文のほかに，次の文献も参考にした。李鉉出，前掲「ガバナンスとNGO——医薬分業事例を中心に」205〜245頁。趙炳姫「医師罷業と社会的葛藤」同『医療改革と医療権力』ソウル，ナナム出版，2003年，161〜186頁。医療社会学者の趙炳姫（チョ・ビョンヒ）の記述で興味深いのは，「医師罷業」などの集団的な抗議行動を主導した医師たちが民主化運動の世代であり，その中に学生運動圏出身者が含まれていたことである。金容益がかかわる社会民主主義的指向性をもつ人道主義実践医師協議会も学生運動圏との人的な重なりがあり，互いに対立はしても根っこでは民主化運動を担った学生運動圏に行き当たる。「医師罷業」という政府と対決する運動方式が民主化運動を彷彿させるのは，そのためである。

196）キム・ミ，前掲論文，96〜97頁。

197）同上，96頁。

198）同上，96〜97頁。キム・ミの博士論文から再引用したものであるが，元の文献はアン・ビョンチョルの論文である。アン・ビョンチョル「韓国政府予算の対立関係分析」2000年度韓国政策分析学会冬季学術大会発表。

199）1999年3月2日署名。キム・ミ，前掲論文，119頁。

200）このような薬価マージンは開業医にとっては医療保険の医療報酬が低く抑えられてきた結果生じたものであり，政府もこれまで黙認してきた面があった。それだけに市民団体によって突然，不道徳な存在として非難された医師たちは市民団体と政府に対して激しく反発することになる。キム・ミ，前掲論文，116〜117頁。

201）宋虎根「「医療政治」と政治参与」『大韓医師協会誌』ソウル，大韓医師協会，第45巻第3号，2002年3月，250頁。

202）宋虎根は，金大中政権が医薬分業問題で国民の支持を得て「政治的支持市場の版図」を変えることを狙い市民団体を引き入れ，また市民団体も国民世論を動員しようとして，医薬分業の政策過程を混乱させたと論じている。その原因は，市民団体を安易に引き入れたことに見られるように，医薬分業の争点が患者と医師集団（職能団体）の利益政治になっていることを金大中政権が理解していなかったことにあるとしている。鋭い指摘であり同意する。同上，特に252頁。

203）キム・ミ，前掲論文，171頁より再引用。もとは『中央日報』2000年9月21日の記事である。

204）趙炳姫，前掲「保健医療市民運動の成果と課題」7〜8頁。

205）「社説　医薬政の合意，今度は尊重しなければ」『ハンギョレ』2000年11月13日。KINDSより取得。

206）李鉉出，前掲論文，228頁。

207）金泰星・成炅隆『福祉国家論（第2版）』ソウル，ナナム出版，2000年，415〜475頁。

208）金淵明も市民団体の役割を強調する一人である。たとえば，医保統合の政策過程では労働者・農民団体や市民団体の「下からの力」が制度形成の主動力となり，韓国の社会保障制度の政治地形が変化したと論じ，また国民基礎生活保障法や医保統合の政策過程では「行政府の反対があったとしても，市民社会の影響力で新たな制度を導入することができるということが証明された」として参与連帯の貢献を強調する。また金淵明は，政府が社会福祉関連法などの改正の大部分では，行政府からの意見照会を参与連帯の社会福祉委員会が受けていると述べている。金淵明「年金，医療保険の変化――「排除の政治」の終焉」『福祉動向』ソウル，参与連帯，第6号，1999年3月（ファイルに頁数の記載なし）。参与連帯のホームページ http://www.peoplepower21.org/ より2005年3月21日に取得。金淵明，前掲「参与連帯「社会福祉委員会」10年の成果と省察」230〜232頁。政府から意見照会を受けることが市民団体の影響力の証拠になるのかも含めて，金淵明の議論は慎重に評価する必要がある。

209）金泰星と成炅隆は労働組合と市民団体の組織的連帯活動がなかったならば，社会保険拡大と国民基礎生活保障法のような福祉改革が発議されなかったり，発議されても規模が縮小されるか施行が延期されたりするなど問題が生じる可能性が大きかったとして，労働組合と市民団体の協力と闘争が重要な寄与をしたと論じている。金泰星・成炅隆，前掲書，451頁。注208の金淵明も含め金泰星らの議論に対しては，国民基礎生活保障法にかかわって，次のように言うことができよう。市民団体の貢献を否定するものではないが，1997年の大統領選挙で金大中候補が落選して，ハンナラ党の李会昌政権になっていれば，市民団体が懸命に発議しても政府が取り組む議題とはならず，仮に立法化されたとしても相当に矮小化されたものになったであろう。それでも市民団体が望むレベルのものを李会昌政権に押しつけ実現できるとするならば，仮定上のこととは言え，極めて非現実的であろう。

第5章　政党と市民社会

本章では盧武鉉政権の登場から退出までの時期を中心に，政党と市民社会との相互関係を論じることにする。具体的には，第1節では政党による国会議員候補の充員(リクルートメント)を見る。1988年から2008年までの6回の国会議員選挙における地域区の全候補者を対象にして，市民運動だけではなく民主化運動や労働運動も含めた社会運動の経歴を調べる。特に注目するのは盧武鉉政権のもとでの2004年の国会議員選挙であり，候補者の充員においてどのような変化があったのかを確認する。第2節では盧武鉉政権での与党ウリ党の組織改革の試みを取り上げる[1)]。これはノサモ(盧武鉉を愛する会)に結集した若い世代の市民を，政党の党員として取り込もうとした試みである。

政党と市民社会の相互関係について，第1節では国会議員という政治エリートのレベルの充員を，第2節では党員という大衆レベルの充員を考察する。この二つのレベルの充員は政党と市民社会の結びつきを強めるものであり，地域主義的に狭められていた支持基盤の拡大に向けた試みでもある。

そこで第3節では，2002年以降の国政選挙において，地域亀裂と新たな理念対立が選挙結果にどのように作用したのか，また街頭の蠟燭デモに市民がどのような政治意識をもって参加したのかを考察することにする。つまり盧武鉉と市民運動勢力が政党支持の「再編成」(realignment)に向けて，韓国社会における政治的な亀裂にどのような変化を引き起こすことができたのかを論じる。

第1節　国会議員候補者の充員と市民社会

1．選挙参加の法的規制と緩和

本節では，民主化以降における政党と市民社会の相互関係の変化を見るために，1988年，1992年，1996年，2000年，2004年，2008年の6回の国会議員選挙で社会運動の経歴をもつ候補者の立候補がどのように推移してきたのかを明らかにする。新党結成のように目立つものではないが，政党による社会運動の経歴をもつ候補者の充員は，政党と市民社会の相互関係の変化を示しうる。もちろん個々の事例を見るのであれば社会運動の経歴以外にも充員の決定要因はあろうが，ここではそれらを除外して社会運動の経歴だけをもって変化を描くことにする。その結果として一定の歪みが生じることもありうるが，20年間の6回の選挙を通じて，特徴的な変化を見出すことができるのか，考察に進むことにしたい。

それに先立ち，法制度が国会議員選挙における立候補や議席配分などにどのような規制を加えてきたのかを見ておくことにする。この点は，国会議員選挙の立候補が，政党と市民社会の相互関係の変化を示す指標となりうるのかという問題にかかわっている。

民主化以前の歴史に遡るが，権威主義体制である朴正熙政権と全斗煥政権が国会議員選挙の法的枠組みを作ったのは軍政下や軍事クーデターの直後であり，彼らに有利に働くようにしていた。いずれの政権にも共通するのは，無所属候補や政党の乱立を防ぐことであった。無所属候補や政党が乱立して制御不能な状態に陥るよりも，ある程度の数の政党を揃え民主的な外観を装いながらも野党を制御することを望んだのである。具体的な政党のあり方となると，朴正熙は政権前半の第三共和国では2党制を指向したのに対して[2]，強い野党の出現を恐れた全斗煥は三つないし四つの政党からなる「多党制」を指向した[3]。

民主化以降に盧泰愚政権，金泳三政権，金大中政権，盧武鉉政権が順次誕生し，この四つの政権ごとに選挙の法制度が変更されてきている[4]。主要な変更点は，次のようなものである。

第一に，1988年3月の国会議員選挙法の改正によって，地域区では政権与党の過半数議席を可能にする2人区制が廃止されて小選挙区制に変更された[5]。小選挙区制は他の選挙制度と比べ小政党を淘汰する作用が強く，そのため小政党の候補者には立候補のハードルは高くなる。その高さは，政党と市民社会の相互関係にも影響を及ぼすことになる。地域区における立候補状況をもって描き出す政党と市民社会の相互関係は，小選挙区制のハードルを乗り越えた立候補を前提にしたものであることを確認しておく必要がある。

第二に，政権与党を一方的に優遇する全国区の議席配分方式は修正が重ねられてきた。1992年には第一党優遇方式が廃止され，金泳三政権のもとで議席配分方式が地域区の議席率から得票率に変更された。2004年に地域区と比例代表の1人2票制が実現して，比例代表制はその本来の機能を有するようになった。ただし比例代表の議席配分を受けることのできる政党は地域区で5議席以上を獲得するか，比例代表選挙で3%以上の得票率を得た政党でなければならない。現在，比例代表の議席数は国会299議席のうちの56議席(18.7%)であり，比例代表の議席数については議論の余地が残されている。全国区が地域区の従属物ではなく比例代表制度として整備されたのが2004年の国会議員選挙からということを考慮し，また小選挙区制の地域区で十分なデータを集められることからも，全国区(比例代表)の候補者については，今回は調査対象から除外することにする。

第三に，金大中政権のもとでの労働組合の選挙参加に対する排除的な規制の解除である。それを受けて，2000年の国会議員選挙では民主労働党(民労党)が結成され国会への進出に挑戦している。地域区の立候補者は21人であり議席は獲得できなかった。2004年の国会議員選挙では民労党は地域区で123人を立候補させ2議席(比例代表は8議席)を獲得している。労働組合の政党とのかかわりでは，民労党の主要基盤である民主労総は長らく合法化されないできたこと，また労働組合の政治活動に対する法的規制も長く続いてきたこともあり，労働運動出身の候補者数は規制の結果である可能性が十分にあることも踏まえた上で取り扱う必要がある。

立候補の規制は労働組合だけでなく，無所属候補にもなされている。朴正熙政権が憲法や国会議員選挙法で政党の公薦を立候補に義務づけることで，無所属の立候補を不可能にしていたのは1972年までのことである。その後は立候補に必要な寄託金(供託金のこと)の面で政党公薦の候補者に優遇措置がなされ，それは盧泰愚政権まで続いた。1991年の国会議員選挙法の改正で，無所属候補に対する差別的な取り扱いが廃止されている。1988年の国会議員選挙では無所属候補が110人であったが，差別的取り扱いが廃止された後の国会議員選挙では200人から400人が立候補していることから，1992年の国会議員選挙から無所属の立候補に対するハードルは低くなってきているようである。

以上のように民主化以降に選挙制度は度々変更されることで，立候補に対する規制は緩和されてきた。小選挙区制のハードル，労働組合の政治活動に対する規制，無所属の差別的な扱いなど慎重に判断すべき点はあるが，それを踏まえながらも国会議員選挙の立候補状況(地域区)に政党と市民社会の相互関係の特徴的な変化を見出してみることにしたい。

2．政党の候補者充員とその変化

1988年から6回の国会議員選挙に地域区で立候補したすべての候補者を対象に，民主化運動，市民運動，労働運動などの社会運動の経歴をもつ候補者がどれほどの数であったのかを調べることにする。

表26は，中央選挙管理委員会(中央選管)の『第17代国会議員選挙総覧』に掲載されている当選者(比例代表の当選者も含む)の職業を示した資料である。当選者の職業は「政治人」「国会議員」が最も多く，その次が「教育者」「弁護士」である。民主化運動や市民運動の指導層には大学教授や弁護士が多いが，表26では確認することはできない。

中央選管は国会議員選挙の立候補者全員(地域区のみ)の名簿をホームページで公開しており，それには「職業」と「経歴」の二つの項目がある[6]。「経歴」欄には各候補が選ぶ代表的な経歴事項が一つか二つ記載されている。「経歴」欄には民主化運動，市民運動，労働運動，学生運動などでの役職名が記載されることもあるが，本人がそのような経歴を有していても記載する義務はない。従って中央選管の資料では，社会運動の経歴を見出すのには大きな限界がある。

韓国内における国会議員の社会的背景に関する研究では，中央選管の資料を用いるのが一般的である[7]。中央選管の資料を用いたパク・ホンミンとイ・

表 26　国会議員選挙当選者の職業構成

（単位 人）

	当選者数	国会議員	政治人	農畜産業	商業	観光業	運送業	水産業	建設業	言論人
1988 年	299	88	94	5	4	9	1	2	6	0
1992 年	299	132	109	1	4	2	1	0	2	0
1996 年	299	113	119	0	4	1	0	0	0	0
2000 年	273	139	84	0	3	2	0	0	0	1
2004 年	299	89	103	3	1	0	0	0	1	1

	金融業	薬剤師・医師	弁護士	宗教人	会社員	教育者	情報通信業	出版業	無職	その他
1988 年	0	5	19	1	8	16	0	5	6	30
1992 年	0	3	9	0	10	4	0	0	5	17
1996 年	0	10	24	0	1	8	0	3	2	14
2000 年	0	1	19	0	0	7	1	0	0	16
2004 年	0	3	30	0	3	34	0	0	0	31

出典）中央選挙管理委員会『第 17 代国会議員選挙総覧』ソウル，2004 年，438 頁。

ジュンハンの研究によれば[8)]，2004 年の第 17 代国会議員選挙で初当選を果たした国会議員のうち，市民運動の経歴を有するのは 15 人である。1988 年の第 13 代は 2 人，1992 年の第 14 代は 2 人，1996 年の第 15 代は 9 人，2000 年の第 16 代は 14 人である。学生運動については，各大学の総学生会会長出身の当選者はウリ党で 3 人とされている。しかし中央選管とは異なる資料を用いるならば，2004 年の国会議員選挙では総学生会の会長出身のウリ党の初当選議員は，少なくとも 9 人いることが確認できる[9)]。このように中央選管の名簿をもって立候補者の経歴を把握するには無理がある。それに加え，先行の研究は当選者だけを対象にしており，落選者も含む立候補者全員を対象にしてはいない。

中央選管の資料に依拠する限界を超えるために，次のような手順に従い調査・集計を行うことにする。まず中央選管のホームページから候補者名簿である「候補者登録現況」を取得し，朝鮮日報社と中央日報社のホームページにある人物データベースなどを利用して経歴を確認することにする。

調査対象者は 1988 年，1992 年，1996 年，2000 年，2004 年，2008 年の 6 回の国会議員選挙における地域区の立候補者であり，その数は表 27 に示されているように 6815 人になる。調査の結果，559 人の候補者の経歴については確認することはできなかったが，経歴を確認できたのは 6256 人であり，判明率は 91.8%になる。もちろん何度も立候補する者もいるため判明者の 6256 人は

表 27　国会議員選挙(地域区)の候補者数と経歴保有候補者数の推移

(単位 人)

	地域区数	候補者数	経歴保有候補者数	比　率
1988 年	224	1,046	91	8.7
1992 年	237	1,052	138	13.1
1996 年	253	1,389	206	14.8
2000 年	227	1,040	179	17.2
2004 年	243	1,175	320	27.2
2008 年	245	1,113	262	23.5
合　計	1,429	6,815	1,196	17.6

出典) 1988 年から 2004 年までは中央選挙管理委員会のホームページの「歴代選挙情報システム」(http://www.nec.go.kr/sinfo/index.html)より取得。2008 年は同ホームページの「第 18 代国会議員選挙管理システム」(http://www.nec.go.kr:7070/abextern/)より取得。

延べ人数である。

確認する経歴は，民主化運動，市民運動，学生運動，労働運動，農民運動などの活動経歴(役員に限定しない)である。これらの経歴の一つ以上を有する候補者を，ここでは「経歴保有候補者」と呼ぶことにし，一つも有さない候補者を「経歴なし候補者」と呼ぶ(表 28 参照)。さらに経歴保有候補者を「市民運動の経歴保有者」「労働運動の経歴保有者」「その他の経歴保有者」の三つに分類する。「その他の経歴保有者」には，民主化運動や学生運動，農民運動の経歴を有する者たちを含めている。

このように分類項目を設定するが，実際に候補者を分類するのは難しい作業になる。たとえば，学生運動を経て市民運動に，さらには労働運動にもかかわったという場合，どのように分類するべきか。また民主化運動も市民運動も，実際にどのような団体で活動したならば当該経歴を有すると判断できるのかなど難しい問題が少なくない。表 28 で分類の基準を示しているが，分類のカテゴリーの定義の難しさ，さらには候補者の具体的な分類の難しさなど解決が容易ではない問題があることに留意して作業に進むことにする。

表 27 に戻るが，ここには民主化以降の国会議員選挙における経歴保有候補者数が示されている。地域区の定数は 250 前後で推移しており，立候補者の総数には起伏があるが毎回 1000 人ほどである。そのうち経歴保有候補者が立候

表 28　国会議員選挙における立候補者の分類

<table>
<tr><td>経歴なし候補者</td><td colspan="3">社会運動の経歴がないこと。ただし 1980 年代の民主化推進協議会の会員である政治家については，それだけでは経歴保有者に含めない。</td></tr>
<tr><td rowspan="4">経歴保有候補者</td><td rowspan="4">市民運動，労働運動，民主化運動，学生運動などの経歴があること。ただし政党傘下の組織の活動は含めない。</td><td>市民運動の経歴保有者</td><td>市民運動の経歴には民族主義的な活動も含めたが，民衆運動の経歴は市民運動の経歴に含めない。</td></tr>
<tr><td>労働運動の経歴保有者</td><td>学生運動の活動家としての面が強い場合には，ここに含めない。</td></tr>
<tr><td rowspan="2">その他の経歴保有者</td><td>民主化運動の経歴は，ここに含める。</td></tr>
<tr><td>学生運動では 1980 年代以降の学生運動の経歴がある場合に，経歴保有者とする。1960 年代と 70 年代の学生運動の経歴のみをもち国会議員などの職業についている場合は，ここに必ずしも含めることはせずに，適宜，経歴なし候補者に分類している。また学生運動と市民運動の両方の経歴をもつ候補者については，総合的に判断し分類する。
ニューライト運動は市民運動に含めず，ここに含める。</td></tr>
</table>

補者総数に占める比率は 2004 年の 27.2%が一番高く，1988 年から 1992 年に増えたものの，その後は 2000 年まで微増するにとどまっている。

権威主義体制から民主体制への移行の最終局面では，新しい民主的な政権を作り出す「創設選挙」(founding elections)が行われる[10]。創設選挙は，民主体制を創設するだけに，政党の編成を「凍結」(freeze)する効果をもつとされている。韓国においても 1987 年 12 月の大統領選挙と翌年 4 月の国会議員選挙の二つによって，慶尚道と全羅道の地域亀裂が政党の対立構図にまで拡大され，その後も持続しているという点では，創設選挙の凍結効果が発揮されたと言える。また 1988 年の国会議員選挙では，表 27 に示されるように経歴保有候補者の人数，比率が低い選挙であった。このとき金大中の平民党に在野出身の活動家が迎え入れられているが[11]，民主化直後で政党への参入へのためらいもあり，また野党(金泳三と金大中)の分裂もあって，在野運動圏からの選挙参加は低調にならざるをえなかった。地域亀裂に沿った政党編成が現れ凍結された結果，政党と市民社会の結びつきの弱い状態が 2004 年に至るまで持続したと見ることができよう。

表 27 は国会議員選挙の立候補について，主要政党の候補者であるのか，無

表 29　国会議員選挙における主要政党と非主要政党の区別

国会議員選挙	主 要 政 党	非 主 要 政 党
1988 年(第 13 代)	民主正義党(民正党)，統一民主党，平和民主党(平民党)，新民主共和党(新共和党)	群小政党，及び無所属候補者
1992 年(第 14 代)	民主自由党(民自党)，民主党，統一国民党	群小政党，及び無所属候補者
1996 年(第 15 代)	新韓国党，新政治国民会議(国民会議)，統合民主党，自由民主連合(自民連)	群小政党，及び無所属候補者
2000 年(第 16 代)	ハンナラ党，新千年民主党(民主党)，自由民主連合(自民連)	群小政党，及び無所属候補者，民主労働党(民労党)
2004 年(第 17 代)	ハンナラ党，開かれたウリ党(ウリ党)，新千年民主党(民主党)，自由民主連合(自民連)，民主労働党(民労党)	群小政党，及び無所属候補者
2008 年(第 18 代)	ハンナラ党，統合民主党	群小政党，及び無所属候補者，自由先進党，民主労働党(民労党)，進歩新党連帯会議(進歩新党)

注）1996 年と 2008 年の統合民主党は別の政党である。

所属や群小政党の候補者であるのかの違いを設けていない。いずれで立候補するのかは当落に大きな違いが出てくるだけに，この違いを考慮する必要がある。

表 29 は，立候補者の所属を主要政党と非主要政党の二つに区分したものである。無所属の候補者だけではなく群小政党の候補者についても，主要政党の候補者から分けるためのものである。主要政党は，地域区で総定数の 50%以上を立候補させ 2 議席以上(全国区(比例代表)の当選者を加算しても結果は変わらない)を獲得していることを条件としている。群小政党として非主要政党に分類された政党の中で，地域区の総定数の 50%以上立候補させているのは 2000 年の民国党の 55%だけであり当選者は 1 人に過ぎない。

このような条件を設け区分するとき，2008 年の民労党と自由先進党の位置づけに問題が生じる。2000 年に民労党は地域区に 21 人を立候補させるにとどまり，しかも当選者を出すことはできなかったが，2004 年には 123 人の立候補者で地域区の総定数の 50%をかろうじて超え，当選者は 2 人であった。ところが 2008 年に民労党は内部の勢力争いから民労党と進歩新党連帯会議(進歩新党)に分裂し，立候補者数が民労党 103 人，進歩新党 34 人にとどまり，いずれも総定数の半数に到達しなかった。もともと地域区の 2 議席と 50%以上の立候補者という条件は，2004 年の民労党を主要政党に含めるために設けたラ

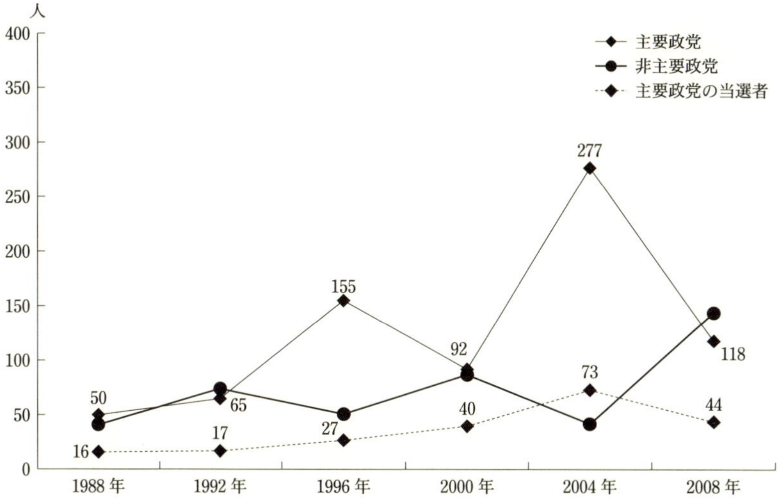

図 10　主要政党と非主要政党における経歴保有候補者数の推移

インであった[12]。しかし 2008 年の国会議員選挙では民労党は分裂して低迷し，このラインを切ることになった。そこで以下では，必要に応じて民労党と進歩新党の候補者を合算した数値を示すことにする。また自由先進党は当選者(地域区)を 14 人出しているが，候補者数は 94 人で 50%に到達しない。実際のところ，自由先進党を主要政党に含めなくとも，経歴保有候補者数を見る上では大きな問題にはならない。

表 28 と表 29 に従って，主要政党の経歴保有候補者と非主要政党の経歴保有候補者の立候補状況を 1988 年から 2008 年まで見たのが図 10 である。調査・集計結果については，付録 8(1)～(6)にまとめてある。図 10 から何が言えるのか。

第一に，1988 年と 1992 年を見ると，主要政党と非主要政党のそれぞれの経歴保有候補者はほぼ同数であることがわかる。つまり当選の見込みがないに等しい非主要政党から立候補する経歴保有候補者の人数と，当選見込みのある主要政党から立候補する経歴保有候補者の人数が同じであるということである。これが何を意味するのか。主要政党が経歴保有者の公薦に消極的である結果，経歴保有者が当選見込みのない非主要政党(群小政党や無所属)からの立候補を余儀なくされた結果であると解釈することもできる。しかし非主要政党の経歴保有候補者の人数が主要政党のそれを大きく上回ることもないのを見ると，一方的に主要政党の消極性に原因を求めることはできないかもしれない。特に1988年と1992年には在野運動圏に政党（民衆党など）を結成して選挙参加をする動きがありはしたが，在野運動圏を全体的に見るならば，国会議員選挙への参加には消極的であった。まだ在野運動圏は制度圏政治には距離をおき，本格的な参入を避けていたと言える。いずれの面が強いかを図10から判断することはできないが，両方の面から主要政党による経歴保有者の公薦が低調になったと解釈するのが妥当であろう。

第二に，1996年と2004年には主要政党の経歴保有候補者数が増えていることである。1996年に155人，2004年に277人の経歴保有者が公薦されている。1988年，1992年，2000年に比べて，この二つの選挙では主要政党が経歴保有者の公薦に積極的であったと言える。それは市民社会の活動経歴をもつ者が特定の主要政党を好意的に評価し，その政党からの立候補に積極的になった結果でもある。このように立候補状況に変化は起きているが，当落状況を見ると1996年と2004年では大きな違いが見られる。当選者数は2004年が過去最高の73人であるのに対して，1996年は27人にとどまる。1996年の選挙結果は，市民社会の経歴保有者が制度圏政治への参入障壁を越えられなかったことを示しており，両者の分離状態は2004年まで続いたと言える。

そこで1996年と2004年の国会議員選挙について，一括した主要政党ではなく政党ごとに見ることで変化の所在を確認することにしたい。表29では1996年の主要政党は四つであり，それらは金泳三大統領の与党である新韓国党，金大中の新政治国民会議（国民会議），新たに結成された統合民主党（2008年の統合民主党とは別の政党），金鐘泌の自民連である。

1996年の国会議員選挙を示した表30によれば，主要政党の155人の経歴保有候補者のうち統合民主党は79人で51％になる。これに対して，金大中の国民会議は44人で28％にとどまる（前回の1992年では民主党は51人（付録8(2)参照））。図10に見られるように1996年に主要政党の経歴保有候補者が増加したのは，金大中の政党ではなく統合民主党が多数擁立した結果であった。

統合民主党は，金泳三の民自党に行かず，その後に政界復帰した金大中の国

表 30　1996 年国会議員選挙における主要政党の経歴保有者数とその内訳（単位 人）

	主要政党の候補者総数	候補者中の経歴保有者	うち当選者	市民運動の経歴保有者	うち当選者	労働運動の経歴保有者	うち当選者
新韓国党	257	24	7	10	3	3	1
国民会議	233	44	15	10	2	1	0
統合民主党	218	79	4	21	1	9	0
自民連	219	8	1	3	1	3	0
合　計	927	155	27	44	7	16	1

出典）数値は付録 8(3)による。

民会議にも行かなかった国会議員（民主党）が，民主化運動や市民運動の経歴保有者とともに 1995 年 12 月に結成した政党である13)。これに参加した市民運動の指導者の一人に経実連の創設者である徐京錫がいる14)。統合民主党は金泳三と金大中を支持する議員が抜けた後の政党であるため地域的な支持基盤をもたず，またそれがないために地域主義的な政党構図を批判することで有権者の支持を得ようとした。そのため統合民主党はハンナラ党だけではなく，当時，政界復帰を目指して地域主義的な主張を強めていた金大中とも対立した。統合民主党は全国に 218 人を立候補させ，有権者に地域政党以外の選択肢を提供したが，相対得票率 11.2%，当選者 9 人（そのほか全国区 6 人）にとどまった。統合民主党の挑戦は，地域主義の分厚い壁を前にして上滑りに終わったのである。

統合民主党の経歴保有候補者について表 30 に見るならば，経歴保有候補者の 79 人の内訳は市民運動 21 人，労働運動 9 人であり，そのほかの学生運動や民主化運動は 49 人となる。それまでになく市民社会の経歴保有者が，政党を通じて政治に参加しようとした。このような候補者の充員は，政党と市民社会の結びつきを強めることで新しい支持層を獲得し，地域主義的な政党構図を打ち破ろうとする統合民主党の姿勢の現れであると言える。この点は後述する 2004 年のウリ党と重ねることができる。1996 年の統合民主党と重ねることで，ウリ党の候補者充員にも地域主義的な政党支持を再編成しようとする意思を読み取ることができよう。

だが統合民主党から立候補した経歴保有者は 4 人しか当選できず，国民会議の当選者 15 人に及ばない。経歴保有者の候補者数では統合民主党は国民会議を上回りながら，地域主義の現実を前にして当選者数では国民会議を下回った。

表31　2004年国会議員選挙における主要政党の経歴保有者数とその内訳 (単位 人)

	主要政党の候補者総数	候補者中の経歴保有者	うち当選者	市民運動の経歴保有者	うち当選者	労働運動の経歴保有者	うち当選者
ハンナラ党	218	36	11	23	7	3	1
ウリ党	244	94	60	40	22	6	3
民主党	181	35	0	15	0	3	0
自民連	123	8	0	6	0	1	0
民労党	123	104	2	7	0	49	1
合　計	889	277	73	91	29	62	5

出典）数値は付録8(5)による。

2004年の国会議員選挙では，これまでになく経歴保有候補者が急増している。その内訳を示したのが表31である。経歴保有候補者が最も多いのが民労党の104人であり，次にウリ党の94人である。1996年の統合民主党は79人であったが，ウリ党の94人とは15人の差である。両者はほぼ同水準とも言えなくはない。民労党の104人の当落であるが，当選者は2人に過ぎず，選挙結果は1996年の統合民主党4人と同じであった。

民労党は民主労総を主要な支持組織としていることから，経歴保有候補者104人のうち49人が労働運動の経歴を有している。市民運動の経歴を有している候補者は7人と少なく，それ以外の民主化運動や学生運動の活動経歴を有する候補者が48人になり，民労党には学生運動や民衆運動の活動家出身の候補者が多い。民労党は労働組合の利益を代表する政党という面とともに，民衆運動の活動家の政党という面も併せもっている。このように民労党は労働運動や民衆運動の活動家に選挙参加の機会を提供しているが，ほとんどは当落を無視したものと言って差し支えない。

次にウリ党であるが，2003年11月に結成されたためにウリ党の立候補者244人のうち解散前の国会在籍議員は39人に過ぎず，元議員や新人を多数公薦せざるをえなかった。そのような逼迫した事情とも無関係ではないであろうが，経歴保有候補者は94人にもなり，ウリ党の候補者中の39%になる。1996年の統合民主党ではその数値は36%であり，候補者に占める経歴保有候補者の比率はほぼ同じである。ただしウリ党には市民運動の経歴をもつ候補者が40人にも達しており，21人の統合民主党よりも倍近く増えている。市民運動の経歴保有者の公薦躍進が目覚ましい。一方，労働運動の経歴保有者は6人にとどまる。

1996年の統合民主党と2004年のウリ党は，国会議員選挙を前に急遽結成された新党である共通点に加えて，これまで見てきたように候補者総数や経歴保有者数がほぼ同じであるという共通点もある。だが当選者数になると大きな差がある。当選者数の差をもたらした要因は何か。ウリ党と統合民主党の違いは，ウリ党が国家権力を掌握している現職大統領が主導して作った政権与党であるのに対して，統合民主党は既存の政治家に加え民主化運動や市民運動の出身者が合流することで結成された野党であることである。この違いが当選者数でウリ党との大きな差をもたらしたと言えようか。

統合民主党とウリ党に関連して留意しておくべき点は，統合民主党を作り上げた市民社会と政党を取り結ぶ人的ネットワークがウリ党で再び現れていることである。統合民主党とウリ党には人的な連続性が見出せる。それを象徴するのが盧武鉉大統領自身なのである[15]。盧武鉉は統合民主党では現職国会議員として落選を経験し(政治一番地のソウル鐘路で立候補)，ウリ党では大統領として党を率い勝利するに至った。

そのような人的ネットワークには，そのほか成裕普と李富栄(イ・ブヨン)の2人もいる。1995～96年には成裕普は市民社会の側における新党結成の主導者(政治改革市民連合，改革新党の役員)であり[16]，李富栄は民主党内にあって市民社会勢力との連携に積極的な改革グループの一人であった。遡れば，この2人はソウル大学校の政治学科を経て，ともに東亜日報社の記者として朴正熙政権の言論弾圧に抵抗して言論の自由を守る運動に加わり，その後1980年代の民主化運動では成裕普は民統連の事務処長に，李富栄は事務次長になった。その後，成裕普は落選運動の2000総選連帯の常任共同代表になる一方，李富栄はこのときの国会議員選挙でハンナラ党から立候補している。このように異なる道に進んだ2人であるが，盧武鉉政権のもとで成裕普は放送委員会常任委員に，李富栄はウリ党の議長になり，ともに盧武鉉政権を間接的に直接的に支える側に回っている。

1996年と2004年に主要政党の経歴保有候補者が増えたことについては，次のようにまとめることができよう。2004年に民労党は市民社会を政党に「下から」結びつけようとしたのに対して，ウリ党は政権与党として政党と市民社会を「上から」結びつけようとしたと言える。この二つの政党と比べるならば，1996 年の統合民主党は，現職の野党議員を含みながらも民主化運動や市民運動の出身者たちが加わった野党であるだけに「下から」に近い。政党と市民社会を「上から」結びつけようとした 2004 年のウリ党の候補者充員は，第 3 章で論じた政府組織への市民団体役員経歴保有者の包摂と重ね合わせて見ることもできよう。

ともあれ 2004 年には政府と市民社会だけではなく，政党と市民社会の相互関係もまた強まってきたと言える。それでは，そのような政党と市民社会の相互関係の進展は，長期的な傾向として持続するものなのか。

そこで第三に，2008 年の国会議員選挙において，政党と市民社会の相互関係にどのような変化が起きたのかを見ることにしたい。図 10 から読み取れることは，2008 年の国会議員選挙では 2004 年の現象が反転したことである。主要政党の経歴保有候補者が 277 人から 118 人に減少している。このような反転現象が起きたのには，主要政党の定義に一因がある。主要政党は地域区で総定数の 50%以上を立候補させ，2 議席以上を獲得することを条件としている。その結果，党内分裂を起こし党勢を失速させた民労党や忠清南道を拠点とする新党の自由先進党は主要政党から除外されている。この二つの政党は定義上，非主要政党に含められることになる。このように主要政党がハンナラ党と統合民主党に限られてしまったのは，定義によるだけではなく，ハンナラ党以外の政党が党勢を失ったからでもある。ハンナラ党に対抗する有力政党であるはずの統合民主党でさえも地域区 245 の 80%を立候補させるにとどまっている。2004 年のウリ党が 100%であったことと比べるならば後退である。民労党も自由先進党も定員数の 50%を切っている。表 29 に見られるように，2004 年では二つの条件を満たす主要政党が五つであったことからすれば，2008 年にはハンナラ党と競合するだけの政党の数が減ったことになる。つまり 2008 年の反転現象は主要政党の定義に一因を求めることもできるが，ハンナラ党以外の政党(野党)の弱体化にも求めることができる。

主要政党に含められなかった自由先進党と民労党・進歩新党の候補・当選状況は，次のようになる。自由先進党の経歴保有候補者は 14 人で 3 人が当選し

表 32　2008 年国会議員選挙における主要政党の経歴保有者数とその内訳 (単位 人)

	主要政党の候補者総数	候補者中の経歴保有者	うち当選者	市民運動の経歴保有者	うち当選者	労働運動の経歴保有者	うち当選者
ハンナラ党	245	40	27	21	14	4	4
統合民主党	197	78	17	30	7	6	1
合　計	442	118	44	51	21	10	5

出典）数値は付録 8(6) による。

ている。民労党と進歩新党を合わせて経歴保有候補者は 91 人(民労党 65 人，進歩新党 26 人)であり，そのうち 2 人(民労党 2 人)が当選している。これら除外された 3 政党の経歴保有候補者の 105 人を図 10 の主要政党の 118 人に加えるのであれば，図 10 の反転現象はもっと緩やかなものとなる。

次に，2008 年の経歴保有候補者の当選者数を見るならば，2004 年の 73 人から 44 人に減少している。さらに表 32 を見るならば，政党間で逆転が起きている。2004 年ではウリ党が経歴保有候補者数でも当選者数でもハンナラ党を上回っていた(表 31)。たとえば，当選者数はウリ党が 60 人でハンナラ党は 11 人であった。ところが 2008 年には経歴保有候補者の当選者数はハンナラ党が 27 人，統合民主党が 17 人である。そのうち市民運動の経歴保有者の当選者数ではハンナラ党の 14 人に対して統合民主党は 7 人に過ぎない。2008 年の国会議員選挙における野党の不振がこのような逆転現象にも現れている。

次の 2012 年の国会議員選挙を待たなければならないが，ハンナラ党で経歴保有候補者の当選者数が統合民主党を上回ったことは，ハンナラ党以外の政党(野党)が弱体化した 2008 年の国会議員選挙だけに言える例外的な結果である可能性もある。これについては，別の見方もしておく必要がある。ハンナラ党では市民社会の活動経歴や役員経歴を有する候補者が漸増してきており，その漸増傾向が 2008 年の選挙結果にも反映している。

図 11 は，経歴保有候補者数の変化をハンナラ党系列の政党と民主党系列の政党について見たものである。民主党系列とは平和民主党(平民党)，新民主連合党(新民党)，民主党，新政治国民会議(国民会議)，新千年民主党，開かれたウリ党(ウリ党)，統合民主党に連なる系譜である。ただし 2004 年については新千年民主党から分裂したウリ党のみを示している。もし新千年民主党を含めるの

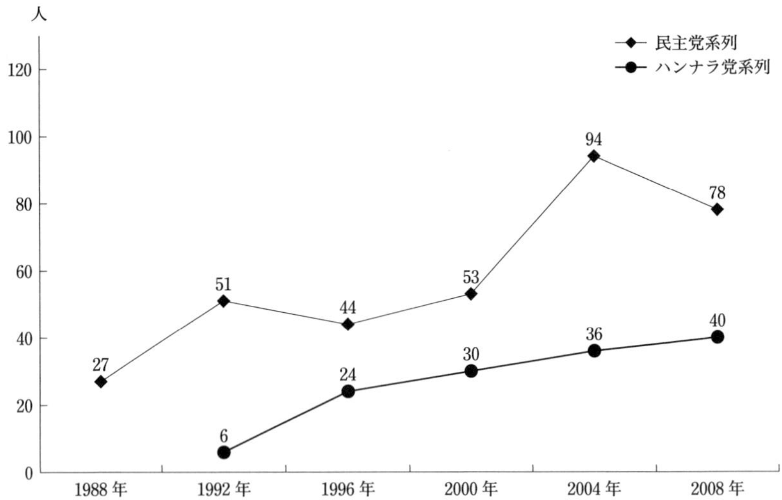

図11　民主党系列とハンナラ党系列における経歴保有候補者数の推移

であれば，民主党系列は129人となる(表31参照)。

ハンナラ党系列とは，全斗煥政権の与党であった民主正義党(民正党)と野党指導者の金泳三，金鐘泌の三者が連合し1990年に結成された民主自由党(民自党)に始まり，それを受け継ぐ新韓国党，ハンナラ党のことである。ハンナラ党系列では，1992年の経歴保有候補者は6人であり，市民運動の経歴を有する候補者は0人であったが，その後少しずつ増えてきて2004年には経歴保有候補者は36人になり，そのうちの市民運動の経歴保有者は23人になっている。2008年にも微増する傾向は続いている。市民社会の選挙参加はいわゆる進歩的なウリ党や民労党にとどまらず，保守的とされるハンナラ党にも少しずつではあるが広がってきている。

韓国のこれまでの国会議員選挙では，1960年の4.19学生革命以降の学生運動経験者が多数立候補してきた。民主化以降の1988年の国会議員選挙からは，1970年代と80年代の民主化運動や学生運動の経験者が数多く立候補するようになってきた。これに準じるように，市民運動の経歴をもつ者も1990年代後半以降には立候補する傾向が現れてきた。この傾向は，現在も民主党系列がハンナラ党系列を大きく上回るが，ハンナラ党でも漸増してきている。

このことから二つの点が指摘できよう。第一に学生運動や民主化運動に続き，市民運動もまた政治家志望者にとって有利になる社会運動の経歴と見られるようになってきたのではないかということである。第二に市民運動は民主化運動とは違い過去の終わったものではなく現在進行のものであり，市民運動が政治家志望者の欲する経歴となることは，市民運動に好ましくない影響を及ぼす恐れがあるということである。現時点では民主党系列がハンナラ党系列を大きく上回っているだけに，市民運動にかかわる者の動機や党派性に対する批判が起きるならば，それは主として民主党系列との関係でなされることになろう。

第２節　盧武鉉大統領の政党改革

前節では国会議員選挙における候補者の充員を通じて，政党と市民社会の相互関係を見てきた。特に 2004 年の国会議員選挙では，政党と市民社会との結びつきが強まったことが確認された。それは盧武鉉大統領の政権与党であるウリ党で著しかった。ウリ党は政治改革と世代交代を唱え民主化運動・学生運動や市民運動の経歴保有者を党内に数多く迎え入れることで，地域主義的な基盤に加えて，さらに支持層を広げる上で有利な形勢を整えることができた。

2004 年の国会議員選挙後，過半数の議席を獲得したウリ党は改革的な全国政党の実現に向けて，2002 年の大統領選挙と 2004 年の国会議員選挙で広げられた支持層を一般党員として政党組織内に取り込むための政党改革を本格的に開始することになる。それは政党と市民社会の結びつきを，政治的エリート・レベルでの候補者の充員にとどまらず，大衆レベルでの一般党員の充員にまで推し進めようとするものであり，その試みは政党支持の再編成を目指すものでもあった。

本節では，盧武鉉大統領の与党ウリ党の政党改革の試みについて検討する。そのためにまず当時の韓国における政党改革の論点を整理し，その上でウリ党の政党改革を見ることにしたい。

１．政党改革とその論点

2003 年に発足する盧武鉉政権のもとでの政党改革には，起こるべくして起きた面と盧武鉉という個性による面の二つが重なり合っている。

1987年の民主化以降における金泳三，金大中，金鐘泌の三金時代は終わりを迎え，カリスマ的な指導者であった彼らは順次，政界から退くようになった。金泳三大統領の政界引退は1998年であることから，このような状況はすでに始まっており，ハンナラ党でも政党改革がなされている。だが金大中大統領の引退後には，カリスマ後の政党運営が主要政党にとって共通の懸案として認識されるようになった。

これが時代的な変化によるものであれば，個性による変化の面は盧武鉉大統領の登場に尽きる。盧武鉉は大統領選挙運動のときから三金時代の地域主義を激しく批判し[17]，「新しい政治」や「政治革命」をスローガンにして地域主義の清算を唱えていた。さらに大統領当選後には「全国政党化」を目指して，政権与党である新千年民主党(民主党)を自ら壊してウリ党を結成するまでに至った[18]。全羅道を支持基盤とする地域政党の民主党を割って出たことから，脱地域主義の政党改革を成し遂げることは盧武鉉にとって彼自身の大統領としての存在理由となった。

三金時代の終焉という不可避な要因と盧武鉉大統領の登場という偶然的な要因が重なり合い，盧武鉉政権のもとで政党改革の「政治実験」[19]が行われることになる。ウリ党の政党改革の過程を考察する前に，その端緒となった民主党の「国民競選」の導入経緯とその実施が党内政治に及ぼした影響について，また韓国の政治学者の政党改革論を手掛かりにして政党改革の論点についても整理しておくことにする。

金大中政権末期の政党改革は，政権に対する支持下落という政治的危機の中で迫りくる大統領選挙で勝利するためのものであり，その主たる改革は候補者選出手続きの民主化であった[20]。この点は金泳三政権末期の1997年に見られた政権与党の新韓国党でも同じである。金泳三政権と金大中政権の末期に，大統領の親族のスキャンダルなどで大統領と与党が国民の支持を失い大統領の指導力が低下したことから，選挙をめぐる党内抗争を克服し国民の支持回復をはかる方法として，大統領候補の選出過程を民主化する競選方式が導入されるようになった。

金泳三政権末期の1997年には，党代議員1万2430人が投票する候補者競選がなされ，そこで最終的に当選した李会昌が新韓国党(その後ハンナラ党に)の大統領候補となった[21]。金大中政権末期の2002年には，代議員，党員に一般有権者も加え7万人規模で競選が行われ，そこに党外勢力であるノサモが飛び込み盧武鉉が予想外にも勝利したことで，多くの国民の関心を引きつけることになった。いずれの競選も候補者選出の民主化として意義のあるものであるが，後者の場合，盧武鉉が大統領選挙に当選した後も政党改革を唱え続け新党を結成するに至っただけに，その後の政党改革の出発点となったものと言えよう。

金大中政権末期の民主党内の競選は「国民競選」と言われる。この方式は2002年1月に党総裁職廃止，大統領の党最高位職兼任不可(党と大統領を分けるということで「党権・大権分離」「党政分離」と呼ばれている)とともに導入された。カリスマ的指導者の退出後を埋め合わせるのは制度であり，具体的には選挙や合議による手続きとなることは自然な流れではあるが，競選の参加者を代議員や一般党員だけではなく一般有権者にも広げる国民競選にまで突き進んだのは，それだけ民主党の危機感が強かったからである。

国民競選の選挙人は7万人であり，その構成は代議員20%，一般党員30%，一般有権者50%の比率である。公募される一般有権者の比率が代議員と党員を合わせた50%と同じであるだけに，民主党は国民競選を「大統領候補選出権を国民に戻す最初の試み」であると表現した[22]。選挙人となる一般有権者は公募され抽選された。ただし，この一般有権者については事実上そのように言われているのであって，形式的には「募集党員」であり厳格に言えば党員である。このような便法が用いられたのは，当時の政党法第31条3項では党員だけに政党の公職候補者の選挙権を認めているからである。その後2004年3月に政党法は改正され，党内競選の選挙権は政党の「党憲」(党規約のこと)で定めるとして，非党員の有権者にも選挙権を付与することを可能にした。

50%枠の一般有権者3万5000人に応募したのは百数十万人(160万から190万までの数字がある)であり，そのうち45万人ほどが盧武鉉のファンクラブであるノサモの会員やノサモの勧誘や説得で応募した者たちである[23]。仮にこの数字が信頼できるものとするならば，ノサモの会員数は2002年3月に2万2300人であることから[24]，会員1人当たり20人を申請させたことになる。ノサモの熱心な活動は，国民競選に盧武鉉ブームを巻き起こし，盧武鉉の予想外の当選を引き出す原動力になったとされている。

国民競選の成功は，政党改革による支持層の拡大の可能性を示すものとなった。この可能性は2002年12月の大統領選挙で再度確認されることになる。ノサモは選挙運動期間には「100万サポーターズ事業団」と名乗って，民主党の選挙運動の一翼を公式的に担った。これについて2003年3月に民主党の文書は，次のように言及している[25]。ノサモの「この運動は大選用〔大選は大統領選挙のこと〕の一回限りの運動ではなく，党改革のプログラムとして活性化させ，党員倍増運動と真正党員化に活用したらよい。選挙過程の中で示された自願奉仕者〔ボランティアのこと〕の熱情は今までのどのような組織よりも抜きん出た熱情であったことから，盧武鉉政権の政治改革に対する市民の期待を知ることができる。この関心と熱情を継続してつないで行くシステムが必要である」。つまり既存の政党組織の枠外にあるノサモが新しい情熱的な支持者を生み出しており，彼らを民主党に取り込むために一層の政党改革が必要であることを論じている。

このように国民競選はノサモと盧武鉉を固く結びつけ，政党改革の新しい推進力を作り出すことになった。大統領選挙の勝利後に，その勢いは増し民主党内に激しい対立と分裂をもたらし，2003年11月に事実上の盧武鉉新党，ウリ党の結成に至る。ウリ党は「創党宣言文」において「国民統合，参与民主主義，清潔な政治」の三つの課題をあげて，大統領選挙で「国民が示した参与政治の熱気を一つに結集し」，それをもって「亡国的地域感情と地域主義政治を打破」する「国民統合の政治」を何よりも重要なものとして位置づけたのである[26]。

ウリ党が取り組んだ政党改革の中でも，重要なのは「基幹党員制」とそれに伴う「上向式公薦制」(党の公認候補を党員や非党員の一般国民の投票などで決める方式)の導入である。「真正党員」とも呼ばれる基幹党員は，党費を支払い党員としての権利・義務を有する主体のことである。基幹党員の義務となる資格要件とともに，党職・公職の候補者を下から選出する上向式公薦制にかかわる基幹党員の権利がどのように変化してきたのかが注目される。基幹党員の権利と義務は党内の「参与民主主義」に直結しており，ノサモや市民運動が結集・動員した新しい支持層をしっかりと取り込むための装置ともなる。党内民主主義に向けた政党改革によってこそ，地域亀裂を克服する「国民統合」に進むことができるのであり，また党内の金権腐敗を一掃して「清潔な政治」にも前進することができるのであるとする。要するに，基幹党員制と上向式公薦制は，地域主義に基づくボス的で権威主義的な幹部政党を乗り越え，大衆政党の組織構造を備えた全国政党に向かう政党改革のかなめとなったのである。

現実の政治において新しい変化が起き始めたことで，韓国の政治学者の間でも政党改革の議論が盛んになった。それは現状に対する分析にとどまらず，いかにあるべきかという規範的な議論でもあった。鄭鎮民(チョン・ジンミン)(明知大学校教授)と崔章集(高麗大学校教授)が対立する議論をしているので，2人の政党改革論を整理して紹介しておくことにする。

論点は，次のようなものである。第一に政党組織の構成や運営にかかわる論点であり，具体的には中央党縮小と地区党廃止，院内政党化，真正党員制，公職候補者の上向式公薦制が問題になる。第二の論点は大統領制のもとでの政党の運営であり，特に政権与党で重要になる青瓦台(大統領官邸)と政党の主従関係を断つ党政分離，党議拘束と議員の自律性が問題になる。第一の論点は党員による党内の参加をどのように活性化させるのかというものとなり，第二の論点は大統領制のもとで議会の立法機能をどのように活性化させるのか，そのために政党はどうあるべきなのかというものである。そして第三の論点は総論的なものであり，社会経済的条件と政党モデルとの整合性にかかわるものである。社会経済的変化を条件として大衆政党と包括政党のいずれの方向に政党改革を進めるのが望ましいのかというものである。

これらの論点に沿った2人の主張を表33に整理した。鄭鎮民は，先進国の脱産業社会化が韓国でも起きており，「静かなる革命」(イングルハート)と言われる有権者の意識変化も見られるようになったとして[27]，次のように政党改革を論じる。

階級的な集団帰属意識は緩み，有権者の政治的判断能力が向上した結果，投票は流動化してきている。このような社会経済的変化によって，特定の階級や集団を支持基盤とする大衆政党に復帰することは現実的には容易ではない。従って特定の階級や集団の要求を政党の政策に転換するため，党員が運営する院外の政党組織も次第に不要となる。院外政党組織である韓国の地区党は，国会議員候補者の後援会に事実上なっており，政治腐敗を生む温床であった。地

表 33　鄭鎮民と崔章集の政党改革論

論点			鄭鎮民	崔章集
政党組織とその運営	中央党縮小と地区党廃止		賛成。ただし地区党に準じた組織の必要性も認める。	批判的
	院内政党化		賛成	批判的
	真正党員制		批判的	賛成(推論)
	公職候補者の上向式公薦制	国民競選方式	賛成	批判的
		真正党員競選方式	批判的。ただし党職選出では真正党員のみとすることに賛成。	賛成(推論)
大統領制のもとでの政党運営	党政分離		賛成。ただし政策での党政分離には批判的。	批判的
	議員の自律性		賛成	批判的
政党の類型	大衆政党		批判的	賛成
	包括政党		賛成	批判的

区党の廃止(政党法改正)によって問題は改善されるが，候補者の選挙運動を担う政党組織は必要である。また中央党は，国会議員の政策立案機能を強化する方向で縮小・軽量化されるべきである。国会議員は党員だけではなく包括的に有権者の選好を考慮して敏感かつ柔軟に政策立案を行い，政党間で交渉・妥協がはかられるべきであり，そのためにも国会議員と党員の関係を拘束的にすることは望ましくない。国会議員候補の選出過程も党員だけが参加するのではなく，広く一般有権者も参加できる国民競選で行われるべきである。このように政党の包括的性格が強まれば，党員主体の院外政党組織ではなく，国会議員が中心となる院内政党が政党運営の中心にならなければならない[28]。

崔章集の出発点は，次の二つにある。一つは理論的水準にかかわり，政党は社会的亀裂と葛藤を組織し社会集団の政治的平等と参加の拡大を進めるための中心的メカニズムであるとする政党の定義そのものであり，もう一つは現実的水準にかかわり，韓国の政党は労働者を始めとする経済的に疎外された社会集団(韓国で用いられる「民衆」)を制度内に取り込んだことがないという民主化の後退に対する批判である[29]。

それゆえに階級亀裂に根差した大衆政党が出現することは，民主化以降も持続している保守的エリート構造を打破するためには必要なこととなる。包括政党を主張する論者が唱える国民競選では，一般有権者の参加が実態的には中産層以上に限られることになり，民衆の利益要求を政党に接合させることが妨げられる。地区党の廃止や中央党の縮小も有権者の意思を国会に反映させる経路を遮断するものであり，大衆政党としての機能を弱めようとするものである。院内政党化や包括政党の議論は民衆の利益を代表しようとするものではなく，保守的な上層集団の利益を尊重した政策や立法の生産性や効率性を高めようとするものである。崔章集は直接的に言及していないが，一般有権者を含む国民競選を批判する主張から推論するに，真正党員制と真正党員による競選方式には肯定的であると考えられる。それこそが大衆政党であるからである。

鄭鎮民と崔章集の議論については，次の二つの点を指摘しておく。一つは，鄭鎮民は脱産業社会化に伴う階級帰属意識の弱化を，崔章集は労働者を含む民衆の疎外を強調するが，いずれも地域主義が韓国の政党にもつ意味を過小評価していないかということである。地域主義は克服の対象というよりも，すでに克服された過去の問題であるとして，将来に向けて「一般有権者」のための包括政党や「民衆」のための大衆政党が論じられている。

もう一つは2人の議論には政党論として理論的な一貫性はあるが[30)]，現実に進行した改革は，この2人の対立するモデルとは必ずしも一致するものではなかったことである。盧武鉉政権による法制度上の地区党廃止は包括政党的な方向に進むように見えるが，党員資格と候補者の上向式公薦制では大衆政党的な方向に進むように見えるなど，必ずしも理論的に一貫性のあるものではない。とりわけウリ党の政党改革にあっては，基幹党員制と上向式公薦制が重要な課題とされていただけに，同時に院外政党組織を切り詰めることは政党モデルとの不整合さを際立たせている[31)]。

政党モデルとの一貫性のある対応が見られなかった理由は，第一に収集した資料の制約から一貫性を発見できなかった可能性もあること，第二に盧武鉉政権とウリ党の内部において異なる政党モデルを指向する集団が対立しながら政党改革を進めた結果，一貫性のないものになった可能性があることである。加えて，政党改革をめぐる対立が政党モデルの争いなのか，実のところ党内の勢力争いなのかの線引きが難しい。理念闘争と権力闘争への思惑が交差する中では，政党改革に一貫性を求めるのは難しい。第三に政党モデルの問題よりも，政治改革の成果を示すために取り組まれた可能性もある。2002 年の大統領選挙後，政党の末端組織を管理する地区党に対しては「お金を食うカバ」との批判が強まり，与野党合意のもと 2004 年 3 月の政党法改正で廃止された。それは「〝金権政治〟の終焉に一歩近づくことのできる措置」[32] として肯定的に評価された。盧武鉉政権が地区党を廃止したのは，政党改革の理論的一貫性によるのではなく，改革の成果を示すための状況の産物であったかもしれない。

政党改革に一貫性が見られない理由は複雑である。ここでは政党改革の全体像を描く必要はなく，政党と市民社会の相互関係の進展にかかわる部分に焦点を絞ることにする。つまり盧武鉉政権とウリ党が掲げた政党改革の中核とも言える基幹党員制と上向式公薦制の展開を論じることにする。この二つにおいて，鄭鎮民と崔章集の言葉を借りるならば，ウリ党は大衆政党に進むのか包括政党に進むのか揺れ動いてきたのである。

2．ウリ党の政党改革

ここでは，ウリ党の政党改革の「政治実験」について，二つの点から論じる。第一にウリ党は基幹党員制とそれに基づく上向式競選制（上向式公薦制と同義に使われる）をどのように進めたのか，第二にそのような試みに対して党外の市民社会勢力がどのように反応し，どれほどの貢献をなすことができたのかである。

（1）基幹党員制と上向式競選制

民主党が国民競選を実施したことから，非主流派の盧武鉉が予想外にも大統領候補となった[33]。盧武鉉候補と民主党内の主流派との間に対立が生まれ，盧武鉉が大統領に当選してから民主党は分裂に向かうことになる。盧武鉉大統領らにとって政党改革は党内の勢力争いの大義名分でもあった。その政党改革とは民主党の湖南政党（湖南は全羅道の別称）の性格を否定し全国政党に飛躍することであり，そのためにはノサモに見られたような参加のエネルギーを引き出し，新たな支持基盤として取り込むことであった。

政党改革は民主党内における新旧主流勢力の主導権争いと絡み合っていただけに，政党改革の大義名分が，民主党から分裂して結成されたウリ党を規定することになった。ウリ党の創党宣言文に記され，その後に繰り返し言及される政治改革の3大課題とは地域主義の克服を意味する「国民統合」に加え「参与民主主義」「清潔な政治」のことである。このような政治改革を遂行する主体こそが盧武鉉政権とウリ党である。政党改革はこの3大課題と密接にかかわっており(本章262頁参照)，実質的には政党改革が政治改革の多くをなしていた。それゆえに政党改革の中核である基幹党員制と上向式競選制は，ウリ党の「創党精神」とまで見なされるようになったのである[34)]。

基幹党員制と上向式競選制は，2003年11月のウリ党結成後の導入，2004年4月の国会議員選挙後の展開，そして2005年以降の調整と終息の三つの過程を経る。表34はウリ党が存続した3年9ヶ月における党憲(関連部分では党規を含む)の制定・改正を示したものである[35)]。以下，その過程を順次説明することにする。

基幹党員制は2003年11月の党憲制定のときに設けられている。上向式競選制では民主党の国民競選制が継承される一方で，新たに党員・非党員を問わない完全開放競選制も導入されている。大統領や国会議員の公職候補選出では国民に広くオープンにされた競選方式であるのに対して，基幹党員だけが選挙権と被選挙権を行使できるのは代議員などの党職の選出に限られている。基幹党員の資格は，2003年11月制定の党憲では「入党後6ヶ月が経過した者」「中央党，市・道支部又は地区党が実施する所定の党員基礎教育を履修した者」「権利行使日60日前の時点を基準に最近6ヶ月以上党費を納付した者」「権利行使日60日前の時点を基準に最近6ヶ月の間に中央党，市・道支部又は地区党が認定する党の活動に1回以上参与した者」という四つの要件をすべて備えた者とされている。

党憲が最初に制定された時点では，基幹党員の資格取得にわずらわしいほどの要件(義務)が定められた一方で，選挙人としての権利では党職の選出で排他的に認められたに過ぎず，大統領や国会議員の公職候補選出では非党員の国民と同列におかれていた。つまり党員資格の厳格化だけが先行し，党員になるメリットとなる権利が後回しにされていた。その理由は，民主党を割って新党のウリ党を立ち上げて間もない段階で，翌年4月に迫る国会議員選挙に取り組まざるをえず，とてもではないが資格要件の厳しい基幹党員を選挙人とする候補

表 34　ウリ党の党憲・党規の変遷：基幹党員の資

制定・改正年月	導　入		展　開	
	2003 年 11 月	2003 年 12 月	2004 年 9 月	2005 年 4 月 同年 6 月 同年 11 月
党員の区分に応じた権利行使の制限	党員は基幹党員と一般党員に区分する。			
	基幹党員ではない党員は党職の選挙権と被選挙権を行使しえない。但し，被選挙権の場合，中央委員会の議決で例外を認定できる。		基幹党員ではない党員は公職及び党職の選挙権と被選挙権，党職リコール権を行使できない。但し，大統領候補選出時の公職選挙権の場合，第 114 条(上向式競選制実施)に従い認定し，公職被選挙権の場合，中央委員会又は市・道党常務委員会の議決で例外を認定できる。	
	基幹党員は，次の要件を備えた者とする。			
	1. 入党後 6 ヶ月が経過した者		削除	
	2. 中央党，市・道支部又は地区党が実施する所定の党員基礎教育を履修した者		削除(第 2 項に含める)	
	3. 権利行使日 60 日前の時点を基準に最近 6 ヶ月以上党費を納付した者		1. 権利行使日 60 日前の時点を基準に最近 6 ヶ月以上党費を納付した者	
	4. 権利行使日 60 日前の時点を基準に最近 6 ヶ月の間に中央党，市・道支部又は地区党が認定する党の活動に 1 回以上参与した者		2. 中央委員会又は市・道党常務委員会が認定する党員研修又は党の行事に毎年 1 回以上参与した者	
基幹党員の経過措置			党憲改正以後，最初に選出する党員協議会会長，各級党職，代議員の場合には全国代議員大会日 60 日前までに党費を 2 ヶ月以上納付した者を基幹党員として認定して選出する。〔但し書き省略〕	
上向式競選制の実施	すべての公職候補者選出方式は国民参与競選又は完全開放競選方式とする。但し，市・道議員候補者は基幹党員のみでも選出しうる。	すべての公職候補者推薦選挙方式は国民参与競選又は完全開放競選方式とする。但し，市・道議員候補者推薦選挙は基幹党員のみでもなしうる。	すべての公職候補者推薦選挙は基幹党員競選又は国民	
	国民参与競選の場合，国民参与の比率は 50%以上となるようにする。		国民参与競選方式の場合，基幹党員 30%以上 50%以下とし，大統領候補選出のための国民参与競選の場合には基幹党員 30%以上，一般党員 10%以上，一般国民 50%以上とする。〔但し書き省略〕	
			基幹党員競選方式の場合，選挙人団は基幹党員のみと	

格と上向式競選制

調整・終息	
2005年12月 2006年8月	2007年1月 同年2月
	党員は基礎党員と支持党員に区分する。
基幹党員ではない党員は党職の選挙権と被選挙権，党職リコール権を行使しえない。	基礎党員は党職の選挙権，被選挙権，党職リコール権をもつ。 基礎党員の資格は党規で定める。
	(党規)次の各号中，一つに該当する党員は基礎党員の資格をもつ。
1. 権利行使日1ヶ月前の時点を基準に最近6ヶ月以上党費を納付した者	(党規)1. 基礎党員は党費規定の党費を権利行使日1ヶ月前の時点を基準に最近3ヶ月以上納付した党員
2. 党員研修又は党の行事に年1回以上参与した者	(党規)2. 党員研修又は党の行事に年2回以上参与した党員
	(党規)3. 第1号，第2号の15%以内で党員協議会が特別に功労を認定した党員

参与競選方式とする。	すべての公職候補者推薦選挙は基礎党員競選又は国民参与競選方式とする。
国民参与競選の場合，選挙人団は次の二つの方式のうちの一つとする。①基幹党員30%，一般党員20%，一般国民50%で構成する。但し，一般国民の場合，世論調査を含むことができる。②基幹党員30%以上50%以下として残りは一般国民で構成する。	国民参与競選の場合，選挙人団は次の二つの方式のうちの一つとする。①基礎党員30%，一般党員20%，一般国民50%で構成する。但し，一般国民の場合，世論調査を含むことができる。②基礎党員30%以上50%以下として残りは一般国民で構成する。
する。	基礎党員競選方式の場合，選挙人団は基礎党員のみとする。

者選出の党内競選が可能な状況ではなかったからである。

このようにウリ党が現実に直面し政党改革の一貫性をとれない様子は，民主党の分裂前の盧武鉉大統領の演説(2003 年 4 月 2 日)にも表れている[36]。「今度は政党が変わる番です。政党を党員に返してあげなければならないのです。すでに各政党が上向式公薦制度を採択しました。……権利と義務を果たして積極的に参与する自発的な党員を確保して，その党員によって上向式公薦がなされなければならないのです。しかしそのようになるまでには相当な時間が必要でしょう。それまでには国民が参与する「国民公薦制度」の導入を提案します。議員の皆さんが決心なされれば，なしえることです」。

2004 年 4 月の国会議員選挙では，盧武鉉大統領に対する弾劾訴追反対の喚声が沸き起こる中，ウリ党が単独で過半数議席を獲得したことから大統領は自信をもつようになり「100 年行く政党」を語るようになった。そのような上げ潮の雰囲気がみなぎる中で党憲が改正されたのが 2004 年 9 月である。

党憲改正では基幹党員の権利が強化された。党職のリコール(韓国語では「召喚」)権が基幹党員だけに認められ，上向式競選制では党員・非党員の区別のない完全開放式競選制が廃止され，その代わりに基幹党員だけを選挙人とする基幹党員競選制が新たに設けられた。また国民参与競選でも選挙人の 30%から 50%を基幹党員とすることが定められた。他方，基幹党員の資格要件は二つに整理され緩和されているようにも見えるが，「権利行使日 60 日前の時点を基準に最近 6 ヶ月以上党費を納付した者」という入党に際して一番障害になる要件はそのまま維持された。

このように基幹党員の党内選挙権など権利面の誘因を充実して，党費を支払ってでも党員になろうとする支持者を取り込もうとしたのである。当時の基幹党員はまだ 2 万人程度(2004 年 7 月)であったが[37]，国会議員選挙後の同年 5 月には 100 万人の基幹党員育成のための党内組織が発足している[38]。

基幹党員の党費支払いの要件である「権利行使日 60 日前の時点を基準に最近 6 ヶ月以上党費を納付」とは，党内競選のある日から遡り 60 日間に 6 ヶ月間を加えた 8 ヶ月前が入党ぎりぎりの締め切り日となることを意味している。党費の額は毎月 2000 ウォン(日本円で 150 円ほど)であり，満 65 歳以上と障害者は 1000 ウォンとされている。1 ヶ月 2000 ウォンは金額的には民労党の党費

1万ウォンに比べても相当に低額であり，経済的に負担とならない金額である。さらに年末調整時に10万ウォン(月約8300ウォン)までならば支払った党費は全額還付される税制になっている[39]。要するに，基幹党員の資格要件である毎月2000ウォンの党費には実質的な負担はなく，国が肩代わりしていると言える。

これだけの些少な党費でも支持者に支払いを求めることを負担であると議員や候補者が感じるのが，これまで手間賃を提供し動員してきた政党の現実である[40]。さらに党費を支払う要件そのものが党内の勢力争いに影響を及ぼしうるため，この要件をなくすのか，なくさないのかが，その後の党内の勢力争いの原因にも，あるいは勢力争いのための手段にもなった。そのことは2004年9月の党憲改正でも，すでに現れている。2005年4月の全国代議員大会(全党大会)に出る代議員を選出するのは基幹党員であるために，各勢力が自派の基幹党員を増やそうとしたが，基幹党員の資格要件次第では党内の勢力地図が異なりうる。「熱誠党員」を多く抱え，政党改革を優先する柳時敏(ユ・シミン)の改革派は資格要件を厳格にしたいが，そうではない党内勢力はできる限り党費の支払いの要件を緩和させたいところである[41]。この葛藤が2004年9月の党憲改正で，2005年4月の全党大会に向けた党職(党員協議会会長，代議員など)の選出に関する経過措置を盛り込ませた背景である(表34参照)。

基幹党員の資格要件をめぐるウリ党内の対立は，国会議員選挙の再補欠選挙でウリ党の候補者が落選を繰り返すという衝撃によって大きくなるばかりであった。2005年4月の再補欠選挙はそれまでの基幹党員制を試す舞台になったが，国会議員6ヶ所，広域自治団体議会議員(広域自治団体とは特別市・広域市・道を指す。本書巻頭の「韓国の行政区分図」参照)10ヶ所，基礎団体長(基礎団体とは広域自治団体以外の市と郡・区を指す)7ヶ所の計23ヶ所の全部で落選を喫した。これによって国会の議席もウリ党が過半数を割ることになった。さらに2006年5月の全国一斉の地方選挙ではウリ党はこれまでにない記録的な惨敗を喫した。これをもってウリ党内では選挙の失敗の責任を，基幹党員制に求める声が大きくなった。金槿泰党議長までもが「基幹党員制の方向は正しいが，我々の与件と水準では現実的に問題が多い」として，基幹党員制の見直しを明らかにするようになったのである[42]。

2007年1月には党憲の改正がなされ，基幹党員の資格要件は大幅に緩和され「基礎党員」という名称に変更された。これは事実上，基幹党員制の廃止と同じことである。上向式競選制では党員・非党員の区別のない完全開放競選方式が復活するとの見方もあったが，基礎党員競選制に変更されるにとどまった。新たな基礎党員制では，基礎党員資格を党憲ではなく党規(その制定・改廃は全党大会ではなく中央委員会の権限事項)をもって定めるとし，党費納付の要件が緩和され，しかも党員研修などの参加と合わせ，いずれか一つに該当すればよいことになった。党費を必ず支払う必要はなくなったのである。さらに「功労党員」という曖昧な範疇を設けて，上記二つの要件を満たさずとも基礎党員になれる道を開いた。資格要件が大幅に緩和された基礎党員制を前提にするのであれば，2007年1月に新たに導入された基礎党員競選制は，それまでの基幹党員競選制とは違い実質的に開放された競選方式に近づくことになる。ここに至り，党費を支払う「熱誠党員」をもって支持基盤を広げ堅固にするというウリ党の「政治実験」は終わりを迎えたのである。

次に，このような党憲の制定・改正によって，ウリ党の基幹党員数(概数)がどのような増減を示したのかを図12に見ることにする。2004年4月の国会議員選挙後においても基幹党員数は2万人ほどの少なさであったが，2005年4月の全党大会に向け増え始め(2005年2月23万5000人)，全党大会と2005年4月の再補欠選挙を経ると減少に転じて(2005年5月15万人)，再び急増する(2005年9月六十余万人)。その急増の原因は2006年5月の全国統一地方選挙に向け候補者が党員を集めたことによる。その急増した党員は地方選挙後に急激に減少する(2006年5月25万人)。ウリ党に対する支持が著しく低下する状況(2006年以降に支持率は10%台に減少)では，基幹党員数を回復させることはなかった。2007年5月に若干増えているのは基幹党員から基礎党員に変更し，資格要件を大幅に緩和したためであろうが，それをもってしてもごくわずかな増加しか見られなかった(2007年5月8万人)。

基幹党員数の推移は不安定であり，党職や公職の党内選挙がなされる前に大きく増加し，終わると突然に減少する変化を示してきた。このような不安定な基幹党員数の増減には不自然さがあると見るべきであろう。特に2006年5月の地方選挙に向けた党内競選の選挙人資格取得が可能とされる党員加入期限の

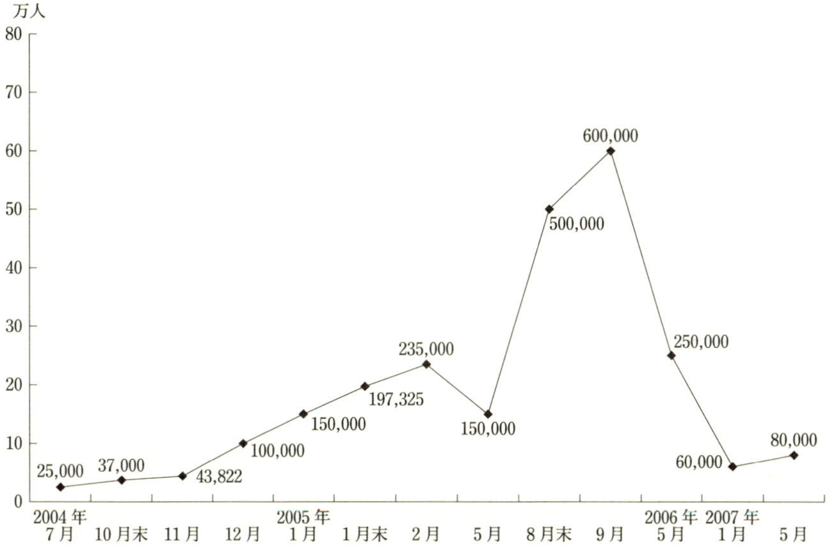

図 12　ウリ党の基幹党員数の推移

出典）各新聞記事より基幹党員数を収集し作成。新聞記事は KINDS より取得。

頃(2005 年 8〜9 月)にピークを迎える基幹党員数の急増については，ウリ党内でも 50 万人を超える基幹党員数の 80%か 90%が党費代納のニセ党員であるとの話が出回っており，「対国民詐欺劇」であると嘆く議員もいた[43)]。

他の政党はどうであろうか。2000 年 1 月に結成された民労党は 1 ヶ月 1 万ウォンの党費を支払う真正党員(この用語は民労党の造語である)を 2007 年には 10 万人にまで着実に増やしてきている[44)]。真正党員 6 万 3000 人であった 2004 年では，その 40%が民主労総などの労働組合員である。党員における真正党員の比率は 100%になる[45)]。このような党員の着実な増加とは裏腹に，民労党の支持率は 10%を超えない低い水準にとどまり伸び悩んでいる[46)]。それだけに従来通りに真正党員と彼らを選挙人とする党内競選制を維持し続けるのか，それとも国民競選制を取り入れるのか，2007 年 12 月の大統領選挙の候補選出過程で紛争が起きている[47)]。

他方，ハンナラ党は中央選管の資料によれば[48)]，2005 年の党員は 115 万 2167 人であり，党費を支払う真正党員(ハンナラ党では「責任党員」と言う)は 25

表 35　ウリ党の基幹党員(2005 年 3 月現在)

市・道	人　数	構成比(%)	対選挙人比(%)
ソウル	30,772	14.0	0.4
釜　山	11,684	5.3	0.4
大　邱	4,018	1.8	0.2
仁　川	7,158	3.3	0.4
光　州	7,969	3.6	0.8
大　田	3,961	1.8	0.4
蔚　山	4,604	2.1	0.6
京畿道	28,502	13.0	0.4
江原道	7,508	3.4	0.7
忠清北道	6,741	3.1	0.6
忠清南道	20,194	9.2	1.4
全羅北道	27,710	12.7	2.0
全羅南道	29,460	13.5	2.0
慶尚北道	13,340	6.1	0.7
慶尚南道	10,841	5.0	0.5
済　州	4,582	2.1	1.2
合　計	219,044	100.0	－

出典）キム・シグァン「政治革命なのか声の大きい少数なのか」『週刊東亜』ソウル，東亜日報社，第 479 号，2005 年 4 月 5 日，15 頁より作成。

万 9649 人である。ハンナラ党の党費は月 1000 ウォンでウリ党のそれよりも低額である。ある集計では 2005 年の真正党員は 1 万人である[49]。ウリ党でも党費代納事例を含め「ペーパー党員」と言われる動員された党員が多いが，ハンナラ党でも大同小異の事情なのであろう。

ウリ党の党員数はバブルのような現象を見せたが，基幹党員数が増加していた 2005 年 4 月の全党大会前の時点で，基幹党員が地域的にどのように分布していたのかを見ておきたい。基幹党員制を中核とした政党改革は，政党の支持基盤を広げ堅固にするだけではなく，地域主義の対立構図に依拠しない全国政党を作ろうとするものでもあった。それゆえ地域分布の片寄りがどのように現れているのかは興味深い。

表 35 によれば，2005 年 3 月現在の 21 万 9044 人の基幹党員のうちソウル・仁川・京畿道の首都圏は 30.3%，光州・全羅南北道の湖南は 29.8%，釜山・大邱・蔚山・慶尚南北道の嶺南は 20.3% である。嶺南は構成比が少なく，大邱は 1.8% に過ぎない。それに対して湖南の構成比は大きい。首都圏(ソウル，仁川，

京畿道）には湖南出身者が多いことを考慮するならば，基幹党員の30％を十分に超える割合が湖南居住者・出身者ということになろう[50]。また各市・道の選挙人数に対する比率では，ソウルでは0.4％であるのに全羅南北道では2.0％であり全国的にも突出している。

このように党員構成にも地域主義が現れてくるのには，基幹党員の年齢構成が一因なのかもしれない。2005年1月現在の基幹党員10万2371人のうち，20代は8864人で全体の8.7％にとどまる[51]。地域主義から比較的自由であると考えられる20代が党費を支払う党員になるのは難しいようである。従って基幹党員の地域的分布だけから言えばウリ党が全国政党になったとは言えないが，基幹党員には至らないでいる支持層にまで視野を広げればウリ党の全国政党への可能性も見出せよう。その点を，次に検討することにしたい。

（2）市民社会勢力のウリ党への参加

ウリ党の政党改革は3年9ヶ月の間，紆余曲折を経ることになった。その間，党外の市民社会勢力はウリ党の政党改革にどのように対応してきたのか。それを見ることにする。

すでに2002年の民主党の国民競選による大統領候補選出とその後の選挙運動では，ノサモが積極的に関与して，メディアや国民の関心を盧武鉉候補に引きつけることに貢献している。地域主義を克服できる政治家として盧武鉉を敬慕するノサモの会員たちは，決して動員されたのではないとして「自発的参与」を強調する。2002年の大統領選挙でのノサモの活動，2002年の対米抗議の蠟燭デモ，そして2004年の盧武鉉大統領弾劾反対運動には，20代と30代を中心に政治参加の新たな動きが見られた。これら一連の動きを見てノサモを率いた者が「選挙文化の革命であった」と感動的に記すのも無理はない[52]。さらに専門家の中から「いま2002年の大統領選挙以降に噴出してきた市民の自発的な参与の欲求を制度化する段階に跳躍するとき」として，政党が生まれ変わることを要望する声が出てくるのもまた無理はない[53]。

ノサモは2000年の国会議員選挙後に結成され現在でも存続している。ノサモは盧武鉉のファンクラブであると言われ，盧武鉉の政治生命を守り，彼の政治的成功のために活動することを目的としている。組織の規約に当たる「ノサモの約束」の第1号では「私は盧武鉉とともに我が国の歪曲した地域感情の克服にともに参加する」としているように[54]，その結集に駆り立てた動機の主要な一つは反地域主義のナショナリズムである。盧武鉉は2000年の国会議員選挙では金大中大統領の民主党候補として，あえて慶尚南道の釜山(盧武鉉の出身地は釜山の近くの金海市)で立候補し落選している。落選覚悟の彼の選択には，地域主義を克服する大統領候補としての道を切り開こうとする野心的な面があった。このような意味をもつ彼の立候補は，地域主義の厚い壁に立ち向かうあまりの愚直な行為として高く評価され，「パーボ(意味はバカ)盧武鉉」の愛称で呼ばれるきっかけとなり，「盧武鉉を愛する会」(ノサモ)という彼の政治生命を守る前衛組織を誕生させることになったのである。

ノサモのファンクラブ的な活動に飽き足らず，また盧武鉉が大統領に就任したことから本格的な政治活動を行うためにも，ノサモの主導者は新たに別の団体を結成してきた。ノサモが注目される理由は，2002年の民主党の国民競選や大統領選挙での情熱的な活躍と8万から10万になる会員の存在にある。新たに結成される団体は，ウリ党の結成後にはウリ党を活動の対象にし，さらには活動の舞台そのものとするようになった。その活動は盧武鉉大統領の支持層をウリ党の内側に引き入れ，盧武鉉大統領の指導力を党内で強化することを目指すものであった。

図13は，ノサモの核心メンバーが主導した親盧武鉉の団体の変遷を示したものである。2003年4月結成の「生活政治ネットワーク国民の力」(国民の力)は「政治改革，言論改革，国民統合」の実現のために結成された市民団体である[55]。具体的には，野党のハンナラ党解体闘争，盧武鉉の政敵とも言える朝鮮日報の廃刊運動，大統領弾劾無効運動，国家保安法廃止運動などである。朝鮮日報の廃刊運動は朝鮮日報が反民族的な守旧言論であるからとしており，盧武鉉大統領の言論改革を支援するためのものである。その結成の主導者は李相護(イ・サンホ)や明桂南(ミョン・ゲナム)である[56]。李相護はノサモが民主党の国民競選に積極的に参加したときのノサモの国民競選対策委員長であり，明桂南は映画俳優でありノサモの会長としてノサモの「顔」的な存在であった。国民の力の会員数は7000人ほどである[57]。

国民の力に比べて「国民参与0415」は，ウリ党に接近し政治的性格を強め

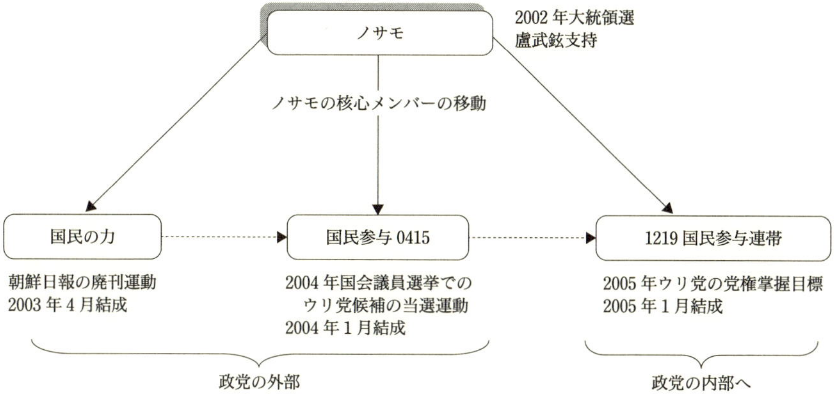

図13　ノサモの核心メンバー主導による親盧武鉉の団体

出典）「国民の力…国民参与0415…国民参与連帯　名前は違っても結局ノサモ！」『朝鮮日報』（インターネット版）2005年2月2日より作成。朝鮮日報社のホームページ http://www.chosun.com/より取得。

ているが，まだ市民団体の範疇にとどまっていた。国民参与0415は，「守旧既得権勢力に向き合う市民革命は続けなければならない」とする盧武鉉大統領の訴えに呼応して，2004年1月に結成されている。その主導者は国民の力の李相護共同代表，ノサモのシム・ウジェ代表，インターネット新聞のサプライズ代表などであり，ノサモに関係のある人物が中心である。国民参与0415は同年4月15日の国会議員選挙に向けて，ウリ党候補の「鮮明な当選運動」を目的としており，ノサモと同じように「自由な参与，愉快な政治反乱」であると自らを表現している[58]。基本的に選挙向けの団体であるために「一時的」な活動であるともされている。会員数は確認できないが，「ノサモ会員9万人を含めて計10万人の親盧勢力を選挙運動に投入させるという「10万大軍の挙兵」をキャッチフレーズに掲げ」[59]ている。

三つ目は「1219国民参与連帯」（国参連）である。国参連は上記の市民団体としての組織とは違い，ウリ党内部の政治に積極的に関与しようとするものである。主導者はやはり李相護と明桂南である。彼らはウリ党に大衆的支持基盤を引き入れることのできる活動家たちであり，事実，それに取り組もうとした。国参連も含め，ノサモの主導者たちが中心となり政治状況に応じてノサモの看板をすげかえたものとも言われているが[60]，その間に李相護や明桂南はウリ党に入党するなど，活動の拠点を政党の内部へと移してきている。

国参連の構想が提案されたのは，2004年10月に憲法裁判所によって行政首都移転違憲の決定がなされた直後である。そのときの「発起提案文」(2004年11月22日)にある彼らの主張は，次のようなものである。国会議員選挙後に国家保安法廃止など4大改革法案(国家保安法廃止のほか，新聞法改正等の言論改革法，過去史真相究明法制定，私立学校法改正を指す)が進まない原因は，既得権勢力の抵抗だけではなく党内で盧武鉉大統領に背後から刃を向ける反改革勢力の跋扈にもあるとして，それを党内から除去するためには政党革命によって，ウリ党を党員が主人となる現代式の大衆政党に生まれ変わらせなければならない。それでこそウリ党に対する国民の支持が戻る。この政党革命のため「10万の改革ネチズン」に向けて，改革前衛部隊となり「開かれたウリ党を接受せよ！」と訴えるというものである[61]。

ウリ党「接受」の具体的なシナリオは，ノサモの10万人の会員を中心に基幹党員として迎え入れ党内の代議員など主要役職を占めることで[62]，2005年4月の全党大会で党の主導権を掌握し，それをもって2006年の地方選挙と2007年の大統領選挙を動かして行くというものである。

十数年にわたって盧武鉉の後援会長であり国参連の常任顧問になった李基明(イ・ギミョン)は，2005年1月にノサモのホームページに「ウリ党に入党せよ。ノサモの1人はハンナラ党の党員の100人の党員よりももっと強い。信ずるところがあり，改革に対する確信犯であるためである」とのメッセージを送っている[63]。国参連はその直後に正式発足しており，2500人の会員が発起人になったとされている[64]。しかしながら2005年11月には会員が4000人にまで増えているが，党内では少数グループであった[65]。ノサモの10万人の会員のうちどれだけがウリ党に入党したのかは確認できないが，国参連がノサモの会員を基幹党員としてウリ党に引き入れる媒介者の役割に成功したとは言えない。

図12に見られるように，2005年4月の全党大会に向けてウリ党の基幹党員は増加傾向にある。2004年10月末の3万7000人から2005年1月に15万人に，2月には23万5000人に増え続けている。基幹党員数はその後は増減を繰り返したが，この時期は全党大会での勢力確保に向け党内の各集団が基幹党員

の獲得を争っていた。

全党大会を前に，地方組織レベルで党職の選挙がなされている。かつて国会議員の選挙区ごとにあった地区党(政党法改正で2004年3月廃止)に代わりウリ党が導入した党員協議会の会長などの党職選挙では，「突風が予想されていた旧改革党派と盧武鉉勢力の国参連などの勢力拡大は予想外に低調であった。湖南郷友会や忠清郷友会などの支援を受けた旧民主党組織が全般的に優勢を見せた」とされ，「1987年の平民党時代から党を支持してきた人が基幹党員になり，彼らが相当な層を形成していた」ことから，「改革党や国参連などは相対的に地方で組織力が落ち込んでいたものと評価される」ということである[66)]。党内では急先鋒の政党改革論者である柳時敏議員の改革党グループの基幹党員も少し前まで多数を占めていたが，基幹党員の大幅な増加によって相対的に弱まり少数派になったという。その結果，改革党グループと国参連は党員協議会の会長職ではなく，その下にある青年委員長のポストを多く得るにとどまった[67)]。国参連は，党権を地方組織から掌握して行くことはできなかったのである。李相護は全党大会とは別途開催された青年大会で，党の青年組織を統括する青年委員長のポストに20代・30代の基幹党員の支持を得て3479票(事前のインターネット投票)で選出された[68)]。

このような結果は，「国参連の影響力は「コップの中の嵐」となれる程度だ」というウリ党の党職者の冷静な予想の通りであった[69)]。その理由としては，次のようなことが考えられる。第一にノサモの事情である。ノサモの会員は10万人とされるが，会費の支払いはなくインターネット上のクリックで会員登録は済ませられる。そのような手続きによる会員が党費の支払い義務を負う党員となり，党の行事や研修に参加する意思をもつのかという問題である。つまりは盧武鉉を中心に凝固したように見えるノサモのネット上の会員は組織化が容易でなく液状化しうるということである。2004年のノサモの全国総会には1000人の会員が集まったが，2006年5月の地方選挙惨敗後の総会には150人ほどしか現れなかった[70)]。盧武鉉大統領とウリ党に対する支持が急速に低下する中では，ノサモの若い会員でも2002年のときの大統領選挙の感動と情熱を持続するのは難しかったのであろう。

第二に現実政治の重みである。すでに述べたように，ウリ党の基幹党員の増加の原動力は候補者の立候補意欲と動員能力にあり，事実，ウリ党に加入した党員は，平民党時代からの金大中支持者や全羅道や忠清道の支持者であった。実体のないペーパー党員の確保や地域主義的な支持者動員は改革されるべき対象ではあるが，それが現実であった。ウリ党は党運営の民主化によって新しい支持層をしっかり取り込み，地域政党から全国政党に跳躍しようとした。国参連も旧改革党グループもその方向に進むため基幹党員を確保しようとしたが，地域主義的な支持者動員は高い壁であった。また候補者による党員確保にペーパー党員が数多く含まれることも，国参連などの改革派には不利に作用した。

さらに現実政治の重みは，国参連の指導者の選択にもかかわってくる。圧倒的な数の基幹党員を確保したのであれば党内の党権掌握も容易になるが，単独で党権を掌握できず2007年の大統領選挙候補者を自前で用意できなければ，党内の他の集団と連携せざるをえない。国参連は党内政治に加わることで，多数派を形成しなければならなかった。その選択は，結果的には大統領候補としての鄭東泳（チョン・ドンヨン）の選択であり(李相護は2007年12月の大統領選挙で鄭東泳陣営の広報企画団長になっている)[71]，それに対抗する柳時敏の改革党グループとの激しい敵対関係であった。鄭東泳らは党憲改正において基幹党員制や上向式競選制を緩和しウリ党が選挙で勝利できる方向に進めようとした。それに対して柳時敏らは反発し，基幹党員制を中核とする政党改革を死守しようとした。国参連と柳時敏の改革党グループは大衆政党的な政党改革を目指す点で理念的には近く，その点ではともに親盧グループであるにもかかわらず相互に連携できなかった。このような党内政治のねじれの中で国参連が初志を貫徹しようとするのは容易ではなかったであろう。2005年の全党大会以降に国参連の活動が失速して行くのは，盧武鉉大統領への支持低下とともに，このような現実政治での国参連の限界と党内対立も作用していたと言えよう[72]。

これまでの記述を整理するならば，次のようになる。2004年4月の国会議員選挙ではウリ党は市民運動や民主化運動の経歴保有者を候補者としてリクルートして市民社会との相互関係を強めたが，民主党からの分裂から間もないため時間的余裕もなく市民運動が動員する大衆を政党の内部にまで引き入れるには至らなかった。その作業は，2004年の国会議員選挙後になって全国政党化と基幹党員制の名のもとで取り組まれることになる。地域主義によらない新たな支持層を基幹党員として入党させることで，ウリ党は全国政党化に向けて大きく前進するはずであった。それを成功させるにはノサモに集まる新しい支持者たちを党員として取り込むことが必要であり，ノサモの主導者が組織する団体がその媒介者の役割を果たせるのかにかかっていた。そのような試みもなされたが，それ以上に地域主義など既存の動員方式に依存する政治家のほうが勝っていた。数千の会員では政権を担うような政党を作り変えることはできない。ウリ党を取り囲むように盧武鉉支持者，ウリ党支持者の波が押し寄せ続けるのであれば，状況は変わったかもしれない。それがノサモの主導者の変わらぬ願望であり，限界でもあった。

政党を社会にどのように位置づけるのか。既存の地域亀裂を維持するのか，それとも新たな対立軸を作り出すのか。ウリ党の「政治実験」は始まりを告げるものであって，決して終わりにはならない。ただしウリ党が大衆政党的な方向を目指しながらも放棄しただけに，当面は政治改革の理念による支持拡大を目指す方向にはなりにくいであろう。ウリ党の後続政党は，盧武鉉政権後半期に勢いを弱めた市民団体と向かい合わざるをえず，また全国政党化の大義名分のもと疎遠にされた全羅道の民心離反も鎮めなければならない。今後を展望するためにも次節では，金大中大統領と盧武鉉大統領が取り組んだ政党支持の再編成の政治が，どのような亀裂のもとでなされたのか，またどれほどの変化をもたらしたのか検討する。それは本節で論じたウリ党の政党改革の失敗が，どのような原因によって起きたのか，その原因を民意の中に見出すことでもある。

第 3 節　選挙と再編成

2002 年の大統領選挙では，投票日直前まで週末のソウルの中心街に 5 万人，10 万人が蠟燭の灯りをもって押し寄せ，米軍装甲車の女子中学生轢死事件に対する米国大統領への抗議と駐韓米軍地位協定(SOFA)改正の要求がなされた。2004 年の国会議員選挙でも，選挙運動期間前の 2 週間に 150 万人に達する大統領弾劾反対の蠟燭デモがなされた。特に 3 月 20 日にはソウルの光化門周辺の道路に 13 万人が集まり，全国では 100 万人が参加した[73)]。選挙に向けて与野党が激しく争う中で，市民運動は蠟燭の灯りに象徴される独自の政治的空間を創出し，そこに数万，数十万を超える有権者・市民が参加したのである。

他方で，金大中政権は単独では政権獲得と維持が難しい全羅道を支持基盤としていたことから，全国政党化を実現して新しい多数派を形成することを目指した[74]。それで金大中大統領は国民会議を解党して新千年民主党(民主党)を結成した。盧武鉉大統領はその民主党を全羅道の地域政党であるとして割って出て，全国政党化の実現に向けウリ党を作った。盧武鉉大統領は政党改革を推し進め，基幹党員による民主的な政党を作ることで支持基盤を広げ，地域主義を克服しようとした。このように政党支持の再編成に向けた試みは，金大中大統領から盧武鉉大統領にも政治課題として引き継がれてきたのである。

市民運動による脱編成の政治と政府・政党による再編成の政治が国政選挙の直前において重なりながら進行する事態は，金大中政権のときの2000年の落選運動に起源を求めることができる。2002年の大統領選挙と2004年の国会議員選挙では，2000年をはるかに上回る大規模な蠟燭デモとなっている。2002年と2004年の選挙では蠟燭デモの人波が地域主義を押し流してしまい，蠟燭をもつ若者たちの熱気が理念対立や世代対立という新しい対立構図を切り開いたと喧伝されるようになった。特に2004年の国会議員選挙後には政党支持の再編成は成功裏に進むものと期待する論調が支配的になった。

それでは実際には，どのような選挙結果が現れたのか。2002年と2004年に政党支持の再編成は始まったのか。この節では，この問題について，地域主義，世代，理念の三つの点から検討することにする。

1．地 域 主 義

(1) 地域主義に関する既存研究

地域主義は，これまで韓国の政治学者の間で，どのように論じられてきたのか。ここでは地域主義について支配構造，合理性，偏見，共同体の四つの面を，どのように評価し，さらにそれらの面をどのように組み合わせて地域主義を論じるのかという観点から，代表的な研究者の地域主義論を紹介することにする。

まず崔章集の地域主義論を見る[75]。彼は地域主義を軍部統治の残存勢力，さらにそれを継承する保守勢力の「支配イデオロギー」に過ぎないとする[76]。彼の議論は，次のようにまとめられよう。民主化以降も残存勢力は支配構造を維持するために金泳三(慶尚南道)と金大中(全羅道)の民主化勢力を分割しようと，金大中をおとしめる反共イデオロギーと反全羅道の地域感情とを結びつけることで，金大中と全羅道に対する他地域の警戒感や敵対感を増幅させた。全羅道を敵対視する地域感情を扇動することによって，保守的な支配構造が維持されてきたのである。全羅道以外の有権者の地域主義投票は，このような支配イデオロギーに惑わされての結果ということになる。

全羅道は朴正熙政権以降の権威主義体制によって経済発展から徹底的に排除されてきたのであり，全羅道の人々が差別に反発し支配に抵抗しようとすることは，その他地域の地域感情とは同列に扱えないものがある。それでは全羅道はどのように支配構造に立ち向かうべきなのか。崔章集は，全羅道とその出身者の貧困問題は「階級問題」として取り組むことで解決されるべきであり[77]，それによって全羅道は階級に解体され地域的特性を失い，「韓国という大きな社会共同体」へと溶け込んで行くことになると論じる[78]。そのための方法は，民主主義を現在の選挙中心の手続き的民主主義から，さらに社会経済的改革に取り組む実質的民主主義に深化させることであるとされる。

このように「階級問題」として扱い，支配構造を突き崩すことで地域主義を克服することができるのであるが，崔章集が見る現実はそのような方向に進んでいない。全羅道は，残存する伝統的要素である閉鎖的な縁故関係を核とする「郷里的特殊主義」に退嬰的に後退しようとしている[79]。そうなれば全羅道は他の地域と同じ意味の地域になってしまい，「階級問題」を抑え込む保守的な支配構造に取り込まれることになる。

崔章集の地域主義論は支配構造と偏見を結びつけ，全羅道に対する他地域の地域感情がイデオロギー(虚偽意識)であることを論じたことに特徴がある。もう一つの特徴は，全羅道という特殊な地域を普遍的な階級に分解し，急進的な民主化を進めることで全羅道民が国民へと統合されるべきと論じていることである。この二つの点から言えることは，左派的な近代化論に立って，全羅道の進歩性に一定の評価をしながらも全羅道民の共同体的な一体感を国民としての一体感の中に解消しようとするものであると言える。従って共同体としての地域的一体感に対しては，偏狭な郷里意識として否定的に見ることになる。

地域主義を支配イデオロギーとして見る崔章集に対して，合理的選択論者は，地域主義投票が自己利益を最大化しようとする合理的な行動であるとする。地域主義投票は，伝統的な遅れた意識からでもなく，錯覚した誤った判断からでもないとする。合理的選択論者としては趙己淑（チョ・ギスク）（梨花女子大学校教授）が代表的であり，李甲允（西江大学校教授）もまたその論者の一人と見ることができる[80]。

合理的選択論では，ある客観的な条件のもとで行為者は自分の利益にかなう選択をするとされているが，その選択の主体はあくまでも個人である。趙己淑は有権者の投票行動に焦点を絞るのに対して，李甲允は政党指導者による地域主義的な投票動員と有権者の投票行動の両方を見ようとする。また客観的条件としての支配構造に対する理解も異なる。趙己淑が崔章集と同じように全羅道を差別し排除する支配構造を見ようとするのに対して，李甲允は政府の配分の歪みや差別・偏見を軽視し，その代わりに地域間相互の競争を重視している。

2人の議論をまとめると，次のようなものになる。1987年の大統領直接選挙制の実現によって民主化の争点は弱まり，有権者の投票行動に大きな影響を及ぼすようになったのは地域主義である。有権者は中央政府が特定地域に対して優先的に利益配分することを見てきた経験から，地域を代表する有力な政党に投票することが自分たちの利益に合致するものと判断するようになった。異なる地域の有権者もまた同じように考え行動すれば，地域間の競争は高まる[81]。有権者の地域感情をさらに扇動して動員することは，地域を代表する政党指導者が自分の得票を増大させる目的には合理的な選択となる。かくして政党指導者と有権者の間に勝利のための「地域主義選挙連合」[82]が形成されることになる。

だが有権者は果たして合理的に判断するのか。趙己淑は合理的人間像が合理的選択論の前提であるとして，そのような問いそのものが無意味であるとする[83]。一方，李甲允は合理的な投票であるとしながらも，全羅道民の金大中に対する集中的な投票を理解するために，彼との心理的な「一体感」をあげている[84]。李甲允は合理的選択論としての理論的一貫性よりも，合理的判断に心理的一体感を追加することで全羅道の地域主義的な投票行動を説明しようとする。

金大中に対する全羅道民の心理的一体感に，全羅道の共同体としての帰属意識やアイデンティティを見出すこともできよう。しかし李甲允は心理的な一体感が全羅道における圧倒的な金大中支持を可能にしたとしながらも，その形成の理由としては全羅道が支配構造から排除されてきた歴史や他地域から差別されてきたことではなく，地域政党間の競争と政党による動員を強調する[85]。李甲允は，地域主義から歴史的・構造的な側面を取り払おうとしていると言えなくはない。

2人は地域主義の将来について，次のように展望している。趙己淑は地域主義的な政策を自分には不利であると考える政治指導者が現れ，支配構造の有りようを変えることに着手するならば，有権者の地域主義も早い時期に解消されて行くものと論じている[86]。これに対して，李甲允は合理的選択の面だけではなく心理的要因にも注目しているだけに，地域主義の亀裂の解消には趙己淑ほどには楽観的になれないようである[87]。

崔章集や趙己淑，李甲允の地域主義論が偏見，合理性，共同体，支配構造の四つの面の一つないし二つに絞り込むのに対して，金万欽はそれら四つを結びつけ総合的に論じようとする[88]。金万欽の議論は，地域主義投票を退嬰的な郷里主義であるとすることもなく，政治指導者の選挙戦略の変更によって容易に解消されるとすることもなく，地域間の競争ゲームによって現れたとすることもない。地域主義を非合理的とするのであれ合理的とするのであれ，上記の3人の議論には地域主義に対する否定的な認識が潜在しており，地域主義は慶尚道でも全羅道でも解消されることが望ましいとして双方を同時に批判する見方(韓国では「両非論」と言う)が含まれているという。金万欽によれば，地域主義をどのように見るのか，つまり全羅道の地域主義を正当なものと評価するのか，慶尚道の地域主義と並べ両非論をもって批判するのかは，研究者の出身地によっても違ってくる面が少なからずあるということである[89]。それほどまでに韓国社会における地域主義の亀裂は根深いものであり，研究者の地域主義論にも影を落とすことになる。

金万欽は地域主義の問題の核心を，全羅道に対する他地域の警戒心や偏見と差別的な排除にあるとしている。全羅道に対する偏見は歴史的に高麗時代から固定観念化されてきており，それは支配権力からの排除と重なり，全羅道は政治的にも心理的にも周辺化されてきた。解放以降に中心・周辺の構造は解消されることもなく国民国家が建設され，さらに1960年代以降の経済発展によって全羅道は経済的配分から排除されてきた。この過程で「嶺南覇権体制」の支配構造が成立し[90]，全羅道民は政治的，経済的，心理的に周辺化された一つの「身分集団」となった[91]。

排除され差別される全羅道民は，地域感情を「亡国的」とする民族主義的非難にもかかわらず地域的一体感と抵抗意識をもち続け，それは1980年の光州事件の犠牲と挫折によって「歴史意識」にまで進展・強化させるようになった[92]。金大中の政治的経歴と境遇は，周辺化された全羅道と重複するために，両者の間には運命共同体的な強い絆が生まれるようにもなった。民主化以降における国政選挙では，全羅道の居住者及び出身者の一定の人口数が政治的資源となった。金大中が国政選挙で地域票を動員しようとすることも，全羅道民が金大中を支持し投票し続けることも互いに合理的な選択であると言える。

韓国社会では地縁的な縁故関係が重視されるが，全羅道はそれだけではなく何よりも中心・周辺の支配構造によって排除された集団として，またそれに抵抗し挑戦する集団として強固なアイデンティティをもつようになった[93]。李甲允は金大中と全羅道民との心理的一体感を取り上げているが，それがなぜ形成されたのかに関しては説明がなされたとは言えない。それに対して，金万欽は偏見や差別を含む心理的，政治的，経済的な中心・周辺の支配構造をもって一体感の形成を説明している。また崔章集は支配構造をあますところなく論じながらも，全羅道に退嬰的な郷里主義の芽を見出し批判したが，金万欽の地域主義論には階級論の一方的な適用も見られない。

これまで4人の政治学者が地域主義について，偏見，合理性，共同体，支配構造の異なる四つの面を，どのように評価し，さらにそれらの面をどのように組み合わせ論じてきたのかを見てきた。地域主義論は4人に見られるように様々であり，合意点に達するのは難しい。地域主義が韓国という国のあり方に深くかかわるだけに研究者の価値観や信念が潜り込み，違いがより大きくなるという面もあろう。

地域主義投票を実証的に見る上で，次の点を確認しておくことにする。第一に，ここで取り上げた四つの面をもって地域主義を総合的に理解する必要があることである。第二に，地域によって四つの面の再構成の仕方が異なることから，地域主義の性質は地域(慶尚道と全羅道)によって必ずしも同一ではないことである。第三に，地域主義の変化の可能性とともに歴史的な持続性の両方を理解しておく必要があることである。地域主義の弱化が当たり前のように語られるようになってきたが，変化と持続性の両面を慎重に論じる必要がある。

地域主義投票は文化現象ではなく政治現象であり，大統領選挙と国会議員選挙で投票行動として現れるものである。民主化以降，5回の大統領選挙と6回の国会議員選挙が行われてきたが，地域主義投票に増減の変化がなかったというのではない。候補者の魅力，候補者数や政界再編といった選挙構図，公約やスローガンなどの動員戦略，さらに時々の政治情勢や経済状況によっても投票行動は影響を受ける可能性がある。特に民主化以降では1987年の大統領選挙での三金（金泳三，金大中，金鐘泌）の登場と金泳三政権，金大中政権を経ての三金時代の終焉があった。地域の有権者が選択するに値する指導者がいることが地域主義投票が持続する必要条件であるだけに，三金政治の終焉は変化を引き起こすことになろう。以下では，実際にどのような変化が見られるのか，また地域主義投票は持続していると言えるのか，これらの点に留意しながら選挙結果を見ることにしたい。

（2）選挙に現れた地域主義

地域主義投票を考察する前に，地域の人口推移について見ておきたい。表36は1971年の大統領選挙から2007年の大統領選挙までの各地域における有

表36　有権者の地域別構成比の推移　（単位 %）

市　道	1971年	1987年	2004年	2007年
ソウル	19	25	22	21
京畿道	11	17	26	27
江原道	6	4	3	3
忠清道	13	10	10	10
全羅道	20	13	11	11
慶尚道	30	30	27	27
済　州	1	1	1	1

出典）1971年は中央選挙管理委員会『歴代国会議員選挙状況』1971年，845頁。1987年と2004年は中央選挙管理委員会のホームページの「歴代選挙情報システム」（http://www.nec.go.kr/sinfo/index.html）より取得。2007年は同ホームページの「第17代大統領選挙管理システム」（http://www.nec.go.kr:7070/pdextern/）より取得。

表 37 1987 年における有権者の居住地別・出生地別構成

市　道	居住地(%)	出　生　地	
		比　率(%)	人　数(推計)
ソウル	25	7.6	190 万
京畿道	17	10.2	260 万
江原道	4	5.8	140 万
忠清道	10	16.9	430 万
全羅道	13	23.4	590 万
慶尚道	30	32.4	830 万
済　州	1	1.2	30 万
その他(以北)	—	2.5	64 万

出典）出生地別の有権者数と比率は，「一票の方向(3)　大統領候補者の攻略手筋を集中分析」『東亜日報』(日本版)1987年 11 月 6 日。居住地別の有権者の比率は表 36 と同じ。

権者数の構成比を見たものである。首都圏のソウル・京畿道は 1971 年の 30%から 2007 年の 48%にまで増加している。1960 年代から 70 年代の工業化で恩恵を受けることができなかった全羅道では，有権者の構成比が 1971 年の 20%から 2007 年の 11%に減少している。全羅道とは対照的に，工業化の恩恵を享受できた慶尚道は 1971 年から 2007 年には 3%の減少にとどまっている。

表 37 は，1987 年における有権者の居住地と出生地を示している。表 36 で見たように全羅道では人口が減少してきた。有権者の居住地別・出生地別の構成を示す表 37 では，全羅道の居住地(13%)比率と出生地(23.4%)のそれに大きな差が出ており，全羅道の人口減少が人口流出による結果であることが確認される。全羅道に比べて，慶尚道ではその差が小さく(2.4%)，人口流出が全羅道の規模よりもかなり小規模であったことがわかる。人口流出の結果，全羅道の居住有権者が慶尚道のそれに比べて少ないという点は，国会議員選挙で全羅道を支持基盤とする政党には不利に働くことになる。全羅道(光州市を含む)に割り当てられる国会の議席数は，1987 年当時も現在も慶尚道(釜山市，大邱市，蔚山市などを含む)の議席数の半分ほどにとどまるからである。国会をめぐる地域間競争では全羅道の政党は不利な条件のもとにあると言える。他方，大統領選挙では，この二つの地域の出生有権者が 1420 万人で 6 割近くを占めることから，この地域を基礎票としてもつ有力候補者が，地域主義が相対的に弱いソウル・京畿道の首都圏で競い合うことになる。

表 38　1990 年と 2000 年におけるソウルの有権者の出生地別構成

出生地	1990 年		2000 年	
	比　率(%)	人　数(万)	比　率(%)	人　数(万)
ソウル	25.4	172	32.6	237
京畿道	11.2	76	9.5	69
江原道	4.7	32	4.5	33
忠清道	16.4	111	13.9	101
全羅道	22.9	155	21.9	159
慶尚道	15.5	105	14.7	107
済　州	0.4	3	0.6	4
その他	3.3	22	2.2	16

出典)『人口住宅調査』(1990 年，2000 年)。国家統計ポータル(KOSIS)のホームページ http://www.kosis.kr/ より取得。

次に，地方から移住してソウルに暮らす人々の出生地を見ることにする。表 38 は 1990 年と 2000 年のソウルの有権者の出生地別構成を示している。1990 年のソウルには全羅道を出生地とする有権者が 22.9％で 155 万人である。ソウル生まれの 25.4％をわずかに下回る 2 位である。これに対して，慶尚道を出生地とする有権者は 15.5％で 105 万人であり，全羅道出身者より少ないとは言え，決して少なくはない数である。ソウルを出生地とする 25.4％の有権者の中には，両親あるいはいずれかが他地域からの流入者であることは十分に考えられる。全羅道や慶尚道からの流入者であれば(全羅道からの流入者が多い(表 37))，親の地域主義投票の影響を受ける可能性がある。

その 10 年後の 2000 年のソウルについて見ると，ソウルを出生地とする人口の増加が顕著である。その分，他の地域を出生地とする有権者の比率が少し減少している。人数はソウル以外が横ばいである。ソウルへの急激な人口流入が落ち着く中で，移住者二世，三世のソウル生まれが増えてきたと見ることができる。

表 38 に関連して，二つの点を述べておく。一点目は，特に全羅道からの流入者のソウルでの生活状態についてである。一般的に言われていることでもあるが，崔章集は「全羅道地域から大量に流出する大部分の農村人口が，大体に都市の下級中産層や貧民，または労働者階級を形成するようになったことは言うまでもないことである」として，「大体に〔金大中の〕平民党の票となって現れ

表 39　1992 年における出身地・居住地別の政党支持率

（単位 %）

出身地	居住地	1992 年国会議員選挙		1992 年大統領選挙	
		民自党	民主党	金泳三	金大中
全羅道	ソウル・京畿道	8.4	81.9	14.3	76.9
	全羅道	18.9	74.2	4.3	91.5
慶尚道	ソウル・京畿道	55.1	18.4		
	慶尚道	57.8	13.3		
慶尚北道	ソウル・京畿道			48.9	10.6
	慶尚北道			63.4	5.7
慶尚南道	ソウル・京畿道			67.9	14.3
	慶尚南道			69.7	7.4

出典）李甲允『韓国の選挙と地域主義』ソウル，オルム，1998 年，88 頁の表より一部引用。

る疎外の共同体として形成されていた」のは「一つは湖南地方であり，もう一つはソウルの疎外階層が密集する居住地域である」と述べている[94]。

二点目は，ソウルに流入した地方出身者が，その出身地域を基盤とする政党に示す忠誠度についてである。それを明らかにする調査はとても難しい。「亡国的地域感情」と一般的に非難される韓国社会において，地域主義的な投票動機が推測されてしまうような調査に対して回答者がどこまで真実を話すのかである。そのような問題はあるが，李甲允が示している 1992 年の国会議員選挙と大統領選挙での政党への忠誠度を見ることにする。

表 39 によれば，1992 年の国会議員選挙では，慶尚道居住者における民自党の支持率（57.8%）は，ソウル・京畿道に住む慶尚道出身者の支持率（55.1%）とほとんど変わらない。民主党では，全羅道居住者（74.2%）よりもソウル・京畿道居住者（81.9%）の支持率のほうが幾分高い。1992 年の大統領選挙を見ると，金泳三に対する支持率は，慶尚北道居住者（63.4%）のほうがソウル・京畿道居住の慶尚北道出身者（48.9%）よりも 15%ほど高い。それに対して，金泳三の出身地である慶尚南道では差が出ていない。金大中に対する支持率では，全羅道居住者とソウル・京畿道居住者との間で差が約 15%開いている。この結果から，李甲允は慶尚道・全羅道から移住したソウル・京畿道居住者の支持率が，慶尚道・全羅道の居住者の支持率よりも 5%から 10%程度低くなるとして，ソ

ウル・京畿道への移住が「縁故主義を多少弱める」としている[95)]。

この表39からは，全羅道と慶尚道での政党忠誠度の違いも指摘できる。この二つの地域出身でソウル・京畿道に居住する者たちの間でも，政党忠誠度は慶尚道出身よりも全羅道出身のほうが10%から30%近く高くなっている。1992年の国会議員選挙のソウル・京畿道居住者では慶尚道出身者が55.1%の民自党支持率であるのに対して，全羅道出身者は81.9%の民主党支持率である。表38では，1990年にソウルに居住する全羅道出身者は155万人で慶尚道出身者は105万人であるとされているが，選挙結果となって現れるときは，その差はこれ以上のものとなって現れることになる。

ただし全羅道と慶尚道の出身者でソウルに居住する有権者の忠誠心も不変ではない。全羅道と慶尚道に居住する有権者の忠誠心が弱まるようであれば，移住者のそれはもっと弱まるものと考えられる。また忠誠心の弱化は移住第一世代よりも，ソウルで生まれてソウル出身となる若い第二世代以降でより進むものと考えられる。

2002年の大統領選挙と2004年の国会議員選挙の頃から，地域主義投票は弱まり，理念対立が政党支持に影響を及ぼし始めたとする議論が多くなり，韓国の政治学者の間でも盛んに論じられるようになった。そこで地域主義投票が弱まったのか，もし弱まったというのであれば，どのような意味でそのように言えるのか，国会議員選挙と大統領選挙での得票率を手掛かりに検討することにする。具体的には，慶尚道と全羅道をそれぞれ支持基盤とする地域政党が，慶尚道と全羅道の二つの地域で，どれほどの得票率を得てきたのかを見ることにする。

まず国会議員選挙における地域政党の得票率を見たのが図14と図15である。ここでは選挙人総数に対する各政党の得票数(地域区。2004年と08年も同様)の比率を示す絶対得票率を用いている[96)]。絶対得票率は棄権を含めた有権者全体の動向を示すために，相対得票率よりも政党の集票能力を正確に把握することができる。絶対得票率を用いるならば棄権の増加による政党の得票率の低下も示すことができ，そのような現象も政党の集票能力の低下として見ることになる。

ここで言う地域政党とは，慶尚道を支持基盤とするハンナラ党系列の政党と

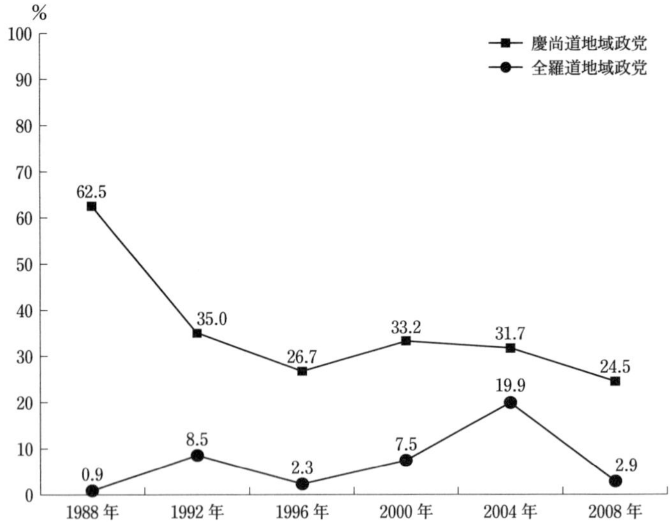

図14　慶尚道における地域政党の絶対得票率の推移(国会議員選挙)
出典）表27に同じ。

全羅道を支持基盤とする民主党系列の政党のことである。便宜的に前者を慶尚道地域政党と呼び，後者を全羅道地域政党と呼ぶことにする。ただし，1987年の大統領選挙(後掲の図16，図17)と1988年の国会議員選挙における慶尚道地域政党の得票率は，慶尚北道と慶尚南道に分かれている二つの地域政党(盧泰愚の民正党と金泳三の統一民主党)の得票率の合算であり，2004年の国会議員選挙における全羅道地域政党の得票率は，民主党とウリ党の得票率の合算である。

図14は国会議員選挙の得票率であり，慶尚道において慶尚道地域政党と全羅道地域政党がどれほどの得票率を得てきたのかを示している。1988年の慶尚道地域政党と2004年の全羅道地域政党を除けば，慶尚道地域政党はほぼ30%±5%の得票率の範囲で，全羅道地域政党は10%以下の低い得票率で推移している。またこの二つの地域政党の得票率の差も，1988年と2004年を除けば25%前後で持続している。

三つの点を補足する。第一に1988年に慶尚道地域政党の得票率が62.5%と高いのは，慶尚北道と慶尚南道でそれぞれ優位な地域政党が競い合い投票を動

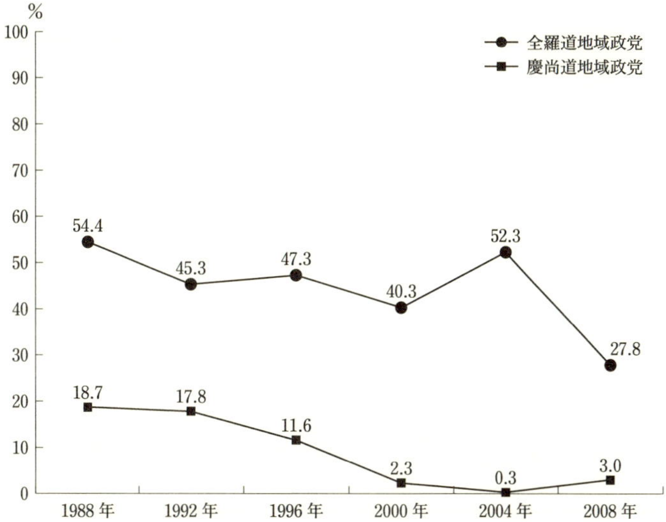

図 15　全羅道における地域政党の絶対得票率の推移(国会議員選挙)

出典）表 27 に同じ。

員したからである。その後は，この二つの地域政党が統合して民自党から新韓国党を経てハンナラ党になるが，一つの政党が単独で 1988 年のような高い得票率を得ることはできないでいる。第二に 2004 年に慶尚道での全羅道地域政党の得票率が 19.9%にまで上昇した理由は，ウリ党が慶尚南道出身の盧武鉉大統領の政党であったことにある。盧武鉉大統領が退任した後の 2008 年の国会議員選挙では 2.9%という以前の低い状態に戻っていることが，そのことを裏づけている。第三に慶尚道地域政党が 2008 年に 24.5%とやや不振なのは，慶尚道の投票率が 14%ほど減少したことに主たる原因がある。またハンナラ党元代表の朴槿恵(パク・クンヘ)に極めて近い新党の親朴連帯が 3.7%の得票率を得たことも一因であったと言える。親朴連帯はハンナラ党の一つの派閥に近い政党であり，これを合算すれば慶尚道地域政党の不振は解消される。

図 15 も国会議員選挙の得票率であり，全羅道における全羅道地域政党と慶尚道地域政党の得票率を見たものである。全羅道地域政党は 2008 年を除けば，やや起伏はあるが 50%前後で推移している。2004 年が 52.3%と 2000 年よりも大きく増加しているのは，2004 年には分裂したウリ党(33.5%)と民主党

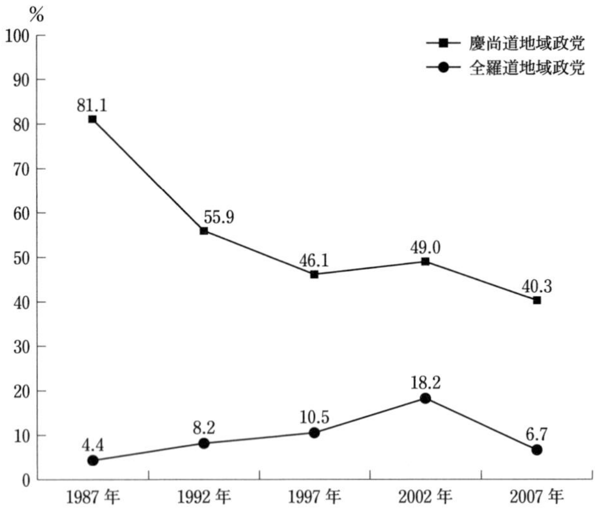

図16　慶尚道における地域政党の絶対得票率の推移(大統領選挙)

出典）1987年から2002年までは中央選挙管理委員会のホームページの「歴代選挙情報システム」(http://www.nec.go.kr/sinfo/index.html)より取得。2007年は同ホームページの「第17代大統領選挙管理システム」(http://www.nec.go.kr:7070/pdextern/)より取得。

(18.8%)の得票率を合算したためである。2004年に全羅道の地域主義投票が強まったというのではなく，この二つの政党が競合することによって全羅道の有権者の中で地域政党以外の候補に投票したり棄権したりする「遊び」が減ったためと見ることができる。2004年はこのような事情が働いているだけに，それを除いても，それ以前の40%から50%台の推移を見るならば，2008年に全羅道地域政党の得票率が27.8%にまで減少したのは異変であった。全羅道の投票率が2004年に比べ2008年に15%近く減少したことを受けての面もあろうが，同様に投票率が大きく減少した慶尚道では慶尚道地域政党が得票率をそれほどまでに大きく減少させてはいない。この点は，後掲の図17の大統領選挙での結果と同じであり，全羅道で何らかの異変が起きたことを示唆している。

この異変をもって，全羅道の地域主義投票が弱まり始めたと見るのか，それとも地域主義投票の「正常」からの一時的な逸脱に過ぎないと見るのかは，現時点で判断するのは性急であり，今後の推移も含め慎重に判断する必要がある。

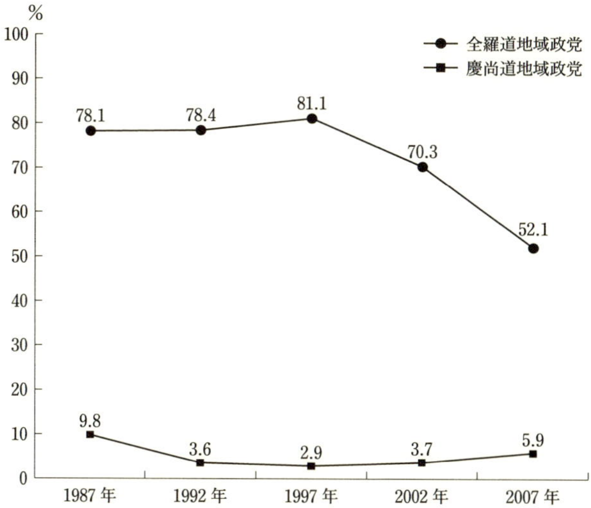

図 17　全羅道における地域政党の絶対得票率の推移(大統領選挙)

出典）図 16 に同じ。

大統領選挙での地域政党の得票率は図 16 と図 17 に見ることができる。慶尚道の図 16 が示す変化は，国会議員選挙の図 14 のそれと似ている。2007 年大統領選挙における慶尚道地域政党(李明博候補)の得票率がやや低いのは投票率に一因があると考えられるが，それに加えて，1997 年と 2002 年にはハンナラ党候補であった李会昌が 2007 年にはハンナラ党以外の政党から立候補して慶尚道の有権者から一定の支持を得た結果でもある。慶尚道地域政党の得票率がやや低くなったとは言え，2002 年に 18.2%にまで増えた全羅道地域政党(慶尚南道出身の盧武鉉候補)の得票率は，2007 年には以前の得票率の水準である 6.7%(全羅北道出身の鄭東泳候補)にまで減少している。慶尚道の地域主義投票は今なお健在である[97)]。

図 17 は全羅道での変化を描いている。全羅道の場合，1987 年から 97 年までの 3 回の大統領選挙での全羅道地域政党の候補者(金大中)が獲得した絶対得票率は 80%前後の高さである。これは投票率 90%で総投票数の 90%(相対得票率)が金大中候補に集中したと言えるものである。まさにこれは「モルピョ」と言われる現象である。モルピョは，特定の候補者や政党に投票が極度に集中

する現象を指して使われる言葉である。2002年には慶尚道出身の盧武鉉が全羅道地域政党の候補者として立候補して，全羅道民は盧武鉉候補を戦略的に選択したのであるが，金大中候補のときの強烈なまでのモルピョには至らなかった。だが十分なほどの票の集中ではあった。

2007年の大統領選挙になって全羅道地域政党の候補者が52.1%の得票率にまで減少したのは異変である。全羅道で投票率が2002年のそれよりも11.1%低くなったことも影響していようが，全羅道地域政党の集票能力が著しく低下したことは明らかである。この点は，図15で見た国会議員選挙で起きたことと同じであり，盧武鉉政権に対する全羅道民の失望，反発の大きさゆえの一時的な逸脱であるのか，あるいは政党支持の再編成もしくは脱編成であるのかは，どの程度持続するのかにかかわる問題であり，2012年とその後の大統領選挙を経なければ見極め難い。

四つの図で見た慶尚道と全羅道の地域主義について，次の三つの点に整理しておく。第一に，大統領選挙では2002年まで，国会議員選挙では2004年までは地域主義投票は弱まったというほどの変化を示していないことである。このような理解は，2002年の大統領選挙と2004年の国会議員選挙をもって地域主義が弱まり理念対立が強まった「決定的選挙」(critical election)であると論じる康元沢（カン・ウォンテク）(崇実大学校教授)の主張とは異なるものである[98]。結局，この二つの選挙で慶尚道の有権者が全羅道地域政党に見せた支持の高まりは，理念的要因の影響もあろうが，盧武鉉が慶尚南道出身者であることを前提にした一時的な逸脱現象であったと見るべきであろう。このときでさえも慶尚道における慶尚道地域政党の得票率には，地域主義投票が弱まったと判断できるほどの変化は起きていない(図14，図16)。慶尚道における慶尚道地域政党の得票率は，2002年の大統領選挙では微増し，2004年の国会議員選挙では微減にとどまっているのである。

第二に，2007年の大統領選挙と2008年の国会議員選挙では全羅道が異変を見せたことである。盧武鉉政権に対する全羅道民の失望とあきらめが政治的無関心となって投票率の低下を招き，全羅道地域政党に対する支持が大きく減少することになったと見られる。盧武鉉政権の後遺症として全羅道の地域政党は現在も求心力を回復しえない状況にあるが，2007年と08年の異変が持続して政党支持の再編成が起きうるのかを判断することは現時点では難しい。

第三に，この点にかかわり2007年と08年に全羅道で全羅道地域政党の得票率が大きく減少しはしたが，地域主義投票の忠誠度としては慶尚道民の慶尚道地域政党に示した忠誠度より下回るものではなく，同じかそれ以上の水準にある。また慶尚道でも全羅道でも相手側の地域政党やその大統領候補への拒否感は，2002年と2004年に慶尚道で起きた逸脱選挙を別にすれば十分に持続していると言える[99]。

要するに，慶尚道と全羅道における地域主義投票は選挙構図など様々な変数の影響を受けて一定の幅の変化を見せてきているが，2002年の大統領選挙や2004年の国会議員選挙を決定的選挙であるとした上で地域主義投票が弱まったと判断することは難しい。また2007年と2008年の全羅道で起きた全羅道地域政党の不振が何を意味するのかは，もう少し時間をおいて判断すべきであろう。

地域主義投票を論じるときに「亀裂」(cleavage)概念がよく用いられる。亀裂は定義が曖昧なまま紛争や対立と混同されてきたことを省みて，それらと区別すべきとの見解がある[100]。『オックスフォード英語辞典』では“cleavage”は水晶や岩石を自然の裂け目に沿って割ることを意味するとされているように，それは偶然に生じるものではなく，持続する裂け目を想起させる[101]。そこでバルトリーニ(Stefano Bartolini)は，亀裂を社会構造，集団帰属意識(アイデンティティ)，組織の三つの面から構成されるとして，紛争や対立とは区別することを論じている[102]。亀裂を構成する三つの面に強弱の程度の違いはあっても，どれか一つでもって亀裂が形成されるのではなく，これら三つが結びついて成り立つものとされており，相互補強の関係にあるともされている。

韓国の地域主義を亀裂の三つの面で見るのであれば，社会構造は出身地域に求めることができ，アイデンティティは地域によって違いはあるが全羅道では周辺として支配・差別されてきたことから極めて強いものがあり，民主化以降には国政選挙でモルピョと言われる動員が示されてきた。社会的な属性の違いにとどまらず集団としての凝集性があり，それがさらに政治的に組織化され動員されるときに亀裂があるということになる。地域主義の組織化の面では政党組織が大衆化されることがなかっただけに，アイデンティティによる凝集性が低い地域ほど政治的動員を持続できず，亀裂としては低いレベルにとどまるか亀裂に至らない場合がある。それには，ここで特に取り上げなかったが忠清道が該当しよう。忠清道は，地域を代表してきた金鐘泌の政治的指導力の衰退とともに，他の地域政党の草刈り場になった。全羅道や慶尚道においても組織化された大衆政党による動員ではない点は同じであるとは言え，それに代わる凝集性の強さがその欠陥を補い亀裂を形成・維持してきたと見ることができる。これまで論じてきたように，それはとりわけ全羅道に当てはまる。

亀裂をこのように理解するのであれば，地域主義の弱化論者が唱えた理念対立が果たして亀裂を形成するに至ったのかどうか。観察者が理念対立の状況を分析するために対立軸を描くことはできても，有権者が判断と投票選択の基準として自らの中に対立軸をもつまでになったとは言うことはできないのではないか。亀裂の形成までには至らない政治的動員による一時的な対立や紛争にとどまったのではないか。これについて，以下，2002 年の大統領選挙を中心に若い世代の投票行動が新しい現象であったのか，また理念対立が分極化したのかという観点から論じることにする。

2．世代と政党支持

政党支持の再編成を主張する研究は，地域主義の弱化と理念対立の出現を組み合わせており，その分岐点をなす国政選挙を 2002 年と 2004 年に求めるのが一般的である。ここでは理念対立を作り出したとされる若い世代(20 代と 30 代)がどのような選択をしたのか，1997 年と 2002 年の大統領選挙を比べて検討する。

表 40 は 1997 年と 2002 年の大統領選挙における，ソウルと慶尚南道(釜山市と蔚山市を含む)における年齢別の候補者支持率を見たものである。ソウルは他地域に比べ地域主義投票が弱く理念葛藤と世代葛藤が強く出るとされているところであり，慶尚南道は 2002 年の大統領選挙で盧武鉉が善戦し地域主義の弱化の一つの根拠にされたところである。

ソウルでは，ハンナラ党の李会昌の年齢別支持率は 1997 年，2002 年のいずれも年齢が高くなるに従い支持率も上昇するパターンであり，20 代の支持率は 2002 年に少し減少したが同じ 20％台にとどまっている。

表 40 1997年と2002年の大統領選挙候補者のソウルと慶尚南道における支持率

(単位 %)

	年 齢	李会昌		李仁済	金大中と李仁済の合計	盧武鉉
		1997年	2002年	1997年		2002年
ソウル	20代	25.6	21.2	15.2	69.4	70.6
	30代	22.4	29.8	19.3	76.9	60.7
	40代	49.7	53.7	11.0	48.7	40.9
	50代以上	66.1	59.0	1.7	33.9	38.8
慶尚南道	20代	34.9	44.2	43.6	60.5	49.2
	30代	47.6	46.4	34.9	50.3	47.5
	40代	49.0	63.1	30.9	50.8	30.9
	50代以上	73.9	86.6	19.8	25.9	11.6

注）調査機関は韓国ギャラップ，調査はいずれも12月実施。
出典）韓国ギャラップ『第15代大統領選挙投票行態』ソウル，1998年。韓国ギャラップ『第16代大統領選挙投票行態』ソウル，2003年。

問題は1997年の金大中と李仁済の2人，2002年の盧武鉉である。李仁済は金泳三のもとで盧武鉉とともに国会議員になり，その後に3党統合の民自党を離れて大統領選挙に立候補した人物である。候補者支持別の有権者の理念性向に関する調査によれば，李仁済の支持者は金大中のそれと同じく「進歩的」であるとされている[103)]。その点を踏まえ，1997年の金大中と李仁済のソウルでの支持率を合算してみるならば，20代・30代と50代以上との差は大きくなり，その違いは2002年の盧武鉉に対する世代間の支持率の違いと似たものとなる。20代では1997年の金大中・李仁済の合計支持率は69.4%であり，2002年の盧武鉉の支持率70.6%とほぼ同じである。つまり20代の政治的指向性は変化せず連続していたと見ることができる。30代では1997年の合計支持率より2002年のそれは少ないが，若い世代の多くはハンナラ党を支持しないでいるという連続性を見出すことは可能である。

全羅道の地域政党から立候補した盧武鉉に対する支持が高まった慶尚南道でも，ほぼ同じことが言える。慶尚南道では慶尚道を基盤とするハンナラ党の李会昌候補に対する支持率が20代・30代でソウルに見られる20%台までに低くないのは当然であるとしても，年齢が高くなるほど支持率が上昇するのはソウルと似ている。それと反対に年齢が高くなるほどに支持率が低下するのが盧武鉉である。

民主党候補である盧武鉉に対する若い世代の支持率は慶尚南道でも高く，そのことが慶尚南道における地域主義の弱化の理由ともされている。盧武鉉に対する20代・30代の支持率は，同年齢層の1997年の李仁済の支持率や金大中・李仁済の合算した支持率とも大差はない。大まかに見るならば，盧武鉉と李仁済，もしくは盧武鉉と李仁済・金大中では20代・30代の若い世代の支持率にかなりの程度で連続性があると言える。つまり慶尚南道の20代・30代の若い世代では50%から60%の有権者が，全羅道色の強い金大中候補を相手にした1997年の大統領選挙でさえも地域政党のハンナラ党候補よりも，第三の候補や金大中を支持している。そのような若い有権者が2002年に慶尚南道出身の盧武鉉に支持を寄せたからと言って，慶尚南道の地域主義が弱まったということにはならない。

年齢別支持率について比較する観点を変えることで，世代葛藤や世代革命と言われる現象に対して，異なる読み方が可能であることを示した。それでは年齢別支持に変化があったのかという問いに対する答えであるが，若い世代が李会昌支持に流れを変えることはなく，李会昌以外の改革的あるいは進歩的と評価される候補者に向かうことに変わりがなかった。その意味で民主化以降における若い世代の「野党性向」(独裁政権の系譜にある政党を支持しないこと)に大きな変化はない。

しかしソウルにおいて盧武鉉に対する20代の支持率が1997年の金大中と李仁済の支持率の合計支持率と同じほどに高い数値になったように，盧武鉉が一人でなぜかくも若い世代の支持を得ることに成功したのかということが問題になる。候補者構図が1997年の三者対立構図から2002年の二者対立構図に実質的に変わったという面もあるが，それ以外にも理念葛藤と言われている現象が作用したことが考えられる。

3．理念対立と政党支持

なぜ2002年の大統領選挙と2004年の国会議員選挙で若い世代に盧武鉉とウリ党に対する支持が広がったのか。その理由として，若い世代の進歩的性向と韓国社会における理念葛藤をあげる議論が多く見られる。地域主義が弱まり，それに代わり「保守と進歩の理念対立構図」，さらには「両極的競争構図」[104]が，386世代(2000年以降は彼らも40代に入り486世代に変わりつつある)の主導によって若い世代の中で形成されたとする康元沢が，その代表的な論者である。ここでは理念対立と言われるものが，明瞭に分極化したのか，それとも流動的で曖昧な面を含むものなのかを論じることにする。

地域主義とは異なる政治的な対立軸を創出することは，金大中大統領と盧武鉉大統領にとっては地域政党ゆえの限界を克服して，国会の過半数議席を確保するためには欠かせないものであった。対立軸の大きな組み換えをするには，新たな支持層を形成し動員することが伴わなければならない。ここに市民運動の政治的な役割があった。2000年の落選運動に始まり，2002年と2004年の選挙前には数万，数十万を超える憤怒の人波がソウルの中心街に繰り返し押し寄せ，理念葛藤や世代葛藤の議論が沸き起こるようになった。このように繰り広げられた選挙政治の中で有権者はどのような政治意識をもつようになっていたのか，2002年から04年の時期を中心に見ることにする。

最初に断っておくべき点は，2002年頃から新聞社等によって頻繁に調査・発表されるようになった進歩・保守の理念性向の問題点である。進歩は韓国では左派・左翼に代わる用語として一般的に用いられている。反共主義が支配イデオロギーとして長く君臨してきたために，そのような用語上の配慮がなされるのであるが，それが調査の不正確さを増幅させている。進歩・保守が何を意味しているかは曖昧なままであり，さらに調査機関ごとに進歩・保守の比率だけでなく増減さえも異なる有様である[105]。従って理念性向の調査結果を用いないことにする。

理念対立については，以下，三つの点について論じる。第一に，争点の相互間で一貫しない態度である。理念葛藤が先鋭化する争点は，反国家団体やその活動を取り締まる国家保安法，対米関係，対北朝鮮関係などの外交・安保分野であるとされている[106]。

そこで国家保安法の完全廃止に，二つの外交・安保争点と，政府の市場介入の争点に対する回答をクロスさせた表41 (2002年12月調査)を見ることにする。進歩・保守の理念から見て一貫しない回答の数値の箇所はゴシックにしてある。

表 41　国家保安法廃止と他の三つの争点に対する世論

（単位 %）

	米韓の友好関係を損ねても SOFA 改正をすべき			
国家保安法の廃止		賛　成	反　対	合計人数
	賛　成	47.3	**8.0**	706
	反　対	**34.1**	10.5	571
	核問題と関係なく北朝鮮を支援すべき			
		賛　成	反　対	合計人数
	賛　成	34.5	**20.4**	705
	反　対	**20.4**	24.6	579
	企業の自律的改革ができなくとも政府は介入してはならない			
		賛　成	反　対	合計人数
	賛　成	**27.0**	27.7	683
	反　対	19.5	**25.6**	562

出典）丁栄泰「理念的スペクトラムの制限的拡張と進歩政党の院内進出——背景と展望」魚秀永編著『韓国の選挙 V——第 16 代大統領選挙と第 17 代国会議員選挙』ソウル，オルム，2006 年，425 頁の表をもとに作成。ここでは若干賛成，若干反対をそれぞれ全面的賛成，絶対反対と合わせて賛成，反対にしている。

上段の対米関係では，駐韓米軍地位協定(SOFA)の改正要求が圧倒的な世論(賛成 81.4%)であるため，国家保安法との矛盾は同法廃止に反対する保守的な回答者の中でのみ起きていると言っても過言ではない。表 41 に示されている比率を計算し直すならば，国家保安法廃止の反対派の 571 人の中で SOFA を改正すべきとの意見は 76%を超えるほどになる。

中段の対北関係では，国家保安法廃止の賛成派も反対派も対北支援問題では割れてしまい一貫しない態度を抱えている。表 41 の比率を計算し直すと，国家保安法廃止の賛成派の 705 人の中で核問題と関係なく北朝鮮を支援すべきとするのは 63%であり，支援に反対する一貫しない意見は 37%で 4 割近くになる。

最後に下段の市場経済への政府介入では一貫しない回答者は合わせて 52.6%になり，上段と中段の一貫しない回答者の比率(上段 42.1%，中段 40.8%)よりも大きい。国家保安法と市場経済の二つの争点の理念的結びつきは弱いと言えるほど，一貫しない意見が多いのが特徴である。

表 42　国家保安法の存続・廃止に対する世論

(単位 %)

	存続にかなり近い	存続に近いほう	中間程度の立場	廃止に近いほう	廃止にかなり近い
全　体	22.5	26.3	12.4	19.3	14.5
20　代	12.2	25.4	13.9	24.9	19.5
30　代	18.3	25.8	10.2	25.3	16.1
40　代	20.8	29.4	14.5	19.0	13.3
50 代以上	34.9	25.0	11.5	10.5	10.4

出典）東亜日報社による 2004 年 12 月実施の世論調査。東亜日報社のホームページ http://www.donga.com/news/poll.html より 2006 年 10 月 30 日に取得。

表 41 は 2002 年 12 月に調査したものであり，この時点は理念対立をめぐる議論が一つのピークに達したときである。このときでさえ理念対立にかかわる重要な争点では非一貫的な態度が進歩・保守のいずれでも少なからず見られたことが[107]，理念的亀裂を主張する研究者によって十分に考慮されてきたとは言えない。

第二に，争点に対する態度では中間的な態度が多いことである。表 42 は国家保安法の廃止に対する年齢別の回答を見たものである。ウリ党が勝利した 2004 年 4 月の国会議員選挙後の 12 月時点での調査である。年齢別に違いが出てくるが，両極端の回答になる「存続にかなり近い」「廃止にかなり近い」の二つは合算して 37.0%であり，残りの 58.0%がその両極端に挟まれた中間にあって明確な国民的意思があるとは言い難い[108]。その両極端の間にある中間的な世論(「存続に近いほう」「中間程度の立場」「廃止に近いほう」)は 40 代以下では 60%台に，50 代以上で 47.0%になる。50 代以上が朝鮮戦争の経験があるために反北朝鮮の感情から抜け出すのが難しいことが見て取れる。

もちろん「存続にかなり近い」と「廃止にかなり近い」の両極端な回答に「存続に近いほう」「廃止に近いほう」の回答をそれぞれ合算するならば，中間的な世論となる回答は一挙に少なくなり，国民世論は対決的なものとなる。政治状況によって，いずれの読み方が現実的であるのかは変わりうる。そのような流動性の可能性が十分にあると見ることができよう。

表 42 と同様なことは，表 43 の対米関係に対する世論についても言える。表 43 の調査は 2005 年 11 月から 12 月の調査であり，表 42 よりさらに 1 年過ぎたものである。ここでも A と D を両極端な回答として B と C を中間的な回答

表 43　対米関係に対する世論

（単位 %）

	A　他の国際問題においても米国主導の世界秩序維持にさらに協力	B　朝鮮半島の問題を中心に伝統的な米韓同盟関係を復元	C　米国中心の外交安保政策を脱皮して漸次多辺化する方向に転換	D　米国中心の外交安保政策は否定的な役割が大きいので全面的に再検討
全　体	22.4	29.1	39.1	9.4
20　代	17.6	27.9	42.7	11.8
30　代	17.9	24.7	49.3	8.1
40　代	18.6	34.7	36.9	9.9
50 代以上	32.3	29.3	29.9	8.4

出典）李甲允『国会に対する国民意識調査』ソウル，国会運営委員会，2005 年，144 頁。

とするのか，それとも A と B を合算し対米協調派に，C と D を合算して対米自主派とするのかによって，対米関係に対する国民世論の理解が異なってくる。ここでも，いずれの理解が正しいのかではなく，政治状況によって妥当な理解が異なりうる対米世論の流動性があることを了解しておけば十分であると言えよう。

1960 年代，70 年代当時の意識状況と比較するための資料はない。表 42 と表 43 の年齢別の回答状況から推測するならば当時は親米・反共の意識が強く，その頃と現在を比較すれば韓国民の意識は親米・反共から大きく変化してきたと言える。問題となるのは，その変化が分極的な理念対立にまで至ったのかということなのである。ここでは，そのような分極的な対立状態には至っていないことを示そうとした。反米の世論が高まった 2002 年は特異な年であったと言える。1997 年の経済危機と「IMF 体制」への屈辱的な思いもあろうが，2002 年に米軍装甲車によって引き起こされた女子中学生轢死事件にワールドカップ 4 強入りの自負心が絡み反米的な社会雰囲気を高揚させた面が大きい。またそれが盧武鉉候補を当選させた大きな要因にもなった。だからと言って，反米と親米の理念対立の亀裂形成を論じることができるのかは別問題である。

第三に，「合意争点」による共感と支持の形成である。第 1 章で言及したが，合意争点は世論を賛成か反対かに二分するのではなく，いずれかに世論を集中させる争点である。合意争点を形成することができれば，進歩・保守を超え，世代を超え，地域を超え支持を広げることができる反面，世論の分極化はなされずに，一時的な政党支持の急上昇や「閃光政党」の登場と退場に終わる可能

表 44　年齢別に見た政策に対する理念的性向

	対北支援	SOFA 改正	福祉向上	国家保安法撤廃	女性参加	環境保護
20 代	2.30	1.56	2.32	2.08	1.69	1.88
30 代	2.48	1.63	2.31	2.27	1.80	1.91
40 代	2.52	1.72	2.26	2.40	1.82	1.84
50 代	2.62	1.90	2.29	2.64	2.03	1.81
60 代以上	2.60	1.94	2.26	2.63	2.01	1.91
全 体	2.48	1.71	2.27	2.34	1.83	1.87

注）各世代の数値は平均値である。政策争点では，1 が「全面的に賛成」，4 が「絶対反対」である。

出典）ペク・ジュンギ他「イデオロギーと地域主義，そして 2002 年大統領選挙」『国家戦略』ソウル，世宗研究所，第 9 巻第 4 号，2003 年 12 月，163 頁より一部引用し加筆。

性がある[109]。

表 44 は年齢別に見た政策別の理念的性向を示している。調査は 2002 年の大統領選挙直後になされたものである。数値は「全面的に賛成」1 から「絶対反対」4 までの尺度によって測られた平均値である。対北支援と国家保安法撤廃に対する全体の平均値は中間の 2.5 に近いが，SOFA 改正に対する全体の平均値は 1.71 であり，ここで取り上げられている政策の中では最も低い。つまり SOFA 改正では全体の平均値が「全面的に賛成」のほうに傾斜しているのに対して，対北支援と国家保安法撤廃の全体の平均値では「全面的に賛成」または「絶対反対」に片寄ることはなく，明確な態度を決めかねている回答であると言えよう。

SOFA 改正に対する年齢別の数値を見ると 20 代・30 代と 50 代・60 代以上の間には開きがあり，若い世代であるほど SOFA 改正を求める意見が強い。この点は，表 42 の国家保安法や表 43 の対米関係でも見られた傾向であり，表 44 でも確認されたことになる。この点が，これまで理念対立にかかわり注目され繰り返し強調されてきたことである。ここでは，このような世代間の相違よりも，SOFA 改正と他の政策との比較に注目したい。環境保護(平均値 1.87)や女性参加(同 1.83)といった政策には，反対しにくく賛成が多くなるものである。これらの政策と同じような数値(同 1.71)を SOFA 改正が示していることに注目したい。加えて SOFA 改正で特徴的なことは，60 代以上の数値が 1.94 であることである。この数値は対北支援や国家保安法撤廃で 20 代・30

代に見られる数値よりも低い。高齢者では反共・親米の保守性が強いことを考慮するならば，SOFA 改正に限って賛成が堅固な保守層にまで一定程度浸透し広がっていたと見ることができよう。他の政策との比較で見る限り，SOFA 改正は年齢の違いを超えて広く支持されていたのである。

かくして SOFA 改正は合意争点となり，ソウルでは米国を非難する数万，数十万の蠟燭デモの人波が押し寄せ，若い世代にある情緒的な民族主義に強力にアピールした。さらに世代を超え国民的な共感と支持を拡大したのである。この合意争点の形成が大統領選挙のいずれの候補に有利に働くのかと言えば，「反米主義者ならどうだというのか」と語る盧武鉉候補であって[110]，蠟燭集会に出向き参加者から生卵を投げつけられたハンナラ党の李会昌候補ではない[111]。盧武鉉候補にとっては，もともと中間的態度を多く含む対北支援や国家保安法の争点に賛否を問うことで，世論を無理に二極化させて支持を喚起するまでもなかった。その結果，有権者の間で争点に対する態度が二分され，争点間の一貫した態度を可能にするような対立軸が形成されることはなかった[112]。国民世論では合意争点が優勢であったことから，大統領選挙が終われば盧武鉉に対する支持が急速にしぼむ可能性を残していたと言えよう。

この点について，康元沢は興味深い議論を展開している[113]。彼は，理念的性向と SOFA 改正に対する態度との間で相関関係が「とても弱い」ことに注目し，理念的性向のいかんにかかわらず SOFA 改正に幅広い合意があったことを指摘している。女子中学生轢死事件での対米抗議の蠟燭デモは 20 代などの若い有権者に相当な影響を及ぼしたのであるが，それに限らず大多数の有権者にも SOFA 改正が受け入れられ，李会昌候補を支持する保守的な有権者にまで受け入れられたとしている。このような SOFA 改正への共感の広がりが，果たして理念的性向によるものなのか，「情緒的な反応」によるものなのか，彼自身の議論を難しくしている[114]。理念的性向とはかかわらない「情緒的な憤怒」であるとしながらも，情緒的に敏感な 20 代を「進歩的な方向」に引っ張り，盧武鉉候補の票獲得に肯定的な影響を及ぼしたとも論じている。

康元沢は SOFA 改正が事実上，合意争点であったことを認め，さらにそれが民族主義的な「情緒的な憤怒」によるものであったとしている。問題は，選挙政治の中での世論の動員がその後も持続して，有権者の投票行動を「進歩的な方向」へと決定づける亀裂形成までに至る可能性があったのかということになる。彼は2002年の盧武鉉政権の登場によって，地域亀裂によって潜在化されていた権威主義対民主化の亀裂が反共イデオロギーの受容対拒否の亀裂(理念対立)となって再び現れてきたと論じている。つまり盧武鉉政権のもとで地域主義は弱まる方向に進み，対米関係，対北関係，国家保安法を争点とする新しい亀裂が政治の中心になるであろうと論じる[115]。

しかし盧武鉉政権の後半期になってウリ党の支持率が急降下すると，康元沢は新しい亀裂の主導勢力である386世代が盧武鉉と「決別」したと語るようになった[116]。2002年の大統領選挙で盧武鉉が当選した時点で386世代の願望は満たされたのであって，政権後半期における386世代の「決別」と支持率の急降下は盧武鉉大統領の「成功によって招来した危機」であるとする。盧武鉉自身が大統領になることで民主化への満足度も高まり，対米関係で民族的自尊心が回復されたことからも，386世代は不動産，教育問題に関心を向けるようになった。従って2002年のときのような「集団的に恨(ハン)を刺激することのできる争点」は見出し難くなり[117]，「進歩陣営が先に占めてきた政治的争点の寿命が尽きた」[118]と論じる。要するに，康元沢は386世代が主導したとされる理念対立はもはや過去のものであり，理念的亀裂は形成されなかったことを強く示唆する議論を展開するようになったのである。

この点で，宋虎根(ソウル大学校教授)が2002年の大統領選挙を見て，若い世代の文化的・感性的な共通性が3人の候補に「亀裂同盟」を作り上げたとする議論は示唆的である[119]。若い世代は民主党の盧武鉉，現代財閥の鄭夢準(チョン・モンジュン)，民労党の権栄吉(クォン・ヨンギル)という異なる3人を支持し，その「亀裂同盟」の中で支持を移動させていたという。宋虎根がそれを情緒的で流動的なものと見て，進歩と保守の勢力分布が急変することがあるとしたのは卓見である。もちろん文化や感性が亀裂を作り出すというのはバルトリーニの亀裂論とは異なるものであるが，宋虎根の議論は，この3人が一つの枠内にあったとされる，その枠そのものが感性的で不安定であり流動的なものであったことを論じるものであった。

SOFA改正という合意争点を間において，一方で市民運動が若い世代を中心に大規模な蠟燭デモに動員することに成功し，他方で盧武鉉候補が大統領選挙で彼らの支持を集めることに成功した。市民団体は十分な組織的動員力をもたず，また政党は地域主義的な動員力に限定されている状況では，それらの動員力の不足と隙間を補ってくれるのが合意争点の形成である。事実，若い世代を街頭に飛び出させるに十分なほどの情緒的で感性的な合意争点が形成され，それは選挙政治の中で大きな力を発揮することとなった。ただしそれは瞬間的な力であって，持続する力とはなりえなかった。ウリ党が「閃光政党」に終わったのは，盧武鉉大統領らが地域的支持基盤(全羅道)をおろそかにする一方で，合意争点によって結集された蠟燭デモの光の幻想にとらわれたからである。ウリ党が去った今も，新たな亀裂は現れていない。

本章は政党再編成の試みとその結果について，2002 年の大統領選挙以降を中心に論じた。第 1 節では，国会議員選挙の立候補者の経歴をもって政党と市民社会の相互関係の変化を明らかにした。2004 年の国会議員選挙では，盧武鉉大統領の与党ウリ党が民主化運動や市民運動の活動経歴を有する候補者を数多く擁立した。地域主義的な政党構図においては，政党が市民社会に接近することは，非地域主義的な投票性向をもつ有権者の支持を広げる試みとなる。

第 2 節では，市民社会勢力を党内に取り込み組織化しようとするウリ党の政党改革を取り上げた。党内の権力闘争の壁にぶつかるなどして，ノサモや蠟燭デモの参加者を党内に吸収する試みは失敗した。政党改革には党内の抵抗や障壁もあろうが，なぜ 2002 年から 2004 年までの「熱情」的な若い支持層を取り込むことができなかったのかという疑問は残る。これは，政党の問題だけではなく市民の側における政治意識の問題でもある。

そこで第 3 節では，大統領選挙と国会議員選挙における有権者の政治意識について，地域主義と理念対立を中心に論じた。蠟燭デモの民意は選挙後に，どこに行ったのか。2002 年の大統領選挙では情緒的な合意争点の優勢が選挙結果に影響を及ぼしたが，それは直ちに理念的亀裂を形成するものではなかった。また 2004 年の国会議員選挙に至っても対立争点によって世論の分極化がなされたとは言い難い。蠟燭デモの民意が大統領弾劾反対という合意争点を中心に形成され，それが対立争点に転換されることはなかったのである。

今後の展望も含め，政党再編成の可能性について補足しておく。第一に，韓国社会には対北関係，対米関係，国家保安法，社会保障など潜在的な対立争点があることから，政治・経済の情勢変化によっては，新たな世論形成がなされる可能性もある。それらの争点での世論形成には，政党やメディアだけではなく，市民社会も一定の役割を果たすことになろう。

第二に，地域主義が復元し持続する可能性もある。2004 年の大統領弾劾反対の熱風が全国の隅々に吹き荒れる中で，ハンナラ党代表が朴槿恵に代わり，彼女が故郷の慶尚道に吹かせた風が相当に不利な選挙情勢からの挽回を可能にしたように地域主義も根強く残っている。韓国では「亡国的地域感情」論に対しては，公の場で正面から異議を申し立てることは難しい。それが解消されてこそ先進国の政治文化が定着するという思いは強いだけに，地域主義の弱化への期待から弱化が誇張されて論じられてしまう面がなくはない。要するに，2002 年の大統領選挙と 2004 年の国会議員選挙をもって，政党支持の再編成が起きたとするのは性急である。この点に関連して，2007 年の大統領選挙と 2008 年の国会議員選挙で全羅道の有権者が見せた異変が持続するのか解消されるのかも一つのポイントになろう。

第三に，第一点目とかかわり，市民団体や市民運動の混迷に言及しておく必要がある。市民運動はソウルを主要な舞台として若い世代から支持を得て，地域亀裂による対立とは異なる争点の形成に貢献してきた。なぜ今，市民運動は混迷しているのか。その理由として，政権や政党との潜在的な同盟関係が市民団体にとっては危険を伴うものであるということが指摘できよう。

潜在的同盟はフォーマルな同盟関係と非党派の中間にあって，社会運動が市民を動員するものであるが，その繰り返しが潜んでいた党派性を顕在化させる危険がある。その動員が選挙政治の中であれば，なおさらである。2000 年の落選運動では批判はハンナラ党など「保守」政党からであり，容易に乗り越えることはできたが，2004 年には「進歩」的なネチズンからも市民団体に対して「政府傘下団体」「御用化」との批判がなされるようになった。そのような批判は大統領弾劾反対の憤怒と喧騒の中でかき消されたが，公共的な利益を実現するという市民団体の正当性がむしばまれ始めてきたと言えよう。

特に 2004 年の国会議員選挙では市民団体の活動経歴をもつ者がウリ党から多く立候補した。すでに市民団体の多くの役員たちが政府の諮問委員会の委員に，さらに政府の長官にまでなっている。金大中政権のときから急速に増大し

表45　社会機関の指導層に対する信頼度の推移

（単位 %）

社会機関	かなり信頼する					ほとんど信頼しない
	2003年	2005年	2007年	2008年	2008年と2003年の差	2008年と2003年の差
大企業	3.6	8.8	9.2	7.7	4.1	−8.5
宗教界	13.2	16.2	16.8	13.5	0.3	3.4
教育界	9.0	10.9	10.3	10.5	1.5	0.1
労働組合	5.2	5.7	6.8	7.4	2.2	0.5
新聞社	8.5	7.9	8.9	7.8	−0.7	4.1
テレビ放送局	10.0	12.0	13.5	11.9	1.9	−3.9
医療界	14.2	17.8	15.7	17.3	3.1	−4.9
中央政府部処	4.0	3.2	4.8	4.8	0.8	−6.3
地方自治政府	4.1	4.8	5.4	6.6	2.5	−6.5
国　会	1.4	1.1	2.5	3.2	1.8	−4.0
司　法	13.0	15.3	16.6	16.8	3.8	−3.0
学　界	12.5	16.7	15.0	15.8	3.3	−2.0
軍　隊	16.4	13.0	21.5	22.1	5.7	−6.5
金融機関	9.9	15.3	18.1	16.2	6.3	−9.9
青瓦台	5.4	5.5	7.4	6.4	1.0	6.8
市民団体	23.2	19.3	18.6	16.6	−6.6	8.2

出典）キム・サンウク他『韓国総合社会調査 KGSS 2006』ソウル，成均館大学校出版部，2007年，139～154頁，同『韓国総合社会調査 KGSS 2008』2009年，111～126頁より作成。

始め，盧武鉉政権では国会議員候補者にまで広がりをもつようになった包摂は，市民団体の党派性の表れとして見られるようになる。政権と近過ぎもせず遠過ぎもせずという政治的に意味のある距離を失うことで，市民団体はその道徳性を損傷させるだけではなく，盧武鉉政権の支持急低下に巻き込まれることにもなった。政権との緊密な関係ゆえに影響力のある存在になった市民団体であったが，政権に対する国民の批判の高まりとともに，国民世論に対する市民団体の影響力は低下することになったのである。

盧武鉉政権末期の2007年3月の調査結果によれば，全国30の市民団体の常勤活動家114人の48.5%が現在の状況を「市民運動の危機」としてとらえ，危機ではないとするのは24.3%にとどまる[120]。盧武鉉政権によって市民団体が提起した要求が政策化された結果，市民団体の役割が弱まったとする常勤活動家の指摘もあるが[121]，社会的信頼が失われてきていることも，このような危機感とは無関係ではなかろう。

表45は，社会機関の指導層に対する信頼度に関する成均館大学校の『韓国

総合社会調査KGSS』の結果である。回答は「かなり信頼する」「多少信頼する」「ほとんど信頼しない」の三つであり，中間的な「多少信頼する」の回答が多くなりやすい。そこで両極となる「かなり信頼する」と「ほとんど信頼しない」について，その変化を見ることにする。このような制約があるため，信頼度に対する一つの手掛かりに過ぎないことを断っておく。

市民団体の指導層に対する「かなり信頼する」の比率は，2003年に23.2%であり他の社会機関の指導層と比べて最も高い数値であった。その後は減少し2008年には16.6%となっている。この間にこれほど大きく減少したのは市民団体だけであり，他の社会機関と対照的である。その結果，2003年には市民団体は他の社会機関を引き離して高い信頼度であったのが，2008年には他の社会機関とあまり変わらない信頼度になっている。さらに，この間に市民団体を「ほとんど信頼しない」とする比率も他の社会機関と比べ最も多く増加している。やはり市民団体の指導層に対する信頼度の低下は否めない。

市民団体の混迷ないし危機は，選挙政治で情緒的な合意争点をもって一定の成功を見てきた市民団体をますますそのような手法に依存させる恐れもある。その偶然の成功は，街頭の民主主義をもって政治に一時的には活力と緊迫感を与えるが，中長期的には政治と市民社会の双方に委縮と後退をもたらす恐れもある。ただし現在は保守的と非難されるハンナラ党の李明博政権であるために，改革的・進歩的な市民団体としては野党となった民主党とのフォーマルに限りなく近い同盟を結成する可能性もある。ただ公然の政治化は社会的信頼の低下傾向を増幅させる恐れもある。市民社会勢力による独自新党結成の道は，地域亀裂を乗り越えなければならないことに加え，社会的信頼が低下する状況にあっては容易ではない選択である。市民団体は，今後，その政治的指向性をどのように具体化させ活路を見出すのか，選択のジレンマは深まりつつあるようである。

1）与党の概念はもともと議院内閣制を前提にしたものであり，二元代表制と言える大統領制での使用は厳格に言えば適切ではないが，韓国では一般的に用いられ，政府によっても使われている。ここではその使用慣行に従う。韓国では「与党」の意味は，公式的には次のように定められている。「「与党」というのは，大統領が所属した政党を言う。ただし与党と政策共助を合意した政党は与党と見る」。「党政協議業務運営規定」国務総理訓令第

506号(一部改正2008年3月18日)。ウリ党の場合，盧武鉉大統領は2004年の国会議員選挙後の5月に入党しているが，実質的には結党の時点から盧武鉉大統領の与党であったと言える。同訓令は国務総理室のホームページ http://www.pmo.go.kr/kor.do より2009年7月1日に取得。

2）朴正煕政権の2党制指向に関連して，金容浩(キム・ヨンホ)(仁荷大学校教授)は「政党法を導入した理由は，政党の離合集散を防ぎ，結局は軍政以後の政治を効果的に規制しようとする意図から出たものであった。政党の数が少なければ少ないほど，政治的混乱を防ぎやすく官製政党が政治的覇権を確保しやすいものと判断した」と述べている。金容浩『韓国の政党政治の理解』ソウル，ナナム出版，2001年，124～125頁。

3）全斗煥大統領によれば，与野党の2党状況は朴正煕政権時代に政治の両極化や極限対立をもたらしたという経験から，異なる政策を掲げた「いくつかの政党」が出現することが望ましく，過去の両極化現象も中和・調整されるという。「全斗煥大統領記者会見」『東亜日報』1980年10月16日。同記事は，四季節編集部編『80年前後激動の韓国社会2』光州，四季節出版社，1984年，669頁より再引用。全斗煥の「多党制」構想を実現するために，国会議員選挙における野党の候補者擁立にまで政権が介入した。この点については，小此木政夫「韓国の新体制と国民の反応——第11回国会議員選挙の分析」神谷不二編著『北東アジアの均衡と動揺』慶應通信，1984年，19頁。

4）選挙制度にかかわる憲法や法律(政党法，国会議員選挙法，政治資金法，労働組合法)の変遷(1961～2008年)については，拙稿「民主体制定着期の韓国における政治と市民社会(5)」『札幌学院法学』札幌学院大学法学会，第23巻第1号，2006年12月，64～65頁。

5）1988年の国会議員選挙法の改正交渉については，張勲「カルテル政党体制の形成と発展——民主化以後の韓国の場合」『韓国と国際政治』馬山，慶南大学校極東問題研究所，第19巻第4号，2003年12月，31～59頁。

6）中央選管のホームページ http://www.nec.go.kr/sinfo/index.html の「歴代選挙情報システム」。国会議員選挙ごとに発行される中央選管の『国会議員選挙総覧』も，筆者が確認できる2004年の第17代では，やはり「職業」と「経歴」の情報がごく簡潔に記載されているだけである。

7）国会議員の社会的背景に関する研究は，閔俊基「国会議員の充員に関する研究——15～16代国会議員を中心に」『社会科学研究』ソウル，慶熙大学校社会科学研究院，第26号，2000年12月，81～117頁。パク・ホンミン，イ・ジュンハン「第17代国会議員選挙と議員交代」朴賛郁編『第17代国会議員総選挙分析』ソウル，プルンギル，2005年，275～303頁。閔俊基は中央選管の「歴代選挙情報システム」を，パク・ホンミンらは中央選管のホームページと『国会議員選挙総覧』を利用している。

8）パク・ホンミン，イ・ジュンハン，前掲論文，294頁。

9）使用した資料は，李東官他，前掲『17代国会議員人物辞典』。

10）G. A. O'Donnell and Philippe C. Schmitter, *Transition from Authoritarian Rule: Tentative Conclusions about Uncertain Democracies* (Baltimore and London, Johns Hopkins University, 1986), pp. 61-64. 翻訳は，P. C. シュミッター・G. A. オドンネル，真柄秀子・井戸正伸訳『民主化の比較政治学——権威主義支配以後の政治世界』未來社，

1986年。

11）本書第3章89頁を参照。

12）拙稿，前掲「民主体制定着期の韓国における政治と市民社会(5)」73～74頁。

13）統合前の民主党内の改革派の国会議員には，盧武鉉のほかに金元基（キム・ウォンギ），李富栄（イ・ブヨン），柳寅泰（ユ・インテ）がいた。いずれも後日，盧武鉉政権の主要メンバーとなる。その点で，統合民主党には後日のウリ党に連なる人脈がある。また統合民主党の結成にかかわる市民社会勢力に対して，金大中の国民会議からは金泳三大統領率いる民自党の「第二中隊」(別働隊という意味)との批判がなされた。「地域割拠構図打破　在野推進の政治実験」『ハンギョレ』1995年7月6日。「改革新党，政治圏の中で定着するのか「コップの中の嵐」なのか」『東亜日報』1995年10月10日。いずれもKINDSより取得。

14）徐京錫がなぜ市民団体を離れ統合民主党の結成に向かったのか。少なくとも表向きには，反地域主義的なナショナリズムを主要な動機としていた。金大中が政界復帰を成し遂げた1995年6月の全国同時地方選挙を指して，徐京錫は「昨年，現代版の後三国時代が開幕したという非難が起きるほどに地域感情が頂点に達した6.27選挙が終わるや，状況は180度変わってしまった」「休戦ラインという腰の部分で切断された国が，慶尚道，全羅道に分裂するだけでも不足で，忠清道，江原道，はなはだしくは釜山，大邱まで分かれて互いに引っ掻き合い争い合う姿を見て，いまこの時期に我が国の社会で最も必要なものが果たして何かという質問を，私自らに投げかけざるをえなかった」「地域に基盤をおいていない政治勢力が登場して地域割拠主義と正面から向き合い勝利する道しかない」と述べている。1996年の統合民主党に市民社会勢力が一部分であれ結集したのは，地域政党に対抗する政治勢力を新たに作るべきという思いがあったからであろう。盧武鉉大統領のウリ党にも，このような面がある。徐京錫については，徐京錫，前掲『夢見る者のみが世の中を変えることができる』18頁，345～346頁。

15）1995年に政界復帰した金大中のもとへ結集せずに民主党に残り，同党の李基沢（イ・ギテク）顧問を批判した改革派のメンバーは，長い間苦楽をともにし，盧武鉉政権では権力の枢要な位置についた。本章の注13を参照。「［政治ズームイン］国民統合推進会議，盧政府「中枢」に」『東亜日報』2005年4月25日。KINDSより取得。

16）成裕普については，本書第3章91頁でも言及されている。

17）大統領選挙で盧武鉉は次のように語っている。「〔全羅道を基盤とする〕民主党は新しい政治の主役となるために全面的な換骨奪胎を通じて新たに生まれ変わらなければならないであろう。私は選挙が終われば党員と国民に新たな政治の未来を提示して新しい政治を主導する政治勢力の整備を提案することで，本格的な政治改革と民主党改革に着手するであろう。……国民と党員の意思を集め新党を創党する方法も積極的に検討することができるであろう。この過程で党の門戸を全面開放することにする」。選挙運動が終わる2日前の演説であるが，彼の演説の通りに民主党は分裂し新党が誕生することになり，その後に党員制度の改革がなされることになる。「記者会見文――古い政治清算と新しい政治時代の開幕」(2002年12月17日) 大統領府(盧武鉉大統領)のホームページ http://www.president.go.kr/kr より2009年5月26日に取得。また12月18日の記者会見では，今度の大統領選挙が亡国的な地域葛藤を終わらせる絶好の機会になると語っている。なぜなら盧武鉉自身が嶺南(慶尚道の別称)の生まれであり，自分を育ててくれたところであるからであり，いま嶺南が自分(全羅道を基盤とする民主党の候補)を助けてくれれば全国的支持を受ける大統領になれるであろうと語っている。「記者会見文——地域主義の障壁を壊して国民統合の新時代に進みましょう」(2002 年 12 月 18 日) 同上ホームページより 2007 年 2 月 1 日に取得。これは嶺南の有権者へのアピールと読めばそれまでのことであるが，彼の中で地域主義がどのように克服されていたのかを考えてみるのも無意味ではない。この点について康俊晩（カン・ジュンマン）(全北大学校教授)は，次のように論じる。盧武鉉は嶺南民主化勢力の一人であり，嶺南民主化勢力は主流である湖南(全羅道の別称)民主化勢力に頭を押さえられ，故郷の嶺南(権威主義体制の地域的支持基盤)では「背信勢力」として蔑まされてきたことから恨み晴らし(ハンプリ)をしているのであって，それが「地域構図打破」のスローガンになったとしている。盧武鉉大統領には地域主義に対する正しい認識はなく，故郷の嶺南で認められたいという欲求で動いていたとまで論じる。康俊晩「盧武鉉と嶺南民主化勢力の恨み」『人物と思想』ソウル，人物と思想社，2007 年 3 月号，55〜71 頁。金万欽は，盧武鉉大統領とウリ党の主導勢力の地域主義の認識について，地域主義の責任は嶺南だけではなく湖南にもあるという両非論よりもレベルの低いもので「湖南が静かになってこそ地域主義の問題が解決するという嶺南覇権的思考」に基づく湖南責任論であったと論じる。康俊晩や金万欽の議論に見られるように，湖南を責め立てながらも湖南の票を期待するという盧武鉉大統領による全国政党化(つまり嶺南での支持基盤確保)の改革は，湖南の人々から反発を受けるようになる。金万欽「国民統合と政治発展のための民主党の進路」2006 年 12 月 6 日の講演。この原稿は民主党講演会で発表されたものであり，金万欽より直接取得。また金万欽，前掲『民主化以後の韓国政治と盧武鉉政権』177〜178 頁も参照のこと。この点に関連して，盧武鉉大統領が 2005 年に試みたハンナラ党との「大連政」構想をどのように理解するのかも問題となろう。大統領候補のときから構想していたというのは驚きであるが，彼の真意はハンナラ党の分裂を誘い一部勢力を取り込む政界再編にあったのか，それともウリ党とハンナラ党の連立政権で妥協と合意の政治を作り出すことにあったのか，曖昧である。いずれにせよ全羅道と民主党は残りうることから，彼の政治戦略で地域主義の克服が可能であったのか疑問が残る。盧武鉉の大統領在任期間中のインタビューをまとめたものとして，呉連鎬『盧武鉉，最後のインタビュー』ソウル，オーマイニュース，2009 年。

18) ウリ党結成前のことであるが，盧武鉉大統領は「民主党が地域党であると自ら卑下する前に，地域的基盤を飛び越えなければならない。民主党は全国的土台の上に立たなければならない」として，「湖南で票を失わない戦略と(湖南で)若干の損傷があっても全国的支持を得ようとする戦略との衝突という問題がなければ，わが党の路線葛藤はないであろう」と述べ，前者の戦略を支持する湖南出身議員を批判している。この記事から，盧武鉉大統領は若干の票を湖南で失おうとも，全国政党化を目指すべきという立場であったことがわかる。「盧，民主党議員の招請晩餐　東橋洞系「新党問題での大統領の立場は何か」」『東亜日報』2003 年 5 月 28 日。KINDS より取得。

19) 盧武鉉政権の政党改革を「政治実験」と表現することは新聞などに頻繁に見られる。ウリ党のキム・ハンギル院内総務もまた 2006 年 11 月 7 日に国会演説でウリ党の創党を「政治実験」であるとして，それが失敗に終わった旨を述べている。「100年政党→実験政党　キム・ハンギル演説の波長，与党言うことが変わった」『東亜日報』2006年11月8日。KINDSより取得。

20）金泳三政権末期と金大中政権末期の政党改革に関しては，李鉉出「大統領選挙と総選の候補選出過程」『議政研究』ソウル，韓国議会発展研究会，第9巻第1号，2003年6月を参照。韓国議会発展研究会のホームページ http://www.assembly.re.kr/ より2006年7月23日に取得。

21）1997年の新韓国党の党内競選については，倉田秀也「韓国における党内民主化の実験――民自党と新韓国党の大統領候補競選過程の分析」小此木政夫他『民主化以降の韓国』日本国際問題研究所，1998年，11～23頁。民主化以降から2007年までの一連の大統領候補選出過程の考察については，山本健太郎「韓国における民主化後の政党構造の変容――大統領候補選出過程の開放化をめぐって」法政大学大学院政治学研究科修士論文，2008年，51頁。

22）「民主党刷新案の性格　「政治改革ビジョン」成功は未知数」『東亜日報』2002年1月8日。KINDSより取得。

23）孫赫載「ノサモと市民運動――半分の同志，半分の他人」盧恵京他『愉快な政治反乱，ノサモ』ソウル，蓋馬高原，2002年，244頁。同書の中では一般有権者の応募者数は160万人，195万人とあるが，他の文献では190万人の数字もある。

24）チョン・ミンギュ「オンライン政治人ファンクラブ「ノサモ」における政治参与に関する研究」高麗大学校大学院新聞放送学科碩士(修士)論文，2002年，9頁。ノサモはその後，大統領選挙がなされた2002年12月には会員を7万3884人にまで急増させ，その後10万人となっている。ノサモにとって民主党の国民競選は成功したデビューであったと言えよう。

25）新千年民主党第16代大統領選挙白書発刊委員会『第16代大統領選挙白書』ソウル，2003年，129頁。

26）「創党宣言文」はウリ党のホームページ http://www.uparty.or.kr/3th_main/index.html の「統合資料室」より2007年12月30日に取得。

27）韓国側の研究者によってイングルハートの議論が用いられることがよくある。進歩と保守の理念葛藤を世代論的に論じるのに，世代効果に関するイングルハートの議論が役立つからである。いわゆる「386世代」(1960年代生まれで1980年代に大学生活を過ごした30代の世代を指す)以降の若い世代の政治性向では，年齢とともに価値観が変わる加齢効果よりも，世代共通の体験に基づく価値観が持続するという世代効果のほうが重要であることを論じるためである。鄭鎮民はさらに進み，脱物質主義的価値観が386世代以降の若い世代に見出せるとして，それをもって韓国政治の変化を論じようとする。そこで問題になるのは，労働者階級の配分要求が重要であった工業社会を経た西欧先進国では脱物質主義的価値観が政治的に重要になるというイングルハートの議論を，成長や配分が依然として重要な韓国において，どのように整合的に論じるのかである。崔章集が脱物質主義的価値観の価値亀裂よりも階級亀裂のほうが重要であるとする批判には妥当な面があると考える。しかしながら崔章集には，階級亀裂よりも地域亀裂のほうがさらに重要であると付け加えなければならない。鄭鎮民，前掲「民主化以後の韓国政党体系の変化――政党体系の再編成の可能性を中心に」。イングルハートの「静かな革命」については，R. イングルハート，前掲『静かなる革命――政治意識と行動様式の変化』を参照。また本書第3章の注95も参照のこと。

28）鄭鎮民「地区党廃止以後の新たな政党構造と党員中心の政党運営の範囲」『議政研究』ソウル，韓国議会発展研究会，第11巻第1号，2005年6月，5～26頁。鄭鎮民「民主化以後の政治制度――院内政党化を中心に」『国家戦略』ソウル，世宗研究所，第13巻第2号，2007年6月，115～140頁。鄭鎮民と類似した政党改革を主張しているのはほかに，金容浩「政党構造の改革方案」朴世逸・張勳編『政治改革の成功条件――権力闘争から政策競争に』ソウル，東アジア研究院，2003年，143～177頁。

29）崔章集「なぜ政党が中心となる民主主義を語るのか」崔章集，パク・チャンピョ，朴常勲『どのような民主主義か――韓国民主主義を見る一つの視角』ソウル，フマニタス，2007年，104～152頁。

30）メアとカッツ(Richard S. Katz)は19世紀のエリート政党から大衆政党，包括政党，カルテル政党への変遷を考察し，それぞれの特徴を詳細に論じている。それによれば，大衆政党は市民社会(彼らは市民社会を用いるが，意味的には社会と理解するのがよい)の中のサブカルチャー的な集団をもとに院外政党組織を構成し，その党員組織を資源として選挙を通じ代表を議会に送り国家の政策に影響力を行使しようとするものである。大衆政党は市民社会に錨をおろしており，大衆を党員として組織する院外政党が党員と代表の間の重要なコミュニケーション経路になる。大衆政党は大略このような特徴をもつものとされており，大統領制のもとでの党政分離を除けば，鄭鎮民や崔章集が取り上げている論点とほぼ一致している。Peter Mair, *op. cit.*, pp. 93-119.

31）地区党の廃止に対して，党費を支払う「真正党員」の拡大に取り組んできた民労党は党の「死亡宣告」になると反発し，市民団体からも「地区党廃止は真正党員を妨げる措置」との声が聞かれたという。「今月15日から地区党廃止　各党「党員をつかめ」妙策に没頭」『ハンギョレ』2004年5月13日。KINDSより取得。

32）「地区党廃止の合意の内外　「政治圏のムルガリの急流」」『ソウル新聞』2003年11月6日。KINDSより取得。

33）光州での国民競選の結果，盧武鉉が第1位に躍り出たことが，盧武鉉を大統領候補に浮上させる大きな転換点になった。国民競選での盧武鉉の勝利は，いわゆる「光州の選択」によるものである。湖南の人々は，盧武鉉が嶺南出身であるため嶺南でも一定程度の支持を得られる候補であることを評価した上で戦略的に選択したのである。金万欽，前掲『民主化以後の韓国政治と盧武鉉政権』24頁。

34）たとえば「ウリ党の創党精神は政党改革であり，党員に権力を戻す基幹党員制が核心」との言葉は，ウリ党内でも盧武鉉に近い政党改革の急先鋒である柳時敏(ユ・シミン)のものである。「与党，紊乱の核「基幹党員制」」『韓国日報』2005年6月11日。KINDSより取得。

35）ウリ党の党憲・党規は，ウリ党のホームページより2007年12月30日に取得。URLは http://www.uparty.or.kr/board/?section＝filedata&TPN＝4&TSN＝6 である。

36）「第238回臨時国会国政演説」(2003年4月2日) 大統領秘書室『盧武鉉大統領演説文集

2003年2月25日～2004年1月31日』ソウル，第1巻，2004年，102頁。

37）基幹党員数の数値は，「ウリ党基幹党員制論難「ペーパー党員をなくせ」vs.「創党精神の毀損」」『ソウル新聞』2005年11月14日。KINDSより取得。

38）「与党指導部の宮廷政治　柳時敏「中央の党職はするつもりはない」宣言」『韓国日報』2004年5月3日。KINDSより取得。

39）『ウリ党』ソウル，第11号，2004年11月26日。ウリ党の機関紙である。

40）金容浩は2001年の中央選管の資料をもって，「党員の中で党費を払う真正党員はごく少数に過ぎず，手間賃をもらい動く党員が大部分である」と論じている。金容浩，前掲書，160～161頁。

41）党憲が改正(2004年9月)されてしまい「特に高齢有権者が多い地方出身議員は泣きっ面に蜂だ。ある議員は「まだ自分のお金を払って党員加入するという人を見つけ出し難いのが現実」だと溜息」であるという。「ウリ党「今は議員が党員の視線を見る身の上に」」『ソウル新聞』2004年9月2日。基幹党員の要件をめぐる党内の派閥間の論争については，「開かれたウリ党「基幹党員」要件をめぐって争い」『東亜日報』2004年7月19日。いずれもKINDSより取得。

42）「与党，基幹党員制結局手術台に　金議長失敗認定」『東亜日報』2006年7月10日。KINDSより取得。

43）「基幹党員制の葛藤　政治改革の象徴？ 対国民詐欺劇？」『東亜日報』2005年11月3日。KINDSより取得。注39も参照のこと。

44）「民労党10万人目の党員登録　意味と課題」『ハンギョレ』2007年5月4日。KINDSより取得。

45）「28日に創党5周年迎える民主労働党」『文化日報』2005年1月28日。KINDSより取得。

46）政党支持率については，朝鮮日報に掲載された韓国ギャラップとの共同調査の結果を利用した。データは朝鮮日報社のホームページ http://www.chosun.com/ より取得。

47）「政党民主主義が揺らいでいる(上)　限界にぶつかった党員制度」『ソウル新聞』2007年9月12日。KINDSより取得。

48）中央選挙管理委員会『2005年度政党の活動概況及び会計報告』ソウル，2006年，16頁。中央選管のホームページ http://www.nec.go.kr/info/politicalParty/ より2007年1月10日に取得。

49）ソン・ホングン「「党費を払ってこそ党員」2000ウォンの力」『週刊東亜』ソウル，東亜日報社，第479号，2005年4月5日，24頁。

50）集計時点がいつなのか不明ではあるが，基幹党員の50%以上が全羅道出身であったという。高源，前掲「蠟燭集会と政党政治改革の模索」110頁。

51）『ウリ党』第12号，2005年1月1日。

52）ノサモの初期幹部が主導して結成した国民参与1219(設立時の名称は1219国民参与連帯)の「発起提案文」より引用。「参与政治完成のために改革ネチズンは語る。10万改革ネチズンよ！ 開かれたウリ党を接受せよ！」(掲載日2004年11月22日)。国民参与1219のホームページ http://www.1219.co.kr/index.php より2007年12月29日に取得。

53)「[創刊16周年　大韓民国の枠組みを組もう］4部　このように変えよう　(6)市民の自発的参与に基づく政治」『ハンギョレ』2004年5月26日。KINDSより取得。

54) シン・ウォン「ノサモが歩んできた道――「政治嫌悪」という泥に咲いた「政治の愛」という蓮の花」盧恵京他，前掲書，7～44頁，特に21頁。

55)「創立宣言文」。国民の力のホームページ http://cybercorea.org/ より2007年12月6日に取得。

56) シン・スングン「[イシュー企画①　党内党　国民参与連帯］「場外からの指図」論の限界……党を接受して「盧チャン」を守る」『月刊中央』ソウル，中央日報社，2005年3月号。中央日報のホームページ http://www.joins.com/ より2008年1月22日に取得。ノサモ出身の李相護に関する記述は，この文献によるところが大きい。李相護は高校卒で釜山の事業家であり，2001年にノサモに加入している。ノサモ以前は無名の市民であった。ちなみに「チャン」は，日本語の「ちゃん」と韓国語の大将を意味する「チャン」とを合成して新たに作られた流行語である。

57)「[国民参与0415］盧「助けてくれ」に〝10万の挙兵〟で応える」『東亜日報』(インターネット版)2004年1月27日。東亜日報社のホームページ http://www.donga.com/ より取得。

58)「国民参与0415の紹介」。国民参与0415のホームページ http://www2.seoprise.com/0415/index.php より2004年5月16日に取得。

59)「親盧団体，総選に備え「国民参与0415」結成　違法性の論難」『東亜日報』(インターネット版)2004年1月27日。東亜日報社のホームページ http://www.donga.com/ より取得。

60)「国民の力…国民参与0415…国民参与連帯　名前は違っても結局ノサモ！」『朝鮮日報』(インターネット版)2005年2月2日。朝鮮日報社のホームページ http://www.chosun.com/ より取得。

61) 注52に同じ。「発起提案文」については，原文の語彙をできる限り用いまとめている。

62) 国参連を率いる李相護は，2005年1月初めまでの1ヶ月ほどで最大30万の基幹党員を確保するとし，その根拠として現在のウリ党の党員は支持者の30%に過ぎないことをあげている。シン・スングン「党権あるところに大権がある」『ハンギョレ21』ソウル，ハンギョレ新聞社，第537号，2004年12月9日，70～73頁。

63)「李基明氏「ノサモの皆さん，与党に入党してください」」『東亜日報』2005年1月15日。KINDSより取得。

64)「与党接受宣言　国民参与連帯に現役議員が大挙合流」。国民参与1219のホームページ http://www.1219.co.kr/index.php より2007年11月27日に取得。

65)「「親盧」3大組織統合論「ポツポツ」」『中央日報』2005年11月1日。KINDSより取得。

66)「開かれたウリ党員協議会長225ヶ所選挙結果　旧民主党派の躍進　改革党・親盧は低調」『ハンギョレ』2005年2月1日。KINDSより取得。

67) 同上。

68)「[イシュー分析］与党，文喜相体制の出帆　展望と課題」『国民日報』2005年4月5日。

KINDS より取得。

69)「[政街裏表]「国参連」発足以後の与党派閥の勢力対決」『東亜日報』2005年1月17日。KINDS より取得。

70)「盧大統領「私が毅然としてこそ国民は安心」」『朝鮮日報』(インターネット版) 2006年6月12日。朝鮮日報社のホームページ http://www.chosun.com/ より取得。

71)「ノサモの戦略家たちは鄭東泳側にいた」『中央日報』(インターネット版) 2007年10月16日。中央日報社のホームページ http://www.joins.com/ より取得。

72) 国民参与1219のホームページにある「団体紹介」中の「沿革」では2004年10月に始まり2005年5月までしか記載がない。http://www.1219.co.kr/index.php より2007年11月27日に取得。またノサモの中心的人物の一人である俳優の明桂南(中央委員会議長)は辞任後の思いを綴った文章を2005年6月3日にアップしている。そこでは「これまでの数年間，特に国参連の発足後から全党大会までの3ヶ月の間，自分の能力の限界を冷静に悟ったためである」とし，平会員としてとどまりたいことを伝えている。これが閲覧された数は93回に過ぎない。文書は同ホームページより取得。

73) キム・ドンファン，キム・ホンシク『蠟燭の灯＠広場　社会のメカニズム』ソウル，ブックコリア，2005年，87頁，118頁。

74) 金大中大統領が多数派になろうとするのは国会の議席で過半数を制するためであるが，彼が主要な支持基盤とする全羅道が「少数派」であるからであり，そのように認識されてきたからである。人口は慶尚道よりも少ないが，韓国の地域では少ないほうではない。人口数が韓国内では少なくない地域であるからこそ，全羅道の地域主義的投票動員は金大中にとって重要な戦略となった。しかし韓国内では非全羅道民による全羅道民に対する偏見や差別があり，全羅道の政治的孤立化という状態も，1990年の民自党結成(慶尚南北道と忠清道が支持基盤)から続いてきたことも事実である。それだからこそ全羅道の人々は凝集性をもって金大中を支持してきたのであるが，そのことが他の地域から批判と警戒を受ける口実にもなった。全羅道を基盤とした金大中政権，さらに変則的であるが盧武鉉政権にとっても，新たな対立軸を作り出すことによる全国政党化は困難であっても悲願であり続けた。全羅道が「少数派」であることについては，金万欽『転換時代の国家体制と政治改革』ソウル，ハヌル，2000年，103〜133頁。また金万欽，前掲「国民統合と政治発展のための民主党の進路」。

75) 崔章集の地域主義論については，以下の文献がある。崔章集「「地域感情」の政治的機能」同『韓国現代政治の構造と変化』ソウル，カッチ，1989年，284〜291頁。崔章集，前掲「イデオロギーとしての地域感情」。崔章集，前掲『民主化以後の民主主義——韓国民主主義の保守的起源と危機』104〜115頁。

76) 崔章集，前掲「「地域感情」の政治的機能」284〜285頁。これと同様の視角から，地域主義は選挙競争から現れた結果であって，原因となる地域亀裂なるものは存在しないと論じるのが朴常勲(パク・サンフン)である。彼は地域主義が従属変数に過ぎない理由として，そもそも韓民族は歴史的に同質であり，地域性などは微弱なものでしかないことを論じる。民族主義的な論調にはやや息が詰まる。朴常勲「地域亀裂の構造と行態」韓国政治研究会編『朴正熙を越えて』ソウル，プルンスップ，1998年，196〜235頁。朴常勲「韓国の有権者は地域主義によって投票するのか――第16代総選の事例」。「草の根ネットワーク」のホームページ http://www.humanbelt.net/ より2007年6月1日に取得。地域主義を虚偽意識とする崔章集は，朴常勲の従属変数論を支持している。崔章集『改訂版　民主化以後の民主主義――韓国民主主義の保守的起源と危機』ソウル，フマニタス，2005年，288〜289頁。

77）崔章集，前掲「イデオロギーとしての地域感情」398頁。

78）同上，406頁。

79）崔章集，前掲『民主化以後の民主主義――韓国民主主義の保守的起源と危機』109頁，114頁。崔章集は「特殊主義」を「普遍主義」と対置させており（いずれも社会学の用語である），「郷里主義」を英語で“parochialism”と表記している。否定的な含意が十分に伝わってくる英語の選択である。

80）趙己淑と李甲允の地域主義論については，以下の文献がある。趙己淑『合理的選択――韓国の選挙と有権者』ソウル，ハヌル，1996年。趙己淑『地域主義選挙と合理的有権者』ソウル，ナナム出版，2000年。李甲允，前掲『韓国の選挙と地域主義』。李甲允「地域主義の政治的定向と態度」『韓国と国際政治』馬山，慶南大学校極東問題研究所，第18巻第2号，2002年夏，155〜178頁。李甲允の地域主義に依拠して地域主義を論じているのが，大西裕「韓国の場合――地域主義とそのゆくえ」梅津實他『新版　比較・選挙政治』ミネルヴァ書房，2004年，173〜220頁。

81）趙己淑は有権者の合理的選択が必ずしも理性的な選択ではないとして囚人のジレンマをあげ，そのような選択として地域主義投票を否定的に見ている。趙己淑，前掲『地域主義選挙と合理的有権者』89頁。これは，囚人のジレンマにある個別的合理性と集団的合理性の矛盾のことである。

82）李甲允，前掲『韓国の選挙と地域主義』15頁。

83）康元沢（カン・ウォンテク）（崇実大学校教授）は趙己淑の合理的選択論について批評し，自分が住む地域がよくなれば自分も必ずよくなるという自己利益の増大が有権者によって判断されているのか曖昧にされていると論じている。つまり地域レベルの集合的行為から個人の合理性が推測されており，合理的選択論の方法論の方向性が逆転していると指摘している。康元沢「地域主義投票と合理的選択――批判的考察」『韓国政治学会報』ソウル，韓国政治学会，第34輯第2号，2000年8月，51〜67頁。これに対して趙己淑は，合理的選択論では個人が合理的であるとする仮定は経験的検証の対象にはならないと反論する一方で，韓国人は政治的経験から地域的な利益配分を知っているから自分の利益を明らかに代表しない政党には投票しないと論じている。趙己淑『16代総選と落選運動――言論報道と論評を中心に』ソウル，集文堂，2002年，25〜56頁。地域での票の過剰なまでの集中現象を説明するには，またフリーライダー的な棄権が起きていないこと（大統領選挙では少なくとも2002年まで含め）を説明するためにも，李甲允が政治指導者との心理的一体感を取り入れたことは，現実への適合性という点で一歩前進であったと言える。

84）李甲允，前掲『韓国の選挙と地域主義』107〜109頁。

85）李甲允は「金大中とその政党に対する湖南の絶対的な支持が，湖南の社会経済的後進性や非湖南の文化的偏見で説明しえないのであれば，その原因は，結局は湖南人が金大中に感じる強い一体感である」としているように，湖南を排除する支配構造や偏見と金大中に対する強い湖南の一体感の二つを切り分けることができると見ている。李甲允は続けて「金大中に対する湖南の絶対的な支持は，彼の執権が彼らに社会経済的発展や偏見の解消をもたらすという現実的で客観的な次元での期待心理から始まったというよりは，主観的で心理的な次元での一体感の表現であると言えるであろう」と述べている。李甲允は湖南の特殊事情を一切排除するのではないが，できる限り抑えて政治家・有権者が参加する選挙競争のゲームとして論じようとする点で，やはり合理的選択論者である。果たして，これをもって全羅道の一体感や票の集中を説明したことになるのか問題がある。同上，109頁。

86)「筆者〔趙己淑〕は，新たな代案を提示する政治家が現れれば，政党再編成が現れるだろうと主張したが，盧武鉉という新たな候補が登場して，そのような変化が部分的になされたと考える」。趙己淑「政党と政策」沈之淵編著，前掲『改訂増補版　現代政党政治の理解』276頁。趙己淑は盧武鉉政権では与党のウリ党を経て，2005年に大統領秘書室の広報首席秘書官に就任している。

87) 李甲允は金大中政権の誕生後の時点で，地域主義的な政党亀裂は10年間の選挙を経て相当に構造化されており，政権交代で地域主義が消滅するという期待は若干性急であるとしている。李甲允，前掲『韓国の選挙と地域主義』179～180頁。

88) 金万欽の地域主義論については，金万欽，前掲『転換時代の国家体制と政治改革』106～135頁。金万欽『韓国政治の再認識――民主主義　地域主義　地方自治』ソウル，プルピッ，1997年，57～240頁。ちなみに地域主義の四つの面は，ここで紹介した4人の研究者の研究から筆者が見出したものである。

89) 金万欽，前掲『韓国政治の再認識――民主主義　地域主義　地方自治』135頁。

90) 金万欽，前掲『転換時代の国家体制と政治改革』107頁。黄台淵（ファン・テヨン）（東国大学校教授）もまた全羅道と慶尚道（嶺南）に支配と収奪の関係を見出す。保守的な「嶺南覇権主義」と「抵抗的地域主義」の対立を軸に論じ忠清道との連合を示す一方で，慶尚道の労働者階級との連合も必要であるとして「地域・階級連合」を説いている。金万欽との違いは，支配構造が朴正熙政権時代以降に形成されているとする点であり，そのためか共同体へのこだわりは弱く，慶尚道の労働者との連合を説く議論になっている。ただし全羅道には階級論的に接近することには反対している。慶尚道の労働者との連合を説くことは観念的と言えるが，彼の議論は1997年12月の大統領選挙を前にして全羅道の金大中と忠清道の金鐘泌の地域連合を説くものであったと見ればよかろう。黄台淵「内部植民地の抵抗と地域の政治化――西欧と韓国の地域問題，理論，権力戦略」『韓独社会科学論叢』ソウル，韓独社会科学会，第7巻，1997年，29～61頁。

91) 金万欽，前掲『韓国政治の再認識――民主主義　地域主義　地方自治』169頁。

92) 同上，176頁。全羅道の一体感やアイデンティティについては，国民国家の中に固い殻をもって存在する下位の共同体であるサブカルチャーの表れと見ることもできよう。金万欽は近代化によって地縁などの伝統的なアイデンティティが容易に消えないとして，ダール（Robert Dahl）を引用して西欧先進国でも伝統的な集団であるサブカルチャー間の葛藤が避けられないことを論じている。ただし金万欽は全羅道をサブカルチャーとして直接言及してはいない。同上，67頁。

93) 崔栄真(チェ・ヨンジン)(中央大学校教授)は，合理的選択論に対して，全羅道には運命共同体的な政治的アイデンティティがすでに形成されているとして，政治的アイデンティティをもって全羅道民が金大中と彼の政党を圧倒的に支持する投票行動を説明する独立変数であると論じている。また彼は，慶尚道や忠清道で現れる地域主義については，政治的利害や既得権を持続させようとする打算的判断でなされる結集であるとして合理的選択論を取り入れて解釈している。崔栄真「韓国地域主義論議の再検討——政治的アイデンティティ概念と動機付与構造を中心に」『韓国政治学会報』ソウル，韓国政治学会，第33輯第2号，1999年10月，135〜155頁。また崔栄真「地域主義の理論構造に関する研究——地域集団の構成と政治的メカニズムを中心に」同『地域主義理論と韓国政治』ソウル，カサン出版社，1999年，32〜75頁。ちなみに崔栄真は慶尚南道の出身であるが，大学時代に全羅道の友人に出会うことで，人間の尊厳性を侵害する地域差別の現実に目覚めることができ，それが地域主義研究のきっかけになったとしている。同上，10〜11頁。

94) 崔章集，前掲「「地域感情」の政治的機能」285頁，290頁。ソウル特別市作成資料(1979年)を見ると，ソウル市内の生活保護対象者の内訳は全羅道出身者が24.6%，慶尚道出身者が9.4%となっている。高興化『資料で編む韓国人の地域感情』ソウル，星苑社，1989年，137頁。生活保護受給者に，これほどの地域差があることから，1999年制定の国民基礎生活保障法は市民団体が強く望んだものであるとは言え，金大中大統領による彼の堅固な支持層である全羅道出身者への見返りであったとする面も否めない。

95) 李甲允，前掲『韓国の選挙と地域主義』88頁。

96) 2004年の国会議員選挙から1人2票の小選挙区比例代表並立制に移行している。2004年では比例代表の議席は56であり全体の18.7%である。本章245頁を参照。

97) 康元沢は2002年の大統領選挙を論じて，慶尚道(特に慶尚南道)での盧武鉉支持について米軍装甲車女子中学生轢死事件とそれによる駐韓米軍地位協定(SOFA)改正問題が影響を及ぼしたとして，地域主義的な動機ではなく，地域を超える理念性向が重要であったとしている。康元沢「2002年大統領選挙と地域主義——地域主義の弱化あるいは構造化？」同『韓国の選挙政治——理念，地域，世代とメディア』ソウル，プルンギル，2003年，225〜255頁。康元沢の議論に対しては，次の点を指摘しておく。投票に影響を及ぼした要因として地域主義に関する意識調査がなされていない以上，SOFAや北朝鮮政策などの理念的争点が投票行動にどのような影響を及ぼしたのかを正確に知ることはできない。筆者は轢死事件などの影響を否定しないが，もし盧武鉉候補が全羅道出身者であれば慶尚南道の有権者(盧武鉉は慶尚南道出身)は彼に同じように投票したのか強い疑問をもつ。この疑問を解くには地域主義投票に対する意識調査がなされなければならないが，回答者から本心を引き出せる調査方法はいまだにないと言えよう。筆者は，韓国の若手の政治学者から地域主義の調査方法として，アメリカの黒人差別に関する世論調査の方法を援用することを聞かされたことがある。このような難しさがあるため，筆者は韓国の地域主義投票を論じるには，いまだ得票数や得票率といったアグリゲートなデータが重要であると考える。

98) 康元沢「17代国会議員選挙と弾劾」『行政論集』ソウル，東国大学校行政大学院，第32輯，2005年6月，3〜21頁。韓国では“critical election”を「重大選挙」と訳している。

康元沢のほかに決定的選挙が起きたとする議論として，たとえば金容浩は地域主義の単一亀裂構造が地域・世代・理念を軸にした重層的な社会亀裂構造に変化し，地域主義は相対的に弱まっていると論じる。金容浩「2004 年総選過程と結果に対する総合的分析」韓国政党学会編『17 代総選現場レポート――13 人の政治学者の参与観察』ソウル，プルンギル，2004 年，382～408 頁。決定的選挙と政党再編成に対する反論もある。イ・ジュンハンらは，世代間の投票性向の違いは 1990 年代にもあったもので，1997 年の大統領選挙以降は若い世代の野党性向が与党性向に変じたに過ぎず新しい現象ではないとする（金大中が政権についたため与党性向になった）。なぜ 2002 年や 2004 年の選挙が新しく見えたのかと言えば，候補者構図が三者対立から二者対立に変わり若い世代の票が集中しやすくなったこと，また若い候補と若い世代の支持が組み合わされたこと，マスメディアが世代葛藤を誇張したことをあげている。地域主義投票については慶尚南道で弱まったに過ぎず，しかも「かなり制限的な範囲で緩和」しており，キー（V. O. Key, Jr.）が決定的選挙による再編成を「鋭く，かつ持続する」（sharp and durable）ものとしていた点をあげて，2002 年と 2004 年がそれに該当しないことを論じている。イ・ジュンハン，イム・ギョンフン「果たして「重大選挙」なのか？――第 17 代国会議員選挙における有権者の投票決定要因分析」『韓国政治研究』ソウル，ソウル大学校韓国政治研究所，第 13 巻第 2 号，2004 年 10 月，117～141 頁。イ・ジュンハンらの反論を受けて，鋭く分岐する決定的選挙ではなく，ゆっくりと進行する「漸進的な再編成」（secular realignment）を考えようとするのであれば，キーは最低でも 10 年以上から半世紀に及ぶ時間的視野をもって変化を見るべきであるとしていることに留意する必要がある。いずれにせよ韓国で地域対立から理念対立への再編成を論じるには，2002 年の大統領選挙と 2004 年の国会議員選挙のそれぞれ 1 回だけでもって断定するのはあまりに性急過ぎる。キーの決定的選挙と漸進的な再編成の概念については，V. O. Key, Jr., “A Theory of Critical Elections,” *The Journal of Politics*, Vol. 17, 1955, pp. 3-18. V. O. Key, Jr., “Secular Realignment and the Party System,” *The Journal of Politics*, Vol. 21, 1959, pp. 198-210.

99）本書第 1 章で取り上げたアルフォード指数であるが，全羅道地域政党の得票率で見るならば，2007 年の大統領選挙は 69.7%，2008 年の国会議員選挙は 52.8%となる。アルフォード指数に依拠するならば，地域主義は亀裂として，いまだ高い水準であると言える。本書第 1 章 22 頁を参照。

100）間寧「亀裂構造と政党制――概念整理と新興民主主義国への適用」『アジア経済』アジア経済研究所，XLVII-5，2006 年 5 月，69～85 頁。

101）次の文献も参照。S. Fabbrini “Cleavages: Political,” *International Encyclopedia of the Social & Behavioral Sciences* (Amsterdam, Elsevier, 2001), Vol. 3, pp. 1987-1990.

102）Stefano Bartolini, *The Political Mobilization of the European Left, 1860-1980: The Class Cleavage* (Cambridge: Cambridge University Press, 2000), pp. 9-34.

103）康元沢「有権者の理念性向と候補選択――1997 年大統領選挙を中心に」同，前掲『韓国の選挙政治――理念，地域，世代とメディア』25～61 頁。康元沢は，李会昌と金大中がともに高年齢層で支持率が高くなる年齢別の変化であるとした上で，若い世代で支持率が高くなる李仁済と盧武鉉の支持率を比べる。金大中を切り離して李仁済と盧武鉉の2人だけの支持率を比較する結果，1997年と2002年の間に若い世代の投票行動が大きく変化したと論じることになる。本書は康元沢が用いた韓国社会科学データセンターの調査結果を用いず，韓国ギャラップの調査結果を用いており，金大中の支持率の年齢別変化は盧武鉉のそれには及ばないが若年層のほうが高年齢層よりも高いことを踏まえて，金大中と李仁済を合算して盧武鉉との連続性を見ようとした。この点に関する康元沢の議論は，康元沢，前掲「2002年大統領選挙と地域主義――地域主義の弱化あるいは構造化？」291～292頁。1997年大統領選挙に関する韓国ギャラップの調査結果は，韓国ギャラップ『第15代大統領選挙投票行態』ソウル，1998年，19頁。

104) 康元沢，前掲「17代国会議員選挙と弾劾」3～21頁。

105)「世界価値観評価」(World Values Survey)では「左翼」(left)か「右翼」(right)かの質問項目があるが，この用語を韓国で使うのであれば左翼との回答が難しいために，韓国では進歩と保守が代用されてきた。それでは，1995年の「世界価値観評価」の調査で回答者が理解する進歩の意味と，2005年の調査で理解されている進歩の意味は果たして同じであったのであろうか。進歩の意味については韓国の研究者によって，政治的民主化，社会経済的改革，民族主義的な対外政策(反米・親北)があげられるが合意があるわけではない。研究者に合意もなく意味を明示せずに調査をするのであるから，一般国民はメディアの強い影響を受けながらも，それぞれ自分の思いで回答することになろう。その世界価値観評価の調査結果では，1995年から2005年までの10年間に保守は増加傾向(29.3%→39.1%)，進歩は横ばい状態(30.9%→28.6%)にあり，保守が進歩を上回るようになっている。これによれば，2001年から05年の間には保守化が進んだことになる。これに対してソウル新聞に掲載された韓国社会科学データセンターの調査結果では，進歩は2004年12月に31.8%にまで急増し，その後一時的に減少するが再び増加に転じ2007年2月には27.2%にまで回復しており，保守は2003年7月の39.8%から2007年2月の30.7%にまで減少している。進歩が増加することで理念対立が2004年に高まったことが示されている。このように調査機関によって調査結果は異なる。混乱のある進歩・保守の区分であるが，筆者は進歩の回答には，盧武鉉大統領に対する支持の言いかえの面が大きかったのではないかと見ている。つまり盧武鉉大統領を支持しながらも，有権者は政策や理念の次元でしっかりとした進歩・保守の対立軸を形成するには至らなかったということである。それゆえに政権後半期における盧武鉉大統領の不人気は直ちに理念対立を語ることの意味を失わせ，理念的亀裂論を失速させたと言える。それでは盧武鉉への支持が蠟燭デモとなって，あれほどの大衆動員がなされたことを，どのように理解すべきなのかという問題は残る。本節はこの問題を解き明かすことを課題としている。「世界価値観評価」の調査結果については，そのホームページ http://www.worldvaluessurvey.org/ より2009年3月22日に取得。ソウル新聞に掲載の韓国社会科学データセンターの調査結果については，KINDSより取得。

106) 進歩・保守の選択を決定する争点が外交と安保の争点であることを論じているものは多い。たとえば，陳英宰「韓国人の理念的性向分析(2002-2004)」小此木政夫編，前掲『韓国における市民意識の動態』3～20頁。

107）陳英宰（チン・ヨンジェ）(延世大学校教授)は争点間の非一貫的態度について論じ，理念的亀裂には消極的な議論を展開している。また丁栄泰（チョン・ヨンテ）(仁荷大学校教授)も，韓国社会では地域亀裂を除く様々な葛藤がいずれも「凍結」(freeze)しておらず，一人の個人の中に多様なアイデンティティが同時に存在している矛盾した状況であると論じている。陳英宰，前掲論文，3〜20頁。丁栄泰「理念的スペクトラムの制限的拡張と進歩政党の院内進出――背景と展望」魚秀永編著『韓国の選挙V――第16代大統領選挙と第17代国会議員選挙』ソウル，オルム，2006年，385〜431頁。

108）この点に関連して，キム・ムギョンと李甲允は次のように論じている。外交安保政策の分野でも金大中政権以降に国民は進歩化してきているが，進歩・保守の両極端は増えておらず分極化していない。対米関係や対北関係でも米国と北朝鮮のいずれをとるのかではなく両面的・矛盾的な態度である。政党はいずれかを強調し支持を動員しようと対立的路線をとるが，それをもって国民の中の理念葛藤の水準を誇張してはならない。キム・ムギョン，李甲允「韓国人の理念定向と葛藤」『社会科学研究』ソウル，西江大学校社会科学研究所，第13輯第2号，2005年，6〜27頁。

109）この点については，本書第1章19頁を参照。

110）この発言は2002年9月12日に慶尚北道の嶺南大学校でなされたものである。「盧候補の嶺南大学校講演「米国に行かなかったから反米主義者なのか，反米主義者ならどうだというのか」」『東亜日報』2002年9月12日。KINDSより取得。また当時の与党民主党の代表は1クラスの大学生64人に支持候補者を聞いたところ，60人は盧武鉉候補支持で，最も多い支持理由が盧武鉉の在韓米軍撤収の主張であったという話を興味深げに紹介したという。その頃の若い世代の心情を伝えるエピソードである。「反米はファッション？」『東亜日報』2002年5月6日。KINDSより取得。

111）「ホワイトハウス「入場拒否」」『ハンギョレ』2002年12月9日。KINDSより取得。

112）いくつかの異なる調査機関の寄せ集めになるが，2002年12月初めには85.7%が「不平等な関係を改善する必要があるのは当然だ」，SOFA改正に対しては84.8%が「米軍関連犯罪捜査等の側面で不平等な条項が多いので即刻改正しなければならない」と答えていたが，翌2003年6月の調査ではSOFA全面改正支持は30%にまで減っている。同一の質問ではないとは言え，亀裂を形成するにはあまりに早過ぎる世論の変化である。沈良燮，前掲『韓国の反米――原因・事例・反応』165頁。

113）康元沢「16代大選と世代」金世均編『16代大選の選挙過程と意義』ソウル，ソウル大学校出版部，2003年，174〜176頁。

114）該当部分を引用すると，理念的性向とSOFA改正の相関関係の弱さを指摘して「……SOFA改正に対する態度が理念的なものであるより，情緒的な反応であることを強く示唆してくれるものであると見ることができるためである。言いかえれば理念的態度と無関係に，女子中学生事件と関連した米軍兵士の無罪判決以後に米国に対する情緒的な憤怒がSOFA改正の必要性に対する認識につながったものと言える」と論じている。同上，175頁。

115）康元沢「世代葛藤と亀裂構造――反共イデオロギー，民主化と政党政治の変化」同，前掲『韓国の選挙政治――理念，地域，世代とメディア』313〜333頁。

116) 康元沢「憤怒の離脱……絶望の決別」『NEXT』ソウル，中央日報社，第35号，2006年9月，26〜33頁。
117) 康元沢「新しい政党政治の環境は準備されている」2006年12月13日開催の講演(ファイルに頁数の記載なし)。緑色政治連帯のホームページ http://blog.ohmynews.com/savemyearth/130803 より2007年7月6日に取得。
118) 張勲・康元沢「[象牙の塔から見た2007年大選]——張勲・康元沢教授の激論」『週刊朝鮮』ソウル，朝鮮日報社，第1957号，2007年6月4日(ファイルに頁数の記載なし)。朝鮮日報社の『chosun.com マガジン』のホームページ http://weekly.chosun.com/ より2007年7月6日に取得。
119) 宋虎根『韓国，何が起きているのか』ソウル，三星経済研究所，2003年，51頁。
120) 金善美「市民運動の危機論と市民社会の構図変化」小此木政夫・西野純也編『韓国における市民意識の動態II』慶應義塾大学出版会，2008年，3頁。このアンケートは，次の記事からの引用である。「1987年，その後20年市民運動はどこに　①見える限界，見えない展望」『ハンギョレ』2007年3月22日。KINDSより取得。
121) 前掲「1987年，その後20年市民運動はどこに　①見える限界，見えない展望」『ハンギョレ』2007年3月22日。

結　論

本書の内容について，金大中政権と盧武鉉政権の10年間に起きた政府・政党と市民社会の相互関係の緊密化が，どのように進行し，なぜ起きるようになったのか，どのような結果をもたらしたのかという三つの点から再構成してまとめることにする。

第一に，どのように相互関係の緊密化が進行したのかである。それについては，社会運動の制度化概念を用いてある程度までは論じることができる。制度化概念は，社会運動組織が運動的な側面を残しながらも，議会や行政組織からなる制度的領域へのアクセスを得ることによって利益団体としての面を強めることを想定する。だが韓国では市民団体は政策過程へのアクセスを得たアクターとなるだけではなく，政党に準じる権力闘争のアクターとしての面も有するようになる。政治的な機能を強める相互関係を論じるためには，政府・政党との相互関係については政策過程を中心とするのでは不十分であり，より政治的な動態をとらえる別の概念的枠組みが必要となる。

社会運動の制度化については，それを構成する三つの要因であるルーティン化，包摂，穏健化を取り上げ，修正を加えて韓国における政府と市民社会の相互関係に適用した。包摂については，経実連と参与連帯の役員経歴保有者の政府組織の役職への就任状況をもって示すことにし，金泳三政権のときよりも金大中政権と盧武鉉政権のときに政府と市民団体を結びつける接合部分が急速に広がってきたことを実証的に明らかにした。政府・与党に対する要求や戦術の穏健化については党派性をもって示すことにし，2000年と2004年の落選運動を取り上げ，公式的には表明されることのない党派性を浮かび上がらせようとした。2004年には2000年に比べ党派性が明らかになっている。ルーティン化は，社会運動の違法性が弱まり警察との激しい衝突がなくなり秩序だった行動が見られるようになることである。そこで市民運動の合法化に注目して，金大中大統領が迅速な法改正によって落選運動を一定の範囲で合法化し，さらには違法行為がなされても警察の取り締まりを抑制したことなどを論じた。それによって落選運動の側では強硬姿勢は弱まり，警察との激しい物理的衝突が起きることはなかった。これらの三つの要因の考察から，制度化が進みながらも，制度化概念が想定する社会運動の政府指向の範囲を超えて，市民運動が与野党の権力闘争に加わるアクターになってきたことを明らかにした。

さらに進み政府と市民団体の相互関係を論じるには，社会運動論を離れ，金大中大統領が市民社会にどのようにアプローチしたのかを取り上げなければならない。金大中大統領の市民社会戦略は第二の建国運動に始まる。これは地域対立の克服を含む国政の総体的改革を担う「改革主体勢力」を上から形成しようとしたものである。このとき，かつての民主化運動の野党指導者であった金大中大統領の指示と号令をもってしても，市民団体を動かすことはできなかった。この失敗を契機に，金大中大統領は市民団体の政策的要求に積極的に対応したり，協調的な関係を作るために市民団体の指導者を迎え入れる青瓦台人事を行ったりもした。その延長線上で2000年の落選運動には柔軟で協調的な姿勢がとられることになる。

このような権力闘争レベルにおける政府と市民団体の相互関係の動態をとらえるために潜在的同盟の概念を提示した。社会運動組織が，政党との関係でとりうる選択はフォーマルな同盟，新党結成，非党派の三つであるとされる。政党とのフォーマルな同盟の選択は市民団体から社会的信頼を失わせる危険が大きく，また国政レベルにおける新党結成は地域主義の政党構図ゆえに容易ではない(1996年の統合民主党の失敗)。金大中は民主化運動の指導者であり「改革の同伴者」であっても政権についた以上，市民団体が党派的に一体化するフォーマルな同盟関係に踏み込むのであれば，御用団体としての批判を巻き起こし地域対立の中で埋没する恐れがある。このようなジレンマの中で市民団体の党派的な選択としてありうるのが，フォーマルな同盟と非党派の選択の中間になる暗黙的な潜在的同盟ということになる。

潜在的同盟では，市民運動は政府や政党からの指示に従うことなく独自の政治的な活動空間を作り出し，市民に直接的な参加への行動を促す。この政治的な活動空間に参加する市民が支持層となる可能性があるのであれば，政府や政党は市民運動に期待をもって積極的に共同歩調をとることになる。韓国で潜在的同盟が現れてきたのは，国政選挙をめぐって与野党が争う中においてであり，国民世論から圧倒的な支持を得ることに市民運動が成功したときである。潜在的同盟は党派的な性格をもつが，市民団体は党派性を表立たせようとはしないことから，それは明瞭には見えず曖昧なものになる。だが政府・政党と市民団体の相互関係が緊密化し，さらにフォーマルな同盟に限りなく引き寄せられることになれば，潜在的であった党派性が表面化することになる。

第二に，政府・政党と市民団体の相互関係が緊密化するようになったのは，なぜかである。市民社会の中にその理由を求めるならば，一つは民主化運動時代に遡る金大中支持があり，それは市民団体を含む市民社会に一定の広がりをもって持続していたことがあげられる。もちろん金大中に対する嫌悪や反発も存在していた。もう一つは 1987 年の民主化以降に権威主義体制の残存勢力が政権にあり続けたとして，かつての民主化勢力が民主化のねじれを解消しようとしたことがあげられる。金大中政権を「野党政権」として見る民主化勢力にとっては，残された民主化の課題を達成する好機が到来したことになる。最初の理由が民主化運動をともにした同志的な一体感によるものとするならば，二つ目の理由は金大中大統領と連携して民主化をより深めようとする政治的な指向性であると言える。この二つは別々のものであるよりも，多様に混じり合っている。市民団体の役員経歴保有者が金大中政権のもとで包摂される傾向が強まるのは，個人的な上昇願望が含まれる事例もあろうが，この二つの心情的・政治的な要因が市民社会の中にあったからであると考えるべきである。

それでは，金大中政権と盧武鉉政権が市民社会に接近したのはなぜか。それは地域主義的な支持基盤を克服して全国政党化を実現することが，全羅道を主要な支持基盤とするこの二つの政権にとっては最優先の政治課題であったからである。それは政党支持を脱地域主義的に再編成することである。地域主義の亀裂を克服するべく新たな対立軸や亀裂を作り出すためには，地域的な支持基盤に立つ政府や政党だけでは実現は容易ではなく，地域主義の縛りから自由な市民運動による世論喚起と市民の支持動員が必要であったのである。地域主義があるから市民運動は政治的に必要になり，政治に結びつくことでその意義を発揮してきたという点で，地域主義と市民社会の異質な二つは韓国政治では一つの組み合わせとなる。

2000年の国会議員選挙を前にして，金大中大統領は新政治国民会議から新千年民主党に与党の看板を変えたが，それは地域覇権政党から「改革的国民政党」に脱皮するためであった。再編成の政治では，金大中大統領よりも盧武鉉大統領が市民社会との接点をより大きくしようとした。それは金大中よりも盧武鉉が地域主義的な政治家ではないと見られていたことによる。民主党の大統領候補を決める国民競選ではノサモの貢献で第1位となり，大統領選挙ではノサモの活躍や蠟燭デモの熱気で当選したことから，「この大選で国民が示した参与政治の熱気を一つに結集」して「亡国的地域感情と地域主義政治を打破」(ウリ党の「創党宣言文」)することが目指されることになった[1)]。これは2004年の国会議員選挙でのウリ党の候補者充員に，また基幹党員を拡大するウリ党の政治実験となって現れる。政治実験は，ノサモの若者を党員として取り込むことで，党運営を民主化するとともに全国政党化させようとする政党改革の試みであった。

このように政府・政党と市民団体の相互関係の緊密化は，両者に民主化運動の経験の共有による「親和力」や「理念の親和性」があるだけではなく[2)]，再編成のための切迫した必要性が金大中政権と盧武鉉政権の側にあったからである。

ここで，政府・政党と市民団体の相互関係がどのように，なぜ緊密化したのかに関する上記の説明を，図18を用いてあらためて整理しておくことにする。図18は，市民社会と地域主義をそれぞれ縦軸と横軸として交差させた座標軸である。このような座標軸が意味をもつのは，金大中政権と盧武鉉政権が脱地域主義を目指して，包摂の拡大や活動空間の拡張によって市民社会(市民団体，市民運動)を活性化させて政党支持の再編成に動員しようとしたことにある。

縦軸の代わりに描かれている縦の線分は各政権と市民社会との協力関係を示すものであり，その線分の長さは協力関係の度合いを示している。図の上方は改革的・進歩的[3)] な市民社会であり，具体的には第2章で論じた参与連帯を中心とする市民団体のグループであり，それは左派民族主義の民衆団体にも比較

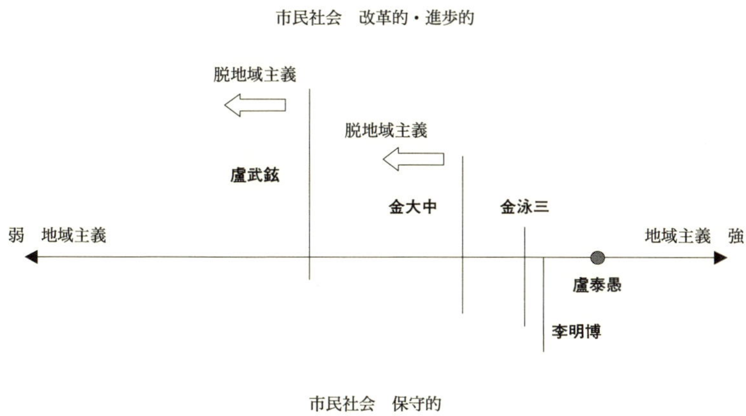

図 18　地域主義と市民社会の交差状況の変化

的近いグループである。図の下方には，これらに敵対する保守的な市民団体，具体的にはニューライト運動を位置づけている。経実連はその中間ないし中間よりやや下側に位置すると見てよい。横軸は地域主義の強弱を示しており，右のほうに行くほど政権の支持基盤が地域主義に依存する傾向を強め，逆に左のほうに進むほど地域主義の支持基盤を抱えながらも支持層を広げようとする試みが見られるようになる。

この座標軸の中に，民主化以降の五つの政権を位置づけて見ることにする。盧泰愚政権(1988〜93 年)は，市民団体との協力関係がなく，しかも地域主義的な支持基盤(慶尚北道，3 党統合後は慶尚南道と忠清道が加わる)に依存していたことから，右端のほうに丸印として位置づけている。金泳三政権(1993〜98 年)と盧泰愚政権との違いは地域主義の位置づけにあるよりも，市民社会との協力関係にあり，金泳三政権のもとで包摂の増加が見られるようになる。そのため縦の線分が長く伸びている。包摂は，次の金大中政権(1998〜2003 年)でさらに一層増加することになる。それに加え，金大中政権では落選運動との相互協力的な関係が見られるようになり，市民社会との協力関係を示す縦の線分が金泳三政権のときよりもさらに長くなる。また金大中政権では縦線がより上方に移動しているのは，金泳三政権では経実連との協力関係が中心であったのに対して，金大中政権では改革的・進歩的な市民団体のグループに協力関係の中心が移っているからである。

金大中政権と盧武鉉政権(2003～08年)は，左方向を指す矢印で示されているように，いずれも縦の線分が横軸の左側に移動しようとしている。それは両政権が地域主義的な支持基盤に依拠しながらも脱地域主義的な政治を展開しようとしたからである。金大中政権よりも盧武鉉政権がより左のほうに位置しているのは，金大中政権では全羅道政権の面が強かったからである。この二つの政権では，政党再編成の政治のため市民社会との協力関係もまた強まり，縦の線分をより長いものにしている。盧武鉉政権では，その後半期に市民社会の中に理念対立が生じ，2008年の大統領選挙に向けて熾烈になった。ニューライト運動と盧武鉉政権の対立関係を踏まえて，盧武鉉政権の縦の線分は金大中政権のそれよりも上方のほうにより伸ばしている。

それでは李明博政権(2008年～現在)は，どのように描くことができるのか。李明博政権は金泳三政権や盧泰愚政権のように慶尚道に主要な支持基盤をおく政権である。地域主義の面では，かつての慶尚道政権の位置に回帰しているが，市民社会との協力関係が見られる点では盧泰愚政権とは異なる。李明博とニューライト運動には大統領選挙に向けて協力関係が見られた。この点をもって，李明博政権の縦の線分を描いたのである。確かにニューライト運動の指導者が包摂されるケースはあるが，政府の委員会に保守的な市民団体の役員を取り込むことに積極的ではないように見える。李明博は，盧武鉉政権のもとで改革的・進歩的な市民団体が政治化する中で大統領選挙に勝つためには，ニューライト運動と協力して市民社会における理念対立の線戦でも戦わざるをえなかった。しかし市民社会の動員を，李明博大統領が政権発足後にも継続する可能性は高くはないようである。李明博大統領には，全羅道を支持基盤とする金大中大統領に見られたような支持基盤拡大の切迫感はなく，再編成の政治をニューライト運動との連携で進めることはないであろう。むしろ彼にとっては対立と混乱を惹起するだけの騒々しい市民社会を脱動員，脱政治化する方向に進むものと見られる。

どのように，なぜを整理した次は，三番目の点として，脱地域主義に向けた政党支持の再編成の政治がどのように帰結したのかを整理しておくことにする。第5章で論じているが，政党支持の再編成が2002年の大統領選挙，2004年の国会議員選挙において現れたとも，またそれらが決定的選挙であったとも現時点で主張することは難しい。2002 年の大統領選挙を見る限りでは，駐韓米軍地位協定(SOFA)が合意争点となることで，蠟燭デモは若い世代を中心に広がることに成功し，盧武鉉候補の当選に大きく貢献することにもなった。

合意争点が優勢になり，市民社会が支持の動員に成功し独自の政治的空間を作り出すのは 2000 年の国会議員選挙，2004 年の国会議員選挙でも見られたことである。なぜ対立争点ではなく合意争点なのか。しかも米国に対する民族主義的な感情(2002 年)や議会政治に対する怒り(2000 年と 2004 年)が喚起されるときなのか。「集団的に恨(ハン)を刺激することのできる争点」(康元沢)[4] であったから選挙政治を席巻したとの見方にも一理あるが，さらに一歩進め，市民社会にも政党にもそのような合意争点に依存せざるをえない構造的な理由があったと考えるべきであろう。つまり市民社会には民主労総など動員可能な大衆組織を有する勢力もあるが，市民運動を主導する市民団体には持続的な組織的動員力はなく，また政党も地域亀裂に沿った投票動員に限定されている状況では，動員力の脆弱さを補うのが合意争点の形成であったとも見ることができる。民主労総など民衆勢力の動員力を凌駕する大規模な動員と世論結集は，合意争点の形成に依存せざるをえないのである。

蠟燭デモに象徴されるような市民社会は大きく膨張しても収縮も急速であり，それが繰り返されてきた。もちろんこのような状況は，対立争点を提起して支持者をしっかり固める好機にもなりうる。大統領弾劾反対の熱風が吹いた 2004 年の国会議員選挙後では，盧武鉉政権が支持者を固める前に支持層が収縮してしまったためなのか，盧武鉉政権が誤った政策をしたためなのか，いずれの面が大きいにせよ支持者の党組織への取り込みは失敗した。理念対立の争点である外交・安保では，第 5 章で見たように世論の両極化は不十分な状況にあり，理念対立とされる争点間の一貫的な態度も不十分である。それだけにこれらの争点では世論の流動化も早く，国民と政治指導者の間に乖離も生じやすい。盧武鉉政権は 2004 年に市民運動のパワーによって地域亀裂を超える全国政党化に成功するかに見えたが，それがバブルとなってはじけるのに時間はかからなかった。ウリ党は合意争点が作り出した閃光政党であった。

それでは，これまでの潜在的同盟は 2008 年の政権交代によって，どのようになるのか。政権交代によって，金大中政権と盧武鉉政権のときの政府・与党と市民社会の関係から，野党と市民社会の関係に変わった。市民団体にとっては政府・与党への対応が御用批判を受けないか相当の神経を用いてきたときとは違い，公然と野党と連携することも可能になった。

しかし状況は厳しい。市民団体が野党と連携するには，具体的な争点で連携するのか，あるいは民主化勢力，改革勢力，進歩勢力という抽象的な理念をもって連携するのか。さしあたり盧武鉉政権が「進歩」の象徴を消耗した感があるだけに，後者の抽象的な理念での連携は国民にとっては魅力的ではないであろう。さらに問題は，市民団体の側にもある。これまでの10年間に及ぶ政府・与党との相互関係の緊密化は，市民団体の社会的信頼を徐々に損なってきた。市民団体は果たして公共的利益を実現する団体なのか，党派的な勢力なのか岐路に立たされるようになった。つまり国民に向けて争点を発信・提起する能力も含め組織的な体力(資源)も弱まりつつある。このような行き詰まりを打開してくれるのが，再び情緒的な合意争点の形成とそれによる世論の結集であったということが，2008年の狂牛病デモで示されたと見ることができよう[5)]。これまでとは違い国会議員選挙が終わってしまった後のことであり，街頭に集まった市民の熱気とエネルギーの向かう方向は定まらず，結局は時間の経過とともに霧散するに終わった。

市民団体は盧武鉉政権後の行き詰まりを過渡期として乗り越えることができるのか，あるいはますます行き詰まりを深め委縮するのか。さらに李明博政権は掌握した権力をもって，どこまで市民団体や民衆団体の脱動員化と脱政治化を推し進めることに成功するのか。そして2012年に予定されている大統領選挙では，全羅道民とその出身者における地域主義的投票行動が復元して慶尚道の持続する地域主義と競合するのか。それまでに李明博政権のもとで，地域主義と市民社会の二つの軸にどのような変化が進行するのか注視したい。

1)「創党宣言文」はウリ党のホームページ http://www.uparty.or.kr/3th_main/index.html の「統合資料室」より2007年12月30日に取得。
2) 趙大燁の「親和力」は，本書第1章14頁。宋虎根の「理念の親和性」は，本書第3章114頁。
3)「改革的」「進歩的」という言葉は，論者によって意味が異なってくる。「進歩」は参与連帯のメンバーが自らを呼ぶために使うこともあるが，民労党の支持者は自身の左翼的な立場をもって「進歩」と呼び，参与連帯などの市民団体を「進歩的」とせず「改革的」とする傾向がある。盧武鉉政権に対しても，民労党の支持者は「改革的」とか「中道自由主義的」と呼ぶ。ここでは「改革的・進歩的」という言葉を，主として参与連帯などの市民団体グループ(第2章の市民連帯会議・参与連帯グループ)を指すものとしている。本書第2章の注29を参照のこと。

4）康元沢，前掲「新しい政党政治の環境は準備されている」2006年12月13日開催の講演(ファイルに頁数の記載なし)。

5）米国産牛肉問題に情緒的な反応を見出す理由は，BSE(牛海綿状脳症)に関する情報をテレビ(準公営放送のMBC)が歪曲報道して，それを受けてインターネットや携帯電話では扇動的な情報が流れ，それに10代の女子中学生，高校生が過剰に反応したことから，狂牛病デモが一気に広がったことにある。女子中高校生の抗議行動がなければ蠟燭デモは広がらなかったであろう。2007年の大統領選挙前の夏にも，市民社会の一部では韓国人のアフガニスタン拉致・殺害事件をもって2002年のときのような反米ナショナリズムが沸き起こることが期待されたが，拉致被害者に対する批判世論も起きたことから，反米・反ハンナラ党に世論を誘導することはできなかった。

付　録

付録 1～4 の共通記号

記号	連帯型運動組織の名称
A	2000 年総選市民連帯
B	2004 総選市民連帯
C	弾劾無効・腐敗政治清算汎国民行動
D	米軍装甲車故申孝順・沈美善殺人事件汎国民対策委員会
E	韓国市民団体協議会
F	市民社会団体連帯会議
G	国家保安法廃止国民連帯
H	言論改革市民連帯
I	朝鮮日報反対市民連帯
J	朴正煕記念館建立反対国民連帯
K	全国民衆連帯
L	民主主義民族統一全国連合

1　12 の連帯型運動組織の参加団体リスト

番号	連帯型運動組織の参加団体	連帯型運動組織												設立年
		A	B	C	D	E	F	G	H	I	J	K	L	
1	愛の臓器寄贈運動本部					E	F							1991
2	青い市民連帯	A	B	C										1994
3	青い平和	A						G						1990
4	青松の家	A	B	C										1991
5	アジア社会科学研究院					E	F							－
6	新しい世相を開く天主教女性共同体	A		C				G						1993
7	歩きたい都市を作る市民連帯	A	B	C		E	F							1996
8	イエス教長老会農民牧会者協議会	A		C										1987
9	イエス教長老会民衆教会宣教連合	A						G						－
10	ウィレ市民連帯		B	C										－
11	円仏教(中央青年会等)	A	B	C		E	F							1919
12	円仏教社会開闢教務団	A	B	C				G						2000
13	外国人労働者対策協議会			C				G				K		1995
14	学術団体協議会	A		C			F	G	H	I				1988
15	カトリック環境連帯	A	B	C										1993
16	カトリック青年連帯	A	B	C				G						1996
17	カトリック労働問題相談所	A		C										1985
18	環境運動連合	A	B	C	D	E	F	G	H		J			1993
19	環境正義市民連帯	A		C	D		F							1999
20	環境を守る女性会		B	C										1991
21	韓国 CLC	A		C			F							1986
22	韓国 YMCA 全国連盟	A	B	C		E	F		H					1914
23	韓国移住労働者人権センター		B	C										2001
24	韓国カトリック農民会	A	B	C				G						1966

25	韓国教育研究所	A						G						1984
26	韓国教会女性連合会	A	B	C				G						1967
27	韓国基督学生総連盟		B	C				G						1948
28	韓国基督教教会協議会	A	B	C				G	H		J			1946
29	韓国基督教社会宣教協議会	A					F	G						1971
30	韓国基督教社会問題研究院	A					F	G	H					1979
31	韓国基督青年学生連合会		B	C										－
32	韓国基督青年協議会	A	B	C				G			J			1976
33	韓国禁煙運動協議会					E	F							1988
34	韓国言論情報学会	A							H					1988
35	韓国交通市民協会					E	F							1991
36	韓国交通障害者協会	A				E	F							1990
37	韓国消費者連盟	A				E	F							1970
38	韓国女性研究所	A		C				G						1989
39	韓国女性障害者連合			C			F	G						1999
40	韓国女性神学者協議会			C			F	G						1980
41	韓国女性政治文化研究所					E	F							1989
42	韓国女性団体連合	A	B	C	D		F	G	H					1987
43	韓国女性の電話連合	A	B	C		E	F	G						1983
44	韓国女性民友会	A	B	C			F	G	H					1987
45	韓国女性有権者連盟	A				E	F							1969
46	韓国青年団体協議会			C	D							K	L	2001
47	韓国青年連合会	A	B	C			F	G	H		J			1999
48	韓国性暴力相談所	A		C			F	G	H					1991
49	韓国大学総学生会連合	A		C	D			G		I		K	L	1993
50	韓国非正規労働センター			C								K		2000
51	韓国婦人会	A				E	F							1963
52	韓国仏教環境教育院					E	F							1994
53	韓国保育教師会	A		C				G						1986
54	韓国放送技術人連合会								H	I				1987
55	韓国放送プロデューサー連合会							G	H					1987
56	韓国民族音楽人協会						F	G						1989
57	韓国民族芸術人総連合	A	B	C			F	G	H	I	J		L	1989
58	韓国老人の電話	A	B	C										1994
59	韓国労働運動協議会	A											L	1994
60	韓国労働組合総連盟			C	D			G	H	I				1946
61	韓国労働社会研究所			C				G				K		1995
62	希望21		B	C										－
63	希望の市民フォーラム							G		I	J			1998
64	疑問死真相究明のための遺族対策委員会		B	C										－
65	教育改革と教育自治のための市民連帯	A					F							－
66	行政改革市民連合			C		E	F							1997
67	共同体意識改革国民運動協議会					E	F							1993
68	基督女民会	A	B	C				G						1986

69	基督教環境運動連帯			C		E	F							1982
70	基督教社会宣教連帯会議		B	C			F					K		1971
71	基督教都市貧民宣教協議会	A	B	C				G						1984
72	基督教倫理実践運動	A				E	F	G						1987
73	基督暮らしの女性会	A	B	C										1994
74	苦難を受ける人々とともにする会			C	D			G						1991
75	グリーンファミリー運動連合	A				E	F							1994
76	クリスチャンアカデミー社会教育院					E		G						1994
77	クァンヒョン奨学財団	A	B	C										—
78	経済正義実践市民連合	A	B	C	D	E	F	G	H		J			1989
79	健康権実現のための保健医療団体連合			C	D							K		2001
80	健康社会のための歯科医師会	A	B	C			F	G		I				1989
81	健康社会のための薬師会	A					F	G		I			L	1990
82	言論改革市民連帯	A	B	C			F	G	H					1998
83	言論を守る天主教の会	A							H					—
84	交通文化運動本部					E	F							1990
85	国際民主連帯	A								I				2000
86	子供の植物研究会		B	C										1997
87	産業保健研究会	A	B											—
88	参与政治 21		B	C										1998
89	参与仏教在家連帯			C			F							1999
90	参与民主主義と生活政治連帯		B	C										—
91	参与連帯	A	B	C			F	G	H					1994
92	自主平和統一民族会議							G	H	I				—
93	実践仏教全国僧伽会	A	B	C				G	H					1995
94	新市民運動連合	A						G						1993
95	市民の新聞	A		C										—
96	市民文化センター	A	B	C										—
97	社会進歩のための民主連帯							G				K		1998
98	障害児童愛の会		B	C										—
99	障害者父母会	A		C										—
100	障害友権益問題研究所	A		C		E	F	G						1987
101	消費者問題を研究する市民の会	A	B	C		E	F							1983
102	女性社会教育院	A		C				G						1997
103	女性政治勢力民主連帯		B	C										2000
104	韓国女性労働者協議会	A	B	C										1992
105	市民社会団体連帯会議			C			F	G						2001
106	市民生活環境会議		B	C										1992
107	私立学校法改正と腐敗私学剔抉のための運動本部		B	C										—
108	人権運動愛の部屋							G		I				1993
109	人権実践市民連帯			C				G		I				1999
110	人権牧会者同志会	A						G						—
111	新時代工団連合	A	B	C										1996
112	新社会共同善運動連合					E	F							1994

113	人道主義実践医師協議会	A		C			F	G		I				1987
114	真の医療実現のための青年韓医師会	A						G		I				1990
115	真の教育のための全国父母会	A	B	C	D		F	G	H	I				1989
116	新仏教全国僧伽会	A						G						—
117	進歩ネットワークセンター								H	I				1998
118	スクリーンクォーター文化連帯		B	C	D							K		1993
119	すべてのこと共同体					E	F							1989
120	正義平和のための基督人連帯		B	C										—
121	正義の社会のための教育運動協議会					E	F							1994
122	青少年のための明日の女性センター	A				E	F							1995
123	青少年暴力予防財団	A				E	F							1995
124	精神改革市民協議会	A	B	C		E	F							1993
125	生態教育研究所	A	B	C										1998
126	生態保存市民の会	A					F							1998
127	青年女性文化院					E	F							1985
128	性暴力予防治療センター	A						G						1994
129	セウムト	A		C				G						1996
130	全国アパート連合会		B	C										—
131	全国カトリック青年団体協議会	A						G						—
132	全国帰農運動本部		B	C		E	F							1996
133	全国女性農民会総連合	A	B	C	D			G				K	L	1989
134	全国撤去民協議会中央会	A	B	C		E	F							1993
135	全国農民会総連盟	A		C	D			G			J	K	L	1990
136	全国貧民連合							G				K		1995
137	全国仏教運動連合	A						G	H	I			L	1993
138	全国牧会者正義平和実践協議会	A		C				G						1984
139	全国民衆連帯			C	D							K		2003
140	全国民主労働組合総連盟	A		C	D		F	G	H	I	J	K	L	1995
141	全国民族劇運動協議会	A						G						1988
142	全国民族民主遺族協議会			C	D			G					L	1986
143	全国夜学協議会		B	C										—
144	全国露天商連合	A	B	C	D			G		I				1987
145	専門職女性クラブ韓国連盟					E	F							1968
146	全泰壱記念事業会							G				K		1983
147	祖国統一汎民族連合			C	D			G			J			—
148	祖国平和統一仏教協会	A				E	F							1992
149	第3時代キリスト教研究所	A		C				G						—
150	大学生(大学の総学生会等)	A	B	C				G		I	J	K		—
151	大韓主婦クラブ連合会	A	B	C		E	F							1966
152	大韓聖公会	A		C										1889
153	大韓仏教青年会		B	C										1920
154	大韓民国独立功労者遺族会									I	J			—
155	大韓 YWCA 連合会	A	B	C		E	F							1922
156	大地を愛する青年会	A		C				G						1994

157	正しい言論のための市民連合	A				E	F							1994
158	地域情報化センター		B	C										—
159	地方議政研究会					E	F							—
160	駐韓米軍犯罪根絶運動本部				D			G		I				1993
161	長期囚家族後援会	A						G						—
162	天主教正義具現全国司祭団	A		C										1974
163	天主教正義具現全国連合	A	B	C				G		I		K		1954
164	天主教正義平和委員会	A		C				G		I				—
165	統一の朝		B	C										—
166	統一広場			C	D							K		2000
167	統一を迎える	A		C										1998
168	同性愛者人権連帯	A						G						1999
169	ともに行う市民行動	A	B	C			F							1999
170	ともに行う主婦の会	A		C			F	G						1988
171	ともに行く監理教女性会	A						G						—
172	南北共同宣言実践連帯		B	C	D							K		2000
173	南北民間交流協議会			C				G						1993
174	人間教育実現学父母連帯	A		C		E	F							1990
175	ヌリ文化財団	A	B											1996
176	働く人々	A	B	C							J			—
177	反腐敗国民連帯	A		C										1999
178	反米女性会			C	D							K	L	2002
179	東アジア歴史研究会	A									J			1988
180	光美しい未来社会研究院		B	C										—
181	光輪信仰学校	A						G						—
182	一つの心カウンセリングセンター		B	C										1990
183	一つの世帯			C		E	F							1986
184	平等社会のための納税者連帯		B	C										—
185	開かれた社会市民連合	A	B	C			F	G	H					1998
186	不正腐敗追放市民連合会	A				E	F							1995
187	仏教環境連帯		B	C										2001
188	仏教言論対策委員会								H	I				1992
189	仏教人権委員会	A	B	C				G						1990
190	仏教長期囚後援会	A						G						1998
191	仏教を正す再起連帯	A						G						—
192	文化愛の会		B	C										—
193	文化改革のための市民連帯	A	B	C			F		H	I		K		1999
194	興士団	A	B	C		E	F							1913
195	平和統一市民連帯			C					H					2001
196	平和と統一を開く人々		B	C	D			G						1994
197	平和のために働く人々の宣教会		B	C										—
198	平和の村					E	F							—
199	平和を作る女性会	A		C				G						1997
200	ベテルの家		B	C										—

201	保健福祉民衆連帯				D							K		2001
202	ボランティア 21			C		E	F							1997
203	ターハムケ(みな一緒)			C								K		2000
204	未来を開く共同体		B	C										1996
205	民間図書館一緒の森	A									J			1999
206	民主改革国民連合	A						G						1998
207	民主化実践家族運動協議会	A	B	C				G		I	J		L	1985
208	民主化のための全国教授協議会	A	B	C	D		F	G	H	I	J	K	L	1987
209	民主言論運動市民連合	A	B	C	D		F	G	H	I	J	K		1984
210	民主市民会	A	B	C										—
211	民主社会のための弁護士会	A	B	C	D		F	G	H		J			1988
212	民主主義法学研究会	A						G						1989
213	民主主義民族統一全国連合	A		C	D			G	H	I	J	K	L	1991
214	民主労働党				D			G			J	K		2000
215	民族自主平和統一中央会議			C				G					L	1988
216	民族社会運動連合							G		I	J		L	1997
217	民族守護の根会議中央会議		B	C										—
218	民族正気守護協議会			C				G		I	J	K		1986
219	民族美術人協会	A		C			F	G						1995
220	民族文学作家会議	A		C				G			J			1974
221	民族文学史研究所	A									J			1990
222	民族民主烈士犠牲者追慕(記念)団体連帯会議			C						I	J	K		1992
223	民族問題研究所	A		C	D			G		I	J			1991
224	民族和解自主統一協議会			C	D			G		I	J	K		1999
225	民族和合運動連合		B	C										1998
226	民族和合仏教推進委員会	A						G						1997
227	メディア連帯		B	C										2003
228	緑色交通運動	A		C		E	F							1993
229	緑色実践運動連合		B	C										1996
230	緑色消費者連帯	A	B	C		E	F							1996
231	緑色未来		B	C			F							1997
232	緑色連合	A	B	C	D	E	F	G	H		J			1994
233	良き友達						F	G						1996
234	労働組合(民主労総の名称のない組織)	A	B	C	D			G	H	I	J	K		—
235	労働者の力				D			G				K		1999
236	労働人権会館			C							J	K		1989
237	労働政策研究所	A						G						—
238	ワールドビジョン		B	C		E	F							1953
239	わが国物産奨励運動本部	A					F							—
240	わが民族互いに助け合う運動			C		E	F							1996
241	我々の小麦を生かす運動	A	B	C										1991
242	我々の農村を生かす運動全国本部	A	B	C				G						1994
243	我々は良き友	A						G						1992
244	4月革命会			C				G		I			L	1988

245	5.18 光州民衆抗争同志会	A	B							I				–
246	UNEWS		B	C										–
	以下，地域的な名称を有する団体													
247	青い新安 21		B	C										–
248	青陽市民連帯		B	C			F							–
249	青陽フォーラム	A					F							1997
250	安養女性会	A		C				G						1995
251	馬昌鎮参与自治市民連帯	A	B	C							J			1999
252	蔚山参与自治連帯	A						G						1997
253	蔚山女性会		B	C										1999
254	蔚山東区住民会		B	C										–
255	蔚山民主市民会						F	G		I				1990
256	益山参与自治連帯		B	C			F							1999
257	大田参与自治市民連帯	A	B	C			F	G						1995
258	大田女性環境フォーラム		B	C										2000
259	大田女民会	A	B	C			F	G						1987
260	大田主婦教室	A					F							1989
261	大田忠南生命の森	A	B	C										1999
262	カトリック仁川教区富平労働司牧		B	C										–
263	カトリック仁川教区労働者センター		B	C										–
264	冠岳山を守る市民の会	A	B	C										2001
265	木浦地方自治連合		B	C										–
266	木浦フォーラム		B	C										1996
267	機張生命宣教連帯	A		C				G						1997
268	牙山市民の会	A	B	C			F							1998
269	希望の共同体全北連帯	A					F							1999
270	金海女性会	A		C										2000
271	九老市民センター	A		C										1997
272	軍布明日の女性センター	A		C										1999
273	軍布市民の集まり	A		C										1992
274	慶南女性会	A		C			F	G						1987
275	慶南一つの所帯	A		C										1987
276	慶北大民主同門会	A									J			1994
277	光州基督教倫理実践運動		B	C										–
278	光州市民連帯		B	C				G						1994
279	光州障害者総連合会		B	C										1989
280	光州全南改革連帯		B	C			F							1999
281	光州全南文化連帯		B	C										2000
282	光州全南連帯会議						F	G						–
283	原州参与自治市民センター	A		C										1998
284	公州愛の市民団体協議会	A					F							1996
285	公州緑色消費者連帯		B	C										2002
286	済州女民会						F	G						1987
287	参与自治郡山市民連帯	A	B	C			F							1998

288	参与自治全北市民連帯	A	B	C			F							1999
289	参与自治高興郡民連帯		B	C			F							—
290	参与自治光山住民会	A	B	C										1999
291	参与自治浦項連帯		B	C										2002
292	参与自治莞島郡民連帯		B	C										—
293	失業克服国民運動仁川本部		B	C										1998
294	城南基督青年協議会		B	C										—
295	城南市民の会		B	C										1995
296	城南政治改革市民連帯		B	C										2003
297	城南青年会	A		C				G			J			—
298	城南青年情報センター	A	B	C										—
299	城南文化研究所		B	C				G						—
300	城南歴史文化踏査会		B	C										—
301	新安フォーラム		B	C										—
302	仁川監理教社会連帯		B	C										—
303	仁川教区カトリック環境連帯	A						G						—
304	仁川女性会		B	C										—
305	仁川貧民連合	A	B	C										—
306	仁川民衆教会連合	A	B	C										—
307	仁川労働研究院	A	B	C										1997
308	新大邱慶北市民会議	A	B								J			1996
309	済州 4.3 研究所			C						I				1989
310	清州 CCC	A	B	C										—
311	清州基督教倫理実践協議会		B	C										—
312	生命平和全北基督人連帯		B	C										—
313	全州市民会	A		C			F							1995
314	全南東部地域社会研究所	A	B	C										1989
315	全北基督教社会福祉研究所	A					F							1997
316	全北市民運動連合	A	B	C			F							1994
317	全北女性研究会	A	B	C										—
318	市民行動 21(全州市)		B	C			F							2000
319	ソウル障害者連盟						F	G						1998
320	ソウル大教区社会矯正司牧委員会	A						G						1970
321	ソウル大教区一つの心一つの体運動本部	A						G						—
322	大邱女性会	A	B	C			F	G			J			1988
323	大邱人権実践市民行動		B	C										2001
324	高陽緑色消費者連帯		B	C										2000
325	忠北外国人移住労働者人権センター		B	C										—
326	忠北参与自治市民連帯		B	C										1989
327	忠北女性政治勢力民主連帯		B	C										2002
328	忠北仏教護法委員会	A	B	C										—
329	忠北平和研究院		B	C										—
330	参与と自治のための珍島愛の連帯会議		B	C			F							1998
331	燕岐市民会	A					F							—

332	天安市民フォーラム	A					F							1999
333	天道教全州教区		B	C										−
334	唐津参与自治市民連帯	A	B	C										1994
335	利川青年会	A						G			J			−
336	開かれた社会希望連帯(馬山市)	A		C			F				J			1999
337	富川市民連合	A	B	C										1999
338	富平市民の会	A	B	C										−
339	永同地方自治参与連帯		B	C										1995
340	釜山教区学習所連合会	A						G						−
341	釜山参与自治市民連帯	A					F							1991
342	釜山女性社会教育院	A		C				G						1995
343	釜山性暴力相談所	A		C			F	G						1992
344	平和と参与に進む仁川連帯	A	B	C			F			I				1996
345	浦項女性会	A		C			F	G						1995
346	盆唐環境市民の会	A		C										1994
347	盆唐青年会			C				G			J			1995
348	水原女性会	A		C			F	G						1988
349	南洞市民会	A	B	C										1996
350	民主改革のための仁川市民連帯	A	B	C										1997
351	民主化運動精神継承仁川連帯		B	C										−
352	康津愛の市民会議		B	C										2001
353	沃天環境愛の会	A	B	C										−
354	永登浦産業宣教会	A		C				G						1958
355	羅州愛の市民会		B	C										1997
356	河南青年会							G			J			−
357	高陽湿地研究会		B	C										−
358	高陽市民会	A	B	C										1998
359	高陽青年会	A	B	C										1997
360	泰安参与自治市民連帯		B	C										2002
361	平沢参与自治市民連帯	A	B	C			F							1997
362	槐山を愛する人々		B	C										2003
363	仁川解雇労働者協議会	A	B	C										−
364	曾坪市民会	A	B	C										1995
365	無等山保護団体協議会	A	B	C										1989
366	霊光社会運動協議会		B	C										1989
367	儒城民主自治市民連合		B	C										1999
各連帯型運動組織における参加団体数		207	182	263	34	51	119	138	34	41	40	33	17	
各連帯型運動組織における参加団体数の比率(%)		56.4	49.6	71.7	9.3	13.9	32.4	37.6	9.3	11.2	10.9	9.0	4.6	

2　市民協・経実連グループの団体

	参加団体の名称	設立年次	会員数	活動の趣旨等	連帯型運動組織											
					A	B	C	D	E	F	G	H	I	J	K	L
1	興士団	1913. 5	35,662	民族の復興と自主独立のための人物養成	A	B	C		E	F						
2	韓国 YMCA 全国連盟	1914. 4	100,000	社会環境生活の改善と歴史的問題の解決，社会福祉及び社会開発	A	B	C		E	F		H				
3	円仏教(中央青年会等)	1919	—	韓国で成立し民族宗教的性格をもつ	A	B	C		E	F						
4	大韓 YWCA 連合会	1922. 4	68,523	基督教運動，社会運動，ボランティア活動，成人教育，女性の地位・福祉向上事業など	A	B	C		E	F						
5	ワールドビジョン	1953. 5	31,000	援助を必要とする人々に基督教精神に立脚して奉仕することで福祉社会建設に寄与すること		B	C		E	F						
6	韓国婦人会(地方組織を含む)	1963. 10	1,187,182	女性の権利伸張のための事業，消費者保護事業，社会福祉増進のための事業など	A				E	F						
7	大韓主婦クラブ連合会	1966. 7	300,000	家庭主婦の資質・能力の向上，健全で望ましい家庭の維持・発展	A	B	C		E	F						
8	専門職女性クラブ韓国連盟	1968. 1	1,000	専門職女性たちの権益向上					E	F						
9	韓国女性有権者連盟	1969. 6	5,000	女性の民主市民意識の涵養，政治参与の拡大，民主福祉社会の実現	A				E	F						
10	韓国消費者連盟	1970. 1	21,388	韓国の消費者運動の主導，消費者告発センターの運営，消費者教育，商品テスト・実験室の運営	A				E	F						
11	基督教環境運動連帯	1982. 4	2,000	環境教育，教会支援			C		E	F						

12	消費者問題を研究する市民の会	1983. 1	—	(サイト閉鎖中)自発的な消費者運動を通じて消費者主権を確立し，暮らしの質の向上に寄与すること	A	B	C		E	F						
13	韓国女性の電話連合(女電)	1983. 6	—	主婦殴打を重要な問題にして，相談活動	A	B	C		E	F	G					
14	青年女性文化院	1985. 4	2,115	男女平等意識の向上，及び女性の能力開発					E	F						
15	一つの世帯	1986. 12	16,500世帯	有機農産物と健康で安全な農水畜産物の生産，都市と農村の直接取り引きの展開			C		E	F						
16	基督教倫理実践運動	1987. 12	12,000	個々人の倫理的責任，急進主義に対する懐疑，改良主義，公明選挙実践市民運動協議会への参加	A				E	F	G					
17	障害友権益問題研究所	1987. 12	2,500	障害者政策過程に積極的に参与，障害者差別の告発・訴訟	A		C		E	F	G					
18	韓国禁煙運動協議会	1988. 3	—	体系的な禁煙運動を全国的に展開することで喫煙による健康被害を最小化すること					E	F						
19	すべてのこと共同体	1989. 10	5,017	タイル教会から出発。無料食堂，無料宿所，無料診療所の運営					E	F						
20	韓国女性政治文化研究所	1989. 6	5,000	女性の政治参与を通じて民主政治の発展に寄与すること。女性の議会進出のための教育訓練					E	F						
21	経済正義実践市民連合(経実連)	1989. 7	20,000(中央組織)	経済不正と不労所得の剔抉，代案を立法化するキャンペーン	A	B	C	D	E	F	G	H		J		
22	韓国交通障害者協会	1990. 1	86,000	交通事故障害者に対する政策の提示	A				E	F						

23	人間教育実現学父母連帯	1990. 4	700	学父母の健全な学校参与支援，望ましい学校運営委員会の運営のための学父母研修	A		C		E	F						
24	交通文化運動本部	1990. 5	1,300	交通難は市民が解くをモットーに市民参与運動の展開					E	F						
25	愛の臓器寄贈運動本部	1991. 1	310,000	臓器移植必要者の実態調査，献血事業に対する理解促進					E	F						
26	韓国交通市民協会	1991. 1	32,000	轢き逃げ交通事故調査団，轢き逃げ監視団などの組織で人命尊重の交通文化の定着					E	F						
27	祖国平和統一仏教協会	1992. 2	3,000	北朝鮮の同胞支援，南北間の交流・協力，南北仏教間の和合と紐帯をはかる	A				E	F						
28	緑色交通運動	1993. 3	3,000	交通弱者の交通権の回復，環境にやさしい交通の実現，自転車利用の活性化	A		C		E	F						
29	精神改革市民協議会	1993. 4	1,939	精神改革で道徳的人間，健康な家庭，健全な社会の実現をはかる	A	B	C		E	F						
30	全国撤去民協議会中央会	1993. 4	—	財閥既得権益層に対抗，撤去民問題に取り組む	A	B	C		E	F						
31	環境運動連合	1993. 4	53,000	公害追放，市民環境運動，反核平和運動，環境政策に対する監視と提案，環境政治活動	A	B	C	D	E	F	G	H		J		
32	共同体意識改革国民運動協議会	1993. 6	150,000	失われた主人意識を取り戻し民族の力を結集し民族共同体国民運動を展開する					E	F						
33	グリーンファミリー運動連合	1994. 1	8,801	環境運動，環境教育，環境監視運動	A				E	F						

34	クリスチャンアカデミー社会教育院	1994. 10	600	環境と地域社会の発展，エコ家族運動，環境文化事業，地域福祉事業モデル運営					E		G					
35	新社会共同善運動連合	1994. 10	627	韓民族の生存発展と共存福祉の基礎となる精神文化の向上，人らしく暮らせる社会の建設					E	F						
36	正義の社会のための教育運動協議会	1994. 12	100	正義の社会のための市民運動協議会(正社協)の教育分科として出発。正社協解体で独自団体結成に					E	F						
37	正しい言論のための市民連合	1994. 2	3,751	(サイト閉鎖中)	A				E	F						
38	緑色連合	1994. 4	15,000	代案を提起する環境運動，韓半島の平和統一，緑色政治の実現，参与民主主義と自治	A	B	C	D	E	F	G	H		J		
39	韓国仏教環境教育院	1994. 6	500	ごみゼロ 1080 運動，飲食物ごみのゼロ運動					E	F						
40	青少年暴力予防財団	1995. 1	41,000	青少年暴力の予防活動，非行少年の善導，青少年有害環境浄化，青少年の福祉増進	A				E	F						
41	不正腐敗追放市民連合会(腐追連)	1995. 12	2,530	不正腐敗の監視・告発，検察改革，不正腐敗被害者の相談	A				E	F						
42	青少年のための明日の女性センター	1995. 3	1,500	女性・父母・青少年のための社会教育，性教育，有権者運動，消費環境運動	A				E	F						
43	緑色消費者連帯	1996. 1	8,900	環境を考慮する消費生活の実践，緑色消費者の小さな実践，消費者の権利保護	A	B	C		E	F						
44	歩きたい都市を作る市民連帯	1996. 6	1,500	都市文化と歴史の保存・創造，代案提起中心の運動，多様な階層が同じ場で暮らす都市作り	A	B	C		E	F						

45	わが民族互いに助け合う運動	1996. 6	6,000	北朝鮮の食料難に対する人道的支援，韓民族共同体の繁栄を成し遂げること			C		E	F						
46	全国帰農運動本部	1996. 9	600	生態的農村共同体を作るための帰農運動キャンペーン，帰農学校の開設運営		B	C		E	F						
47	行政改革市民連合	1997. 12	200	市民中心の行政，政府から不利な扱いを受けた市民の権利回復のための是正措置活動			C		E	F						
48	ボランティア 21	1997. 3	400	自願奉仕リーダーの養成，自願奉仕リーダーシップ教育課程の開発			C		E	F						
49	アジア社会科学研究院	—	—	不明					E	F						
50	地方議政研究会	—	—	不明					E	F						
51	平和の村	—	—	不明					E	F						
各連帯型運動組織における参加団体数					28	16	24	3	51	50	7	4	0	3	0	0
各連帯型運動組織における参加団体数の比率(%)					54.9	31.4	47.1	5.9	100.0	98.0	13.7	7.8	0.0	5.9	0.0	0.0

注）全国組織(本部)と地方組織が混在している団体については，全国組織で一括した。そのため連帯型運動組織に地方組織は加盟しているが，全国組織は加盟していない場合でも，全国組織名で表記しているケースがある。以下の付録 3，付録 4 でも同じである。

出典）『韓国民間団体総覧 1997』ソウル，市民の新聞，1996 年。『韓国民間団体総覧 2000 (上)(下)』ソウル，市民の新聞，1999 年。『韓国民間団体総覧 2003 (上)(下)』ソウル，市民の新聞，2003 年。また当該団体のホームページ(2004 年 5 月現在)を参考にした。会員数については『韓国民間団体総覧 2000』を基本とするが，記載がない場合は上記の他の資料を利用した。以下の付録 3，付録 4 についても同じである。

3 市民連帯会議・参与連帯グループの団体

	参加団体の名称	設立年次	会員数	活動の趣旨等	連帯型運動組織											
					A	B	C	D	E	F	G	H	I	J	K	L
1	基督教社会宣教連帯会議	1971. 4	—	全泰壱焚身自殺を契機に結成。社会正義・平等・民族の平和統一のための活動		B	C			F					K	
2	韓国基督教社会問題研究院	1979. 2	—	宣教に基づく社会問題の解決を科学的に考察し代案を提示すること	A					F	G	H				
3	韓国女性神学者協議会	1980. 4	—	女性の尊厳性回復，社会と教会の民主化，正義・平和・環境保全に貢献			C			F	G					
4	民主言論運動市民連合(民言論)	1984. 12	400	アンチ朝鮮日報運動，言論民主化，新聞市場の不正取引監視，選挙報道監視，言論監視活動	A	B	C	D		F	G	H	I	J	K	
5	韓国 CLC	1986. 3	250	人間的・福音的価値を教会と社会に広めること，カトリック平信徒の共同体	A		C			F						
6	人道主義実践医師協議会	1987. 11	1,200	1987 年護憲撤廃時局声明を出した医師を中心に発足。ホームレス診療事業，医療改革事業	A		C			F	G		I			
7	韓国女性団体連合	1987. 2	23,000	進歩的女性団体が中心となって結成された共同闘争組織。平和統一，政治社会の民主化，女性解放の実現	A	B	C	D		F	G	H				
8	民主化のための全国教授協議会(民教協)	1987. 6	1,300	実質的民主主義確保のための専門家的な活動と社会運動の展開，国家に対する市民の権利救済	A	B	C	D		F	G	H	I	J	K	L
9	韓国女性民友会	1987. 9	5,000	性の平等と女性の人権が保障される民主社会と生態的社会の実現	A	B	C			F	G	H				
10	学術団体協議会	1988. 11	2,000	進歩派の大学教授の運動団体	A		C			F	G	H	I			

11	ともに行う主婦の会	1988. 12	300	主婦教育や環境運動などを通じた主婦の社会的主体性の確立	A		C			F	G					
12	民主社会のための弁護士会(民弁)	1988. 5	297	人権中心の法改正のための代案模索・意見書提出，国家による市民の人権侵害の救済	A	B	C	D		F	G	H		J		
13	韓国民族音楽人協会	1989. 11	350	韓国民族芸術人総連合所属の団体として創立。民族音楽運動の活性化をはかる						F	G					
14	韓国民族芸術人総連合(民芸総)	1989. 12	15,000	民族芸術を指向する芸術人の連帯によって民主化，統一，民衆の福利増進に寄与すること	A	B	C			F	G	H	I	J		L
15	韓国基督教社会宣教協議会	1971. 4	1,200	民衆の視点から神学と信仰を再定立。社会正義，平和と民族統一のための努力	A					F	G					
16	健康社会のための歯科医師会	1989. 4	1,300	民主的活動による保健医療の矛盾の克服，保健医療分野の政策開発，疎外階層への支援	A	B	C			F	G		I			
17	真の教育のための全国父母会	1989. 9	1,500	全国教職員労働組合(全教組)の支援，全教組解職教師の復職支援	A	B	C	D		F	G	H	I			
18	健康社会のための薬師会	1990. 1	1,000	1987 年護憲撤廃声明を主導した薬剤師が結成。医療の市場化に反対	A					F	G		I			L
19	韓国性暴力相談所	1991. 4	156	性暴力の被害女性の相談を通じた被害克服，性暴力の原因及び予防対策の研究	A		C			F	G	H				
20	参与連帯	1994. 9	5,000	参与による国家権力監視，政策と代案の提示による参与民主社会の実現	A	B	C			F	G	H				
21	全国民主労働組合総連盟(民主労総)	1995. 11	531,745	自主的・民主的な労働組合の全国中央組織。労働者の政治勢力化，民族の自主性の実現	A		C	D		F	G	H	I	J	K	L

22	良き友達	1996. 12	2,300	平和運動，国際難民救護事業。北朝鮮の食料難に関する広報と人道的支援，統一事業						F	G					
23	緑色未来	1997. 7	—	水，廃棄物，エネルギー分野の専門市民団体		B	C			F						
24	開かれた社会市民連合	1998. 4	1,000	市民の権益と環境・福祉・住居問題の解決など生活の質の改善，民主改革，社会正義の実現	A	B	C			F	G	H				
25	生態保存市民の会	1998. 7	250	自然生態の保存を専門的に持続的に行う	A					F						
26	言論改革市民連帯(言改連)	1998. 8	500	言論改革のための市民社会団体の連帯機構。新聞市場の正常化，新聞社の経営透明性の実現	A	B	C			F	G	H				
27	参与仏教在家連帯	1999. 3	600	仏教人の全国ネットワークとして教団と社会の問題に積極的に参与する			C			F						
28	韓国女性障害者連合	1999. 4	500	女性障害者の権益保護・福祉増進のための事業など			C			F	G					
29	韓国青年連合会	1999. 6	1,000	南北分断の終息，7000万同胞が繁栄する統一国家の建設を目指す	A	B	C			F	G	H		J		
30	環境正義市民連帯	1999. 7	300	1992年に経実連内の経実連環境開発センターとして出発。1999年7月経実連から分離・独立	A		C	D		F						
31	文化改革のための市民連帯(文化連帯)	1999. 9	1,700	文化改革と民主化を実現し，文化帝国主義を批判する	A	B	C			F		H	I		K	
32	ともに行う市民行動	1999. 9	100	インターネットを通じた参与自治の実現，情報民主化と情報正義の実現	A	B	C			F						
33	民族美術人協会	1995. 2	600	民族文化と民族美術の発展を目指す美術人の相互連帯と共同実践	A		C			F	G					

34	市民社会団体連帯会議	2001.2	—	政治・社会改革のための連帯活動，市民団体の連帯協力事業，市民運動活性化のための事業			C			F	G					
35	わが国物産奨励運動本部	—	—	不明	A					F						
36	教育改革と教育自治のための市民連帯(地方組織)	—	—	不明	A					F						
	以下，地域的な名称を有する団体															
37	済州女民会	1987.11	250	世界女性の日を記念する済州女性祭典，女性映画祭の開催						F	G					
38	大田女民会	1987.12	478	健全な地域社会共同体の建設と女性の権益伸張，両性平等，社会民主化，平和統一の実現	A	B	C			F	G					
39	慶南女性会	1987.4	504	女性差別の現実を改善，女性の意識啓発・自我実現，権益伸張をはかる	A		C			F	G					
40	大邱女性会	1988.1	600	非正規職女性労働者の社会保障のための座談会開催，女性労働関連法改正の活動	A	B	C			F	G			J		
41	大田主婦教室	1989.2	—	全国主婦教室中央会の大田支部。女性が社会主体となることを支援し，消費者主権時代を開く	A					F						
42	水原女性会	1988.4	100	働く女性が主体となり，両性平等と自主的・民主的社会の建設を目指す	A		C			F	G					
43	蔚山民主市民会	1990.12	150	地域社会の民主改革と市民自治の実現						F	G		I			
44	釜山参与自治市民連帯	1991.5	500	自律的で多様な市民運動の実践で多元的な参与民主主義社会を実現	A					F						
45	釜山性暴力相談所	1992.7	300	性暴力，家庭暴力，性売買で苦痛を受ける女性のための専門的な相談活動，性暴力予防活動	A		C			F	G					

46	全北市民運動連合	1994. 11	50,000	行政・議会の監視活動，市民団体間の連帯及び情報交流活動，公明選挙監視団活動	A	B	C			F						
47	全州市民会	1995. 11	150	市民の利害と要求を代弁し実現するため市民生活と直結する問題を解決	A		C			F						
48	大田参与自治市民連帯	1995. 4	750	正しい地方分権実現のための運動，大衆交通の活性化，地方自治の透明化運動	A	B	C			F	G					
49	浦項女性会	1995. 5	123	慶尚北道の唯一の進歩的な女性運動団体。性暴力などの被害女性に対する人権支援活動	A		C			F	G					
50	平和と参与に進む仁川連帯	1996. 6	700	韓半島統一行事，米軍基地返還運動，地方議会監視活動	A	B	C			F			I			
51	全北基督教社会福祉研究所	1997. 11	200	専門的な社会福祉事業及びプログラム遂行を支援し，全羅北道地域の福祉活性化に寄与すること	A					F						
52	平沢参与自治市民連帯	1997. 2	200	市民の権利を取り戻すための相談及び活動，議政監視団活動	A	B	C			F						
53	青陽フォーラム	1997. 6	55	地域社会の討論文化の活性化と実践的な参与で代案を提示すること	A					F						
54	ソウル障害者連盟	1998. 12	—	障害者の労働権確保，教育権確保。失業対策などに取り組む						F	G					
55	牙山市民の会	1998. 3	35	地方自治の内実化と地域発展に寄与する諸事業	A	B	C			F						
56	参与と自治のための珍島愛の連帯会議	1998. 5	—	地域の懸案に対する健全な代案を提示して参与民主主義の定着と地域文化の発展に寄与すること		B	C			F						

57	参与自治郡山市民連帯	1998. 9	300	誤った行政と市民に苦痛を与えるものを監視し代案を提示する代案勢力として活動	A	B	C			F						
58	参与自治全北市民連帯	1999. 11	388	地方権力に対する監視活動，小さな権利回復運動，不正腐敗追放運動，社会福祉活動	A	B	C			F						
59	光州全南改革連帯	1999. 2	—	光州・全羅南道の参与民主主義の定着，政府改革・政治改革の代案提示		B	C			F						
60	益山参与自治連帯	1999. 3	200	地方権力の監視活動，生活上の小さな権利の回復のための相談，公益訴訟の活動		B	C			F						
61	天安市民フォーラム	1999. 5	1,000	天安地域の住民がより快適な環境で暮らせるように，天安の様々な問題を検討し改善方案を提示すること	A					F						
62	開かれた社会希望連帯(馬山市)	1999. 7	300	アフガニスタン派兵反対，馬山港埋め立て反対，アンチ朝鮮日報，国家保安法撤廃	A		C			F				J		
63	市民行動 21(全州市)	2000. 5	—	地方自治体に対する牽制と監視活動，環境と地域福祉事業，文化とインターネットを通じた市民運動		B	C			F						
64	希望の共同体全北連帯	1999. 2	500	社会改革のための市民教育事業	A					F						
65	青陽市民連帯	—	—	不明		B	C			F						
66	公州愛の市民団体協議会	1996. 1	500	郷土愛を土台に快適で暮らしやすい公州を作るための代案を研究・協議する	A					F						
67	光州全南連帯会議	—	—	不明						F	G					
68	参与自治高興郡民連帯	—	—	不明		B	C			F						
69	燕岐市民会	—	—	不明	A					F						

各連帯型運動組織における参加団体数	51	31	49	7	0	69	37	16	12	8	5	4
各連帯型運動組織における参加団体数の比率(%)	73.9	44.9	71.0	10.1	0.0	100.0	53.6	23.2	17.4	11.6	7.2	5.8

注）市民社会団体連帯会議に属する団体のうち，韓国市民団体協議会(E)に属さない団体を抽出した。

4　民衆運動グループの団体

	参加団体の名称	設立年次	会員数	活動の趣旨等	連帯型運動組織											
					A	B	C	D	E	F	G	H	I	J	K	L
1	天主教正義具現全国連合	1954. 11	300	社会道徳性の回復を通じた民主化実現及び経済正義の実現	A	B	C				G		I		K	
2	基督教社会宣教連帯会議	1971. 4	—	全泰壱焚身自殺を契機に結成。社会正義・平等・民族の平和統一のための活動		B	C			F					K	
3	全泰壱記念事業会	1983. 3	800	全泰壱労働賞，民主的労働組合建設等の組織支援，非正規職・零細下請企業労働者の勤労条件改善							G				K	
4	民主言論運動市民連合(民言論)	1984. 12	400	アンチ朝鮮日報運動，言論民主化，新聞市場の不正取引監視，選挙報道監視，言論監視活動	A	B	C	D		F	G	H	I	J	K	
5	民主化実践家族運動協議会	1985. 12	1,500	良心囚釈放と国家保安法撤廃のための木曜集会，良心囚釈放のためのキャンペーン	A	B	C				G		I	J		L
6	民族正気守護協議会	1986. 8	658	親日派剔抉・親日派清算運動，祖国統一の実現			C				G		I	J	K	
7	全国民族民主遺族協議会	1986. 8	70	祖国と民衆のために自らの命をささげた烈士たちの遺族がその精神を継承・発展させる			C	D			G					L
8	民主化のための全国教授協議会(民教協)	1987. 6	1,300	実質的民主主義確保のための専門家的な活動と社会運動の展開，国家に対する市民の権利救済	A	B	C	D		F	G	H	I	J	K	L
9	韓国民族芸術人総連合(民芸総)	1989. 12	15,000	民族芸術を指向する芸術人の連帯によって民主化，統一，民衆の福利増進に寄与すること	A	B	C			F	G	H	I	J		L

10	民族自主平和統一中央会議	1988. 2	—	自主と平和統一と民主化の争取			C				G					L
11	4 月革命会	1988. 6	88	4 月革命継承，自主民族統一運動の展開			C				G		I			L
12	労働人権会館	1989. 10	46	労働組合と全国民衆連帯を支援すること			C							J	K	
13	全国女性農民会総連合(全女農)	1989. 12	10,000	農産物価格補償活動，WTO 体制から韓国農業を守る運動	A	B	C	D			G				K	L
14	健康社会のための薬師会	1990. 1	1,000	1987 年護憲撤廃声明を主導した薬剤師が結成。医療の市場化に反対	A					F	G		I			L
15	全国農民会総連盟(全農)	1990. 4	50,000	無分別な農畜産物の輸入自由化を防ぎ，農民の政治・経済・社会的な権利と福祉を実現	A		C	D			G			J	K	L
16	民主主義民族統一全国連合(全国連合)	1991. 12	—	民族主義運動の闘争の求心点として祖国統一と反米自主化闘争，民衆生存権闘争を展開	A		C	D			G	H	I	J	K	L
17	民族民主烈士犠牲者追慕(記念)団体連帯会議	1992. 3	—	民族民主烈士犠牲者追慕，疑問死真相究明，民主化運動功労者の名誉回復・補償の実現			C						I	J	K	
18	スクリーンクォーター文化連帯	1993. 1	—	スクリーンクォーター(国産映画の上映義務化)，文化の多様性，韓米投資協定阻止		B	C	D							K	
19	韓国大学総学生会連合(韓総連)	1993. 4	—	民族自主権，社会全般の民主主義実現，祖国統一の実現，学園民主化，民衆連帯，アメリカ大使館奇襲デモ，韓総連合法化闘争	A		C	D			G		I		K	L
20	全国仏教運動連合	1993. 7	200	教団改革，民族和解・統一事業	A						G	H	I			L
21	韓国労働運動協議会	1994	—	不明	A											L

22	全国民主労働組合総連盟(民主労総)	1995. 11	531,745	自主的・民主的な労働組合の全国中央組織。労働者の政治勢力化，民族の自主性の実現	A		C	D		F	G	H	I	J	K	L
23	全国貧民連合	1995. 4	—	都市貧民の生存権・居住権確保のために反政府闘争も辞さない							G				K	
24	韓国労働社会研究所	1995. 4	600	労働運動で提起される問題を研究して，労働運動の発展に寄与すること			C				G				K	
25	外国人労働者対策協議会	1995. 7	—	外国人労働者の相談及び人権保護			C				G				K	
26	民族社会運動連合	1997. 10	2,000	民族内部の統合をはかる。参与民主主義の実現							G		I	J		L
27	社会進歩のための民主連帯(社会進歩連帯)	1998. 12	200	民主的・階級的社会運動，労働者・民衆中心の韓半島平和・統一の実現，WTO反対							G				K	
28	民族和解自主統一協議会	1999. 5	—	労働者・農民・貧民などの基層大衆を主体として統一運動を強化し，統一運動の自主性を守る			C	D			G		I	J	K	
29	労働者の力	1999. 8	—	労働者階級政党の建設，根本的な政治・社会変革，階級的左派陣営の力量の結集				D			G				K	
30	文化改革のための市民連帯(文化連帯)	1999. 9	1,700	文化改革と民主化を実現し，文化帝国主義を批判する	A	B	C			F		H	I		K	
31	韓国非正規労働センター	2000. 5	400	非正規労働者の人権と権益を擁護すること			C								K	
32	ターハムケ(みな一緒)	2000	—	学生中心の反戦反資本主義の労働者運動，民主労働党を支援			C								K	
33	南北共同宣言実践連帯(地方組織を含む)	2000. 1	—	南北統一，反米反戦反核		B	C	D							K	
34	民主労働党	2000. 1	30,000	民衆が主人となる進歩政治の実現，労働者と民衆中心の民主的社会経済体制の建設				D			G			J	K	

35	統一広場	2000. 5	―	パルチザン活動をした愛国者と統一事業をした「工作員」は統一愛国者。出所した非転向長期囚が設立			C	D							K	
36	保健福祉民衆連帯	2001	―	不明				D							K	
37	韓国青年団体協議会	2001. 2	―	祖国の自主・民主・統一原則			C	D							K	L
38	健康権実現のための保健医療団体連合	2001. 6	―	保健医療政策の代案作成，新自由主義反対，反戦・軍縮平和運動			C	D							K	
39	反米女性会	2002. 4	700	反米闘争をする変革的な女性運動組織。母体は民主主義民族統一全国連合			C	D							K	L
40	全国民衆連帯	2003. 5	―	米国中心の帝国主義と新自由主義世界化政策の撤廃，民族自主と平和・統一の実現，民衆が主人となる新たな民主主義の争取			C	D							K	
各連帯型運動組織における参加団体数					14	10	30	19	0	7	25	7	16	13	31	17
各連帯型運動組織における参加団体数の比率(%)					35.0	25.0	75.0	47.5	0.0	17.5	62.5	17.5	40.0	32.5	77.5	42.5

付録 5〜6 の共通記号

付録 5，付録 6 の右端の「タイプ」とは，市民団体の役員の中で公職についた役員が，民主化運動・市民運動に従事する面が強い職業人なのか，専門家の面が強いのかを，民主化運動の活動時期，市民団体役員の就任時点と政府組織の公職に就任した時点の前後関係をもって判断したものであり，また民主化運動や市民運動の専従的な活動家は，ここでは上記の職業人とは区別する。本書第 3 章 118〜119 頁を参照。

① 民主化運動先行の職業人
② 市民運動先行の職業人
③ 活動家
④ 公職先行の職業人
⑤ 分類不能

5　経実連の役員経歴保有者における政府組織の役職歴

	氏　名	出生年	職　業	**経実連の役員**／他の市民団体等の役員	政府組織の役職／**政党・議員などの政治的経歴**	公職就任時の政権，タイプ
1	安秉永*	1941	大学教授	**93 年指導委員，中央委員会副議長**／91 年韓国行政学会会長	94 年中央教育審議会委員，95 年〜97 年教育部長官，03 年〜05 年副総理兼教育人的資源部長官／なし	金泳三・盧武鉉 ②
2	安秉直	1936	大学教授	**93 年指導委員**／06 年ニューライト財団理事長，韓国近現代史教科書編集委員会編集委員長	94 年〜95 年光復 50 周年記念事業委員会委員／**07 年ハンナラ党汝矣島研究所理事長**	金泳三 ②
3	イ・ユントク	―	専門職業人	**98 年政策協議会情報科学技術委員会委員**／なし	08 年 5 月放送通信審議委員会委員(国会放送通信特別委員会推薦)／なし	李明博 ②
4	印名鎮	1946	牧師	**89 年指導委員，93 年常任執行委員，93 年〜94 年不正腐敗追放運動本部本部長**／72 年〜83 年永登浦都市産業宣教会総務，74 年緊急措置違反拘束，75 年出獄，78 年緊急措置違反投獄，80 年金大中内乱陰謀罪起訴猶予，86 年現在カルリルリ教会牧師，87 年民主憲法争取国民運動本部代弁人，92 年韓国基督教教会協議会書記，実行委員等，94 年〜95 年正	93 年〜98 年行政刷新委員，96 年大統領直属世界化推進委員会委員，大統領直属労使関係改革委員会委員，96 年〜00 年韓国放送公社理事，01 年国民苦情処理委員会名誉オンブズマン／**06 年〜08 年ハンナラ党倫理委員会委員長，07 年同党国民検証委員会委員**	金泳三・金大中 ①

				しい言論のための市民運動連合執行委員長，02 年行政改革市民連合共同代表，04 年基督教社会責任共同代表		
5	河晟奎	1947	大学教授	**93 年常任執行委員，97 年～99 年都市改革センター代表，98 年常任執行委員，99 年～00 年常任執行委員会委員長，01 年代議員委員会副議長**／なし	89 年～90 年建設部政策諮問委員，99 年大韓住宅公社非常任理事，01 年国務調整室政策評価委員／なし	盧泰愚・金大中 ②
6	韓完相	1936	大学教授	**93 年指導委員，99 年統一協会理事長**／76 年～90 年韓国基督者教授協議会総務，会長，77 年～80 年韓国基督教学生総連盟理事長，95 年～97 年不正腐敗追放市民連合会共同代表，98 年民主改革国民連合共同代表，04 年大韓赤十字社総裁	88 年 7 月放送委員会常任委員，93 年統一院長官，98 年第二の建国汎国民推進委員会委員，98 年 12 月大統領諮問放送改革委員会委員，01 年副総理兼教育人的資源部長官／なし	盧泰愚・金泳三・金大中 ①
7	韓正和	1954	大学教授	**92 年～95 年中小企業政策分科委員会委員長，93 年中央委員**／なし	91 年～93 年政府投資機関戦略経営分科委員会経営評価委員／なし	金泳三 ④
8	韓相震	1945	大学教授	**93 年常任執行委員**／なし	98 年 4 月統一部諮問統一政策評価会議委員，98 年 5 月～01 年 5 月大統領諮問政策企画委員会委員，98 年 6 月第 2 期労使政委員会委員，98 年 7 月韓国放送公社非常任理事，98 年第二の建国汎国民推進委員会常任委員会企画団 3 分科幹事，01 年～03 年 4 月大統領諮問政策企画委員会委員長，05 年光復 60 年記念事業推進委員会執行委員長／**94 年～98 年亜太平和財団非常任研究員，98 年亜太平和財団監査**	金大中・盧武鉉 ②
9	黄二南	1948	弁理士	**97 年科学技術委員会委員長，常任執行委員兼情報科学委員長，98 年常任執行委員，01 年常任執行委員，03 年中央委員会副議長**／なし	03 年 4 月情報通信倫理委員会委員／なし	盧武鉉 ②
10	黄熙淵	1951	大学教授	**96 年都市改革センター都市再生分科委員長，06 年 1 月中央委員会副議長**／98 年グリーンベルトを守る市民連帯研究委員	97 年建設交通部土地利用制度改善作業団委員，98 年 6 月大統領諮問政策企画委員会国土利用先進化のための土地政策方向研究委員，99 年建設交通部開発制限区域発展方向に関する研究委員，99 年建設交通部モデル都市指定・育成研究委員，99 年環境部法令協議会委員，環境部都市計画樹立指針作成諮問委員会委員，03 年 2 月中央都市計画委員会委員，	金泳三・金大中・盧武鉉 ②

					04 年新行政首都建設推進委員会民間委員，05 年文化財庁高度保存審議委員会委員，建設交通部新都市建設諮問委員会委員，建設交通部先進建設交通革新委員会委員，06 年建築技術建築文化先進化委員会委員，建設交通部自己評価委員会委員，06 年首都圏政策核心官民協議会委員，06 年行政中心複合都市建設推進委員会委員，07 年行政中心複合都市総括地区単位計画樹立諮問委員／なし	
11	キム・ホンクォン	1936	企業家	**91 年～00 年常任執行委員，経済正義研究所常任理事，副所長**／01 年韓国宗教社会倫理研究所所長	93 年～94 年労働部産業災害予防中央実務委員，99 年～03 年公正取引委員会下請給諮問委員／なし	金泳三・金大中 ②
12	黄山城	1944	弁護士	**93 年指導委員，監査，99 年環境正義市民連帯共同代表**／89 年 YMCA 人身売買申告センター諮問委員，人間教育実現学父母連帯実行委員会委員，92 年韓国女性弁護士会会長，94 年自然保護中央会理事	93 年 3 月～12 月環境処長官，97 年 10 月国務総理行政審判委員会委員／**81 年国会議員，民韓党党務委員，女性局局長，00 年自民連入党，自民連副総裁**	金泳三 ②
13	姜京根	1956	大学教授	**93 年中央委員，98 年常任執行委員，（市民立法委員会副委員長　就任時期不詳）**／なし	03 年 7 月大統領直属疑問死真相究明委員会委員／なし	盧武鉉 ②
14	姜万吉	1933	大学教授	**93 年顧問，96 年統一協会第 2 代理事長，98 年特別機構理事長**／00 年ハンギョレ新聞社理事，04 年親日反民族行為真相究明市民連帯常任共同代表	98 年 5 月～00 年統一院統一顧問会議顧問，00 年 6 月南北頂上会談南側代表団，00 年 8 月済州 4.3 事件真相究明及び犠牲者名誉回復委員会委員，04 年国家記録物管理委員会委員長，05 年 2 月光復 60 周年記念事業推進委員会共同委員長，05 年 4 月親日反民族行為真相究明委員会委員長／**04 年 7 月ウリ党政策研究財団設立準備委員会準備委員**	金大中・盧武鉉 ②
15	金容采	1950	弁護士	**90 年光州経実連執行委員長，93 年常任執行委員，94 年光州経実連共同代表，98 年中央委員会議長団**／92 年光州全南民主言論運動協議会運営委員	02 年消費者紛争調停委員会委員／なし	金大中 ②
16	金圭七	1943	公務員・放送人	**90 年～95 年常任執行委員，93 年中央委員**／なし	93 年 8 月～96 年韓国放送公社理事，95 年 6 月～96 年行政刷新委員／**89 年統一民主党総裁特別補佐役**	金泳三 ②
17	金洪信	1947	小説家	**91 年～95 年常任執行委員，93 年中央委員**／小説家	95 年放送文化振興会理事／**96 年統合民主党選対代**	金泳三 ②

				協会運営委員	**弁人，国会議員(統合民主党)，97 年国会議員(ハンナラ党)，00 年国会議員(ハンナラ党，比例代表)，04 年ウリ党入党，国会議員選挙立候補(ウリ党)**	
18	金芝河	1941	詩人	**93 年指導委員**／70 年五族事件で国家保安法違反，投獄，74 年民青学連事件で投獄，00 年独島訪問運動本部常任代表	98 年第二の建国汎国民推進委員会委員／なし	金大中 ①
19	金錫俊	1950	大学教授	**93 年中央委員，94 年～96 年政策委員会副委員長，97 年組織委員長，98 年副委員長(所属委員会不詳)，常任執行委員，01 年常任執行委員会委員長**／00 年韓国 NGO 学会共同代表，02 年正しい社会のための市民会議共同代表	97 年 8 月大統領諮問政策企画委員会委員，98 年 4 月企画予算委員会改革諮問行政改革委員会委員，08 年 8 月科学技術政策研究院院長／**04 年ハンナラ党公薦審査委員，国会議員(ハンナラ党)，07 年李明博候補競選選挙対策委員会政策企画委員会第三本部長，08 年国会議員選挙予備候補者(ハンナラ党)**	金泳三・金大中・盧武鉉 ②
20	金周元*	1953	弁護士	**93 年中央委員**／98 年民主社会のための弁護士会司法委員長	99 年～00 年大統領秘書室民情首席秘書官室民情第一秘書官，00 年韓国石油公社非常任理事，00 年～02 年大統領直属規制改革委員会委員／なし	金大中 ②
21	金成勲	1939	大学教授	**90 年指導委員，93 年指導委員，03 年共同代表，08 年環境正義市民連帯第 2 代理事長**／01 年全国農民団体協議会顧問，01 年わが民族互いに助け合う運動共同代表，05 年先進化政策運動共同代表	92 年～95 年農林水産部農政審議委員会委員，94 年農漁村発展委員会小委員長，95 年～97 年統一院交流協力諮問委員，98 年 3 月～00 年農林部長官／なし	盧泰愚・金泳三・金大中 ②
22	金日秀	1946	大学教授	**93 年中央委員，96 年市民立法委員会委員長，98 年常任執行委員会委員長，常任執行委員，99 年事務総長職務代行，01 年代議員会副議長**／87 年大韓弁護士協会法制委員，89 年死刑廃止協議会副会長，94 年堕胎反対運動連合代表，01 年韓国基督教総連合会死刑廃止委員会共同代表，02 年韓国基督教倫理実践運動共同代表，03 年韓国基督教生命倫理委員会委員長，04 年 11 月基督教社会責任共同代表	85 年法務部刑法改正審議委員，88 年(就任月不詳)法制処政策諮問委員，96 年教育部法学教育委員，98 年 4 月政策評価委員会一般行政分科委員会委員，99 年情報通信倫理委員，司法改革委員，著作権審議調整委員，国務総理行政審判委員会委員，03 年 4 月情報通信倫理委員会第 5 期副委員長，03 年 5 月第 4 期政府政策評価委員会一般行政委員会委員，03 年 6 月検察改革諮問委員会委員長，03 年 12 月国務総理行政審判委員，04 年検察警察捜査権調整委員会委員長，05 年法務部政策委員会委員長，08 年 6 月国民権益委員会諮問委員／なし	全斗煥・金泳三・金大中・盧武鉉・李明博 ④

23	金東熙	1929	大学教授	**93 年中央委員，95 年顧問**／96 年全国帰農運動本部共同代表，02 年韓国生活協同組合連合会諮問委員	81 年憲法改正審議委員会専門委員，84 年～88 年農水産部政策諮問委員会委員，92 年～94 年 9 月農林水産部糧穀流通委員会委員長／なし	全斗煥・盧泰愚 ④
24	金聖男	1942	弁護士	**91 年～94 年市民立法委員会議長，93 年中央委員，97 年中央委員長，98 年中央委員会議長団**／02 年行政改革市民連合共同代表	93 年 12 月国会制度改善委員会委員，98 年 10 月第二の建国汎国民推進委員会委員，99 年 4 月大統領直属司法改革推進委員会委員，00 年 2 月反腐敗特別委員会委員長／なし	金泳三・金大中 ②
25	金聖在	1948	牧師・大学教授	**89 年教育改革委員会委員長，90 年常任執行政策委員，93 年常任執行委員，98 年常任執行委員**／88 年民主化のための全国教授協議会京仁地域副議長，韓国障碍福祉共同対策委員会委員長，93 年韓国基督学生総連盟理事，94 年～95 年参与連帯運営委員，96 年～97 年日本軍慰安婦問題の正しい解決のための市民連帯執行委員長，98 年～99 年韓国障碍者団体総連盟初代会長，03 年陣中(兵営)図書館建設国民運動共同代表，04 年韓国障碍者団体総連盟第 4 代常任代表	97 年大統領諮問平和統一委員会委員，98 年 3 月教育部大学評価委員，98 年 5 月文化観光部文化ビジョン 2000 委員会委員，98 年 7 月大統領諮問新教育共同体委員会委員，98 年 8 月監査院不正防止対策委員会副委員長，98 年 10 月大統領諮問第二の建国汎国民推進委員会企画団 3 分科副幹事，99 年 3 月大統領諮問新教育共同体委員会常任委員，99 年 6 月～00 年 1 月青瓦台大統領秘書室民情首席秘書官，00 年 1 月～01 年 3 月青瓦台大統領秘書室政策企画首席秘書官(次官級)，02 年 7 月～03 年 2 月文化観光部長官／なし	金泳三・金大中 ②
26	金秀坤*	1934	大学教授	**93 年指導委員，98 年特別機構理事長**／なし	96 年～98 年教育改革委員会委員，労使関係改革委員会委員，96 年最低賃金審議委員会委員長，98 年 4 大社会保険統合推進企画団委員，99 年労使政委員会委員，00 年政府革新推進委員会委員／なし	金泳三・金大中 ②
27	金完培	1952	大学教授	**89 年政策委員会研究委員，93 年常任執行委員，98 年常任執行委員**／なし	94 年農林水産部流通発展委員会委員，95 年監査院運営諮問委員，98 年～99 年農林部農産物流通改革委員会共同委員長，98 年財政経済部税制発展審議委員会委員／**99 年新政治国民会議農水産物輸出振興政策企画団副委員長**	金泳三・金大中 ②
28	金文洙	1951	労働運動家	**91 年中央委員，93 年中央委員**／74 年民青学連事件でソウル大除籍，78 年～80 年全国金属労働組合ハンイルトルコ労働組合委員長，84 年～85 年韓国労	93 年(4 月以降就任)労働部行政規制緩和委員会委員，98 年第 2 期労使政委員会委員／**90 年民衆党九老甲地区党委員長，94 年国会議員選挙張琪杓選挙**	金泳三・金大中 ③

				働者福祉協議会副委員長，85年全泰壱記念事業会事務局長，ソウル労働運動連合結成主導，85年～87年ソウル労働運動連合指導委員，86年仁川5.3直選制改憲闘争で拘束，90年2月～94年2月全国労働組合協議会指導委員，96年6月環境運動連合国政政策委員会委員	**事務長，95年新韓国党中央党企画調整委員，96年5月新韓国党代表特補，96年国会議員(新韓国党)，00年国会議員(ハンナラ党)，04年国会議員(ハンナラ党)，06年京畿道知事**	
29	金載学	1948	企業家	**88年～92年中央委員**／なし	91年総合科学技術審議会原子力分科専門委員，91年国家科学技術諮問会議エネルギー分科原子力専門委員／なし	盧泰愚 ②
30	金泰東	1947	大学教授	**89年創設メンバー，91年土地研究所委員長，93年中央委員，95年政策研究委員会委員長**／なし	90年～91年国務総理行政調査室諮問教授，93年～94年経済企画院新経済5ヶ年計画総括分科諮問委員，98年2月大統領秘書室経済首席秘書官(次官級)，98年～99年大統領秘書室政策企画首席秘書官(次官級)，98年10月第二の建国汎国民推進委員会委員，99年大統領諮問政策企画委員会委員長(長官級)，02年韓国銀行金融通貨委員会委員／なし	盧泰愚・金泳三・金大中 ②
31	金秉準	1954	大学教授	**93年中央委員，94年地方自治委員会委員長**／なし	99年警察委員会非常任委員，02年大統領職引継委員会専門分科幹事，03年2月政府革新地方分権委員会委員長，03年6月大統領諮問政策企画委員会国家システム改革分科政治行政チーム委員，04年～06年大統領秘書室政策室室長(長官級)，06年教育人的資源部長官兼副総理，06年大統領諮問政策企画委員会委員長，盧武鉉大統領政策特別補佐官兼任／なし	金大中・盧武鉉 ②
32	権泳俊	1952	大学教授	**00年金融改革委員会委員長，公的資金監視運動本部本部長，政策協議会議長，01年金融改革委員会委員長，06年経済正義研究所所長**／なし	05年8月税制発展審議委員会総括分科委員会委員／なし	盧武鉉 ②
33	権容友	1948	大学教授	**93年常任執行委員，93年～95年国土分科委員長，94年政策委員会副委員長，97年～99年常任執行委員会実務委員，03年都市改革センター首都圏フォーラム代表**／97年グリーンベルト市民連帯政策委員	04年新行政首都候補地評価委員団団長／なし	盧武鉉 ②

34	権光植	1940	大学教授	**98年農業改革委員会委員長，98年環境農業実践家族連帯代表，01年環境農業実践家族連帯代表**／97年民主化のための全国教授協議会ソウル支部会長，21世紀生命運動本部共同代表	98年8月～00年9月農林部穀物流通管理委員会委員長，05年大統領直属農漁村特別対策委員会親環境農業協議会議長／なし	金大中・盧武鉉 ②
35	権泰埈	1937	大学教授	**92年環境開発発展センター所長，93年指導委員，94年～96年共同代表**／97年朴正熙大統領記念事業会理事，99年市民運動情報センター理事長，05年先進化政策運動共同代表	76年～87年中央都市計画委員，95年監査院不正防止対策委員会委員，97年同委員長，98年第二の建国汎国民推進委員会委員，99年第二の建国汎国民推進委員会常任委員会委員／なし	朴正熙・金泳三・金大中 ②
36	呉成圭	1967	市民運動家	**96年～99年環境開発センター政策室長**／99年～00年ナショナルトラスト運動事務局長，04年市民団体連帯会議運営委員，環境正義市民連帯事務処長	03年環境部事前環境性検討及び環境影響評価諮問委員，04年大統領直属持続可能発展委員会専門委員，05年建設交通部予算政策諮問委員会委員，06年環境部中央環境保全諮問委員会委員，建設交通部首都圏政策革新市民・官協議会委員，06年環境部官民環境政策協議会委員，07年民主平和統一諮問委員，国務調整室セマグンム実務委員会委員／なし	盧武鉉 ③
37	崔聖戴	1946	大学教授	**93年中央委員，95年社会福祉政策分科委員長，98年代議員(政策協議会社会改革委員会)**／なし	94年2月～6月保健福祉部社会福祉審議委員会委員，99年7月保健福祉部福祉分野諮問委員／なし	金泳三・金大中 ②
38	崔延杓	1953	大学教授	**93年中央委員，98年市民公正取引委員会執行委員長，00年政策協議会議長，01年正しい企業本部本部長，06年常任執行委員**／なし	03年5月公正取引委員会非常任委員／なし	盧武鉉 ②
39	朱宗桓	1929	大学教授	**93年顧問**／91年韓国社会経済学会名誉会長，94年参与連帯顧問，96年参与連帯参与社会研究所名誉理事長	67年～69年農業政策審議会委員，84年～90年農林水産部諮問委員会農政分科委員長，92年～94年農業政策審議会委員，01年～02年財政経済部企業支配構造改善委員会委員(辞退)／なし	朴正熙・全斗煥・盧泰愚・金大中 ④
40	徐京錫	1948	牧師	**89年～95年事務総長，98年中央委員会議長団，01年常任執行委員会委員長，04年中央委員会議長**／74年民青学連事件収監，91年～94年公明選挙実践市民運動協議会事務処長，94年～95年韓国基督教総連合会協同総務，98年韓国市民団体協議会事務総長，99年市民改革フォーラム実務委員長，01年市民社会団体連帯会議共同代表，03年朝鮮族の友	95年世界化推進委員会委員，04年大検察庁・警察庁捜査権調停諮問委員会委員(検察推薦)／**95年改革新党総務，統合民主党政策委員会議長，96年国会議員選挙立候補(統合民主党)**	金泳三・盧武鉉 ③

				達共同代表，04 年基督教社会責任共同代表，わが民族互いに助け合う運動共同代表，05 年韓国基督教総連合会人権委員会委員長，先進化政策運動共同代表		
41	チョン・ウンフィ	—	社会団体員	**98 年代議員(国際委員会)**／(緑色消費者連帯常任理事　就任時期不詳)	08 年 8 月放送通信審議委員会通信分科特別委員会委員／なし	李明博 ③
42	白容鎬	1956	大学教授	**93 年政策研究委員会副委員長，常任執行委員**／なし	94 年大統領諮問 21 世紀委員，99 年統一部統一教育審議委員，08 年第 17 代大統領職引継委員会経済 1 分科委員会委員，08 年 3 月公正取引委員会委員長／**95 年新韓国党中央選挙対策委員会副代弁人，96 年～98 年新韓国党ソウル西大門区乙地区党委員長**	金泳三・金大中・李明博 ②
43	白鍾万	1954	大学教授	**93 年中央委員**／(参与連帯社会福祉委員会委員長就任時期不詳)	03 年 6 月大統領諮問政策企画委員会国民統合分科福祉保健チーム委員／なし	盧武鉉 ②
44	シン・デギュン	1952	社会団体員	**93 年常任執行委員，98 年常任執行委員，01 年常任執行委員**／大邱 YMCA 市民事業部部長，行政改革市民連合事務総長，司法改革のための市民社会団体連帯会議幹事	94 年国民苦情処理委員会委員，(警察改革委員会委員，監査院諮問委員　就任時期不詳)／なし	金泳三 ③
45	全大連	1932	牧師	**93 年顧問**／76 年ソウル YMCA 事務処長，全国 YMCA 総務協議会会長，97 年～00 年ソウル YMCA 名誉会長，95 年公明選挙実践市民運動協議会ソウル本部地域共同常任代表	83 年民主平和統一政策諮問会議委員，93 年 8 月～96 年韓国放送公社非常任理事／なし	全斗煥，金泳三 ②
46	宋昌錫	1960	公務員	**92 年地方自治特別委員，93 年中央委員**／99 年韓国自由総連盟民主市民教育センター教授，01 年参与連帯運営委員，04 年同運営委員	94 年～05 年国民苦情処理委員会専門委員(交通分野)，05 年～06 年 12 月大統領秘書室民願提案秘書室先任行政官，06 年 12 月～08 年 3 月国民苦情処理委員会警察民願調査 1 チーム長，08 年 3 月国民権益委員会苦情処理部警察民願課課長／なし	金泳三・盧武鉉・李明博 ②
47	宋月珠	1935	僧侶	**89 年共同代表，93 年共同代表，02 年統一協会第 5 代理事長**／90年仏教人権委員会共同代表，公明選挙実践市民運動協議会常任共同代表，92 年清潔な政治宣言を支持する市民の会発起人，94 年正しい言論のための市民連合共同代表，94年韓国市民団	98 年第二の建国汎国民推進委員会顧問，98 年～00 年統一院統一顧問会議顧問／**96 年統合民主党国民統合推進委員会顧問**	金大中 ②

				体協議会共同代表，96 年愛の実践国民運動本部代表顧問，97 年興士団統一運動本部顧問，日本軍慰安婦記念館開館準備委員会委員長，環境運動連合顧問，00 年民族正気宣揚協議会共同代表議長，06 年10 月失業克服国民財団理事長		
48	孫鳳鎬	1938	大学教授	**93 年指導委員，中央委員会議長，94 年～97 年共同代表**／92 年公明選挙実践市民運動協議会常任共同代表，93 年～94 年正義の社会のための市民運動協議会発足準備委員長，執行委員長，95 年～00 年韓国市民団体協議会共同代表，98 年興士団名誉団友，04 年基督教社会責任顧問	93 年 4 月～98 年 2 月監査院不正防止対策委員会委員，93 年 11 月～94 年 2 月大法院司法制度発展委員会第 2 分科委員会委員，94 年～98 年 2 月政府公職者倫理委員会委員，95 年～98 年情報通信倫理委員会委員長，96 年～98 年 2 月労使関係改革委員会委員，97 年放送委員会選挙放送討論委員会委員，08 年 6 月国民権益委員会諮問委員／なし	金泳三・李明博 ②
49	高忠錫	1950	大学教授	**92 年～01 年済州経実連共同代表，93 年常任執行委員**／なし	05 年大統領諮問東北アジア時代委員会委員，06 年国務総理直属済州特別自治道委員会委員／なし	盧武鉉 ②
50	趙昌鉉	1935	大学教授	**89 年～00 年地方自治委員会委員長，共同代表，93 年指導委員，98 年特別機構理事長**／95 年～00 年正しい言論市民運動実行委員，共同代表，98 年～00 年市民改革フォーラム共同運営委員	95 年国会議員選挙区確定委員会委員，97 年～98 年国務総理室地方自治制度発展委員会委員，98 年 1 月～2 月政府組織改編審議委員会委員，98 年～02 年第二の建国汎国民推進委員会常任委員，00 年～02 年大統領諮問政府革新推進委員会委員長，02 年～06 年中央人事委員会委員長，06 年放送委員会委員長(長官級)／**98 年～99 年新政治国民会議政治改革特別委員会委員**	金泳三・金大中・盧武鉉 ②
51	趙永晃	1941	弁護士	**93 年指導委員，95 年～97 年不正腐敗追放運動本部本部長**／89 年～91 年消費者問題を研究する市民の会会長，99 年～00 年言論改革市民連帯言論被害法律支援本部本部長	91 年～95 年放送委員会広告審議委員会委員長，04 年～05 年国民苦情処理委員会委員長(長官級)，05 年～06 年国家人権委員会委員長(長官級)／なし	盧泰愚・盧武鉉 ②
52	張原碩	1947	大学教授	**89 年農業分科及び農業改革委員会委員長，URL 対策委員会委員長，93 年常任執行委員**／86 年農協中央会(役職不詳)，韓国労働組合総連盟(韓国労総)(役職不詳)，農村指導者中央会諮問委員，89 年～91 年	98 年 3 月農漁村振興公社理事，98 年 3 月～03 年農林部農政企画団団長，農業通商政策協議会議長，農林業務審査評価委員長，99 年農漁村振興公社非常任理事，00 年～01 年国務総理諮問機構政策評価委	金大中・盧武鉉 ②

				興士団付設トサンアカデミー研究院副院長，94 年〜97 年韓国労総諮問委員，94 年〜95 年我々の農業を守る汎国民運動本部常任執行委員長，97 年興士団民族統一運動本部本部長，98 年〜00 年環境運動連合指導委員，99 年 WTO 汎国民連帯執行委員長	員会民間委員，02 年〜03 年 7 月大統領農漁村特別委員会委員長(長官級)，03 年 8 月〜05 年大統領政策企画委員／なし	
53	𠮷尤鉉	1950	大学教授	**93 年政策委員会委員長，中央委員，98 年常任執行委員**／なし	98 年 11 月労働部最低賃金審議委員会委員，99 年 3 月失業対策委員会諮問委員，99 年 6 月大統領諮問政策企画委員会福祉健康分科委員，00 年 4 月労働部最低賃金審議委員会公益委員／なし	金大中 ②
54	鄭聖哲	1944	弁護士	**89 年〜91 年初代執行委員長，93 年指導委員，93 年不正腐敗追放運動本部本部長**／なし	93 年 3 月〜94 年政務第一長官室補佐官／**94 年〜95 年民自党江南区乙地区党委員長，96 年国会議員選挙立候補(新韓国党)，97 年 11 月ハンナラ党ソウル江南区乙地区党委員長**	金泳三 ②
55	延基栄	1952	僧侶・大学教授	**92 年公正取引委員会委員，93 年中央委員，97 年〜03 年公正取引委員会委員**／01 年韓国教授仏教者連合会会長	91 年 11 月〜94 年労働部労働政策評価委員，00 年 5 月法制処法律ハングル化推進委員会委員／なし	金大中 ④
56	林玄鎮	1949	大学教授	**93 年中央委員**／95 年政治改革市民連合発起人，98 年韓国 NGO 学会常任代表	05 年〜07 年大統領諮問政策企画委員会委員／**04 年ウリ党比例代表選定委員会委員**	盧武鉉 ②
57	韓勝憲	1934	弁護士	**93 年顧問**／72 年アムネスティ韓国委員会創立理事，74 年自由実践文人協会理事，75 年韓国基督教教会協議会人権委員，75 年反共法違反で拘束，80 年〜81 年金大中内乱陰謀事件関連戒厳令違反服役，88 年ハンギョレ新聞社創刊委員長，96 年〜98 年参与連帯顧問，02 年社会福祉共同募金会会長	88 年 7 月〜90 年 12 月第 1 期放送委員会委員，93 年 11 月大法院司法制度発展委員会第 3 分科委員，94 年 9 月言論仲裁委員会仲裁委員，95 年憲法裁判所諮問委員，著作権審議調整委員会委員，96 年文化放送(MBC)視聴者委員会委員長，98 年 3 月〜99 年監査院院長，05 年 1 月司法制度改革推進委員会民間委員長／なし	盧泰愚・金泳三・金大中・盧武鉉 ①
58	韓相範	1934	大学教授	**93 年中央委員**／93 年正義の社会のための市民運動協議会共同代表，教育を正しく直す運動共同代表議長，95 年参与連帯顧問，97 年韓日過去清算汎国民運動本部企画・法律専門委員，99 年人権情報センター会長，00 年民族正気回復運動市民団体連帯共同代表議長	92 年憲法裁判所諮問委員，02 年大統領直属疑問死真相究明委員会委員長／なし	盧泰愚・金大中 ④

59	文炳蘭*	1935	大学教授	**93 年顧問**／87 年全南国民運動本部共同議長，89 年民主化のための全国教授協議会共同議長，90 年民族文学作家会議名誉会長，95 年韓国民族芸術人総連合理事	(第二の建国汎国民推進委員会委員　就任時期不詳)／なし	金大中 ①
60	文龍鱗	1947	大学教授	**93 年中央委員**／99 年 6 月ソウル YMCA ヨンサン文化委員会委員	86 年文教部教育課程審議委員，文教部教科書編纂審議委員，87 年統一院政策諮問委員，89 年大統領諮問 21 世紀委員会委員，93 年 8 月教育部統一教育諮問委員会委員，94 年大統領諮問 21 世紀委員会委員(95 年に大統領諮問政策企画委員会に名称変更)，96 年大統領諮問政策企画委員会第 3 分科委員長，教育部教育委員会委員，96 年～98 年大統領直属教育改革委員会常任委員，98 年 5 月大統領諮問政策企画委員会委員，98 年 6 月文化観光部長官青少年政策諮問委員会委員，98 年 7 月新教育共同体委員会委員，98 年 10 月第二の建国汎国民推進委員会委員，99 年 6 月第二の建国汎国民推進委員会常任委員会委員，教育部中央教育審議会委員，00 年 1 月～8 月教育部長官，02 年 5 月大統領諮問政策企画委員会教育情報分科委員，07 年～08 年 2 月国務総理直属国家青少年委員会青少年特別会議団長／なし	全斗煥・盧泰愚・金泳三・金大中・盧武鉉 ④
61	朴明珍*	1947	大学教授	**93 年中央委員**／97 年韓国公演芸術振興協議会初代委員	94 年総合有線放送委員会委員，公演倫理委員会委員，98 年 12 月大統領諮問機構放送改革委員会委員，00 年第 2 期情報化推進委員会委員，08 年 5 月放送通信審議委員会審議委員，同委員長／なし	金泳三・金大中・李明博 ②
62	朴栄律	1942	牧師・大学教授	**90 年～93 年中央委員，常任執行委員**／91 年～92 年公明選挙実践基督教対策委員会常任総務	00 年科学技術部生命倫理諮問委員会委員，00 年～03 年第二の建国汎国民推進委員会中央委員，01 年～03 年民主平和統一諮問委員会委員／**95 年新政治国民会議創党発起人，中央委員会委員**	金大中 ②
63	朴珠賢	1963	弁護士	**92年中央委員，93年中央委員，98年常任執行委員**／88 年民主社会のための弁護士会加入，女性民友会・女性団体連合政策諮問委員，95 年民主社会の	98年雇用保険審査委員，02年言論仲裁委員会ソウル仲裁部仲裁委員，03 年大統領職引継委員会国民参与センター諮問委員，03 年 2 月～12 月大統領	金大中・盧武鉉 ②

				ための弁護士会社会福祉特別委員長，03 年参与連帯社会福祉委員会委員	秘書室国民参与首席秘書官，03 年 12 月～04 年 6 月大統領秘書室参与革新首席秘書官，05 年 9 月大統領直属規制改革委員会委員，06 年 5 月大統領直属低出産高齢社会委員会民間幹事委員／**02 年改革国民政党入党**	
64	朴仁済	1952	弁護士	**89 年～95 年常任執行委員，95 年市民立法委員会委員長**／(民主社会のための弁護士会総務　就任時期不詳)，93 年環境運動連合指導委員，94 年～97 年 5.18 真相究明と光州抗争継承国民委員会執行委員，99 年緑色消費者連帯理事	05 年～08 年国家清廉委員会委員，08 年 3 月国民権益委員会副委員長／**95 年改革新党代弁人，95 年～97 年統合民主党ソウル松坡丙地区党委員長**	盧武鉉・李明博 ②
65	朴相燮*	1947	大学教授	**93 年中央委員**／なし	95 年 6 月大統領諮問政策企画委員会委員(統一・外交分科委員会委員)／なし	金泳三 ②
66	朴　弘*	1941	大学教授・神父	**93 年中央委員**／72 年全泰壱追慕ミサを行う，天主教正義具現全国司祭団で活動，92 年清潔な政治宣言を支持する市民の会発起人，93 年共同体意識改革国民運動協議会共同常任議長，隣人を助ける運動推進協議会キャンペーン本部長，93 年正しく生きる運動中央協議会顧問	93 年(7 月以降就任)～97 年政府公職者倫理委員会委員，95 年第 7 期民主平和統一諮問委員(宗教)，97 年 6 月統一顧問会議顧問／なし	金泳三 ①
67	朴淵徹	1951	弁護士	**93 年中央委員**／(参与連帯内部非理告発者支援センター所長　就任時期不詳)，98 年韓国基督教教会協議会人権委員，民主社会のための弁護士会副会長	99 年選挙放送審議委員会副委員長，00 年大検察庁検察制度改革委員，02 年～06 年腐敗防止委員会委員，04 年青瓦台政策諮問委員，05 年親日反民族行為真相究明委員会委員／なし	金大中・盧武鉉 ②
68	朴載昌	1948	大学教授	**93 年中央委員**／97 年～99 年新市民フォーラム代表，97 年韓国 YMCA 全国連盟市民事業政策委員長，98 年～99 年公明選挙実践市民運動協議会全国本部執行委員長，01 年正しい選挙市民の会全国連合会共同代表，02 年 7 月 YMCA 世界連盟執行理事，04 年アジア太平洋 YMCA 連盟副会長，05 年韓国 NGO 学会会長，07 年市民社会フォーラム代表	98 年～03 年行政自治部地方行政政策諮問委員長，99 年～00 年選挙放送審議委員会委員，03 年 10 月～04 年 12 月腐敗防止委員会教育広報政策諮問委員長，04 年 6 月～06 年 6 月地方移譲推進委員会民間側委員長／なし	金大中・盧武鉉 ②

69	朴慶孝*	1954	大学教授	**93年中央委員**／なし	93年世界化推進委員会専門委員，96年総務処専門委員／なし	金泳三 ②
70	朴世逸	1948	大学教授	**93年政策研究委員会副委員長，常任執行委員，01年経済正義研究所理事長**／06年韓半島先進化財団理事長	94年教育改革委員会委員，大統領秘書室政策企画首席秘書官，95年12月大統領秘書室社会福祉秘書官，96年5月大統領直属労使関係改革委員会特別委員／**04年国会議員(ハンナラ党，比例代表)，05年ハンナラ党政策委員会議長**	金泳三 ②
71	慎鏞廈	1937	大学教授	**93年指導委員，00年～01年共同代表**／なし	96年国史編纂委員会委員／なし	金泳三 ②
72	申蕙秀	1950	社会団体員・大学教授	**93年中央委員，98年政策委員会委員(経済分科)**／83年韓国女性の電話連合会長，92年韓国挺身隊問題対策協議会国際協力委員長，95年韓国女性の電話連合会長，96年家庭暴力防止法制定特別委員会委員長，99年韓国女性団体連合共同代表，00年2000年総選市民連帯共同代表	95年政務第2長官室女性政策審議実務委員，同室国際業務諮問団委員，02年5月行政自治部公益事業審査委員会委員長，02年11月大統領諮問持続可能発展委員会社会分科委員長，03年5月政府公職者倫理委員会委員，05年3月国家人権委員会非常任人権委員／なし	金泳三・金大中・盧武鉉 ③
73	柳鍾星	1956	社会団体員	**90年～93年企画室長，政策室長，93年～97年政策室長，組織局長，97年～99年事務総長，99年剽窃事件で事務総長辞任**／82年～88年YMCA連盟幹事，部長	98年8月監査院不正防止対策委員会委員，99年3月失業対策委員会諮問委員／なし	金大中 ③
74	柳重錫	1957	大学教授	**98年代議員(都市改革センター)，01年都市改革センター都市再生委員長**／なし	98年4月監査院国策事業監視団諮問委員会地理情報担当委員／なし	金大中 ⑤
75	兪在賢	1949	大学教授	**92年～95年経済正義研究所所長，93年常任執行委員，93年～95年統一協会事務処長，95年～97年事務総長，98年～00年運営委員長，99年環境正義市民連帯共同代表**／02年緑色未来常任代表	00年大統領諮問持続可能発展委員会委員，01年～03年監査院不正防止対策委員会委員／なし	金大中 ②
76	尹慶老	1947	大学教授	**89年常任執行委員，組織委員長，経済正義編集委員，93年組織委員長，常任執行委員，97年～98年常任執行委員会委員長，01年代議員会議長，04年統一協会理事**／87年ソウルYMCA運営委員，03年親日人名辞典編纂委員会委員長	01年司法試験管理委員会委員，03年11月国史編纂委員会委員／なし	金大中・盧武鉉 ②

77	尹建永	1952	大学教授	**01年政策協議会議長**／なし	94年〜95年教育改革委員会専門委員，95年〜97年韓国たばこ人参公社理事，95年税制発展審議委員会委員，97年国民年金制度改善企画団委員，97年6月〜12月教育改革実績評価委員会委員，98年4月国税行政改革委員会委員，99年4月自営業者所得把握委員会委員／**02年ハンナラ党李会昌大統領候補経済特補，04年国会議員(ハンナラ党，比例代表)，05年ハンナラ党汝矣島研究所所長**	金泳三・金大中 ④
78	尹錫奎	1959	政治家	**89年〜00年中央委員**／85年〜93年ソウルYMCA社会開発部幹事，91年ペノール汚染対策委員会代表幹事，93年4月〜9月環境社会団体協議会政策室長，93年〜98年安山YMCA総務，96年安山公明選挙実践市民運動協議会執行委員長，97年現代都市連帯理事，98年行政改革市民連合運営委員，98年緑色消費者連帯理事	99年12月〜01年4月大統領秘書室市民社会秘書室行政官(NGO担当)／**01年5月〜8月盧武鉉常任顧問政策特補，01年8月〜02年4月盧武鉉大統領候補競選本部状況室長，02年5月〜9月新千年民主党盧武鉉大統領候補秘書室政策チーム長，副室長，02年9月〜12月盧武鉉大統領候補政治改革推進委員会事務処長，03年1月〜3月新千年民主党党改革特別委員会事務処長，04年ウリ党院内企画室長，開かれた社会政策研究所所長，07年大統合民主新党大統領選挙候補企画特補**	金大中 ③
79	尹源培	1946	大学教授	**92年〜93年政策研究委員会委員長，93年常任執行委員，94年〜95年常任執行委員会副委員長，95年〜97年経済正義研究所所長**／なし	98年3月〜99年金融監督委員会副委員長(次官級)，証券先物委員会委員長，03年6月大統領諮問政策企画委員会委員／なし	金大中・盧武鉉 ②
80	羅城麟	1953	大学教授	**98年常任執行委員，99年政策委員会委員長，経済正義研究所所長**／なし	95年11月財政経済院税制発展審議委員会委員，96年1月保健福祉部国民年金運営実務運営委員，97年〜00年企画予算処予算諮問委員／**08年6月国会議員(ハンナラ党，比例代表)，国会企画財政委員会委員**	金泳三 ④
81	李石淵	1954	弁護士(法制処，憲法裁判所の公務員出身)	**94年〜99年2月政策委員，市民立法委員会副委員長，96年常任執行委員会委員長，99年11月〜01年11月事務総長**／94年〜98年参与連帯公益訴訟センター副所長，95年〜00年参与連帯運営委員，99年12月汎国民枯れ葉剤被害共同対策委員会共同委	00年監査院不正防止対策委員会委員，01年企画予算処予算諮問委員，02年3月〜11月監査院国民監査請求審査委員，02年6月〜06年3月腐敗防止委員会諮問弁護士，03年5月〜04年4月監査院不正防止対策委員会委員長，03年8月〜06年10月韓国	金大中・盧武鉉・李明博 ②

				員長，01 年 3 月～12 月市民社会団体連帯会議共同運営委員長，04 年 11 月憲法フォーラム常任委員会代表，05 年 1 月市民とともにする弁護士共同代表，21 世紀ガバナンスフォーラム共同代表，06 年 11 月ニューライト全国連合常任共同代表	電力公社非常任理事(任期 3 年)，03 年 11 月～06 年 3 月監査院国民監査請求審査委員長，04 年 4 月～05 年 4 月監査院政策諮問委員会委員長，08 年 3 月法制処処長／なし	
82	李珏範	1948	大学教授	**93 年 2 月常任執行委員会副委員長**／05 年先進化政策運動共同代表	93 年 4 月監査院不正防止対策委員会委員，93 年 8 月韓国放送公社非常任理事，95 年世界化推進委員会委員，95 年～98 年大統領秘書室政策企画首席秘書官／なし	金泳三 ②
83	李漢彬	1926	大学教授	**93 年顧問**／91 年公明選挙実践市民運動協議会共同代表，92 年清潔な政治宣言を支持する市民の会発起人，98 年興士団名誉団友，全国経済人連合会諮問団	79 年 12 月副総理兼経済企画院長官，88 年通信開発研究院理事長，89 年韓国科学技術研究院理事長，94 年光復 50 周年記念事業委員会委員／なし	崔圭夏・盧泰愚・金泳三 ④
84	李亨模	1946	言論人	**89 年発起人，財政委員会委員長，90 年 7 月～92 年 2 月経実連の雑誌創刊運営委員長，93 年中央委員，99 年 2 月常任執行委員会委員長，00 年経済正義具現研究所理事，01 年正農生活協同組合理事長**／92 年～93 年大韓 YMCA 連盟総務部部長，94 年～06 年市民の新聞代表理事長，市民運動情報センター院長，02 年市民運動情報センター理事長	04 年 5 月大統領諮問政策企画委員会傘下人材立国新競争力特別委員会委員／なし	盧武鉉 ②
85	李慶雨	1955	弁護士	**93 年中央委員，市民立法委員会委員**／97 年 5 月民主社会のための弁護士会労働委員長	99 年 10 月労使政委員会不当労働行為特別委員会公益委員，02 年労働部雇用平等委員会委員長／なし	金大中 ②
86	李啓卿	1950	企業家	**93 年中央委員**／74 年～83 年青年女性運動連合会会長，83 年～84 年韓国女性の電話連合創設，初代総務，88 年～03 年女性新聞社発行人代表理事，91 年性暴力相談所理事，99 年社団法人韓国社会福祉協会理事	90 年～92 年政務第 2 長官室女性政策審議実務委員，91 年～92 年放送委員会放送広告審議委員，94 年放送委員会放送審議委員，96 年情報化推進委員会運営委員，96 年～99 年平和統一諮問会議委員，98 年 4 月大統領直属女性特別委員会委員，企画予算処傘下行政改革委員会委員，98 年女性特別委員会民間委員，98 年 8 月監査院不正防止対策委員会諮問委員，中央選挙管理委員会選挙諮問委員，99 年文化観光部音盤産業振興委員会委員，99 年 7 月民主平	盧泰愚・金泳三・金大中 ③

					和統一諮問会議諮問委員，00 年行政自治部政府機能調整委員会委員／**03 年ハンナラ党入党，04 年国会議員(ハンナラ党，比例代表)**	
87	李効再	1924	大学教授	**98 年顧問**／82 年～84 年民主化のための解職教授協議会共同代表，87 年～90 年韓国女性民友会初代会長，90 年韓国挺身隊問題対策協議会共同代表，90 年～92 年韓国女性団体連合会長，92 年日本問題対策研究協議会共同代表，94 年参与連帯顧問，95 年韓国女性団体連合常任顧問，01 年 6 月韓国女性団体連合後援会共同会長	93 年 6 月統一院顧問，98 年 8 月韓国女性社会教育院理事／なし	金泳三・金大中 ①
88	李在雄*	1942	大学教授	**93 年指導委員**／なし	81 年副総理兼経済企画院長官諮問官，82 年金融産業発展審議委員会委員，93 年～97 年新経済専門委員会委員，94 年～98 年金融通貨運営委員会委員，97 年～98 年財政経済院金融産業発展審議委員会委員／なし	全斗煥・金泳三 ④
89	李三悦	1941	大学教授	**93 年指導委員**／80 年～82 年世界教会協会都市産業宣教幹事，91 年世界教会協議会運営委員，98 年参与連帯諮問委員，03 年アップ・コリア運営委員	93 年統一院政策諮問委員，07 年 3 月国務総理傘下国家イメージ開発委員会委員長／**96 年統合民主党政策委員会副議長**	金泳三・盧武鉉 ②
90	李鍾燻	1935	大学教授	**93 年指導委員，98 年～00 年経済正義研究所理事長，99 年～04 年共同代表**／90 年全国経済人連合会諮問委員，97 年中央大学校総長，05 年市民社会フォーラム会長，06 年希望韓国国民連帯共同代表	81 年財務部政策諮問委員／なし	全斗煥 ④
91	李鎮淳	1950	大学教授	**93 年常任執行委員，97 年～98 年経済正義研究所所長，98 年常任執行委員**／なし	98 年 4 月政策評価委員会委員，98 年 10 月第二の建国汎国民推進委員会委員，00 年教育人的資源政策委員会委員，03 年 4 月大統領直属政府革新地方分権委員会委員／なし	金大中・盧武鉉 ②
92	李性燮	1948	大学教授	**93 年中央委員，96 年 2 月国際委員会委員長，98 年常任執行委員，政策委員会委員長**／なし	96 年教育規制緩和委員会委員／なし	金泳三 ②
93	李永熙	1943	大学教授	**93 年常任執行委員会委員長**／65 年～67 年大学在学中に日韓会談反対運動主導で除籍処分，71 年～74 年韓国労働組合総連盟(韓国労総)全国自動車労働組	91 年放送委員会放送審議委員，08 年 2 月労働部長官／**95 年民自党の汝矣島研究所所長，08 年李明博大統領当選者政策諮問委員**	盧泰愚・李明博 ②

				合(役職不詳)，78年～80年韓国クリスチャンアカデミー企画運営委員，83年韓国労総諮問委員，91年参与と自治のための市民連帯会議常任運営委員長		
94	李弼商	1947	大学教授	**93年中央委員，95年政策委員会委員長，98年2月副委員長(所属委員会不詳)，経済正義研究所所長**／99年ともに行う市民行動創立準備委員会委員長，01年3月韓国NGO学会共同代表	98年12月放送改革委員会実行委員，00年5月監査院不正防止対策委員会委員，04年保健福祉部国民年金中長期基金運用マスタープラン企画団団長／なし	金大中・盧武鉉 ②
95	李正子	1942	社会団体員(市民運動家)	**92年～99年統一協会理事及び運営委員，93年常任執行委員，96年中央委員会副議長，98年中央委員会議長団，99年代議員会議長**／63年～65年韓国日報社記者，74年～77年クリスチャンアカデミー女性社会教育責任幹事，86年～87年韓国女性団体協議会処長，88年～91年消費者保護団体協議会総務，91年～92年参与と自治のための市民運動協議会執行委員会副委員長，91年～94年韓国統一女性協議会会長，92年公明選挙実践市民運動協議会組織委員長，93年～94年正義の社会のための市民運動協議会執行委員会副委員長，94年正しい言論のための市民連合共同代表，韓国女性団体協議会勤労女性委員長，96年緑色消費者連帯共同代表，公明選挙実践市民運動協議会共同代表，98年9月緑色交通運動理事，99年緑色商品購買ネットワーク共同代表及び運営委員長	98年10月第二の建国汎国民推進委員会委員，99年9月大統領直属反腐敗特別委員会委員／**85年～86年民正党中央党女性局副局長，91年ソウル市広域議会選挙永登浦乙区市民候補出馬，02年新千年民主党中央選挙管理委員会副委員長**	金大中 ③
96	李正典	1943	大学教授	**93年中央委員，96年環境開発センター研究委員，98年常任執行委員，環境開発センター代表，99年9月環境正義市民連帯共同代表**／96年緑色消費者連帯共同代表	82年保健社会部政策諮問委員，90年12月環境部中央環境保全諮問委員会委員，93年5月建設交通部国土利用審議委員会委員，95年3月建設交通部首都圏整備委員会委員，00年5月～01年8月大統領諮問持続可能発展委員会水資源分科委員長／なし	全斗煥・盧泰愚・金泳三・金大中 ④
97	李　松*	1949	大学教授	**98年代議員**／なし	91年建設交通部中央建設技術常任委員，労働部資格制度常任委員／なし	盧泰愚 ④

98	李万雨	1950	大学教授	**93年中央委員**／98年不正腐敗追放市民連合会共同代表	85年財務部税制発展審議委員会財産税分科委員，92年～95年建設交通部首都圏整備実務委員，92年～98年内務部政策諮問委員，92年財政部税制発展審議委員会委員，96年行政自治部地方税制審議委員会委員，02年国民年金発展委員会財政分析委員長，財政経済部税制発展審議委員／なし	全斗煥・盧泰愚・金泳三・金大中 ④
99	李万烈*	1938	大学教授	**93年指導委員**／96年～98年韓国基督者教授協議会会長，99年～01年韓国基督学生総連盟理事長	98年国史編纂委員会委員，03年6月～06年国史編纂委員会委員長(次官級)，05年文化財庁文化財委員会委員，国家報勲委員会副委員長，06年国家報勲処独立有功労者功績審査委員会委員長／なし	金大中・盧武鉉 ②
100	李基春*	1942	大学教授	**93年指導委員**／なし	90年～94年女性政策審議委員(総理諮問)，96年～98年大統領諮問世界化推進委員会委員，99年企画予算処政府投資機関運営委員，財政経済部消費者政策審議委員会委員，00年財政経済部物価安定委員会委員／なし	盧泰愚・金泳三・金大中 ④
101	梁　建	1947	大学教授	**93年中央委員，98年常任執行委員，市民立法委員会委員長**／なし	94年～97年環境処中央環境紛争調停委員，95年統一院政策諮問委員，98年1月～03年大検察庁検察制度改革委員会委員，00年～01年統一部統一政策評価委員，04年～08年3月大検察庁検察委員会副委員長，05年～07年憲法裁判所諮問委員，08年3月国民権益委員会委員長(長官級)／なし	金泳三・金大中・盧武鉉・李明博 ②
102	李仁浩	1936	大学教授	**93年指導委員**／83年～87年韓国女性の電話連合理事，94年参与連帯諮問委員，01年～02年同顧問	88年～92年韓国放送公社理事，91年～93年国史編纂委員会委員，94年～96年教育改革委員，公演倫理委員会倫理委員，94年11月教育部中央教育審議会委員，総理室女性政策審議委員会委員，95年～96年世界化推進委員会委員，96年～98年駐フィンランド大使，98年4月駐ロシア大使／なし	盧泰愚・金泳三・金大中 ②
103	李世中	1935	弁護士	**93年顧問，98年顧問**／92年～97年公明選挙実践市民運動協議会共同代表，93年大韓弁護士協会会長，環境運動連合共同代表，正義の社会のための市民運動協議会常任共同代表，94年参与連帯顧問，95年	79年～84年公演倫理委員会委員，88年(就任月不詳)放送委員会審議委員，93年4月監査院不正防止対策委員会委員長，96年統一部統一顧問会議顧問，労使関係改革委員会副委員長，98年1月～2月政府	朴正熙・金泳三・金大中・盧武鉉・李明博

				不正腐敗追放市民連合会共同代表，95 年～99 年韓国市民団体協議会共同代表，99 年環境運動連合共同代表，01 年参与連帯顧問，韓国女性団体連合後援会共同会長，05 年社会福祉共同募金会会長，06 年未来と経済会長	組織改編委員会副委員長，98 年 4 月～01 年国務総理諮問機構政策評価委員会委員長，98 年 6 月～99 年労使政委員会委員，98 年 8 月～00 年韓国放送公社理事長，98 年 10 月第二の建国汎国民推進委員会委員，03 年 6 月国務総理傘下教育情報委員会委員長，06 年 8 月産業資源部傘下エネルギー財団初代理事長，08 年 6 月国民権益委員会諮問委員／なし	④
104	李義栄	1958	大学教授	**98 年常任執行委員，04 年政策委員会委員長**／なし	03 年 7 月中小企業特別委員会委員(次官級)，公正取引委員会経済政策諮問委員／なし	盧武鉉 ②
105	李元熙	1962	大学教授	**97 年研究委員，98 年予算監視委員会委員**／なし	95 年世界化推進委員会専門委員／なし	金泳三 ④
106	李錫炯	1949	弁護士	**97 年常任執行委員兼不正腐敗追放本部本部長，98 年常任執行委員，99 年租税正義実現市民運動本部指導委員**／99 年韓国市民団体協議会民間団体関連法律整備特別委員会委員長，言論改革市民連帯言論被害法律支援本部弁護士	99 年韓国土地公社社外理事，00 年韓国体育振興公団顧問／**99 年 11 月新千年民主党創党推進委員，常務委員，00 年新千年民主党ソウル恩平乙地区党委員長，国会議員選挙立候補(落選)，01 年新千年民主党政治改革特別委員，人権委員会副委員長**	金大中 ②
107	李鍾受	1948	大学教授	**00 年政府改革委員会委員長，02 年腐敗追放運動本部運営委員会委員長，05 年～07 年市民権益センター代表，06 年 1 月～12 月常任執行委員会委員長**／02 年 3 月興士団教授フォーラム会長，05 年興士団民族統一運動本部共同代表	04 年 10 月～05 年 5 月中央人事委員会政策諮問委員長，04 年 11 月～07 年 12 月警察庁過去史真相究明委員会委員長，08 年 1 月～4 月選挙区画委員会委員／なし	盧武鉉 ②
108	李政熙	1953	大学教授	**98 年代議員(政策委員会)**／なし	95 年～98 年政務長官(第 1)室政策諮問委員／なし	金泳三 ④
109	李長熙	1950	大学教授	**94 年統一協会理事，政策委員長，運営委員長，中央委員，常任執行委員，98 年常任執行委員**／94 年韓日過去清算汎国民運動本部企画・法律諮問委員，01 年平和と統一のための市民連帯常任共同代表	85 年～87 年平和統一政策諮問会議諮問委員，90 年～92 年統一院政策諮問委員，05 年 10 月教育人的資源部私学紛争調停委員会委員，06 年 9 月教育人的資源部東北アジア私学財団非常任理事，07 年 1 月大統領諮問政策企画委員会委員／なし	全斗煥・盧泰愚・盧武鉉 ④
110	李寿成*	1937	大学教授(ソウル大学校総長)	**93 年指導委員**／98 年韓国児童保護会名誉総長，白凡記念事業会長，障害者優先実践中央協議会常任代表	95 年～97 年国務総理，98 年 9 月第二の建国汎国民推進委員会共同議長，03 年 2 月セマウル運動中央協議会会長／**97 年新韓国党常任顧問，00 年国会議員選挙立候補(民主国民党)，07 年大統領選挙立候補(和合と跳躍のための国民連帯)**	金泳三・金大中・盧武鉉 ②

111	李鎔喆	1960	弁護士	**96 年常任執行委員，98 年代議員(倫理委員会)**／96 年民主社会のための弁護士会広報幹事，市民の新聞監査，行政改革市民連帯監査，ソウル YMCA 消費者委員長	96 年通商産業部産業政策諮問委員，(00 年以降就任)行政自治部公益事業選定委員会委員，民主化運動補償審議委員会関連有無審査分科委員会委員，02 年大統領職引継委員会政務分科委員会諮問委員，03 年 9 月～12 月大統領秘書室民情首席室民情第二秘書官，03 年 12 月～04 年 12 月大統領秘書室民情首席室法務秘書官，05 年 1 月～5 月国務総理国務調整室国防獲得制度改善団団長，05 年 1 月防衛事業庁開庁準備団副団長，06 年 1 月～11 月防衛事業庁次長(1 級相当の別定職)，07 年 9 月預金保険公社社外理事／**02 年 11 月新千年民主党盧武鉉大統領候補法律特補**	金泳三・金大中・盧武鉉 ⑤
112	李琦雨	1956	大学教授	**98 年中央委員(地方自治委員会)**／96 年～98 年参与連帯地方自治委員長，98 年 5 月韓国 YMCA 全国連盟地方自治委員長，06 年希望製作所付設条例研究所所長	03 年 5 月政府革新地方分権委員会委員，06 年大統領直属地方移譲推進委員会委員／なし	盧武鉉 ②
113	安鍾範	1959	大学教授	**00 年～02 年財政税制委員会委員長**／06 年正しい社会市民会議運営委員	93 年 4 月～5 月新経済 5 ヶ年計画税制改革部門諮問委員，95 年～96 年国民福祉企画団専門委員，95 年～97 年行政刷新委員会専門委員，97 年～98 年 2 月労使関係改革委員会責任専門委員，97 年 6 月～12 月国民年金改善企画団専門委員，98 年 4 月～01 年 3 月監査院国策事業監視団諮問委員，99 年～01 年政府投資機関経営評価団委員，99 年 4 月～11 月国務総理室自営業者所得把握委員会専門委員，00 年～04 年財政経済部税制発展審議委員会委員，01 年～04 年企画予算処基金運用評価団総括班委員，03 年 2 月～04 年 2 月国税庁税制革新企画団委員，03 年 12 月～06 年 12 月企画予算処中央成果管理諮問団諮問委員，04 年 4 月～8 月企画予算処基金運用評価団基金存置評価団福祉労働チーム長，05 年 1 月財政経済部租税改革実務企画団(役職不詳)，06 年 6 月農林部農林業務自己評価委員会委員，07 年 2 月	金泳三・金大中・盧武鉉 ④

					政府投資機関経営評価団委員，07 年 6 月公務員年金制度発展委員会委員兼財政推計小委員長／**02 年李会昌大統領候補民生・福祉特補**	
114	河連燮*	1963	大学教授	**98 年代議員(予算監視委員会)**／なし	98 年 8 月～12 月教育部地方教育自治制度改善委員会委員，04 年 2 月教育人的資源部長官政策補佐官室局長(2 級)／なし	金大中・盧武鉉 ⑤
115	河勝彰	1961	社会団体員(市民運動家)	**92 年～99 年組織局長，政策室長，98 年常任執行委員**／00 年ともに行う市民行動事務処長，05 年市民社会団体連帯会議運営委員長，09 年希望と代案常任運営委員	05 年 10 月教育人的資源部私学紛争調停委員会委員／なし	盧武鉉 ③
116	韓正和	1954	大学教授	**92 年～95 年中小企業政策分科委員長，98 年中央委員(政策委員会)**／なし	91 年～93 年政府投資機関戦略経営分科経営評価委員／なし	盧泰愚 ④
117	金益植	1955	大学教授	**98 年代議員(地方自治委員会)，02 年地方自治委員会委員長**／なし	02 年行政自治部政策諮問委員／なし	金大中 ②
118	金光閏	1952	大学教授	**99 年多国籍企業評価委員会委員長，01 年常任執行委員，多国籍企業評価委員会委員長**／なし	98 年 3 月ソウル地方国税庁課税適否審査委員／なし	金大中 ④
119	金甲培	1952	弁護士	**01 年市民立法委員会公益訴訟委員長**／なし	04 年 11 月国家情報院過去事件真相究明を通じた発展委員会民間委員，05 年腐敗防止委員会委員／なし	盧武鉉 ②
120	金修三	1945	大学教授	**98 年常任執行委員，98 年～00 年都市改革センター理事**／なし	85 年建設部中央設計審査委員，89 年調達庁評価委員，建設部政策諮問委員，95 年財政経済院社会間接資本投資審議諮問委員，建設交通部建設制度改革企画団諮問委員，96 年～99 年建設交通部中央建設技術審議委員会委員，97 年調達庁政府施設工事技術諮問／なし	全斗煥・盧泰愚・金泳三 ④
121	金章鎬	1952	大学教授	**89 年(10 月以降就任)政策研究員，失業対策本部本部長など，93 年中央委員，98 年中央委員(労使関係特別委員会)，常任執行委員**／(市民の新聞編集諮問委員　就任時期不詳)	93 年 3 月～95 年労働部雇用保険研究企画団諮問教授，98 年 9 月労働部雇用保険審査委員会委員，99 年労使政委員会公共部門構造調整特別委員会公益委員，労使政委員会勤労時間短縮特別委員会公益委員，01 年最低賃金委員会公益委員，02 年 7 月中央	金泳三・金大中 ②

					労働委員会公益委員／なし	
122	金振洙	1956	大学教授	**99年社会福祉委員会委員長**／02年ヨンインYMCA自活後見機関諮問委員，韓国労働組合総連盟諮問委員	93年～97年行政刷新委員会専門委員，94年保健福祉部農漁村年金拡大諮問委員，95年国民福祉企画団専門委員，98年勤労福祉公団非常任理事，保健福祉部公私年金制度改善実務委員会委員，99年自営業者所得把握委員会専門委員，04年国民年金管理公団社外理事，保健福祉部自己評価委員，労働部諮問委員／なし	金泳三・金大中・盧武鉉 ④
123	金世振*	1956	専門職業人(研究員)	**98年代議員**／なし	97年6月財務部OECD専門委員及び金融市場協商代表団，金融改革委員会専門委員，98年7月外交通商部通商交渉民間諮問委員／なし	金泳三・金大中 ④
124	金政完	1960	大学教授	**98年代議員(政府改革委員会)，99年政府改革委員会委員**／なし	06年教育人的資源部地方大学革新力量強化事業評価委員／なし	盧武鉉 ②
125	金想均	1946	大学教授	**93年中央委員，98年中央委員(政策委員会社会福祉分科)**／なし	95年大統領諮問政策企画委員会委員，女性政策審議委員会委員，保健福祉企画団委員，98年国家報勲処政策諮問委員，99年政府出捐研究機関連合理事会理事，自営業者所得把握委員会委員，民主平和統一諮問会議社会福祉分科委員長，01年雇用政策審議委員会委員，自活事業諮問評価団共同団長，02年国民年金発展委員会委員兼制度発展専門委員会委員長，中央勤労者福祉政策委員会委員，03年5月労使政委員会委員／なし	金泳三・金大中・盧武鉉 ②
126	金大来	1956	大学教授	**98年常任執行委員，08年5月釜山経実連共同代表**／なし	07年1月大統領諮問政策企画委員会委員／なし	盧武鉉 ②
127	金哲煥	1960	大学教授	**90年～99年中央委員，常任執行委員，98年保健医療委員会委員長，00年保健医療委員会委員長，常任執行委員，01年保健医療委員会委員長**／91年基督青年医療人会運営委員	95年～99年保健福祉部韓国保健医療管理研究院主管医療機関サービス評価団参与／なし	金泳三 ②
128	金東炘	1953	社会団体員	**93年中央委員，98年常任執行委員，01年市民事業委員会委員長，01年～03年協同事務総長**／02年～05年公明選挙実践市民運動協議会事務総長，07	08年8月保健福祉家族部韓国青少年修練院理事長／**(ハンナラ党中央倫理委員会倫理委員　就任時期不詳)，08年国会議員選挙予備候補者(ハンナラ**	李明博 ③

				年11月韓国市民社会団体連合共同代表，首都分割反対汎国民運動本部事務総長，江北均衡発展市民連帯共同代表	**党)**	
129	金裕煥	1959	大学教授	**98年代議員(市民立法委員会)**／なし	05年私立学校法施行令改正委員会委員，(大統領直属規制改革委員会委員，法制処法令解釈審議委員会委員，国家清廉委員会行政審判委員，国会立法支援委員　就任時期不詳。ただし国家清廉委員会は2005年発足)／なし	盧武鉉 ⑤
130	金容益	1952	大学教授	**93年～96年政策委員会委員，98年中央委員(政策委員会保健医療分科)**／89年人道主義実践医師協議会企画局長，92年健康社会のための保健医療人連帯会議議長，94年医療保障統合一元化と保険適用拡大のための汎国民連帯会議執行委員長，98年5月参与連帯中央常任執行委員	98年2月～9月保健福祉部国民医療保険管理公団設立委員会委員，98年3月～10月保健福祉部医療保険統合推進企画団第1分科長，98年5月保健福祉部医薬分業推進委員会委員，98年9月国民医療保険管理公団理事，98年10月保健福祉部保健医療法令整備企画団委員，98年11月国務総理室社会保障審議委員会4大社会保険統合推進企画団委員，98年12月第二の建国汎国民推進委員会安全社会建設タスクフォース委員，01年大統領諮問政策企画委員会福祉健康分科委員，03年保健福祉部公的老人医療保障推進企画団委員長，03年6月大統領諮問政策企画委員会国民統合分科委員長，04年2月大統領諮問高齢化及び未来社会委員会委員長(長官級)，05年10月大統領直属低出産高齢社会委員会委員，06年1月～08年2月大統領秘書室社会政策首席秘書官／**98年5月新政治国民会議医療保険特殊企画団委員長，98年7月新政治国民会議保健医療効率化及び先進化政策企画団副委員長，99年新政治国民会議失業対策委員会政策諮問委員**	金大中・盧武鉉 ②
131	金鎬城	1947	大学教授	**96年常任執行委員，98年代議員(政治改革委員会)**／96年韓国民主市民教育協議会ソウル支部長	96年民主平和統一諮問会議理念制度分科委員長／なし	金泳三 ⑤
132	具正謨	1953	大学教授	**99年～01年国際委員会委員長，02年国際連帯理事**／なし	03年11月財政経済部金融発展審議会審議委員／なし	盧武鉉 ②

133	洪元卓	1940	大学教授	**98 年中央委員(政策委員会経済分科)，05 年共同代表**／なし	83 年財務部関税制度改編協議会委員，84 年商工部貿易手続簡素化委員会委員，財務部関税審議委員会委員，85 年第 6 次 5 ヶ年計画税制部門計画委員会委員，86 年財務部税制発展審議委員会委員(同関税制度分科委員会委員長)，88 年 2 月財務部関税率改編協議会委員，財務部基礎産業分科委員長，経済構造調整諮問会議委員，89 年対外経済政策研究院理事，90 年韓国住宅公社理事，第 7 次 5 ヶ年計画税制部門計画委員会委員，93 年 3 月経済企画院新経済改革委員会委員，農林部農地基本法制定推進委員会委員，建設交通部国土利用計画審議会委員，教育部地域研究審査評価委員会委員長，95 年外務部政策諮問委員，96 年教育部国際専門人材養成特性化大学選定審議委員会委員長／なし	全斗煥・盧泰愚・金泳三 ④
134	洪準亨	1956	大学教授	**95 年～97 年常任執行委員，97 年～98 年環境開発センター環境法分科委員会委員長，98 年代議員(市民立法委員会)**／なし	94 年～95 年教育改革委員会法学教育特別委員会専門委員，94 年環境部法令審査委員会委員，99 年～05 年国務総理行政審判委員会委員，04 年～08 年 2 月情報通信部情報通信政策審議委員会委員／なし	金泳三・金大中・盧武鉉 ④
135	朱聖秀	1953	大学教授	**95 年江東松坡経実連準備委員長及び執行委員長，98 年中央委員(政策委員会社会福祉分科)**／99 年 2 月～01 年全国共同募金会企画広報委員，00 年市民社会フォーラム運営委員，韓国非営利学会副会長	96 年保健福祉部韓国社会福祉協議会自願奉仕プログラム白書発刊運営委員，98 年 6 月行政自治部政策諮問委員，99 年 11 月国政広報処諮問委員，00 年行政自治部公益事業選定委員及び評価委員／なし	金泳三・金大中 ②
136	徐英勲	1923	社会団体員	**93 年顧問**／66 年～68 年青少年団体協議会副会長，80 年～82 年同会長，87 年興士団公議会会長，93 年～94 年正義の社会のための市民運動協議会常任共同代表，94 年市民運動団体協議会共同代表，94 年～00 年公明選挙実践市民運動協議会顧問，新社会共同善運動連合理事長，96 年～00 年わが民族互いに助け合う運動本部常任代表	88 年～90 年韓国放送公社社長，88 年～92 年行政改革・教育政策大統領諮問委員，95 年監査院不正防止対策委員会委員長，98 年第二の建国汎国民推進委員会共同委員長，統一部統一顧問会議顧問，99 年第二の建国汎国民推進委員会常任委員長／**00 年国会議員(新千年民主党)**	盧泰愚・金泳三・金大中 ③
137	徐廷華	1946	大学教授	**01 年常任執行委員**／98 年韓国教員団体総連合会教員処遇向上委員会委員長，06 年正しい政策研究院	85 年～87 年大統領諮問教育改革審議会常任専門委員，94 年～96 年大統領諮問教育改革委員会専門委	全斗煥・金泳三・金大

				教育フォーラム会長	員，01 年～03 年 2 月大統領諮問人的資源政策委員会常任委員，05 年教育人的資源部地方教育革新評価委員会委員長／なし	中・盧武鉉 ④
138	申東千	1955	大学教授	**01 年常任執行委員，児童環境委員会委員長**／95 年消費者保護団体協議会諮問委員	99 年保健福祉部結核管理委員会委員，01 年環境部飲み水管理委員会委員，保健福祉部国民健康増進基金運用審議会委員，中央環境紛争調停委員会委員／なし	金大中 ②
139	申鉉昊	1958	弁護士	**97 年市民立法委員会委員，99 年 3 月政策委員(保健医療委員)**／なし	95 年警察庁法律諮問委員，98 年 3 月保健福祉部伝染病予防法改正委員，98 年 12 月国務総理室食品医薬分野不正防止対策委員，99 年保健福祉部結核管理委員会委員，00 年国防部医務諮問官／なし	金泳三・金大中 ④
140	申澈永	1950	社会団体員	**98 年～99 年組織委員長，99 年～02 年富川経実連代表，01 年～03 年事務総長**／78 年～88 年永登浦産業宣教会教育責任幹事，89 年～90 年全国労働運動団体協議会事務局長，共同議長，95 年富川生活協同組合理事長，99 年～04 年失業克服富川市民運動本部常任委員会代表，03 年汎国民政治改革協議会委員，04 年富川市民フォーラム代表，韓国生協連合会会長	99 年～04 年労使政委員会常務委員会委員，同労使関係小委員会委員長，02 年 8 月～03 年 1 月放送委員会選挙放送審議委員会委員，04 年中央労働委員会公益委員，05 年 3 月～07 年 11 月国民苦情処理委員会常任委員兼事務処長職代行，07 年 12 月～08 年 2 月国民苦情処理委員会委員長(次官級)／**91 年～92 年民衆党労働委員長**	金大中・盧武鉉 ③
141	辛奉起*	1960	大学教授	**98 年代議員(地方自治委員会)，釜山経実連市民権利センター(役職不詳)**／なし	04 年～06 年行政自治部住民訴訟制度研究諮問団諮問委員，04 年国会立法支援委員，05 年国務総理行政審判委員会委員／なし	盧武鉉 ②
142	張仁太	1956	弁護士	**96 年中央委員兼不正腐敗追放運動本部運営委員長**／(言論改革市民連帯言論被害法律支援本部　就任時期・役職不詳)	01 年 9 月～04 年 9 月情報通信部プログラム審議調整委員会委員，国民苦情処理委員会民願相談委員，06 年 5 月財政経済部国税審判院審判官／**08 年国会議員選挙ハンナラ党候補申請**	金大中・盧武鉉 ②
143	任千淳*	1952	大学教授	**98 年中央委員(政策委員会教育分科)**／なし	95 年大統領諮問教育改革委員会専門委員，99 年国務調整室人文社会研究会企画評価委員会委員，00 年教育部頭脳韓国 21 人文社会分野分科委員会委員，大統領諮問教育人的資源政策委員会常任委員／なし	金泳三・金大中 ④

144	文国現	1949	企業家	**95 年環境正義市民連帯理事，98 年常任執行委員**／98 年生命の森共同代表，99 年平和の森国民運動共同運営委員長，00 年美しい財団理事，韓国ナショナルトラスト共同運営委員長，05 年韓国ナショナルトラスト共同代表	04 年大統領諮問政策企画委員会傘下人材立国新競争力委員会委員長／**07 年 12 月大統領選挙立候補(創造韓国党，落選)，08 年国会議員(創造韓国党)**	盧武鉉 ②
145	朴基栄	1958	大学教授	**90 年科学技術委員会(役職不詳)，環境開発センター(役職不詳)，98 年代議員(情報科学技術委員会)，02 年科学技術委員会委員長**／なし	02 年 12 月～03 年 2 月大統領職引継委員会経済 2 分科(産業，農林，労働)委員，03 年 6 月大統領諮問政策企画委員会未来戦略分科委員長，04 年 1 月大統領秘書室情報科学技術補佐官(韓国最初の女性補佐官。黄禹錫教授『サイエンス』掲載論文の共同著者に加わり，青瓦台とのパイプ役に)，国家科学技術中心社会推進企画団団長，07 年 1 月大統領諮問政策企画委員会委員／なし	盧武鉉 ②
146	朴宰完	1955	大学教授	**98 年～99 年政策協議会副議長，01 年常任執行委員，予算監視委員会委員長，04 年 1 月～3 月政策委員長**／なし	08 年 6 月青瓦台大統領秘書室国政企画首席秘書官／**04 年国会議員(ハンナラ党，比例代表)，07 年 12 月～08 年 2 月大統領職引継委員会国家競争力強化特別委員会政府革新及び規制改革 TF チーム長**	李明博 ②
147	朴載昌	1948	大学教授	**98 年代議員(政策委員会政治・行政分科)**／97 年市民フォーラム代表，韓国 YMCA 全国連盟市民事業政策委員長，98 年公明選挙実践市民運動協議会全国本部執行委員長，01 年正しい選挙市民の会全国連合会共同代表，02 年 YMCA 世界連盟執行理事，03 年韓国 YMCA 市民政治運動本部常任委員会代表，05 年韓国 NGO 学会会長，07 年市民社会フォーラム代表	98 年～03 年行政自治部地方行政政策諮問委員長，99 年～00 年選挙放送審議委員会委員，03 年 10 月腐敗防止委員会腐敗防止教育諮問委員会委員長，04 年大統領直属地方移譲推進委員会委員長／なし	金大中・盧武鉉 ②
148	朴鍾圭	1935	企業家	**93 年～97 年中央委員会議長**／97 年 12 月行政改革市民連合共同代表，01 年同顧問，02 年透明性フォーラム共同代表，03 年同顧問	96 年～98 年 2 月労使関係改革委員会委員，98 年 4 月海洋水産部行政規制改革委員会共同委員長，98 年 8 月新労使文化創出のための諮問団諮問委員／なし	金泳三・金大中 ②
149	朴相基	1952	大学教授	**01 年常任執行委員，市民立法委員会委員長**／なし	96 年～00 年大法院訴訟業務改善委員会委員，98 年～03 年大検察庁検察制度改革委員会委員，98 年 5	金泳三・金大中・盧武

					月～02 年中央人事委員会人事政策諮問委員会委員，00 年法務部刑事法改正特別審議委員会委員，03 年 5 月～05 年国務総理政策評価委員会一般行政小委員会第 4 期委員，05 年～08 年 6 月大統領傘下司法制度改革推進委員会 5 人小委員会委員／なし	鉉 ④
150	李敦明	1922	弁護士	**93 年中央委員**／金芝河国家保安法違反事件の弁護人，尹潽善・金大中内乱陰謀事件の弁護人，78 年～88 年天主教正義平和委員会人権委員長，事務局長，会長，86 年～88 年カトリック正義平和委員会会長，89 年～99 年ハンギョレ新聞社非常任理事，94 年民主社会のための弁護士会顧問，98 年民主改革国民連合顧問，99 年ハンギョレ新聞社理事，国民政治研究会(金大中の人材プール)の創立メンバー(顧問)	00 年済州 4.3 事件真相究明及び犠牲者名誉回復委員会委員／なし	金大中 ①
151	李爯兆	1931	僧侶	**95 年経済正義実践仏教市民連合会長，97 年～99 年共同代表**／98 年生命の森を育てる国民運動本部共同代表	98 年第二の建国汎国民推進委員会委員／なし	金大中 ②
152	梁奉玟	1951	大学教授	**93 年保健医療委員会委員長，98 年政策協議会社会改革委員会委員**／94 年全国経済人連合会環境諮問委員	85 年環境処諮問委員，90 年政府第 7 次 5 ヶ年計画保健医療部門専門委員，93 年政府新経済計画専門委員，94 年保健社会部医療保障改革委員会委員，大統領諮問 21 世紀委員会委員，96 年大統領諮問政策企画委員会第 2 分科委員会委員，97 年保健福祉部医療保険統合推進委員会委員，98 年 5 月医薬分業推進協議会委員，99 年 5 月大統領諮問政策企画委員会委員，環境部費用分科委員，保健福祉部保健局研究諮問委員，99 年建設交通部自動車保険診療報酬紛争審議委員会委員，04 年大統領諮問 R&D 予算総合調整実務委員会委員／なし	全斗煥・盧泰愚・金泳三・金大中・盧武鉉 ③
153	姜汶奎	1931	社会団体員	**93 年顧問**／74 年～96 年韓国 YMCA 全国連盟事務総長，76 年～79 年青少年団体協議会会長，91 年～95年公明選挙実践市民運動協議会共同代表，92 年	98 年 5 月統一院統一顧問会議顧問，大統領統一顧問，98 年～03 年セマウル運動中央協議会会長，98 年第二の建国汎国民推進委員会共同委員長，00年	金大中 ③

				～96 年環境社会団体協議会会長，94 年消費者保護団体協議会会長，韓国市民団体協議会共同代表，94 年～98 年放送改革国民会議共同代表，94 年～00 年漢江を生かす市民運動連合共同代表，95 年わが民族互いに助け合う運動代表，96 年緑色連合常任代表，韓国基督教社会問題研究院理事長，99 年朴正熙大統領記念事業会理事，韓国地球村分かち合い運動会長	～02 年大統領諮問持続可能発展委員会委員長／なし	
154	姜勝規	1948	大学教授	**98 年社会改革委員会委員(教育政策委員会委員長就任時期不詳)**／95 年民主化のための全国教授協議会中央委員及び全北支部長，全北学校運営委員協議会会長	03 年 7 月大統領諮問教育改革委員会委員／なし	盧武鉉 ②
155	姜哲圭	1945	大学教授	**90 年経済正義研究所所長，93 年常任執行委員会副委員長，95 年～97 年常任執行委員会委員長，98 年中央委員会議長団**／なし	98 年 9 月金融発展審議委員会委員，00 年大統領直属規制改革委員会共同委員長，02 年～03 年腐敗防止委員会委員長，03 年 3 月～06 年公正取引委員会委員長／なし	金大中・盧武鉉 ②
156	尹錫元	1953	大学教授	**95 年農業改革委員会委員，01 年同委員長，06 年同委員長**／98 年わが民族互いに助け合う運動本部政策委員	98 年 9 月農林部穀物流通委員会委員／なし	金大中 ②
157	崔明根	1934	大学教授	**98 年中央委員(政策委員会経済分科)**／なし	83 年～86 年科学技術処政策諮問委員，84 年財務部税制発展審議委員会研究分科委員，85 年内務部地方税審議委員，91 年財務部税制発展審議委員会委員兼財産課税研究分科委員長，94 年監査院国民生活部門審査委員，94 年～96 年国税審判所非常任審判官／なし	全斗煥・盧泰愚・金泳三 ④
158	崔秉瑄	1948	大学教授	**97 年～01 年都市大学学長，(都市改革センター　就任時期・役職不詳)**／なし	98 年 10 月第二の建国汎国民推進委員会委員，03 年 6 月新行政首都建設推進支援研究団共同団長，04 年新行政首都建設推進委員会民間委員，同共同委員長，06 年国民経済諮問会議民間諮問委員(社会福祉)／なし	金大中・盧武鉉 ⑤

159	辺衡尹	1927	大学教授	**89 年～94 年共同代表**／80 年～84 年大学教授解職，91 年ハンギョレ新聞社非常任理事，99 年国民政治研究会(金大中の人材プール)の創立メンバー(顧問)	98 年第二の建国汎国民推進委員会代表共同委員長，98 年～00 年統一院統一顧問会議顧問，00 年～03 年 4 月第二の建国汎国民推進委員会顧問／なし	金大中 ①
160	閔泳昌	1956	公務員	**92 年～00 年大邱経実連事務処長，00 年～02 年大邱経実連運営理事長，大邱経実連事務総長，経実連常任執行委員**／85 年大韓 YMCA 幹事	05 年国民苦情処理委員会調査 2 局局長，調査企画官，06 年～08 年国民苦情処理委員会社会民願調査本部本部長，08 年 4 月国民権益委員会社会民願調査団団長／**02 年大邱寿城区庁長選挙立候補(無所属)**	盧武鉉・李明博 ②

注 1) ゴシック表記の経実連の中央組織の役員，付設機構については，経実連の名称を省いた。
注 2) ＊の印は，役員名簿の氏名と経歴情報の氏名が同一人物であることを確認できないが，かなりの確実性をもって同一人物であると言える場合に付している。

6　参与連帯の役員経歴保有者における政府組織の役職歴

	氏　名	出生年	職　業	**参与連帯の役員**／他の市民団体等の役員	政府組織の役職／**政党・議員などの政治的経歴**	公職就任時の政権，タイプ
1	安京煥	1948	大学教授	**94年執行委員会委員長，運営委員，96年～00年運営委員長，01年諮問委員，04年顧問**／00年8月美しい財団理事	87年7月～93年6月著作権審議調停委員会委員，03年7月検察人事委員会委員，04年7月法務部政策委員会委員長，06年国家人権委員会委員長，07年3月国家調停委員会副議長／なし	全斗煥・盧武鉉 ②
2	金昌国	1940	弁護士	**96年～99年共同代表，01年執行委員**／96年民主社会のための弁護士会会員，99年～01年大韓弁護士協会会長	89年放送広告審議委員，90年法務部社会保護委員，93年4月～98年監査院不正防止対策委員会委員，00年～01年韓国放送公社理事，01年～04年国家人権委員会初代委員長，06年親日反民族行為者財産調査委員会委員長(長官級)／なし	盧泰愚・金泳三・金大中・盧武鉉 ④
3	金祥根	1939	牧師	**94年諮問委員**／76年～96年韓国基督教教会協議会人権委員会委員，副委員長，委員長，88年～92年韓国基督教農民会理事長，88年～93年韓国基督学生総連盟理事長，93年韓国視聴者連帯会議常任代表，放送を正しく直す市民連帯会議常任代表，94年～98年5.18真相究明及び光州抗争精神継承国民委員会常任代表，95年～97年人権団体協議会常任代表，95年～98年民主時代フォーラム常任共同代表，98年言論改革市民連帯共同代表，98年～99年民主改革国民連合常任共同代表，99年国民政治研究会(金大中の人材プール)諮問委員，03年反腐敗国民連帯国際透明性機構韓国本部会長，05年3月民主抗争記念事業会代表理事	98年12月～00年大統領諮問放送改革委員会委員，99年～00年第二の建国汎国民推進委員会企画団団長，99年～04年民主平和統一諮問会議常任諮問委員，00年～03年民主化運動関連者名誉回復及び補償審議委員会委員，第二の建国汎国民推進委員会第2期委員常任委員長，02年民主化運動関連者名誉回復及び補償審議委員会委員長，05年法務部監察委員会委員長，06年民主平和統一諮問会議首席副議長／なし	金大中・盧武鉉 ①
4	金聖在	1948	牧師・大学教授	**94年～95年運営委員**／88年民主化のための全国教授協議会京仁地域副議長，韓国障碍福祉共同対策委員会委員長，89年経実連教育改革委員会委員長，90年経実連常任執行政策委員，93年経実連常任執行委員，韓国基督学生総連盟理事，96年～97年日	97年大統領諮問平和統一委員会委員，98年3月教育部大学評価委員，98年5月文化観光部文化ビジョン2000委員会委員，98年7月大統領諮問新教育共同体委員会委員，98年8月監査院不正防止対策委員会副委員長，98年10月大統領諮問第二の建	金泳三・金大中 ②

				本軍慰安婦問題の正しい解決のための市民連帯執行委員長，98年経実連常任執行委員，98年～99年韓国障碍者団体総連盟初代会長，03年陣中(兵営)図書館建設国民運動共同代表，04年韓国障碍者団体総連盟第4代常任代表	国汎国民推進委員会企画団3分科副幹事，99年3月大統領諮問新教育共同体委員会常任委員，99年6月～00年1月青瓦台大統領秘書室民情首席秘書官，00年1月～01年3月青瓦台大統領秘書室政策企画首席秘書官(次官級)，02年7月～03年2月文化観光部長官／なし	
5	金淵明	1961	大学教授	**94年社会福祉委員会副委員長，03年～04年同委員長，04年執行委員，運営委員**／なし	98年3月～99年保健福祉部医療保険統合推進企画団専門委員，99年～01年保健福祉部国民年金基金運用実務評価委員会委員，総理室4大社会保険統合推進企画団専門委員，総理室自営業者所得把握委員会専門委員，03年～04年保健福祉部国民健康保険公団健康保険発展委員会委員，03年2月保健福祉部健康保険統合推進企画団委員，04年保健福祉部国民年金死角地帯解消委員会委員，04年～05年大統領諮問高齢化及び未来社会委員会委員／なし	金大中・盧武鉉 ②
6	金燦国	1927	大学教授	**94年顧問，01年顧問**／75年大学教授解職，84年復職，90年韓国基督教教会協議会人権委員会委員長，93年民青学連事件記念事業会共同準備委員長，97年駐韓米軍犯罪根絶のための運動本部共同代表	88年韓国放送公社理事／**93年民主党李富栄最高委員後援会会長**	盧泰愚 ①
7	権五乗	1950	大学教授	**01年諮問委員**／なし	94年～98年公正取引委員会約款審査諮問委員，97年2月～98年8月公正取引委員会競争政策諮問委員会委員，01年5月～03年5月公正取引委員会競争政策諮問委員会委員，05年9月公正取引委員会競争政策諮問委員会委員長，06年3月～08年3月公正取引委員会委員長(長官級)／なし	金泳三・金大中・盧武鉉 ④
8	黄寅成	1953	社会団体員	**04年諮問委員**／(韓国基督学生総連盟総務，韓国基督教社会運動連合事務処長，全国民族民主連合(全国民族民主運動連合か)事務処長，同政策委員会委員長，同常任執行委員長　就任時期不詳)，91年民主主義民族統一全国連合執行委員長，94年2月拘束，起訴	02年大統領直属疑問死真相究明委員会事務局局長，04年5月～06年5月大統領秘書室市民社会首席室市民社会秘書官(首席秘書官代行も含む)，06年6月韓国土地公社非常任理事，06年8月外交通商部平和協力大使，07年1月統一部南北交流協力推進委員会委員／なし	金大中・盧武鉉 ③

9	呉然天	1951	大学教授	**01年諮問委員，04年諮問委員**／なし	98年～99年企画予算委員会委員，01年～03年企画予算処政府投資機関経営者評価団団長，03年情報通信部情報通信政策審議委員会委員長，04年企画予算処自己審査評価委員，05年産業資源部産業技術評価院理事長，05年7月警察広報諮問委員会委員，06年国務総理室規制改革委員会委員／なし	金大中・盧武鉉 ④
10	呉忠一	1940	牧師	**01年顧問，04年諮問委員**／87年民主憲法争取国民運動本部常任執行委員長，事務処長，拘束，88年反核反公害平和研究所所長，89年全国民族民主運動連合議長，90年野圏統合推進委員会執行委員会幹事，94年韓国基督教教会協議会会長，96年～97年同共同会長，98年言論改革市民連帯共同代表，民主改革国民連合共同代表，99年国民政治研究会(金大中の人材プール)諮問委員，韓国基督教社会宣教協議会共同代表，04年韓国基督教教会協議会宣教委員会委員長，全国失業克服連帯理事長	04年11月国家情報院過去事件真相究明を通じた発展委員会委員長／**07年9月大統合民主新党代表，07年10月同党共同選対委員長**	盧武鉉 ①
11	朱宗桓	1929	大学教授	**94年顧問，96年参与社会研究所名誉理事長，01年顧問，04年運営委員**／93年経実連顧問	67年～69年農業政策審議会委員，84年～90年農林水産部諮問委員会農政分科委員長，92年～94年農業政策審議会委員，01年～02年財政経済部企業支配構造改善委員会委員(辞退)／なし	朴正熙・全斗煥・盧泰愚・金大中 ④
12	宋昌錫	1960	公務員	**01年運営委員，04年運営委員**／92年経実連地方自治特別委員	94年～05年国民苦情処理委員会専門委員(交通分野)，05年～06年12月大統領秘書室民願提案秘書室先任行政官，06年12月～08年3月国民苦情処理委員会警察民願調査1チーム長，08年3月国民権益委員会苦情処理部警察民願課課長／なし	金泳三・盧武鉉・李明博 ②
13	張明奉	1941	大学教授	**98年諮問委員，01年諮問委員，04年諮問委員**／97年経実連統一協会理事及び運営委員	83年～85年法務部法務諮問委員，89年統一部政策諮問委員，90年民主平和統一諮問会議常任委員，96年法院行政処特殊司法制度研究委員会委員，00年法制処南北法制研究委員会委員／なし	全斗煥・盧泰愚・金泳三・金大中 ④
14	張夏成	1953	大学教授	**97年～00年経済民主化委員会委員長，01年執行委員，運営委員，01年9月経済改革センター運営委**	98年9月金融発展審議会証券分科委員／なし	金大中 ②

				員会委員長／00 年美しい財団理事		
15	韓相範	1934	大学教授	**95 年顧問，01 年顧問**／93 年経実連中央委員，正義の社会のための市民運動協議会共同代表，教育を正しく直す運動共同代表議長，97 年韓日過去清算汎国民運動本部企画・法律専門委員，99 年人権情報センター会長，00 年民族正気回復運動市民団体連帯共同代表議長	92 年憲法裁判所諮問委員，02 年大統領直属疑問死真相究明委員会委員長／なし	盧泰愚・金大中 ④
16	朴元淳	1956	弁護士	**94 年参与連帯創立に参加，執行委員，運営委員，96 年～02 年事務処長，02 年～03 年常任執行委員長**／75 年学生運動で投獄，除籍，89 年ハンギョレ新聞論説委員，93 年韓国挺身隊対策協議会諮問委員，94 年大韓弁護士協会理事，韓国女性の電話連合理事，99 年ハンギョレ新聞社理事，00 年 2000 年総選市民連帯常任共同執行委員長，01 年市民社会団体連帯会議常任共同運営委員長，03 年美しい財団常任理事，06 年希望製作所常任理事，09 年 10 月希望と代案共同運営委員長	98 年 8 月監査院不正防止対策委員会委員，00 年 3 月放送委員会法律諮問特別委員会委員，03 年 6 月韓国放送公社理事，03 年 7 月検察人事委員会委員，03 年 10 月司法改革委員会委員，07 年韓国更生保護公団理事／なし	金大中・盧武鉉 ②
17	朴虎声	1949	大学教授	**94 年執行委員，運営委員，議政監視センター所長，01 年運営委員**／88 年学術団体協議会初代代表幹事，99 年同常任共同代表	(民主化運動記念事業会研究所所長　金大中政権以降就任)／なし	②
18	羅炳湜	1949	出版社会長	**94 年理事，運営委員**／反維新体制の全国大学生デモ主導，拘束，74 年民青学連事件で拘束，77 年民主青年協議会創立，運営委員，84 年韓国出版文化運動協議会創立主導，93 年均衡社会を開く会創立主導，事務処長，98 年民主改革国民連合創立準備企画団団長，組織委員長，常任執行委員長，03 年韓国民族芸術人総連合指導委員	00 年民主化運動関連者名誉回復及び補償審議委員会国家祈念及び追慕事業分科委員／**00 年国会議員選挙立候補(無所属，光州)，03 年ウリ党中央委員，08 年国会議員選挙予備候補者(統合民主党，光州)**	金大中 ①
19	李効再	1924	大学教授	**94 年顧問**／82 年～84 年民主化のための解職教授協議会共同代表，87 年～90 年韓国女性民友会初代会長，90 年韓国挺身隊問題対策協議会共同代表，90 年～92年韓国女性団体連合会長，92年日本問題対	93 年 6 月統一院顧問，98 年 8 月韓国女性社会教育院理事／なし	金泳三・金大中 ①

				策研究協議会共同代表，95 年韓国女性団体連合常任顧問，98 年経実連顧問，01 年 6 月韓国女性団体連合後援会共同会長		
20	李三悦	1941	大学教授	**94 年運営委員会委員長，98 年諮問委員，01 年諮問委員，04 年顧問**／80 年～82 年世界教会協会都市産業宣教幹事，91 年世界教会協議会運営委員，93 年経実連指導委員，03 年アップ・コリア運営委員	93 年統一院政策諮問委員，07 年 3 月国務総理傘下国家イメージ開発委員会委員長／**96 年統合民主党政策委員会副議長**	金泳三・盧武鉉 ②
21	李チヒョン*	1931	大学教授	**01 年顧問，04 年諮問委員**／なし	97 年 2 月文化体育部国語審議会漢字文化委員会委員	金泳三 ④
22	李世中	1935	弁護士	**94 年顧問，01 年顧問**／92 年～97 年公明選挙実践市民運動協議会共同代表，93 年経実連顧問，大韓弁護士協会会長，環境運動連合共同代表，正義の社会のための市民運動協議会常任共同代表，95 年不正腐敗追放市民連合会共同代表，95 年～99 年韓国市民団体協議会共同代表，98 年経実連顧問，01 年韓国女性団体連合後援会共同会長，05 年社会福祉共同募金会会長，06 年未来と経済会長	79 年～84 年公演倫理委員会委員，88 年(就任月不詳)放送委員会審議委員，93 年 4 月監査院不正防止対策委員会委員長，96 年統一部統一顧問会議顧問，労使関係改革委員会副委員長，98 年 1 月～2 月政府組織改編審議委員会副委員長，98 年 4 月～01 年国務総理諮問機構政策評価委員会委員長，98 年 6 月～99 年労使政委員会委員，98 年 8 月～00 年韓国放送公社理事長，98 年 10 月第二の建国汎国民推進委員会委員，03 年 6 月国務総理傘下教育情報委員会委員長，06 年 8 月産業資源部傘下エネルギー財団初代理事長，08 年 6 月国民権益委員会諮問委員／なし	朴正熙・金泳三・金大中・盧武鉉・李明博 ④
23	李銀栄	1952	大学教授	**94 年運営委員，97 年明るい社会作り政策団団長，99 年明るい社会作り本部本部長，01 年執行委員，運営委員**／86 年消費者問題を研究する市民の会約款規制法制定委員	87 年経済企画院公正取引委員会約款審査諮問委員，92 年消費者保護院紛争調停委員，97 年消費者保護院理事，大統領諮問政策企画委員会委員，監査院不正防止対策委員会委員，98 年 6 月労使政委員会実務委員，99 年文化観光部著作権審議調停委員会委員，大統領直属反腐敗特別委員会委員，財政経済部金融発展審議会委員，公正取引委員会経済政策審議委員会委員，00 年放送委員会演芸娯楽第 2 審議委員会委員長，01 年大統領諮問政策企画委員会委員，02 年大統領直属規制改革委員会委員，02 年 12 月大	全斗煥・盧泰愚・金泳三・金大中・盧武鉉 ②

					統領職引継委員会政務分科委員／**04 年国会議員（ウリ党，比例代表），08 年国会議員選挙予備候補者（統合民主党，ソウル）**	
24	李憲郁	1968	弁護士	**04 年執行委員，運営委員，小さな権利回復運動本部執行委員長**／(民主社会のための弁護士会委員就任時期不詳)	07 年文化観光部所属ゲーム等級委員会等級分類諮問委員	盧武鉉 ②
25	李孝成*	1951	大学教授	**01 年諮問委員**／98 年 3 月～03 年 5 月民主言論運動市民連合理事，98 年 8 月～00 年言論改革市民連帯共同代表	98 年 10 月～00 年総合有線放送委員会委員，98 年 12 月放送改革委員会実行委員会委員，99 年選挙放送審議委員会委員，02 年～03 年放送委員会報道教養第 2 審議委員会委員長，03 年 5 月放送委員会副委員長／**98 年新政治国民会議放送産業活性化政策企画団委員**	金大中・盧武鉉 ②
26	李在禎	1944	司祭	**94 年諮問委員**／79 年～81 年韓国基督学生総連盟理事長，98 年 12 月民主改革国民連合共同代表，99 年韓国基督教教会協議会人権委員会委員長，国民政治研究会(金大中の人材プール)理事長	98 年 8 月～99 年監査院不正防止対策委員会委員長，98 年 9 月民主平和統一諮問会議常任委員，99 年 4 月大統領直属司法改革推進委員会委員，04 年 10 月民主平和統一諮問会議首席副議長，06 年 12 月～08 年 2 月統一部長官／**99 年新政治国民会議新党創党発起人，00 年 1 月～4 月新千年民主党政策委員会議長，00 年 1 月同党組織責任者公薦審査委員会委員，00 年 2 月～4 月同党中央選挙対策委員会副委員長，00 年 5 月国会議員(新千年民主党)，02 年盧武鉉大統領候補教育特補，03 年ウリ党総務委員会委員長，07 年 3 月ウリ党離党**	金大中・盧武鉉 ②
27	李時載	1948	大学教授	**94 年諮問委員**／95 年環境運動連合政策委員長	07 年 4 月文化財庁文化財景観分科文化財委員／なし	盧武鉉 ②
28	李仁浩	1936	大学教授	**94 年諮問委員，01 年～02 年顧問**／83 年～87 年韓国女性の電話連合理事，93 年経実連指導委員	88 年～92 年韓国放送公社理事，91 年～93 年国史編纂委員会委員，94 年～96 年教育改革委員，公演倫理委員会倫理委員，94 年 11 月教育部中央教育審議会委員，総理室女性政策審議委員会委員，95 年～96 年世界化推進委員会委員，96 年～98 年駐フィンランド大使，98 年 4 月駐ロシア大使／なし	盧泰愚・金泳三・金大中 ②

29	李相禧	1929	大学教授	**01 年顧問，02 年～03 年共同代表**／92 年民主化のための全国教授協議会共同委員長，94 年正しい言論のための市民連合共同代表	87 年～88 年放送委員会委員，93 年 8 月放送文化振興会理事，99 年 12 月選挙放送審議委員会委員長，00 年 5 月韓国放送公社非常任理事，03 年 6 月～06 年 8 月放送文化振興会理事長，06 年放送委員会委員長(大統領推薦)，放送通信融合推進委員会政府委員／なし	全斗煥・金泳三・金大中・盧武鉉 ④
30	李斗植*	1947	大学教授	**01 年諮問委員，04 年諮問委員**／なし	96 年国会造形美術諮問委員会委員，98 年 9 月外交通商部美術諮問委員／なし	金泳三・金大中 ④
31	李和淑	1946	大学教授	**94 年運営委員，95 年女性特別委員会委員長，01 年諮問委員，04 年運営委員**／なし	04 年法務部司法試験管理委員会副委員長，法務部家族法改正特別委員会委員，06 年法制処わかりやすい法作成委員会委員，07 年法務部諮問委員会委員／なし	盧武鉉 ②
32	李琦雨	1956	大学教授	**96 年～98 年地方自治委員長，01 年運営委員**／98 年韓国 YMCA 全国連盟地方自治委員長，経実連中央委員	03 年 5 月政府革新地方分権委員会委員，06 年大統領直属地方移譲推進委員会委員／なし	盧武鉉 ②
33	河泰権	1952	大学教授	**01 年執行委員，運営委員，(政策委員，澄んだ社会作り運動本部政策事業団団長　就任時期不詳)**／行政改革市民連合常任執行委員長	98 年 6 月行政自治部政策諮問委員，99 年 7 月中央人事委員会人事政策諮問会議委員／なし	金大中 ⑤
34	郭魯炫	1954	大学教授	**94 年運営委員，執行委員，95 年執行委員，運営委員，指導委員，01 年諮問委員**／95 年～99 年民主化のための全国教授協議会共同議長，政策委員長，00 年人権実践市民連帯運営委員	98 年 9 月～01 年 9 月教育人的資源部教育規制緩和委員会委員，01 年 10 月～03 年 1 月国家人権委員会委員(非常任)，03 年 1 月大統領職引継委員会諮問委員，03 年 6 月～04 年大統領諮問政策企画委員会委員，05 年 1 月国家人権委員会事務総長／なし	金大中・盧武鉉 ②
35	韓寅燮	1959	大学教授	**94 年執行委員，97 年～00 年司法監視センター所長，01年執行委員，運営委員，04年運営委員**／なし	03 年 5 月法務部政策委員会委員，04 年 6 月司法改革委員会委員／なし	盧武鉉 ②
36	韓明淑	1944	政治家(市民運動家)	**94 年諮問委員，99 年共同代表**／89 年～94 年韓国女性民友会会長，90 年韓国女性団体連合副会長，93 年～94 年放送を正す視聴者連帯会議共同代表，93 年～96 年韓国女性団体連合共同代表，97 年環境運動連合指導委員，韓国女性団体連合指導委員	97 年監査院不正防止対策委員会委員，環境処専門委員，01 年 1 月～03 年 2 月女性部長官，03 年 2 月～04 年 2 月環境部長官，06 年 3 月国務総理／**99 年 9 月新政治国民会議新党創党発起人，99 年 11 月新千年民主党女性委員会委員長，00 年国会議員(新千年民主党)，02 年 5 月新千年民主党離党，04 年国会**	金泳三・金大中・盧武鉉 ②

					議員(ウリ党，京畿道)，07 年 8 月～08 年 2 月国会議員(大統合民主新党，京畿道)，08 年国会議員選挙候補登録者(統合民主党)	
37	金学泉	1941	放送人	**94 年諮問委員**／98 年言論改革市民連帯国民株主放送準備委員会執行委員長	89 年韓国教育研究院副院長，90 年～91 年韓国教育放送公社教育放送所所長，93 年放送委員会審議委員，94 年公報処先進放送政策研究委員会委員，95 年放送委員会演芸娯楽審議委員会委員長，98 年 12 月放送改革委員会実行委員会委員，幹事，01 年～03 年韓国教育放送公社社長／なし	盧泰愚・金泳三・金大中 ④
38	金済完	1962	大学教授	**99 年司法監視センター副所長，01 年諮問委員**／99 年民主社会のための弁護士会の弁論幹事，ともに行う市民行動公益訴訟センター企画委員	99 年公正取引委員会外部評価委員／なし	金大中 ⑤
39	金尚祚	1962	大学教授(弁護士)	**94 年非公式諮問委員，99 年～01 年財閥改革監視団団長，01 年経済改革センター所長，04 年執行委員，運営委員**／95 年民主化のための全国教授協議会総務局長	98 年～99 年労使政委員会経済改革小委員会責任専門委員，00 年～01 年財政経済部長官諮問機構金融発展審議会委員，03 年 6 月～04 年公正取引委員会競争政策諮問委員会委員／なし	金大中・盧武鉉 ②
40	金徳洙	1952	文化芸術家	**04 年諮問委員**／なし	03 年 1 月第 16 代大統領就任行事委員会専門家企画委員会委員，05 年 11 月文化観光部韓国文学芸術委員会伝統芸術委員会委員／**05 年 5 月ウリ党文化芸術特別委員会諮問委員**	盧武鉉 ④
41	金亨植	1945	大学教授	**01 年諮問委員**／なし	03 年 6 月大統領諮問政策企画委員会国民統合分科福祉保健チーム委員／なし	盧武鉉 ②
42	金亨泰	1956	弁護士	**00 年公益法センター所長，01 年運営委員**／88 年民主社会のための弁護士会創立委員，広報幹事，90 年天主教人権委員会委員長，02 年天主教人権委員会理事	98 年第二の建国汎国民推進委員会委員，公正取引委員会諮問弁護士，00 年大統領直属疑問死真相究明委員会第 1 常任委員／なし	金大中 ②
43	金　均	1954	大学教授	**97 年参与事務所所長，00 年参与社会研究所役員，03 年同所長，04 年執行委員，運営委員，参与社会研究所所長**／なし	(98 年以降就任)労使政委員会常務委員会公益委員，04 年大韓住宅公社非常任理事，05 年大統領諮問政策企画委員会委員／なし	金大中・盧武鉉 ⑤
44	金錦守	1937	社会団体	**94 年諮問委員**／76 年～85 年韓国労働組合総連盟研	96 年労使関係改革委員会委員，97 年 8 月～03 年中	金泳三・金

			員(労働運動家)	究委員，政策研究室室長，88 年韓国労働社会研究所所長，理事長，95 年全泰壱烈士記念事業委員会委員長	央労働委員会調停担当公益委員，00 年 5 月〜03 年韓国放送公社理事，03 年 3 月〜06 年労使政委員会委員長，04 年大統領諮問政策企画委員会委員，05 年司法改革推進委員会委員，06 年〜08 年 5 月韓国放送公社理事会理事長／なし	大中・盧武鉉 ②
45	金紅男*	1948	大学教授	**01 年諮問委員**／なし	00 年文化観光部キュレーター運営委員会委員，01 年〜03 年大統領諮問政策企画委員会社会分科委員，03 年 5 月政府政策評価委員会社会・文化委員会委員，03 年 10 月〜08 年国立民族博物館館長，07 年文化観光部文化財委員／なし	金大中・盧武鉉 ④
46	金七俊	1960	弁護士	**98 年小さな権利回復運動本部執行委員長，99 年同本部長，04 年運営委員**／99 年京畿福祉市民連帯共同代表	07 年国家人権委員会事務総長／なし	盧武鉉 ②
47	金重培	1934	言論人	**94 年代表，運営委員，97 年常任代表，99 年〜01 年 3 月共同代表，01 年執行委員，04 年顧問**／63 年東亜日報社記者，92 年ハンギョレ新聞社理事，93 年〜94 年同社長，97 年 6 月民主抗争 10 周年事業汎国民推進委員会常任代表，済州 4.3 50 周年記念事業推進汎国民委員会常任代表，98 年 3 月我々の放送文化を守る市民共同対策委員会常任代表，98 年 8 月〜01 年 3 月言論改革市民連帯常任代表，99 年民主放送争取国民運動本部常任代表，00 年 2000 年総選市民連帯常任共同代表，02 年我が同胞が一つになる運動本部常任代表	01 年 3 月〜03 年 2 月文化放送(MBC)社長／なし	金大中 ②
48	金昌南	1960	大学教授	**01 年諮問委員，04 年運営委員**／なし	94 年〜95 年総合有線放送委員会受信者苦情処理委員／なし	金泳三 ④
49	金瑞中	1960	大学教授	**04 年運営委員**／05 年民主言論運動市民連合付設言論アカデミー院長，07 年民主言論運動市民連合共同代表，08 年同理事	05 年言論仲裁委員会仲裁委員，05 年〜08 年 11 月文化観光部新聞発展委員会副委員長(08 年 11 月文化体育観光部に)／なし	盧武鉉 ②
50	金大煥	1949	大学教授	**94 年〜96 年政策委員長，96 年参与社会研究所所長，01 年運営委員**／88 年韓国労働組合総連盟諮問委員	01 年〜03 年大統領諮問政策企画委員会経済労働分科委員長，01 年公正取引委員会競争政策諮問委員	金大中・盧武鉉 ②

					会委員，02年12月大統領職引継委員会経済2分科幹事，04年2月労働部長官／なし	
51	金東完	1942	牧師，社会団体員	**94年諮問委員**／80年仁川都市産業宣教会幹事，総務，83年全泰壱記念事業会初代委員長，80年代に民衆民主運動協議会代表委員，87年韓国基督教教会協議会人権委員会事務局長，92年基督教労働者総連盟理事長，98年韓国基督教教会協議会総務	03年5月労使政委員会公益委員／なし	盧武鉉 ①
52	金東椿	1959	大学教授	**95年～99年参与社会研究所研究室室長，00年～02年政策委員長，01年執行委員，04年執行委員会副委員長，運営委員**／なし	05年12月真実・和解のための過去史整理委員会常任委員／なし	盧武鉉 ②
53	金勇泰	1946	文化芸術家	**01年運営委員，04年諮問委員**／89年韓国民族芸術人総連合事務総長，副会長，会長	02年～04年民主化運動記念事業会理事，05年光復60周年記念事業推進委員会推進委員／なし	金大中・盧武鉉 ②
54	金裕善	1957	専門職業人(研究員)	**01年執行委員会副委員長，運営委員**／83年～85年韓国労働組合総連盟教育部次長，90年～95年全国労働組合協議会調査統計局局長，95年～98年全国民主労働組合総連盟政策局局長	04年大統領諮問政策企画委員会委員／なし	盧武鉉 ②
55	金兌基	1956	大学教授	**01年～03年諮問委員**／98年失業克服国民運動本部監査，00年～03年韓国非正規労働センター理事，03年正しい社会のための市民会議運営委員，06年漢江愛の市民連帯共同代表	95年～96年大統領秘書室行政官，96年～98年労使関係改革委員会首席専門委員，97年大統領諮問政策企画委員会委員，中央労働委員会公益委員，99年労使政委員会勤労時間短縮委員会公益委員，06年韓国産業人力公団理事／**92年金泳三大統領候補政策諮問教授，97年李会昌大統領候補政策諮問教授，04年国会議員選挙立候補(ハンナラ党)，06年ハンナラ党ソウル市城東甲党員協議会運営委員長**	金泳三，金大中・盧武鉉 ④
56	金烔完	1960	公務員(元参与連帯職員)	**01年協同事務処長，(連帯事業局長　就任時期不詳)**／なし	02年国家人権委員会人権相談センター所長(4級相当)，政策総括チーム長など／なし	金大中 ③
57	金煥錫	1954	大学教授	**01年執行委員，運営委員，市民科学センター所長**／なし	05年国家生命倫理審議委員会委員／なし	盧武鉉 ②

58	金皓起	1960	大学教授	**94年執行委員，98年政策委員，01年協同事務処長，執行委員，04年執行委員**／なし	03年盧武鉉大統領当選者就任辞準備委員会委員，03年6月大統領諮問政策企画委員会国民統合分科社会言論チーム委員，04年10月警察庁警察革新委員会委員，労働部政策諮問委員／なし	盧武鉉 ②
59	金万欽	1957	大学教授	**94年諮問委員**／99年～00年民主改革国民連合政策委員長	03年～06年国家人権委員会人権委員／なし	盧武鉉 ②
60	金珉煥	1945	大学教授	**94年諮問委員，01年諮問委員**／なし	05年文化広報部新聞発展委員会委員／なし	盧武鉉 ②
61	具仲書	1936	大学教授	**94年諮問委員**／80年知識人宣言に参加などで連行，投獄，95年韓国民族芸術人総連合常任理事，理事長，共同代表，98年8月言論改革市民連帯共同代表，98年12月民主改革国民連合常任代表	98年10月第二の建国汎国民推進委員会委員／なし	金大中 ①
62	洪性宇	1938	弁護士	**94年代表，運営委員，04年顧問**／92年民主社会のための弁護士会代表幹事	93年11月大法院司法制度発展委員会第2分科委員，94年光復50周年記念事業会委員，言論仲裁委員会ソウル第3仲裁部委員／**95年政治改革市民連合共同代表，改革新党共同代表，統合民主党共同代表，同党主席最高委員，同党ソウル江南甲地区党委員長，97年11月李会昌ハンナラ党候補共同選対委員長，00年ハンナラ党国会議員選挙公薦審査特別委員会共同委員長**	金泳三 ②
63	洪性泰	1965	大学教授	**03年政策委員長，04年運営委員，政策委員会委員長**／00年文化連帯空間環境委員会副委員長	08年8月放送通信審議委員会通信分科特別委員会委員／なし	李明博 ②
64	車炳直	1959	弁護士	**97年協同事務処長，01年協同事務処長，03年常任執行委員長，04年運営委員**／94年人権運動サランバン諮問委員，96年民主社会のための弁護士会出版広報委員長，00年民主主義民族統一全国連合人権委員会委員	03年4月女性部男女差別改善委員会非常任委員，06年8月放送文化振興会理事／なし	盧武鉉 ②
65	朱東晃	1956	大学教授	**04年運営委員**／98年8月言論改革市民連帯言論制度改善本部本部長	98年1月総合有線放送委員会報道教養部門審議委員，98年12月放送改革委員会実行委員会第2分科委員，00年言論仲裁委員会ソウル第5仲裁部委員，03年5月放送委員会放送発展基金管理委員会委員，03年大統領諮問政策企画委員会国民統合分科社会	金泳三・金大中・盧武鉉 ④

					言論チーム委員，06 年放送委員会委員／なし	
66	朱璟福	1950	大学教授	**04 年運営委員**／(民主化のための全国教授協議会常任代表　就任時期不詳)	07 年 12 月人的教育資源部私学紛争調停委員会委員／なし	盧武鉉 ②
67	申光栄	1954	大学教授	**01 年運営委員**／なし	04 年大統領諮問政策企画委員会委員，06 年国家清廉委員会委員(次官級)／なし	盧武鉉 ②
68	申東植	1937	言論人	**01 年諮問委員，04 年諮問委員**／97 年韓国女性政治連盟中央常務委員	95 年～96 年国務総理室女性政策審議委員会委員，96 年国務総理室医療改革委員会委員，98 年 3 月労働部ソウル地方労働庁男女雇用平等委員会公益委員，98 年 7 月～00 年言論仲裁委員会ソウル第 3 仲裁部審議委員，04 年中央人事委員会諮問委員／なし	金泳三・金大中・盧武鉉 ④
69	成裕普	1943	言論人	**01 年諮問委員**／68 年東亜日報社記者，74 年自由言論実践宣言参加，75 年記者解職，84 年民主言論運動協議会事務局局長，85 年月刊マル創刊，86 年民主統一民衆運動連合事務処長，87 年民主憲法争取国民運動本部政策企画室室長，88 年ハンギョレ新聞編集局長，91 年ハンギョレ新聞社理事，96 年民主言論運動協議会中央委員，98 年同理事，99 年言論改革市民連帯共同代表，00 年 2 月 2000 年総選市民連帯常任共同代表，00 年 7 月国家保安法廃止国民連帯共同代表	01 年 11 月民主化運動記念事業会副理事長，03 年 5 月放送委員会常任委員，放送委員会南北放送交流推進委員会委員長，04 年大検察庁・警察庁捜査権調停諮問委員会委員，07 年 9 月第 17 代大統領選挙選挙放送審議委員会委員，07 年 12 月民主化運動記念事業会理事／**95 年改革新党代弁人，政治改革市民連合政治特別委員会委員，96 年統合民主党党務委員，96 年～97 年同党京畿城南盆唐地区党委員長**	金大中・盧武鉉 ①
70	宋斗煥	1949	弁護士	**94 年運営委員，01 年諮問委員，04 年諮問委員**／90 年民主社会のための弁護士会副会長，00 年～02 年同会長	97 年刊行物倫理委員会，98 年検察制度改革委員会委員，00 年～03 年政府革新推進委員会委員，05 年～07 年大統領直属中央人事委員会非常任委員，07 年 3 月憲法裁判所裁判官／なし	金泳三・金大中・盧武鉉 ②
71	孫徳守	1941	大学教授	**01 年諮問委員**／84 年韓国女性の電話連合共同代表，理事，98 年売買春根絶のための一つの声の会共同代表	93 年～97 年大統領諮問 21 世紀委員会(95 年に政策企画委員会に名称変更)委員／**03 年 11 月ウリ党国際協力委員会委員長**	金泳三 ②
72	孫赫載	1954	社会団体員	**94 年議政監視センター常任執行委員，執行委員，95年協同事務処長，運営委員会委員長，01 年政策**	01 年 4 月韓国刊行物倫理委員会第 3 審議委員会委員長，03 年 7 月韓国刊行物倫理委員会委員，04	金大中・盧武鉉 ②

				諮問委員会副委員長，執行委員，運営委員，04年執行委員，運営委員会委員長／(韓国有権者運動連合議政評価団副団長　就任時期不詳)	年6月大統領直属地方移譲推進委員会委員，04年8月韓国刊行物倫理委員会第3審議委員会委員長，04年11月大統領諮問政策企画委員会委員，05年8月国家科学技術委員会委員，08年1月選挙区画定委員会委員／なし	
73	張乙炳	1933	大学教授	**94年顧問**／85年復職教授協議会共同代表，92年清潔な政治宣言を支持する市民の会発起人，93年環境運動連合共同議長，96年同国政政策委員会委員	95年監査院不正防止対策委員会，01年～04年韓国精神文化研究院院長／**95年政治改革市民連合準備委員会発起人，改革新党共同代表，統合民主党共同代表，96年国会議員(統合民主党)，98年9月新政治国民会議入党，01年新千年民主党最高委員**	金泳三・金大中 ①
74	張浩淳	1959	大学教授	**94年執行委員**／94年～96年クリスチャンアカデミー研究部長	00年言論仲裁委員会大田仲裁部委員，00年～05年地域新聞発展委員会委員，06年文化観光部言論仲裁委員会地方選挙記事審議委員会委員／なし	金大中・盧武鉉 ②
75	張任源	1942	大学教授	**01年顧問，04年諮問委員**／91年～94年民主化のための全国教授協議会共同議長，06年9月民主化運動共済会理事長	07年12月民主化運動記念事業会理事／なし	盧武鉉 ②
76	鄭宗燮	1957	大学教授	**01年運営委員**／なし	92年大統領諮問教育改革委員会法学教育改革特別委員会委員，教育部大学委員会委員，教育部長官諮問委員会委員，96年大統領諮問新教育共同体委員会専門委員，08年5月放送通信審議委員会審議委員(国会議長推薦)，08年6月放送通信審議委員会名誉毀損紛争調停部部長／なし	盧泰愚・金泳三・李明博 ④
77	鄭大和	1956	大学教授	**96年～02年議政監視センター執行委員，00年5月～02年7月運営委員，03年～04年諮問委員**／00年1月～4月2000年総選市民連帯代弁人，01年全国教授労働組合組織室長，02年2月環境運動連合指導委員，02年5月市民政治ネットワーク準備委員，02年9月2002大選教授ネットワーク組織チーム長，03年1月政治改革汎推進国民協議会推進委員，03年12月2004総選ムルガリ国民連帯共同執行委員長	00年9月大統領直属疑問死真相究明委員会諮問委員／**07年大統合民主新党党代表秘書室長**	金大中 ②

78	鄭用徳	1949	大学教授	**01 年諮問委員，04 年諮問委員**／06 年韓国マニフェスト実践本部諮問委員長	93 年～98 年行政刷新委員会実務委員，98 年～03 年行政自治部政策諮問組織管理分科委員長，00 年国家情報化評価委員会委員長，01 年教育人的資源部市道教育庁評価委員，01 年～06 年情報化推進委員会国家情報化評価委員長，03 年～05 年政府革新地方分権委員会委員，03 年～06 年企画予算処成果管理諮問団委員長，04 年～06 年外交通商部革新推進委員会民間委員長，大統領諮問政策企画委員会委員，05 年～06 年行政情報共有推進委員会委員長，06 年～07 年政府業務評価委員会民間委員長／なし	金泳三・金大中・盧武鉉 ④
79	鄭鉉栢	1953	大学教授	**01 年諮問委員**／89 年韓国女性研究会共同代表，平和を作る女性会共同代表，02 年 1 月～05 年 1 月韓国女性団体連合常任代表，05 年 1 月同共同代表	02 年 7 月警察委員会委員，04 年 11 月民主化運動記念事業会理事，05 年検察公安諮問委員会委員，05 年 10 月青瓦台高位公職者人事検証諮問委員会委員，06 年 9 月教育人的資源部東北アジア歴史財団理事，07 年 1 月統一部南北交流推進協議会委員／なし	金大中・盧武鉉 ②
80	都正一	1941	大学教授	**96 年運営委員，01 年諮問委員，04 年諮問委員**／99 年文化改革のための市民連帯共同代表	98 年 5 月～00 年大統領諮問政策企画委員会委員，98 年第二の建国汎国民推進委員会委員／なし	金大中 ②
81	南永振	1955	記者	**00 年諮問委員，01 年諮問委員**／95 年～98 年韓国記者協会会長	96 年監査院不正防止対策委員会委員，03 年 6 月韓国放送公社監査，06 年 12 月文化広報部新聞発展委員会事務局長／**02 年新千年民主党盧武鉉大統領候補特補**	金泳三・盧武鉉 ④
82	任軒永	1941	文学者	**96 年～02 年参与社会アカデミー院長，01 年執行委員，運営委員，04 年執行委員，運営委員**／79 年～83 年時局事件で拘束，釈放，98 年 8 月光復節赦免復権	03 年 9 月～05 年 8 月韓国放送公社視聴者委員会委員長／なし	盧武鉉 ①
83	任志淳	1951	大学教授	**01 年諮問委員，04 年諮問委員**／なし	98 年 5 月～03 年 2 月大統領諮問政策企画委員会委員／なし	金大中 ④
84	白承憲	1963	弁護士	**04 年執行委員**／96 年民主社会のための弁護士会事務局長，00 年 2000 年総選市民連帯執行委員，01 年ハンギョレ新聞社社外理事，04 年 2004 総選市民連帯執行委員，05 年民主社会のための弁護士会副会	00 年 10 月大統領直属疑問死真相究明委員会非常任理事，03 年 7 月放送委員会商品販売審議委員会審議委員，05 年 2 月～06 年韓国放送公社非常任理事，05 年 9 月法務部政策委員会委員／なし	金大中・盧武鉉 ②

				長，06 年 5 月同会長		
85	法　眼	1960	僧侶	**94 年運営委員，01 年運営委員，04 年運営委員**／96 年民族の和解と統一のための宗教人協議会実行委員	00 年国民苦情処理委員会非常任委員／なし	金大中 ②
86	朴賛郁	1954	大学教授	**99 年議政監視センター所長，01 年諮問委員**／なし	98 年 5 月～01 年 5 月大統領諮問政策企画委員会委員，08 年 8 月国会運営制度改善諮問委員／なし	金大中・李明博 ④
87	朴恩正	1952	大学教授	**94 年執行委員，運営委員，94 年～98 年司法監視センター所長，00 年～02 年共同代表，運営委員，04 年顧問**／なし	81 年法務部政策諮問委員，97 年教育部教育改革推進諮問委員会委員，国務総理諮問韓民族研究発展委員会委員，99 年～02 年警察委員会委員，99 年国務総理行政審判委員会委員，00 年科学技術部生命工学総合政策審議会委員，大統領直属疑問死真相究明委員会非常任委員，科学技術部生命倫理諮問委員会委員，法務部政策諮問委員会委員，外交通商部政策諮問委員会委員，教員懲戒再審委員会委員，03 年 3 月～06 年韓国道路公社非常任理事，03 年 4 月文化財庁文化財制度分科文化財委員，04 年中央人事委員会非常任委員／なし	全斗煥・金泳三・金大中・盧武鉉 ②
88	朴在承	1939	弁護士	**94 年監査**／94 年 6 月ハンギョレ新聞社監査，03 年 2 月～05 年大韓弁護士協会会長	00 年済州 4.3 事件真相究明及び犠牲者名誉回復委員会委員，05 年司法改革推進委員会委員／**08 年大統合民主新党国会議員選挙公薦審査委員会委員長**	金大中・盧武鉉 ②
89	朴祥弼	1960	大学教授	**03 年運営委員，04 年運営委員**／なし	02 年行政自治部公益事業評価委員／なし	金大中 ④
90	朴鍾圭	1935	企業家	**01 年顧問**／97 年～01 年行政改革市民連合共同代表，01 年同顧問	96 年～98 年 2 月労使関係改革委員会委員，04 年～06 年規制改革委員会委員／なし	金泳三・盧武鉉 ④
91	朴珍道	1952	大学教授	**98 年参与社会研究所所長，01 年執行委員，運営委員**／93 年～94 年学術団体協議会常任共同代表，01 年新自由主義克服のための代案政策連帯会議会長	98 年 5 月～99 年韓国造幣公社非常任理事，00 年選挙区画定委員会委員（総選市民連帯推薦），03 年 6 月大統領諮問政策企画委員会国家発展戦略分科産業労働チーム委員／なし	金大中・盧武鉉 ⑤
92	朴淵徹	1951	弁護士	**94 年執行委員，運営委員，01 年諮問委員**／98 年～02 年民主社会のための弁護士会副会長，01～03 年大韓弁護士協会人権委員長	00 年選挙放送審議委員会副委員長，00 年～03 年検察制度改革委員，02 年～05 年腐敗防止委員会委員，04 年～05 年大統領諮問政策企画委員会委員，05 年親日反民族行為真相究明委員会委員／なし	金大中・盧武鉉 ②

93	李敦明	1922	弁護士	**01 年顧問，04 年諮問委員**／金芝河国家保安法違反事件の弁護人，尹潽善・金大中内乱陰謀事件の弁護人，78 年～88 年天主教正義平和委員会人権委員長，事務局長，会長，86 年～88 年カトリック正義平和委員会会長，89 年～99 年ハンギョレ新聞社非常任理事，93 年経実連中央委員，94 年民主社会のための弁護士会顧問，98 年民主改革国民連合顧問，99 年ハンギョレ新聞社理事，国民政治研究会(金大中の人材プール)の創立メンバー(顧問)	00 年済州 4.3 事件真相究明及び犠牲者名誉回復委員会委員／なし	金大中 ①
94	李鐘旿	1948	大学教授	**94 年運営委員，01 年諮問委員**／(民主化のための全国教授協議会(役職不詳)，大邱参与連帯共同代表就任時期不詳)	99 年大統領直属反腐敗特別委員会委員，00 年韓国土地公社非常任理事，01 年大統領諮問政策企画委員会委員，02 年 12 月大統領職引継委員会国民参与センター本部長，03 年 1 月大統領就任式実行準備委員，03 年 4 月大統領諮問政策企画委員会委員長(長官級)／なし	金大中・盧武鉉 ②
95	劉純信	1957	企業人	**01 年諮問委員，01 年運営委員，04 年諮問委員**／なし	01 年青瓦台人事補佐官政策諮問委員，人事革新委員会委員，行政自治部人事政策諮問委員，02 年中央人事委員会諮問委員，04 年大統領直属革新管理委員会専門委員，07 年大統領諮問政策企画委員会委員／なし	金大中・盧武鉉 ⑤
96	姜慶善	1953	大学教授	**94 年運営委員，執行委員会副委員長**／なし	00 年民主化運動補償審議会関連者及び遺族適否審査分科委員会委員，05 年国防部過去史真相究明委員会委員／なし	金大中・盧武鉉 ②
97	尹錫仁	1940	社会団体員	**01 年運営委員，04 年運営委員**／94 年韓国自願奉仕団体協議会事務総長	95 年民主平和統一諮問会議専門委員／なし	金泳三 ③
98	崔永道	1938	弁護士	**02 年共同代表，04 年共同代表，運営委員**／96 年～00 年民主社会のための弁護士会会長，98 年言論改革市民連帯共同代表，正しい国家人権機構実現のための民間団体共同対策委員会常任共同代表，02 年天主教人権委員会顧問	89 年言論仲裁委員会委員，93 年 8 月～96 年韓国放送公社理事，95 年憲法裁判所諮問委員会委員，00 年民主化運動記念事業会監査，副理事長，理事，02 年 3 月保健福祉部国民年金基金運用委員会委員，02 年 9 月腐敗防止委員会政策諮問団委員，04 年～05 年国家人権委員会委員長(長官級)／なし	盧泰愚・金泳三・金大中・盧武鉉 ④

99	崔銀純	1966	弁護士	**98 年情報公開事業団団長，01 年執行委員，運営委員**／99 年ソウル YMCA 急発進法律救助団弁護士	03 年 2 月～12 月大統領秘書室国民参与首席室国民提案秘書官，同制度改善第二秘書官，03 年 12 月～04 年 6 月大統領秘書室参与革新首席室民願提案秘書官，04 年 8 月国民苦情処理委員会委員，預金保険公社非常任理事／なし	盧武鉉 ②
100	崔松和	1941	大学教授	**94 年諮問委員**／なし	83 年～84 年法務部法務諮問委員会委員，監査院・法務部・総務処の政策諮問委員会委員，85 年～97 年内務部・法務部・国務総理の行政審判委員会委員，91 年警察庁行政審判委員会委員，93 年建設部国土利用計画審議会委員，大法院公職者倫理委員会委員，中央土地収用委員会委員，94 年～96 年総務処情報公開法案審議委員会委員長，95 年総務処行政手続法案審議委員会委員，96 年国務総理室地方自治制度発展委員会委員，教育改革委員会委員，98 年 7 月新教育共同体委員会委員，98 年(9 月以降就任)監査院行政審判委員会委員，98 年 10 月第二の建国汎国民推進委員会委員，02 年 8 月民主化運動関連者名誉回復及び補償審議委員会委員，05 年 7 月～06 年 4 月国務総理傘下経済人文社会研究会理事長(長官級)，06 年 11 月大法院公職者倫理委員会委員長／なし	全斗煥・盧泰愚・金泳三・金大中・盧武鉉 ④
101	崔章集	1943	大学教授	**94 年諮問委員**／なし	98 年 4 月～99 年 4 月大統領諮問政策企画委員会委員長／なし	金大中 ②
102	崔培根	1959	大学教授	**96 年～98 年参与社会研究所研究委員，統一分科分科長，04 年運営委員**／なし	04 年 1 月行政自治部諮問委員／なし	盧武鉉 ②
103	趙永晃*	1941	弁護士	**01 年諮問委員**／89 年～91 年消費者問題を研究する市民の会会長，95 年～97 年経実連不正腐敗追放運動本部本部長，99 年～00 年言論改革市民連帯言論被害法律支援本部本部長	91 年～95 年放送委員会広告審議委員会委員長，04 年～05 年国民苦情処理委員会委員長(長官級)，05 年～06 年国家人権委員会委員長(長官級)／なし	盧泰愚・盧武鉉 ②
104	趙弘晙*	1960	医師	**94 年諮問委員**／87 年人道主義実践医師協議会創立，同政策委員長，94 年医保連帯会議政策委員長，健	03 年 6 月大統領諮問政策企画委員会国民統合分科福祉保健チーム委員／なし	盧武鉉 ②

				康連帯医療保険対策委員長		
105	趙準熙	1938	弁護士	**94年諮問委員，（公益法センター理事長　就任時期不詳）**／なし	01年8月～02年8月民主化運動補償審議委員会委員長，03年10月～04年司法改革委員会委員長，言論仲裁委員会委員，05年4月言論仲裁委員会委員長／なし	金大中・盧武鉉 ②
106	趙順慶	1955	大学教授	**02年諮問委員，04年諮問委員**／なし	02年4月女性部男女差別改善委員会非常任委員／なし	金大中 ⑤
107	趙相浩	1950	出版人	**01年運営委員，04年諮問委員**／（環境運動連合指導委員　就任時期不詳）	06年7月放送通信融合推進委員会政策産業分科委員，06年8月韓国刊行物倫理委員会第1審議委員会委員／なし	盧武鉉 ②
108	曺　国	1965	大学教授	**00年～02年司法監視センター副所長，01年運営委員，02年～05年司法監視センター所長，04年執行委員，運営委員，07年運営委員会副委員長**／なし	00年～01年民主化運動関連者名誉回復及び補償審議委員会委員，01年～04年大法院量刑制度研究委員会委員，03年3月大法院法官人事制度改善委員会委員，03年4月～05年警察庁警察革新委員会委員，03年5月～04年女性部性売買防止対策諮問団諮問委員，04年～05年大検察庁人権尊重のための捜査制度慣行改善委員会委員，大検察庁・警察庁捜査権調停諮問委員会委員，07年12月国家人権委員会人権委員／なし	金大中・盧武鉉 ②
109	曺興植	1953	大学教授	**94年運営委員，94年社会福祉委員会委員長，01年運営委員**／02年社会福祉共同募金会理事兼配分分科委員長	95年女性政策審議実務委員会委員，99年7月保健福祉部障害者福祉施設発展委員会委員長，01年6月国務総理傘下青少年保護委員会委員，02年4月大統領直属農漁業・農漁村特別対策委員会常任委員／なし	金泳三・金大中 ②

注1）ゴシック表記の参与連帯の役員，付設機構については，参与連帯の名称を省いた。
注2）17番の朴虎声は公職の経歴が明らかであるが，金大中政権，盧武鉉政権のいずれの時期に就任したのかが判明しなかった。
注3）＊の印は，付録5の注2に同じ。

7　総選連帯役員における市民団体・政党及び政府組織役職の経歴

	名前	出生年	2000 総選連帯	2004 総選連帯	市民団体・政党などの経歴	政府組織の役職	公職就任時の政権
1	金正憲	1946	常任共同代表	—	98年韓国民族芸術人総連合理事，99年文化改革のための市民連帯常任執行委員長，02年～07年同共同代表	05年4月文化財庁文化財制度分科文化財委員，05年11月文化体育観光部所管韓国文化芸術委員会視覚芸術委員会委員長，07年9月～08年12月韓国文化芸術委員会委員長(李明博政府によって解任され処分無効の訴訟に)	盧武鉉
2	金重培	1934	常任共同代表	—	63年東亜日報社記者，92年ハンギョレ新聞社理事，93年～94年同社長，97年6月民主抗争10周年事業汎国民推進委員会常任代表，済州4.3 50周年記念事業推進汎国民委員会常任代表，参与連帯常任代表，98年3月我々の放送文化を守る市民共同対策委員会常任代表，98年8月～01年3月言論改革市民連帯常任代表，99年～01年3月参与連帯共同代表，99年民主放送争取国民運動本部常任代表，02年我が同胞が一つになる運動本部常任代表	01年3月～03年2月文化放送(MBC)社長	金大中
3	朴相曾	1930	常任共同代表	共同代表	97年参与連帯共同代表，98年正しい言論のための市民連合常任共同代表	—	—
4	成裕普	1943	常任共同代表	—	68年東亜日報社記者，74年自由言論実践宣言参加，75年記者解職，84年民主言論運動協議会事務局局長，85年月刊マル創刊，86年民主統一民衆運動連合事務処長，87年民主憲法争取国民運動本部政策企画室室長，88年ハンギョレ新聞編集局長，91年ハンギョレ新聞社理事，95年改革新党代弁人，政治改革市民連合政治特別委員会委員，96年統合民主党党務委員，96年～97年同党京畿城南盆唐地区党委員長，98年民主言論運動協議会理事，99年言論改革市民連帯共同代表，00年7月国家保安	01年11月民主化運動記念事業会副理事長，03年5月放送委員会常任委員，放送委員会南北放送交流推進委員会委員長，04年大検察庁・警察庁捜査権調停諮問委員会委員，07年9月第17代大統領選挙選挙放送審議委員会委員，07年12月民主化運動記念事業会理事	金大中・盧武鉉

					法廃止国民連帯共同代表，01年参与連帯諮問委員		
5	宋基淑	1935	常任共同代表	—	78年緊急措置第9号違反で大学辞任，88年～89年民主化のための全国教授協議会共同議長	04年2月大統領直属文化中心都市造成委員会委員長	盧武鉉
6	呉忠一	1940	常任共同代表	—	87年民主憲法争取国民運動本部常任執行委員長，事務処長，拘束，88年反核反公害平和研究所所長，89年全国民族民主運動連合議長，90年野圏統合推進委員会執行委員会幹事，94年韓国基督教教会協議会会長，96年～97年同共同会長，98年言論改革市民連帯共同代表，民主改革国民連合共同代表，99年国民政治研究会諮問委員，韓国基督教社会宣教協議会共同代表，01年参与連帯顧問，04年同諮問委員，韓国基督教教会協議会宣教委員会委員長，全国失業克服連帯理事長，07年9月大統合民主新党代表，07年10月同党共同選対委員長	04年11月国家情報院過去事件真相究明を通じた発展委員会委員長	盧武鉉
7	李南周	1938	常任共同代表	—	96年韓国YMCA全国連盟事務総長，公明選挙実践市民運動協議会共同代表，消費者保護団体協議会会長，98年民主改革国民連合共同代表，99年反腐敗国民連帯副会長，02年市民社会団体連帯会議常任共同代表，学校暴力対策国民協議会共同代表	98年8月監査院不正防止対策委員会委員，99年9月大統領直属反腐敗特別委員会委員，03年3月大統領直属腐敗防止委員会委員長，05年9月～07年11月政府公職者倫理委員会委員長	金大中・盧武鉉
8	池銀姫	1947	常任共同代表	—	83年女性平友会共同代表，90年民衆党女性委員長，同党政治研修院院長，94年韓国女性団体連合政策専門委員長，98年言論改革市民連帯共同代表，99年韓国女性団体連合常任代表，韓国挺身隊問題対策協議会共同代表，00年市民社会団体連帯会議(仮称)準備委員会委員長	96年大統領直属労使関係改革委員会委員，98年4月大統領直属女性特別委員会民間委員，99年大統領直属民主平和統一諮問会議諮問委員，00年5月放送文化振興会理事，03年2月～04年1月女性部長官	金泳三・金大中・盧武鉉
9	崔　冽	1949	常任共同代表	—	79年民主青年協議会副会長，82年韓国公害問題研究所所長，88年公害追放運動連合議長，93年～03年環境運動連合事務総長，02年市民	94年3月監査院諮問委員，95年環境部諮問委員，98年8月監査院不正防止対策委員会委員，99年8月新労使文化創出のための諮問団諮問	金泳三・金大中・盧武鉉

					社会団体連帯会議常任共同代表，03年環境運動連合共同代表	委員，03年9月国務総理室市民社会発展委員会委員，04年産業資源部エネルギー円卓会議委員，保健福祉部葬儀制度改善推進委員長，外交通商部諮問委員	
10	朴巨用	1953	共同代表	－	(民主化のための全国教授協議会共同議長 就任時期不詳)	07年12月教育人的資源部私学紛争調停委員会委員	盧武鉉
11	申蕙秀	1950	共同代表	－	83年韓国女性の電話連合会長，92年韓国挺身隊問題対策協議会国際協力委員長，93年経実連中央委員，95年韓国女性の電話連合会長，96年家庭暴力防止法制定特別委員会委員長，99年韓国女性団体連合共同代表	95年政務第2長官室女性政策審議実務委員，同室国際業務諮問団委員，02年5月行政自治部公益事業審査委員会委員長，02年11月大統領諮問持続可能発展委員会社会分科委員長，03年5月政府公職者倫理委員会委員，05年3月国家人権委員会非常任人権委員	金泳三・金大中・盧武鉉
12	鄭康子	1953	共同代表	－	87年韓国女性民友会相談部部長，88年全国事務金融労働組合専門委員，94年韓国女性民友会共同代表，95年～00年韓国女性団体連合労働委員長，99年韓国女性民友会常任代表	99年新労使文化創出のための諮問団諮問委員，00年最低賃金審議委員会公益委員，01年10月国家人権委員会非常任委員，02年放送委員会選挙放送審議委員会委員，03年8月～05年教育人的資源部私学紛争調停委員会委員，04年～06年労働部政策諮問委員，04年～05年大統領諮問貧富格差・差別是正委員会委員，放送委員会放送評価委員会委員，大統領諮問政策企画委員会委員，04年国家人権委員会常任委員，08年1月選挙区画定委員会委員	金大中・盧武鉉
13	鄭光勲	1939	共同代表	－	87年全南農民運動連合会長，90年全農全南道連盟議長，98年全国農民会総連盟議長，民主主義民族統一全国連合共同議長	－	－
14	金光式	1955	常任執行委員長	－	96年大田議題21推進委員会運営委員長，01年市民社会団体連帯会議共同運営委員長，03年大田環境運動連合共同議長，ウリ党大田市共同創党準備委員長	03年大統領秘書室政策室新行政首都建設推進企画団諮問委員，07年2月～09年2月韓国造幣公社監査	盧武鉉
15	金宰範	1953	常任執行委員長	－	94年～99年グリーンファミリー運動連合事務総長，01年言論改革市民連帯共同常任代表権	92年～93年韓国放送委員会広告審議委員，94年総合有線放送委員会第4審議委員会審議委員，	盧泰愚・金泳三

					限代行	95年平和統一諮問会議委員	
16	南仁順	1958	常任執行委員長	－	89年仁川女性労働者会事務局長，03年韓国女性団体連合共同代表，05年同常任代表，09年10月希望と代案共同運営委員長	01年女性部政策諮問委員会企画委員，03年女性部女性発展基金運用審議委員，04年国民苦情処理委員会非常任委員，05年司法制度改革推進委員会民間委員，大統領直属低出産高齢社会委員会民間委員	金大中・盧武鉉
17	朴元淳	1956	常任執行委員長	－	96年～02年参与連帯事務処長，01年市民社会団体連帯会議常任共同運営委員長，02年～03年参与連帯常任執行委員長，03年美しい財団常任理事，06年希望製作所常任理事，09年10月希望と代案共同運営委員長	98年8月監査院不正防止対策委員会委員，00年3月放送委員会法律諮問特別委員会委員，03年6月韓国放送公社理事，03年7月検察人事委員会委員，03年10月司法改革委員会委員，07年韓国更生保護公団理事	金大中・盧武鉉
18	朴在律	1959	常任執行委員長	－	(釜山参与自治市民連帯事務処長，地方分権釜山運動本部執行委員長　就任時期不詳)，04年国会議員選挙立候補(ウリ党，落選)	07年～08年大統領秘書室民願・制度改革秘書官	盧武鉉
19	法　眼	1960	常任執行委員長	－	94年参与連帯運営委員，96年民族の和解と統一のための宗教人協議会実行委員	00年4月国民苦情処理委員会非常任委員	金大中
20	張　元	1957	常任執行委員長	－	(緑色連合事務総長　就任時期不詳)，95年韓国環境社会団体会議初代共同代表，99年緑色連合幹事	－	－
21	金起式	1966	執行委員	共同執行委員長	93年～94年参与民主主義のための社会人連合事務局長，98年参与連帯事務局長，02年同事務処長	03年11月国会政治改革特別委員会諮問機構の汎国民政治改革協議会委員	盧武鉉
22	キム・ミンヨン	1967	執行委員	－	(ソウル大学校学生会事務局長　就任時期不詳)，92年～95年仁川の労働現場で活動，参与民主主義のための仁川地域社会センター(役職不詳)，95年参与連帯地方自治担当幹事，07年参与連帯事務処長	－	－
23	キム・チェナム	1962	執行委員	－	1991年青い韓半島を取り戻す市民の会代表，緑色連合事務処長	－	－

24	キム・チェヨン	－	執行委員	－	93年第1期韓国大学総学生会連合議長，韓国青年連合会組織委員長	－	－
25	朴珠賢	1963	執行委員	－	88年民主社会のための弁護士会加入，女性民友会・女性団体連合政策諮問委員，92年～93年経実連中央委員，95年民主社会のための弁護士会社会福祉特別委員長，98年経実連常任執行委員，02年改革国民政党入党，03年参与連帯社会福祉委員会委員	98年雇用保険審査委員，02年言論仲裁委員会ソウル仲裁部仲裁委員，03年大統領職引継委員会国民参与センター諮問委員，03年2月～12月大統領秘書室国民参与首席秘書官，03年12月～04年6月大統領秘書室参与革新首席秘書官，05年9月大統領直属規制改革委員会委員，06年5月大統領直属低出産高齢社会委員会民間幹事委員	金大中・盧武鉉
26	辛鍾元	1961	執行委員	－	87年ソウルYMCA市民中継室幹事，97年～98年ソウル公明選挙実践市民運動協議会事務処長，97年消費者保護団体協議会実行委員長，失業克服国民運動運営委員	99年司法改革委員会専門委員，03年7月放送委員会報道教養第1審議委員会審議委員，05年司法制度改革推進委員会民間委員	金大中・盧武鉉
27	尹智熙	1961	執行委員	－	99年新教育共同体委員会委員，00年真の教育のための全国父母会会長，04年ウリ党公職候補者資格審査委員	01年教育部自己業務評価委員会委員，03年6月大統領諮問政策企画委員会未来戦略分科委員	金大中・盧武鉉
28	鄭大和	1956	執行委員	－	96年～02年参与連帯議政監視センター執行委員，00年5月～02年7月参与連帯運営委員，01年全国教授労働組合組織室長，02年2月環境運動連合指導委員，02年5月市民政治ネットワーク準備委員，02年9月2002大選教授ネットワーク組織チーム長，03年1月政治改革汎推進国民協議会推進委員，03年～04年参与連帯諮問委員，03年12月2004総選ムルガリ国民連帯共同執行委員長，07年大統合民主新党党代表秘書室長	00年9月大統領直属疑問死真相究明委員会諮問委員	金大中
29	曺喜昖	1956	執行委員	－	95年参与連帯協同事務処長，97年同政策委員長，01年同執行委員長，02年同運営委員会副委員長，学術団体協議会常任代表	－	－

30	崔廷漢	1956	執行委員	—	93年緑色交通運動事務処長，97年歩きたい都市を作る市民連帯事務総長	—	—
31	河勝彰	1961	執行委員	—	92年～99年経実連組織局長，政策室長，98年同常任執行委員，00年ともに行う市民行動事務処長，05年市民社会団体連帯会議運営委員長，09年10月希望と代案常任運営委員	05年10月教育人的資源部私学紛争調停委員会委員	盧武鉉
32	ムン・チャンシク	—	執行委員	—	(大邱環境運動連合事務処長　就任時期不詳)	—	—
33	白承憲	1963	執行委員	執行委員	96年民主社会のための弁護士会事務局長，01年ハンギョレ新聞社社外理事，04年参与連帯執行委員，05年民主社会のための弁護士会副会長，06年5月同会長，09年10月希望と連帯共同運営委員長	00年10月大統領直属疑問死真相究明委員会非常任理事，03年7月放送委員会商品販売審議委員会審議委員，05年2月～06年韓国放送公社非常任理事，05年9月法務部政策委員会委員	金大中・盧武鉉
34	朴永信	1938	—	共同代表	00年緑色連合常任共同代表	—	—
35	孫浩哲	1952	—	共同代表	96年参与連帯参与社会研究所理事，99年民主化のための全国教授協議会共同議長	—	—
36	李明純	1945	—	共同代表	75年東亜日報社解職，01年～05年月刊マル代表理事，03年6月～07年8月民主言論運動市民連合理事長，03年10月～07年3月言論改革市民連帯共同代表	—	—
37	真　寛	1948	—	共同代表	84年民主統一国民会議発起人，85年民衆仏教運動連合創立共同議長，87年民主憲法争取国民運動本部総務分科委員長，90年全国民族民主運動連合人権委員長，92年民主主義民族統一全国連合人権委員長，仏教人権委員会共同代表	—	—
38	朴尚煥	1954	—	執行委員	(民主化のための大学教授会事務処長，城南外国人労働者の家理事　就任時期不詳)	—	—
39	徐注源	1959	—	共同執行委員長	87年～91年仁川労働運動団体協議会代表，91年～94年民主主義民族統一仁川連合事務処長，	02年環境部有害化学物質対策会議及び気候変化諮問委員	金大中

					94年仁川環境運動連合事務局長，03年～05年環境運動連合事務総長		
40	チ・クムチョン	—	—	共同執行委員長	（文化連帯事務総長　就任時期不詳），08年国会議員選挙民主労働党比例代表候補	—	—

注）総選市民連帯の役員は経歴が判明した分のみを記載している。
出典）総選市民連帯の役員名簿は，2000年については総選連帯受任委員会『有権者革命100日間の記録　総選連帯白書（下）』ソウル，2001年，965頁を，2004年については2004総選市民連帯のホームページ http://www.redcard2004.net/ より2004年5月15日に取得。経歴については朝鮮日報社及び中央日報社の人物データベースを利用した。

8(1)　国会議員選挙候補者における社会運動の経歴　1988 年

				政党名	ソウル	釜山	大邱	仁川	光州	京畿	江原	忠北	忠南	全北	全南	慶北	慶南	済州	合計
主要政党	当選者	経歴の保有者	市民運動	民主正義党															0
				統一民主党															0
				平和民主党															0
				新民主共和党															0
			労働運動	民主正義党				1											1
				統一民主党													1		1
				平和民主党															0
				新民主共和党						1									1
			その他	民主正義党															0
				統一民主党		2											1		3
				平和民主党	5				1						4				10
				新民主共和党															0
			合計		5	2	0	1	1	1	0	0	0	0	4	0	2	0	16
		経歴の非保有者		民主正義党	10	1	8	5		16	8	7	2			17	12	1	87
				統一民主党	11	12		1		4	3		2			2	7		42
				平和民主党	11				4	1				14	14				44
				新民主共和党	2					5	1	2	13			2			25
				合計	34	13	8	6	4	26	12	9	17	14	14	21	19	1	198
		合計			39	15	8	7	5	27	12	9	17	14	18	21	21	1	214
			市民運動	民主正義党															0
				統一民主党															0
				平和民主党	1								1						2
				新民主共和党															0

落選者	経歴の保有者	労働運動 民主正義党	1											1			2
		労働運動 統一民主党	1														1
		労働運動 平和民主党	1														1
		労働運動 新民主共和党													1		1
		その他 民主正義党	2														2
		その他 統一民主党	2					3			3	1	2				11
		その他 平和民主党	5	1		1		3	1	1	2						14
		その他 新民主共和党															0
		合計	13	1	0	1	0	6	1	1	6	1	2	1	1	0	34
	経歴の非保有者	民主正義党	29	14		1	5	12	6	2	16	14	18	3	10	3	133
		統一民主党	25	1	8	5		17	8	5	10	7	4	13	11	2	116
		平和民主党	16	2	2	3		15	7	2	6			4	7	3	67
		新民主共和党	36	14	7	6	3	14	10	7	5	8	8	11	15	2	146
		合計	106	31	17	15	8	58	31	16	37	29	30	31	43	10	462
	不明者	民主正義党															0
		統一民主党	3			1	2	4	3	2	2	2	2	5	1		27
		平和民主党	2	4	3	3		6	2	1	4			3	2		30
		新民主共和党	4		1	1		1					1				8
		合計	9	4	4	5	2	11	5	3	6	2	3	8	3	0	65
	合計		128	36	21	21	10	75	37	20	49	32	35	40	47	10	561
合計			167	51	29	28	15	102	49	29	66	46	53	61	68	11	775

				ソウル	釜山	大邱	仁川	光州	京畿	江原	忠北	忠南	全北	全南	慶北	慶南	済州	合計
非主要政党	当選者	経歴の保有者	市民運動															0
			労働運動							1								1
			その他											1				1
			合　計	0	0	0	0	0	0	1	0	0	0	1	0	0	0	2
		経歴の非保有者		2					1	1		1				1	2	8
		合　計		2	0	0	0	0	1	2	0	1	0	1	0	1	2	10
	落選者	経歴の保有者	市民運動							1								1
			労働運動	1	1	1	1				1				1	1		7
			その他	10	3		1	1	3			7		2	1	3		31
			合　計	11	4	1	2	1	3	1	1	7	0	2	2	4	0	39
		経歴の非保有者		51	13	8	2	1	21	7	2	15	15	8	11	17		171
		不明者		20	4	3	2	1	2	1	1	3	3	4	2	5	0	51
		合　計		82	21	12	6	3	26	9	4	25	18	14	15	26	0	261
	合　計			84	21	12	6	3	27	11	4	26	18	15	15	27	2	271

注）京畿＝京畿道，江原＝江原道，忠北＝忠清北道，忠南＝忠清南道，全北＝全羅北道，全南＝全羅南道，慶北＝慶尚北道，慶南＝慶尚南道，済州＝済州特別自治道。以下の各表も同じ。

出典）候補者に関する情報は，中央選挙管理委員会のホームページの「歴代選挙情報システム」(http://www.nec.go.kr/sinfo/index.html)より取得。付録8(2)～(5)も同様である。

8(2) 国会議員選挙候補者における社会運動の経歴 1992年

				政党名	ソウル	釜山	大邱	仁川	光州	大田	京畿	江原	忠北	忠南	全北	全南	慶北	慶南	済州	合計
主要政党	当選者	経歴の保有者	市民運動	民主自由党																0
				民主党																0
				統一国民党																0
			労働運動	民主自由党								1								1
				民主党																0
				統一国民党																0
			その他	民主自由党																0
				民主党	7				2		3				1	3				16
				統一国民党																0
			合 計		7	0	0	0	2	0	3	1	0	0	1	3	0	0	0	17
		経歴の非保有者		民主自由党	16	15	8	5		1	18	7	6	8	2		15	16		117
				民主党	18			1	4	2	4		1	1	11	16				58
				統一国民党	2		2				5	4	2	4			2	3		24
				合 計	36	15	10	6	4	3	27	11	9	13	13	16	17	19	0	199
		合 計			43	15	10	6	6	3	30	12	9	13	14	19	17	19	0	216
	落選者	経歴の保有者	市民運動	民主自由党																0
				民主党	2		1			1	1		1	1			1	1		9
				統一国民党																0
			労働運動	民主自由党				1			1							2		4
				民主党							2						1			3
				統一国民党	1															1
			その他	民主自由党	1															1
				民主党	6	4	3	1				2	1	1			2	3		23
				統一国民党	1	1			1		3					1				7
			合 計		11	5	4	2	1	1	7	2	2	2	0	1	4	6	0	48

	経歴の非保有者	民主自由党	27	1	3	1	6	4	12	6	3	6	12	19	6	5	3	114
		民主党	11	9	6	5		2	17	8	4	8	2		9	11	2	94
		統一国民党	30	6	8	7	2	4	12	8	6	8	8	4	13	12		128
		合　計	68	16	17	13	8	10	41	22	13	22	22	23	28	28	5	336
	不明者	民主自由党																0
		民主党		2	1				4	3	2	2			3	5		22
		統一国民党	7	5			2	1	3	1				7	1	2		29
		合　計	7	7	1	0	2	1	7	4	2	2	0	7	4	7	0	51
	合　計		86	28	22	15	11	12	55	28	17	26	22	31	36	41	5	435
合　計			129	43	32	21	17	15	85	40	26	39	36	50	53	60	5	651

				ソウル	釜山	大邱	仁川	光州	大田	京畿	江原	忠北	忠南	全北	全南	慶北	慶南	済州	合計
非主要政党	当選者	経歴の保有者	市民運動																0
			労働運動																0
			その他																0
			合　計	0	0	0	0	0	0	0	0	0	0	0	0	0	0	0	0
		経歴の非保有者		1	1	1	1		2		2		1			5	4	3	21
		合　計		1	1	1	1	0	2	0	2	0	1	0	0	5	4	3	21
	落選者	経歴の保有者	市民運動	3	1			1			1		1	1					8
			労働運動	3	5	4				9	3	1		1		3	4		33
			その他	11		1	2	5	1	2	1		1	2	1	2	3		32
			合　計	17	6	5	2	6	1	11	5	1	2	4	1	5	7	0	73
		経歴の非保有者		33	16	4	4	2	7	23	14	9	20	14	16	16	24	1	203
		不明者		21	3	1	5	2	6	20	8	4	5	6	5	8	10		104
		合　計		71	25	10	11	10	14	54	27	14	27	24	22	29	41	1	380
	合　計			72	26	11	12	10	16	54	29	14	28	24	22	34	45	4	401

8(3)　国会議員選挙候補者における社会運動の経歴　1996年

			政党名	ソウル	釜山	大邱	仁川	光州	大田	京畿	江原	忠北	忠南	全北	全南	慶北	慶南	済州	合計
当選者	経歴の保有者	市民運動	新韓国党	1						2									3
			新政治国民会議	1						1									2
			統合民主党								1								1
			自由民主連合						1										1
		労働運動	新韓国党				1												1
			新政治国民会議																0
			統合民主党																0
			自由民主連合																0
		その他	新韓国党	3															3
			新政治国民会議	7				1		1				1	3				13
			統合民主党	1						2									3
			自由民主連合																0
		合　計		13	0	0	1	1	1	6	1	0	0	1	3	0	0	0	27
	経歴の非保有者		新韓国党	23	21	2	8			16	9	2	1	1		11	17	3	114
			新政治国民会議	10			2	5		8				12	14				51
			統合民主党							1	1					1	2		5
			自由民主連合			8			6	5	2	5	12			2			40
			合　計	33	21	10	10	5	6	30	12	7	13	13	14	14	19	3	210
	合　計			46	21	10	11	6	7	36	13	7	13	14	17	14	19	3	237
主要政党		市民運動	新韓国党	3		1			1	1				1					7
			新政治国民会議	2					2		1					2	1		8
			統合民主党	5		2	3		2	3	1	1	1	1	1				20
			自由民主連合				1			1									2

落選者	経歴の保有者	労働運動	新韓国党						2										2
			新政治国民会議		1														1
			統合民主党			1	1			1	1		1	1		1	2		9
			自由民主連合								1			1		1			3
		その他	新韓国党	4	4														8
			新政治国民会議	3	7	1	2			3	3						1		20
			統合民主党	20		4	1	2	1	8	3	1				3	3		46
			自由民主連合	1											1				2
		合　計		38	12	9	8	2	6	19	10	2	2	4	2	7	7	0	128
	経歴の非保有者		新韓国党	13		10	2	6	6	17	4	6	12	12	17	8	6		119
			新政治国民会議	24	12	6	7		5	21	8	6	9	1		9	14	3	125
			統合民主党	20	12	2	5	3	4	20	3	4	9	9	4	10	11	2	118
			自由民主連合	42	16	4	10	6		30	8	3	1	4	6	15	9	1	155
			合　計	99	40	22	24	15	15	88	23	19	31	26	27	42	40	6	517
	不明者		新政治国民会議			2				4	1	1	1			1	3		13
			統合民主党	1			1			2	1	2		1	3	2	3		16
			自由民主連合	3	1	1				1	1			2	2	1	4		16
			合　計	4	1	3	1	0	0	7	3	3	1	3	5	4	10	0	45
	合　計			141	53	34	33	17	21	114	36	24	34	33	34	53	57	6	690
合　計				187	74	44	44	23	28	150	49	31	47	47	51	67	76	9	927

				ソウル	釜山	大邱	仁川	光州	大田	京畿	江原	忠北	忠南	全北	全南	慶北	慶南	済州	合計
非主要政党	当選者	経歴の保有者	市民運動																0
			労働運動																0
			その他																0
			合　計	0	0	0	0	0	0	0	0	0	0	0	0	0	0	0	0
		経歴の非保有者		1		3				2		1				5	4		16
		合　計		1	0	3	0	0	0	2	0	1	0	0	0	5	4	0	16
	落選者	経歴の保有者	市民運動	4		6	1			2	1	1		2		1	1		19
			労働運動	1	1					2	1				1	2	2		10
			その他	5	2	5		1		5		2	1		1				22
			合　計	10	3	11	1	1	0	9	2	3	1	2	2	3	3	0	51
		経歴の非保有者		48	23	42	9	2	15	27	22	9	13	12	10	43	39	6	320
		不明者		5	2	4	2	1	3	13	2	1	5	4	8	12	11	2	75
		合　計		63	28	57	12	4	18	49	26	13	19	18	20	58	53	8	446
	合　計			64	28	60	12	4	18	51	26	14	19	18	20	63	57	8	462

8(4)　国会議員選挙候補者における社会運動の経歴　2000 年

				政党名	ソウル	釜山	大邱	仁川	光州	大田	蔚山	京畿	江原	忠北	忠南	全北	全南	慶北	慶南	済州	合計
主要政党	当選者	経歴の保有者	市民運動	ハンナラ党	2			1			1	2									6
				新千年民主党	2			1	1			2									6
				自由民主連合						1											1
			労働運動	ハンナラ党								2									2
				新千年民主党				2													2
				自由民主連合																	0
			その他	ハンナラ党	4							2									6
				新千年民主党	9			1	1			2	1			1	2				17
				自由民主連合	0							0									0
			合　計		17	0	0	5	2	1	1	10	1	0	0	1	2	0	0	0	40
		経歴の非保有者		ハンナラ党	11	17	11	4		1	3	12	3	3				16	16	1	98
				新千年民主党	17			2	4	2		18	4	2	3	8	9			2	71
				自由民主連合						2		1		2	7						12
				合　計	28	17	11	6	4	5	3	31	7	7	10	8	9	16	16	3	181
		合　計			45	17	11	11	6	6	4	41	8	7	10	9	11	16	16	3	221
	落選者	経歴の保有者	市民運動	ハンナラ党	1				1	1					1	1	1				6
				新千年民主党	1		3				3	1	2	1					1		12
				自由民主連合	1	1		2				2									6
			労働運動	ハンナラ党								1									1
				新千年民主党				1										1			2
				自由民主連合																	0
			その他	ハンナラ党	6			1	1			1									9
				新千年民主党	4	5						2		1					2		14
				自由民主連合	1							1									2
			合　計		14	6	3	4	2	1	3	8	2	2	1	1	1	1	3	0	52

			ソウル	釜山	大邱	仁川	光州	大田	蔚山	京畿	江原	忠北	忠南	全北	全南	慶北	慶南	済州	合計
	経歴の非保有者	ハンナラ党	21			5	4	4		21	6	4	10	9	11			2	97
		新千年民主党	12	12	8	4		4	2	15	2	3	8	1	2	13	12	1	99
		自由民主連合	38	8	10	8	2	3	1	32	6	5	4	5	3	10	9	1	145
		合 計	71	20	18	17	6	11	3	68	14	12	22	15	16	23	21	4	341
	不明者	新千年民主党														1	1		2
		自由民主連合	1	1						2	1								5
		合 計	1	1	0	0	0	0	0	2	1	0	0	0	0	1	1	0	7
	合 計		86	27	21	21	8	12	6	78	17	14	23	16	17	25	25	4	400
合 計			131	44	32	32	14	18	10	119	25	21	33	25	28	41	41	7	621

				ソウル	釜山	大邱	仁川	光州	大田	蔚山	京畿	江原	忠北	忠南	全北	全南	慶北	慶南	済州	合計
非主要政党	当選者	経歴の保有者	市民運動																	0
			労働運動																	0
			その他																	0
			合 計	0	0	0	0	0	0	0	0	0	0	0	0	0	0	0	0	0
		経歴の非保有者								1		1		1	1	1				5
		不明者														1				1
		合 計		0	0	0	0	0	0	1	0	1	0	1	1	2	0	0	0	6
	落選者	経歴の保有者	市民運動	5	1	3	4	1	1	3	5				3	6				32
			労働運動	2	1		1		1	2	3				2		2	1		15
			その他	22	4	1	2	4			3				2	1		1		40
			合 計	29	6	4	7	5	2	5	11	0	0	0	7	7	2	2	0	87
		経歴の非保有者		45	22	19	4	7	10	3	36	12	8	13	11	13	19	33	3	258
		不明者		36	4	2			1	1	5		1	6	4	5	2	1		68
		合 計		110	32	25	11	12	13	9	52	12	9	19	22	25	23	36	3	413
	合 計			110	32	25	11	12	13	10	52	13	9	20	23	27	23	36	3	419

8(5)　国会議員選挙候補者における社会運動の経歴　2004年

			政党名	ソウル	釜山	大邱	仁川	光州	大田	蔚山	京畿	江原	忠北	忠南	全北	全南	慶北	慶南	済州	合計
主要政党	当選者	経歴の保有者	市民運動 ハンナラ党	1							3							3		7
			開かれたウリ党	6			3	1	3		6		1	1		1				22
			新千年民主党																	0
			自由民主連合																	0
			民主労働党																	0
			労働運動 ハンナラ党								1									1
			開かれたウリ党	2			1													3
			新千年民主党																	0
			自由民主連合																	0
			民主労働党															1		1
			その他 ハンナラ党	2							1									3
			開かれたウリ党	14			2	1			12			1	4				1	35
			新千年民主党																	0
			自由民主連合																	0
			民主労働党	0						1	0									1
			合　計	25	0	0	6	2	3	1	23	0	1	2	4	1	0	4	1	73
		経歴の非保有者	ハンナラ党	13	17	12	3			3	10	6		1			14	11		90
			開かれたウリ党	10	1		3	5	3	1	16	2	7	3	7	7		2	2	69
			新千年民主党													4				4
			自由民主連合											4						4
			民主労働党								0									0
			合　計	23	18	12	6	5	3	4	26	8	7	8	7	11	14	13	2	167
		合　計		48	18	12	12	7	6	5	49	8	8	10	11	12	14	17	3	240
			市民運動 ハンナラ党	4	1				2	2	4		2	1						16
			開かれたウリ党	2	1	4	2			2	3	1				1		2		18
			新千年民主党	2		1			2		6			1	2		1			15
			自由民主連合		1				2		1		1					1		6
			民主労働党	1		1	1	1		2	1									7

落選者	経歴の保有者	労働運動	ハンナラ党								2								2
			開かれたウリ党													1	2			3
			新千年民主党				2		1											3
			自由民主連合								1									1
			民主労働党	13	5	1	2	1	2		10	2	1		3	2	4	2		48
		その他	ハンナラ党	4							2							1		7
			開かれたウリ党	2	5	2					3	1								13
			新千年民主党	7		1	1	3			3					2				17
			自由民主連合	1																1
			民主労働党	11	3	3	5	2	0	2	10	1	2	2	1	1	2	2		47
		合 計		47	16	13	13	7	9	8	46	5	6	4	6	7	9	8	0	204
	経歴の非保有者		ハンナラ党	23			9	1	4	1	26	2	5	7	1	4	1	2	3	89
			開かれたウリ党	12	9	6	1			3	9	3		5		3	12	11		74
			新千年民主党	35	8	6	5	4	2	1	34	4	3	7	9	7	3	5	1	134
			自由民主連合	23	7	8	3	2	4	1	11	2	6	6	2	5	6	5	1	92
			民主労働党	4			1				1									6
			合 計	97	24	20	19	7	10	6	81	11	14	25	12	19	22	23	5	395
	不明者		ハンナラ党	1									1			1				3
			開かれたウリ党		2						1	1					1	2		7
			新千年民主党	1		1	1		1		3						1			8
			自由民主連合	6			2	2		2	5					1		1		19
			民主労働党	1		1		2			1	1		2	1	1		2	1	13
			合 計	9	2	2	3	4	1	2	10	2	1	2	1	3	2	5	1	50
	合 計			153	42	35	35	18	20	16	137	18	21	31	19	29	33	36	6	649
合 計				201	60	47	47	25	26	21	186	26	29	41	30	41	47	53	9	889

				ソウル	釜山	大邱	仁川	光州	大田	蔚山	京畿	江原	忠北	忠南	全北	全南	慶北	慶南	済州	合計
非主要政党	当選者	経歴の保有者	市民運動																	0
			労働運動																	0
			その他																	0
			合　計	0	0	0	0	0	0	0	0	0	0	0	0	0	0	0	0	0
		経歴の非保有者								1						1	1			3
		合　計		0	0	0	0	0	0	1	0	0	0	0	0	1	1	0	0	3
	落選者	経歴の保有者	市民運動	4	5	1	1			1	3				1	3	2			21
			労働運動			1	1		1	1	2						1	2		9
			その他	3	1		1	1	1	1	1	1	1			1		1		13
			合　計	7	6	2	3	1	2	3	6	1	1	0	1	4	3	3	0	43
		経歴の非保有者		38	17	11	6	8	4	2	26	8	4	13	17	7	17	18	2	198
		不明者		4	2	3	2	1	0	0	11	2	2	3	6	3	1	2		42
		合　計		49	25	16	11	10	6	5	43	11	7	16	24	14	21	23	2	283
	合　計			49	25	16	11	10	6	6	43	11	7	16	24	15	22	23	2	286

8(6)　国会議員選挙候補者における社会運動の経歴　2008 年

				政党名	ソウル	釜山	大邱	仁川	光州	大田	蔚山	京畿	江原	忠北	忠南	全北	全南	慶北	慶南	済州	合計
主要政党	当選者	経歴の保有者	市民運動	ハンナラ党	6			2			1	4							1		14
				統合民主党	1							3		1	1					1	7
			労働運動	ハンナラ党	1			1				2									4
				統合民主党				1													1
			その他	ハンナラ党	5	1						2							1		9
				統合民主党	1				2			5				1					9
			合　計		14	1	0	4	2	0	1	16	0	1	1	1	0	0	2	1	44
		経歴の非保有者		ハンナラ党	28	10	8	6			4	24	3	1				9	11		104
				統合民主党	5	1		1	5	1		9	2	5		8	9		1	2	49
				合　計	33	11	8	7	5	1	4	33	5	6	0	8	9	9	12	2	153
		合　計			47	12	8	11	7	1	5	49	5	7	1	9	9	9	14	3	197
	落選者	経歴の保有者	市民運動	ハンナラ党	2	2				1	1			1							7
				統合民主党	5		1	2	1	1		7	2					2	2		23
			労働運動	ハンナラ党																	0
				統合民主党	3			1				1									5
			その他	ハンナラ党	1		1		1			1				1	1				6
				統合民主党	17	2		2				5	1		4	1			1		33
			合　計		28	4	2	5	2	2	1	14	3	1	4	2	1	2	3	0	74
		経歴の非保有者		ハンナラ党	4	5	3	3	7	5	0	18	5	6	10	10	11	6	4	3	100
				統合民主党	16	8	1	4		4	1	20	3	1	2	1	3	2	4		70
				合　計	20	13	4	7	7	9	1	38	8	7	12	11	14	8	8	3	170
		不明者		ハンナラ党	1																1
		合　計			49	17	6	12	9	11	2	52	11	8	16	13	15	10	11	3	245
	合　計				96	29	14	23	16	12	7	101	16	15	17	22	24	19	25	6	442

				ソウル	釜山	大邱	仁川	光州	大田	蔚山	京畿	江原	忠北	忠南	全北	全南	慶北	慶南	済州	合計
非主要政党	当選者	経歴の保有者	市民運動	1	1	1			2											5 0
			労働運動						1									1 1		2 1
			その他															1 1		1 1
			合　計	1 0	1 0	1 0	0 0	0 0	3 0	0 0	0 0	0 0	0 0	0 0	0 0	0 0	0 0	2 2	0 0	8 2
		経歴の非保有者			5	3	1	1	2	1	2	3	1	9	2	3	5	1		39 0
		合　計		1 0	6 0	4 0	1 0	1 0	5 0	1 0	2 0	3 0	1 0	9 0	2 0	3 0	5 0	3 2	0 0	47 2
	落選者	経歴の保有者	市民運動	5	4 1	1	1		1	1	7 2	1	1		3	1 1	1	6 3		33 7
			労働運動	12 11	3 3	2 2	3 3	1 1		3 2	11 11	2 2	1 1		2 1	2 2	2 2	4 3		48 44
			その他	14 11	3 3	4 2	4 3	3 2	1 1	2 2	9 3	1 1	2 1	2 1	3 2	2 2		4 3	1 1	55 38
			合　計	31 22	10 7	7 4	8 6	4 3	2 1	6 4	27 16	4 3	4 2	2 1	8 3	5 5	3 2	14 9	1 1	136 89
		経歴の非保有者		104 15	31 4	18 1	25 1	17 3	13 1	9 1	97 9	17 3	20 3	19 2	21 0	22 1	31 1	36 0	8 1	488 46
		合　計		135 37	41 11	25 5	33 7	21 6	15 2	15 5	124 25	21 6	24 5	21 3	29 3	27 6	34 3	50 9	9 2	624 135
	合　計			136 37	47 11	29 5	34 7	22 6	20 2	16 5	126 25	24 6	25 5	30 3	31 3	30 6	39 3	53 11	9 2	671 137

注）非主要政党における上段の数値は非主要政党の全体であり，下段の数値はそれに含まれる民主労働党と進歩新党連帯会議を合わせた数である。

出典）候補者に関する情報は，中央選挙管理委員会のホームページの「第 18 代国会議員選挙管理システム」(http://www.nec.go.kr:7070/abextern/)より取得。

参考文献

1．日　本　語(五十音順。韓国人名は日本語読みに従う)

研究文献

磯崎典世「韓国／アドボカシー中心の民主化団体」『アジ研ワールド・トレンド』アジア経済研究所，第59号，2000年8月，21～25頁。
磯崎典世「体制変動と市民社会のネットワーク」辻中豊・廉載鎬編著『現代韓国の市民社会・利益団体』木鐸社，2004年，51～83頁。
伊藤千尋『たたかう新聞――「ハンギョレ」の12年』岩波書店，2001年。
イングルハート, R.，三宅一郎他訳『静かなる革命――政治意識と行動様式の変化』東洋経済新報社，1978年。
尹昶重，平井久志訳『金泳三大統領と青瓦台の人々――韓国政治の構造』中央公論社，1995年。
大嶽秀夫『現代政治学叢書11　政策過程』東京大学出版会，1990年。
大西裕「韓国の場合――地域主義とそのゆくえ」梅津實他『新版　比較・選挙政治』ミネルヴァ書房，2004年，173～220頁。
岡克彦「市民による参加型選挙活動の可能性と「落選運動」」『長崎県立大学論集』長崎県立大学，第38巻第1号，2004年6月，197～231頁。
小此木政夫「韓国の新体制と国民の反応――第11回国会議員選挙の分析」神谷不二編著『北東アジアの均衡と動揺』慶應通信，1984年，1～22頁。
片桐新自『社会運動の中範囲理論――資源動員論からの展開』東京大学出版会，1995年。
木宮正史「韓国における経済危機と労使関係レジームの「転換」――労・使・政委員会の活動を中心に」松本厚治・服部民夫編著『韓国経済の解剖――先進国移行論は正しかったのか』文眞堂，2001年，213～235頁。
許熿「韓国におけるeガバナンスと市民社会の課題」清水敏行・魚住弘久『韓国政治の同時代的分析――韓国政治学者による韓国政治論』2007年，41～52頁。文部科学省科学研究費学術創成研究(2)「グローバリゼーション時代におけるガバナンスの変容に関する比較研究」のホームページより取得可能。
金栄鎬『現代韓国の社会運動――民主化後・冷戦後の展開』社会評論社，2001年。
金淵明編，韓国社会保障研究会訳『韓国の福祉国家性格論争』流通経済大学出版会，2006

年。
金浩鎮，小針進・羅京洙訳『韓国歴代大統領とリーダーシップ』つげ書房新社，2007 年。
金善美「市民運動の危機論と市民社会の構図変化」小此木政夫・西野純也編『韓国における市民意識の動態 II』慶應義塾大学出版会，2008 年，3～26 頁。
金早雪「韓国型「福祉国家」の始動――国民基礎生活保障法(1999/2000 年)を中心に」宇佐見耕一編『新興福祉国家論――アジアとラテンアメリカの比較研究』アジア経済研究所，2003 年，85～134 頁。
具度完，石坂浩一他訳『韓国環境運動の社会学――正義に基づく持続可能な社会のために』法政大学出版局，2001 年。
倉田秀也「韓国における党内民主化の実験――民自党と新韓国党の大統領候補競選過程の分析」小此木政夫他『民主化以降の韓国』日本国際問題研究所，1998 年，11～23 頁。
倉田秀也「金大中政権の共同政府運営――内閣制改憲論と「政界再編論」の交錯」小此木政夫他『民主化以降の韓国』日本国際問題研究所，1999 年，12～25 頁。
玄武岩『韓国のデジタル・デモクラシー』集英社，2005 年。
コッカ，ユルゲン，松葉正文訳「市民社会の歴史的展望」『立命館産業社会論集』立命館大学産業社会学会，第 39 巻第 4 号，2004 年 3 月，223～233 頁。
佐道明広・小針進『金泳三(元大韓民国大統領)オーラルヒストリー記録』(文部科学省科学研究費補助金「口述記録と文書記録を基礎とした現代日韓関係史研究の再構築」)2008 年。
篠原一『市民参加』岩波書店，1977 年。
清水敏行「経済企画院――その組織と運営について」小此木政夫他『韓国の行政制度等に関する調査研究報告書(平成 2 年度)』総務庁長官官房企画課，1992 年，66～103 頁。
清水敏行「韓国における民主化と第 14 代総選挙に関する考察(3)」『人文論究』函館人文学会，第 55 号，1993 年 2 月，11～30 頁。
清水敏行「金泳三政権末期における労働法政策――最近の労使政委員会を手がかりに」小此木政夫他『民主化以降の韓国』日本国際問題研究所，1998 年，35～47 頁。
清水敏行「1990 年前後における韓国の民主化について」『訪韓学術研究者論文集　第 1 巻(1992 年 8 月～2000 年 3 月)』財団法人日韓文化交流基金，2001 年，501～548 頁。
清水敏行「民主体制定着期の韓国における政治と市民社会(1)」『札幌学院法学』札幌学院大学法学会，第 20 巻第 2 号，2004 年 3 月，221～315 頁。
清水敏行「韓国の政治と市民運動」小此木政夫編『韓国における市民意識の動態』慶應義塾大学出版会，2005 年，77～106 頁。
清水敏行「民主体制定着期の韓国における政治と市民社会(5)」『札幌学院法学』札幌学院大学法学会，第 23 巻第 1 号，2006 年 12 月，61～99 頁。
清水敏行「労働と福祉の政治」新川敏光・大西裕編著『世界政治叢書 9　日本・韓国』ミネルヴァ書房，2008 年，225～246 頁。
清水敏行「韓国における政府と市民団体の人的関係に関する調査(1)(2)――柳錫春教授の『参与連帯報告書』と参与連帯の反論を受けて」『札幌学院法学』札幌学院大学法学会，第 25 巻第 2 号，2009 年 3 月，61～142 頁，第 26 巻第 2 号，2010 年 3 月，1～44 頁。
新川達郎「パートナーシップの失敗――ガバナンス論の展開可能性」日本行政学会編『ガバ

ナンス論と行政学』ぎょうせい，2004年，26〜47頁。
申志鎬「ニューライト運動の展開と思想的特質」小此木政夫・西野純也編『韓国における市民意識の動態II』慶應義塾大学出版会，2008年，53〜73頁。
辛貞和「韓国政府とNGOによる人道支援」小此木政夫・磯崎敦仁編『北朝鮮と人間の安全保障』慶應義塾大学出版会，2009年，257〜273頁。
陳英宰「韓国人の理念的性向分析(2002-2004)」小此木政夫編『韓国における市民意識の動態』慶應義塾大学出版会，2005年，3〜20頁。
ティリー，チャールズ，堀江湛監訳『政治変動論』芦書房，1984年。
中邨章「行政，行政学と「ガバナンス」の三形態」日本行政学会編『ガバナンス論と行政学』ぎょうせい，2004年，2〜25頁。
中村研一「南北問題の解決のために――NGO台頭の政治的文脈」深瀬忠一他編著『恒久平和のために――日本国憲法からの提言』勁草書房，1998年，392〜421頁。
ネグリ，アントニオ，マイケル・ハート，幾島幸子訳，水嶋一憲・市田良彦監修『マルチチュード――〈帝国〉時代の戦争と民主主義　(上)(下)』日本放送出版協会，2005年。
間寧「亀裂構造と政党制――概念整理と新興民主主義国への適用」『アジア経済』アジア経済研究所，XLVII-5，2006年5月，69〜85頁。
長谷川公一・町村敬志「社会運動と社会運動論の現在」曽良中清司他編著『社会運動という公共空間――理論と方法のフロンティア』成文堂，2004年，1〜24頁。
春木育美「韓国における政治改革運動の資源動員構造――2000年総選市民連帯の落選運動を事例として」『地域社会学年報第13集　市民と地域』(地域社会学会)ハーベスト社，2001年，187〜204頁。
春木育美『現代韓国と女性』新幹社，2006年。
ヘンダーソン，グレゴリー，鈴木沙雄・大塚喬重訳『朝鮮の政治社会――朝鮮現代史を比較政治学的に初解明　渦巻型構造の分析』サイマル出版会，1973年。
マッカーシー，ジョン，メイヤー・ゾールド「社会運動の合理的理論」塩原勉編『資源動員と組織戦略――運動論の新パラダイム』新曜社，1989年，21〜58頁。
柳町功「韓国における財閥問題と市民団体――参与連帯の活動を中心に」田島英一・山本純一編著『協働体主義――中間組織が開くオルタナティブ』慶應義塾大学出版会，2009年，175〜200頁。
山本健太郎「韓国における民主化後の政党構造の変容――大統領候補選出過程の開放化をめぐって」法政大学大学院政治学研究科修士論文，2008年。
羅一慶「住民投票と地方選挙との否定的な相互作用のメカニズムについて――扶安郡における住民投票の事例研究」日本公共選択学会，2007年7月7日，1〜30頁(公共選択学会第11回全国大会公式ホームページより2009年8月28日に取得)。
李石淵「韓国市民運動の現況，課題及び方向性に関する経験論的考察――憲法合致的市民運動の提唱」小此木政夫編『韓国における市民意識の動態』慶應義塾大学出版会，2005年，107〜117頁。
廉載鎬「韓国の市民社会とニューガバナンス――民主化以後の市民団体の政治化」『レヴァイアサン』木鐸社，第13号，2002年10月，90〜120頁。

2．韓　国　語(カナダラ順)

研究文献及び雑誌記事

姜汶奎『市民参与の時代』ハヌル，1996年。[강문규『시민참여의 시대』한울, 1996.]

康俊晩「盧武鉉と嶺南民主化勢力の恨み」『人物と思想』人物と思想社，2007年3月号，55～71頁。[강준망「노무현과 영남 민주화 세력의 한 (恨)」『인물과 사상』인물과사상사, 2007년3월호, 55-71쪽.]

康元沢「地域主義投票と合理的選択——批判的考察」『韓国政治学会報』韓国政治学会，第34輯第2号，2000年8月，51～67頁。[강원택「지역주의 투표와 합리적 선택——비판적 고찰」『한국정치학회보』한국정치학회, 제34집제2호, 2000년8월, 51-67쪽.]

康元沢「有権者の理念性向と候補選択——1997年大統領選挙を中心に」同『韓国の選挙政治——理念，地域，世代とメディア』プルンギル，2003年，25～61頁。[강원택「유권자의 이념 성향과 선택——1997년 대통령 선거를 중심으로」『한국의 선거 정치——이념, 지역, 세대와 미디어』푸른길, 2003, 25-61쪽.]

康元沢「2002年大統領選挙と地域主義——地域主義の弱化あるいは構造化？」同上，225～255頁。[강원택「2002년 대통령 선거와 지역주의——지역주의의 약화 혹은 구조화？」위의 책, 225-255쪽.]

康元沢「世代葛藤と亀裂構造——反共イデオロギー，民主化と政党政治の変化」同上，313～333頁。[강원택「세대갈등과 균열 구조——반공 이데올로기, 민주화와 정당정치의 병화」위의 책, 313-333쪽.]

康元沢「16代大選と世代」金世均編『16代大選の選挙過程と意義』ソウル大学校出版部，2003年，157～179頁。[강원택「16대 대선과 세대」김세균 편『16대 대선의 선거과정과 의의』서울대학교출판부, 2003, 157-179쪽.]

康元沢「17代国会議員選挙と弾劾」『行政論集』東国大学校行政大学院，第32輯，2005年6月，3～21頁。[강원택「17대 국회의원선거와 탄핵」『行政論集』동국대학교행정대학원, 제32집, 2005년6월, 3-21쪽.]

康元沢「憤怒の離脱……絶望の決別」『NEXT』中央日報社，第35号，2006年9月，26～33頁。[강원택「분노의 이탈……절망의 결별」『NEXT』중앙일보사, 제35호, 2006년9월, 26-33쪽.]

康元沢「新しい政党政治の環境は準備されている」2006年12月13日開催の講演(緑色政治連帯のホームページより取得)。[강원택「새로운 정당정치의 환경은 준비되어 있다」2006년12월13일 강연 (초록정치연대のホームページより取得).]

京郷新聞特別取材チーム『民主化20年の熱望と絶望——進歩・改革の危機を語る』フマニタス，2007年。[경향신문특별취재팀『민주화20년의 열망과 절망——진보・개혁의 위기를 말하다』후마니타스, 2007.]

京郷新聞特別取材チーム『民主化20年，知識人の死——知識人，彼らはどこにいるのか』フマニタス，2008年。[경향신문특별취재팀『민주화20년, 지식인의 죽음——지식인, 그들은 어디에 있나』후마니타스, 2008.]

高敬煥『社会福祉費推計と経済危機前後の支出水準分析』韓国保健社会研究院，2003 年(韓国保健社会研究院のホームページより取得)。[高敬煥『사회복지비 추계와 경제위기 전후의 지출수준 분석』한국보건사회연구원, 2003 (한국보건사회연구원のホームページより取得).]

高敬煥・桂勲邦『OECD 基準に応じた我が国の社会保障費算出に関する研究』韓国保健社会研究院，1998 年(韓国保健社会研究院のホームページより取得)。[高敬煥, 桂勲邦『OECD 基準에 따른 우리나라의 社会保障費 算出에 관한 研究』 한국보건사회연구원, 1998 (한국보건사회연구원のホームページより取得).]

高源「蠟燭集会と政党政治改革の模索」『韓国政治研究』ソウル大学校韓国政治研究所，第17 輯第 2 号，2008 年，95～119 頁。[고원「촛불집회와 정당정치개혁의 모색」『한국정치연구』서울대학교한국정치연구소, 제 17 집제 2 호, 2008, 95-119 쪽.]

高興化『資料で編む韓国人の地域感情』星苑社，1989 年。[高興化『자료로 엮은 韓国人의 地域感情』星苑社, 1989.]

権栄基「韓国の理論家たち対称インタビュー 「金大中の理論家たち」の改革哲学」『月刊朝鮮』朝鮮日報社，1998 年 10 月号，80～89 頁。[権栄基「한국의 理論家들 대칭 인터뷰「金大中 이론가들」의 改革철학」『月刊朝鮮』조선일보사, 1998 년 10 월호, 80-89 쪽.]

キム・グヒョン「韓国における市民運動団体の成長と衰退――経済正義実践市民連合の事例」ソウル大学校大学院政治学科博士論文，1999 年。[김구현「한국에서 시민운동단체의 성장과 쇠퇴――경제정의실천시민연합의 사례」서울대학교대학원정치학과박사논문, 1999.]

金槿泰「在野の反省，在野の選択」『新東亜』東亜日報社，1992 年 11 月号，316～323 頁。[金槿泰「在野의反省, 在野의 선택」『新東亜』동아일보사, 1992 년 11 월호, 316-323 쪽.]

金道鐘「第 14 代総選過程に現れた在野運動圏の選挙戦術及び限界」韓国政治学会編集委員会編『選挙と韓国政治』韓国政治学会，1992 年，345～371 頁。[金道鐘「제 14 대 총선 과정에 나타난 재야 운동권의 선거전술 및 한계」韓国政治学会編集委員会編『選挙와 韓国政治』한국정치학회, 1992, 345-371 쪽.]

キム・ドンファン，キム・ホンシク『蠟燭の灯@広場　社会のメカニズム』ブックコリア，2005 年。[김동환, 김헌식『촛불@광장 사회의 메카니즘』북코리아, 2005.]

金万欽『韓国政治の再認識――民主主義　地域主義　地方自治』プルピッ，1997 年。[김만흠『한국정치의 재인식――민주주의 지역주의 지방자치』풀빛, 1997.]

金万欽『転換時代の国家体制と政治改革』ハヌル，2000 年。[김만흠『전환시대의 국가체제와 정치개혁』한울, 2000.]

金万欽『民主化以後の韓国政治と盧武鉉政権』ハヌル，2006 年。[김만흠『민주화 이후의 한국정치와 노무현 정권』한울, 2006.]

金万欽「国民統合と政治発展のための民主党の進路」2006 年 12 月 6 日開催の新千年民主党での講演。[김만흠「국민통합과 정치발전을 위한 민주당의 진로」2006 년 12 월 6 일 새천년민주당 강원.]

金万欽「弾劾反対運動と群衆動員の政治」同『新しいリーダーシップ，分裂から疎通へ――

金万欽の政治評論』ハヌル，2007年，114～117頁。[김만흠「탄핵반대운동과 군중 동원의 정치」『새로운 리 더십，분열에서 소통으로――김만흠의 정치평론』한울，2007，114-117 쪽.]

金万欽「民主化 20 年の韓国政治――遅滞した改革と転換期の混沌」『議政研究』韓国議会発展研究会，第 15 巻第 2 号，2009 年，131～158 頁(韓国議会発展研究会のホームページより取得)。[김만흠「민주화 20 년의 한국정치――지체된 개혁과 전환기의 혼돈」『의정연구』한국의회발전연구회，제 15 권제 2 호，2009，131-158 쪽 (한국의회발전연구회のホームページより取得).]

キム・ムギョン，李甲允「韓国人の理念定向と葛藤」『社会科学研究』西江大学校社会科学研究所，第 13 輯第 2 号，2005 年，6～27 頁。[김무경，이갑윤「한국인의 이념정향과 갈등」『社会科学研究』서강대학교 사회과학연구소，제 13 집제 2 호，2005，6-27 쪽.]

キム・ミ「医薬分業政策の決定過程に関する研究――政策ネットワーク模型による分析を中心に」全南大学校大学院行政学科博士論文，2003 年。[김미「의약분업정책의 결정과정에 관한 연구――정책네트워크 모형에 의한 분석을 중심으로」全南大学校大学院行政学科博士論文，2003.]

金錫俊「ガバナンスの分析枠組み――21 世紀韓国社会と政治のニューガバナンスの模索」金錫俊他『ガバナンスの政治学』法文社，2002 年，35～72 頁。[김석준「거버넌스의 분석 틀――21 세기 한국사회와 정치의 뉴 거버넌스 모색」김석준 외『거버넌스의 정치학』法文社，2002，35-72 쪽.]

金善美「NGO の政策的影響力――金融実名制実施の事例分析」『韓国政治学会報』韓国政治学会，第 37 輯第 5 号，2003 年 12 月，99～125 頁。[김선미「NGO 의 정책적 영향력――금융실명제 실시의 사례분석」『한국정치학회보』한국정치학회，제 37 집제 5 호，2003 년 12 월，99-125 쪽.]

キム・シグァン「政治革命なのか声の大きい少数なのか」『週刊東亜』東亜日報社，第 479 号，2005 年 4 月 5 日，14～16 頁。[김시관「정치혁명인가 목소리 큰 소수인가」『주간동아』동아일보사，제 479 호，2005 년 4 월 5 일，14-16 쪽.]

金淵明「年金，医療保険の変化――「排除の政治」の終焉」『福祉動向』参与連帯，第 6 号，1999 年 3 月(参与連帯のホームページより取得)。[김연명「연금，의료보험의 변화――'배제의 정치' 의 종언」『복지동향』참여연대，제 6 호，1999 년 3 월 (참여연대のホームページより取得).]

金淵明「参与連帯「社会福祉委員会」10 年の成果と省察」ホン・ソンテ編『参与連帯創設 10 周年記念論文集　参与と連帯で開いた民主主義の新地平』アルケ，2004 年，223～237 頁。[김연명「참여연대 '사회복지위원회' 10 년의 성과와 성찰」홍성태 엮음『참여연대 창설 10 주년 기년 논문집 참여와 연대로 연 민주주의의 새 지평』아르케，2004，223-237 쪽.]

金容益「保健医療運動の新たな主体とならなければならない社会運動」『福祉動向』参与連帯，第 5 号，1999 年 2 月(参与連帯のホームページより取得)。[김용익「보건의료운동의 새로운 주체가 되어야 할 사회운동」『복지동향』참여연대，제 5 호，1999 년 2 월 (참여연대のホームページより取得).]

金容浩『韓国の政党政治の理解』ナナム出版，2001 年。[김용호『한국 정당정치의 이해』나남출판，2001.]

金容浩「政党構造の改革方案」朴世逸・張勲編『政治改革の成功条件――権力闘争から政策競争に』東アジア研究院，2003 年，143～177 頁。[김용호「정당구조 개혁 방안」박세일，장훈 편『정치개혁의 성공조건――권력투쟁에서 정책경쟁으로』동아시아연구원，2003，143-177 쪽.]

金容浩「2004 年総選過程と結果に対する総合的分析」韓国政党学会編『17 代総選現場レポート――13人の政治学者の参与観察』プルンギル，2004 年，382～408 頁。[김용호「2004 년 총선 과정과 결과에 대한 종합적인 분석」한국정당학회『17 대총선 현장 리포트――13 인 정치학자의 참여관찰』푸른길，2004，382-408 쪽.]

金永来「韓国市民社会運動の現況と発展課題」『NGO 研究』韓国 NGO 学会，第 1 巻第 1 号，2003 年 8 月，5～33 頁。[김영래「한국 시민사회운동의 현황과 발전과제」『NGO 연구』한국 NGO 학회，제 1 권제 1 호，2003 년 8 월，5-33 쪽.]

キム・ウォン「社会運動の新たな構成方式に対する研究――2002 年の蠟燭デモを中心に」韓国社会歴史学会『談論 201』談論社，第 8 巻第 2 号，2005 年，131～158 頁。[김원「사회운동의 새로운 구성방식에 대한 연구――2002 년 촛불시위를 중심으로」한국사회역사학회『담론 201』담론사，제 8 권제 2 호，2005，131-158 쪽.]

金忠根・李洛淵「両金氏，なぜ単一化できないか」『新東亜』東亜日報社，1987 年 11 月号，260～273 頁。[金忠根，李洛淵「両金씨，왜 単一化 못하나」『新東亜』동아일보사，1987 년 11 월호，260-273 쪽.]

金泰星・成炅隆『福祉国家論(第 2 版)』ナナム出版，2000 年。[김태성，성경륭『복지국가론 (제 2 판)』나남출판，2000.]

リュ・マンヒ「韓国の労働運動と福祉政治(welfare politics)――1995-2003」批判と代案のための社会福祉学会，2004 年秋季学術大会，1～18 頁(批判と代案のための社会福祉学会のホームページより取得)。[류만희「한국의 노동운동과 복지정치 (welfare politics)――1995-2003」비판과 대안을 위한 사회복지학회，2004 년 추계학술대회，1-18 쪽 (비판과 대안을 위한 사회복지학회のホームページより取得).]

馬仁燮「政党と社会亀裂構造」沈之淵編著『改訂増補版　現代政党政治の理解』白山書堂，2004 年，345～377 頁。[마인섭「정당과 사회균열구조」심지연 편저『개정증보판 현대정당정치의 이해』백산서당，2004，345-377 쪽.]

文敬蘭『総選連帯，有権者革命の 100 日のドラマ――私たちには夢がある』ナナム出版，2000 年。[문경란『총선연대，유권자 혁명의 100 일 드라마――우리에게는 꿈이 있습니다』나남출판，2000.]

ムン・ビョンジュ「福祉 NGO の構造的特性と対政府関係認識に対する経験的研究」『韓国政治学会報』韓国政治学会，第 38 輯第 5 号，2004 年 12 月，55～83 頁。[문병주「복지 NGO 의 구조적 특성과 대정부관계 인식에 대한 경험적 연구」『한국정치학회보』한국정치학회，제 38 집제 5 호，2004 년 12 월，55-83 쪽.]

文振栄「国民基礎生活保障法の制定過程」韓国福祉研究院編『韓国社会福祉年鑑 2000 年版』裕豊出版社，2000 年，17～41 頁。[문진영「국민기초생활보장법의 제정과정」韓国福

祉研究院編『한국사회복지연감 2000 年版』裕豊出版社, 2000, 17-41 쪽.]
ミン・ビョンホ，ナ・ギファン『ニューライトが世の中を変える』イエアルムメディア，2007 年。[민병호, 나기환『뉴라이트가 세상을 바꾼다』예아름미디어, 2007.]
閔俊基「国会議員の充員に関する研究——15〜16 代国会議員を中心に」『社会科学研究』慶熙大学校社会科学研究院，第 26 号，2000 年 12 月，81〜117 頁。[민준기「국회의원의 충원에 관한 연구——15-16 대 국회의원을 중심으로」『社会科学研究』 慶熙大学校社会科学研究院, 제 26 호, 2000 년 12 월, 81-117 쪽.]
朴常勲「地域亀裂の構造と行態」韓国政治研究会編『朴正熙を越えて』プルンスップ，1998 年，196〜235 頁。[박상훈「지역균열의 구조와 행태」한국정치연구회 편『박정희를 넘어서』푸른숲, 1998, 196-235 쪽.]
朴常勲「韓国の有権者は地域主義によって投票するのか——第 16 代総選の事例」(草の根ネットワークのホームページより取得)。[박상훈「한국의 유권자는 지역주의에 의해 투표하나——제 16 대 총선의 사례」(풀뿌리네트워크のホームページより取得).]
朴元淳『悪法は法ではない——朴元淳弁護士の改革構想』プレス 21，2000 年。[박원순『악법은 법이 아니다——박원순 변호사의 개혁 구상』프레스 21, 2000.]
朴元淳「韓国市民団体の財政事業の経験——参与連帯を中心に」市民運動支援基金，2001 年(聖公会大学校のサイバー NGO 資料館のホームページより取得)。[박원순「한국시민단체의 재정사업 경험——참여연대를 중심으로」시민운동지원기금, 2001 (성공회대학교사이버 NGO 자료관のホームページより取得).]
パク・ホンミン，イ・ジュンハン「第 17 代国会議員選挙と議員交代」朴賛郁編『第 17 代国会議員総選挙分析』プルンギル，2005 年，275〜303 頁。[박홍민, 이준한「제 17 대 국회의원 선거와 의원교체」 박찬욱 편 『제 17 대 국회의원 총선거 분석』 푸른길, 2005, 275-303 쪽.]
裵明亀「大統領秘書室の構造と役割に関する研究(経済秘書官を中心に)」ソウル大学校行政学大学院碩士(修士)論文，1988 年。[裵明亀「大統領秘書室의 構造와 役割에 관한 研究(経済秘書官을 중심으로)」서울大学校行政学大学院碩士論文, 1988.]
ペク・スンホ「医療保険統合一元化の政策決定過程分析(権力資源理論の拡大適用を中心に)」『韓国社会科学』ソウル大学校社会科学研究院，第 23 巻第 2 号，2001 年 12 月(学術研究情報誌サービスのホームページより取得)。[백승호「의료보험통합일원화 정책결정과정 분석 (권력자원 이론의 확대적용을 중심으로)」『한국사회과학』서울大学校社会科学研究院, 제 23 권제 2 호, 2001 년 12 월 (학술연구정보서비스のホームページより取得).]
ペク・ジュンギ他「イデオロギーと地域主義，そして 2002 年大統領選挙」『国家戦略』世宗研究所，第 9 巻第 4 号，2003 年 12 月，139〜168 頁。[백준기 외「이데올로기와 지역주의, 그리고 2002 년 대통령 선거」『국가전략』세종연구소, 제 9 권제 4 호, 2003 년 12 월, 139-168 쪽.]
社会と哲学研究編『蠟燭の火，どのように見るのか』ウルリョク，2009 年。[사회와 철학연구회 엮음『촛불, 어떻게 볼 것인가』울력, 2009.]
徐京錫「主よ，私が「地獄門」を越えます」『新東亜』東亜日報社，1995 年 11 月号，212〜

223 頁。[서경석「주여, 내가「지옥문」을 넘겠나이다」『新東亜』동아일보사, 1995 년 11 월호, 212-223 쪽.]
徐京錫『夢見る者のみが世の中を変えることができる』ウンジン出版，1996 年。[서경석『꿈꾸는 자만이 세상을 바꿀 수 있다』웅진출판, 1996.]
徐京錫「第二の建国国民運動と市民運動」漢陽大学校第三セクター研究所，1998 年(聖公会大学校のサイバー NGO 資料館のホームページより取得)。[서경석「제 2 건국 국민운동과 시민운동」한양대학교 제 3 섹터연구소, 1998 (성공회대학교사이버 NGO 자료관のホームページより取得).]
徐京錫「私のストーリー　夢見る者のみが世の中を変えることができる(修正増補版)」『東北亜新聞』2007 年 3 月 16 日，3 月 20 日，6 月 2 日，7 月 2 日(東北亜新聞社のホームページより取得)。[서경석「나의 스토리 꿈꾸는 자만이 세상을 바꿀 수 있다 (수정증보판)」『동북아신문』2007 년 3 월 16 일, 3 월 20 일, 6 월 2 일, 7 월 2 일 (동북아신문사のホームページより取得).]
宋文弘「文民衝撃，「大混乱」に陥った在野」『新東亜』東亜日報社，1993 年 5 月号，494～505 頁。[宋文弘「文民충격,「대사색」에 빠진 在野」『新東亜』동아일보사, 1993 년 5 월호, 494-505 쪽.]
宋文弘「制度圏「在野」，改革勢力なのか左派勢力なのか」『新東亜』東亜日報社，1993 年 10 月号，178～191 頁。[宋文弘「制度圈「在野」, 改革勢力인가左派勢力인가」『新東亜』동아일보사, 1993 년 10 월호, 178-191 쪽.]
ソン・ハンヨン『DJ はなぜ地域葛藤解消に失敗したのか』チュンシム，2001 年。[성한용『DJ 는 왜 지역갈등 해소에 실패했는가』중심, 2001.]
孫赫載「ノサモと市民運動――半分の同志，半分の他人」盧恵京他『愉快な政治反乱，ノサモ』蓋馬高原，2002 年，239～256 頁。[손혁재「노사모와 시민운동――절반의 동지, 절반의 타인」노혜경 외『유쾌한 정치반란, 노사모』개마고원, 2002, 239-256 쪽.]
孫赫載「インターネットと市民運動」『季刊　思想』ナナム出版，2003 年春季号，49～67 頁。[손혁재「인터넷과 시민운동」『계간　사상』나남출판, 2003 년봄호, 49-67 쪽.]
宋虎根「「医療政治」と政治参与」『大韓医師協会誌』大韓医師協会，第 45 巻第 3 号，2002 年 3 月，249～254 頁。[송호근「「의료정치」와 정치 참여」『대한의사협회지』대한의사협회, 제 45 권제 3 호, 2002 년 3 월, 249-254 쪽.]
宋虎根『韓国，何が起きているのか』三星経済研究所，2003 年。[송호근『한국, 무순 일이 일어나고 있나』삼성경제연구소, 2003.]
宋虎根「宋虎根教授の盧武鉉政権の立体大分析」『新東亜』東亜日報社，2007 年 2 月号，82～123 頁。[송호근「송호근 교수의 노무현 정권 입체 大분석」『新東亜』동아일보사, 2007 년 2 월호, 82-123 쪽.]
孫浩哲「国家－市民社会論――韓国政治の新たな代案なのか？」兪八武，キム・ジョンフン編『市民社会と市民運動 2　新たな地平の探索』ハヌル，2001 年，17～49 頁。[손호철「국가－시민사회론――한국정치의 새 대안인가？」유팔무, 김정훈 엮음『시민사회와 시민운동 2　새로운 지평의 탐색』한울, 2001, 17-49 쪽.]
孫浩哲「新自由主義的世界化攻勢と韓国の従属的新自由主義」『連帯と省察――社会フォー

ラム 2002』2002 年 3 月，33～35 頁(民主化のための全国教授協議会のホームページより取得)。[손호철「신자유주의적 세계화 공세와 한국의 종속적 신자유주의」『연대와 성찰――사회포럼 2002』2002 년 3 월，33-35 쪽（민주화를 위한 전국교수협의회のホームページより取得).]
ソン・ホングン「「党費を払ってこそ党員」2000 ウォンの力」『週刊東亜』東亜日報社，第 479 号，2005 年 4 月 5 日，24 頁。[송홍근「"당비를 내야 党員" 2000 원의 힘」『주간동아』동아일보사，제 479 호，2005 년 4 월 5 일，24 쪽.]
シン・スングン「有権者運動に有権者がいなかった――落薦・落選運動の光と影……汝矣島の政治独占打破の大きな足跡」『ハンギョレ 21』ハンギョレ新聞社，第 304 号，2000 年 4 月 20 日，32～35 頁。[신승근「유권자운동에 유권자가 없었다――낙천·낙선운동의 빛과 그늘……여의도의 정치독점 타파 큰 족적」『한겨레 21』한겨레신문사，제 304 호，2000 년 4 월 20 일，32-35 쪽.]
シン・スングン「党権あるところに大権がある」『ハンギョレ 21』ハンギョレ新聞社，第 537 号，2004 年 12 月 9 日，70～73 頁。[신승근「당권 있는 곳에 대권이 있다」『한겨레 21』한겨레신문사，제 537 호，2004 년 12 월 9 일，70-73 쪽.]
シン・スングン「[イシュー企画①　党内党　国民参与連帯]「場外からの指図」論の限界……党を接受して「盧チャン」を守る」『月刊中央』中央日報社，2005 年 3 月号(中央日報社のホームページより取得)。[신승근「[이슈기획① 党내党 국민참여연대]‘장외 훈수’론 한계……党 접수해‘노짱’친위한다」『월간중앙』중앙일보사，2005 년 3 월호(중앙일보사のホームページより取得).]
シン・ウォン「ノサモが歩んできた道――「政治嫌悪」という泥に咲いた「政治の愛」という蓮の花」盧恵京他『愉快な政治反乱，ノサモ』蓋馬高原，2002 年，7～44 頁。[신원「노사모가 걸어온 길――‘정치 혐오’의 진흙탕에서 피운‘정치 사랑’의 연꽃」노혜경 외『유쾌한 정치반란，노사모』개마고원，2002，7-44 쪽.]
申志鎬『ニューライトの世相読み』キパラン，2006 年。[신지호『뉴라이트의 세상 읽기』기파랑，2006.]
沈良燮『韓国の反米――原因・事例・対応』ハヌル，2008 年。[심양섭『한국의 반미――원인・사례・대응』한울，2008.]
安秉万『韓国政府論　第 4 版』茶山出版社，1999 年。[日本語表記と同一]
梁現謨他『NGO 意思決定過程――経実連と参与連帯の事例』韓国行政研究院，2000 年。[梁現謨 외『NGO 의사결정과정――경실련과 참여연대 사례』韓国行政研究院，2000.]
呉連鎬『盧武鉉，最後のインタビュー』オーマイニュース，2009年。[오연호『노무현，마지막 인터뷰』오마이뉴스，2009.]
柳錫春，ワン・ヘスク『参与連帯報告書』自由企業院，2006 年。[유석춘，왕혜숙『참여연대 보고서』자유기업원，2006.]
ユ・ボムサン「労使政委員会の展開過程」労使政委員会『労使政委員会の活動評価及び発展方案に関する研究』韓国労働研究院，2002 年，19～65 頁(韓国労働研究院のホームページより取得)。[유범상「노사정위원회 전개과정」노사정위원회『노사정위원회 활동평가 및 발전방안에 관한 연구』한국노동연구원，2002 년，19-65 쪽（한국노동연구원の

ホームページより取得).]
ユ・ビョンナム「政府予算と市民団体」キム・インヨン他編『市民運動を眺める』ブック21，2001年，178〜204頁。[유병남「정부 예산과 시민단체」김인영 외『시민운동 바로보기』북 21, 2001, 178-204 쪽.]
ユ・ジェウォン，ホン・ソンマン「政府の時代で花開いたMulti-level Governance――大浦川水質改善事例を中心に」『韓国政治学会報』韓国政治学会，第39輯第2号，2005年6月，171〜194頁。[유재원, 홍성만「정부의 시대에서 꽃핀 Multi-level Governance――대포천 수질개선 사례를 중심으로」『한국정치학회보』한국정치학회, 제 39 집제 2 호, 2005 년 6 월, 171-194 쪽.]
兪八武「非政府社会運動団体(NGO)の歴史と社会的役割――市民運動と政府との関係を中心に」兪八武，キム・ジョンフン編『市民社会と市民運動2　新たな地平の探索』ハヌル，2001年，187〜231頁。[유팔무「비정부사회운동단체 (NGO) 의 역사와 사회적 역할――시민운동과 정부와의 관계를 중심으로」유발무, 김정훈 엮음『시민사회와 시민운동 2　새로운 지평의 탐색』한울, 2001, 187-231 쪽.]
ユン・ソンイ「蠟燭デモと世代，そして市民社会」『(討論会)2008年蠟燭デモと韓国政治の進路』2008年10月17日，21〜36頁(よい政策フォーラムのホームページより取得)。[윤성이「촛불시위와 세대 그리고 시민사회」『(토론회) 2008 년 촛불시위와 한국 정치의 진로』2008 년 10 월 17 일, 21-36 쪽 (좋은정책포럼のホームページより取得).]
ユン・チャンヨン「国民基礎生活保障法制定の意義と潜在的争点に関する研究」『状況と福祉』人間と福祉，第7号，2000年4月，86〜111頁。[윤찬영「국민기초생활보장법 제정의 의의와 잠재적 쟁점에 관한 연구」『상황과 복지』인간과 복지, 제 7 호, 2000 년 4 월, 86-111 쪽.]
李甲允『韓国の選挙と地域主義』オルム，1998年。[이갑윤『한국의 선거와 지역주의』오름, 1998.]
李甲允「地域主義の政治的定向と態度」『韓国と国際政治』慶南大学校極東問題研究所，第18巻第2号，2002年夏，155〜178頁。[이갑윤「지역주의의 정치적 정향과 태도」『한국과 국제정치』경남대학교 극동문제연구소, 제 18 권제 2 호, 2002 년여름, 155-178 쪽.]
李甲允『国会に対する国民意識調査』国会運営委員会，2005年。[이갑윤『국회에 대한 국민 의식조사』국회운영위원회, 2005.]
李甲允，イ・ヒョンウ「16代総選での総選連帯の落薦落選運動」『第16代総選と韓国民主主義』国会事務処，2000年，30〜61頁。[이갑윤, 이현우「16 대 총선에서의 총선연대의 낙천낙선운동」『제 16 대 총선과 한국 민주주의』국회사무처, 2000 년, 30-61 쪽.]
李教観「第二の建国運動，明らかにされた誕生の秘密」『時事ジャーナル』時事ジャーナル社，第477号，1998年12月17日，32〜34頁。[李教觀「제 2 건국운동, 밝혀진 탄생의 비밀」『시사저널』시사저널사, 제 477 호, 1998 년 12 월 17 일, 32-34 쪽.]
イ・ドンス「韓国の政府と市民社会――ガバナンスを中心に」『NGO研究』韓国NGO学会，第3巻第1号，2005年6月，191〜218頁。[이동수「한국의 정부와 시민사회――거버넌스를 중심으로」『NGO 연구』한국 NGO 학회, 제 3 권제 1 호, 2005 년 6 월, 191-218 쪽.]

李石淵『憲法の灯台守――李石淵弁護士の生と哲学の話』蛍雪出版社，2001年。[이석연『헌법 등대지기――이석연 변호사의 삶과 철학 이야기』형설출판사, 2001.]

李石淵『沈黙する保守では国を守れない――首都移転を防いだ李石淵弁護士の申聞鼓』智評，2006年。[이석연『침묵하는 보수로는 나라 못 지킨다――수도이전 막아낸 이석연 변호사의 신문고』지평, 2006.]

李石淵，カン・ギョングン『憲法と反憲法』キパラン，2006年。[이석연, 강경근『헌법과 反헌법』기파랑, 2006.]

李年鎬「金大中政府と非政府組織間の関係に関する研究」『韓国政治学会報』韓国政治学会，第35輯第4号，2002年3月，147～164頁。[이연호「김대중 정부와 비정부조직 간의 관계에 관한 연구」『한국정치학회보』한국정치학회, 제35집제4호, 2002년3월, 147-164쪽.]

イ・ジョンフン「韓国版「文化大革命」医療改悪白書」『新東亜』東亜日報社，2001年5月号，244～261頁(東亜日報社のホームページより取得)。[이정훈「한국판 '문화 대혁명' 의료 改悪 백서」『新東亜』동아일보사, 2001년5월호, 244-261쪽 (동아일보사のホームページより取得).]

イ・ジュンハン，イム・ギョンフン「果たして「重大選挙」なのか？――第17代国会議員選挙における有権者の投票決定要因分析」『韓国政治研究』ソウル大学校韓国政治研究所，第13巻第2号，2004年10月，117～141頁。[이준한, 임경훈「과연 '중대선거' 인가?――제17대 국회의원선거에서의 유권자 투표결정요인분석」『한국정치연구』서울대학교 한국정치연구소, 제13권제2호, 2004년10월, 117-141쪽.]

李鉉出「大統領選挙と総選の候補選出過程」『議政研究』韓国議会発展研究会，第9巻第1号，2003年6月(韓国議会発展研究会のホームページより取得)。[이현출「대통령선거와 총선의 후보선출과정」『의정연구』한국의회발전연구회, 제9권제1호, 2003년6월 (한국의회발전연구회のホームページより取得).]

李鉉出「ガバナンスとNGO――医薬分業事例を中心に」金永来他，韓国政治学会編『NGOと韓国政治』アルケ，2004年，205～245頁。[이현출「거버넌스와 NGO――의약분업 사례를 중심으로」김영래 외, 한국정치학회 편『NGO와 한국정치』아르케, 2004, 205-245쪽.]

李洪允「社会福祉政策の決定過程参与者の役割に関する研究――「金泳三政府」と「金大中政府」の比較を中心に」成均館大学校大学院行政学科博士論文，2000年。[李洪允「社会福祉政策 決定過程参与者의 役割에 관한 研究――「金泳三政府」와「金大中政府」의 比較를 中心으로」成均館大学校大学院行政学科博士論文, 2000.]

林卿敏「集中解剖　在野指導者36人の身上明細」『新東亜』東亜日報社，1989年6月号，214～237頁。[林卿敏「집중해부 在野지도자 36인의 身上明細」『新東亜』동아일보사, 1989년6월호, 214-237쪽.]

林栄一『韓国の労働運動と階級政治(1987-1995)――変化のための闘争，協商のための闘争』慶南大学校出版部，1998年。[임영일『한국의 노동운동과 계급정치 (1987-1995)――변화를 위한 투쟁, 협상을 위한 투쟁』경남대학교 출판부, 1998.]

張琪杓『80年代の状況と実践』ハンギル社，1991年。[장기표『80년대의 상황과 실천』한

길사, 1991.]
張勲「カルテル政党体制の形成と発展——民主化以後の韓国の場合」『韓国と国際政治』慶南大学校極東問題研究所，第 19 巻第 4 号，2003 年 12 月，31～59 頁。[장훈「카르텔 정당체제의 형성과 발전——민주화이후 한국의 경우」『한국과 국제정치』 경남대학교 극동문제연구소, 제 19 권제 4 호, 2003 년 12 월, 31-59 쪽.]
張勲・康元沢「[象牙の塔から見た 2007 年大選]——張勲・康元沢教授の激論」『週刊朝鮮』朝鮮日報社，第 1957 号，2007 年 6 月 4 日(朝鮮日報社の『chosun.com マガジン』のホームページより取得)。[장훈, 강원택「[상아탑에서 바라본 2007 대선]——장훈・강원택 교수의 격론」『주간조선』 조선일보사, 제 1957 호, 2007 년 6 월 4 일 (조선일보사の『chosun.com 매거진』のホームページより取得).]
鄭大和「16 代大選と市民社会の課題」『社会フォーラム 2003　連帯と前進』2003 年 2 月，68～84 頁(民主言論運動市民連合のホームページより取得)。[정대화「16 대 대선과 시민사회의 과제」『사회포럼 2003　연대와 전진』 2003 년 2 월, 68-84 쪽 (민주언론운동시민연합のホームページより取得).]
鄭相鎬「盧武鉉政権，「反改革」攻勢にどのように対応するのか——「ポピュリズム論争」と「政治改革」を中心に」『人物と思想』人物と思想社，2003 年 4 月号，99～130 頁。[정상호「노무현 정권, ‘반개혁’ 공세에 어떻게 대응할 것인가—— ‘포퓰리즘 논쟁’과 ‘정치개혁’ 을 중심으로」『인물과 사상』 인물과사상사, 2003 년 4 월호, 99-130 쪽.]
鄭相鎬「市民社会運動と政党の関係及び類型に関する研究」『韓国政治学会報』韓国政治学会，第 41 輯第 2 号，2007 年 6 月，161～184 頁。[정상호「시민사회운동과 정당의 관계 및 유형에 관한 연구」『한국정치학회보』 한국정치학회, 제 41 집제 2 호, 2007 년 6 월, 161-184 쪽.]
チョン・ミンギュ「オンライン政治人ファンクラブ「ノサモ」における政治参与に関する研究」高麗大学校大学院新聞放送学科碩士(修士)論文，2002 年。[정민규「온라인 정치인 팬클럽 ‘노사모’ 에서의 정치참여에 관한 연구」 고려대학교 대학원 신문방송학과 석사논문, 2002.]
丁栄泰「理念的スペクトラムの制限的拡張と進歩政党の院内進出——背景と展望」魚秀永編著『韓国の選挙 V——第 16 代大統領選挙と第 17 代国会議員選挙』オルム，2006 年，385～431 頁。[정영태「이념적 스펙트럼의 제한적 확장과 진보정당의 원내진출——배경과 전망」 어수영 편저『한국의 선거 V——제 16 대 대통령선거와 제 17 대 국회의원선거』 오름, 2006, 385-431 쪽.]
丁鐘権「市民運動に対する批判的評価」兪八武，キム・ジョンフン編『市民社会と市民運動 2　新たな地平の探索』ハヌル，2001 年，259～274 頁。[정종권「시민운동에 대한 비판적 평가」 유팔무, 김정훈 엮음『시민사회와 시민운동 2　새로운 지평의 탐색』 한울, 2001, 259-274 쪽.]
鄭鎮民「民主化以後の韓国政党体系の変化——政党体系の再編成の可能性を中心に」『議政研究』韓国議会発展研究会，第 7 巻第 2 号，2001 年 12 月(韓国議会発展研究会のホームページより取得)。[정진민「민주화 이후 한국 정당체계의 변화——정당체계 재편성 가능성을 중심으로」『의정연구』 한국의회발전연구회, 제 7 권제 2 호, 2001 년 12 월 (한

국의회발전연구회のホームページより取得).]

鄭鎮民「地区党廃止以後の新たな政党構造と党員中心の政党運営の範囲」『議政研究』韓国議会発展研究会，第 11 巻第 1 号，2005 年 6 月，5～26 頁。[정진민「지구당 폐지 이후의 새로운 정당구조와 당원중심 정당운영의 범위」『의정연구』한국의회발전연구회, 제 11 권제 1 호, 2005 년 6 월, 5-26 쪽.]

鄭鎮民「民主化以後の政治制度――院内政党化を中心に」『国家戦略』世宗研究所，第 13 巻第 2 号，2007 年 6 月，115～140 頁。[정진민「민주화 이후의 정치제도――원내정당화를 중심으로」『국가전략』세종연구소, 제 13 권제 2 호, 2007 년 6 월, 115-140 頁.]

趙大燁『韓国の市民運動――抵抗と参与の動学』ナナム出版，1999 年。[조대엽『한국의 시민운동――저항과 참여의 동학』나남출판, 1999.]

趙己淑『合理的選択――韓国の選挙と有権者』ハヌル，1996 年。[조기숙『합리적 선택――한국의 선거와 유권자』한울, 1996.]

趙己淑『地域主義選挙と合理的有権者』ナナム出版，2000 年。[조기숙『지역주의 선거와 합리적 유권자』나남출판, 2000.]

趙己淑『16 代総選と落選運動――言論報道と論評を中心に』集文堂，2002 年。[조기숙『16 대 총선과 낙선운동――언론보도와 논평을 중심으로』집문당, 2002.]

趙己淑「政党と政策」沈之淵編著『改訂増補版　現代政党政治の理解』白山書堂，2004 年，251～278 頁。[조기숙「정당과 정책」심지연 편저『개정증보판 현대정당정치의 이해』백산서당, 2004, 251-278 쪽.]

趙炳姫「医師罷業と社会的葛藤」同『医療改革と医療権力』ナナム出版，2003 年，161～186 頁。[조병희「의사파업과 사회적 갈등」『의료개혁과 의료권력』나남출판, 2003, 161-186 쪽.]

趙炳姫「保健医療市民運動の成果と課題」批判と代案のための社会福祉学会，2004 年秋季学術大会，1～15 頁(批判と代案のための社会福祉学会のホームページより取得)。[조병희「보건의료 시민운동의 성과와 과제」비판과 대안을 위한 사회복지학회, 2004 년 추계학술대회, 1-15 쪽 (비판과 대안을 위한 사회복지학회のホームページより取得).]

チョ・ソクチャン『インターネットが政治を変える――韓国の e ポリティクス』ヒャンヨン，2004 年。[조석장『인터넷이 정치를 바꾼다――한국의 e 폴리틱스』향연, 2004.]

チョ・ヒョンヨン「在野運動と政党政治の相互連関性」安禧洙編著『韓国政党政治論』ナナム出版，1995 年，451～480 頁。[조현연「재야운동과 정당정치의 상호연관성」안희수 편저『한국 정당 정치론』나남출판, 1995, 451-480 쪽.]

チョ・ヒョンヨン，曺喜昖「韓国民主主義の移行の性格」曺喜昖編『韓国民主主義と社会運動の動学』ナヌムの家，2001 年，279～298 頁。[조현연, 조희연「한국 민주주의 이행의 성격」조희연 편『한국 민주주의와 사회운동의 동학』나눔의집, 2001, 279-298 쪽.]

チョ・ファスン「サイバーアクティビズムと熟議民主主義の可能性？――韓国の蠟燭デモ関連の掲示板討論の分析」第 9 回情報文化フォーラム，2008 年 9 月 30 日，7～32 頁(情報文化フォーラムのホームページより取得)。[조화순「사이버 액티비즘과 숙의 민주주의의 가능성？――한국 촛불시위 관련 게시판토론 분석」제 9 회 정보문화포럼, 2008 년 9 월 30 일, 7-32 쪽 (정보문화포럼のホームページより取得).]

曺喜昖「「第二の建国」運動と市民社会，そして市民運動」学術団体協議会他主催『政治大討論会　金大中政府の政治「改革」，その批判と代案を求めて』(配布資料)1998年10月21日，36～57頁。[조희연「'제2의건국' 운동과 시민사회, 그리고 시민운동」학술단체협의회 외 주최『정치대토론회　김대중 정부의 정치 '개혁', 그 비판과 대안을 찾아서』배부자료, 1998년 10월 21일, 36-57쪽.]

曺喜昖「韓国市民社会団体(NGO)の歴史，現況と展望」金東椿他『NGOとは何か』アルケ，2000年，127～156頁。[조희연「한국 시민사회단체 (NGO) 의 역사, 현황과 전망」김동춘 외『NGO란 무엇인가』아르케, 2000, 127-156쪽.]

曺喜昖「市民社会の政治改革運動と落薦・落選運動」翰林大学校社会科学科編『韓国社会学評論』第6号，2001年2月，10～59頁。[조희연「시민사회의 정치개혁운동과 낙천・낙선운동」한림대학교사회학과 편『한국사회학평론』제6호, 2001년 2월, 10-59쪽.]

曺喜昖「総合的市民運動の構造的性格と変化の展望に対する研究――「参与連帯」を中心に」兪八武，キム・ジョンフン編『市民社会と市民運動2　新たな地平の探索』ハヌル，2001年，232～258頁。[조희연「종합적 시민운동의 구조적 성격과 변화전망에 대한 연구――'참여연대' 를 중심으로」유발무, 김정훈 엮음『시민사회와 시민운동2　새로운 지평의 탐색』한울, 2001, 232-258쪽.]

曺喜昖「市民・社会運動と政治――韓国政治とNGOの政治改革運動」市民社会フォーラム・中央日報市民社会研究所編『参与民主主義の実現のための市民社会と市民運動』アルケ，2002年，267～297頁。[조희연「시민・사회운동과 정치――한국정치와 NGO의 정치개혁운동」시민사회포럼, 중앙일보 시민사회연구소 엮음『참여민주주의 실현을 위한 시민사회와 시민운동』아르케, 2002, 267-297쪽.]

曺喜昖「韓国の国家・制度政治の変化と社会運動――民主化，世界化の中での国家と社会運動の変化」『社会フォーラム2003　連帯と前進』2003年2月，9～67頁(民主言論運動市民連合のホームページより取得)。[조희연「한국의 국가・제도정치의 변화와 사회운동――민주화, 세계화 속에서의 국가와 사회운동의 변화」『사회포럼2003 연대와 전진』2003년 2월, 9-67쪽 (민주언론운동시민연합のホームページより取得).]

曺喜昖「新保守，進歩勢力に良い条件となるのか？」『レディアン』レディアンメディア，2007年2月5日(レディアンメディアのホームページより取得)。[조희연「신보수, 진보세력에 좋은 조건인가？」『레디앙』레디앙미디어, 2007년 2월 5일 (레디앙미디어のホームページより取得).]

曺喜昖，チョン・テソク「韓国民主主義の変動に対する理論的理解と分析枠組み」曺喜昖編『韓国民主主義と社会運動の動学』ナヌムの家，2001年，19～68頁。[조희연, 정태석「한국 민주주의 변동에 대한 이론적 이해와 분석틀」조희연 편『한국 민주주의와 사회운동의 동학』나눔의집, 2001, 19-68쪽.]

朱聖秀『市民社会とNGO論争――主要概念・モデル及び理論』漢陽大学校出版部，2001年。[주성수『시민사회와 NGO 논쟁――주요 개념・모델 및 이론』한양대학교 출판부, 2001.]

崔栄起他『1987年以後の韓国の労働運動』韓国労働研究院，2001年。[최연기 외『1987년 이후 한국의 노동운동』한국노동연구원, 2001.]

崔栄真「韓国地域主義論議の再検討——政治的アイデンティティ概念と動機付与構造を中心に」『韓国政治学会報』韓国政治学会，第 33 輯第 2 号，1999 年 10 月，135～155 頁。[최영진「한국지역주의 논의의 재검토——정치적 정체성 개념과 동기부여구조를 중심으로」『한국정치학회보』한국정치학회，제 33 집제 2 호，1999 년 10 월，135-155 쪽.]
崔栄真「地域主義の理論構造に関する研究——地域集団の構成と政治的メカニズムを中心に」同『地域主義理論と韓国政治』カサン出版社，1999 年，32～75 頁。[최영진「지역주의 이론구조에 관한 연구——지역집단의 구성과 정치적 메커니즘을 중심으로」『지역주의 이론과 한국정치』가산출판사，1999，32-75 쪽.]
崔章集「「地域感情」の政治的機能」同『韓国現代政治の構造と変化』カッチ，1989 年，284～291 頁。[崔章集「'지역감정' 의 정치적 기능」『韓国現代政治의 構造와 変化』까치，1989，284-291 쪽.]
崔章集「イデオロギーとしての地域感情」同『韓国民主主義の条件と展望』ナナム出版，1996 年，387～409 頁。[최장집「이데올로기로서의 지역감정」『한국민주주의의 조건과 전망』나남출판，1996，387-409 쪽.]
崔章集『民主化以後の民主主義——韓国民主主義の保守的起源と危機』フマニタス，2002 年。[최장집『민주화 이후의 민주주의——한국민주주의의 보수적 기원과 위기』후마니타스，2002.]
崔章集「政治体制の根本的な変革が始まった」2004 年 4 月 22 日の崔章集教授との対談(民主労働党のホームページより取得)。[최장집「정치체제 근본적 변혁 시작됐다」2004 년 4 월 22 일 최장집교수 대담 (민주노동당のホームページより取得).]
崔章集『改訂版　民主化以後の民主主義——韓国民主主義の保守的起源と危機』フマニタス，2005 年。[최장집『개정판 민주화 이후의 민주주의——한국민주주의의 보수적 기원과 위기』후마니타스，2005.]
崔章集「なぜ政党が中心となる民主主義を語るのか」崔章集，パク・チャンピョ，朴常勲『どのような民主主義か——韓国民主主義を見る一つの視角』フマニタス，2007 年，104～152 頁。[최장집「왜 정당이 중심이 되는 민주주의를 말하는가」최장집，박찬표，박상훈『어떤 민주주의인가——한국민주주의를 보는 하나의 시각』후마니타스，2007，104-152 쪽.]
崔進『大統領のリーダーシップ』ナナム出版，2003 年。[최진『대통령 리더십』나남출판，2003.]
韓相震「第二の建国のための国民運動と市民運動の課題」漢陽大学校第三セクター研究所，1998 年(聖公会大学校のサイバー NGO 資料館のホームページより取得)。[한상진「제 2 의 건국을 위한 국민운동과 시민운동의 과제」한양대학교 제 3 섹터연구소，1998 (성공회대학교사이버 NGO 자료관のホームページより取得).]
咸成得『大統領秘書室長論』ナナム出版，2002 年。[함성독『대통령 비서실장론』나남출판，2002.]
ヘンダーソン，グレゴリー，朴幸雄他訳『渦巻きの韓国政治』ハヌル，2000 年。[그레고리 헨더슨，박행웅，이종삼 옮김『소용돌이의 한국정치』한울，2000.]
ホ・マンソップ「青瓦台秘書官 37%が運動圏……改革の「尖兵」の役割」『新東亜』東亜日

報社，2003 年 5 月号，112～126 頁(東亜日報社のホームページより取得)。[허만섭「청와대 비서관 37% 가 운동권……개혁의 ‘첨병’ 역할」『新東亜』 동아일보사，2003 년 5 월호，112-126 쪽（동아일보사のホームページより取得).］

ホ・ソン「公共扶助の改革運動の成果と課題」批判と代案のための社会福祉学会，2004 年秋季学術大会，25～48 頁(批判と代案のための社会福祉学会のホームページより取得)。[허선「공공부조 개혁운동의 성과와 과제」비판과 대안을 위한 사회복지학회，2004 년 추계학술대회，25-48 쪽（비판과 대안을 위한 사회복지학회のホームページより取得).］

許容範「深層取材　ミステリー巨大組織第二の建国委員会――国家のための国民運動なのか，政権のための官製運動なのか」『月刊朝鮮』朝鮮日報社，1999 年 1 月号，142～164 頁。[許容範「심층취재 미스터리 巨大조직 제 2 의建国委――国家를 위한 국민운동인가，政権을 위한 官製운동인가」『月刊朝鮮』조선일보사，1999 년 1 월호，142-164 쪽.］

ファン・イルド「「盧政権連帯」か中立か――市民団体の「政治的」苦悩」『新東亜』東亜日報社，2003 年 2 月号，268～279 頁（東亜日報社のホームページより取得)。[황일도「‘노정권연대’ 냐 중립이냐――시민단체의 ‘정치적’ 고민」『新東亜』동아일보사，2003 년 2 월호，268-279 쪽（동아일보사のホームページより取得).］

黄台淵「内部植民地の抵抗と地域の政治化――西欧と韓国の地域問題，理論，権力戦略」『韓独社会科学論叢』韓独社会科学会，第 7 巻，1997 年，29～61 頁。[황태연「内部식민지의 저항과 地域의 政治化――西欧와 韓国의 지역문제，이론，권력전략」『한독사회과학논총』한독사회과학회，제 7 권，1997，29-61 쪽.］

「[ニュースの人物]「良心的保守・合理的進歩とともに進む」」『週刊朝鮮』朝鮮日報社，第 1678 号，2001 年 11 月 15 日(朝鮮日報社の『chosun.com マガジン』のホームページより取得)。[「[뉴스의인물]“양심적 보수・합리적 진보 함께 가겠다”」『주간조선』조선일보사，제 1678 호，2001 년 11 월 15 일（조선일보사の『chosun.com 매거진』のホームページより取得).］

資　料

・ホームページ(現在閲覧可能な主要サイト)

国家統計ポータル[국가통계포털](KOSIS) http://www.kosis.kr/

国務総理室[국무총리실] http://www.pmo.go.kr/kor.do

大法院「総合法律情報」[대법원「종합법률정보」] http://glaw.scourt.go.kr/jbsonw/jbson.do

大統領官邸(青瓦台)[대통령 관저（청와대)] http://www.president.go.kr/

中央選挙管理委員会「歴代選挙情報システム」[중앙선거관리위원회「역대선거정보시스템」] http://www.nec.go.kr/sinfo/index.html

韓国言論振興財団[한국언론진흥재단](KINDS) http://www.kinds.or.kr/

経済正義実践市民連合[경제정의실천시민연합] http://www.ccej.or.kr/

市民社会団体連帯会議[시민사회단체연대회의] http://www.civilnet.net/

参与連帯[참여연대] http://www.peoplepower21.org/

民主労働党[민주노동당] http://www.kdlp.org/

東亜日報社「世論調査資料室」[동아일보「여론조사자료실」] http://www.donga.com/
・政府資料
公報室『金大中大統領第二の建国宣言関連言論報道』1998 年。[공보실『김대중 대통령 제 2 의 건국 선언관련 언론보도』1998.]
国務総理諮問市民社会発展委員会『韓国市民社会発展のための青写真』2004 年。[국무총리 자문 시민사회발전위원회『한국시민사회 발전을 위한 청사진』2004.]
労使政委員会『労使政委員会 5 年白書――展開過程と活動成果』2003 年。[노사정위원회『노사정위원회 5 년 백서――전개과정과 활동성과』2003.]
第二の建国汎国民推進委員会『第二の建国運動白書　第 1 輯』2000 年。[제 2 의건국범국민추진위원회『第 2 의建国運動白書　第 1 輯』2000.]
大統領秘書室『金大中大統領演説文集　1998 年 2 月 25 日～1999 年 1 月 31 日』第 1 巻，1999 年。[日本語表記と同一]
大統領秘書室『金大中大統領演説文集　1999 年 2 月 1 日～2000 年 1 月 31 日』第 2 巻，2000 年。[日本語表記と同一]
大統領秘書室『盧武鉉大統領演説文集　2003 年 2 月 25 日～2004 年 1 月 31 日』第 1 巻，2004 年。[대통령비서실『노무현 대통령 연설문집　2003 년 2 월 25 일～ 2004 년 1 월 31 일』제 1 권，2004.]
大統領諮問政策企画委員会『第二の建国　大転換と改革の方向』1998 年。[대통령자문 정책기획위원회『제 2 건국 대전환과 개혁의 방향』1998.]
保健福祉部『第 1 次社会保障長期発展計画(1999～2003)』1998 年。[日本語表記と同一]
保健福祉部・労働部『中産層及び庶民生活安定のための社会安全網拡充対策』1999 年。[保健福祉部・労働部『中産層 및 庶民生活安定을 위한 社会安全網拡充対策』1999.]
保健福祉部『保健福祉白書　2003』2004 年。[보건복지부『보건복지백서　2003』2004.]
中央選挙管理委員会『歴代国会議員選挙状況』1971 年。[日本語表記と同一]
中央選挙管理委員会『第17代国会議員選挙総覧』2004 年。[중앙선거관리위원회『제 17 대 국회의원선거총람』2004.]
中央選挙管理委員会『2005 年度政党の活動概況及び会計報告』2006 年(中央選挙管理委員会のホームページより取得)。[중앙선거관리위원회『2005 년도 정당의 활동개황 및 회계보고』2006 (중앙선거관리위원회のホームページより取得).]
・政党資料
新千年民主党第 16 代大統領選挙白書発刊委員会『第 16 代大統領選挙白書』2003 年。[새천년민주당 제 16 대 대통령선거 백서발간위원회『제 16 대 대통령선거 백서』2003 년.]
李相煥編著『主要政治合意文書資料集(1989. 1～2000. 5)』ハニャンエーディ，2000 年。[이상환 편저『주요 정치 합의문서 자료집 (1989. 1-2000. 5)』한양애드，2000.]
開かれたウリ党機関紙『ウリ党』。[열린우리당 당보『우리당』.]
開かれたウリ党『党憲』『党規』(開かれたウリ党のホームページより取得)。[열린우리당『당헌』『당규』(열린우리당のホームページより取得).]
・市民社会資料
経済正義実践市民連合『経実連出帆 3 周年記念資料集』1993 年。[경제정의실천시민연합

『경실련 출범 3 주년 기념자료집』1993.］
韓国労働組合総連盟『韓国労総 50 年史』2002 年。［한국노동조합총연맹『한국노총 50 년사』2002.］
『民統連　民主統一民衆運動連合評価書(I)——資料編』民族民主運動連合研究所，1989 年。［『민통령　민주통일민중운동연합평가서 (I)——자료편』민족민주운동연구소, 1989.］
総選連帯受任委員会『有権者革命 100 日間の記録　総選連帯白書(上)(下)』2001 年。［총선연대 수임위원회『유권자 혁명 100 일간의 기록 총선연대 백서 상・하』2001.］
参与連帯希望とビジョン委員会『参与連帯 10 年の記録　1994〜2004 ——世の中を変える市民の力』2004年。［참여연대 희망과비전위원회『참여연대 10 년의 기록　1994〜2004 ——세상을 바꾸는 시민의 힘』2004.］
参与連帯 10 年史編集委員会『世の中を変える市民の力——参与連帯 10 年の記録　1994〜2004』CD-ROM 収録。［참여연대 10 년사 편집위원회『세상을 바꾸는 시민의 힘——참여연대 10 년의 기록　1994〜2004』CD-ROM.］
『'87 韓国政治事情　別冊・声明書集』民衆社，1988 年。［『'87 한국정치사정 별책・성명서모음』민중사, 1988.］
『韓国民間団体総覧 1997』市民の新聞，1996 年。［『한국민간단체총람 1997』시민의신문, 1996.］
『韓国民間団体総覧 2000　(上)(下)』市民の新聞，1999 年。［『한국민간단체총람 2000　상・하』시민의신문, 1999.］
『韓国民間団体総覧 2003　(上)(下)』市民の新聞，2003 年。［『한국민간단체총람 2003　상・하』시민의신문, 2003.］
・世論調査資料
キム・サンウク他『韓国総合社会調査 KGSS 2006』成均館大学校出版部，2007 年。［김상욱 외『한국종합사회조사 KGSS 2006』성균관대학교출판부, 2007.］
キム・サンウク他『韓国総合社会調査 KGSS 2008』成均館大学校出版部，2009 年。［김상욱 외『한국종합사회조사 KGSS 2008』성균관대학교출판부, 2009.］
韓国ギャラップ『韓国ギャラップ世論調査総覧　1992-1997　(上)』1997 年。［한국갤럽『한국갤럽 世論調査総覧　1992-1997　上』1997.］
韓国ギャラップ『第 15 代大統領選挙投票行態』1998 年。［한국갤럽『제 15 대 大統領選挙 투표행태』1998.］
韓国ギャラップ『第 16 代国会議員選挙投票行態』2000 年。［한국갤럽『제 16 대 국회의원선거 투표행태』2000.］
韓国ギャラップ『第16代大統領選挙投票行態』2003年。［한국갤럽『제 16 대 大統領選挙 투표행태』2003.］
・経歴資料
朝鮮日報社の人物データベース［조선일보「인물정보」］http://www.chosun.com/
中央日報社の人物データベース［중앙일보「인물」］http://www.joins.com/
毎日経済新聞政治部編『DJ 時代パワーエリート』毎日経済新聞社，1998 年。［매일경제신문 정치부 편『DJ 시대 파워엘리트』매일경제신문사, 1998.］

毎日経済新聞政治部『盧武鉉時代パワーエリート』毎日経済新聞社，2003年。[매일경제신문 정치부『노무현 시대 파워엘리트』매일경제신문사, 2003.]

毎日経済新聞政治部編『17代国会議員299人深層解剖　ニューパワー299』毎日経済新聞社，2004年。[매일경제신문 정치부 편『17대 국회의원 299인 심층해부　뉴파워 299』매일경제신문사, 2004.]

李東官他『17代国会議員人物辞典』東亜日報社，2004年。[이동관 외『17대 국회의원 인물사전』동아일보사, 2004.]

『東亜年鑑別冊　韓国・外国人名録』東亜日報社(各年版)。[『동아연감별책 한국・외국인명록』동아일보사.]

・そ の 他

四季節編集部編『80年前後激動の韓国社会2』四季節出版社，1984年。[사계절편집부 엮음『80년 전후 격동의 한국사회 2』사계절출판사, 1984.]

3．英　　語(アルファベット順)

研究文献

Alford, Robert R., *Party and Society: The Anglo-American Democracies* (London, Rand McNally, 1963).

Bartolini, Stefano, *The Political Mobilization of the European Left, 1860-1980: The Class Cleavage* (Cambridge, Cambridge University Press, 2000).

Burnham, Walter Dean, "American Politics in the 1980s," *Dissent*, Vol. 27, 1980, pp. 149-160.

Dalton, Russell J., "Strategies of Partisan Influence: West European Environmental Groups," in J. Craig Jenkins and Bert Klandermans eds., *The Politics of Social Protest: Comparative Perspectives on States and Social Movements* (Minneapolis, University of Minnesota Press, 1995), pp. 296-323.

Dalton, Russell J., *Citizen Politics: Public Opinion and Political Parties in Advanced Industrial Democracies*, fourth edition (Washington, D.C., CQ Press, 2006).

Dalton, Russell J., Paul Allen Beck and Scott C. Flanagan, "Electoral Change in Advanced Industrial Democracies," in Russell J. Dalton, Scott C. Flanagan and Paul Allen Beck eds., *Electoral Change in Advanced Industrial Democracies: Realignment or Dealignment?* (Princeton, N.J., Princeton University Press, 1984), pp. 3-22.

Dalton, Russell J., Scott C. Flanagan and Paul Allen Beck, "Political Forces and Partisan Change," in Russell J. Dalton, Scott C. Flanagan and Paul Allen Beck eds., *Electoral Change in Advanced Industrial Democracies: Realignment or Dealignment?* (Princeton, N.J., Princeton University Press, 1984), pp. 451-476.

Evans, Geoffrey and Pippa Norris, "Introduction: Understanding Electoral Change," in Geoffrey Evans and Pippa Norris eds., *Critical Elections: British Parties and Voters in Long-term Perspective* (London, Sage Publications, 1999), pp. xix-xl.

Fabbrini, S.,"Cleavages: Political," *International Encyclopedia of the Social & Behavioral Sciences* (Amsterdam, Elsevier, 2001), Vol. 3, pp. 1987-1990.

Hirst, Paul, "Democracy and Governance," in Jon Pierre ed., *Debating Governance* (Oxford, Oxford University Press, 2000), pp. 13-35.

Huntington, Samuel P. and Joan M. Nelson, *No Easy Choice: Political Participation in Developing Countries* (Cambridge, Mass., Harvard University Press, 1976).

Hyden, Goran, "Governance and the Reconstitution of Political Order," in Richard Joseph ed., *State, Conflict, and Democracy in Africa* (Boulder, Co., Lynne Rienner, 1999), pp. 179-195.

Jenkins, J. Craig and Bert Klandermans, "The Politics of Social Protest," in J. Craig Jenkins and Bert Klandermans eds., *The Politics of Social Protest: Comparative Perspectives on States and Social Movements* (Minneapolis, University of Minnesota Press, 1995), pp. 3-13.

Jessop, Bob, "Governance and Meta-governance in the Face of Complexity: On the Roles of Requisite Variety, Reflexive Observation, and Romantic Irony in Participatory Governance," in Hubert Heinelt *et al*. ed., *Participatory Governance in Multi-Level Context: Concepts and Experience* (Opladen, Laske+Budrich, 2002), p. 33-58.

Kaldor, Mary, *Global Civil Society: An Answer to War* (Cambridge, Polity Press, 2003). (M. カルドー，山本武彦他訳『グローバル市民社会論――戦争へのひとつの回答』法政大学出版局，2007 年)

Key, V. O., Jr., "A Theory of Critical Elections," *The Journal of Politics*, Vol. 17, 1955, pp. 3-18.

Key, V. O., Jr., "Secular Realignment and the Party System," *The Journal of Politics*, Vol. 21, 1959, pp. 198-210.

Kjær, Anne Mette, *Governance* (Cambridge, Polity Press, 2004).

Kriesi, Hanspeter, "The Organizational Structure of New Social Movement in a Political Context," in Doug McAdam, John D. McCarthy and Mayer N. Zald eds., *Comparative Perspectives on Social Movements: Political Opportunities, Mobilizing Structures, and Cultural Framings* (Cambridge, Cambridge University Press, 1996), pp. 152-184.

Linz, Juan J. and Alfred Stepan, *Problems of Democratic Transition and Consolidation: Southern Europe, South America, and Post-Communist Europe* (Baltimore, Johns Hopkins University Press, 1996). (J. リンス・A. ステパン，荒井祐介他訳『民主化の理論――民主主義への移行と定着の課題』一藝社，2005 年)

Mair, Peter, "Continuities, Changes, and the Vulnerability of Party," in Peter Mair, *Party System Change: Approaches and Interpretations* (Oxford, Oxford University Press, 1999), pp. 19-44.

Mair, Peter, "Party Organization, Party Democracy, and the Emergence of the Cartel Party," (with Richard S. Katz) in Peter Mair, *Party System Change: Approaches and*

Interpretations (Oxford, Oxford University Press, 1999), pp. 93-119.
McAdam, Doug, John D. McCarthy and Mayer N. Zald, "Social Movements," in Neil J. Smelser ed., *Handbook of Sociology* (Newbury Park, Calif., Sage Publications, 1988), pp. 695-737.
McCarthy, John D., "Constraints and Opportunities in Adopting, Adapting, and Inventing," in Doug McAdam, John D. McCarthy and Mayer N. Zald eds., *Comparative Perspectives on Social Movements: Political Opportunities, Mobilizing Structures, and Cultural Framings* (Cambridge, Cambridge University Press, 1996), pp. 141-151.
Meyer, David S., "Institutionalizing Dissent: The United States Structure of Political Opportunity and the End of the Nuclear Freeze Movement," *Sociological Forum*, Vol. 8, No. 2, 1993, pp. 157-179.
Meyer, David S. and Sidney Tarrow, "A Movement Society: Contentious Politics for a New Century," in David S. Meyer and Sidney Tarrow eds., *The Social Movement Society: Contentious Politics for a New Century* (Lanham, Rowman & Littlefield Publishers, Inc., 1998), pp. 1-28.
Nagel, Jack H., *Participation* (New Jersey, Prentice-Hall, Inc., 1987).
O'Donnell, G. A. and Philippe C. Schmitter, *Transition from Authoritarian Rule: Tentative Conclusions about Uncertain Democracies* (Baltimore and London, Johns Hopkins University, 1986).(P. C. シュミッター・G. A. オドンネル，真柄秀子・井戸正伸訳『民主化の比較政治――権威主義支配以後の政治世界』未來社，1986 年)
Peters, Guy, "Governance and Comparative Politics," in Jon Pierre ed., *Debating Governance* (Oxford, Oxford University Press, 2000), pp. 36-53.
Pierre, Jon and B. Guy Peters, *Governance, Politics and the State* (Basingstoke, Macmillan Press, Ltd., 2000).
Powell, G. Bingham, Jr., *Contemporary Democracies: Participation, Stability, and Violence* (Cambridge, Mass., Harvard University Press, 1982).
Rhodes, R. A. W., "The New Governance: Governing without Government," *Political Studies*, XLIV, 1996, pp. 652-667.
Rhodes, R. A. W., "Foreword: Governance and Networks," in Gerry Stoker ed., *The New Management of British Local Governance* (New York, Palgrave Macmillan, 1999), pp. xii-xxvi.
Selznick, Philip, *TVA and the Grass Roots: A Study in the Sociology of Formal Organization* (Berkeley and Los Angeles, University of California Press, 1949).
Stepan, Alfred, *The State and Society: Peru in Comparative Perspective* (Princeton, N.J., Princeton University Press, 1978).
Stepan, Alfred, *Rethinking Military Politics: Brazil and the Southern Cone* (Princeton, N. J., Princeton University Press, 1988).(A. ステパン，堀坂浩太郎訳『ポスト権威主義――ラテンアメリカ・スペインの民主化と軍部』同文舘，1989 年)
Tarrow, Sidney, *Power in Movement: Social Movement and Contentious Politics*, second

edition (Cambridge, Cambridge University Press, 1998).(S. タロー，大畑裕嗣監訳『社会運動の力——集合行為の比較社会学』彩流社，2006 年)

資　料

OECD, *Social Expenditure Database (SOCX), 1980-2001*, http://www.oecd.org/
OECD, *Society at a Glance 2006: OECD Social Indicators*, http://www.oecd.org/
World Values Survey, http://www.worldvaluessurvey.org/

あとがき

本書は，韓国における政府・政党と市民社会の相互関係を明らかにしようとしたものである。それに取り組むことが，金大中政権と盧武鉉政権の政治の動態を理解する鍵となるとの思いで始めた研究であった。市民団体や市民運動を論じることは韓国では決して市民社会論で終わることはなく，必ず政治とのかかわりが出てくるはずで，その接合部分に焦点を絞り解き明かすことが韓国政治へのアプローチになるのではないか。その直感をもって研究に取り組み始めたのは盧武鉉政権が発足した2003年であった。その後は現実の進展を考察するというよりも，振り回されながら書き続けた感が強い。

書き始めてから政治と市民社会の相互作用に，地域主義をクロスさせるようになったのは自分自身の変化であった。その相互作用に研究上の意味を見出せるのであれば，それは地域主義という韓国社会の基底的な部分とかかわってくるはずである。市民社会と地域主義のクロスは全羅道政権である金大中政権から始まっており，問題はあるにせよ基本的には盧武鉉政権もその延長線上にあるに過ぎないのではないか。政治と市民社会の相互作用という普遍的なテーマに，地域主義という韓国的な特殊性を考察に加えることができるのかが自分の研究課題となった。

筆者が地域主義にこだわるのは，金大中政権が「少数勢力」から抜け出ようとして政治と市民社会の相互関係を大きく動かそうとした面があるからである。それは単に権力闘争の次元にとどまることなく，全羅道の人々が受ける不条理や差別を解消し，全羅道を韓国の政治，経済，社会に統合して行く国民統合の次元にもつながるものであった。ただし盧武鉉政権になってからは，地域主義の克服を叫ぶ声はさらに大きくなりはしたが，その実，新千年民主党を割ることで権力闘争の面が大きくなった。その結果として，2007年の大統領選挙と2008年の国会議員選挙では，全羅道民がウリ党の後継政党に背を向ける投票行動に出たのではないかと思える。

本書は，博士論文「韓国政治と市民社会――金大中・盧武鉉の10年」(2010年3月学位授与)を書きかえたものであるが，博士論文のもとになった論文の初出は，次の通りである。

「民主体制定着期の韓国における政治と市民社会(1)～(6)」『札幌学院法学』札幌学院大学法学会，第20巻第2号(2004年3月)，第21巻第1号(2004年9月)，第22巻第1号(2005年11月)，第22巻第2号(2006年3月)，第23巻第1号(2006年12月)，第24巻第2号(2008年3月)。

「韓国の政治と市民運動」小此木政夫編『韓国における市民意識の動態』慶應義塾大学出版会，2005年，77～106頁。

「市民運動と選挙政治――新たな政治勢力の挑戦」小此木政夫・西野純也編『韓国における市民意識の動態II』慶應義塾大学出版会，2008年，27～52頁。

また，経実連と参与連帯の役員名簿は本書の付録5，6にあるが，政府の役職に就任していない者も含めた役員名簿は，次の文献に掲載している。

「韓国における政府と市民団体の人的関係に関する調査(1)(2)――柳錫春教授の『参与連帯報告書』と参与連帯の反論を受けて」『札幌学院法学』札幌学院大学法学会，第25巻第2号(2009年3月)，第26巻第2号(2010年3月)。

筆者の韓国研究が，ここまでたどり着くには自分一人の力ではとてもなしえなかった。北海道大学の法学部のときには専門演習の先生として，大学院の法学研究科では指導教授として筆者を導いてくださり，その後も今に至るまで公私にわたり温かく導いてくださった中村研一先生には感謝の気持ちが尽きることはない。修士論文の「韓国朴正熙政権下における工業労働者の統合」(1985年)を『北大法学論集』に書き直す作業を最後まで成し遂げることなく右往左往してきた筆者を，先生は二十数年もの長きにわたり静かに見守ってくださった。本書は誰よりも恩師中村研一先生に捧げたい。この場を借りて心からの感謝の気持ちを述べさせていただきたい。

筆者が韓国研究に進むときに小此木政夫先生(慶應義塾大学)には，ひとかたならぬお世話になった。北海道教育大学函館校に就職した頃に，面識のない小此木先生に留学先の大学を紹介していただくお願いをしに上京した。研究室で初めてお会いいただいた先生は快くお引き受けくださり，その後も数多くのご配慮をいただいたこと，今も先生への感謝は尽きない。本書がそのご恩に，いくばくか報いることになればと思うばかりである。

また小此木先生のもとで知り合った小針進先生(静岡県立大学)と室岡鉄夫先生(防衛省防衛研究所)には『札幌学院法学』に執筆しているときから励ましていただいた。挫けかけたときには，そのお言葉を思い起こし奮起したりもした。また，出会いがいつだったか思い出せないほど長くお付き合いさせていただいているのが倉田秀也先生(防衛大学校)である。慶應義塾大学での研究発表のときには有益なコメントとアドバイスをくださった羅一慶先生(中京大学)にも感謝したい。

韓国政治と市民社会について概略的にしか描けていなかった段階で現代韓国朝鮮学会での発表(2003年)のお誘いをしてくださったのは大西裕先生(神戸大学)である。その後も，韓国の社会保障について執筆する機会を与えてくださるなど，先生のご厚意に感謝したい。筆者と同じ北海道大学大学院法学研究科で学ばれた岡克彦先生(長崎県立大学)は，筆者が悩むときには原稿に目を通していただいたり，疑問を聞いてくださったりした。

札幌学院大学法学部で筆者を同僚として温かく迎えてくださったアジア法がご専門の鈴木敬夫先生は，筆者の実証研究に意味があると励ましてくださった。ここまでこられたことを感謝しなければならない。

また山口二郎先生(北海道大学)が代表をなされた「グローバリゼーション時代におけるガバナンスの変容に関する比較研究」(文部科学省科学研究費学術創成研究(2))では，日韓フォーラム(2003〜06年)を開催していただき，金万欽(キム・マンフム)先生(韓国政治アカデミー院長)，廉載鎬(ヨム・ジェホ)先生(高麗大学校)，林志弦(イム・ジヒョン)先生(漢陽大学校)など数多くの韓国の研究者とお会いし親しく話す機会を得ることができた。日韓フォーラムの企画とアーカイブの調査では川島真先生(東京大学)，魚住弘久先生(千葉大学)に大変なお力添えをいただいた。山口二郎先生，川島真先生，魚住弘久先生には，この場をお借りしてお礼を申し上げたい。また，本書をもってどれだけお応えできたかは心もとないが，北海道大学法学部の政治研究会で先生方からご意見をうけたまわったことにもお礼を申し上げたい。

思い起こせば，筆者が政治学に関心をもち始めたのは，東京外国語大学での田中治男先生のゼミのときである。その後，北海道大学の法学部に進み，政治学の多くの先生方のご指導をいただいたことにも感謝しなければならない。

本書は韓国側の諸先生方にも多くのご指導とご支援をいただいた成果である。政治学者の金万欽先生には，言葉では言い尽くせないほどのお力添えをいただいた。筆者はある論文で金万欽先生の地域主義論が，いわゆる進歩的な学者によって批判されているのを見て，さっそく先生と話をしてみたくなり，日本から唐突に連絡をしたのが，今に至る自称師弟関係の始まりである。その友情ある師弟関係は韓国政治だけではなく爆弾酒にも及ぶものであった。金大中政権当時の新千年民主党のブレーンであり，盧武鉉政権の誕生に奔走しながらも，その後，盧武鉉大統領とは袂を分かった金万欽先生であるからこそ，見える何かがあると筆者は思った。金万欽先生は権力とのほどよい距離が真実に近づくことを可能にすることを示してくれた研究者である。ただいつまでもそうあってほしいと願うのは韓国政治の観客席にいる者の身勝手な願望でしかない。

金万欽先生の深夜に及ぶ爆弾酒の授業では，ご多忙な中を来ていただき，金万欽先生と政治談議を交わされる金鐘洙(キム・ジョンス)社長(図書出版ハヌル)もまた筆者が敬服する友人である。また金鐘洙社長は市民社会研究者の曺喜昖(チョ・ヒヨン)先生(聖公会大学校)とは親しくされているとのことであるが，これまで筆者は曺喜昖先生とはお会いする機会はなかった。それでも曺喜昖先生にはメールでご教授をお願いし，文献を送ってくださることをお願いしたことがある。面識のまったくない正体不明の日本人から突然メールでお願いしますと来ても，実に丁重なお返事をいただき，さらには貴重な発表報告書までも送っていただいた。筆者が韓国研究をする中でとても大きな存在の研究者が2人いる。その一人は地域主義論の金万欽先生であり，もう一人が市民社会論の曺喜昖先生である。本書の内容は曺喜昖先生の市民社会論とぶつかり合う面もあるが，曺喜昖先生の「準政党」としての市民団体論を筆者なりに展開させたものでもある。曺喜昖先生には，この場をお借りして感謝の気持ちを表したい。

筆者が韓国の研究者の中で最初に親しくさせていただいたのは姜瑩基(カン・ヒョンギ)先生(忠北大学校)である。忠清北道の清州市で情報公開条例を全国に先駆けて制定させた市民運動の実践者でもある。権威主義体制時代に地方自治と住民参加を研究するなど何事かと冷たい視線を受けながらも研究されてきた信念の人である。姜瑩基先生の紹介で許勲(ホ・フン)先生(大鎮大学校)とも知り合い，とても親しくさせていただいている。筆者の研究調査に数多くの便宜をはかってくださり，また韓国の中央及び地方行政について数多くのご教授をいただいた。許勲先生からご紹介していただいたのが金永来(キム・ヨンレ)先生(同徳女子大学校総長)である。金永来先生は韓国の労働組合に対する政府の統制について研究をなされ，その後は経実連や政党マニフェスト運動などの実践とともにNGO学会の会長もなされている。札幌でご一緒したとき，先生から市民団体の関係者が国会議員に立候補する状況を調べることを勧められた。正直，調査対象者の多さから筆者自身やるかやるまいか悩んでいたが，先生の一言で取り組むことを決めた。金永来先生よりご紹介を受けたのが日本政治思想史の研究者である金正昊(キム・ジョンホ)先生(仁荷大学校)である。学生運動でも1986年の仁川事態の現場にいたというだけあり迫力のある先生である。金正昊先生は韓国政治に対するバランスある知見を親しく提供してくださっている。

感謝の気持ちを表するために日韓2ヶ国にわたる諸先生方のお名前をあげさせていただいたが，本書の内容はすべて筆者に責任のあることを強く記しておきたい。

本書の執筆は，韓国の公的機関や新聞社，市民団体がインターネット上で公開する膨大な情報へのアクセスによって可能になったことも述べておきたい。韓国言論振興財団(KINDS)の新聞記事データベース，朝鮮日報社と中央日報社の人物データベース，さらに数多くの市民団体のホームページである。またインタビューに快く応じてくださった韓国の方々にも感謝したい。

研究者としての今の自分があるのは，日本側と韓国側の研究者や協力者たちのご指導とご支援があったからであると思う。そして韓国の市民運動研究に取り組む上で大事な土台となる経験をともにしてくださった方々にも感謝の気持ちを捧げたい。筆者は1992年のソウル滞在のとき韓国の市民運動を見聞したことで研究してみようと思い始め，何かの勘を得るために勤務校のある函館の市民運動の集会に行った。その後の経緯は省くが，それをきっかけに韓国研究から離れてしまい市民運動に夢中になってしまった。函館山のふもとにある旧小学校校舎の保存運動から始まり，福祉，リサイクル，ダムなどの市民運動を経験することになった。駆け足のようでもあったが，一緒に汗を流し合った多くの仲間のことは忘れることはできない。韓国の市民運動を再び研究することになり，函館の経験が自分の足元を固めてくれたのではないかと思う。

勤務校である札幌学院大学には，研究促進奨励金など手厚い研究支援にとどまらず，本書の出版のために「札幌学院大学選書出版助成金」を交付してくださったことに深く感謝したい。この助成金の交付によって，時機を失わずに出版することが可能になったと言えるだけに。また北海道大学出版会には本書の出版を引き受けてくださったことに感謝しなければならない。

最後に，原型となる論文と本書を執筆する間，筆者が迷惑をかけてきた妻万起子と子供たち(晶子，香里，直樹)にもお詫びと感謝の気持ちをもって本書を捧げたい。

事項索引

さ　行

た　行

な　行

は　行

ま　行

ら　行

わ　行

人名索引

丁　チョン	池　チ	金　キム	徐　ソ	黄　ファン	盧　ノ
文　ムン	朱　チュ	河　ハ	孫　ソン	許　ホ	韓　ハン
尹　ユン	全　チョン	明　ミョン	曺　チョ	梁　ヤン	羅　ラ
申　シン	朴　パク	姜　カン	康　カン	廉　ヨム	
辺　ピョン	李　イ	咸　ハム	崔　チェ	趙　チョ	
白　ペク	呉　オ	柳　ユ	張　チャン	権　クォン	
成　ソン	宋　ソン	兪　ユ	陳　チン	鄭　チョン	(画数順)

あ　行

アルフォード(Robert R. Alford)　22, 32
李仁済(イ・インジェ)　89, 166, 299, 300, 324
李仁栄(イ・インヨン)　168
李玉卿(イ・オクキョン)　158
李甲允(イ・カピュン)　33, 202, 234, 284-286, 290, 320, 321, 325
李康来(イ・ガンレ)　175-177, 182, 185, 227, 228, 231
李基沢(イ・ギテク)　313
李基明(イ・ギミョン)　278
李相禧(イ・サンヒ)　121, 122
李相護(イ・サンホ)　276, 277, 279, 280, 318
李在五(イ・ジェオ)　154
李在禎(イ・ジェジョン)　168
イ・ジュンハン　246, 323
李鐘旿(イ・ジョンオ)　93
李正典(イ・ジョンチョン)　121
李承晩(イ・スンマン)　83, 99, 206
李錫兌(イ・ソクテ)　103
李石淵(イ・ソクヨン)　51-55, 73, 74, 77, 180, 200
李昌馥(イ・チャンボク)　168
李哲(イ・チョル)　76
李鉉出(イ・ヒョンチュル)　29
李会昌(イ・フェチャン)　137, 161, 198, 235, 242, 261, 295, 298-300, 306, 323
李富栄(イ・ブヨン)　255, 313
李洪允(イ・ホンユン)　238
李美卿(イ・ミギョン)　158
李明博(イ・ミョンバク)　28, 55, 58, 60, 82, 108, 109, 113, 115, 117, 118, 120, 154, 156-159, 163, 185, 226, 230, 239, 295, 311, 332, 334
李年鎬(イ・ヨンホ)　30
イングルハート(Ronald Inglehart)　32, 263, 315
呉忠一(オ・チュンイル)　145, 146, 154

か　行

片桐新自　27
カルドー(Mary Kaldor)　4-6, 12
康元沢(カン・ウォンテク)　296, 301, 306, 307, 320, 322, 323, 333
康俊晩(カン・ジュンマン)　314
姜汶奎(カン・ムンギュ)　174, 175, 178
キー(V. O. Key, Jr.)　323
ギデンズ(Anthony Giddens)　238
キム・ウォン　125, 157, 159
金元基(キム・ウォンギ)　313
金寓龍(キム・ウリョン)　158
金起式(キム・ギシク)　131, 145
金槿泰(キム・グンテ)　84, 86, 87, 89, 148, 271
金芝河(キム・ジハ)　76
金重培(キム・ジュンベ)　91, 145
金正吉(キム・ジョンギル)　191
金鍾大(キム・ジョンデ)　240
金鍾泌(キム・ジョンピル。略称 JP)　133, 163, 167, 252, 258, 260, 287, 298, 321
金錫俊(キム・ソクジュン)　30
金聖在(キム・ソンジェ)　116, 117, 179, 186-190, 213, 231, 232

金早雪(キム・チョソル)　237
金七俊(キム・チルジュン)　155
金泰星(キム・テソン)　221, 222, 242
金徳龍(キム・ドクリョン)　110
キム・ハンギル　314
金万欽(キム・マンフム)　71, 74, 141, 147, 157, 285, 286, 314, 321
キム・ミ　241
キム・ミゴン　238, 239
金容益(キム・ヨンイク)　215, 218, 219, 239, 241
金泳三(キム・ヨンサム。略称 YS)　30, 38, 41, 43, 67, 71, 84, 85, 87-89, 94, 99, 100-103, 109-117, 119-121, 129, 130, 138, 144, 145, 153-155, 181, 182, 187, 208-210, 214, 215, 237, 240, 244, 245, 249, 252, 253, 258, 260, 283, 287, 290, 292, 299, 313, 315, 327, 331, 332
金栄鎬(キム・ヨンホ)　232
金容浩(キム・ヨンホ)　312, 317, 323
金淵明(キム・ヨンミョン)　217, 236, 242
権栄吉(クォン・ヨンギル)　307
クランダーマンス(Bert Klandermans)　11
クリーシー(Hanspeter Kriesi)　6-9, 11, 12, 27, 28, 61-66, 91, 150
ケーア(Anne Mette Kjær)　15, 16, 31
コッカ(Jürgen Kocka)　5, 6

さ　行

ジェンキンス(J. Craig Jenkins)　11, 27
シム・ウジェ　277
申志鎬(シン・ジホ)　54, 55, 74
申澈永(シン・チョルヨン)　74
申弼均(シン・ピルギュン)　187, 231
申蕙秀(シン・ヘス)　78, 145
ステパン(Alfred Stepan)　2-4, 6
セルズニック(Philip Selznick)　28, 96, 97, 151
徐京錫(ソ・ギョンソク)　35, 41, 42, 61, 62, 66, 68, 76-78, 110, 153, 177, 253, 313
徐英勲(ソ・ヨンフン)　175, 192
宋月珠(ソン・ウォルジュ)　174, 175
成炅隆(ソン・ギョンリュン)　221, 222, 242
宋虎根(ソン・ホグン)　114, 155, 241, 307, 334
孫浩哲(ソン・ホチョル)　72, 148
孫鳳鎬(ソン・ボンホ)　150
成裕普(ソン・ユボ)　91, 145, 255, 313

た　行

ダルトン(Russell J. Dalton)　18-21, 28, 32, 33
タロー(Sidney Tarrow)　12, 13, 24, 27, 28, 79, 81, 123, 146, 147, 151
池銀姫(チ・ウンヒ)　94, 95, 145, 146, 150, 201
池学淳(チ・ハクスン)　85
崔銀純(チェ・ウンスン)　103
崔章集(チェ・ジャンジプ)　74, 111, 117, 154, 176, 177, 228, 263-266, 282-286, 289, 315, 316, 319
崔冽(チェ・ヨル)　67, 68, 116, 145, 179, 200, 201
崔栄真(チェ・ヨンジン)　322
張琪杓(チャン・ギピョ)　86, 148
朱聖秀(チュ・ソンス)　29
趙己淑(チョ・ギスク)　284, 285, 320
趙大燁(チョ・デヨプ)　28, 82, 90, 114, 146, 334
曺喜昖(チョ・ヒヨン)　42, 50, 56, 71, 72, 80, 81, 136-138, 142, 147, 163, 228, 229
趙炳姫(チョ・ビョンヒ)　241
チョ・ファスン　158
鄭康子(チョン・カンジャ)　146
鄭相鎬(チョン・サンホ)　33, 157
鄭鎮民(チョン・ジンミン)　263-266, 315, 316
鄭大和(チョン・デファ)　93, 145, 146, 150, 157
全斗煥(チョン・ドゥファン)　1, 62, 83, 98-101, 108, 109, 115, 121, 182, 244, 258, 312
鄭東泳(チョン・ドンヨン)　280, 295
鄭夢準(チョン・モンジュン)　307
丁栄泰(チョン・ヨンテ)　325
陳英宰(チン・ヨンジェ)　325
ティリー(Charles Tilly)　27

な　行

ナーゲル(Jack H. Nagel)　151
ネグリ(Antonio Negri)　159
盧泰愚(ノ・テウ)　38, 44, 98-101, 109, 110, 115, 117, 119-121, 144, 145, 207, 208, 244, 246, 292, 331, 332

は 行

ハイデン(Goran Hyden)　31
パウエル(G. Bingham Powell, Jr.)　33
朴仁済(パク・インジェ)　154
朴元淳(パク・ウォンスン)　51, 52, 90-93, 116, 145, 178, 179, 196, 200, 201
朴寛用(パク・クァンヨン)　101
朴槿恵(パク・クンヘ)　293, 309
朴常勲(パク・サンフン)　319
朴在律(パク・ジェユル)　145, 152
朴珠賢(パク・ジュヒョン)　103, 145, 146
朴世逸(パク・セイル)　153
朴正熙(パク・チョンヒ)　36-38, 47, 61, 98, 99, 101, 108, 109, 115, 151, 156, 206, 244, 245, 255, 283, 312, 321
朴炳玉(パク・ビョンオク)　53
パク・ホンミン　246, 312
ハースト(Paul Hirst)　16, 29
河勝彰(ハ・スンチャン)　229
長谷川公一　11
ハート(Michael Hardt)　159
咸世雄(ハム・セウン)　116
咸錫憲(ハム・ソクホン)　84, 85
春木育美　150, 159
バルトリーニ(Stefano Bartolini)　297, 307
韓相震(ハン・サンジン)　92, 171, 172, 176-179, 238
韓明淑(ハン・ミョンスク)　168
辺衡尹(ビョン・ヒョンユン)　174, 175
黄台淵(ファン・テヨン)　321
フラナガン(Scott C. Flanagan)　18
白基玩(ペク・キワン)　67
白承憲(ペク・スンホン)　145, 146
ベック(Paul Allen Beck)　18
ヘンダーソン(Gregory Henderson)　123, 156
許燻(ホ・フン)　157

ま 行

町村敬志　11
明桂南(ミョン・ゲナム)　276, 277, 319
文益煥(ムン・イクファン)　84, 85
文敬蘭(ムン・ギョンラン)　135, 136, 195, 234
文振栄(ムン・ジンヨン)　238
文東煥(ムン・ドンファン)　84, 180
ムン・ビョンジュ　30
メア(Peter Mair)　21, 316
メイヤー(David S. Meyer)　11-13, 24, 27, 28, 79, 81, 123, 146, 147, 151

や 行

梁建(ヤン・ゴン)　154
柳寅泰(ユ・インテ)　313
ユ・ジェウォン　30
柳時敏(ユ・シミン)　271, 279, 280, 316
柳鐘根(ユ・ジョングン)　180, 229
柳鍾星(ユ・ジョンソン)　116, 179, 180, 229
柳鐘珌(ユ・ジョンピル)　227-229, 231
兪承姫(ユ・スンヒ)　180, 229
柳錫春(ユ・ソクチュン)　105, 116, 153, 155
尹錫奎(ユン・ソクキュ)　231
ユン・チャンヨン　237
尹昊重(ユン・ホジュン)　231
廉載鎬(ヨム・ジェホ)　56

ら 行

羅一慶(ラ・イルキョン)　75, 77
リュ・マンヒ　239
リンス(Juan J. Linz)　2, 3
ローズ(R. A. W. Rhodes)　15, 29

清水敏行(しみず　としゆき)

1957年　東京都生まれ
1980年　東京外国語大学外国語学部ドイツ語学科卒業
1982年　北海道大学法学部卒業
1987年　北海道大学大学院法学研究科後期博士課程中途退学
1987年　北海道教育大学函館校常勤講師，助教授を経て，
現　在　札幌学院大学法学部教授　博士(法学。北海道大学)
この間，延世大学校国際学大学院客員研究員(1989年〜90年，92年)

主　著

「韓国の政治と市民運動」小此木政夫編『韓国における市民意識の動態』(慶應義塾大学出版会，2005年)，「市民運動と選挙政治」小此木政夫・西野純也編『韓国における市民意識の動態 II』(慶應義塾大学出版会，2008年)，「労働と福祉の政治」新川敏光・大西裕編著『世界政治叢書9　日本・韓国』(ミネルヴァ書房，2008年)，「民主体制定着期の韓国における政治と市民社会(1)〜(6)」『札幌学院法学』(札幌学院大学法学会，第20巻第2号，第21巻第1号，第22巻第1号，第22巻第2号，第23巻第1号，第24巻第2号)ほか

韓国政治と市民社会――金大中・盧武鉉の10年

2011年3月31日　第1刷発行

著　者　清　水　敏　行

発行者　吉　田　克　己

発行所　北海道大学出版会

札幌市北区北9条西8丁目 北海道大学構内(〒060-0809)
Tel. 011(747)2308・Fax. 011(736)8605・http://www.hup.gr.jp

アイワード／石田製本

ISBN978-4-8329-6742-7

創刊の辞

札幌学院大学の母体は、敗戦直後、陸続として戦場より、動員先より復帰してきた若人たちが、向学の念断ちがたく、一九四六年六月に法科・経済科・文科の総合学園として発足させた札幌文科専門学院であり、当時、北海道において最初の文科系総合学園であったのである。爾来、札幌短期大学、札幌商科大学、札幌学院大学と四十数年にわたり伝統を受け継ぎ、一昨年には、学園創立四十周年、開学二十周年の記念式典を盛大に挙行するとともに、本学正門横に札幌文科専門学院当時の校舎を模してエキゾチックな白亜の殿堂・建学記念館の建設を果たし、札幌文科専門学院の「建学ノ本旨」をしのび、いよいよ北方文化の新指導者、日本の指導者たるにふさわしい人格の育成に邁進すると同時に、「世界文化ノ興隆」への寄与を果たす覚悟を新たにしたのである。

しかも、本年には、現在の三学部および商学部二部に加え、さらに二学部増設に向けて力強い第一歩を踏みだし、北海道における文科系私学総合大学として一、二の規模を競う飛躍を遂げようとしている。この時にあたり、「札幌学院大学選書」を企画し、次々と、北方文化ひいては世界文化に寄与しうるであろう書物を刊行する運びとなったことは、誠に時宜に適したことといわなければならない。

いうまでもなく、生命を有しない「思想」は、亡びることもなければ、再生することもない。その時々の時流に迎合し、反対する、主体性を喪失した「うたかた」の如き思想、権威に追従し、右顧左眄する無定見な思想、内外の学説をそのまま引き写した無節操な思想、傲岸浅薄な独断的思想。これらの「思想」は、亡びも再生もしない。願わくば、思想に生命の息吹を送り、学問の名に恥ずることのない書物が刊行されんことを。日本の文化ひいては世界の文化に金字塔を樹立する「選書」の刊行を心から期待したい。

一九八九年六月十三日

札幌学院大学学長　荘子邦雄